JN182118

幻の同盟 上

冷戦初期アメリカの中東政策

Toru Onozawa
小野沢 透 著

ILLUSORY ALLIANCE

American Regional Policy
for the Middle East in the Early Cold War

名古屋大学出版会

Illusory Alliance
American Regional Policy for the Middle East in the Early Cold War
Toru ONOZAWA
University of Nagoya Press, 2016
ISBN978-4-8158-0829-7

1951年10月（おそらく23日），国連安保理での討議を終えてワシントンに到着したイラン首相モサッデク（左）と，アチソン国務長官（右）。中央は，ナスロッラー・エンテザーム駐米イラン大使。写真：NARA.

1953年5月11日，中東歴訪の最初の訪問国エジプトのカイロで，ナジーブ首相（右から2番目）と会談するダレス国務長官（左から2番目）。ナジーブが手にしているのは，アイゼンハワーがナジーブに友好の証として贈ったピストルである。写真：Keystone Press Agency, Inc.

1955年11月22日,バグダードで開催されたバグダード条約第1回閣僚理事会の記念写真。前列左から,モハンマド・アリー(パキスタン首相),アドナン・メンデレス(トルコ首相),ヌーリー・サイード(イラク首相),ハロルド・マクミラン(英外相),ホセイン・アラー(イラン首相)。写真:AP/アフロ

トルコの親西側・親米外交を推し進めた民主党政権の首相メンデレス(右),バヤル大統領(中央)と,アイゼンハワー米大統領。1959年12月6-7日,アンカラにて。写真:Keystone Press Agency, Inc.

目　次

凡　例　v

序　章 ………………………………………………………………… 1
　1　国際システムの変容と中東　1
　2　先行研究の諸問題と本書のアプローチ　4
　3　本書の構成　16

第 I 部　地域的政策の生成

第 1 章　英国の非公式帝国と米国の中東への関与の始まり ………… 26
　1　中東における英国の非公式帝国　26
　2　第二次世界大戦後の英国の中東政策の形成　34
　3　米国の中東への関与の始まり　42
　4　戦後ヨーロッパ秩序の形成と米英関係　53
　5　ペンタゴン協議と米英協調の成立　60
　6　非公式帝国再編の蹉跌　69

第 2 章　西側統合政策の形成 ……………………………………… 77
　　　　　──中東コマンド構想とその遺産──
　1　中東政策の停滞　77
　2　全面戦争プランと朝鮮戦争　88
　3　中東コマンド構想の生成と変容　107
　4　西側統合政策の結晶化　132

第 3 章　協調的石油秩序への道程 ………………………………… 163
　1　中東石油と米国　163

2 中東石油開発の枠組みの模索 169
 3 戦後世界と中東石油 178
 4 動的・開放的な石油秩序構想の挫折――利益折半協定への道 193

第4章　イラン石油国有化紛争と協調的石油秩序 ……………… 207

 1 石油国有化の背景 207
 2 米英の基本的立場の形成 212
 3 ナショナリズムとの邂逅 220
 4 ぎこちない同盟 252
 5 新たな常態への復帰 281
 補論――動的な石油秩序に開かれた窓と出光興産のイラン進出 299

第II部　西側統合政策の展開

第5章　アイゼンハワー政権と西側統合政策 ……………… 308

 1 「ニュールック」の射程 308
 2 アイゼンハワー政権と中東政策 312
 3 西側統合政策の継承 329

第6章　西側統合政策の展開(1) ……………… 342
　　　　　――1953-54年――

 1 イラン――非合法介入と西側統合政策 342
 2 トルコ・パキスタン協定 349
 3 対イラク軍事援助 363
 4 スエズ基地交渉と対エジプト援助問題 374

第7章　西側統合政策の確認と定着 ……………… 399

 1 NSC 5428の策定 399
 2 米英の中東軍事戦略の変容 414

第 8 章　西側統合政策の展開 (2) …………………………439
　　　　　──1954 年後半──

 1 ヌーリー・サイードと英・イラク条約改定問題　439
 2 トルコ・パキスタン協定とイラン　463
 3 エジプトと西側統合政策　470
 4 アルファ計画の始動　482

第 9 章　バグダード条約の成立と西側統合政策の再編 …………500

 1 アラブ内冷戦の始まり　500
 2 バグダード条約の成立　517
 3 米・英・土 3 か国軍事協議　528
 4 域内政治の分極化の進行　537
 5 西側統合政策プログラムの再編　545
 6 英国のバグダード条約加盟と西側統合政策　554

第10章　西側統合政策の迷走と停滞 …………………………576

 1 地域的政策の再検討作業　576
 2 親西側諸国の対米不信の高まり　590
 3 アルファ計画の迷走　597
 4 米英政治・軍事協議とハッバーニヤ軍事協議　625

（下巻内容）
  第 III 部　西側統合政策の変容と崩壊
第11章　エジプト・ソ連武器取引の衝撃──アイゼンハワー・ドクトリンからシリア危機へ
第12章　西側統合政策の変質──オメガ・メモランダムとスエズ危機
第13章　西側統合政策の行き詰まりと崩壊
第14章　地域的政策の空位時代
第15章　オフショア・バランシング政策への移行
  第 IV 部　協調的石油秩序の黄昏
第16章　協調的石油秩序の限界

第17章　新たな中東石油政策の生成
第18章　産油国・消費国関係の質的変容

終　章

参考文献
あとがき
索　引

凡　例

1. 引用文中の ［　］ は引用者による補足や訳註を示す．
2. アラビア文字による人名表記のローマ字への転写法については，基本的に『岩波イスラーム辞典』の方式に従った．
3. 本書は米英の政府文書を一次史料として大量に使用する．紙面を節約するために，頻出する下記の史料については，註において文書の所蔵の記述を省略した．
   1) 米国国立公文書館（National Archives and Records Administration, National Archives II, College Park, MD：以下 NARA）所蔵文書

      ①Department of State, Central Files, Record Group（以下 RG）59.

      国務省セントラル・ファイル（史料情報の後に「DSCF」，その後に「780.5/12-3154」のような番号の付された文書）

      ②Department of State, Lot Files, RG59.

      国務省ロト・ファイル（史料情報の後に，Lot●● D▲▲（●●と▲▲は1〜3桁の数字）の付された文書）
   2) 英国国立公文書館（National Archives, Kew：以下 PRO）所蔵文書

      ①Foreign Office Files

      外務省文書（FO371, FO800 など，「FO」で始まる史料情報をもつ文書）

      ②Cabinet Office Files

      内閣府文書（CAB128, CAB134 など，「CAB」で始まる史料情報をもつ文書）

      ③Prime Ministerial Files

      首相府文書（「PREM11」の史料情報をもつ文書）

   また，註に頻出する下記の機関名については，略語を用いた．

   　米国国務省：Department of State → DOS

   　英国外務省：Foreign Office（British）→ FO

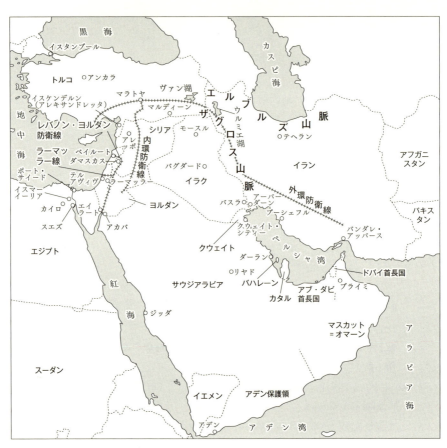

序　章

1　国際システムの変容と中東

　第二次世界大戦から戦後初期にかけての時代，グローバルな国際システムは巨大な変容を遂げた。両大戦間期まで国際システムの周辺的な存在であったアメリカ合衆国とソヴィエト社会主義共和国連邦というふたつの超大国が国際システムの主要アクターとして台頭する一方で，19世紀以来，国際システムの中心にあったイギリスとフランスをはじめとする西欧諸国はその相対的な地位を大きく低下させた。この結果，大戦後の国際システムは，戦間期までの多極的なシステムとは大きく異なる，米ソを頂点とする二極的システムの様相を帯びることとなった。一方，これと同時に，欧米諸国の公式・非公式の帝国的支配を受けていた従属地域では，外部からの政治的・経済的支配を打破せんとするナショナリズムがいっそうの高まりを見せた。大戦後のおよそ四半世紀のうちに，かつて欧米諸国の植民地や保護国とされていた地域は政治的な独立を達成し，地球上の大部分が独立した主権国家という政治形態に編成されることとなった。さらに，これら従属地域の国々では，それまで欧米諸国により課されてきた政治的・経済的な束縛を打破し，独立した政治体としてみずからの利益を追求しようとする，広義の脱植民地化と呼びうる政治過程が進行した[1]。国際システムを二極的構造に向

---

[1] 第二次世界大戦終了時点で，中東域内で英国の植民地であったのはアデン，委任統治領であったのはパレスチナとトランスヨルダンのみであったが，英国は，エジプト，イラクとの間に二国間条約を有し，加えて大戦中には，イラン南部，シリア，レバノンを軍事占領下に置いていた。したがって，植民地の政治的独立という狭義の脱植民地化の枠組みで戦後の中東を捉えることは不適切である。今日の歴史研究においては，「脱植民地化（decolonization）」という概念は，非公式帝国まで含む帝国的領域の解体，さらには制度的な帝国の解体後まで残存する旧宗主国の様々な影響力をも視野に入れる概念として用いることが一般化している。このような広義の脱植民地化にかかわる主要な研究としては，John Darwin, *Britain and Decolonisation : The Retreat from Empire in the Post-War World* (Basingstoke : Macmillan, 1988); Wm. Roger Louis and R. Robinson, "Imperialism of Decolonization," *Journal of Imperial*

かわせようとする諸力を求心的な契機と呼び得るならば，従属地域の国々が脱植民地化を通じて独自の国益を追求する動きは遠心的な契機を代表するものであった。冷戦前半期の国際関係は，これらの求心的な契機と遠心的な契機のせめぎ合いの過程として捉えることが出来る。

　冷戦期における米ソ対立は，グローバルに作用する求心的契機を内包する点で，伝統的な大国間の対立関係と大きく異なっていた。米ソ間に直接的な軍事衝突が発生すれば，それは世界大戦に直結し，実質的に世界中の国や地域が何らかの形で巻き込まれることになる可能性が高いと考えられた。それ以上に重要であったのは，米ソの対立が，国家と社会の編成のあり方，すなわちイデオロギーを巡る対立という側面を有したことであった。イデオロギー選択の問題は，あらゆる国や地域の国家や社会のあり方や方向性を大きく規定する重要な問題であった。米ソ全面戦争の可能性とイデオロギー対立という2つの要因は，グローバルな国際システムを二極構造へと向かわせる求心的な力として作用したのである。

　冷戦の求心的な契機を顕著に具現化したのは，米国を頂点とする西側陣営とソ連を頂点とする東側陣営という，ふたつの政治的ブロックであった。ソ連，東欧諸国，中華人民共和国が東側陣営の核を形成し，同陣営内の諸国では共産主義政党による事実上の一党独裁体制のもとで国家が運営された。一方，これに対抗する形で，北大西洋条約（North Atlantic Treaty）に代表される多国間条約あるいは日米安全保障条約のような二国間防衛条約を通じて米国と連携する国々は，西側陣営と呼びうる政治的ブロックを形成することとなった。

　東側陣営の外部の世界，すなわち非共産世界は，米国では一括して「自由世界（free world）」と呼ばれた。しかし，「自由世界」の内実は多様であった。その内部には，西側陣営諸国のほかに，条約等を通じて明確に東西何れの陣営にも属さなかったにもかかわらず親西側あるいは親東側の立場を取る国々，国策として中立主義を採用する国々，政権交代等によって東西陣営間を揺れ動く国々など，多様な立場の国々が混在していた。そして，これら中間的な立場の国々の多くは，程度の差はあれ，東西両陣営に便宜的に接近することによって自国の利益を追求することを試みた。この結果，西側陣営とそれに属さぬ中間的な国々の間の境界

and Commonwealth Studies, vol. 22, no. 3 (1994), 462-511. 後者は，従属地域の形式的な独立後にも英国は米国との強調関係を強化することを通じて帝国的影響力を保持しようとしたと論じる。中東に関する個別的な議論では首肯できぬ部分が多いものの，脱植民地化に対する米英の立場の近さを強調する点で，本書の分析は後者と重なり合うところがある。

は，常に曖昧さをはらむこととなった。かつて欧米諸国の公式・非公式帝国の領域をなし，第二次世界大戦後に脱植民地化へと歩み始めた広大な地域の小さからぬ部分がこの中間的な領域に属したことは，冷戦の国際システムが内包する求心的な契機の限界を示していた。

　本書が検討対象とする中東の大部分は，このような中間的な領域に属することとなった。しかしながら，中東が中間的領域に属することは，あらかじめ定められていたわけではない。少なくとも，1950年代の米国の政策決定者たちは，そのようには考えていなかった。本書の結論を予備的な形で示すならば，中東地域を西側陣営に包摂することこそが，1950年代——おおよそ1951-58年——の米国の中東政策を貫く地域的な目標であり，当該期の米国の中東諸国に対する個別的な政策はこの地域的目標に照らして策定および実行された。しかし，国際システムの頂点にあった米国の継続的な努力にもかかわらず，かかる地域的目標が達成されることはなかった。この結果，中東の大部分は，東西何れの陣営にも属することなく，中間的な領域にとどまることとなったのである。求心的な力が遠心的な力に跳ね返され，その結果として中東の大部分が東西何れの陣営にも属さぬ中間的な領域に定位したことこそ，冷戦期における中東を巡る国際関係史，そして中東現代史における，最も基本的な事実であった。

　米国が中東地域を西側陣営に統合することを目指し，挫折したという事実，そしてそのような段階を経た上で中東地域が東西陣営間の中間的な領域にとどまったことの歴史的な重要性は，これまでの研究では等閑視されてきた。米国は何故にかかる地域的目標を抱くようになり，如何なる手段でかかる地域的目標を追求し，そして如何なる過程を経て地域的目標を断念するに至ったのか。これらの問題を検討することを通じて，「幻」に終わった中東の西側陣営への統合の試みを描き出し，かかる試みの挫折の後に出現した中東と米国（および英国）の関係を歴史的に捉え直すのが，本書の課題である。言い換えるならば，本書は，冷戦期の国際政治に作用した求心的／遠心的な諸力のダイナミクス，そしてそれらの合成物として出現する地域的秩序に着目することによって，新たな冷戦像を提示せんとする試みである。

　次節では，先行研究の潮流を紹介しつつ，如上の課題を達成するために本書が採用する分析上の視点およびアプローチを説明する。

2 先行研究の諸問題と本書のアプローチ

1）地域的視点への注目

　第二次世界大戦後の米国の中東地域に対する政策を分析する研究のほとんどは，基本的に米国と中東の特定国の二国間関係を扱うものであった。エジプトやイランのような域内大国との関係を筆頭に[2]，これら二国間関係の分析は，米国の特定国に対する政策の形成および実行過程，当該国との二国間関係の展開を明らかにすることを通じて，アメリカ外交史研究の発展に寄与してきた[3]。

---

[2] 米・エジプト関係の研究としては，Gail E. Mayer, *Egypt and the United States : The Formative Years* (London : Associated University Press, 1980) ; William J. Burns, *Economic Aid and American Policy toward Egypt, 1955-1981* (Albany : State University of New York Press, 1985) ; Geoffrey Aronson, *From Sideshow to Center Stage : U.S. Policy toward Egypt, 1946-1956* (Boulder : Lynne Rienner Publishers, 1986) ; Peter L. Hahn, *The United States, Great Britain, and Egypt, 1945-1956 : Strategy and Diplomacy in the Early Cold War* (Chapel Hill : University of North Carolina Press, 1991). 米・イラン関係については，Richard W. Cottam, *Nationalism in Iran*, updated through 1978 (Pittsburgh : University of Pittsburgh Press, 1979) ; Barry Rubin, *Paved with Good Intentions : The American Experience and Iran* (New York : Oxford U.P., 1980) ; Rouhollah K. Ramazani, *The United States and Iran : The Patterns of Influence* (New York : Praeger, Publishers 1982) ; James A. Bill, *The Eagle and the Lion : The Tragedy of American-Iranian Relations* (New Haven : Yale U.P., 1988) ; James F. Goode, *The United States and Iran, 1946-51 : The Diplomacy of Neglect* (New York : St. Martin's Press, 1989) ; Idem, *The United States and Iran : In the Shadow of Musaddiq* (Basingstoke : Macmillan, 1997) ; Mark J. Gasiorowski, *U.S. Foreign Policy and the Shah : Building a Client State in Iran* (Ithaca : Cornell U.P., 1991). これらに対して，米・イラク関係は，研究上の空白に近い状況にある。まとまった研究としては，Magnus Persson, *Great Britain, the United States, and the Security of the Middle East : The Formation of the Baghdad Pact* (Lund, Sweden : Lund U.P., 1998), および，Robert A. Fernea and Wm. Roger Louis, eds., *The Iraqi Revolution of 1958 : The Old Social Classes Revisited* (London : I. B. Tauris, 1991) 所収のいくつかの論考のほかは，駐イラク大使を務めたゴールマンの回顧録くらいしかない。Waldemar J. Gallman, *Iraq under General Nuri : My Recollections of Nuri al-Said, 1954-1958* (Baltimore : Johns Hopkins U.P., 1964).

[3] 圧倒的に数が多いのは，米・イスラエル関係の研究である。ここでは，本書に関係がある有用な研究のみを挙げる。Steven L. Spiegel, *The Other Arab-Israeli Conflict : Making America's Middle East Policy, from Truman to Reagan* (Chicago : University of Chicago Press, 1985) ; David Schoenbaum, *The United States and the State of Israel* (New York : Oxford U.P., 1993) ; Michael J. Cohen, *Palestine to Israel : From Mandate to Independence* (London : F. Cass, 1988) ; Idem, *Truman and Israel* (Berkeley : University of California Press, 1990) ; Nadav Safran, *Israel : The Embattled Ally* (Cambridge : Belknap Press of Harvard U.P., 1981) ; Isaac Alteras, *Eisenhower and Israel : U.S.-Israeli Relations, 1953-1960* (Gainsville : University Press of Florida, 1993) ; Abraham Ben-Zvi, *The United States and Israel : The Limits of the Special Relationship* (New York : Columbia U.P., 1993) ; Idem, *Decade of Transition : Eisenhower, Kennedy, and the Origins of the American-Israeli Alliance* (New York : Columbia U.P., 1998). 米・トルコ関係については，

しかしながら，中東以外の地域に対する米国の関与のあり方を分析する先行研究の状況と引き比べるとき，中東を巡る先行研究の状況には違和感を覚えざるを得ない。西欧や東アジアなど，中東以外の地域に対する米国の政策を検討する先行研究では，米国が当該地域全体を視野に入れた秩序やシステムを構想し，かかる秩序やシステムを構築することを地域的目標としつつ，そこから域内の個々の国やイシューに関する政策を策定し，そして現地諸国との広義の交渉を通じて地域的秩序が構築されていった過程が明らかにされている。すなわち，これらの地域に対する米国の政策は，個々の域内諸国に対する政策の総和以上のものであったことが明らかにされているのである[4]。しかるに，中東に関しては，米・中東

George Harris, *Troubled Alliance : Turkish-American Problems in Historical Perspective, 1945–1971* (Washington, D.C. : American Enterprise Institute for Public Policy Research, 1972) ; Ekavi Athanassopoulou, *Turkey-Anglo-American Security Interests, 1945–1952 : The First Enlargement of NATO* (London : Frank Cass, 1999) ; Nasuh Uslu, *The Turkish-American Relationship between 1947 and 2003 : A History of a Distinctive Alliance* (New York : Nova Science Publishers, 2003). 米・サウジアラビア関係については，Aaron D. Miller, *Search for Security : Saudi Arabian Oil and American Foreign Policy, 1939–1949* (Chapel Hill : University of North Carolina Press, 1980) ; Nadav Safran, *Saudi Arabia : The Ceaseless Quest for Security* (Cambridge : Belknap Press of Harvard U.P., 1985) ; Rachel Bronson, *Thicker than Oil : America's Uneasy Partnership with Saudi Arabia* (New York : Oxford U.P., 2006)(レイチェル・ブロンソン著，佐藤陸雄訳『王様と大統領――サウジと米国，白熱の攻防』毎日新聞社，2007年). 米・シリア関係については，Patrick Seale, *The Struggle for Syria : A Study of Post-war Arab Politics*, 1945–1958 (London : I.B. Tauris, 1965) ; David W. Lesch, *Syria and the United States : Eisenhower's Cold War in the Middle East* (Boulder : Westview Press, 1992) ; Andrew Rathmell, *Secret War in the Middle East : The Covert Struggle for Syria, 1949–1961* (London : I.B. Tauris, 1995). 米・(トランス)ヨルダン関係を主題とする研究は少ないが，以下の2冊に言及がある。Uriel Dann, *King Hussein and the Challenge of Arab Radicalism : Jordan, 1955–1967* (New York : Oxford U.P., 1989) ; Robert B. Satloff, *From Abdullah to Hussein : Jordan in Transition* (New York : Oxford U.P., 1994). 米・レバノン関係については，Helena Cobban, *The Making of Modern Lebanon* (London : Hutchinson Education, 1987) ; Irene L. Gendzier, *Notes from the Minefield : United States Intervention in Lebanon and the Middle East, 1945–1958* (Boulder : Westview Press, 1999). 米国とアラビア半島・ペルシャ湾岸首長国の関係については，Michael A. Palmer, *Guardians of the Gulf : A History of America's Expanding Role in the Persian Gulf, 1833–1992* (New York : The Free Press, 1992) ; W. Taylor Fain, *American Ascendance and British Retreat in the Persian Gulf Region* (New York : Palgrave Macmillan, 2008).

[4] 米国の東アジアに対する地域的政策については，たとえば，Michael Schaller, *The American Occupation of Japan : The Origins of the Cold War in Asia* (New York : Oxford U.P., 1985)(マイケル・シャラー著，五味俊樹監訳『アジアにおける冷戦の起源――アメリカの対日占領政策』木鐸社，1996年) ; 李鍾元『東アジア冷戦と韓米日関係』(東京大学出版会，1996年). 西欧に対する地域的政策の分析で，最も優れた成果は，Michael J. Hogan, *The Marshall Plan : America, Britain, and the Reconstruction of Western Europe, 1947–1952* (Cambridge : Cambridge U.P., 1987) ; Marc Trachtenberg, *A Constructed Peace : The Making of the European Settlement, 1945–1963* (Princeton : Princeton U.P., 1999). ラテンアメリカ政策については，Peter H. Smith,

関係を扱う概説的な研究を含め，米国が中東に構想した地域的秩序への関心は，きわめて希薄であったと言ってよい。その結果，先行研究においては，中東地域を対象とする米国の個別的な政策は短期的な二国間関係の文脈から説明されるにとどまることが多く，米国の中東政策がこれら個別的政策の総和以上のものとして提示されることは，ほぼ皆無だったのである[5]。

　本書は，かかる先行研究の潮流とは一線を画し，中東をひとつのまとまった地域と捉えた上で，米国の中東に対する地域的政策の展開を検討する。無論，本書は個々の中東諸国や個別的なイシューに関する米国の政策を詳細に検討していくが，それらが地域的政策の一部であったことに常に留意するとともに，個別的な政策や域内政治の展開が地域的政策に及ぼした影響に関心を向ける。つまり，米

Talons of the Eagle : Dynamics of U.S.-Latin American Relations, 2nd ed. (New York : Oxford U.P., 2000).

[5] もちろん，複数国を扱った研究や，米国の中東政策や中東への関与を主題とする概説的な研究は数多く存在する。優れた概説的研究および概説的論文集としては，George Lenczowski, *American Presidents and the Middle East* (Durham : Duke University Press, 1990) (ジョージ・レンツォウスキー著，木村申二・北沢義之訳『冷戦下・アメリカの対中東戦略――歴代の米大統領は中東危機にどう決断したか』第三書館，2002年); Robert D. Kaplan, *The Arabists : The Romance of an American Elite* (New York : Free Press, 1993) ; H.W. Brands, *Into the Labyrinth : The United States and the Middle East 1945-1993* (New York : McGraw-Hill, 1994) ; Fawaz A. Gerges, *The Superpowers and the Middle East : Regional and International Politics, 1955-1967* (Boulder : Westview Press, 1994) ; Burton I. Kaufman, *The Arab Middle East and the United States : Inter-Arab Rivalry and Superpower Diplomacy* (New York : Twayne Publishers, 1996) ; Peter L. Hahn, *Crisis and Crossfire : The United States and the Middle East since 1945* (Washington, D.C : Potomac Books, 2005) ; Michael B. Oren, *Power, Faith, and Fantasy : America in the Middle East 1776 to the Present* (New York : W.W. Norton & Co., 2007) ; David W. Lesch and Mark L. Haas, eds., *The Middle East and the United States*, 5th updated 2013 edition (Boulder : Westview Press, 2013). リトルの著書は，米国と多くの中東諸国の関係を検討する論文集的な性格を有しており，個々の議論はきわめて緻密で信頼できるが，米国の中東政策を「オリエンタリズム」で総括しようとする第1章のみが，やや異質で実証性に乏しい議論となっていることが悔やまれる。Douglas Little, *American Orientalism : The United States and the Middle East since 1945* (Chapel Hill : University of North Carolina Press, 2002). ヤークブの研究は，表題の通り，おもにアイゼンハワー第2期政権における「アラブ・ナショナリズム」との対立を包括的に分析しており，個別的な分析では本書の分析と重なる部分も多いが，やはり地域的政策という視点は希薄である。Salim Yaqub, *Containing Arab Nationalism : The Eisenhower Doctrine and the Middle East* (Chapel Hill : University of North Carolina Press, 2004). 泉の研究は，地域的政策の展開に関心を示す点で本書の問題意識に近いが，個別的事象の分析については大きな開きがある。泉淳『アイゼンハワー政権の中東政策』(国際書院，2001年)。なお，米国の中東政策の研究ではないが，カーとポデーの研究は，アラブ諸国間の国際関係を包括的に扱った，何れも優れた研究として定評がある。Malcolm H. Kerr, *The Arab Cold War : Gamal 'Abd al-Nasir and His Rivals, 1958-1970*, 3rd ed. (London : Oxford U.P., 1971) ; Elie Podeh, *The Quest for Hegemony in the Arab World : The Struggle over the Baghdad Pact* (Leiden : E.J. Brill, 1995).

国の中東政策を個別的な政策の総和以上のものとして描き出し，中東における米国の行動を地域的政策の文脈から捉え直すことが本書の課題である。

　抽象的な議論に陥ることを避けるために，後に本論で検討することとなる具体例を2点挙げよう。1951-52年にかけて，米国が英国とともに，中東コマンド（Middle East Command：以下MEC）と呼ばれる中東地域を対象とする多国間防衛機構を設立しようとしたことは，多くの先行研究で言及されている。しかし，これらの先行研究において，MEC構想は，ハリー・S・トルーマン（Harry S. Truman）政権が英国とエジプトの間の紛争を解決するために採用した一過性の政策と位置づけられるに概ねとどまっており，その地域的政策としての重要性が顧みられることはなかった[6]。これに対して本書は，MEC構想を，米国の政策決定者たちが中東「全域（as a whole）」を西側陣営に統合することを地域的目標として共有するようになっていく契機と理解する。MEC構想を契機に出現した，中東全域を西側陣営に統合することを目標とする一連の地域的政策プログラムを，本書は「西側統合政策」と呼ぶ。

　本書は，この西側統合政策が，次期ドワイト・D・アイゼンハワー（Dwight D. Eisenhower）政権に継承されていくと理解する。先行研究では，アイゼンハワー政権はMEC構想を断念し，そのかわりに中東の北部に親西側的な地域的機構を構築することを目指す「北層（Northern Tier）」構想なる政策を打ち出したと理解されている。しかし，かかる理解の仕方では，1955年に北層構想を具現化したかの如きバグダード条約（Baghdad Pact）が成立した際に，何故米国がそれに参加しなかったのか，そして，それにもかかわらず何故それ以降も米国政府内で同条約への加盟の可能性がしばしば議論され続けたのか，十分に説明できないのである[7]。本書は，西側統合政策の継続性に着目することによって，米国のバグダー

---

[6] MEC構想について最初に包括的な分析を提示したのはハーンであり，それ以降の研究のMECに関する言及は概ねハーンの理解に沿うものとなっている。Hahn, *The United States, Great Britain, and Egypt*, chap. 7.

[7] Persson, *Great Britain, the United States, and the Security of the Middle East*; Behçet Kemal Yeşilbursa, *The Baghdad Pact : Anglo-American Defence Policies in the Middle East, 1950-1959* (London : Frank Cass, 2005). ペルソンの研究は，バグダード条約と，それと同時期に進行したアラブ・イスラエル紛争解決努力（アルファ計画）を併せて検討している貴重な研究であるが，バグダード条約とアルファ計画を二者択一的なものとして併置するにとどまっている。イェシルブルサの研究は，バグダード条約の締結に至る過程の分析では，米英の地域的政策について考察しているものの，その締結後については，バグダード条約自体の発展と衰退のみに関心を集中している。

ド条約に対する政策についても，先行研究とは異なる，首尾一貫した分析を加えることになるであろう。

　詳しくは本論で検討することになるので，ここではこれ以上詳細には立ち入らない。ポイントは，二国間関係や特定国に対する政策の総和を超えた地域的な政策に分析の焦点を合わせることにより，先行研究よりも長期的な視点を取ることが可能となり，米国の個別的政策についても，先行研究以上に整合的な説明が可能になるということである。そして，このように地域的レヴェルの政策や認識に着目することを通じて，米国の中東政策に関する分析は，西欧や東アジアに対する米国の政策の分析と同等のレヴェルに到達することになると考えられるのである。

2)「スエズ史観」の問題

　第二次世界大戦後の中東地域を考える上で，英国の存在を無視することは出来ない。両大戦間期から第二次世界大戦にかけての時期，英国の中東における影響力は最高潮に達した。敢えて大雑把な括り方をするならば，第二次世界大戦終了時点で，中東は英国の勢力下にあったと言ってよい。しかし，そのわずか十数年後，1961年のクウェイトの完全独立の後には，中東域内において英国が主要な外部勢力として影響力を維持していたのは，今日のバハレーン，カタル，アラブ首長国連邦からオマーンを経てイエメンに至る，アラビア半島の北・東沿岸部に限定されていた。本書の分析対象からは外れるが，1971年までに英国はこれらの地域からも完全に撤退し，中東における脱植民地化の過程はひとまず完成する。換言すれば，中東にとっての第二次世界大戦後の四半世紀は，英国の政治的影響から離脱する過程であったと理解することも，さしあたり可能である。

　多くの先行研究では，このような中東における英国の影響力の衰退は1956年のスエズ危機およびスエズ戦争（第二次中東戦争）に集約的に表れ，そしてスエズ戦争がそれを決定づけたと想定されてきた[8]。周知のように，1956年7月にエ

---

[8] スエズ危機については，同時代的な分析に始まり，伝記や回顧録も含め，多数の文献が存在する。一次史料の本格的な公開以前の代表的研究は，Kennett Love, *Suez : The Twice-Fought War* (New York : McGraw-Hill, 1969). その後，一次史料に依拠した研究が進捗し，1990年代初頭までには，今日まで続くスエズ危機の基本的な歴史像が確立された。最も重要な研究は，David Carlton, *Britain and the Suez Crisis* (Oxford : Basil Blackwell, 1988) ; Keith Kyle, *Suez* (New York : St. Martin's Press, 1991) ; W. Scott Lucas, *Divided We Stand : Britain, the US and the Suez Crisis* (London : Hodder & Stoughton, 1991), およびこれらと同時期に出版された論文集，

ジプトがスエズ運河を国有化したことに対する報復措置として,同年10月末に英国はフランスおよびイスラエルと共謀してエジプトに侵攻したものの,侵略行為を強く非難する米国からの政治的・経済的な圧力に屈する形で停戦に追い込まれた。おおまかに言えば,スエズ戦争は,中東における英国の影響力の衰退を決定づけるとともに,それを象徴する事件と理解されてきたのである。さらに,かつて植民地を背景に国際政治で重きをなした英・仏という西欧主要国が米国の圧力に屈する形でスエズ戦争が終結したこと,そしてその直後の1957年1月に米国政府が所謂アイゼンハワー・ドクトリンを発表することによって中東地域への関与を増大させる姿勢を示したことをもって,中東における主要な外部勢力が英国から米国に移行したとする見方が支配的になっている。このように,スエズ戦争に収斂させる形で,中東域内における覇権が英国から米国に移行していったとする見方を,本書では「スエズ史観」と呼ぶこととする[9]。

Wm. Roger Louis and Robert Owen, eds., *Suez 1956 : The Crisis and Its Consequences* (Oxford : Clarendon Press, 1989) である。最新の研究成果である,Guy Laron, *Origins of the Suez Crisis : Postwar Development Diplomacy and the Struggle over Third World Industrialization, 1945-1956* (Baltimore : Johns Hopkins U.P., 2013) は,エジプトのナセルの政治的立場の変化に関して有益な分析を提示しているが,米英両国の対エジプト政策に関する分析には大いに疑問がある。米国側の政策決定過程については,Cole C. Kingseed, *Eisenhower and the Suez Crisis of 1956* (Baton Rouge : Louisiana State U.P., 1995) が,「アイゼンハワー修正主義」の立場から,堅実な分析を提示した。かつては,アイゼンハワー政権の対外政策はダレス(John Foster Dulles)国務長官が主導し,大統領はそれを追認するのみであったとの見方が支配的であった。旧世代の代表的な研究としては,Herman Finer, *Dulles over Suez : The Theory and Practice of His Diplomacy* (Chicago : Quadrangle Books, 1964) がある。しかし,一次史料の公開後の分析を通じて,実際にはアイゼンハワーがきわめて強力な主導権を発揮していたことが明らかになった。このような,アイゼンハワーの役割を重視する研究の潮流を,「アイゼンハワー修正主義」と呼ぶが,今日ではそれが通説となっている。アイゼンハワー修正主義の草分け的研究としては,Robert A. Divine, *Eisenhower and the Cold War* (Oxford : Oxford U.P., 1981); Fred I. Greenstein, *The Hidden-Hand Presidency : Eisenhower as Leader* (New York : Basic Books, 1982)。

[9] このような視点を最も強調しているのは,Donald Neff, *Warriors at Suez : Eisenhower Takes America into the Middle East in 1956* (Brattleboro : Amana Books, 1988) である。Louis and Robinson, "Imperialism of Decolonization" は,英国から米国への覇権の移行という見方に代えて,いわば米英共同の非公式帝国の出現を描き出す点に新しさがあるが,かかる体制が出現した重要な契機としてスエズ戦争を位置づける点では,明らかに「スエズ史観」の研究に属する。Steven Z. Freiberger, *Dawn over Suez : The Rise of American Power in the Middle East, 1953-1957* (Chicago : Ivan R. Dee, 1992) は,アイゼンハワー政権が英国を「ジュニア・パートナー」とする明確な意図を持って行動していたと説く。Diane B. Kunz, *The Economic Diplomacy of the Suez Crisis* (Chapel Hill : The University of North Carolina Press, 1991) は,経済的側面に焦点を当てつつ,スエズ戦争を通じて「他地域と同様に中東においても合衆国が支配的(predominant)な勢力であること」が明らかになったとする。これらに対して,

第二次世界大戦後に英国が中東における支配的な影響力を喪失し，米国が中東への関与を拡大していったことに，疑念の余地はない。さらに，グローバルな視点から現代史を俯瞰するとき，英国から米国への覇権の移行は明白な歴史的潮流である。いわゆる覇権移行論と総称される諸研究は，英国から米国へのグローバルな覇権の移行を様々な側面から分析している。経済的に見るならば，すでに両大戦間期に英国は国際経済・通貨の秩序を維持する能力と意思を喪失していた。世界恐慌は，英国が経済的な覇権を喪失しながら，なお米国がそのような役割を担う意思をもたぬ，いわば覇権の空白の下で拡大し深化していった[10]。そして，戦後資本主義世界の経済的制度の基礎となったブレトン・ウッズ体制は，戦間期の経済的混乱の再来を防ごうとする米国の強力なリーダーシップの下で構築されることとなった[11]。単純な経済力の比較という点のみならず，グローバルな資本主義システムを制度的に下支えする中心国の移行という点で，英国から米国への覇権の移行は明らかであった[12]。

　政治的・軍事的な側面では，英国から米国への覇権の移行は，経済的側面にお

　　　ワットはスエズ危機が米英関係の「転換点」であったことを認めつつ，当面は英国の国際的な地位に目立った影響はなく，米英協調も早急に回復されたことから，米英関係の転換が一般に認識されるまでは時間を要したとする，ニュアンスに富む見方を提示している。Donald Cameron Watt, *Succeeding John Bull : America in Britain's Place, 1900-1975* (Cambridge : Cambridge U.P., 1984), 131-135.

[10] Charles P. Kindleberger, *The World in Depression, 1929-1939* (London : Allen Lane, 1973) （チャールズ・P・キンドルバーガー著，石崎昭彦・木村一朗訳『大不況下の世界』東京大学出版会，1982年）; Paul Kennedy, *The Rise and Fall of the Great Powers : Economic Change and Military Conflict from 1500 to 2000* (New York : Random House, 1987) （ポール・ケネディ著，鈴木主税訳『大国の興亡――1500年から2000年までの経済の変遷と軍事闘争』草思社，1988年）.

[11] Richard N. Gardner, *Sterling-Dollar Diplomacy : The Origins and the Prospects of Our International Economic Order*, new expanded ed.(New York : McGraw-Hill, 1969) （リチャード・N・ガードナー著，村野孝・加瀬正一訳『国際通貨体制成立史――英米の抗争と協力』東洋経済新報社，1973年）.

[12] ブレトン・ウッズ体制は構造的な欠陥を内包しており，資本主義世界の中心国としての米国の相対的な地位が短期間のうちに低下したことも事実である。ほぼ1960年代を通じて，米国の国際収支赤字とドルの実質的価値の低下が問題となり，ブレトン・ウッズ体制を維持するために米国は西側主要国の協力を必要とした。Francis J. Gavin, *Gold, Dollars, & Power : The Politics of International Monetary Relations, 1958-1971* (Chapel Hill : University of North Carolina Press, 2004) ; Diane B. Kunz, *Butter and Guns : America's Cold War Economic Diplomacy* (New York : Free Press, 1997). しかし，これらの事実およびブレトン・ウッズ体制が四半世紀で崩壊した事実は，資本主義世界における米国の経済的覇権を否定することにはならない。たとえば，田所昌幸『「アメリカ」を超えたドル――金融グローバリゼーションと通貨外交』（中央公論新社，2001年）参照。

けるほど明確ではなく，それが明確な形をとるまでには戦後数年間の時間を要した。第二次世界大戦末期の時点で，米ソ間には様々な軋轢が生じていたが，トルーマン政権は最初からソ連との対決を決意していたわけではなかった。米国は，対英借款の供与などを緊急措置として実施したけれども，基本的には国際連合の集団的安全保障体制とブレトン・ウッズ体制を基礎として，開放的で平和な戦後世界が実現することを期待していた。米国が，ソ連を仮想敵国と位置づけつつ，国連やブレトン・ウッズ体制の枠組みの外側でみずからの経済的・軍事的資源を活用する積極的な対外政策——すなわち「封じ込め」政策——を遂行する必要があると認識するようになるのは，1946-47年のことである。この時点でもなお，米国内には，欧州をはじめとするユーラシアの国際政治に直接的かつ継続的に関与することへの抵抗感が，なお根強く残存していた。トルーマン政権は，1947年3月のトルーマン・ドクトリンに代表されるような善悪二元論的レトリックを用いることによって，封じ込め政策への国民的支持を調達するための「冷戦コンセンサス」を人為的に創出し，1948年6月のヴァンデンバーグ決議によって持続的な対外的関与への政治的な承認を獲得するというプロセスを経ねばならなかった。以上のような過程を経て米国は政治的側面でグローバルな覇権国として行動する態勢を整えていったが，1949年4月に北大西洋条約が成立した後も，トルーマン政権は軍事支出をきわめて低水準に抑制する方針を継続した。米国が，軍事支出の大幅な拡大方針に転じるのは，朝鮮戦争の勃発後のことである。米国が政治的・軍事的にも覇権国として行動していくこととなった画期を何れの時点に見出すかは論者によって異なるが，何れにせよ，米国がそのような行動様式を獲得するまでには，戦後数年間の時間を要したのである[13]。

一方，戦後の英国政府内には，米国からの支援を強く望みながらも，それを一時的なものと捉え，中長期的には英仏などの植民地帝国の連合を構築することによって，米ソから独立した「第三勢力」を形成せんとする構想が存在した。しかし，1940年代の末までに，英国経済の構造的な弱体さと米国への軍事的依存の必要性が認識されるにつれて，「第三勢力」論は現実性を失っていった。英国側

---

[13] Melvyn P. Leffler, *A Preponderance of Power : National Security, the Truman Administration, and the Cold War* (Stanford : Stanford U.P., 1992); Wilson D. Miscamble, *George F. Kennan and the Making of American Foreign Policy, 1947-1950* (Princeton : Princeton U. P., 1992); David S. Painter, *The Cold War : An International History* (London : Routledge, 1999); Robert A. Pollard, *Economic Security and the Origins of the Cold War, 1945-1950* (New York : Columbia U.P., 1985).

についても，米国の覇権を戦後世界の常態と見做すようになるまでには数年間の時間を要したことになる[14]。総じて見るならば，西欧諸国は，米国の支援なしには，自国の経済を立て直すことも，ソ連の潜在的な軍事的脅威に対抗することも出来ないと考え，米国の欧州への関与の増大を歓迎した[15]。米国の政治的・軍事的覇権は，経済分野における覇権よりもやや遅れる形で成立したのである。

スエズ史観に立つ諸研究は，意識的か無意識的かを問わず，以上のようなグローバルな覇権移行論を前提とし，それが中東という地域にも等しく適用できるという前提に立っている。しかしながら，グローバルな覇権移行論には，覇権の質的な相違を意図的に捨象する側面がある。19世紀から第一次世界大戦に至る時期の英国の覇権と第二次世界大戦後の米国の覇権は，その内実も性質も異なるが，グローバルな覇権移行論は，そのような相違を捨象した上で，「英国から米国へ」という大きな枠組みを描き出すことに主眼を置く。その結果，スエズ史観に立つ諸研究は，米国の中東への関与のあり方がかつての英国の非公式帝国とは質的に大きく異なる内実を有したという重大な歴史的事実を捨象した上で，中東地域に関与する主要な外部勢力が英国から米国に移行したという結論で議論を終えることになるのである。スエズ史観に立つ諸研究の多くに欠落しているのは，英国の覇権が失われた後の中東域内の秩序および米国の中東地域への関与のあり方に関する具体的な分析である[16]。

---

[14] John Kent, *British Imperial Strategy and the Origins of the Cold War 1944–1949* (Leicester : Leicester U.P., 1993).

[15] Geir Lundestad, *The American "Empire" and Other Studies of US Foreign Policy in a Comparative Perspective* (Oxford : Oxford U.P., 1990).

[16] スエズ史観を克服せんとする先行研究は，なおきわめて少数にとどまっている。スエズ史観を明確に克服しているのは，アシュトンの研究である。1958年のイラク革命を英国の中東政策の画期と位置づける同書の議論に本書は負うところが大きいが，アシュトンの研究は英国側の分析にほぼ集中し，また米英関係を対立的なものと捉える点で，本書とは大きく立場を異にする。Nigel John Ashton, *Eisenhower, Macmillan and the Problem of Nasser : Anglo-American Relations and Arab Nationalism, 1955–59* (Basingstoke : Macmillan, 1996). また，泉は「米国のポジションは大きくは変わらないまま，スエズ戦争に象徴されるような一方的な失策によってイギリスが退いたことで，『相対的に』米国の影響力が増大した」として，スエズ史観を相対化する視点を打ち出している。泉『アイゼンハワー政権の中東政策』，270頁。米国側の政策転換については，テイキーがスエズ危機前後の米国の政策の継続性を指摘しているものの，米国の政策を地域的政策と捉える視点は見られず，また政策の継続性についても，1955年以降の継続性を指摘するにとどまり，英国の覇権の衰退後の地域的秩序についても十分に考察しているとは言えない。Ray Takeyh, *The Origins of the Eisenhower Doctrine : The US, Britain, and Nasser's Egypt, 1953–57* (Basingstoke : Macmillan, 2000). 筆者は，米国側においてもイラク革命が地域的政策の転換点となったことを明らかにした論考をすでに発表

序章　13

　本書は，このような先行研究の欠落を補うことを意図している。そのためには，グローバルな覇権移行論をいったん棚上げした上で，第二次世界大戦後の米英両国の中東政策の内容と中東を巡る米英関係，そして中東域内秩序の変容を丹念に跡づける必要がある。中東を巡る米英関係や中東域内秩序が，それぞれの時点でどのような変容を遂げていったのかを分析することを通じて，本書は，スエズ史観が提示する直線的な「英国から米国へ」という図式に代わる，新たな理解の枠組みを提示するであろう。

3) 石油と地域的政策

　本書のもうひとつのテーマは，中東石油を巡る米国の政策を政治的・軍事的な地域的政策の展開と統合して理解することである。第二次世界大戦終了時点でアフリカから東南アジアにかけて広がっていた西欧の公式・非公式帝国の領域の中で，中東は巨大な石油資源の賦存が確認されていた点できわめてユニークであった。米国の中東におけるインタレストは石油に限定されていたわけでも，石油が他のインタレストを凌駕していたわけでも決してなかったが，石油というファクターが米国の中東への関心を増大させる大きな契機となったこともまた紛れもない事実である。

　石油に関する歴史研究は，告発と暴露によって進展してきた側面がある。スタンダード石油会社 (Standard Oil Company) が1911年に連邦最高裁でシャーマン反トラスト法違反を認定され34の会社に分割されたことからも窺われるように，米国ではしばしば石油会社の独占やカルテル的商慣行に対して批判や猜疑の目が向けられてきた。1950年代初頭には司法省が国際的に活動する米国の石油会社をカルテル行為で告訴し，1970年代のいわゆる「オイル・ショック」の後には，政府や石油会社への批判の高まりを受けて，連邦議会上院外交委員会が米国の中東石油政策を調査するための大規模な公聴会を開催した[17]。これらの機会に公開

　しており，これが本書第13-15章の議論の骨格となっている。Toru Onozawa, "The United States and the Iraqi Revolution of 1958 : Transformation of American Regional Policy toward the Middle East, 1957-1960," in Graduate School of Letters, Kyoto University, ed., *Humaniora Kiotoensia : On the Century of Kyoto Humanities* (Graduate School of Letters, Kyoto University, 2006), 17-51.

[17] 1950年代と70年代の石油産業への調査に関する主要な文書は次の2点である。U.S. Senate, Select Committee on Small Business, *The International Petroleum Cartel : Staff Report to the Federal Trade Commission*, August 22, 1952, reprint (Washington, D.C. : U.S.G.P.O., 1975) ; U.S. Senate,

され、あるいは作成された文書を通じて、国際石油産業の活動の実態が歴史的に明らかにされてきたのである[18]。さらに、1980年代以降は、米国政府の公文書の公開が進むにつれて、米国政府の中東石油政策、および政府と石油会社、より広くはパブリック・セクターとプライベート・セクターの関係についての実証的な研究が進んだ[19]。

　米国の政治的・軍事的な地域的政策を中東石油政策と統合して理解する視点を提示することは、冷戦期を対象とするアメリカ外交史研究において積み残された課題に取り組むことをも意味する。周知のように、1970年代までの冷戦史研究は、利用できる一次史料が限られていた上に、左右の政治的対立が研究上の立場に持ち込まれたことによって、党派的な性質を強く帯びていた[20]。しかし、1980

Subcommittee on Multinational Corporations of the Committee on Foreign Relations, *Multinational Oil Corporations and U.S. Foreign Policy : Report together with Individual Views* (Washington, D. C. : U.S.G.P.O., 1975). 1950年代の石油会社に対する反トラスト法違反訴訟については、Burton I. Kaufman, *The Oil Cartel Case : A Documentary Study of Antitrust Activity in the Cold War Era* (Westport : Greenwood Press, 1978).

[18] 1970年代までの連邦議会による調査等におもに依拠した主要な研究は次の通り。Benjamin Shwadran, *The Middle East, Oil and the Great Powers*, 3rd ed. (New York : John Wiley & Son, 1973); Anthony Sampson, *The Seven Sisters : The Great Oil Companies and the World They Made* (London : Hodder and Stoughton, 1975) (アンソニー・サンプソン著、大原進・青木榮一訳『セブン・シスターズ——不死身の国際石油資本』日本経済新聞社、1976年); John M. Blair, *The Control of Oil* (London : Macmillan, 1977); Louis Turner, *Oil Companies in the International System* (London : Royal Institute of International Affairs, 1978); Fiona Venn, *Oil Diplomacy in the Twentieth Century* (Basingstoke : Macmillan, 1986); 浜渦哲雄『国際石油産業——中東石油の市場と価格』(日本経済評論社、1987年); 瀬木耿太郎『石油を支配する者』(岩波書店、1988年)。

[19] 米国政府の中東石油政策と安全保障問題の関連を実証的に描き出したペインターの著作は、ひとつの到達点である。David S. Painter, *Oil and the American Century : The Political Economy of U.S. Foreign Oil Policy, 1941-1954* (Baltimore : Johns Hopkins U.P., 1986). ヤーギンの著作は、この分野における、1980年代までの研究成果の集大成といえる圧倒的な情報量を誇るが、叙述が物語調で、歴史的な分析としては不十分と言わざるを得ない。Daniel Yergin, *The Prize : The Epic Quest for Oil, Money, and Power* (New York : Simon & Schuster, 1991) (ダニエル・ヤーギン著、日高義樹・持田直武訳『石油の世紀——支配者たちの興亡』上・下巻、日本放送出版協会、1991年). パブリック／プライベート・セクター関係についての代表的研究は、次の2点である。Irvine H. Anderson, *Aramco, the United States, and Saudi Arabia : A Study of the Dynamics of Foreign Oil Policy, 1933-1950* (Princeton : Princeton U. P., 1981); Richard H. K. Vietor, *Energy Policy in America since 1945 : A Study of Business-Government Relations* (Cambridge : Cambridge University Press, 1984).

[20] 左派の立場からアメリカ外交を批判した最も有力な勢力が、ウィリアムズに代表される「ニュー・レフト」の諸研究であったことは言うまでもない。ウィリアムズの代表的著作は、William Appleman Williams, *The Tragedy of American Diplomacy* (Cleveland : World Pub. Co., 1959) (ウィリアム・A・ウィリアムズ著、高橋章・松田武・有賀貞訳『アメリカ外交の悲

年代以降，一次史料に基づく実証的な研究が主流となるにつれて，党派的な対立は背景に退いていった[21]。特に1980年代以降に出現した，一次史料に基づく実証的アプローチを特徴とする諸研究は，「ポスト・レヴィジョニズム」世代の研究と称され，冷戦期のアメリカ外交史研究における今日の主流となっている。ポスト・レヴィジョニズム世代の研究は，いまや四半世紀以上に及ぶ膨大な蓄積があり，その内実は多様であるが，一次史料に基づく実証性に加えて，政治，経済，軍事など様々な分野やイシューを巡る政策形成や外交過程を，可能な限り統合的に把握しようとするアプローチに特徴がある。そのひとつの帰結として，ポスト・レヴィジョニズム世代の研究は，米ソ関係をはじめとする東西対立や同盟間外交よりも，西側陣営および非共産世界内部の外交，すなわち同盟内外交により大きな関心を払う傾向がある。概して冷戦期の政策決定者たちは同盟間外交よりもはるかに多くの関心とエネルギーを同盟内外交に費やしたし，米国を含む各国の政治的・軍事的政策が経済的政策と結びつくのは主として同盟内外交においてであったからである。

劇』御茶の水書房，1986年）; William Appleman Williams, *Empire as a Way of Life: An Essay on the Causes and Character of America's Present Predicament, along with a Few Thoughts about an Alternative* (New York: Oxford University Press, 1980). しかし，じつのところ，ニュー・レフトのアメリカ外交史研究の主たるテーマは，アメリカ外交がはらむ拡張性が米国自身の政治的自由や民主主義を侵食するメカニズムを批判することにあって，そのような意味では，経済的な搾取や従属に着目するマルクス主義の諸研究とは，やや異なる位相にあった。この点については，拙稿「現代アメリカと『帝国』論」，『史林』88巻1号（2005年1月），90-125頁を参照。従属論を含むマルクス主義の立場から米国の中東政策を検討した研究としては，次の2冊を挙げることが出来る。Joyce and Gabriel Kolko, *The Limits of Power: The World and United States Foreign Policy, 1945-1954* (New York: Harper & Row, 1972); Nathan Godfried, *Bridging the Gap between Rich and Poor: American Economic Development Policy toward the Arab East, 1942-1949* (New York: Greenwood Press, 1987).

[21] 研究上，党派的な対立が後景に退いた原因のひとつに，ニュー・レフトを含む左派的な立場の研究者たちが，1980年代後半以降，実証的な外交史研究の成果を取り入れた研究を世に問うたことを挙げねばならない。さいわい，その代表的な成果の多くが邦訳されている。Thomas J. McCormick, *America's Half-Century: United States Foreign Policy in the Cold War* (Baltimore: Johns Hopkins U.P., 1989) （トマス・マコーミック著，松田武・高橋章・杉田米行訳『パクス・アメリカーナの五十年──世界システムの中の現代アメリカ外交』東京創元社，1992年）; Gabriel Kolko, *Confronting the Third World: United States Foreign Policy, 1945-1980* (New York: Pantheon Books, 1988) （ガブリエル・コルコ著，岡崎維徳訳『第三世界との対決──アメリカ対外戦略の論理と行動』筑摩書房，1992年）; Walter LaFeber, *America, Russia, and the Cold War, 1945-2006*, 10th edition (Boston: McGraw-Hill, 2008) （ウォルター・ラフィーバー著，平田雅己・伊藤裕子監訳『アメリカ vs ロシア──冷戦時代とその遺産』芦書房，2012年）.

このようなポスト・レヴィジョニズムの研究潮流にもかかわらず，中東に関しては，政治的・軍事的問題と石油を巡る問題を包括的に検討した研究は，ペインターやヤーギンの研究を除けば，米・サウジアラビア間の二国間関係を扱ういくつかの研究に限られている[22]。本書が，政治的・軍事的政策と石油政策を統合して理解する視点を提起することを目指すのは，かかる研究上の欠落を埋めんとする故である。とはいえ，本書もまた，政治的・軍事的問題と石油を巡る問題を完全に一体のものとして叙述するわけではない。それは，米国の中東石油政策が，政治的・軍事的政策と密接な相関関係を持ちつつも，一体とまでは言い難い，独自のダイナミクスのもとに展開したと判断したためである。本書は，これら2つの政策群が，その基本的な前提や目標を共有し，相互に影響しながらパラレルな形で変容していく軌跡を明らかにするであろう。

3　本書の構成

1) 基本的な用語について

　本書の構成を概観する前に，本書の副題にある「中東」および「冷戦初期」という概念について，説明を加えておく。

　本書が「中東 (the Middle East)」と呼ぶ地域は，本書の執筆時点でこの言葉から一般的に了解される地理的範囲と変わるところはないと考えられるが，分析概念としてこれを活用することの妥当性については，一応記しておく価値があろう。本書が「中東」と呼ぶのは，地理的には，トルコ・イラン・パキスタンを北限として，アラビア半島，メソポタミア，レヴァントを経て，エジプトを南西端とする地域である。これは，歴史的な東アラブ世界 (Mashriq) にアナトリアとイランを加えた地域とほぼ重なりあう。1950年代には，この範囲内に存在する諸国家は，外部から相対的かつ緩やかに切り離されたひとつの政治的「地域」を形成した。つまり，同語反復を含むことを承知で言えば，中東の域内政治と呼び得るものが，この地域に出現したのである。同時に，この地理的範囲は，米国政府が

---

[22] ペインターとヤーギンについては，上記註19参照。サウジアラビアを扱ったものとしては，Miller, *Search for Security* のほか，Nathan J. Citino, *From Arab Nationalism to OPEC : Eisenhower, King Sa'ūd, and the Making of U.S.-Saudi Relations* (Bloomington : Indiana U.P., 2002).

「中東」(あるいは「近東」)として認識していた地域でもあった。英国政府の認識は,米国側よりも揺らぎが大きかったものの,大筋において米国側の認識と重なりあう内容を有した。つまり,域内政治の単位,そして当該地域に深く関与した外部勢力の認識や政策の単位として,「中東」は政治的な実体を有したのである。

　無論,「中東」概念は,関係する概念との関連や政治情勢の変化等により,一定の伸縮を伴った。たとえば,中東域内政治に深く関係する「アラブ内政治」の対象は,モロッコに至る西アラブ世界(Maghrib)までを包含する一方で,トルコとイランはそこから除外された。1956年に英国とエジプトの共同統治から独立するスーダン,エジプトの隣国のリビア,そしてイランとパキスタンに隣接するアフガニスタンは,時として「中東」の一部として語られることがあった。一方,パキスタンは基本的には南アジアの一部として位置づけられていたが,1953年以降,同国が中東の一部として行動するようになっていくのに伴い,外部からもそのように認識されるようになっていった。このように時期や文脈によって伸縮を伴うことを認識した上で,本書は,「中東」を一定の政治的実体を伴ったひとつの地域と捉え,同地域に対する米国の政策の展開を分析する。

　一方,「冷戦初期(英語で表現すれば,"early Cold War"あるいは"first Cold War")」という表現は,一般的ではないことを承知の上で,意図的に採用した概念である。冷戦に時期区分を設けるとき,最も一般的なのは,1960年代末から70年代初頭を画期として,前半と後半に分ける方法であろう。この時期区分は,グローバルな国際システムの構造変化に基づいている。すなわち冷戦前半期は,東西各陣営内において米ソがそれぞれ圧倒的なパワーと指導力を誇り,国際システムにおける二極構造が顕著であった時代,それに対して冷戦後半期は,西側陣営内では西欧と日本の経済的地位が上昇し,東側陣営では中国が事実上そこから離脱したことなどを通じて,米ソ両超大国のパワーが相対的に低下し,「多極化」が進行した時代と捉えられる。これに対して本書は,一般に冷戦前半期とされる時代の途中に位置する1958年頃を境に,米国の中東政策および中東への関与のあり方に大きな変化が生じたこと,言い換えるならば,中東という地域,そして米国の地域的政策に着目したとき,グローバルな冷戦の時期区分からは抜け落ちてしまう歴史の断層が1958年頃に存在することを明らかにしようとしている。つまり,時期区分もまた本書の論点のひとつであるが故に,出来合いの時期区分の表現を意図的に避け,敢えて定義が定まっていない「冷戦初期」という表現を

使用したのである．じつのところ，1950年代後半を「冷戦初期」と形容することに若干の違和感がないわけではないが，おそらく誰しもが「冷戦初期」と呼ぶことに同意するであろう1950年代初頭に出現した政策や認識の枠組みが1950年代後半まで米国の中東政策を規定したという論旨であるならば，1950年代末近くまでをさしあたり「冷戦初期」と呼ぶことも許容されよう．

いますこし積極的な言い方をするならば，本書は，米国の地域的政策と地域的なレヴェルの国際関係の変容に着目することによって，グローバルな国際システムの構造に着目する冷戦の時期区分を相対化することを目指している．このように述べることは，グローバルな視点から冷戦時代を前期と後期に分かつ視点を否定するものではなく，また1958年が中東以外の地域においても時代の境目であった，あるいは「冷戦初期」という概念を中東以外の地域にも適用できると主張することではない．本書が目指すのは，地域という単位に分析の焦点を合わせることによって，これまで見落とされてきた歴史の断層や連続性を浮かび上がらせる実例を示すことを通じて，冷戦史研究さらには現代史研究の新たな可能性を提示することである．言い換えるならば，「冷戦初期」という表現は普遍性を持つものではないものの，かかる独自の時期区分を導いた本書の地域的な分析視点には，他地域や他の時代に適用しうる可能性，つまり一般化の可能性が秘められていると筆者は考えている．

2) 本書の構成

本書は4部より構成され，第 I・II 部を上巻に，第 III・IV 部を下巻に収めている．

本書は，1951年から58年にかけての時期を，中東を対象とする米国の地域的政策の展開におけるひとつのまとまった時代として提示する．この時代の米国の中東政策は，中東と西側世界との間に共通の目標とインタレストの基盤を構築することが可能であるとの前提と，かかる目標とインタレストの共同体を実現しなければならないとする信念に裏付けられていたという点で，その前後の時代とは明確に異なる特徴を有した．この時代の米国の中東を対象とする地域的政策は，政治的・軍事的側面においては，中東全域を西側陣営の同盟システムに取り込むことを当面の最終的な目標と位置づけていた．先述のように，かかる地域的目標の実現を目指して遂行された一連の政策を，本書は「西側統合政策」と呼ぶ．こ

の西側統合政策の出現過程を分析するのが，第Ⅰ部前半（第1, 2章）の課題である。さらに，中東と西側世界との間に共通のインタレストの基盤を構築し得るとの米国の政策決定者たちの前提は，中東石油を巡る政策においても貫徹されていた。米国政府は，産油国と石油会社の間で石油利益を折半する利益折半原則を中東の石油利権に適用することによって，産油国・消費国間の共通の利益の基盤を構築できるとする立場を取るようになる。このように利益折半原則によって産地国と消費国の間に共通のインタレストを実現し得るとの前提の下に構築された石油を巡る秩序を，本書は「協調的石油秩序」と呼ぶ。第Ⅰ部後半（第3, 4章）では，米国政府が協調的石油秩序の構築および維持を中東石油政策の基礎に据えていく過程を考察する。

　第Ⅱ部以下では，アイゼンハワー政権期を分析対象とする。第Ⅱ部および第Ⅲ部では，西側統合政策の展開，変容，そして挫折の過程を追う。第Ⅱ部では，アイゼンハワー政権が西側統合政策を前政権から継承したことを確認した上で，前政権とは異なる地域的政策プログラムの下にそれを推進していく過程を詳細に分析する。第Ⅱ部の分析のポイントとなるのは，米国の政策決定者たちが，中東諸国と英国の間に生起した紛争や中東域内政治の分極化を西側統合政策の障害と捉え，それらを解決あるいは解消することを一貫して目指したことである。西欧が長年にわたる域内対立を解消してはじめて西側陣営としての結束を実現できたように，中東もまた，英国との紛争や域内対立を解消することなくしてその全域を西側陣営に統合することは不可能であると，米国の政策決定者たちは考えていた。それゆえアイゼンハワー政権は，アラブ・イスラエル紛争の包括的解決を目指すとともに，1955年に出現した中東域内の親西側諸国と親エジプト諸国との間の対立から距離を取り，それを最終的に解消することを目指しつつ，西側統合政策を推進していくこととなる。

　しかし，米国政府の期待，そして様々な外交努力にもかかわらず，域内政治の分極化はいっそう進行していく。そのような中で米国政府が地域的政策プログラムを修正しながらもなお西側統合政策の目標を追求し，しかし最終的に挫折していく過程を，第Ⅲ部は描く。エジプトのジャマール・アブド・アン＝ナースィル（Jamāl ʻAbd al-Nāṣir：以下，ナセル）が，中立主義的・汎アラブ主義的ナショナリズムの立場を明確化し，アラブ・イスラエル紛争の解決にも協力する意思をもたぬことが明らかになると，米国政府はナセルに政治的・経済的な圧力を加える

ことでその行動を改めさせることを目指す,新たな西側統合政策プログラムを遂行することとなった。しかし,ナセルは中立主義的・汎アラブ主義的な立場をむしろより先鋭化させることで,イラクのような親西側的アラブ諸国においてすら支持を拡大し,結果的に,アラブ世界においては西側陣営と連携することが「ナショナリズム」としての正統性に背馳するという認識が一般化するような政治情勢が出現する。ここに至って,米国の政策決定者たちは,中東全域を西側陣営に統合することは不可能であると判断し,西側統合政策を断念するに至るのである。

その後,1年あまりの曲折を経て,1958年のイラク革命後,アイゼンハワー政権は,中東と西側陣営との間に恒常的な目標やインタレストの共通の基盤を構築することは不可能であるとの前提に立ち,中東へのソ連・共産主義の影響力拡大抑制と中東石油の安定供給維持という基幹的な地域的目標のみを追求する新たな中東政策を採用するに至る。この後の米国の中東政策および中東における行動は,国際政治学の分野で「域外からの勢力関係の操作（offshore balancing：以下,オフショア・バランシング）」と呼ばれる戦略あるいは行動様式の一形態と位置づけることが出来る[23]。第III部末尾では,1958-59年以降のアイゼンハワー政権が採用したオフショア・バランシング政策がジョン・F・ケネディ（John F. Kennedy）政権に引き継がれ,米国の中東政策あるいは中東における行動様式として定着したことを確認する。

第IV部では,協調的石油秩序の理念の崩壊と,それに伴う米国の新たな中東石油政策の出現過程を分析する。1957年を境に,協調的石油秩序の主たる参加者である産油国政府と石油会社は,ほぼ同時に協調的石油秩序の理念から離れ,あるいはその枠組みを掘り崩す行動を開始した。石油会社は産油国への不信感から新規のパイプラインへの投資を控え,より柔軟に石油を輸送できる大型タンカーを重視するようになっていった。一方,産油国政府は,協調的石油秩序のアウトサイダーを招き入れることによって利益折半原則に挑戦する姿勢をあらわに

---

[23] 近年,国際政治学におけるリアリスト学派の一部が,「覇権」に代わる米国のグランド・ストラテジーとして「オフショア・バランシング」戦略を採用することを主張している。その結果,近年のリアリストの議論における「オフショア・バランシング」には,将来採用されるべき政策としての,ある種の規範的概念の色彩が付きまとっているが,本書ではこれを文字どおり「域外からの勢力関係の操作」という分析概念として用いている。Christopher Layne, "From Preponderance to Offshore Balancing : America's Future Strategy," *International Security*, vol. 22, no. 1 (Summer, 1997), 86-124 ; Idem, "Offshore Balancing Revisited," *The Washington Quarterly*, vol. 25, no. 2 (Spring, 2002), 233-248.

するようになった。このような状況に直面した米国政府は，1958-59年には，産油国と消費国の間に共通の利益の基盤を構築することを断念し，世界的な石油の余剰生産力の拡大と柔軟な輸送能力の構築を柱とする，消費国側の利益を追求する石油政策へと舵を切っていくこととなるのである。

　西側統合政策と協調的石油秩序が，中東と西側世界との間に共通の目標とインタレストの基盤を構築することを目指す点で通底していたのに対して，オフショア・バランシング政策と消費国の利益を追求する石油政策は，かかる共通のインタレストの基盤を中東と西側世界との間に構築し得ないという前提を共有していた。かくして1950年代末を境に，米国の中東政策は，米国と西側世界のインタレストに従って中東を域外から操作する枠組みへと質的に大きく転換することとなったのである。

第Ⅰ部

地域的政策の生成

第I部においては，1950年代の米国の中東政策の2つの柱となった，西側統合政策と協調的石油秩序の出現過程を分析する。

　第1章では，西側統合政策出現の前史として，第二次世界大戦終結時に中東に存続していた英国の非公式帝国とその再編の過程，そして冷戦の開始と踵を接する米国の中東への政治的関与の始まりを，米英関係に注目しつつ検討する。さらに本章では，中東を巡る米英関係を戦後の全般的な米英関係の展開の文脈の中に位置づけることにより，グローバルな冷戦の展開の中に中東地域を位置づける。

　続く第2章は，米国の西側統合政策の揺籃となった中東コマンド（MEC）構想の生成，発展，変容の過程を追う。MEC構想は多様な目標を実現するための手段として発展したが，その中でもとりわけ注目すべきは，国務省の近東・南アジア・アフリカ局（Bureau of Near Eastern, South Asian, and African Affairs：以下NEA）[1]の政策決定者たちが打ち出した，すべての中東諸国との水平的な協力関係を構築するための枠組みとしてMECを活用しようとする構想であった。まず中東諸国と西側陣営諸国との間に政治的協調関係の基盤を築き，それを発展させて中東諸国を同盟国として西側陣営に統合していくというNEAの構想は，米国政府のMEC構想の核心となった。そして，MEC構想を巡る議論を通じて米国の政策決定者たちの間に形成された中東政策のコンセンサスこそが，西側統合政策の原型となるのである。

　第3章では，協調的石油秩序の形成過程を，第二次世界大戦期の米国の中東石油への関心の増大にさかのぼって分析する。1950年末のサウジアラビアの利益折半協定が協調的石油秩序の基礎となるが，そこに至るまでの道程では，それとは異質な産油国・消費国間関係の構想が存在した。この多様な可能性を排除する，あるいは棚上げにする形で，協調的石油秩序が出現したことを明らかにするのが，本章の役割である。

---

[1] 本書が対象とする時期において国務省で中東地域を管轄したのは，1949年までは近東・アフリカ部（Office of Near Eastern and African Affairs），1949-58年は近東・南アジア・アフリカ局（Bureau of Near Eastern, South Asian, and African Affairs），1958-1992年は近東・南アジア局（Bureau of Near Eastern and South Asian Affairs）であり，略称はすべて「NEA」である。本書の叙述上，問題は生じないので，これらはすべて「NEA」と略記する。

第4章は，イラン石油国有化紛争を検討する。イラン紛争は，協調的石油秩序への中東のナショナリストからの最初の，しかも最もラディカルな異議申し立てを軸に展開した。対立しあうイランと英国をともに協調的石油秩序の枠組みに取り込むべく，米国は説得，圧力，報償を駆使した外交を展開する。イラン石油国有化紛争は，協調的石油秩序の，さらには中東と西側陣営の間に共通の目標とインタレストの基盤を構築することを目指す米国の同盟プロジェクトの，最初の試金石となったのである。結果的に米国は，ラディカルな問いを発するナショナリストを実力で排除することによって，協調的石油秩序の枠組みをイランに強制的に押し付けることとなった。協調的石油秩序は，中東のナショナリズムからの新たな挑戦の契機を抱え込む形で，中東全域に拡大することとなるのである。

第1章

英国の非公式帝国と米国の中東への関与の始まり

1　中東における英国の非公式帝国

1) 中東における非公式帝国の概観

　第二次世界大戦が終了した時点で，中東は英国の非公式帝国の一翼を形成していた[1]。英国にとって中東地域は，帝国の要石であるインドへの経路に当たり，インドへの経路を確保することは，19世紀以来，英国の対外政策における基本的な目標のひとつであった。英国は，スエズ運河を擁するエジプトへの影響力を拡大し，1882年には同国を軍事占領して実質的な支配下に置いた。これと同時に英国は，クウェイト，バハレーン，オマーン，およびのちにアラブ首長国連邦として独立する湾岸首長国[2]との間に，英国が外交権を掌握する保護条約を締結するとともに，紅海とインド洋を結ぶ要衝アデン[3]を領有した。ペルシャ湾北岸

---

[1] 以下の中東における英国の非公式帝国に関する叙述については，逐一註記しないが，以下の諸文献を参考にしている。Glen Balfour-Paul, "Britain's Informal Empire in the Middle East," in Wm. Roger Louis et al. eds., *The Oxford History of the British Empire*, vol. 4, *The Twentieth Century* (Oxford: Oxford U. P., 1999), 490-514；Wm. Roger Louis, "The Dissolution of the British Empire," in ibid., 329-356；Francis Robinson, "The British Empire and the Muslim World," in ibid., 398-420；Darwin, *Britain and Decolonisation*；Elizabeth Monroe, *Britain's Moment in the Middle East, 1914-1971*, new and revised edition (London: Chatto & Windus, 1981).

[2] アラブ首長国連邦およびカタル（1971年に同連邦より分離）の成立以前，日本ではこれら首長国は「休戦土侯国」「休戦オマーン土侯国」などと一般に呼称されていたようである。これは，同地域が英語で「休戦海岸（Trucial Coast）」あるいは「休戦オマーン（Trucial Oman）」と呼ばれ，同地域の首長諸国が英語で「Trucial Sheikdoms」とも呼ばれていたことによる。本書では，2015年時点で，クウェイト，アラブ首長国連邦，カタル，バハレーン，オマーンに当たる地域の首長国を「湾岸首長国」と総称する。

[3] アデンは，都市アデンおよびその後背地を指し，1967年以降の南イエメン，1991年の南北イエメン合併後はイエメン南東部に当たる。都市アデンは1937年に直轄植民地となり，同地より北東方向に延びる後背地の中小首長との間には保護条約が締結された。後者は全体としてアデン保護領と呼ばれる。

のイランにおいても英国の影響力は 19 世紀後半に拡大し，1907 年の英露協商によりイラン南部は英国の勢力圏に組み込まれた。さらにイラン南部の広大な地域には，英国籍のアングロ＝パーシャン・オイル・カンパニー（Anglo-Persian Oil Company：以下 APOC）が石油利権を保有し，第一次世界大戦勃発と前後して英国政府が同社の株式の過半数を保有するようになった。

　中東における英国の影響力が頂点に達するのは，第一次世界大戦後であった。戦後，英国とフランスは，国際連盟下の委任統治という形式の下で旧オスマン朝のアラブ地域を勢力範囲に分割し，それぞれの委任統治領内に，オスマン朝時代の行政区域を恣意的に結合した植民地国家を建設した。英国の委任統治領に建国されたイラクとトランスヨルダン，フランスの委任統治領に建国されたシリアとレバノンは，建国までの経緯やその後の国民国家建設の過程には大きな相違があるものの，委任統治国の都合によって構築された人工的国家という特徴を共有していた。イラクは 1932 年，レバノンとシリアは 1941 年[4]，トランスヨルダンは 1946 年に，それぞれ独立を果たすことになる。

　戦間期を通じて，英国は，イラクおよびトランスヨルダンにおいては，両国のの王家であるハーシム家，政治家，官僚，軍人などよりなる新たな支配エリート層，そして富裕商人や地主を中心とする伝統的支配層との間に人的なネットワークを構築して非公式な影響力を扶植していった。これと同時に英国は，アラブ諸国との間に二国間同盟条約を締結することによって，みずからの影響力を制度化する政策を遂行した[5]。イラクでは，親英的なハーシム王家と，建国以前から英国との協調関係にあった実力者ヌーリー・サイード（Nūrī al-Saʻīd）らを中心とする親英的支配エリートの下で植民地国家・国民国家の建設が進められた。建国まもない 1922 年以来，イラクと英国の間では数次にわたってイラクの内政と外交に関する英国の権利を規定する二国間条約が締結された。1930 年 6 月にヌーリー政権のもとで締結された，一連の二国間条約の最後のものとなる英・イラク同盟条約により，英国はバグダード近郊のハッバーニヤとバスラ近郊のシュアイ

---

[4] シリアとレバノンは，1940 年にフランス本国がドイツに敗北した後，いったんヴィシー政権に帰属したが，1941 年に英国と自由フランス政府の連合軍によって占領された。自由フランス政府はシリアとレバノンの独立を宣言し，英国もこれを承認したが，英・仏連合軍の占領は継続した。英・仏連合軍が撤退してシリアとレバノンが実質的な独立を達成するのは，戦後の 1946 年である。
[5] Monroe, *Britain's Moment*, 67-70, 116-120.

バという 2 つの空軍基地の使用権，イラク国内における英軍の移動や通信等に関する諸権利，そしてイラク軍の訓練および武器供給を独占的に担う立場を確保することとなった[6]。

同様の方針は，エジプトにも適用された。英国は，第一次世界大戦の勃発とともにエジプトを正式に保護国としたが，戦中から戦後にかけての反英闘争の高まりを前に，1922 年に一方的に保護関係を解消し，エジプトの独立を宣言した。独立付与後，英国は，エジプトとの間に二国間条約を締結することを目指した。しかし，ワフド（Wafd）党を中心とするエジプトのナショナリスト勢力が軍の駐留やスーダン問題を巡って英国への批判を繰り広げたのみならず，エジプト国内政治において国王も交えての党派対立が激化して政治的混乱が継続したため，当面，英国は無条約状態のままでエジプトの占領を継続することとなった。英国とエジプトの間に二国間条約締結の環境がようやく整うのは，イタリアのエチオピア侵攻によりエジプト国内に安全保障への懸念が強まるとともに，専制的な統治を目指したフアード（Fu'ād：位 1917-36 年）国王の死去に伴って 1923 年憲法に規定された議会政治が正常に機能し始めた，1930 年代半ばであった[7]。ワフド党のムスタファ・ナッハース（Muṣṭafā al-Naḥḥās）政権のもとで 1936 年 8 月に締結された英・エジプト同盟条約により，英軍の駐留は，スエズ運河地帯の英軍基地などに限定され，兵員数には 1 万名の上限が設定された。一方で英国は有事の際に戒厳令を布告する権限などを保持し，エジプト政治の最終決定権を掌握し続けた[8]。

---

[6] Hanna Batatu, *The Old Social Classes and the Revolutionary Movements in Iraq ; A Study of Iraq's Old Landed and Commercial Classes and of Its Communists, Ba'thists and Free Officers*（Princeton：Princeton U.P., 1978), 319-337. イラク初代国王ファイサル（Fayṣal ibn Ḥusayn）やヌーリーらは，英国に依存しつつも早期の完全独立を目指し，1920 年代にはしばしば英国と衝突した。1930 年条約も，1927 年以来のイラク側からの委任統治終結要求に英国政府が折れる形で締結された。Treaty of Preferential Alliance : the United Kingdom and Iraq, 30 June 1930, in J.C. Hurewitz, *Diplomacy in the Near and Middle East : A Documentary Record, 1914-1956*（Princeton：D. Van Nostrand Co., 1956), 178-181.

[7] P. J. Vatikiotis, *The History of Modern Egypt : From Muhammad Ali to Mubarak*, 4th ed.(London：Weidenfeld and Nicolson, 1991), 286-294, 322-324. なお，19 世紀以来，エジプトが西洋列強に付与していた諸特権（カピチュレーション）は，1937 年に英国が関係国に呼びかけて開催したモントルー会議でようやく廃止が決定された。トルコを含む旧オスマン帝国領では 1922-23 年に，イランでは 1928 年に，すでに同様の諸特権は廃止されていたので，エジプトでの廃止が最も遅れたことになる。

[8] Treaty of Preferential Alliance : Britain and Egypt, 26 August 1936, in Hurewitz, *Diplomacy*, 203-211.

時期的にやや遅れて締結された英・トランスヨルダン条約も，以上のような英国の政策の延長線上にあった．1946年3月に締結された同条約により，英国はトランスヨルダンに完全独立を付与するとともに，引き続き同国を財政的に支援する責任を引き受けた．同時に英国は，トランスヨルダン国内の基地使用権を確保し，おもにベドウィン出身者によって構成される同国の国軍であるアラブ軍団（Arab Legion）の指揮権を引き続き掌握することとなった．

二国間条約によって独立後のアラブ諸国における英国の影響力を制度化する方針は，委任統治や軍事占領という支配形態に対する現地からの反発を緩和しつつ，英国の影響力を長期的に温存することを目指して採用されたものであった．これらアラブ諸国内で英国の特権的な地位に対する批判や反発は継続したにせよ，大局的に捉えるなら，如上の英国の目標は，ひとまず達成されたと見てよい．イラクとエジプトの内政は，1930年代に混迷を深めていったものの，英国との関係は両国における主要な政治的イシューではなくなった．親英的な支配層が大きく動揺することはなく，むしろエジプトのワフド党のように，かつて英国の支配に反対の立場にあった勢力が英国の非公式な影響力を前提とする支配体制内に取り込まれていく動きすら見られたのである[9]．

かかる図式の唯一の，しかし深刻な例外は，パレスチナ委任統治領であった．英国政府は，パレスチナ委任統治領においては，当面は植民地国家を建設するかわりに，ユダヤ人の入植者数を制限しつつ，パレスチナに住むアラブ人（以下，パレスチナ人）とユダヤ人の融和を図る方針を採用した．パレスチナにユダヤ人の「民族的郷土（a national home）」建設を支持する方針を打ち出した著名な「バルフォア宣言」が「パレスチナにおける既存の非ユダヤ人共同体」の諸権利を保護する原則を明記し，パレスチナ委任統治協定書においても同書簡の有効性が再確認されていることから窺われるように，英国政府はパレスチナ人とユダヤ人の間に発生する深刻な対立を十分に予見し得なかった．

パレスチナにおけるユダヤ人人口が絶対数においても比率においても上昇し，ユダヤ人の土地取得が進むにつれて，パレスチナ人の不満と不安は強まっていった．伝統的にヨーロッパのユダヤ人の最大の移民先は米国であったが，第一次世界大戦後に米国が移民制限を徐々に強化し，1924年移民法で米国への移民がき

---

[9] Monroe, *Britain's Moment*, 79–83.

わめて困難になると，多くのユダヤ人がパレスチナを目指すようになった。1930年代に，世界恐慌の影響でパレスチナ人農民の貧窮化と没落が進行する一方で，ドイツでナチス政権が成立してパレスチナへのユダヤ人移民圧力がさらに高まったことで，状況はさらに悪化した。このような状況へのパレスチナ人の不満は，1936-39年に「アラブの反乱（Arab Revolt）」と呼ばれるパレスチナ人の大衆蜂起として爆発した。蜂起を主導したアラブ高等委員会（Arab High Committee）は，ユダヤ人移民の停止とユダヤ人への土地譲渡の禁止を英国に要求してゼネストを組織し，周辺アラブ諸国からの義勇兵を含むパレスチナ人勢力はユダヤ人入植地や英委任統治政府を標的とするテロ攻撃を行うようになった。ユダヤ人側でも，シオニスト主流派のユダヤ機関（Jewish Agency）は自衛組織ハガナ（Haganah）を拡充し，修正シオニズムと呼ばれる非主流派は英委任統治政府やパレスチナ人へのテロ攻撃をエスカレートさせた。

　パレスチナ人とユダヤ人の対立が激化する中で，英国の政策は右往左往する。「アラブの反乱」を受けて英国政府が設置したパレスチナ問題調査委員会（通称ピール委員会（Peel Commission））は，1937年7月に発表した報告の中で，パレスチナを一体とする委任統治は機能し得ないとの判断を示し，パレスチナをユダヤ人国家，アラブ人国家，聖地を含む中立地帯に三分割し，ユダヤ人国家からパレスチナ人を強制的に移住させることを勧告した。ピール委員会報告は，明らかにユダヤ人に有利な内容であったため，シオニスト勢力はこれに前向きな反応を示したが，パレスチナ人は強硬に反発した。結局，英国政府は，ピール委員会の勧告を実行に移すことは不可能であるとして1938年にこれを退けた。さらに，欧州の政治情勢が緊張を増すにつれて，英国政府はアラブ諸国の支持獲得に腐心するようになった。英国政府が1939年5月に発表した「パレスチナ白書」は，パレスチナを将来的にアラブ人とユダヤ人がともに参加する複民族国家として独立させ，この独立パレスチナ国家との間に条約関係を樹立することを長期的目標に掲げた。同時に白書は，パレスチナ人およびアラブ諸国への配慮を色濃く反映して，ユダヤ人移民とユダヤ人の土地取得に厳しい制限を設ける方針を打ち出した。当然ながら，シオニスト勢力は白書に強く反発し，修正シオニズム勢力の英委任統治政府へのテロ攻撃はいっそう激化したが，皮肉なことに，すでに英国への不信感を強めていたパレスチナ人も白書を拒否した。第二次世界大戦が勃発すると，シオニスト主流派とパレスチナ人主流派はともに英国への協力姿勢を取ることと

なり，パレスチナにおける対立の亢進にはいったん歯止めがかかる。しかし，パレスチナ人とユダヤ人の融和を実現することによってみずからの影響力を保持しようとする英国のパレスチナにおける目標は，すでに戦間期の段階で達成がきわめて困難な状況に陥っていた。

2）新たなナショナリズムの胎動

　パレスチナ問題は英国の影響力の限界を目に見える形で示していたが，多くの中東諸国では，より見えにくい形で英国の中東支配を脅かす変化が発生しつつあった。戦間期から第二次世界大戦に至る時期の中東諸国では，かつてオスマン朝の支配から脱するために英国との協調による植民地国家・国民国家の建設を選択したイラクやトランスヨルダンの指導層，あるいは英国の干渉に原理的に反対する立場から英国との条件闘争を指向する立場に変化していたエジプトのワフド党のような，第一世代のナショナリスト勢力とは異なる，より原理的な立場から国家主権や民族の自立を追求し，外国の政治的・経済的な影響力を排除しようとする，いわば第二世代のナショナリズムが影響力を持ち始めていた。

　第二世代のナショナリズムは，その内容や目指す目標において多様であった。西洋の啓蒙主義的な価値観あるいはマルクス主義を含む左翼思想を受容するナショナリズムと，復古的・ロマン主義的あるいは宗教的なナショナリズムが，しばしば混淆しながら併存していた。パレスチナの「アラブの反乱」は，パレスチナ以外のアラブ人の間にも民族的な連帯意識を惹起したが，汎アラブ的な統一を指向するナショナリズムと既存のアラブ国家への帰属を強調するナショナリズムの境界は明確ではなかった。さらに，その担い手も多様であった。汎アラブ的ナショナリズムに共感を示しつつ感情的ともいえる反英姿勢を取ったイラクの第二代国王ガーズィー（Ghāzī bin Fayṣal：位 1933-39 年），あるいはトルコ共和国の例に倣って上からの近代化を強権的に推進したイランのパフラヴィ朝の開祖レザー・シャー（Reẓā Shāh Pahlavī：位 1925-41 年）をも，第二世代のナショナリズムの担い手に数えることは不可能ではない。しかし，第二世代のナショナリズムの社会的な重心は，多くの中東諸国において急速に拡大しつつあった，専門的知識や技能を有する近代的中産層や都市の労働者層にあった。これは，1928 年に結成されたエジプトのムスリム同胞団，そして，のちにシリアのバアス党，イランの国民戦線などの支持勢力の中心となる社会層である。さらに，第二世代のナ

ショナリズムの担い手の中心は，植民地国家の建国に携わった世代よりも若い世代にあった。のちにエジプトとイラクの革命を遂行することになる若手将校の多くは，多様なナショナリズムが叢生する戦間期に青年時代を過ごし，軍人としてのキャリアを歩み始めていた。このような新たなナショナリズムは，戦間期には既存の体制に変革を迫るような政治勢力としては組織化されておらず，運動の横の連携にも乏しかったが，自国や自民族の自律性獲得を目指して外国の支配や干渉に反対するという原理的な立場を共有し，その結果，反英的な姿勢を顕著な共通の特徴とすることとなった。そして，このような大衆的基盤を有する反英ナショナリズムは，徐々に第一世代のナショナリストが中心を占める親英的支配層の行動にも影響を及ぼしていくことになる[10]。

　第二次世界大戦勃発後にいくつかの中東諸国で顕在化した枢軸国に接近しようとする動き，あるいは英国への非協力の動きは，かかる大衆的な反英ナショナリズムの高まりを背景としていた。エジプトでは，第二次世界大戦勃発後，反英的なナショナリズムを背景に大戦における中立を要求する世論が強まり，ファルーク（Fārūq, 位1936-52年）国王やアリー・マーヒル（'Alī Māhir）首相らも中立政策を追求した。1940年6月，英国からの圧力を受けて，エジプトはイタリアと断交したものの，キレナイカやエチオピアに展開するイタリア軍との交戦は拒否し，中立を維持した。翌年，北アフリカでドイツ軍が攻勢に出ると，エジプト国内ではドイツと結んで英国に対抗することを求める世論が強まり，ファルーク国王もかかる反英的な世論に迎合的な姿勢を示した。1942年2月初め，カイロの英大使館は軍用車でエジプト宮廷を包囲し，軍事的な威圧のもとにファルーク国王に最後通牒を突きつけ，連合国を支持する立場を明確にしていたワフド党のナッハースを首相に指名せしめた。この「2月4日事件」は，その後のナッハース政権の強権的な統治とも相俟って，ワフド党のナショナリストとしての正統性を大きく傷つけることとなった[11]。

---

[10] Adeed Dawisha, *Arab Nationalism in the Twentieth Century : From Triumph to Despair* (Princeton : Princeton U.P., 2003), chaps. 4-5 ; Monroe, *Britain's Moment*, 121-130 ; Arthur Goldsmidt, Jr., *Modern Egypt : The Formation of a Nation State* (Boulder : Westview Press, 1988), chaps. 6-7 ; Vatikiotis, *The History of Modern Egypt*, 326-335 ; Richard R. Cottam, *Nationalism in Iran* (Pittsburgh : University of Pittsburgh Press, 1979), chap. 3 ; Ervand Abrahamian, *Iran between Two Revolutions* (Princeton : Princeton U.P., 1982), 149-165 ; Ervand Abrahamian, *A History of Modern Iran* (Cambridge : Cambridge U.P., 2008), 95-96, 107-118 ; Daniel Pipes, *Greater Syria : The History of an Ambition* (Oxford : Oxford U.P., 1990), 33-51.

イラクでは，1930年代後半に軍が政治に深く関与する状況が出現していたが，大戦の勃発およびフランスの陥落により，反英的な汎アラブ主義的ナショナリズムが高まりを見せ，軍は英国との協力に消極姿勢を示すようになった。汎アラブ主義に共鳴していたラシード・アリー（Rashīd ʿAlī al-Gaylānī）首相は，反英・親枢軸的な軍内部の動きを容認する姿勢を示したため，英国は，1941年1月に摂政アブドゥル＝イラーフ（ʿAbd al-Ilah）との共謀の下にラシード首相を辞任に追い込んだ。しかし4月に反英・汎アラブ主義的な将校グループがクーデタを敢行し，ラシードが首相に復帰すると，摂政とヌーリーを含む親英的指導者たちは国外への逃亡を強いられた。英国はイラクに軍を派遣し，イラク軍との1か月あまりの交戦の末にこれを鎮圧した。この後，アブドゥル＝イラーフらは帰国し，ジャミール・ミドファイー（Jamīl al-Midfaʿī），ヌーリー・サイードと続く帰国組の政権は，クーデタ勢力の粛清を含む粛軍により軍の政治関与を抑制し，反政府勢力を弾圧した。外見上，イラクでは旧秩序が回復されたが，英軍の占領下で権力を回復した親英支配エリートの正統性は潜在的に深く傷つくこととなった[12]。

ラシードの亡命先となったイランでは，レザー・シャーが，伝統的にイランに影響力を揮ってきた英国とソ連に対抗するために，ドイツおよび米国との連携を強化しようとしていた。とりわけドイツとの関係強化は順調に進んだ。第二次世界大戦勃発前夜には，イラン政府のお雇い外国人も含めて700名以上のドイツ人がイランに滞在し，ドイツはイランの主要な貿易相手国ともなっていた。独ソの接近により外交環境が変化する中で，レザー・シャーは，第二次世界大戦における中立を維持すべく努めた。しかるに，1941年6月に独ソ戦が開始されると，連合国は対ソ援助を通年で実施できる経路としてイランに注目するようになった。英・ソ両国は，イランを対ソ援助の経路として活用することを目指し，イラン政府に在留ドイツ人の放逐を要求したが，イラン政府は英・ソの要求を拒否し，改めて中立を宣言した。8月25日，英・ソ両国は南北からイランに侵攻し，同国を軍事占領した。9月中旬，レザー・シャーは退位と出国を余儀なくされ，弱冠

---

[11] Vatikiotis, *The History of Modern Egypt*, 345-358; Goldsmidt, *Modern Egypt*, 72-74.

[12] Batatu, *The Old Social Classes*, 344-346; Adeed Dawisha, *Iraq: A Political History from Independence to Occupation* (Princeton: Princeton U.P., 2009), 96-104; Charles Tripp, *A History of Iraq* (Cambridge: Cambridge U.P., 2000), 103-107（チャールズ・トリップ著，大野元裕監修，岩永尚子・大野美紀・大野元己・根津俊太郎・穂苅俊行訳『イラクの歴史』明石書店，2004年，156-161頁）．

21歳のモハンマド・レザー（Moḥammad Reẓā Pahlavī）が王位を継ぐこととなった[13]。

　以上のように，パレスチナ以外の地域においては，英国はインド軍をも含む軍事力を背景に，反英ナショナリズムを封じ込める実力を保持していることを証明した。このことは，第二次世界大戦中にフランスがシリアとレバノンへの影響力を大幅に後退させたのとは，少なくとも表面的には対照的であった。親英的な支配層との人的なネットワーク，二国間条約および湾岸首長国との保護条約によって制度化された政治的・軍事的な影響力，イランを中心とする石油利権を通じての経済的影響力，これらを支柱とする英国の中東における多層的な非公式帝国は，第二次世界大戦を生き延びる。じつのところ，単純に英国の管理下にある地域という観点で括るなら，中東におけるそのような領域は第二次世界大戦中に最大に達していた。制度化された非公式帝国に加え，英国は，北アフリカ作戦の結果としてイタリア領のキレナイカとトリポリタニア，そしてヴィシー政権勢力を排除した結果としてシリアとレバノンを，それぞれ軍事占領（後者は形式上は自由フランス軍との共同占領）していたからである。しかし，そのような多層的な支配構造の深層部分では，なお未組織かつ未分明ではありながら，急速に拡大しつつある反英的なナショナリズムが胎動していた。そして，軍事力を背景に英国がそれを力によって抑圧したことによって，英国と協調する第一世代のナショナリストたちの正統性は蝕まれ，反英的かつ大衆的な第二世代のナショナリズムがいっそう力を蓄えることとなったのである。

2　第二次世界大戦後の英国の中東政策の形成

　かくも巨大な，しかしその基底部に多くの不安定要因を内包した，中東における英国の非公式帝国の将来は，第二次世界大戦終了直前に政権を獲得した，クレメント・アトリー（Clement Attlee）の労働党政権に委ねられた。アトリー政権内で，中東を長期的に保持する方針を逸早く強力に打ち出したのは，アーネスト・ベヴィン（Ernest Bevin）外相であった。大戦終結直後の1945年9月，ベヴィン

---

[13] Rouhollah K. Ramazani, *Iran's Foreign Policy 1941-1973: A Study of Foreign Policy in Modernizing Nations* (Charlottesville: University Press of Virginia, 1975), chap. 1.

は中東に駐在する英国の外交官を召集して将来的な中東政策を討議する会議を開催し、外務省の意見を中東における非公式帝国を保持する方向で取りまとめた。さらに、この会議の結論をもとにしてベヴィンが閣議に提出した中東政策方針においては、きわめて漠然とした形ながら、中東を長期的に保持するために、「経済開発のための諸方策が、中東の一般民衆（common people）の福祉を最も効果的に向上させる」必要があるとの展望が打ち出されていた。英労働党政権の中東政策の展開を分析した古典的研究で史家ルイスが協調的な中東政策と呼ぶベヴィンの方針は、中東を長期的に保持する決意と踵を接する形で出現したのである。1945年10月初旬、アトリー政権は、ベヴィンが提出した中東政策方針を承認する。しかし、この決定に至るまでの間に、英国政府内で中東を保持することに伴うコストやリスクが具体的に討議されたわけでは必ずしもなかった[14]。

まもなく、英国がその経済的脆弱性を露呈し、それに伴う軍事力の限界が明確に意識されるようになると、如上の中東保持方針に改めて深刻な疑問が提起されるようになる。抜本的な帝国の再編を主張したのは、アトリー首相であった。1946年初め、英軍の規模の縮小や旧イタリア領植民地の処遇を含む戦後の世界戦略を巡る議論の中で、アトリー首相は中東を含む地中海地域からの撤退を主張し始めた。インドと並んで中東の政治情勢は不安定であり、英国に過重な経済的負担を強いている。また、第二次世界大戦の経験に立てば、英国は戦時に地中海の連絡路を確保することは出来ず、ソ連が中東に侵攻した場合にもこれを軍事的に阻止する能力を持たないであろう。しかも、その経済力の限界ゆえに、英国は軍事力を縮小せざるを得ない。このように論じるアトリーは、中東を「負債地域（deficit area）」と呼び、英国の経済的・軍事的な能力の限界という観点から、中東を含む地中海地域から撤退すべきであると主張したのである[15]。

---

[14] C.P.(45)174, "Middle East Policy," September 17, 1945, CAB129/2/24 ; C.M.(45)38, October 4, 1945, CAB128/1/21 ; Wm. Roger Louis, *The British Empire in the Middle East 1945-1951 : Arab Nationalism, the United States and Postwar Imperialism* (Oxford : Oxford U.P., 1984), 17-27.

[15] D.O.(46)5th Meeting, February 15, 1946, in CAB131/1 ; Memorandum by the Prime Minister and Minister of Defence, "Future of the Italian Colonies," D.O.(46)27, March 2, 1946, in CAB131/2 ; Jim Tomlinson, "The Attlee Government and the Balance of Payments, 1945-1951," *Twentieth Century British History*, vol. 2, no. 1(1991), 47-66. アトリーの議論は、あくまでも経済的および戦略的な観点に立つ議論であり、原則的な脱植民地論とは異質であった。アトリーは、安定的な英国のプレゼンスを保障し得ぬエジプトのような独立国ではなく、英国の公式の植民地に帝国の拠点を後退させることを主張していた。アトリーが中東に代わる拠点として期待していたのは、ケニヤをはじめとするサハラ以南のアフリカであった。ケニヤのモンバサと

これに対して、ベヴィン外相は、中東における非公式帝国を保持すべきであると引き続き強く主張した。ベヴィンの議論において、中東は英国の世界的大国としての地位と深く結びついていた。ベヴィンは、戦時に地中海地域を軍事的に保持することは出来ないとするアトリーの指摘に理解を示しつつも、「地中海における我々のプレゼンスは、軍事目的以外の、我々の大国としての地位に不可欠の目的に資する」と論じ、さらに、英国が地中海から撤退すれば同地域にソ連の影響力が拡大し、ソ連の「東側ブロック」に対抗する「西側グループ（Western Group）」を構築する契機も失われると主張した。また、後述するように、英国はエジプトとの間で 1936 年条約の改定交渉を開始しようとしていたが、このエジプトとの交渉を有利に進めるためにも地中海におけるプレゼンスを維持する必要があると、ベヴィンは説いた。やや散漫で必ずしも論理的とは言い難いベヴィンの主張は、「大国としての地位」を結節点として結びつけられていた[16]。

英軍部もベヴィンの主張を支持した。大戦直後の英参謀本部（Chiefs of Staff：以下 COS）の軍事戦略構想は、英国の防衛のために必要であると考えられる地域や要素を優先順位も不明確なままに最大限に列挙する拡張的なものであり、中東に特段の重要性が付与されていたわけではなかった[17]。しかし、1946 年半ば以降、COS は、中東に固有の軍事的価値を強調する議論を展開し始める。航空機が重要な役割を果たす現代の戦争においては、英本国のみを防衛する戦略を取ることは軍事的に不可能であり、ソ連本土への戦略爆撃が戦争の帰趨を決する。この戦略爆撃の出撃地として、中東は英本国と同程度に重要であるとして、COS は改めて中東の非公式帝国を保持すべきであると主張するようになった。アトリーが海軍戦略の観点から戦時に地中海を保持することは出来ないと論じ、ベヴィンもそれを認めざるを得なかったことを考えれば、空軍戦略の観点から中東の重要性を捉え直した COS の議論は、中東保持を主張する新たな軍事的論拠を提供するものであった。これと同時に COS は、中東における軍事的な最重要地域と位置づけられていたエジプトとパレスチナに言及しつつ、英国は現地の政治勢力に不

　ナイジェリアのラゴスを東西に結ぶ線の基地や道路等のインフラストラクチャーを拡充する方針については、アトリーとベヴィンらの間で対立はなかった。D.O.(47)27, Memorandum by the Minister of Defence, "African Development," March 17, 1947, in CAB131/4 ; Kenneth Harris, *Attlee* (London : Weidenfeld and Nicolson, 1982), 299.

[16] D.O.(46)40, March 13, 1946, in CAB131/2.
[17] D.O.(46)47, Report by the Chiefs of Staff, "Strategic Position of the British Commonwealth," April 2, 1946, in CAB131/2.

用意な譲歩を行うべきではないとする主張も展開し始めていた。ある国や地域に対する譲歩が，他にも連鎖的に波及し，結果的に英国は中東における地位を喪失することになりかねないとの議論によって，COS は中東のあらゆる地域を保持すべきであると主張したのである[18]。以上のような COS の主張が，大国の地位を維持するために中東を保持すべきであるとするベヴィンの主張と親和性を有していたことは言うまでもない。両者が相俟って，中東の非公式帝国は戦後の英国にとって不可欠の政治的・軍事的資産であるとする議論が形成されていったのである。

　アトリーはこれらの主張に納得せず，1946 年を通じて論争は継続した[19]。しかし，1 年あまりに及んだ中東を巡る政策論争は，1947 年初めにアトリーが静かに自説を取り下げる形で決着する。アトリーが譲歩した原因のひとつは COS からの圧力であったようである。モントゴメリー（Bernard L. Montgomery）陸軍参謀長を中心とする COS は，1947 年初頭に，中東保持方針を受け入れなければ辞任するとして，アトリーにその受け入れを迫ったという。しかし，このような動きは，公式の記録に残されておらず，アトリーの決定にどれほどの影響を与えたかは定かではない[20]。むしろ注目すべきは，閣内でアトリーを支持したのがドルトン（Hugh Dalton）蔵相を含む比較的少数の閣僚にとどまっていたという事実である[21]。経済的・軍事的能力を欠く英国が中東の非公式帝国を保持する方針を決定したこ

---

[18] D.O.(46)67(Revised), Memorandum by the Chiefs of Staff, "Strategic Requirements in the Middle East," May 25, 1946, in CAB131/2 ; D.O.(46)80, Report by the Chiefs of Staff, "British Strategic Requirements in the Middle East," June 18, 1946, in CAB131/3 ; Richard J. Aldrich and John Zametica, "The Rise and Decline of a Strategic Concept : the Middle East, 1945-1951," in Richard J. Aldrich, ed., *British Intelligence, Strategy and the Cold War, 1945-51* (London : Routledge, 1992), 243-245.

[19] Prime Minister's Personal Minute to the Secretary of State for Foreign Affairs, "Near Eastern Policy," January 5, 1947, in FO800/476.

[20] Tomlinson, "The Attlee Government and the Balance of Payments," 55. COS からの辞任圧力がアトリーの決断を促したとする説は，モントゴメリーの回顧録の記述による。同書によると，陸軍参謀総長であったモントゴメリーは，海軍軍令部長と空軍参謀総長の同意を取り付けた上で，中東を保持する方針が採用されなければ COS 全員が辞任するとの意思を，アトリーに非公式に伝達し，その後，アトリーは中東撤退の主張を取り下げたという。Bernard Law Montgomery, *The Memoirs of Field-Marshall the Viscount Montgomery of Alamein* (London : Collins, 1958), 435-436.

[21] D.O.(46)17th Meeting, May 27, 1946, in CAB131/1. アトリーの中東撤退論に傾斜したのは，おもに内政を管掌する閣僚たちであった。彼らは，英軍の規模の縮小を指向する立場から，アトリーの主張に傾斜したのである。Aldrich and Zametica, "The Rise and Decline of a Strategic Concept," 241-242.

とは，後の時代の展開を知る我々の目には，奇異に映る。しかし，アトリーの主張への支持は，明らかに広がりを欠いていたのである。これには，大きく2つの理由があったと考えられる。

　まず，戦後初期には，英国が抱える経済的問題は，世界大戦がもたらした様々な経済的負担や混乱に伴う一時的な現象であるとする考え方が優勢であった。このような考え方は，英国を「大国」と捉える意識とも不可分の関係にあった。英国が早急に経済的な苦境を脱することが出来るとの前提に立つならば，むしろ英国は「大国」の地位を保持することによってこそ，かかる苦境をも早急に脱することが出来るという主張が説得力を持ち得ることになる[22]。もうひとつの理由は，アトリーの主張の前提となっている国際政治観であった。アトリーの中東撤退論には，先見の明に富む革新的な政策とする評価がある一方で，戦前の社会民主主義者の間で広く支持されていた国際協調主義の延長に過ぎなかったとの評価もある[23]。何れにせよ，アトリーの中東撤退論には，ソ連との協調は可能であるとの前提が付きまとっていた。アトリーは，英国の経済力や軍事力の限界という観点から中東放棄を主張しつつも，その議論は最終的にはソ連との協調の可能性への信念に収斂した。すなわち，ベヴィンやCOSがソ連の脅威を強調して中東保持を主張したのに対して，アトリーは，中東を保持する戦略は「ソ連側の不信感を増大させる」ことになり，ソ連との和解の可能性を消失させると説いた[24]。しかし，現存する非公式帝国を引き続き保持し続けることがソ連を挑発することになるとの議論には無理があった。1946年を通じて，ソ連は実際にトルコやイランへの圧力を増大させていた。かかる状況の下では，アトリーの主張に説得力は乏しかったのである[25]。

　しかし，これらの要因は，アトリーの中東撤退論が採用されなかった理由を説

---

[22] Anthony Adamthwaite, "Britain and the World, 1945-9 : The View from the Foreign Office," *International Affairs*, vol. 61, no. 2 (Spring, 1985), 223-235.

[23] Nicholas Owen, "Britain and Decolonization : The Labour Governments and the Middle East, 1945-51," in Michael J. Cohen and Martin Kolinsky eds., *Demise of the British Empire in the Middle East : Britain's Response to Nationalist Movements 1943-55* (London : Frank Cass, 1998), 4-7. アトリーの先見性を最も高く評価する研究としては，Aldrich and Zametica, "The Rise and Decline of a Strategic Concept."

[24] D.O.(46)22nd Meeting, July 19, 1946, in CAB131/1 ; Prime Minister's Personal Minute to the Secretary of State for Foreign Affairs, "Near Eastern Policy," January 5, 1947, in FO800/476.

[25] Note by Mr. Dixon for Discussion at Meeting between Sir Sargent, Mr. Home ... and Mr. Bevin, 3:30 P.M., January 8 [1947], in FO800/476.

明するにせよ，ベヴィンや COS が主張する中東保持論が採用されるに至った積極的な理由の説明としてはなお十分ではない。特に，この決定が行われた 1947 年初頭という時期が英帝国史における重要な転換期であったことを想起するならば，アトリー政権が中東の非公式帝国を保持する方針を決定した背景と決定の内実を，さらに深く検討しておく必要がある。アトリー政権は，1947 年前半に，東地中海から南アジアにかけての多くの地域からの撤退を決定している。1947 年 1 月から 2 月にかけて，アトリー政権は，ビルマおよびインドからの撤退方針を発表した[26]。先述のように，両大戦間期に中東に非公式帝国が構築された最大の理由はインドとの連絡路の確保とされており，また非公式帝国を支える英国の軍事力はインドのマンパワーに大きく依存していた。英領インドの喪失は，目的と手段の両面で，中東の非公式帝国に関する抜本的な再検討を促したとしてもおかしくはなかった。さらに，アトリー政権は，1947 年 2 月にパレスチナ委任統治領の将来を国連に委ね，国連パレスチナ特別委員会（UNSCOP）がパレスチナ分割を勧告した直後の 9 月には，パレスチナからの撤退を最終的に決定する[27]。また，1947 年 2 月に，アトリー政権が，これまで英国が実施してきたギリシャおよびトルコへの援助の肩代わりを米国政府に要請し，これがトルーマン・ドクトリンの発表につながっていくことは，あまりにも有名な現代史のエピソードである。まさにこれらの決定が行われていた時期に，アトリー政権が中東を保持する方針を改めて決定したとするならば，その決定がどのような論理のもとに行わ

---

[26] 1947 年 2 月の段階では，インド撤退の目標期日は 1948 年 6 月とされていた。しかし，独立方針を巡るヒンドゥー教徒とイスラーム教徒の宗派間対立のさらなる激化により，秩序ある権力移行が不可能になることを恐れたアトリー政権は，英領インドを一体として独立させるというそれまでの方針を断念し，予定よりもはるかに早い 1947 年 8 月に，インドとパキスタンを分離独立させることとなった。Darwin, *Britain and Decolonisation*, 79-101 ; Judith M. Brown, "India," in Wm. Roger Louis et al. eds., *The Oxford History of the British Empire*, vol. 4, 421-446.

[27] もっとも，パレスチナ問題の国連付託は，ただちに同地における英国の影響力の放棄を意味したわけではなかった。英国は，アラブ諸国への影響力を保持するため，パレスチナへのユダヤ人移民の受け入れを制限し，パレスチナ分割に反対する姿勢を取っていた。しかし，移民受け入れ枠の大幅拡大を求めるパレスチナのユダヤ人組織とトルーマンからの圧力にさらされ，実際に同地への非合法移民が増大する中で，アトリー政権は，いったん問題を国連に付託することで，双方からの政治的圧力を緩和し，その間隙を縫ってパレスチナに政治的影響力を維持する政治的枠組みを構築しようとしていた。しかし，8 月末に国連パレスチナ特別委員会（UNSCOP）がパレスチナ分割を勧告するに至り，アトリー政権は国連の最終決定如何にかかわらず，委任統治を放棄する方針を固めた。Cohen, *Palestine to Israel*, chap. 12 ; Darwin, *Britain and Decolonisation*, 110-122.

れ，如何なる内容を有したのか，さらに精査する必要があるだろう。

アトリー政権が中東を保持する方針を決定するに至った背景には，2つの積極的な理由があった。ひとつは，ソ連との長期的な対立関係が不可避であるとの認識が支配的になる中で，中東が英国の軍事戦略上，欠くべからざる地域として位置づけられるに至ったことである。英国の対外政策における中東の位置づけを明確に定めたのは，「全般的戦略計画（The Overall Strategic Plan）」と題された文書であった[28]。同文書は，その基本方針が1947年1月にCOSより提起され，6月にアトリー政権の承認を得た。その名称からも推察されるように，同文書は，英国の軍事戦略の概要とそのために必要な条件を列挙した軍事政策の大綱であったが，それは平時における英国の対外政策をも大きく規定する内容を有した。この全般的戦略計画の要点は，英本国と並んで，主要海上交通路の確保と，「中東における強固な地位（a firm hold in the Middle East）」を，英国の軍事戦略の「三本の柱」と位置づけた点にあった。これら三本の柱は相互補完的な一体をなし，「これらのうちのひとつが破綻することは，英連邦の戦略全体の崩壊をもたらすであろう」と，同文書は論じていた。すなわち，少なくとも軍事的には，中東は英本国と同等の価値を有する地域と位置づけられたのである。この三柱戦略は，国際情勢の変容に伴う修正を経つつも，1952年まで英国の軍事戦略を規定していくこととなる。

全般的戦略計画は，中東の重要性を幾重にも強調していた。中東は，「英連邦の交通路の中心」であり，英連邦との海上連絡の維持は，島国である英国の生存にとって戦時と平時とを問わず死活的な重要性を有する。同時に中東は，ソ連に対する戦略爆撃の重要拠点である。この時期の英米の対ソ全面戦争を想定する戦略プランは，圧倒的な陸軍力を誇るソ連が緒戦で西欧の大部分を含むユーラシア大陸の主要部分を席巻するとの前提に立ち，英米を中心とする西側陣営は，英国やエジプトからソ連に戦略爆撃を加えることで反攻を開始するというシナリオに基づいていた。それゆえ，戦略爆撃の拠点として位置づけられたことは，中東に高度の軍事的重要性を付与することになった。そして，全般的戦略計画は，かように定立された軍事的重要性から，平時においても中東を保持すべきであるとの

---

[28] The Overall Strategic Plan, "Future Defence Policy," May 1947, reproduced in Julian Lewis, *Changing Direction : British Military Planning for Post-War Strategic Defence, 1942-1947*, second edition (Oxford : Routledge, 2003), 371-389 ; Michael J. Cohen, *Fighting World War Three from the Middle East : Allied Contingency Plans, 1945-1954* (London : Frank Cass, 1997), 69-88.

方針を導いていた。平時において英国が中東から撤退すれば「ロシアがその空隙を埋めるであろう」。それゆえ，「我々は中東における強固な地位を維持しなければならない。我々が同地に物理的なプレゼンスを維持し，そこにとどまる意志を有するとの明白な証拠を示すことによってのみ，これを維持することが可能になる」と同文書は結論づけた。中東は，英国の軍事戦略上不可欠な地域として位置づけられ，それゆえに平時においてもそれを保持する必要があるとされたのである。そして，かかる世界戦略は英国の「大国の地位」とも不可分に結びついていた。全般的戦略計画は，「英連邦の最高位の構成員（the senior member）としての，そして大国としての連合王国」の責任を全うするための世界戦略と位置づけられていた。冷戦の出現によって新たな戦略的位置づけを与えられた中東の非公式帝国は，冷戦戦略と帝国政策がまさに融合する地点として，英国の戦後世界戦略に組み込まれたのである。

　アトリー政権が中東を保持する方針を採用した，もうひとつの積極的な理由は，中東におけるみずからの影響力を可能な限り維持することが米国との協調関係を強化するとの展望であった。次節で詳しく見るが，1946年，米国政府はイランとトルコに影響力を拡大しようとするソ連に断固として対決する姿勢を示しており，英外務省はかかる米国の行動を歓迎するとともに，それに同調する姿勢を示していた。1947年1月のアトリー宛のメモランダムにおいて，ベヴィンは，英国が経済的および軍事的に大きく米国に依存している状況に言及した上で，次のように述べている。

> 我々は，大いなる労力を費やして，我々［英国］の中東における地位を維持することが彼ら［米国］の戦略的利益に適うということを，ようやく彼ら［米国］に納得させることが出来た。もしこの段階で我々が［中東から］撤退すれば，彼らは我々を見限るに違いない。

つまり，英米の協調関係を増進するためには英国が中東を保持する姿勢を示すことが不可欠であるとの議論である。しかも，これには続きがあった。ベヴィンは，「当然ながら，我々は同地［中東］における我々のコミットメントを縮小すべく最大限の努力をしている」と述べた上で，「米国がみずからにとってのこの［中東］地域の重要性を認識するのに比例して，米国がより多くの負担を担うようになると，我々は期待することが出来る」との展望を示したのである。つまり，対

米関係を論拠に中東を保持すべきであるとする議論は，中東における負担を米国に肩代わりしてもらうために英国が中東における地位を維持する姿勢を示さねばならないという，ある種のアポリアを内包していた[29]。それにもかかわらず，かかる米国からの支援への期待は，ベヴィンの中東保持論を強化する効果を間違いなく有した。たとえば，アトリーの中東撤退論に同調していたドルトン蔵相も，米国が一定の財政的負担を引き受けることを条件に，英国がギリシャやトルコへの関与を継続することを容認する姿勢を示した[30]。すなわち，アトリー政権が中東における非公式帝国を保持する方針を決定した背景には，全般的な英米協調を進展させるために英国は中東における負担を引き受けざるを得ないが，英米協調が進展すれば英国の中東における負担は軽減されていくであろうとの計算が確実に存在したのである。

　アトリー政権は，1947年6月に全般的戦略計画を承認し，これに伴って英国の安全を支える三柱のうちの一柱として中東の非公式帝国を保持する方針も確定した。冷戦という新たな時代の中で，中東の非公式帝国は，依然として英国の「大国」たる地位の象徴という意味を帯びつつも，英国の国防政策の中でも戦時および平時において不可欠の重要性を有する地域として新たな意味が付与されることとなったのである。そしてかかる新たな意味づけを行う過程で，英国の政策決定者たちは，中東をいわば英米共有の戦略的・外交的資産と位置づけ，米国が共有財を維持するためにより大きな負担を担うようになることを強く期待しつつ，みずからも一定の負担を担い続けることを決意したのである。

3　米国の中東への関与の始まり

1)「封じ込め」政策の生成とイラン危機

　第二次世界大戦の終結から2年ほどの間に，米国はソ連の影響力拡大を阻止すべくイランおよびトルコへの外交的関与を深めるようになる。このような米国の

---

[29] Memorandum from Ernest Bevin to Clement Attlee, P.M./47/8, January 9, 1947, in FO800/476 ; D.O.(47)2, "British Strategic Requirements in the Middle East," January 2, 1947, CAB131/4 ; C.P.(47)34, Memorandum by the Secretary of State for Foreign Affairs, "Policy towards Greece and Turkey," January 25, 1947, CAB129/16/34.

[30] C.M.(47)14th Conclusions, January 30, 1947, CAB128/9/14.

中東への関与の背景にワシントンの対ソ認識の硬化があり，同時にイランやトルコへの関与の経験がトルーマン政権の対ソ強硬政策を結晶化させる効果を有したこと，すなわち中東への関与の拡大が「封じ込め」と呼ばれる冷戦期の米国の対ソ政策の形成過程で重要な意味を有したことは広く知られている。本節では，英国との関係，そして中東という地域に対する米国の姿勢や認識の変化に注目しつつ，中東における「封じ込め」政策の形成過程を瞥見する[31]。

この時期の米国の中東政策を主導したのは，国務省近東・アフリカ部（Office of Near Eastern and African Affairs：NEA）部長ロイ・ヘンダーソン（Loy Henderson）であった。1892年生まれのヘンダーソンは，1904年生まれのジョージ・ケナン（George F. Kennan）らとともに，1924年に制度化された国務省の専門的職業外交官（Foreign Service）の第一世代であり，両者は米ソ国交樹立直後の時期に，モスクワの駐ソ大使館の中級官吏として勤務した経験を共有していた。1930年代のスターリンによる強圧的な統治をソ連現地で見聞した彼らは，ソ連に対する根深い不信感も共有していた。彼らのソ連観は，米ソの蜜月期であった第二次世界大戦中も変わることはなく，それゆえ彼らは米ソ協調の時代には不遇をかこつこととなった。ソ連・東欧でキャリアを積み上げてきたヘンダーソンが，1943年に駐イラク大使就任を皮切りに中東に携わり始めたのも，米国がソ連との協調を進める過程で体よく厄介払いされたのが，そもそものきっかけであった[32]。

1945年4月からNEA部長の職にあったヘンダーソンは，戦後の早い時期から，トルコやイランに対するソ連の姿勢はソ連の拡張主義の発露にほかならないと見做し，それに強い警戒感を示していた。トルコとイランを影響下におさめたソ連は，地中海さらにはインド洋にまで影響力を及ぼす立場を獲得することになるが，おそらくソ連はそれに満足することなく，さらに南下して中東に影響力を拡大しようとするであろう。かかるヘンダーソンの分析は，ソ連を野放図な拡張主義勢力と捉えるのみならず，のちのドミノ理論を予想させる論理という点でも，冷戦的世界観を先取りするものであった。しかるに彼の警告が，トルーマン政権の対

---

[31] 以下のトルコ，イランを巡る叙述は，クニホームの古典的著作を参考にしている。Bruce R. Kuniholm, *The Origins of the Cold War in the Near East : Great Power Conflict and Diplomacy in Iran, Turkey, and Greece* (Princeton : Princeton U.P., 1980), chaps. 4-6. また，本書の分析対象からは外れるが，ギリシャ内戦については，油井大三郎『戦後世界秩序の形成――アメリカ資本主義と東地中海地域 1944-1947』（東京大学出版会，1985年），第3-4章を参照。
[32] Kuniholm, *The Origins of the Cold War*, 236-244 ; David Mayers, *George Kennan and the Dilemmas of US Foreign Policy* (Oxford : Oxford U.P., 1988), chaps. 2 and 5.

ソ姿勢を大きく変化させることはなかった。東欧におけるソ連の行動などから，トルーマン政権は対ソ不信を強めつつあったものの，1946年初めの段階では戦時中の米ソ協調の余韻が残存していた。ヘンダーソンもまた，ソ連の脅威に警告を発しながらも，具体的な政策提言のレヴェルではソ連との全面対決にまで踏み込むことを躊躇していた[33]。その点で，ヘンダーソンの主張もまた，様々な対ソ観と硬軟両様の対ソ方針が混在する当時のワシントンの政策論議の枠を大きく出るものではなかったのである。

　このような状況が大きく変化し始めるのは，1946年2月にケナンがモスクワの米大使館から送付した，後に「長文電報」として知られることになる対ソ政策提言がワシントンで注目されるようになって以降である。「長文電報」において，ケナンは，ソ連との交渉によって国際問題の解決を目指すことの無益を説き，そのかわりに米国は長期にわたってソ連の影響力の拡大に対抗し，それを抑制する「封じ込め」政策を採用すべきであると主張した。ケナンの献策は，なお曖昧さを残していたトルーマン政権の対ソ政策を明確な対決路線へと収斂させる上で重要な役割を果たした[34]。

　ワシントンの対ソ強硬姿勢が中東で最初に明確に示されたのは，イランにおいてであった。第二次世界大戦中に英米両国とともにイランを共同占領していたソ連は，戦争継続中からイラン北部の石油利権を要求していた。さらにソ連は，連合国間の合意で定められた撤退期限である1946年3月が過ぎた後もイラン北部の占領を継続し，その軍事力を背景に，政治的左派が樹立した分離主義政権であるアーゼルバイジャーンおよびクルディスターンの自治共和国を庇護する姿勢を示した。1946年春，米国政府は，ソ連政府にイランから撤兵するよう強硬に要求する覚書を送付するとともに，国連安保理においてソ連軍撤退を求めるイラン政府の立場を全面的に支持した。一方，この間にイラン首相アフマド・カワーム（Aḥmad Qavām as-Salṭaneh）は，みずからモスクワを訪問し，ソ連との交渉を継続していた。4月初め，カワームはソ連政府との間に，イラン北部の石油利権付

---

[33] Memorandum by the Director of the Office of Near Eastern and African Affairs to the Acting Secretary of State, November 19, 1945, *Foreign Relations of the United States*（以下 *FRUS*), *1945*, 8 : 430-431 ; Memorandum by the Director of the Office of Near Eastern and African Affairs, "The Present Situation in the Near East—A Danger to World Peace," undated, *FRUS, 1946*, 7 : 1-6.

[34] Melvyn P. Leffler, *A Preponderance of Power : National Security, the Truman Administration, and the Cold War* (Stanford : Stanford U.P., 1992), 101-110.

第1章　英国の非公式帝国と米国の中東への関与の始まり　45

与を事実上の交換条件としてソ連軍をイランから撤退させるとする協定を締結した。この後まもなくソ連軍は撤退を開始し，5月初めに撤退を完了した。米国の強硬姿勢とカワームの宥和外交の何れがソ連の決定を促したのかは判然としない部分が残るものの，さしあたりここでは，トルーマン政権の反ソ・反共姿勢の強まりと踵を接する形で，米国が中東の政治問題への関与を強めていったことを確認しておけばよい[35]。

その後，カワーム首相は，みずからの政治的基盤を左翼に拡大すべく，アーゼルバーイジャーンおよびクルディスターンの両自治共和国に宥和姿勢を取り，共産主義政党であるトゥーデ（Tūdeh）党を閣内に取り込んだ。米英両国政府はトゥーデ党の影響力拡大への危機感を強め，カワーム政権に圧力を加えた。英国政府は，イラン南部の油田地帯でトゥーデ党の活動が活発化し，アングロ＝イラニアン・オイル・カンパニー（Anglo-Iranian Oil Company：以下 AIOC）[36]の従業員の安全が脅かされているとして，油田地帯の中心都市アーバーダーンの沖合に巡洋艦を派遣するとともに，イラン国境に近いイラクのバスラに英・インド軍を派遣した。米国政府はカワーム首相にイラン左傾化が進めば米国がイランを外交的に支援することが困難になるとの見解を伝え，カワームの方針に強い不快感を示した[37]。かかる米英両国からの圧力に加え，カシュカーイー（Qashqā'ī）族など南部の諸部族の反乱，さらには軍や政治的右派からの批判の高まりに直面したカワーム首相は，左翼との連携を断念し，10月の内閣改造でトゥーデ党との協力を解

---

[35] British Military Attaché's Intelligence Summary (for Iran)#13, for the Period 25 March-7 April, *British Documents on Foreign Affairs : Reports and Papers from the Foreign Office Confidential Print*, Part 4 (from 1946 through 1950), Series B, *Near and Middle East 1946*, vol. 2, *Eastern Affairs, April 1946-December 1946* (Bethesda : University Publications of America, 1999)（以下，本シリーズについては，「*BDFA*, 4-B, 2」のように略記），110-115；British Military Attaché's Intelligence Summary (for Iran)#15, for the Period 15-21 April, ibid., 118-121. ソ連の撤退決定の原因について，クニホームとルイスは米国の対ソ姿勢を，アブラハミアンはカワームの外交を，それぞれ重視する。Kuniholm, *The Origins of the Cold War*, 313-340；Louis, *British Empire*, 65-69；Abrahamian, *Iran between Two Revolutions*, 225-228.

[36] 1935年にイランが国号を「ペルシャ」から「イラン」に変更したことに伴い，同社は「アングロ＝パーシャン・オイル・カンパニー」より社名変更した。

[37] U.S. Embassy in Tehran to DOS, #821, June 10, 1946, *FRUS, 1946*, 7：496-497；U.S. Embassy in Tehran to DOS, #1153, August 25, 1946, ibid., 512-513；John Le Rougetel (British Ambassador to Iran) to Ernest Bevin, July 1, 1946, *BDFA*, 4-B, 2：272-276；C.M.(46)68th Conclusions, July 15, 1946, CAB128/6/6；John Le Rougetel to Ernest Bevin, October 20, 1946, *BDFA*, 4-B, 2：532-536；Kuniholm, *The Origins of the Cold War*, 342-350；Abrahamian, *Iran between Two Revolutions*, 236-238.

消した。しかし政治的に右旋回した後も，カワーム首相は，なおソ連の介入を恐れ，自治共和国には手をつけようとしなかった。ソ連政府は，北部石油利権協定の早期の批准を要求するとともに，11月にはアーゼルバイジャーン自治共和国へのイラン政府の介入に反対する旨の申し入れを行うなど，イラン政府に継続的な圧力を加えていた[38]。この間，米国政府は，イランの領土的一体性（integrity）を支持する立場を繰り返し強調しつつ，事実上カワーム政権に両自治共和国への軍事介入を迫った。最終的にカワーム政権は，11月末にアーゼルバイジャーン東隣のザンジャーンを軍事占領したのを皮切りに，12月10日にはアーゼルバイジャーンおよびクルディスターンへの総攻撃に踏み切った。両自治共和国はわずか2日ほどのうちに崩壊し，その指導者たちの多くはソ連に逃れることとなった[39]。

　1946年を通じてトルーマン政権は，その反ソ的姿勢の強まりに比例してイランへの関与を強めていった。しかし，老獪な政治指導者であるカワームの行動，あるいはソ連の政策決定の原因を，米国の行動に過度に帰することには慎重であらねばならない。また，1946年の段階ではイランを巡る米英間の連携は希薄であった。国連安保理で米英両国は同じ立場に立ったものの，米国の政策決定者たちは，このことがより広範なイランを巡る米英の協調につながるとは考えていなかった。英国政府内では，ソ連の目標は米国側が想定しているようなイランへの政治的影響力の拡大ではなく北部の石油利権の獲得ではないかとの分析が提起され，また国連安保理を活用してソ連に圧力を加えようとする米国の戦術の有効性にしばしば疑問が提起されていた。しかし，英国政府は，米国との間に基本的な目標において齟齬は無いとの判断の下，適宜米国に協力しつつ，米国政府の行動を放任する方針を取った[40]。イランを巡って，米英両国は大きく重なり合う目標

---

[38] U.S. Embassy in Tehran to DOS, #1324, October 5, 1946, *FRUS, 1946*, 7: 521-522; U.S. Embassy in Tehran to DOS, #1536, November 29, 1946, ibid., 549-550; Memorandum of Telephone Conversation by Henderson, December 7, 1946, ibid., 556-558; British Military Attaché's Intelligence Summary #41, for the Period 14-20 October, *BDFA*, 4-B, 2: 555-559.

[39] Loy Henderson to Dean Acheson, October 18, 1946, *FRUS, 1946*, 7: 533-536; U.S. Embassy in Tehran to DOS, #1450, November 8, 1946, ibid., 545-546; U.S. Embassy in Tehran to DOS, #1517, November 24, 1946, ibid., 547-548; DOS to U.S. Embassy in Tehran, #993, December 2, 1946, ibid., 551-552; British Military Attaché's Intelligence Summary #46, for the Period 18-24 November, *BDFA*, 4-B, 2: 572-574; British Military Attaché's Intelligence Summary #49, for the Period 9-15 December, *BDFA*, 4-B, 2: 580-582; Kuniholm, *The Origins of the Cold War*, 383-395; Abrahamian, *Iran between Two Revolutions*, 237-240.

2) トルコ海峡危機からトルーマン・ドクトリンへ

　ソ連はトルコにおいても大戦中からみずからの影響力の拡大を企てていた。1945年6月，ソ連政府はトルコ政府に対して，1921年のトルコ・ソ連条約でトルコ領とされた領土の一部割譲を求めるとともに，ボスポラス・ダーダネルス両海峡地域にソ連の軍事基地を設置できる形に同海峡の航行に関する国際的取り決めである1936年モントルー協定を改定することを要求した。トルコ政府はソ連の要求を断固として拒否する姿勢を示した。英国政府は，トルコを全面的に支持する立場を明確に示すとともに，米国政府にもかかる対ソ強硬姿勢への同調を求めた。しかるに，米国政府は英国に同調することなく，独自の行動を取る。11月初旬，米国政府は，モントルー協定を時代に合わせて改定することの必要性を認めつつ，ソ連の基地設置問題には言及しない形でそれに暗に反対する立場を示したのである。この時点でソ連政府はそれ以上トルコに圧力を加えることはなく，トルコ政府も米国の立場に満足の意を示した。ソ連の体面にも配慮する米国の穏便な外交により，両海峡問題は終息したかに見えた[41]。

　しかし，1946年8月7日，ソ連政府が両海峡地帯にソ連の軍事基地を設置することを実質的に要求する覚書をトルコ政府に送付したことで，問題は再燃した[42]。ソ連側の要求は，前年のそれと基本的に変わらなかった。しかし，それに対する米国の政策決定者たちの反応は，前年と全く異なるものとなった。国務省NEAが起草し，国務・陸軍・海軍省の同意を得たメモランダムは，次のように論じた。ソ連の目的は「トルコの支配（control）」にあり，もしそれに成功すれば，必然的に「ギリシャおよび東地中海を含む中近東がソ連の支配下に入り，これらの地域は西側世界から切り離される」結果に至る。そして，「経験によると，巧妙な議論や理性への訴えかけでは，［ソ連の］後退を実現することは出来ない。

---

[40] C.M.(46)52nd Conclusions, May 27, 1946, CAB128/5/52 ; C.M.(46)104th Conclusions, December 10, 1946, CAB128/6/42.

[41] U.S. Embassy in London to DOS, #6019, June 14, 1945, *FRUS, 1945*, 8：1234-1235 ; Memorandum by the Acting Secretary of State, June 18, 1945, *FRUS, 1945*, 1：1017-1020 ; Secretary of State to U.S. Embossy in Anleara, October 30, 1945, *FRUS, 1945*, 8：1265-1266 ; U.S. Embassy in Ankara to DOS, #1404, November 2, 1945, *FRUS, 1945*, 8：1269-1270 ; Kuniholm, *The Origins of the Cold War*, 255-270.

[42] Soviet Chargé to Acting Secretary of State, August 7, 1946, *FRUS, 1946*, 7：827-829.

合衆国は必要とあらば軍事力を用いてでも侵略に立ち向かうという確信のみが，ソ連を抑止しうるであろう」(強調引用者)。さらに，トルコは仮に単独でもソ連と戦う姿勢を示しているが，「合衆国の支援なしにその決意を持続させ得るか否かは，率直に言って疑わしい」。以上のように論じた上で，同メモランダムは，「ソ連のあらゆる侵略……とりわけトルコに対するソ連の侵略に，我々は利用できるあらゆる手段を用いて対抗しなければならないと決意すべき時機が到来した」(同)と結論したのである[43]。

　ソ連の拡張主義的性質を措定し，ドミノ理論的な論法でソ連の脅威を強調する見方は，ヘンダーソンが1年前から主張していたものであって，決して新しいものではなかった。しかし，それが米国の外交官や軍人そして政治指導者たちの多くに共有されたこと，そしてかかる脅威に対処するために米国自身が場合によっては軍事力に訴えてでも行動しなければならないと主張されたことは，新しい現象であった。ケナンやヘンダーソンの反ソ的な見方は，いまや，ジェームズ・バーンズ(James F. Byrnes)国務長官やディーン・アチソン(Dean G. Acheson)国務次官など，かつてはソ連との交渉に期待をつないでいた勢力にも共有されるようになっていた。ケナンの「長文電報」を触媒として，新たな「封じ込め」コンセンサスが形成されつつあったのである。依然としてソ連との協調関係を追求しようとする，ヘンリー・ウォーレス(Henry A. Wallace)商務長官ら左派ニューディーラーを中心とする勢力は，「封じ込め」コンセンサスから脱落していく。トルコを巡る米ソの応酬が継続していた9月20日，トルーマンがウォーレスを罷免したことが，「冷戦リベラル」と呼びうる政治的ブロック，すなわち米国内においてはニューディール的な福祉国家を維持・発展させつつ，対外的には反ソ・反共的な「封じ込め」政策を追求しようとする政治勢力を析出させる重要な契機となるのである[44]。

---

[43] Acting Secretary of State to Secretary of State at Paris, August 15, 1946, *FRUS, 1946*, 7 : 840-842.

[44] Robert J. McMahon, *Dean Acheson and the Creation of an American World Order* (Washington, D.C.：Potomac Books, 2009), 46-49；Alonzo L. Hamby, *Beyond the New Deal：Harry S. Truman and American Liberalism* (New York：Columbia U. P., 1973), 121-134；Robert J. Donovan, *Conflict and Crisis：The Presidency of Harry S. Truman, 1945-1948* (New York：W.W. Norton, 1977), chap. 23；安藤次男『アメリカ自由主義とニューディール』(法律文化社，1990年)，第1章。冷戦リベラルの母体となった，ニューディール・リベラルの形成および変容については，紀平英作『ニューディール政治秩序の形成過程の研究――20世紀アメリカ合衆国政治社会史研究序説』(京都大学学術出版会，1993年)；Alan Brinkley, *The End of Reform：New Deal Liberalism in Recession and War* (New York：Alfred A. Knopf, 1995) をそれぞれ参照。

米国政府は，8月19日にソ連に覚書を送付し，両海峡地域の防衛の責任は引き続きトルコが担い続けるべきであるとして，ソ連の基地建設に明確に反対する立場を示した。語調こそきわめて外交的であったが，ソ連側の具体的な提案に明確な拒否姿勢を示すという点で，同覚書は前年11月の覚書とは明らかに異質であった。かかる米国政府の姿勢は，英国政府には「大いなる興奮」をもって迎えられた。2日後，英国政府は，米国の覚書の内容をほぼそのまま踏襲する覚書をソ連政府に送付した。その翌日にはトルコ政府もソ連側の主張に全面的に反論する長文の覚書を送付した[45]。9月24日にソ連政府が改めてみずからの要求の正当性を書き連ねた長文の覚書をトルコ政府に送付したのに対して，米・土両国政府は実質的に前回の覚書の内容を繰り返す覚書を相次いでソ連政府に送付することで応えた。10月末，ソ連政府がモントルー協定の改定は時期尚早との見解を示すに至り，トルコ海峡を巡る外交的応酬は幕を閉じた[46]。トルコにおいては，イランの場合とは異なり，米国政府がもともと英国政府の主張していた対ソ強硬方針に接近していくことで，当事者であるトルコも含めた事実上の米・英・土の反ソ共同戦線が出現したのである。

　トルコ海峡危機の終息後も，米国のこの地域に対する関心が弛緩することはなかった。イランに分離主義政権が存続し，ギリシャで内戦が継続していたという事情も当然関係していたが，それ以上に重要であったのは，米国の政策決定者たちが，イラン，トルコ，ギリシャの問題を一体のものと捉え，それに対処するために米国の対外政策の基本的スタンスを再検討する必要があると考え始めていたことである。9月下旬，パリに滞在していたバーンズ国務長官は，「世界貿易を拡大」することを目標に受け入れ国の資金需要や返済能力などを基準に決定されてきたこれまでの対外援助のあり方を根本的に改める必要がある，と本省に書き送った。その上で彼は，とりわけトルコとギリシャに言及しつつ，「友人

---

[45] Acting Secretary of State to Soviet Chargé, August 19, 1946, *FRUS, 1946*, 7: 847–848; Memorandum of Conversation by Acting Secretary of State, August 20, 1946, ibid., 849–850; Exchange of Notes between the Governments of the Soviet Union, Turkey, the United Kingdom and the United States on the Revision of the Montreux Convention, August 1946, *BDFA*, 4-B, 1: 179–186.

[46] Secretary of State in Paris to Acting Secretary of State, September 24, 1946, *FRUS, 1946*, 7: 223–224; U.S. Embassy in Ankara to DOS, #1035, September 26, 1946, ibid., 860–866; U.S. Embassy in Ankara to DOS, #1066, October 3, 1946, ibid., 870–871; DOS to U.S. Embassy in Moscow, #1785, October 8, 1946, ibid., 874–875; U.S. Embassy in Ankara to DOS, #1187, October 19, 1946, ibid., 879–893; Harris, *Troubled Alliance*, 21–23.

（friends）をあらゆる手段で支援する」ことを米国の対外政策の新たな原則にしなければならないとの認識を示した。バーンズの表現は驚くほど素朴なものではあったが，米国の政策決定者たちのコンセンサスの核心を上手く言い表していた。事実，「友人を支援する」という原則は，ちょうどこの頃に国務省内で作成が進められていた，トルコ，イラン，ギリシャそれぞれに関する3通の政策方針文書に共通する内容であった[47]。

　しかしながら，これらトルコ，イラン，ギリシャに関する政策方針文書の重要性は，単純に「友人を支援する」原則を打ち出したことにとどまらなかった。3文書は，9月から10月にかけて同時並行的にNEAを中心に起草され，11月初めまでに国務長官の承認を得た。このような作成の経緯からも，そしてその内容の類似性や共通性からも，国務省がこれら3国の問題を一体のものとして捉え始めていた状況が窺われる。これら3文書は，米国の中東への関与のあり方を変容させていくことになる内容を含んでいた。最も重要なことは，米国の政策決定者たちが，これら3国を含む中東地域全体を米国のインタレストの対象として捉え始めていたことであった。彼らは，これら3国の何れかを失陥すれば，残る2国のみならず，「シリア，レバノン，イラク，パレスチナ，トランスヨルダン，エジプト，およびアラビア半島へのソ連の拡大の水門を開く」ことになるという形で問題を認識するようになっていた。ドミノ理論的な認識はヘンダーソンらが早くから主張していたものであったが，倒壊を防ぐべきドミノとしてトルコ・イラン以南のアラブ諸国が具体的に列挙されたことは，米国の中東に対する認識の質的な変化を予感させるものであった。トルコ，イラン，ギリシャは，それら自体が重要であるばかりではなく，その背後にある中東地域を西側世界──米国の政策決定者たちはそれを「自由世界（free world）」と呼ぶようになる──の側に保持するために重要であるとする論理は，間接的ながら，広く中東地域を米国のインタレストの対象と捉えることにほかならないからである。なおきわめて漠然とした形ではあったが，米国の政策決定者たちは，ソ連との国境地帯の国々のみならず，中東全体をみずからのインタレストの対象として確実に捉え始めていた。そして，そのようなインタレスト認識に立脚する政策方針文書が国務長官レヴェ

---

[47] Secretary of State in Paris to Acting Secretary of State, September 24, 1946, *FRUS, 1946*, 7：223-224；Acting Secretary of State to Secretary of State at Paris, September 25, 1946, ibid., 225-226.

ルの承認を受けたことは，米国の中東への関与のありようを変化させていくひとつの重要な契機であった。

　これに関連して，米国の政策決定者たちは，中東における英国の非公式帝国を米国にとっての地政学的な資産として位置づけ始めていた。英国との協調の必要性，さらには英国の軍事的プレゼンスに依存する必要性は，英国が軍を派遣して内戦下で右派政府の存続を図っていたギリシャについて最も明確に意識されていた。しかし，トルコやイランにおいて米英両国がソ連の影響力拡大に反対する点で同じ立場に立った経験は，中東地域において米英が少なくともパラレルな政策を展開すべきであるとのおぼろげな展望を米国の政策決定者たちに抱かせていた。国務省は，トルコ，イラン，ギリシャの3国すべてに，必要に応じて武器や輸出入銀行からの借款を提供する可能性を具体的に検討し始めていたが，かかる政策は英国の非公式帝国を間接的に支えることを事実上意味していた[48]。

　以上のような米国政府の認識は，非公式帝国を米英の共有財として捉える英国政府の中東政策と親和的であった。そして，前節で引用した，中東における英国の非公式帝国を維持することが米国の「戦略的利益」にも適うことを米国政府が認識するようになったとのベヴィンの観察に見られるように，英国政府は3文書に示されたような米国政府の中東に対するスタンスの変化を感じ取っていた。中東政策を巡る意見交換や方針の摺り合わせが行われたわけではなかったにもかかわらず，1947年初めまでに米英両国の政策決定者たちは，中東における両国のインタレストの共通性を認識するようになりつつあったのである。

　トルーマン政権が，それまで英国が行ってきたトルコとギリシャに対する援助を肩代わりすることをきわめて迅速に決断した背景には，かかるインタレストの共通性への認識があった。1947年2月21日，英国政府は米国政府に，3月末をもってトルコとギリシャへの財政援助を打ち切る方針を通告するとともに，当該援助を肩代わりするよう要請した。この英国政府からの通告以前に，すでに米国政府内ではギリシャに援助を提供する方針が固まりつつあった。それゆえ，トルーマン政権がトルコ・ギリシャへの援助提供方針を決断するまでには，わずか

---

[48] トルコ政策文書は，Memorandum by the Director of the Office of Near Eastern and African Affairs, October 21, 1946, *FRUS, 1946*, 7: 893-897. ギリシャ政策文書は，Memorandum Prepared in the Office of Near Eastern and African Affairs, October 21, 1946, ibid., 240-245. イラン政策文書は，Memorandum by the Director of the Office of Near Eastern and African Affairs, October 18, 1946, ibid., 533-536.

5日あまりしかかからなかった。むしろトルーマン政権にとっての難題は，共和党が上下両院で多数を占める連邦議会と米国民から，かかる政策への支持を如何に取り付けるかという点にあった。ユーラシア大陸の国際政治に米国を深く関与させることになる平時の大規模な援助は，米国の外交的伝統を逸脱するものであった。政権側から対ギリシャ・トルコ援助方針を打診された与野党の議会指導者たちは，それを支持するためには米国民に広く受け入れられるような鮮烈なレトリックが必要であると指摘した。この議会指導者たちの助言が，トルーマン・ドクトリンとして記憶されることとなる，3月12日の大統領演説の出発点となった。

　トルーマン・ドクトリンは，きわめて単純化された善悪二元論の世界観に基づいて総額4億ドルのギリシャ・トルコ援助法案を正当化した。いまや世界中のあらゆる国家は，「多数の意思に基づき，自由な制度と代表制の統治制度，自由な選挙，個人の自由の保障，言論と宗教の自由，政治的抑圧からの自由に特徴づけられる生活様式」か，「恐怖と抑圧，統制された報道とラジオ，結果の定められた選挙，個人の自由の抑圧に依拠」することにより「少数者の意思が多数者に強制的に押し付けられる生活様式」か，何れかを選択することを迫られている。かかる世界において，米国は「自由な諸国民」を支援することを選択しなければならない。トルコとギリシャに対する援助は，かかる世界的な闘争の一環である。このように善悪二元論を友敵二元論に変換し，友を支援する道義に訴えかけることによって，トルーマンは新たな時代の外交的イニシアティヴを正当化した。トルーマン・ドクトリンの発表から約2か月後の5月中旬，ギリシャ・トルコ援助法案は連邦議会を通過した[49]。

　一方，この間に，対ギリシャ・トルコ政策を巡り，米英間の連絡や調整も活発化した。いまや米英両国は，暗黙のうちにインタレストの共通性を意識してパラレルな政策を遂行するのではなく，共通のインタレストを追求すべく協調して行動する段階に突入しつつあったのである。

---

[49] Kuniholm, *The Origins of the Cold War*, 406-414; Leffler, *A Preponderance of Power*, 142-146; McMahon, *Dean Acheson*, 52-55.

4　戦後ヨーロッパ秩序の形成と米英関係

1)「封じ込め」と資本主義世界の復興

　トルーマン・ドクトリンがもたらしたものは，ギリシャ・トルコ援助法だけではなかった。米国内には，ソ連や共産主義に対抗する積極的な対外政策を支持する，超党派的な「冷戦コンセンサス」と呼びうる政治状況が出現しつつあった。まもなく米国は，ソ連・共産主義に対抗する点で米国とインタレストを共有する同盟国よりなる「西側陣営」の構築を主導し，その事実上の盟主として積極的な対外政策を推進していくことになる。しかし，かかるグローバルな米国の覇権の出現という全体的状況から，中東における戦後秩序の形成およびその過程における米国の行動を類推することには慎重であらねばならない。そこで本節では，やや迂遠ではあるが，中東への米国の関与および中東を巡る米英関係と比較対照する座標軸として，欧州における戦後秩序の形成への米国の関与を米英関係の展開に着目しつつ概観する。

　第二次世界大戦を通じて，米国は1930年代の大恐慌の影響を完全に脱し，経済的繁栄の時代を迎えていた。大戦末までに米国の国民総生産は戦前の約910億ドルから約2200億ドルに拡大し，米国は世界中の財とサービスの4割あまりを生産していた。この卓越した経済力を背景に，米国は大戦中から覇権国としてのみずからの能力と責任を自覚し，戦後世界秩序の基盤たるブレトン・ウッズ体制および国際連合の構築に主導的な役割を果たした。それとは対照的に，英国は経済的にきわめて脆弱な状況に置かれていた。大戦の終了に伴って米国からの武器貸与法に基づく援助が打ち切られると，英国政府は，ただちに米国からの新たな援助を要請しなければならなかった。1945年12月に締結された米英借款協定 (Financial Agreement between the Governments of the United States and the United Kingdom) により，英国は米国から37.5億ドルという当時としては大規模な借款を獲得したが，それは問題の抜本的な解決にはつながらなかった。借款提供の交換条件であったポンドの交換性回復は1947年7月に実施されたものの，わずか1か月あまりで頓挫し，借款として提供されたドルは英国経済の構造的問題を解決することなく費消されてしまう[50]。

　じつのところ，これは米英二国間の問題ではなかった。戦後資本主義世界は，

米国が卓越した経済的競争力と大量の金を保持する一方で，英国を含む他の諸国はドルの獲得能力を欠き，その結果として自国通貨の価値を維持する能力，あるいは米国の財やサービスを購入する能力を欠くという構造的問題を抱えていた。かかる構造的不均衡は，資本主義システムの自律的なメカニズムのみでは克服できず，それゆえ，覇権国たる米国が相応の負担を担いつつ資本主義世界の復興に向けた積極的な政策を打ち出す必要がある，との認識を米国の政策担当者たちは徐々に獲得していった。1947-48 年にかけてトルーマン政権が打ち出した，マーシャル・プランとして知られる欧州復興計画（European Recovery Program : ERP），および日本の経済復興に向けた所謂「逆コース」は，米国と並ぶ資本主義世界の「中核」として西欧および日本を復興させることによって如上の構造的問題を打開することを目標としていた。

米国が資本主義世界の復興に積極的に取り組んでいく過程は，米国がソ連を盟主とする社会主義陣営から資本主義世界を切り離し，米国の公式・非公式の同盟国よりなる「西側陣営」を構築していく過程と表裏一体の関係にあった。1945-47 年にかけて，前節で検討した中東・東地中海地域の問題のみならず，中・東欧問題や原子力の国際管理問題などを巡って，米ソは激しく対立するようになった。トルーマン政権は，ソ連を潜在的な敵国と見做す認識に基づき，その影響力の拡大を防止する「封じ込め」政策を開始した。対ソ封じ込め政策を遂行する上で米国の最も重要なパートナーは，明らかに西欧諸国であった。欧州復興計画は，資本主義世界の構造的問題を打開するという目標のみならず，ソ連およびその支配下にある東欧を西欧から明確に切り離し，封じ込め政策のパートナーとして西欧を強化するという地政学的な目標をも内包していた。「逆コース」が，日本の経済復興のみならず，政治的左派を抑制し保守勢力優位の政治的安定を創出することをも目標としていたことは，周知のとおりである。無論，この段階では，西欧や日本と米国との間の中長期的な政治的・軍事的関係を制度化する枠組み――北大西洋条約（North Atlantic Treaty：以下 NATO）[51]および日米安全保障条約

---

[50] Robert A. Pollard, and Samuel F. Wells, Jr., "1945-1960 : The Era of American Economic Hegemony," in William H. Becker and Samuel F. Wells, eds., *Economics and World Power : An Assessment of American Diplomacy since 1789* (New York : Columbia U.P., 1984), 333-390 ; Frank Brenchley, *Britain and the Middle East : An Economic History 1945-87* (London : Lester Crook Academic Publishing, 1989), chap. 1. 英国が経済的な安定を回復していくのは，米国との合意のもと，1949 年 9 月にポンドを 4.03 ドルから 2.80 ドルに大幅に切り下げて以降のことになる。

――は，まだ具体的にその姿を現してはいない。しかし，資本主義世界における米国の経済的覇権と，冷戦的国際関係における西側陣営の盟主としての米国の地位が，不可分に重なり合う形で形成されつつあったことは間違いない[52]。

2）戦後欧州を巡る米英協調

　米国の対ソ封じ込め政策が資本主義世界の復興を目指す政策と表裏一体で遂行されたことにより，米国とそのパートナーたる西欧諸国との間には，支配と従属，あるいはシニア／ジュニア・パートナーの関係と単純に割り切ることの出来ぬ複雑な関係が生成した。とりわけ英国は，NATOを通じて米国との正式な同盟関係を結ぶ以前から米国との緊密な協力関係を発展させた。その結果として出現した米英関係は，両国間の圧倒的な国力の差にもかかわらず，役割分担に基づく水平的パートナーシップの性質を強く帯びることとなった[53]。

　第二次世界大戦期に急速かつ広範に進展した米英間の政治的・軍事的な協力関係は，大戦終了とともに武器貸与法に基づく援助が停止されたことに象徴されるように，少なくとも表面的にはいったん急速に冷却した。しかし，中東・東地中海および中・東欧などの諸問題を巡ってソ連と西側世界との対立構造が鮮明化するのに並行して，米英間には，再び非公式かつ緊密な協力関係が形成されていった。1946年後半には，米英軍部間の非公式協議が制度的に復活した[54]。そして欧

---

[51] 調印当初の北大西洋条約には軍事機構がなく，当時の史料でも「機構（Organization）」は付さず「北大西洋条約（NAT）」と記されている。同条約の軍事機構の形成は歴史的に重要であり，本書第2章でも言及することになるが，初期の条約をNATOと呼称しても表記上の混乱が生じる恐れはないので，本書では「NATO」の表記で統一する。

[52] Leffler, *A Preponderance of Power*, chaps. 4-5；Pollard, *Economic Security Origins of the Cold War, 1945-1950* (New York：Columbia U.P., 1985), chaps. 4, 7 and 8；Michael J. Hogan, *The Marshall Plan：America, Britain, and the Reconstruction of Western Europe, 1947-1952* (Cambridge：Cambridge U.P., 1987), 18-60；Schaller, *The American Occupation of Japan*, chap. 7.

[53] 米英関係の緊密化に関する叙述は，次の文献を参考にしている。John Baylis, *Anglo-American Defence Relations, 1939-1984：The Special Relationship* (London：Macmillan, 1984), chaps. 1 and 2（ジョン・ベイリス著，佐藤行雄・重家俊範・宮川真喜雄訳『同盟の力学――英国と米国の防衛協力関係』東洋経済新報社，1988年）；D. Cameron Watt, *Succeeding John Bull：America in Britain's Place, 1900-1975* (Cambridge：Cambridge U.P., 1984), chaps. 5 and 6；Ritchie Ovendale, *The English-Speaking Alliance：Britain, the United States, the Dominions and the Cold War 1945-1951* (London：George Allen & Unwin, 1985), chaps. 2 and 3；Ritchie Ovendale, *Anglo-American Relations in the Twentieth Century* (Basingstoke：Macmillan, 1998), chap. 4；Alan Bullock, *Ernest Bevin：Foreign Secretary 1945-1951* (New York：W.W. Norton, 1983).

[54] 表面的な断絶にもかかわらず，米英軍部間の緊密な協議は第二次世界大戦中から途切れることなく継続していたとする研究もある。Alex Danchev, "In the Back Room：Anglo-American

州復興計画の策定過程では，戦後の米英関係を特徴づける非公式で緊密な協力関係が有効に機能した。6月5日にマーシャル（George C. Marshall）国務長官がハーヴァード大学における演説で欧州復興に向けて米国が援助を提供する方針を表明した後，逸早くそれに応ずる姿勢を示したのは英国政府であった。トルーマン政権は，英国が欧州と米国の結節点としての役割を果たすことを期待し，まず米英二国間で対欧州援助政策の概要に関する摺り合わせを行った。ここで形成された非公式合意が，その後，欧州復興計画の実現に向けて，英国政府が欧州側の協議を主導していく際の基本路線として機能することになる[55]。ここに見られるのは，圧倒的に大きな国力を誇る米国が弱体な英国にみずからの意思を押し付けるような垂直的な関係ではなく，米英各々がみずからにしか行い得ない役割を引き受ける水平的な役割分担の関係であった。

　NATOの結成に至る過程で，米英の役割分担に基づくパートナーシップはさらに発展する[56]。1947年12月にロンドンで開催されていた戦勝国外相評議会（Council of Foreign Ministers）がドイツ問題等を巡って決裂した後，ベヴィン英外相は，すでにダンケルク条約を通じて同盟関係にあった英・仏を核として，スカンジナヴィアからスペイン，ギリシャに至る非共産圏ヨーロッパを包含する同盟を構築する構想を米国側に示し，かかる同盟ブロックへの米国の支援を求めた[57]。トルーマン政権は，米国の即時加盟は政治的に困難であるとの立場を示しつつも，ベヴィンの構想を高く評価するとともに，非共産ヨーロッパ同盟をベヴィンが構想しているような集合的な二国間条約の方式ではなく，1947年9月に米国がラテンアメリカ諸国と締結していた米州共同防衛条約（リオ条約）のような多国間条約方式で実現すべきであると逆提案した。トルーマン政権は，かかる多国間条約への米国自身の参加を目指す姿勢を示唆しつつ，英国が主導して欧州諸国の同盟構築を進めることに強い期待感を示したのである[58]。

Defence Co-operation, 1945-51," in Richard J. Aldrich ed., *British Intelligence, Strategy and the Cold War, 1945-1951* (London: Routledge, 1992), 215-235（特に pp. 217-222）．

[55] Memoranda of Conversations between Under Secretary of State and British Cabinet Members, June 24-26, 1947, *FRUS, 1947*, 3: 268-284; Aide-Mémoire by the British Foreign Office for the Secretary of State for Foreign Affairs, ibid., 284-288; Hogan, *The Marshall Plan*, 45-53, 60-69.

[56] John Baylis, "Britain, the Brussels Pact and the Continental Commitment," *International Affairs*, vol. 60, no. 4 (Autumn, 1984), 615-629.

[57] Memorandum of Conversation by the British Foreign Office, undated, *FRUS, 1947*, 3: 818-819; British Ambassador to the Secretary of State, January 13, 1948, *FRUS, 1948*, 3: 3-6; British Ambassador to the Under Secretary of State, January 27, 1948, *FRUS, 1948*, 3: 14-16.

翌 1948 年 2 月にチェコスロヴァキアにおいて共産党がクーデタで一党独裁体制を確立し，東欧におけるソ連・共産党の支配が完成すると，西欧諸国の同盟構築に向けた協議は加速し，3 月 17 日に英・仏・ベネルクス 3 国はブリュッセル条約を締結した。この間に，トルーマン政権内では西欧への支援を強化すべきであるとする主張がいっそう強まっており，ブリュッセル条約の締結直後にトルーマンは西欧諸国の行動は「我々が全面的に支援するに値する」との特別教書を発表した[59]。1948 年 3 月末には，ブリュッセル条約を起点とする軍事同盟の拡大と強化のあり方を検討する，米・英・カナダの協議がワシントンで行われた。そして，このワシントン協議を通じて，ブリュッセル条約 5 か国に加え，米国，カナダ，北欧諸国，ポルトガル，イタリアまでを包含する「北大西洋」の集団防衛条約の締結を目指す方針が打ち立てられたのである[60]。

1949 年 4 月の NATO 結成に至るまでにはなお多くの曲折があるが，そこに立ち入る余裕はない[61]。本書の行論上，確認しておくべきは，冷戦における西側陣営の骨格となる米国と西欧の同盟関係が，米英間の非公式な共通理解を起点として形成されたこと，そしてその形成過程においては，米国の圧倒的な軍事的・経済的優位を所与の前提としつつも，米英間に役割分担に基づく水平的なパートナーシップの関係が成立していたことである。

かかる米英協調の根底にあったのは，基本的なインタレストの共通性であった[62]。米英両国間では多くの問題について対話や意見交換が行われていたものの，

---

[58] Memorandum of Conversation by the Under Secretary of State, January 27, 1948, *FRUS, 1948*, 3 : 12-14 ; Memorandum of Conversation by the Director of the Office of European Affairs, February 7, 1948, ibid., 21-24.

[59] Memorandum by the Director of the Office of European Affairs, March 8, 1948, *FRUS, 1948*, 3 : 40-42 ; Special Message to the Congress on the Threat to the Freedom of Europe, March 17, 1948, *Public Papers of the Presidents of the United States*（以下 *PPPUS*），*Harry S. Truman, 1948* : 182-186.

[60] Minutes of the First through Sixth Meetings of the U.S.-U.K.-Canadian Security Conversations Held at Washington, March 22, 23, 24, 29, 31 and April 1, 1948, *FRUS, 1948*, 3 : 59-61, 64-66, 66-67, 69-70, 70-71, 71-75 ; NSC 9, "The Position of the United States with Respect to Support for Western Union and Other Related Free Countries," April 13, 1948, ibid., 85-88.

[61] Lawrence S. Kaplan, *NATO and the United States : The Enduring Alliance*, updated edition (New York : Twayne Publishers, 1994), chap. 2 ; Leffler, *Preponderance of Power*, 229-237, 277-282 ; McMahon, *Dean Acheson*, 69-85.

[62] 米英関係史の泰斗ベイリスは，戦後の米英関係に関する研究を，①米英間の精神的・文化的な結合を強調するもの（Evangelical），②米英のインタレストの共通性や類似に着目するもの（Functional），③米英の「特殊関係」をレトリカルなものと見做し，その脱神話化を指向

米英両国は基本的にはそれぞれ独自にみずからのインタレストを定義し，その結果，両国はソ連・共産主義に対抗する西欧の経済的・軍事的ブロックの構築がみずからのインタレストに適うとの判断に至っていた。この時期の英国の対外政策を主導したベヴィン外相は，独自の世界戦略に基づいて，米国との協調を推進していた。1946年から1949年初頭まで，ベヴィンは，西欧諸国，特に植民地を保有する諸国と英国が連携することによって，これら諸国の植民地と英国自身の植民地および英連邦諸国よりなる，米ソから独立した「第三勢力」を構築するという壮大な世界戦略を描いていた。たしかにベヴィンは，ソ連を脅威と見做す認識に基づいて米国との連携を推進したが，それは英国が「第三勢力」の筆頭としての地位を確立するまでの，暫定的かつ便宜的な措置と考えられていた。すなわち，この時期のベヴィンの最大の目標は，西欧の組織化や米英協調の強化よりも，英国自身の大国としての地位を維持あるいは増進することに置かれていたのである[63]。

しかしながら，かかるベヴィンの構想すら，米国の政策決定者たちが抱く世界戦略に背馳するものではなかった。国務省政策企画室（Policy Planning Staff：以下PPS）室長として欧州復興計画の実現に主導的な役割を果たしたジョージ・ケナンが，米国と連携しつつも自立した西欧を実現することが米国の国益に適うと考えていたことはつとに知られている[64]。ケナンとしばしば衝突しながら，冷戦初期の対欧州政策のキーパーソンとして重きをなした国務省欧州部長ジョン・ヒッカーソン（John D. Hickerson）は，英国大使との会談において，ベヴィンの構想を評価するとともに，「常に米国の影響力に服するのではなく，ソ連と合衆国にともに『ノー』と言えるほど強力な欧州の組織として第三勢力」が構築されることに期待を示している[65]。ベヴィンを含む英国の政策決定者たちの多くは英国が西欧の一国に埋没することには反対していたので，ケナンやヒッカーソンが目指す

するもの（Terminal），の3つの潮流に分類している。本書は，②の立場を取り，かつ米英のインタレストの相違を強調する「第三勢力」論に立つ研究が，必ずしも②の立場と矛盾しないと理解する。John Baylis, ed., *Anglo-American Relations since 1939 : The Enduring Alliance* (Manchester : Manchester U.P., 1997), 8-16.

63 Kent, *British Imperial Strategy*, 160-173.

64 PPS 23, "Review of Current Trends : U.S. Foreign Policy," February 24, 1948, *FRUS, 1948*, 1 : 510-529.

65 Memorandum of Conversation by the Director of the Office of European Affairs, January 21, 1948, *FRUS, 1948*, 3 : 9-12.

自立した西欧というイメージとベヴィンの構想の間には，潜在的に大きな相違が存在した。それにもかかわらず，本節でここまでに見てきたように，英国を含む西欧をひとつの地域と捉えてその経済復興を促進し，かつソ連の脅威に対抗する多国間同盟を結成するという具体的なプロセスにおいて，米英両国は緊密に協調することが出来たのである。

しかも，ベヴィンの「第三勢力」構想はまもなく挫折する。英国は，「第三勢力」構想で想定されていたような植民地開発のための資本を調達できなかった。それに加えて，英国は，ブリュッセル条約やNATOへの参加を通じてその軍事的資源を大陸欧州の防衛にも割かねばならなくなったが，大陸欧州と帝国の防衛を両立し得るような軍事的資源を将来にわたって持続的に調達する見通しを持ち得なかった。史家ケントによると，1948年後半から1949年4月のNATO結成までの間に，「第三勢力」構想がはらむ非現実性が明らかになり，これ以降，この構想を主として推進してきたベヴィンと英外務省は，より恒久的な米国との協調関係を通じて英国の大国としての地位を維持する方向に舵を切ることとなったのである[66]。

構造として把握するならば，戦後ヨーロッパに出現した秩序が，圧倒的な経済力と軍事力を有する米国がシニア・パートナーとして西欧諸国を軍事的・経済的に支え，域内秩序の形成に大きな影響力を及ぼす，垂直的な性質を内包したことは間違いない。しかし，外交的なプロセスに着目するならば，戦後ヨーロッパの秩序形成過程で出現した米英関係は，インタレストの共通性に基づく水平的なパートナーシップという性質を強く帯びていた。すなわち，戦後欧州に出現した秩序は，水平的パートナーシップを基調とするプロセスを経て，グローバルな米国の覇権の構造と相似形の垂直的な構造を内包するシステムとして出現したのである[67]。

しかしながら，すべての地域的システムがグローバルな覇権システムと相似形的に発展したわけではなかった。中東は，まさにそのような事例であった。

---

[66] Kent, *British Imperial Strategy*, 179-205.
[67] 史家ルンデシュタッドの「招かれた帝国論」は，かかるプロセスと構造を混淆した概念と理解することが出来る。つまり，西欧諸国は水平的なパートナーシップの下に米国を欧州に「招き入れ」，その結果として出現したのは「帝国」という垂直的なシステムであった。Geir Lundestad, *The American "Empire" and Other Studies of US Foreign Policy in a Comparative Perspective* (Oxford : Oxford U.P., 1990), 54-70 ; Idem, *"Empire" by Integration : The United States and European Integration, 1945-1997* (Oxford : Oxford U.P., 1998), chap. 4.

5 ペンタゴン協議と米英協調の成立

1) パレスチナを巡る混乱

　1947年初めの段階では，トルーマン政権は，中東に対する地域的政策と呼びうるものは持ち得ていなかった。1946年末に国務省内で作成されたギリシャ，トルコ，イランに関する前述の3文書は，トルコ・イラン以南のアラブ世界を含む中東全体を米国のインタレストの対象と捉えることを示唆する内容を含んではいたものの，かかる認識は，まだ政権全体で共有されるには至っていなかった。また，ギリシャ，トルコ，イランに関する米英間の実質的な協調関係は，危機に対処する過程で生成したものであるだけに，多分にアドホックな性質を有し，したがって中東の他地域に自動的に適用される性質のものではなかった。トルーマン政権の中東に対する一貫した視点の不在，そして中東を巡る米英協調の不安定さは，パレスチナを巡る一連の動きに最も集約されて表れた[68]。

　第二次世界大戦後，パレスチナでは，将来的な独立の形式および同地へのユダヤ人移民枠の問題を巡り，パレスチナ人とユダヤ人の対立が再燃した。喫緊の争点は，パレスチナへのユダヤ人移民制限の問題であった。アラブ諸国が1945年3月に結成したアラブ連盟（Arab League）は，パレスチナ人を支持する立場を明確化し，ユダヤ人移民の拡大に反対していた。英国政府は，1939年パレスチナ白書の基本方針を踏襲し，厳しい移民制限を継続する姿勢を取ることによって，アラブ諸国の立場を支持する姿勢を明確にしていた。中東を保持しようとする以上，英国政府はアラブ諸国との関係を悪化させるわけにはいかなかったのである[69]。一方，ホロコーストを生き延びた欧州のユダヤ人の多くが難民（displaced person）化し，その少なからぬ部分がパレスチナへの移住を求めていたため，のちにイスラエル政府の母体となるユダヤ機関は，ユダヤ人移民枠の大幅拡大を要求していた。英国政府は移民制限の緩和に応じなかったが，ユダヤ人の不法移民

---

[68] イスラエル建国に至る過程の叙述は，以下を参考にしている。Michael J. Cohen, *Truman and Israel* (Berkeley : University of California Press, 1990), chaps. 6-12 ; Cohen, *Palestine to Israel* ; Ritchie Ovendale, *Britain, the United States, and the End of the Palestine Mandate, 1942-1948* (Wolfeboro : Boydell Press, 1989).

[69] Michael Thornhill, "Britain and the Politics of the Arab League, 1943-50," in Cohen and Kolinsky eds., *Demise of the British Empire*, 49-54.

はパレスチナに流入し続け，ユダヤ人武装勢力による英当局へのテロ攻撃が激化した。英国は，パレスチナの状況を制御する能力を喪失し，1930年代後半のアラブの反乱以来，同地の治安維持のために駐留させていた軍を撤退させる見通しすら立てられぬ状況に追い込まれていった。

　米国政府内では，「封じ込め」の観点からトルコやギリシャを巡る英国との協調を推進した国務省や軍部は，同様の観点からアラブ諸国との良好な関係を維持することの重要性を認識し，英国政府の親アラブ的なパレスチナ政策に理解を示していた。しかし，トルーマン大統領およびホワイトハウスの側近たちは，米国内のユダヤ人への政治的な配慮もあり，ユダヤ人の立場に好意的であった[70]。トルーマンは，とりわけヨーロッパのユダヤ人難民問題に関心を示し，英国政府にパレスチナへのユダヤ人受け入れ枠の大幅な拡大を求め続けた。国務省および軍部の親アラブ方針とホワイトハウスの親ユダヤ方針との間で組織的な調整が行われることはなかったため，米国のパレスチナに関する方針は分裂的な様相を呈することとなった。

　1946年秋以降，英国政府は，パレスチナの委任統治終了に向けて，ユダヤ機関およびパレスチナ人代表と断続的な交渉を行った。アトリー政権の目標は，両者の妥協を実現することで委任統治終了後にもパレスチナへの影響力を確保することにあり，1947年2月にパレスチナ問題を国連に付託した後も，かかる目標に変化はなかった。しかし，ユダヤ人とパレスチナ人の間に妥協の余地は残されていなかった。1947年9月に国連パレスチナ特別委員会（UNSCOP）が多数案としてパレスチナ分割を勧告，11月に国連総会がパレスチナ分割決議を採択すると，パレスチナの内戦は本格化した。この頃までにアトリー政権は，委任統治終了後のパレスチナに政治的影響力を維持する希望を失った。この間，トルーマン政権内のパレスチナ政策方針を巡る分裂は解消せず，結果的に米国のパレスチナ政策は動揺を続けた。5月14日のイスラエル建国宣言直後にトルーマンが同国を外交的に承認する段階に至っても，国務省と軍部がそれにきわめて否定的な立場を取っていたことは周知の事実である。結果的に，米英両国政府は，委任統治

---

[70] トルーマン周辺で，親ユダヤ的影響力を行使した人物としては，大統領顧問（Counsel to the President）のクラーク・クリフォード（Clark Clifford），トルーマンの上院議員時代以来の顧問的な存在としてホワイトハウス入りしていたマックス・ローウェンタール（Max Lowenthal），ローズヴェルト時代以来のホワイトハウスの法律スタッフであったデイヴィッド・ナイルズ（David Niles）らがいた。Cohen, *Truman and Israel*, 75-82.

終了後のパレスチナについても，パレスチナ問題を焦点とするアラブ・イスラエル対立についても，何ら明確な展望を持ち得ぬままに，イスラエルの独立を迎えることになったのである。

2) ペンタゴン協議

　パレスチナ問題を巡る迷走は，米英両国の政策決定者たちに，中東政策全般に関する相互理解の必要性を認識させたように見える。1947年8月から9月にかけて，ギリシャからの英軍撤退の是非を巡る議論を契機として，米英両国の政策決定者たちの間では，中東政策全般に関する相互理解を深め，調整を進める必要性が強く認識されるようになった。中東政策に関する包括的な米英協議の開催を最初に呼びかけたのはベヴィンであった。パレスチナは言うに及ばず，エジプト問題などに関しても，ベヴィンは米国からの理解や支持が不十分であると感じていた。そして何よりも，中東を保持するというアトリー政権の決定は，米国の支援を前提としたものであった。そのような意味で，中東を巡る米国との政策調整は，英国が中東を保持し続けるために不可欠のステップであった[71]。

　一方，米国側も英国との政策調整の必要性を強く感じるようになっていた。国務省と陸・海軍省は，英国側がみずからの中東政策を米国側に十分に説明していないと感じており，その結果，英国が米国への事前の相談なく中東政策を突如として大幅に変更する可能性があるとの懸念を抱いていた。米国側が英国の中東政策への関心を高めるようになっていた背景には，遅くとも1947年秋口までに，国務・陸軍・海軍省のレヴェルで，中東における英国の非公式帝国を米国の対外政策上の資産と明確に位置づける理解が共有されるに至っていた事情があった。それゆえ，米国側は，英国側からの協議の申し入れを歓迎するとともに，協議の開始に先立って，「我々の最も基本的な方針は［中東における］英国の地位を可能な限り最大限維持すること」にあり，「米国は中東における緊密な英米協調の継続に大きく依存している」との認識をあらかじめ明確に示し，きたる協議において，「同地域諸国における民衆感情」なども踏まえつつ，米英の「共通の政策（a common policy）」を確立することを目標とするとの姿勢を示したのである[72]。

---

[71] Memorandum of Conversation by the Director of the Office of Near Eastern and African Affairs, September 9, 1947, *FRUS, 1947*, 5: 496-502.

[72] Memorandum Prepared in the Department of State, undated, *FRUS, 1947*, 5: 488-496.

以上のような経緯から，10月16日から11月7日にかけて，中東および東地中海地域に関する政策を検討する米英協議がワシントンで開催された。米国側の主席代表はロヴェット（Robert A. Lovett）国務次官，英国側代表は駐米大使インヴァーチャペル卿（Archibold Clark Kerr, First Baron Inverchapel）であったが，実質的に協議を進めたのは，米国側は，ヘンダーソン NEA 部長，ヒッカーソン欧州部長，ケナン PPS 室長，ヘンダーソンの部下に当たる南アジア課長でのちに駐サウジアラビアおよび駐エジプト大使として活躍するレイモンド・ヘア（Raymond A. Hare），英国側は外務省のマイケル・ライト（Michael R. Wright）であった。一連の協議には，米英の軍人もオブザーバーとして参加し，軍人間の会合も持たれた模様である。協議は，非公式な意見交換と位置づけられ，また協議自体の存在が公知となることを防ぐために，会合の多くがワシントン中心部からポトマック川を隔てた位置にある国防省ビル，すなわちペンタゴンで開催された[73]。それゆえに「ペンタゴン協議（Pentagon Talks）」と通称されるこの米英協議は，中東を対象とする米英間の初めての包括的な意見交換であり，以後長きにわたって継続する中東を巡る米英協調の基礎を築くことになるのである。

 ペンタゴン協議に至る過程で，米英双方の思惑は，基本的な部分で大きく重なり合っていたと言ってよい。両国は，ソ連を最大の脅威と見做す認識を共有し，中東および東地中海地域へのソ連の影響力拡大を防止することが，自国の安全保障上，きわめて重要であるとの認識で一致していた。そのような意味で，ペンタゴン協議は，米英両国の政策担当者たちにとって，双方が同様の認識に到達していることを確認する機会という側面を有した。協議の冒頭，英国側は，19世紀にさかのぼってみずからが中東に非公式帝国を築いた経緯を振り返った上で，「三柱戦略」に準拠する形でみずからの中東政策を説明した。英国政府は，中東を英連邦の地政学的結節点として，そして戦時におけるソ連への攻撃拠点として，「連合王国に次ぐ，あるいは連合王国に劣らぬ重要性を有する戦略地域（strategic theatre）」と位置づけており，それゆえ，平時においても中東に戦略的施設を保持する必要があると考えている，というのが英国側の説明の概要であった[74]。かか

---

[73] Memorandum Prepared in the Department of State, October 16, 1947, *FRUS, 1947*, 5：563–565；Draft Notes for Remarks by the United Kingdom at the Opening of the U.S.-U.K. Talks on the Middle East, October 16, 1947, ibid., 565–568.

[74] Draft Notes for Remarks by the United Kingdom at the Opening of the U.S.-U.K. Talks on the Middle East, October 16, 1947, *FRUS, 1947*, 5：565–568；Introductory Paper on the Middle East Submitted

る英国側の基本的立場に対して，米国側は，「英国が中東にとどまり続けること，そしてみずからの地位を戦略的に維持することを可能にするような同地域内の諸施設を英国が確保すること……が我々両国にとって重要」であるとの認識を披瀝し，米英間で政策調整を進めることを歓迎する姿勢を示した[75]。基本的なインタレストや目標に関してはほとんど齟齬や対立を見出せぬほどに，米英の中東に関する認識は接近していた。

1947年段階における米国の中東認識には，2つの顕著な特徴があった。ひとつは，米国の政策決定者たちが，「東地中海および中東の安全は，合衆国の安全保障にとって死活的な重要性を有する」との認識を持つに至っていたことである。これは，1946年段階の，ソ連・共産主義の影響力拡大の可能性が出現するのに対応してアドホックに関心を高める，すなわち脅威に応じて関心を高める受動的なインタレストのあり方とは著しい対照をなしていた。しかも，「死活的な重要性を有する（vital）」という用語は，当時の米国の政策用法では「枢要な（critical）」などの類似の用語よりも明確に上位に置かれており，事実上，最上級の重要性を意味した。つまり，米国の政策決定者たちは，中東を非共産世界の側に保持することを米国の安全保障上きわめて重要なインタレストとして位置づけたのである。したがって，彼らの中東に関する認識と目標は，英国側のそれと大きく重なり合っていたと言える。

もうひとつの特徴は，米国の政策決定者たちが，かかるインタレストを追求するために，英国が非公式帝国を維持することを支持する立場を示したことであった。「英国が中東に戦略的・政治的・経済的に強固な地位を保持し，彼ら［英国］と我々［米国］が同地域において同方向の政策（parallel policies）を遂行せぬ限り」中東を非共産世界の側にとどめることは出来ない，というのが米国政府の基本的な立場であった。しかし，ここできわめて重要なことは，米国側が，トルコやギリシャで実現したような英国への支援を中東全域に拡大する意図を有していたわけではなかったことである。むしろ，それとは逆に，米国の政策決定者たちが英国の非公式帝国を米国の資産と位置づけたのは，中東地域における米国の責任や負担を出来る限り回避するためであった。それゆえ米国側は，ペンタゴン協議を

　Informally by the U.K. Representatives, undated, ibid., 569-575.
[75] Memorandum by the Chief of the Division of South Asian Affairs, October 16, 1947, *FRUS, 1947*, 5 : 568-569.

通じて英国側に,「東地中海と中東の安全を維持するという共通の課題」に対処するために「英国が特別の責任を果たす」(強調引用者)こと,そして,「ソ連の侵略に対抗するという全般的な方針の一環として,東地中海および中東を防衛する主たる責任を英国が引き続き担い続ける」(同)ことを受け入れるよう強く求めたのである。しかしそれにもかかわらず米国側は,中東における英国の行動に白紙委任を与えたわけではなかった。米国の政策決定者たちは,「同方向の政策」を遂行することは,「我々が中東において英国のジュニア・パートナーとならねばならない,あるいは事実上,英国の方針に盲目的に従わねばならない,ということを意味するわけではない」と理解していた。すなわち,米国側が「並行的な政策」というフレーズに込めていたのは,中東地域を保持する責任と負担を基本的に英国に委ね,英国の政策を尊重はしつつも,米国側の発言権を留保するというスタンスであった[76]。

ペンタゴン協議における米国側のスタンスを図式的に整理するならば,米国側が目指していたのは,米英間の役割分担に基づく水平的パートナーシップというプロセスを通じて,英国を頂点とする中東における非公式帝国という垂直的な構造を維持することであった。それは,グローバルな米国の覇権,あるいは西欧に出現しつつあった戦後秩序と相似形ではなかった。中東においては英国が地域的な覇権を維持し,したがって中東を非共産世界の側に保持するための責任と負担の大部分は英国が担い,米国は発言権を保持しつつも英国の覇権を維持するための側面支援以上の負担を負わない。中東の戦後秩序に関する米国の構想はかようなものであった。

英国側は,米英両国が中東を「死活的に重要」な地域と位置づけ,「並行的な政策」を遂行するとの米国側の基本方針を全面的に受け入れた。しかしながら,英国に中東における責任と負担を押し付け,みずからの負担や責任の増大を回避しようとする米国側の姿勢は,英国側の期待を満たすものではなかった。英国側は,米国からのより積極的な支援を前提として,非公式帝国を保持する方針を決定していたからである。さりとて英国側も,この時点では,パレスチナ問題に関する外交的な支援を期待していたことを除けば,トルコやギリシャのような形で

---

[76] Memorandum Prepared in the Department of State, "The American Paper," undated, *FRUS, 1947*, 5 : 575-576 ; Memorandum by the Chief of the Division of South Asian Affairs, November 5, 1947, ibid., 576-580.

米国側に新たな負担を求めるべき具体的な事案を持ちあわせていたわけではなかった。それゆえ英国側は，米英が「［中東］地域において協調し，相互に支援しあうことが，何れの政府にとってもインタレストに適う」（強調引用者）こと，そして英国が中東における責任を果たしうるか否かは「合衆国が並行的な政策を採用することにかかっている」ことを指摘し，英国が中東における非公式帝国を維持し，米国が期待するような責任を果たしていくためには，米国からのより積極的な支援が必要になるとの認識を強調したのである[77]。史家オーヴェンデールが指摘するように，これ以降の英国の中東政策は，みずからの地位や政策への米国の支援を最大限に引き出し，単独で中東における政治的・軍事的な責任を担わされることを可能な限り回避することを，ひとつの継続的な目標としていくこととなるのである[78]。

　以上のように，ペンタゴン協議を通じて，米英の思惑は完全に一致したわけではなかった。それにもかかわらず，ペンタゴン協議の歴史的意義は，中東の将来の秩序について米英が大枠で合意し，その実現に向けて協調していく方針が確認されたことであった。ペンタゴン協議の基本合意文書において，米英両国は，中東を自国の安全保障にとって「死活的に重要」な地域と見做し，同地域の安定を維持するために英国が同地域に「強固な戦略的・政治的・経済的な地位を維持」することが不可欠であるとの前提を共有し，「相互の地位を強化」すべく「同方向の」政策を遂行することを，確認した[79]。中東の非公式帝国という垂直的秩序を維持するという目標のために，米英両国は英国が主たる責任を担う水平的パートナーシップのもとに協力する方針で合意したのである。英国政府は，米国がより大きな責任と負担を担うことを期待していたものの，このことは将来的な課題として先送りされたというのが実情であった。

　ペンタゴン協議では，上記の原則を記した基本合意文書の他に，20以上の国や地域あるいは特定のイシューに関する議事録が作成された[80]。基本合意文書は，11月中に，米国側では国家安全保障会議（National Security Council：以下 NSC）の

---

[77] Memorandum on Policy in the Middle East and Eastern Mediterranean by the British Group, undated, *FRUS, 1947*, 5 : 580-582.

[78] Ritchie Ovendale, *Britain, the United States, and the Transfer of Power in the Middle East, 1945-1962* (London : Leicester U.P., 1996), chap. 2（特に pp. 52-53）．

[79] General Statement by the American Group, undated, *FRUS, 1947*, 5 : 582-584.

[80] これらの文書は，*FRUS, 1947*, 5 : 582-620 に収録されている。

承認を経てトルーマン大統領の裁可を得,英国側では閣議で承認された。12月初旬にマーシャル国務長官とベヴィン外相は,両国政府による基本合意文書の承認を確認するとともに,ペンタゴン協議の合意をあくまでも非公式なものと位置づけ,協議の存在自体を秘匿することに合意した[81]。ペンタゴン合意が秘密の非公式合意とされたことは,それが重要ではないということを意味したわけでは全くなかった。ペンタゴン合意は,これ以降の中東を巡る米英関係の基調を定めるきわめて重要な合意であり,さらにそれは,米国政府にとっては,事実上最初の中東に関する包括的な地域的政策という意味を有していたのである。

本節に残された課題は,米国がなにゆえに中東における責任や負担の増大を回避しようとしたのか,その背景を明らかにした上で,そのことの歴史的な意味を検討することである。つとに知られるように,トルーマン政権は,第二次世界大戦後に急速に動員解除を進め,1948年までに米軍の兵力を約1200万から150万人規模に縮小するとともに,防衛関係予算に約150億ドルの上限を設定した。これは,米国の国内政治的要請とトルーマン自身が信奉する保守的な財政均衡主義の帰結であった[82]。このような軍事的・財政的な前提条件と,ケナンが主導した初期の「封じ込め」政策は,上手く合致した。初期の「封じ込め」政策において米国が直接的に政治的に関与し大規模に資源を投下した地域は西欧と日本という資本主義世界の「中核」地域に局限され,かつその政策手段は欧州復興計画に代表されるように経済的手法を中心としていたからである[83]。

---

[81] Acting Secretary of State to President Truman, November 24, 1947, *FRUS, 1947*, 5: 623-624; Memorandum by P.J. Dixon, December 4, 1947, in FO800/477. 米国内政治の文脈においても,トルーマン政権はペンタゴン協議が大きく取り上げられることを望んでいなかった。トルーマンは,ヴァンデンバーグ (Arthur H. Vandenberg) 上院外交委員長に電話で米英の合意内容を伝達し,後者からの実質的な了解を獲得したが,行政府外部にペンタゴン協議の情報が伝達されたのは,管見の限り,この一例にとどまる。Acting Secretary of State to President Truman, November 24, 1947, *FRUS, 1947*, 5: 623-624.
[82] Pollard, *Economic Security*, chaps. 2 and 7 (特に pp. 153-156).
[83] 「封じ込め」政策の変遷に関する古典的研究の中でギャディスは,初期封じ込め政策の策定を主導したケナンに着目し,米国のインタレスト自体が「中核」地域に局限されていたと解釈した。その上でギャディスは,資源の限定性という観点から,インタレストと政策手段をともに局限した合理的な戦略として,初期封じ込めを高く評価した。John L. Gaddis, *Strategies of Containment: A Critical Appraisal of Postwar American National Security Policy* (Oxford: Oxford U.P., 1982), chaps. 2 and 3. 同書の改訂版において,ギャディスは,いますこしバランスの取れた見方に移行したように見えるが,初期封じ込めに対する基本的な見方に変化はない。Idem, *Strategies of Containment: A Critical Appraisal of Postwar American National Security Policy*, Revised and Expanded Edition (Oxford: Oxford U.P., 2005), chaps. 2 and 3. しかし,ギャ

しかし，ここで注意しなければならないのは，米国が政治的に関与し，あるいは直接的に資源を投下した地域と，米国がインタレストを有した地域が等しいわけではないことである。後者は前者よりもはるかに広大であった。じつのところ，戦後初期の段階から米国のインタレストはグローバルな広がりを有していた。米国の指導層や政策決定者の間では，グローバルな地政学的な見方が共有されるとともに，資本主義世界の「中核」と「周縁」を有機的に結びつける必要性が認識されていた。史家レフラーが看破するように，地政学的インタレストと経済的インタレストは，「パワー」の不可欠の構成要素として分かち難く結びついていた。「封じ込め」政策とは，かかる前提のもとで，ソ連を米国にとっての最大の脅威と措定し，ソ連が米国の安全を脅かすような「パワー」を獲得することを未然に防ぐのと同時に，米国を中心とする資本主義世界の持続的な経済的成長の条件を創出し，もって西側世界の圧倒的な「パワーの優越（preponderance）」状況を創出することを目標とする政策であった。かかる政策を追求する米国のインタレストは，戦後の早い段階からグローバルな広がりを持たざるを得なかったのである[84]。

米国の中東におけるインタレストは，地政学的なものに限定されていたわけではない。第3章で詳述するが，第二次世界大戦が終了するまでに，米国の政策決定者たちは，中東の石油生産を拡大することによって東半球における経済復興を促進するという青写真を描いていた。第二次世界大戦期まで中東の石油生産はごく限られていたが，その石油埋蔵量の巨大さは明らかになっていた。そして，まもなく実行に移されていく欧州復興計画を通じて，実際に中東の石油資源は西欧を含む東半球の経済活動に深く組み込まれていくこととなる。そして言うまでもなく，石油生産拠点としての中東の重要性と戦略拠点としての中東の重要性は，相互補完的であった。ペンタゴン合意において米英両国が中東を「死活的に重

ディスの分析は，米国のインタレストを限定的に捉えすぎる点で問題をはらむ。ギャディスの分析がはらむ問題の原因のひとつは，ギャディスがケナンの影響力を過大に評価している点に見出すことが出来る。ケナンのトルーマン政権内における影響力の限界については，John Lukacs, *George Kennan : A Study of Character* (New Haven : Yale U.P., 2007), chap. 3（ジョン・ルカーチ著，菅英輝訳『評伝 ジョージ・ケナン――対ソ「封じ込め」の提唱者』法政大学出版局，2011年，第3章）; Miscamble, *George F. Kennan and the Making of American Foreign Policy*, 346-356. 一方，ケナン自身の「封じ込め」構想に米国の対外的関与を拡張させる要素が内在していたという評価も存在するが，これはギャディスとは逆にインタレスト認識が不可避的に資源投下やコミットメントにつながるという前提に立つ極論である。Walter L. Hixon, *George F. Kennan : Cold War Iconoclast* (New York : Columbia U.P., 1989), chap. 3.
[84] Leffler, *A Preponderance of Power*.

要」な地域と位置づけたことは，中東もまた地政学的にも経済的にも西側世界の「パワー」の源泉であるとの認識を米英両国が共有したことを意味した。

　それにもかかわらず，中東は，米国がみずから政治的に関与することも大量の資源を投入することも避けようとした地域であった。米国は，いわばそれを埋め合わせるために，英国が非公式帝国を維持することを支持し，それを可能な範囲で支援することにより，中東を西側世界の側に保持しようとしていたのである。みずからの直接的な関与や負担を局限しようとする米国の中東政策は，西欧に対する政策と異質に見えながら，その実，何れもがグローバルな「封じ込め」政策の一環であった。敢えて単純化するならば，ペンタゴン合意とは，中東における英国の非公式帝国を維持するとの米英間の合意であったが，しかしそれは，戦間期に構築された中東の地域的システムを維持するという単純に保守的な合意ではなく，冷戦という新たな状況下において，西側世界の「パワー」の源泉として重要性を増しつつある地域を，まもなく明確に姿を現す「西側陣営」の2つの中心国が役割分担を行いながら西側世界の側に保持するとの方針を打ち立てた，新たな世界秩序を展望する合意であったと理解されねばならないのである。

6　非公式帝国再編の蹉跌

1) シドキー゠ベヴィン条約の挫折

　ペンタゴン合意の成否は，英国が中東におけるみずからの地位を維持できるか否かに大きく依存することになった。そして，アトリー政権が中東の軍事的価値を重視する論理によって中東を保持する方針を決定した以上，中東における英国の軍事的拠点がことさらに重要な意味を持つようになるのは当然のことであった。パレスチナにおける混乱に収拾の目処が立たぬ中，英国の中東における軍事的拠点は，スエズ運河地帯に存する世界最大規模の軍事基地を擁するエジプトと，それより小規模ではあるもののハッバーニヤとシュアイバに空軍基地を擁するイラクに絞られていった[85]。エジプトとイラクにおける英国の軍事的プレゼンスは，

---

[85] トランスヨルダンにも英空軍が駐留していたが，ごく小規模であり，軍事的拠点の候補とされることはなかった。軍事的拠点のもうひとつの候補地は，第二次世界大戦中に英国が占領していたキレナイカであった。キレナイカの処遇は，国連での検討に付され，旧宗主国のイタリアによる信託統治案を含む様々な案の検討を経て，1949年11月に国連総会が，キレナイ

法的には戦間期に締結された二国間同盟条約に依拠していたが，1930年英・イラク条約の期限は25年（但し，同条約の発効はイラクが国際連盟に加盟した1932年），1936年英・エジプト条約の期限は20年であり，何れも1950年代半ばに失効期限が迫っていた。したがって，これらアラブの2つの大国との条約の更新は，英国の非公式帝国を長期的に維持していくための焦眉の課題であったが，第二次世界大戦中に英国のあからさまな介入を受けた両国では，二国間条約への国民的な批判が高まっていた。

エジプトでは，1942年の英国の介入以降，宮廷とワフド党を双極に，それらと少数政党が離合集散して権力を競い合う不安定な政治状況が継続していた。これら既存エリート内部の権力闘争と並行して，都市部を中心に大衆的な政治意識の覚醒が進行し，左右の世俗的なナショナリズムの急進化と，ムスリム同胞団の拡大に象徴される政治的イスラーム主義の拡大が見られた。ワフド党を含むナショナリスト勢力とムスリム同胞団においては，政治的な立場を超えて英国への反発が強く，大戦終了後には，これらの勢力を支持する学生や労働者によるデモや暴動が頻発するようになった。そのような中，エジプト政府は1945年12月に英国政府に対して1936年条約の改定交渉を申し入れ，数か月に及ぶ断続的な交渉の結果，1946年10月にエジプト首相イスマーイール・シドキー（Ismāʿīl Ṣidqī）とベヴィン外相の間で新条約（以下，シドキー＝ベヴィン条約）が調印された[86]。

シドキー＝ベヴィン条約の要点は，英国とエジプトの関係をより平等で双務的な同盟関係に移行させることにあった。同条約では，英国は3年後の1949年9月までにエジプトから英軍を全面撤退させ，1936年条約に盛られていた英国の軍事的諸特権は全面的に廃止されることとされていた。そのかわり，英国とエジプトは，両国代表によって構成され，両国政府に助言を行う合同防衛委員会（joint defence board）を新設し，両国間の様々な軍事的問題は同委員会で検討することとされていた。当初，英国側は，有事の際の基地の再使用権を条約に明記し，英軍の完全撤退までの期間をより長く設定することを望んでいたが，エジプトと

カにトリポリタニアとフェザーンを合わせて，リビアとして独立させることを決定する。1951年にリビアが独立した後，1953-54年に米英両国は相次いでリビアの空軍基地の使用権を獲得する。しかしそれまでに，核兵器の発達などによって戦略環境は大きく変化しており，リビアの空軍基地がスエズ基地の代替施設となることはなかった。Louis, *The British Empire*, chap. 7.

[86] Vatikiotis, *The History of Modern Egypt*, 350-364 ; Goldsmidt, *Modern Egypt*, 72-77.

の長期的かつ安定的な協力関係を優先する見地から，基地再使用問題などは合同防衛委員会で適宜処理されることに期待することとして，それを条約に明記することに反対するエジプト側の立場を受け入れた。ベヴィン以下，英外務省は，シドキー＝ベヴィン条約を，将来的な中東における英国のプレゼンスの雛型にしようとしていた。すなわち，英軍を常時駐留させることなく，むしろ相手国との関係を安定的な政治的基盤に立脚させることによって，有事の際に軍事基地を使用できるような環境を長期的に維持しようとしたのである[87]。

しかし，シドキー＝ベヴィン条約は，スーダン問題で頓挫する。1899年以降，スーダンは，英国とエジプトの共同統治下に置かれていた。英国政府は，スーダン住民の独立への意志が示されればスーダンをエジプトから完全に切り離して独立を付与するとの方針をすでにスーダン側に示していたが，エジプト政府は世論の支持の下にエジプトの主権をスーダンに拡大することを要求していた。それゆえ，シドキー＝ベヴィン条約本文にはスーダンへの言及は盛り込まれず，条約に付随する議定書に英国とエジプトの各々の立場で如何ようにも読める曖昧な方針が述べられるにとどまっていた。つまり，シドキー＝ベヴィン条約は，スーダン問題を先送りしていたのである。しかるに，シドキー政権は，同条約の批准を確保するために，エジプト国内向けに，同条約はスーダンへのエジプトの主権の拡大を認めているとの立場を取った。これを受けてスーダンでは独立派と親エジプト派の間の緊張が高まったため，アトリー政権はシドキーの解釈を明確に否定する声明を発表せざるを得なくなった。その結果，シドキー＝ベヴィン条約は，当時野党であったワフド党やムスリム同胞団などエジプトの幅広い政治勢力から強く批判されることとなった。カイロ等で騒乱が発生する中，12月初めにシドキーは首相を辞した。そしてエジプトの後継政権は英国との再交渉を拒否したため，シドキー＝ベヴィン条約は早々に死文化することとなったのである[88]。

条約改定交渉が暗礁に乗り上げたことで，英国政府は1936年条約を根拠とし

---

[87] Hurewitz, *Diplomacy*, 271-273 ; C.M. 33(46)4, April 11, 1946, CAB128/5, in John Kent, ed., *British Documents on the End of Empire*, Series B vol. 4, *Egypt and the Defence of the Middle East*, Part 1(以下，「*BDEE*, B-4, 1」のように略記), 106 ; C.P.(46)219, June 5, 1946, CAB129/10, ibid., 131-137 ; FO371/53317, #4634, Appendices, October 25, 1946, ibid., 208-211. 中東全域に同様の協定を拡大しようとするベヴィンと外務省の構想については，FO371/69192, #598, December 15, 1948, ibid., 254-257 ; Louis, *The British Empire*, 244-253.
[88] Bullock, *Ernest Bevin*, 323-324, 335-336 ; George Kirk, *Survey of International Affairs : The Middle East 1945-1950* (London : Oxford U.P., 1954), 125-130.

たまま英軍の駐留を継続せざるを得なくなった。COS は，シドキー＝ベヴィン条約に向けた交渉過程で一度はエジプトからの軍の全面撤退を受け入れていたが，条約批准失敗後は，英軍のエジプト駐留継続を追求し，最悪でも有事におけるエジプト国内の基地の再使用権を確保するとの立場に回帰した[89]。トルーマン政権は，対ソ戦略爆撃拠点としてスエズ基地の戦略的価値を高く評価するようになっており，そのような立場から英国がエジプトの基地使用権を確保することを支持していた。ペンタゴン協議においても，米国側はエジプトに基地使用権を確保するとの英国の方針を全面的に支持し，必要に応じてそのような立場をエジプト側に伝達する姿勢を示した[90]。このような米国からの支持に意を強くした英国政府は，当面はエジプト側に積極的に交渉を呼びかけぬ方針を採用した[91]。1947 年秋以降，パレスチナの内戦激化，パレスチナからの英国の撤退とイスラエル独立，そして第一次中東戦争によって，英・エジプト条約の改定問題は，しばし棚上げ状態となった。英国は，条約更新の見通しも立たぬままに，1936 年条約で規定された数を大幅に上回る大規模な兵力をエジプトに駐留させ続けることとなったのである。

2）ポーツマス条約の頓挫

1947 年春には，英国政府とイラク摂政アブドゥル＝イラーフ[92]との間で，英・イラク条約の改定に向けた接触が始まっていた。エジプトと同様，イラクにおいても，都市人口が拡大し，教育を受けた中間層を中心に政治的意識の高まりが見られた。これらの新たに政治的に覚醒した層は，閉鎖的な支配エリート層の特権

---

[89] JP(47) 105, August 6, 1947, DEFE 6/3, *BDEE*, B-4, 1：238-241；FO371/62987, #4912, October 11, 1947, ibid., 241-243.

[90] Hahn, *The United States, Great Britain, and Egypt*, 29-36；Aronson, *From Sideshow to Center Stage*, 6-12；Statement by the U.S. and the U.K Groups, "Retention of British Military Rights in Egypt," undated, *FRUS*, 1947, 5：584-586. ちなみに，アラブの大国であるエジプトですら，米国の外交出先が公使館から大使館に格上げされたのは，1946 年のことである。

[91] FO 371/62989, #5901, November 20, 1947, *BDEE*, B-4, 1：249-251.

[92] アブドゥル＝イラーフは，メッカ太守・ヒジャーズ王のフサイン・イブン・アリー（Husayn Ibn ʿAlī, 1915 年に所謂フサイン＝マクマホン協定を結んだ人物）の長男の息子である。1939 年にイラクの第二代君主ガーズィーが交通事故で死去した後，遺された息子のファイサルが幼少であったため，ガーズィーの従兄に当たるアブドゥル＝イラーフが摂政としてイラク王室に迎えられることとなった。1953 年に，ファイサルがファイサル 2 世として即位すると，アブドゥル＝イラーフは摂政の地位を失ったが，なお皇太子として，イラク王国の終焉まで宮廷の実権を握り続けることとなる。

的な結合と抑圧的な政治体制，そして宮廷を含む支配エリート層の背後にいた英国への憤りを強めていた。かかる国民的な圧力を受けて，アブドゥル＝イラーフは，1945年末に政治的自由化を進める方針を示し，緩慢ながら政党および新聞等のメディアの活動を容認するようになっていった。以後1954年まで，イラクでは一定の範囲内ではあったものの政治的自由の時代が継続することとなる[93]。

　国民的な不満を解消するためにも，英・イラク条約の改定は避けて通ることが出来なかった。国王やワフド党が機会主義的に英国との関係を政争の具とするエジプトとは異なり，イラクでは一貫して親英的な宮廷と政治エリート層，それらと重なり合いあるいは緊密に結びついた地主や商人などの社会上層の支配が確立していた。しかしながら，ベヴィンや英外務省の政策決定者たちは，ナショナリズム感情の中心である中間層をもイラクの政治過程に取り込み，彼らの支持を獲得することを通じて，イラクにおける英国のプレゼンスを長期的に安定させる必要性を感じていた[94]。

　条約改定交渉は，1947年を通じて断続的におもに英国内で行われた。交渉は極秘裏に進められ，イラク側で交渉過程を知るのは，交渉に当たったサーリフ・ジャブル（Ṣāliḥ Jabr）首相の他はアブドゥル＝イラーフらごく少数に限られていた[95]。秘密交渉の結果，新たな二国間同盟条約が，1948年1月15日にイングランド南部のポーツマスで調印された（以下，ポーツマス条約）。ポーツマス条約では，1930年条約で英国に認められていた特権の多くが廃止され，それまで英空軍が管理していた2つの空軍基地は英空軍とイラク軍の共同運用とすることとさ

---

[93] Adeed Dawisha, *Iraq : A Political History from Independence to Occupation* (Princeton : Princeton U.P., 2009), 107-108 ; Tripp, *A History of Iraq*, 120-122（邦訳，182-185頁）.

[94] Michael Eppel, "The Decline of British Influence and the Ruling Elite in Iraq," in Cohen and Kolinsky eds., *Demise of the British Empire*, 187-190.

[95] ジャブルはイラクにおける最初のシーア派の首相であり，ヌーリーの後ろ盾で首相に就任したが，民主化や中間層の取り込みに積極的であった。しかし，イラク国民は，ジャブルをヌーリーや支配エリート層と同一視していたという。バターツによると，ヌーリーはイラクの人口の多数派であるシーア派のジャブルを首相に据えることで英国との条約改定を円滑に進めることを目論んでいた。Batatu, *The Old Social Classes*, 546-547. なお，英国の対イラク感情については，モンローの興味深い指摘がある。戦間期に中東に駐留した英国人の多くは，エジプトよりもイラクに親近感を感じていたという。エジプトでは，オスマン朝時代以来のトルコ系集団が支配層の内部でも階層的で，知識人は英国よりもフランスに傾倒していた。一方，イラク国家の支配層は，支配層内では平等主義的で，英国軍人の文化を受容していた。このような支配層の文化的相違が，英国の親イラク感情の背景にはあったという。Monroe, *Britain's Moment*, 76-77.

れた。また，両国間の軍事問題は，シドキー＝ベヴィン条約と同様に，新たに設置される英・イラク合同防衛委員会で討議することとされた。条文の構成こそ大きく異なっていたが，ポーツマス条約は，シドキー＝ベヴィン条約と同様に，英国の非公式帝国をより平等な同盟関係に移行させることを目指していた[96]。ベヴィンにとっては2度目の挑戦であった[97]。

しかし，ベヴィンの期待はまたしても裏切られることになる。条約調印を前に交渉の情報が公知となると，バグダードでは学生らによる条約反対の抗議行動が連日行われるようになった。条約調印の報が伝わると，反政府行動は野党勢力の主導の下に学生や労働者を巻き込んで拡大，1月20-21日には暴動化し，警察との衝突で死傷者が出る事態となった。このような中，アブドゥル＝イラーフは，野党を含む主要な政治指導者たちを宮廷に招いて会合を持ったが，出席者たちはほぼ一様にポーツマス条約への反対を表明した。会合終了後の21日夜，イラク宮廷は，早々にポーツマス条約を拒否する声明を発表した。アブドゥル＝イラーフは，予想よりもはるかに広範かつ強力な国民的反発を前に，混乱を収拾することを優先したのである。宮廷の声明発表後に条約調印を終えて帰国したジャブル首相は，なお条約の批准に意欲を見せたものの，バグダードで野党が主導する条約反対の抗議行動が再燃し，辞任を余儀なくされた。エジプトの場合と同様，英国はイラクにおいても，国民的な反発を前に，二国間条約の改定を断念せざるを得なくなったのである[98]。英国政府のせめてもの慰めは，米国政府が英国の立場を支持し続けたことであった。トルーマン政権は，イラクについても，エジプトの場合と同様に，英国のプレゼンスを戦略的な資産として評価し，ポーツマス条約の挫折の前後を通じて，二国間条約の改定交渉を外交的に側面支援する方針を示したのである[99]。

---

[96] Bevin to Busk, February 6, 1948, *BDFA*, 4-B, 6 : 99-103.
[97] Speech by Bevin at the Signature of the Anglo-Iraqi Treaty, January 15, 1948, *BDFA*, 4-B, 6 : 95 ; Kirk, *Survey, The Middle East 1945-1950*, 153-157 ; Bullock, *Ernest Bevin*, 505-507.
[98] Bevin to Busk, January 26, 1948, *BDFA*, 4-B, 6 : 98 ; Pelham to Attlee, January 25, 1948, ibid., 106-109 ; Dawisha, *Iraq*, 125-129 ; Eppel, "The Decline of British Influence and the Ruling Elite in Iraq," 190-193 ; Louis, *British Empire*, 322-336.
[99] Statement by the U.S. and U.K. Groups, "Iraq as a Factor in Maintenance of Stability in the Middle East," undated, *FRUS, 1947*, 5 : 594-596 ; Acting Secretary of State to the Embassy in Iraq, #441, November 26, 1947, *FRUS, 1948*, 5 : 202 ; Chargé in Iraq to the Secretary of State, #7, January 5, 1948, *FRUS, 1948*, 5 : 203-204 ; Secretary of State to the Embassy in Iraq, #19, January 16, 1948, *FRUS, 1948*, 5 : 205 ; Record of a Conversation between H. McNeil and Kennan, August 11(?),

エジプトとイラクというアラブの主要国で行き詰まりに際会した英国が唯一の成功を収めたのは，トランスヨルダンとの条約改定であった。すでに見たように，英国の委任統治領であったトランスヨルダンは，1946年5月に完全独立を果たす際に，英国との二国間条約を締結していた（条約締結は同年3月22日）。1946年条約は，英国に空軍基地の使用権や有事における英軍の領土通過権を認めるなど，1930年英・イラク条約や1936年英・エジプト条約に準ずる内容を有した。しかし，第二次世界大戦終了時点の人口が約50万人で，天然資源にも恵まれぬ小国トランスヨルダンの場合は，国軍たるアラブ軍団の指揮権を英国人将校が引き続き掌握し，加えて国家財政が英国からのおよそ年200万ポンドの財政補助金に大きく依存し続ける点で，イラクやエジプトよりも英国の影響力が色濃く残存していた[100]。

　ポーツマス条約で挫折したベヴィンは，わずか2年前に締結されたばかりのトランスヨルダンとの1946年条約の改定に乗り出した。トランスヨルダン国王アブドゥッラー（'Abdullah bin Ḥusayn）もまた条約改定に積極的であった。1948年1月から行われた二国間交渉は迅速に合意に達し，3月15日に新たな英・トランスヨルダン条約が締結された。新条約には，シドキー=ベヴィン条約やポーツマス条約と同様に，合同防衛委員会の設置が盛り込まれた。しかし，アンマンとマフラクの空軍基地には引き続き英空軍が駐留することが許可され，アラブ軍団の指揮権や英国からの財政支援についても現状を維持するなど，新条約の内容は，エジプトとイラクで頓挫した条約以上に保守的であった[101]。それにもかかわらず，トランスヨルダンで条約改定が成功した大きな理由は，国王の権力を掣肘するほど強力な議会が存在せず，都市中間層を中心とするナショナリズムがなお十分に発達していなかった点に求められる[102]。このような状況は，第一次中東戦争の結果，ヨルダン川西岸の人口がヨルダンに編入されることを契機に大きく変化していくことになるが，かかる変化が表面化するまでには，なお数年の時間を要することとなる。

　　1949, in FO800/477.
[100] Louis, *The British Empire*, 354–358.
[101] Bullock, *Ernest Bevin*, 507–510 ; Louis, *The British Empire*, 365–368. 条約本文は，Kirkbride to Bevin, #16, March 15, 1948, *BDFA*, 4-B, 6 : 235–242. 財政支援等については，条約に付随する交換公文で言及されている。
[102] Transjordan : Annual Review for 1948, *BDFA*, 4-B, 8 : 99–103.

皮肉なことに，トランスヨルダンにおける条約改定の成功は，英国の非公式帝国の再編という観点からは大きなインパクトを持ち得なかった。1948年条約が保守的な内容を有していたことに加えて，パレスチナ問題の直接的な当事者でもある小国トランスヨルダンが，英国の中東におけるプレゼンスの中核となることは，もともと想定し得なかったからである[103]。それゆえ，1948年の英・トランスヨルダン条約は，英国の非公式帝国再編の目論見がエジプトとイラクという主要国で大きな挫折を経験した後に実現した，小さな成功エピソードにとどまらざるを得なかったのである。

---

[103] Statement by the U.S. and U.K. Groups, undated, "Transjordan and the Greater Syria Movement," *FRUS, 1947*, 5 : 603-604. なお，米国は，パレスチナ問題の不透明さ，および親ユダヤ的立場の連邦議会議員の圧力から，この時点ではトランスヨルダンを外交的に承認していなかった。米国がトランスヨルダンを承認するのは，1949年1月である。Louis, *British Empire*, 359-361.

第 2 章

西側統合政策の形成
——中東コマンド構想とその遺産——

1 中東政策の停滞

1) 政策的な停滞と「地域的アプローチ」構想の出現

　二期目に突入したトルーマン政権内では，中東諸国に対する政策の再検討作業が断続的に行われ，その成果は NSC の新たな政策文書にまとめられていった。しかし，そこには政策的な停滞の空気が漂っていた。もっとも，米国の対外政策がある種の停滞に陥っていたのは中東ばかりではなかった。トルーマン政権は，二期目に入ってからも，均衡財政を重視する立場から，みずから設定していた安全保障関連支出の 150 億ドルあまりの上限を堅持していた。一方で，NATO の結成過程にも明らかなように，米国に期待されるグローバルな役割は，潜在的には確実に拡大していた。その結果，史家レフラーが「目標と手段の間のギャップ」の拡大と呼ぶ事態が進行していたのである[1]。

　トルーマン政権は，トルコとイランについては，引き続き一定の責任を引き受ける方針を取った。トルコは，ギリシャ・トルコ援助法の枠組みで提供された軍事援助に加え，欧州復興計画の援助対象国ともなった。トルーマン政権は，トルコの潜在的な軍事力を高く評価し，トルコの軍事力強化を推進していく姿勢を示した。このことは，ギリシャと対比するとき，とりわけ顕著であった。トルコに倍する規模の米国の援助を受け入れたギリシャでは，1949 年夏まで内戦が終息せず，親西側勢力の支配体制の存続を図る以上の展望を持つことは難しかった。それに対してトルコでは，親西側的な政治体制に動揺は見られず，かかる政治的基礎の上に軍事力を増強する具体的な展望を抱くことが可能な状況にあると判断

---

[1] Leffler, *A Preponderance of Power*, 220-229, 304-311 ; Pollard, *Economic Security*, 228-234.

された。1949年3月に承認された対トルコ政策文書 NSC 42/1 では，ソ連の軍事的侵略に際して，それを遅延させ，かつトルコ領土の一定部分を保持しうる規模の軍事力を構築することが目標として掲げられた。この段階に至ってもなお国内治安を維持するための軍事力の整備が目標とされたギリシャとの相違は明らかであった[2]。

それにもかかわらず，トルーマン政権は，トルコとの軍事的な連携の強化には慎重であった。そのことを物語るのが，この頃に政権内で検討され，結局，当面は見合わせるとの結論に至ったトルコ国内の空軍基地建設問題である。かかる結論が導かれた理由のひとつは，ソ連を不用意に刺激することでソ連が再びトルコやイランへの圧力を強める可能性が懸念されたことにあったが，より重要な理由は，米国がトルコの防衛に全面的にコミットする用意をなお持ち得なかったことにあった[3]。米国は，トルコを含む中東全域の軍事的防衛の責任を英国に委ねるとするペンタゴン合意を変更するつもりはなかった。したがって，米国のトルコへのコミットメントは，援助の責任は引き受けるものの直接的な軍事的責任は回避するという隘路を進まざるを得なかった。空軍基地の建設は，米国側の意図をトルコ側が読み誤り，結果的に米国が意図せざる軍事的責任を負わされることとなるか，あるいはトルコ側を失望させることになると考えられたゆえに，棚上げとされたのである。

このような米国の政策決定者たちの懸念は杞憂とは言えなかった。トルコ政府は，米国から安全保障の誓約（security guarantee）を引き出すことを目的として，結成以前から NATO に関心を示していた。それゆえトルコ政府は，同じく地中海国家であるイタリアが NATO 加盟を果たす一方で自国に加盟の機会が与えられなかったことに強い不快感を示した。NATO 結成直後にイスメト・イノニュ

---

[2] NSC 42/1, "U.S. Objectives with Respect to Greece and Turkey to Counter Soviet Threats to U.S. Security," March 22, 1949, *FRUS, 1949*, 6 : 269-279 ; NSC Progress Report on the Implementation of NSC 42/1, September 19, 1950, in NSC Meeting #69, President's Secretary's Files（以下 PSF），box 180, Harry S. Truman Presidential Library（以下 HSTL）; National Intelligence Estimate（以下 NIE）9, "Turkey's Position in the East West Struggle," February 26, 1951, in PSF, box 213, HSTL. トルーマン・ドクトリン後に採択されたギリシャ・トルコ援助法で連邦議会は総額4億ドルの援助執行権を行政府に与え，ギリシャは3億ドル，トルコは1億ドルを割り当てられた。1950会計年度終了時点で，ギリシャに提供された，あるいは提供が決定している軍事援助は4.6億ドル弱，トルコは2.5億ドル強であった。

[3] NSC 36/1, "Construction of Airfield and Stockpiling of Aviation Gasoline in Turkey," April 15, 1949, *FRUS, 1949*, 6 : 1654-1655.

(İsmet İnönü) 大統領の意を受けて訪米したネジュメディン・サーデク (Necmedin Sadek) 外相は，アチソン国務長官に「［ソ連の］トルコへの侵略が発生した場合に，トルコが米国に見捨てられることはないという保障」を得られるかと，単刀直入に問うた。「憲法上の手続き」を楯に明確な言質を与えまいとするアチソンに対し，サーデクは「比較的短期間，たとえば 1 年以内」に，NATO の拡大あるいは「［新たな］東地中海の組織 (an Eastern Mediterranean group)」などを通じて，トルコと米国との間に「正式な安全保障協定 (a contractual security arrangement)」を締結することは出来ぬかと，さらに詰め寄った。アチソンは，そのような可能性はほとんど無く，「緩慢かつ慎重に」事を進めるべきであると，率直に回答した[4]。アチソンが慎重姿勢を取った直接的な理由のひとつには，連邦議会が米国自身の NATO 加盟を批准するまで新たなコミットメントに慎重にならざるを得ないという事情があったが，そもそもトルーマン政権が，なお西欧と日本に政策資源の多くを集中する方針を維持していたことがより大きな理由であった[5]。トルコ側が米国のコミットメントを求めたのに対して，米国側がそれに難色を示すという形で，ある種の「目標と手段の間のギャップ」が出現していたのである。

　イランの場合も，トルコと類似の図式が出現していた。イランと米国の関係は第二次世界大戦以来，徐々に深まっていた。大戦中，米国は英・ソとともにイラン占領に参加し，最大で 3 万人規模の米兵がイランに駐留した。この間の 1942 年，米国はイラン政府の要請を受けてイラン陸軍と治安警察 (gendarmerie) の訓練を行うための小規模な軍事使節を派遣し，翌 1943 年にはこれらの訓練使節に関する正規の政府間協定が米・イラン間で締結された。イラン側のもともとのねらいは，伝統的に同国に大きな影響力を及ぼしてきた英・ソと競わせるために米国を招き入れることにあった。しかし，戦後，英・ソ軍が撤退した後も，イラン側の要請によって米国の軍事訓練使節の駐留は継続され，1947 年 10 月には米・イラン間で軍事訓練使節の継続に関する新たな協定が結ばれた。この間に，イランの国内治安改善を目標とする米国の余剰装備品の提供も行われ，1949 年には小規模の軍事援助も供与され始めていた[6]。

---

[4] U. S. Embassy in Ankara to DOS, #839, November 26, 1948, *FRUS, 1948*, 3 : 294-295 ; Memorandum of Conversation by the Secretary of State, April 12, 1949, *FRUS, 1949*, 6 : 1647-1653.
[5] Record of a Conversation between H. McNeil and Kennan, August 11(?), 1949, in FO800/477.
[6] Hurewitz, *Diplomacy*, 237-238, 275-279 ; Rouhollah K. Ramazani, *The United States and Iran : The Pattern of Influence* (New York : Praeger Publishers, 1982), 47.

とはいえ，1949 年段階に至っても，米国とイランの結びつきは，トルコとのそれとは比べものにならぬほど抑制されていた。1949 年 7 月に採用された対イラン政策文書 NSC 54 では，ソ連によるイラン支配を防止しイランの西側指向を強化するという目標が定められたが，かかる目標は「外交活動という手段で」追求されるべきものとされ，援助の増額や新たな関係強化策も盛り込まれることはなかった[7]。イラン側は，かかる状況に強い不満を抱いていた。シャーはすでにこの頃から，イランの軍事力の大幅な増強と近代化を夢見始めていた。隣国トルコが欧州復興計画の援助対象国となり，トルーマン・ドクトリンを起点とする大規模な軍事援助の提供を受けていたことが，イランの不満をいっそう強めていた。それゆえ，NATO 結成と前後して，イランは自国を含む何らかの地域的組織を結成する可能性を米国側に打診するとともに，大規模な軍事援助を米国に求めるようになった[8]。しかし，これらに対するトルーマン政権の反応は冷淡であった。1949 年 11 月に訪米したシャーは，ソ連の脅威とイランの地政学的な重要性を強調しつつ，軍事・経済援助の大幅な増額，および米国との同盟条約あるいは米国からの安全保障の誓約を要請した。しかし，トルーマンを含む米国の政策決定者たちは，米国がイランの独立維持を重視しているとの原則的立場を表明する地点より先には踏み込もうとせず，イランは軍拡よりもむしろ経済開発を優先すべきであるとシャーに説き，援助の増額要請にも応じようとしなかった[9]。

このように，米国政府は，トルコとイランの 2 国においては，一定の関与を継続する姿勢を示したものの，両国の親米・親西欧的な指導層は，正規の同盟関係や援助の増額など，米国のいっそうのコミットメント拡大を求め，米国側がそれに難色を示すという構図が出現していた。そしてトルーマン政権は，中東南部のアラブ諸国に対しては，北部の非アラブ 2 国に対してよりもなおいっそうみずからの関与に消極的な姿勢を示した。1949 年 10 月に承認された，アラブ諸国およびイスラエルに対する政策文書 NSC 47/2 において，最も多くの紙幅が割かれていたのはパレスチナ問題であったが，その結論は，難民や領土などの諸懸案につ

---

[7] NSC 54, "Position of the United States with Respect to Iran," July 21, 1949, *FRUS, 1949*, 6 : 545-551.

[8] DOS to U.S. Embassy in Tehran, #329, April 8, 1949, *FRUS, 1949*, 6 : 501 ; U.S. Embassy in Tehran to DOS, #776, June 8, 1949, ibid., 528-529.

[9] Memorandum by the Secretary of State, November 18, 1949, *FRUS, 1949*, 6 : 572-574 ; Memoranda of Conversation by the Secretary of State, November 18, 1949, ibid., 574-580.

いて基本的にその解決の責任を紛争当事者たちに帰し，米国としてはアラブ・イスラエル双方が満足できる解決の実現に努めるとする一般論を述べるにとどまった。しかも同文書は，中東を「死活的に重要」な地域と見做す1947年のペンタゴン合意を再確認しながら，個々のアラブ諸国の内情や対外関係などにはほとんど触れていなかった。そして，この欠落を埋めるような形で，NSC 47/2 は，米英「両政府の目標は，現時点ではほぼ同一」であり，「この基本的目標を達成するために，可能な限り合衆国と連合王国の緊密な協働が行われるべきである」として，米英協調の方針を再確認した[10]。中東南部については，米国は直接的な関与を控え，実質的に英国のフリーハンドを容認したに等しかった。

しかしながら，米国の政策決定者たちがかかる中東政策の現状に満足していたわけではなかった。このことは，国務省 PPS 室員のゴードン・メリアム（Gordon P. Merriam）が作成した覚書（以下，メリアム覚書）から窺うことが出来る。1949年6月13日付のメリアム覚書は，トルコとイランからの米国との同盟関係あるいは中東の地域的組織の設立を求める要求への対応を考察することを目的として作成されていた。しかし，メリアム覚書は，トルコやイランへの対応という直接的な課題を考察するにとどまらず，米国の中東政策全般が直面する課題を地域的アプローチで解決する可能性を提示した最初の文書となった[11]。

メリアム覚書は，米国の中東政策に内在する問題を大きな視野から捉えていた。米国は中東において，外交的手段および軍事・経済援助によって，ソ連の脅威に対処しようとしている。しかし，

> ……さらに踏み込んだ措置を取らぬ限り，［中東］地域の安全保障環境は不安定な状況にとどまるであろう。不安定な安全保障環境が継続する限り，あるいは同地域諸国がそのように感じる限り，経済的・社会的な進歩は，緩慢かつ不安定なものにとどまるであろう。そして，これらは，内部からの革命や共産主義の支配につながりやすい問題である。

このように述べた上で，メリアム覚書は，「さらに踏み込んだ措置」の有望な候補として，中東地域を対象とする多国間条約機構を取り上げたのである。

---

[10] NSC 47/2, "United States Policy toward Israel and the Arab States," October 17, 1949, *FRUS, 1949*, 6：1430-1440.

[11] Memorandum by Gordon P. Merriam of the Policy Planning Staff, June 13, 1949, *FRUS, 1949*, 6：31-45.

メリアム覚書は，中東における多国間条約の可能性や問題点を，いくつかのパターンに分けて考察した。想定される第1のパターンは，中東域内諸国のみで構築される多国間条約であるが，覚書は，その効用を否定していた。中東域内には，地域の軸となる強力な国家（a power center）が存在しない。それゆえ，既存のアラブ連盟やサーダバード条約（Saadabad Pact）[12]が意味を持ち得ぬのと同様，域内国家のみで構成される新たな多国間条約は意味を持ち得ないであろう。第2のパターンは，米英と中東諸国がともに参加する地域的条約機構であったが，覚書は，それが米英に過大な負担を負わせることになるであろうと警告した。アラブ諸国はソ連よりもイスラエルが大きな問題であると考えており，しかもアラブ諸国間で政策が一致しているわけではない。トルコやイランは，パレスチナ問題への関与を嫌っており，しかもこの問題については米英と異なる立場を取る可能性がある。さらに，このような条約に参加することになれば，米英間にも深刻な政策の相違が生じるかもしれない。何れにせよ，米英と中東諸国により構成される地域的条約機構は，米英を様々な域内対立に巻き込み，「結局手に負えなくなる」リスクをはらんでいる。第3の可能性として，覚書はNATOの中東への拡大の可能性を考察した。かかるオプションは，その領域を拡張しすぎるとしてNATO諸国からの反発が予想されるのみならず，NATOに参加させられるのが最大でもギリシャ，トルコ，イランに限られるという問題を抱えている。メリアム覚書は，これら北部の諸国を西側同盟に包摂するだけでは，本質的な課題の解決にはつながらないと論じた。北部諸国を軍事的に強化したとしても，南部のアラブ地域では「我々は，距離的に離れ，存続が危ぶまれている（sparse and tenuously-held）英国の諸施設」のみに依存することとなる。かかる状態で北部諸国を支援することは，「基礎なしにアーチを支える」ことに等しい。

中東における条約網を強固な「基礎」に据えるためには，「地域的なアプローチ」が必要であるとメリアム覚書は論じた。その「必要条件は，同地域のすべての諸国と，友好，信頼，協力に特徴づけられる関係」（強調引用者）である。そもそも「我々の安全保障政策や地域的なプランニングは，一国ごとに場当たり的に行うだけでは合理的に行われ得ない。それは，地域をひとつの単位として（on an

---

[12] 1937年にトルコ，イラン，イラク，アフガニスタンが調印した相互不可侵条約。Treaty of Nonaggression between Afghanistan, Iran, Iraq and Turkey, July 8, 1937, in Hurewitz, *Diplomacy*, 214-216.

area basis）行われる必要がある」（同）。以上のような考察に基づいて，メリアム覚書は，ギリシャ，トルコ，イランを結節点として，NATOと連携する形で中東における多国間条約を構築していくという第4のパターンに期待を寄せた。NATOと連携する形で中東の条約機構が実現するならば，中東諸国はひとつの地域的集合体としてNATOに支援を求めることになる。このような「地域的なアプローチ」は，中東諸国を個別的に強化するよりも効果的であり，さらには域内の諸問題を加盟諸国がみずからのイニシアティヴで解決するようになることを期待できるかもしれない。しかしながら，この第4のパターンは，西ドイツを含む西欧がいっそう力を蓄え，中東諸国が域内の対立を克服して「共通の目標」を抱くようになった場合にようやく実現するかもしれぬ，あらまほしき未来図に過ぎない，とメリアム覚書は釘を刺していた。結局，メリアム覚書は，トルコやイランが求める多国間条約を時期尚早として退け，「地域的アプローチ」の実現に向けた具体的な道筋を示すこともなかったのである。

　それにもかかわらず，メリアム覚書からは，次のような事実を窺い知ることが出来る。すでに1949年半ばに，米国の政策決定者たちの一部には，既存の中東政策は，中東へのソ連や共産主義の進出を防ぐという目標を長期的に達成するためには不十分であるとの認識が存在していた。そして，そのような目標を達成するための方途として，中東を「ひとつの単位として」捉え，中東の「すべての諸国と，友好，信頼，協力」関係を構築していく必要があるとの認識が生まれ始めていたのである。かかる議論には，欧州復興計画からNATOの結成に至るまでに西欧が辿ってきた道筋，さらには，そのような組織化を経た西欧がこれから辿るであろうと期待された道筋，すなわち域内対立を克服して統合と経済復興へと向かう地域の姿が間違いなく投影されていた。このような，西欧をモデルとする地域的アプローチの構想は，いましばらく時を経た後に，米国の中東政策の重要なライトモティーフとして再浮上することとなる。

2）米英協調の確認と政治的同盟関係の構想

　中東政策に投入する資源の拡大を望めぬ状況のもとで，米英協調の枠組みも現状維持を基調とする形で再確認されることとなった。その任に当たったのは，1949年10月の国務省の改組に伴い，近東・南アジア・アフリカ局（Bureau of Near Eastern, South Asian and African Affairs）に格上げされたNEAを統括する初代の

国務次官補¹³に就任した，ジョージ・C・マッギー（George C. McGhee）であった。マッギーは，職業外交官ではなかったが，米国の中東への関与の拡大を現場で指揮してきたインサイダーであった。石油産業の技術者として出発し，米国の石油業界の大立者の一人であるエヴェレット・デゴライヤー（Everette L. DeGolyer）の女婿でもあったマッギーは，第二次世界大戦中に連邦政府や海軍に出仕し，戦後は経済問題担当国務次官ウィリアム・クレイトン（William L. Clayton）の秘書官（assistant）を振り出しに国務省でのキャリアを開始し，ギリシャ・トルコ援助の統括官として活躍した後，NEA担当国務次官補に抜擢された¹⁴。

　マッギーの最初の大きな仕事は，2年前のペンタゴン合意をアップデートすることを目的として1949年11月にワシントンで開催された，中東に関する米英協議であった。英国側の代表は，前回の協議と同じく，外務省のマイケル・ライトであった。協議において，米英双方は，中東における両国の目標の共通性を再確認し，米英それぞれが中東における影響力やプレゼンスを維持・拡大することが双方の利益になるとの認識で一致した。英国側が中東における米国のプレゼンスの拡大を積極的に歓迎したのに対し，米国側は，英国とアラブ諸国の間の二国間条約の更新を支持し，それが中東における安定に寄与するとの認識を示した。米英両国はともに，中東におけるナショナリズムの高揚を新たな問題と捉えていた。この問題について，マッギーは，「ナショナリズムは必ずしも英米のインタレストに好意的ではない」ものの，米国政府は「共産主義に対抗させるべくナショナリズムを支援するのが得策」であると考えており，ナショナリスト勢力が「自発的に西側を支持するようになるよう説得する」ことが重要であると指摘した。これに対してライトも，「中東諸国のナショナリズムを友好的な勢力に転化させる」ことを目標とすべきであると応じた。このように米英両国の政策決定者たちは，

---

[13] 1949年10月の国務省の改組により，各地域を担当する部（office, division）は局（bureau）に格上げされ，局の責任者には次官補（assistant secretary）が充てられることとなった。かつての近東部（NEA）は，近東・南アジア・アフリカ局に格上げされた。したがって，マッギーが就任したポストは，実質的には，かつてロイ・ヘンダーソンが務めた近東・アフリカ部長に相当する。"Assistant Secretaries of State for Near Eastern Affairs," Office of the Historian, U.S. Department of State, available at http://history.state.gov/departmenthistory/people/principalofficers/assistant-secretary-for-near-eastern-affairs (accessed on August 17, 2013).

[14] George C. McGhee, *On the Frontline in the Cold War* (Westport : Praeger Publishers, 1997), 18-32. 戦後，国務省に出仕した際，マッギーは職業外交官（Foreign Service）としてのキャリアを希望していたが，年齢条件に適合せず，事務官（Civil Service）として国務省のキャリアを出発したという。

中東に勃興しつつあるナショナリズムを新たな政策課題として捉えつつ，それに対抗するのではなく，いわばそれを友として取り込むことによって，英国のプレゼンスを維持することが可能になるとの認識で一致していた。それどころか，米英の政策決定者たちは，中東地域における政治的不安定の大きな原因が，中東諸国民が抱く「安全保障上の不安感 (insecurity)」にあるとの認識に立ち，かかる「不安感」を除去し，「安定化効果を有する」ものとして，英・アラブ諸国間の二国間条約を積極的に評価すらしていたのである。その一方で彼らは，「［北］大西洋［条約］モデルに立脚する中東の条約機構」は，中東諸国の「不安感」を除去し得ず，それゆえ「安定化効果」ももち得ぬとして，さしたる議論もなくこれを一蹴した。メリアム覚書が論じていたように，多国間条約は，軍事的にも政治的にも中東地域を強化する展望をもち得ず，それゆえナショナリスト勢力を取り込む手段としても期待薄と判断されたのである[15]。

中東のナショナリズムと西側世界とりわけ英国のプレゼンスを両立させるための経路として，米英両国は，中東の経済開発に関心を示していた。英国側では，ベヴィン外相が大戦直後の早い時期から中東の経済開発の重要性を説き，とりわけ経済的な果実を特権的な支配層ではなく農民や都市下層民も含む一般国民に広く行きわたらせることの重要性を指摘していた[16]。すでに 1947 年のペンタゴン協議において，英国側は中東諸国の社会・経済状況の改善を重要な政策課題として挙げており，1949 年の協議においては米国側も中東地域の安定のために中東諸国の「生活水準および社会的・経済的制度の改善を支援」する必要性を強調するようになっていた[17]。しかし，このような意気込みにもかかわらず，米英何れも，それを実効性のある政策に結びつける態勢はなお模索中というのが実情であった。米国側が具体的に考えていたのは，発展途上国向けの技術援助である所謂ポイント・フォー (Point Four) 援助や国連を通じたパレスチナ難民への援助を除けば，シャーの訪米時に米国の政策決定者たちが実際に行ったように，中東諸

---

[15] Statement by the U.S. and U.K. Groups, "Introductory Discussions," November 14, 1949, *FRUS, 1949*, 6: 61-64; Statement by the U.S. and U.K. Groups, "Discussion on Arab Unity," November 15, 1949, ibid., 69-71.

[16] C.P.(45)130, "Middle Eastern Policy," August 28, 1945, in FO 800/475; C.P.(45)174, "Middle East Policy," September 17, 1945, CAB129/2/24.

[17] Statement by the U.S. and U.K. Groups, "Subversive Activities in the Middle East," undated, *FRUS, 1947*, 5: 610-612; Statement by the U.S. and U.K. Groups, "Introductory Discussions," November 14, 1949, *FRUS, 1949*, 6: 61-64.

国の指導者たちに経済開発の重要性を説くことくらいであった。ベヴィン外相の下，早くから中東の経済開発の理想を抱いていた英国側も，労働党政権の発足から4年を経てようやく，様々な計画を「実行する準備が整った」と語るありさまであった[18]。中東の経済開発の必要性について米英の政策決定者たちは認識を同じくすることを確認したが，それはせいぜい中長期的な目標というレベルの議論にとどまり，具体的に新たな政策的イニシアティヴを繰り出すには程遠い状況であった。

米英協議の合意内容は，11月末にイスタンブールで開催された米国の中東駐在外交官会議で報告され，基本的に了承された。イスタンブール会議の参加者たちは，中東各国の「年長の政治集団が，若くリベラルな集団の政府への参加を拒否することは，このような［若くリベラルな］集団が，共産主義者のプロパガンダに耳を傾け，それに影響される」傾向を強める可能性があると指摘した。「若くリベラルな集団」を「ナショナリスト」と読み替えるならば，中東現地で活動する外交官たちも，マッギーやライトと同様の問題意識を抱いていたと理解することが出来る。さらに中東駐在外交官たちは，中東における共産主義の影響力拡大を防止し，政治的安定を実現するために，中東諸国の社会的・経済的な条件の改善が重要であるとの点でも，米英協議の結論に同意した。米英両国の政策決定者たちは，中東諸国の社会的・経済的環境の改善に中長期的に取り組むことによって，ナショナリスト勢力を体制に取り込み，英国のプレゼンスの下に中東の安定を実現できるとの基本的な前提を共有していたのである[19]。

しかし，かかる楽観的ともいえる見通しを前提とする米英協調態勢は，米英間に生じていた潜在的に深刻な対立を事実上先送りすることによって維持されていた。詳しくは次節で検討するが，1949年に米軍部が全面戦争時に発動する戦争

---

[18] Statement by the U.S. and U.K. Groups, "Points Arising from the Discussion on Long Range Development in the Middle East," November 14, 1949, *FRUS, 1949*, 6 : 67-68. 米英協議では取り上げられなかったが，第3章で見るように，米国政府は石油会社が産油国や石油パイプライン通過国に石油から生じる利益に与かれるようにすることを通じて中東諸国が獲得する経済的利益が拡大することに期待していた。皮肉にも，中東の経済開発を目標に掲げる英国政府は，石油から生じる利益の分配の問題に関しては，米国政府ほど柔軟な姿勢を示さなかった。Memorandum by Funkhouser to Labouisse and Hare, "US-UK Oil Talks," March 15, 1950, in "Petroleum" folder, Lot53 D468 ; Funkhouser to McGhee, "Your Cable 1652 September 16," in the same folder.

[19] Agreed Conclusions of the Conference of Near Eastern Chiefs of Mission Held at Istanbul, November 26-29, 1949, *FRUS, 1949*, 6 : 168-175.

プラン (contingency plan) を大幅に変更したことに伴い，全面戦争時に中東に米軍を派遣しない方針を取ったことにより，英国は中東を防衛する軍事的責任を事実上単独で担わざるを得ない状況に陥っていた。その結果，全面戦争時に西側陣営が中東を軍事的に保持しうる可能性はきわめて低くなり，英国政府は米国側に全面戦争プランの再考を求めていた。じつは11月の米英協議に先だって，マッギーとライトは，この容易に解決できそうにない問題を協議の俎上に載せぬことにあらかじめ合意していた[20]。表向きの米英協調態勢とは裏腹に，米英間には潜在的にきわめて深刻な対立が生じていたのである。

米国の全面戦争プランの変更は，イスタンブール会議において米国の中東駐在外交官たちにも報告された。全面戦争時に西側陣営が中東を軍事的に防衛するのが困難と見られる状況が出現したことは，一方で米国の政策決定者たちを中東諸国との関係強化にいっそう慎重にさせた。イスタンブール会議は，「［同盟関係によって生じる軍事的］保障を遂行するために必要な軍事力をコミットする用意が出来ぬ限り」，米国政府は中東諸国との間に二国間ないし多国間の同盟関係を交渉すべきではないと結論し，したがって，米国の外交官は「可能なあらゆる手段」を講じて中東諸国からの同盟締結要請を未然に防ぐよう努めるとの方針で合意した。しかし他方で，イスタンブール会議の結論には，「『冷戦』期における合衆国の目標を達成するために先述の［二国間ないし多国間の］同盟が必要と考えられる場合には，この政策は再検討されるべきである」（強調引用者）との刮目すべき留保が付されていた。「冷戦期」——当時の米国政府内の用法では，全面戦争に至らぬあらゆる状況を漠然と示す——における米国の中東における「目標」は，「近東の如何なる国においても……ソ連が支配権を獲得する (gaining control) ことを防止すること」とされていた。すなわち，イスタンブール会議の参加者たちは，全面戦争時に西側陣営がおそらく中東を軍事的に防衛できないという冷厳な軍事情勢を踏まえて，中東諸国との同盟関係の樹立は危険であるとして可能な限りそれを回避する方針を示しつつも，中東へのソ連の影響力拡大を防止するという政治的目標を追求するために中東諸国との同盟関係を構築する可能性を排除すべきではないとの見方を示したのである[21]。あらかじめ見通しを示しておくな

---

[20] George McGhee to Michael Wright, October 24, 1949, *FRUS, 1949*, 6: 54-55.

[21] Memorandum by McGhee to Webb, October 7, 1949, *FRUS, 1949*, 6: 165-167; Agreed Conclusions of the Conference of Near Eastern Chiefs of Mission Held at Istanbul, November 26-29, 1949, ibid., 168-175.

らば，全面戦争時の戦争プランや軍事的コミットメントからひとまず切り離した形で「冷戦期」の政治的目標を達成する手段として同盟関係を活用するという発想は，この後の米国の中東政策の展開において重要な意味を持つこととなる。

　ここでかかる発想の出現に注意を喚起するのは，いわばこれとは逆の形で「目標と手段の間のギャップ」を克服しようとする潮流が，トルーマン政権内に顕在化してくる――そして先行研究はもっぱらこちらの潮流に注目してきた――からである。1949年の夏から秋にかけて，ソ連の原爆保有や中華人民共和国の成立に伴い，米国の政策決定者たちの間では東西冷戦激化の徴候に対する危機感が強まっていた。マッギーを含むイスタンブール会議の参加者たちも，かかる危機感を共有していたことは間違いない。そして，かかる危機感が，まもなくワシントンにおいて対外政策の抜本的な再検討の動きを生ぜしめ，米国の安全保障関連支出の飛躍的な拡大の論拠となるNSC 68の作成につながっていくことは周知の事実である[22]。NSC 68は，資源の投入量を拡大する，すなわち手段を拡大することによって対外政策の停滞を打開し東側陣営からの新たな脅威に対処しようとする政策であった。それに対して，イスタンブール会議の結論は，たとえ資源の投入量が拡大されずとも，同盟関係を構築することによって中東地域を西側世界の側に保持する方途がありうる，あるいはそのような方途を選び取らねばならない局面が到来しうると指摘していたのである。かかる発想が，メリアム覚書が指し示していた，中東を「ひとつの単位として」捉え，中東の「すべての諸国と，友好，信頼，協力」関係を構築していくという未来図と結びつくとき，米国の新たな地域的政策の構想が結晶化していくこととなるのである。

2　全面戦争プランと朝鮮戦争

1）冷戦最初期の全面戦争プランの変遷

　第1章で見たように，ペンタゴン協議において，米英両国は中東を「死活的に重要」な地域と位置づけ，中東を西側世界の側に保持するために「並行的」な政策を遂行することに合意した。しかし実際には，米国政府は中東において新たな

---

[22] Leffler, *A Preponderance of Power*, 323–333, 355–360.

責任や負担を担うことにきわめて消極的な姿勢を取り続けていた。米国政府内でも，とりわけ統合参謀本部（Joint Chiefs of Staff：以下 JCS）は，中東における軍事的責任を担うことに一貫して強硬に反対していた。JCS は，全面戦争時に米軍を中東に派遣する義務を負うべきではないとの立場から，ペンタゴン協議の合意文書にある「死活的に重要（vital）」との文言を，それよりも弱い「きわめて重要（critical）」に置き換えることを主張したほどであった。一方で JCS は，ペンタゴン合意中の「東地中海および中東の防衛に関する主たる責任は英国が引き続き担うべきである」との一文をきわめて厳密に解釈し，中東の軍事的責任は英国が担うべきであるとの立場を堅持した[23]。このような米国政府とりわけ軍部の姿勢は，英国側の期待に反するものであった。英国政府は，米国からの支援の拡大を期待しつつ中東の非公式帝国を保持することを決意していたのであり，その三柱政策もまた，中東における米国の軍事的支援を前提として組み立てられていたからである[24]。

　しかし，かかる米英間の齟齬は当面は潜在的なものにとどまっていた。それは，一見するところ上記と矛盾するようであるが，全面戦争勃発時に発動するための戦争プラン（contingency plan）において，JCS が中東への米軍の派遣を想定していたからであった。冷戦最初期の 1947-49 年頃に JCS が策定していた対ソ全面戦争プランは，開戦後，西欧の大陸部分のほぼ全域から西側連合国の軍事力を英本国などに撤退させるとともに，いくつかの拠点からソ連本土に戦略爆撃を行い，ソ連が弱体化した後に緒戦で温存した軍事力によって西欧を奪還するというシナリオに基づいていた。これらの全面戦争プランにおいては，エジプトのスエズ運河地帯に位置する英軍基地が，英本土および沖縄の基地と並んで，ソ連に対する戦略爆撃拠点の最有力候補とされていた。スエズ運河西岸の広大な地域を占める英軍基地は，38 陸軍駐屯地，10 空軍基地などよりなる当時世界最大の複合的軍事基地であった。この時期の米軍の全面戦争プランは，開戦後，スエズ基地にソ連本土の爆撃任務に当たる米戦略空軍（Strategic Air Command：SAC）および SAC 戦力を護衛するための陸軍 2 個師団や空軍戦闘機部隊を派遣することを想定していたのである[25]。

---

[23] JCS 1819, "British-United States Conversation," November 19, 1947, in Paul Kesaris, ed., *Records of the Joint Chiefs of Staff*, Part II, 1946-1953, microfilm (Bethesda：University Publications of America, 1979. 以下 *RJCS*).
[24] DO(47)23, CAB131/4, March 7, 1947, *BDEE*, B4-1：220-222.

しかしながら，スエズ基地に派遣される米軍戦力は，中東地域を防衛するためではなく，あくまでも SAC 戦力を護衛するための戦力と位置づけられていた。JCS が，全面戦争プランでスエズ基地に米軍を派遣することを想定しながら，中東を防衛する軍事的責任を頑なに拒んでいたのは，それゆえであった。冷戦最初期に米軍部が作成した対ソ戦争プランは，ほぼ純粋に軍事的な合理性に立脚していた。西側連合国が緒戦において西欧の大陸部分を放棄し，きたるべき反攻に備えて戦力を温存することが想定されていたのは，かかる戦略がソ連の大規模な陸軍戦力に対抗するために軍事的見地から最も合理的であると判断されたからであり，かかる戦略を採用することの政治的意味は全く考慮されていなかった。同様に，スエズ基地もまたソ連南部への戦略爆撃拠点として地理的に好適であるがゆえに注目されたに過ぎなかった。米軍部においてスエズ基地のかわりに「カラチ＝インド地域」を戦略爆撃の拠点とする代案も並行して検討されていた事実は，この時期の米国の戦争プランの純軍事的性格を端的に物語っている[26]。

しかし，1949 年 4 月に NATO が結成されたことを契機に，米軍の全面戦争プランは質的に大きく変容することとなった。いまや米国は，それが如何に軍事的には合理的なものであったとしても，正規の同盟相手となった西欧諸国を全面戦争の緒戦において見捨てるような戦略プランを維持することは出来なくなった。たとえ軍事的必要から生じる一時的な措置にせよ，全面戦争時に見捨てられることになるならば，大陸西欧諸国が米国との同盟関係に価値を見出さなくなる，すなわち NATO の必要性を認めなくなることは明らかであった。米国は，いままさにその中核が構築されつつある西側陣営の分解を避けねばならず，そのような政治的な目標に合致する形に全面戦争プランを改める必要が生じたのである。それゆえ，NATO 結成以降，全面戦争時に西欧の出来るだけ多くの地域を保持するという政治的目標が，従来の純軍事的な論理に代わって，米国の軍事戦略の最

---

[25] JSPC 877/3, "Directives for the Implementation of 'Halfmoon'," May 3, 1948, and JCS 1844/7, "Directives for the Implementation of 'Halfmoon'," May 26, 1948, in Steven T. Ross and David A. Rosenberg, eds., *America's Plans for War against the Soviet Union*（以下 *APWSU*）, vol. 7, *From Crankshaft to Halfmoon*（New York : Garland Publishing Inc., 1989-1990）所収（*APWSU* シリーズにはページは付されていない）。JCS 1887/1, "Military Viewpoint Regarding the Eastern Mediterranean and Middle East Area," 28 July, 1948, in *RJCS*；Cohen, *Fighting World War Three*, chap. 5.

[26] JCS 1844/1, "Short-Range Emergency Plan 'FROLIC' ('GRABBER')," March 17, 1948, in *APWSU*, vol. 6, *Plan Frolic and American Resources*；Steven T. Ross, *American War Plans, 1945-1950*（London : Frank Cass, 1996）, 61-75.

優先事項となった。この新たな方針の下に作成され1949年末にJCSの承認を受けることとなる全面戦争プラン「オフタックル（Offtackle）」では，可能であればライン川でソ連軍の西進を食い止め，それが不可能でも大陸欧州に出来るだけ大きな橋頭堡を維持することが，西欧における軍事作戦の目標に掲げられた。しかし，かかる戦略コンセプトの変更に伴って米国の安全保障関連予算や米軍の規模が拡大したわけではなく，したがって，新たな軍事戦略を実行に移すための資源は，それまで西欧以外の地域に割かれていた資源から融通されることとなった。その結果，従来の全面戦争プランにおいてはスエズ基地に派遣されることを予定されていた米軍戦力は，西欧防衛を支援するために，すべて地中海西部と北アフリカ西部に振り当てられることになった。その一方で，ソ連に対する戦略爆撃の拠点としてスエズ基地を活用する方針に変更はなかったため，米国政府とりわけJCSは，これ以降，英国に対して全面戦争時に米軍の支援なしにスエズ基地を含む中東地域を防衛する態勢を整えるよう求めていくことになったのである[27]。

当然ながら米国の全面戦争プランの変更は英国政府に衝撃を与えた。1949年8月に，全面戦争時に米軍を中東に派遣することは出来ないとの見通しを予備的な形で米国側から伝達された際，英国側は「連合王国および英連邦は，合衆国の支援なしに中東を保持し，かつ同時に西欧に軍事力を派遣することなど考えられない」と率直に指摘した。これ以降，英国政府とりわけCOSは，全面戦争時に米軍を中東に派遣するとのコミットメントを米国側から再び取り付けることを，中東政策における一貫した目標とするようになった[28]。図式的に単純化するならば，米英双方の軍部が全面戦争時の中東における軍事的負担を押し付けあう状況が生じたのである。

しかし，如上の中東の軍事的責任を巡る米英間の軋轢が，中東を巡る全般的な米英協調という枠組みをただちに動揺させたわけではなかった。英国政府は，外務省，COSとも，短期間のうちに米国の全面戦争プランを変更させることは不可能であるとの観測のもと，中長期的に米英関係を発展させる過程でこの問題の解決を目指す方針を取った[29]。米国側も，ただちに英国側の対応を求めたわけで

---

[27] JCS 1844/37, "Preparation of a Joint Outline Emergency War Plan," April 27, 1949, and JCS 1844/46, "Joint Outline Emergency War Plan 'Offtackle'," November 8, 1949, both in *APWSU*, vol. 12, *Budget and Strategy : The Road to Offtackle*; Lawrence S. Kaplan, *NATO and the United States*, 36–39.
[28] COS 113(49)3, DEFE 4/23, August 3, 1949, *BDEE*, B4-1 : 349–353.

はなかった。先述のように1949年11月の米英協議に先立って軍事戦略問題を棚上げにすることが合意されたことは，米英双方がこの問題を中長期的な課題と位置づけるとの暗黙の了解に達していたことを意味していた。1950年5月のロンドンにおける米英仏外相会談においても，中東関連で取り上げられたのはアラブ・イスラエル関係の長期的な安定化の問題であり，中東の軍事的責任を巡る問題は長期的に解決されるべき問題として棚上げされたのである[30]。

2) 全面戦争プランを巡る米英間の対立

しかしながら，1950年6月25日に朝鮮戦争が勃発したことで，米英両国は中東の軍事戦略問題を先送りできなくなった。米英両国政府は，朝鮮半島における局地的戦争が全面戦争に発展する可能性を深刻に懸念していた。とりわけ英国政府の危機感は深刻であった。もはや中東への米軍の増援を期待できなくなった英国は，ソ連軍がコーカサス地方から中東に南進した場合，それを食い止める展望をもち得なかった。すなわち英国政府は，近い将来に全面戦争が勃発した場合，ソ連が中東のほぼ全域を支配下に置く事態が現実化しかねないとの，きわめて切迫した危機感を抱いたのである。朝鮮戦争の勃発後ほどなく，アトリーがトルーマンに早急に米英協議を開催するよう求めた理由のひとつは，かかる事態を回避するために米国側に中東戦域を対象とする軍事プランの再考を求めるためであった。7月にワシントンで行われた米英協議では，多くの問題について合意が成立したが，中東の軍事問題は例外であった。英国側は，英国が中東防衛の「主たる責任」を担うとの原則の見直し，および全面戦争時に米軍を中東に投入する方向への軍事プランの修正を要請したが，米国側はこれらを峻拒した。中東の軍事問題については，米英双方の立場は平行線をたどり，改めて協議の場を設けること

---

[29] COS 131(49)8, DEFE 4/24, September 8, 1949, *BDEE*, B4-1 : 362-364 ; Memorandum for the Permanent Under-Secretary's Committee, April 27, 1950, *Documents on British Policy Overseas*, Series 2 vol. 2（以下 *DBPO*, 2-2 のように略記），*The London Conferences, Anglo-American Relations and Cold War Strategy, January-June 1950* (London : Her Majesty's Stationary Office, 1987), 157-172.

[30] Agreed Anglo-American Report, May 6, 1950, *DBPO*, 2-2 : 242-244 ; Extract from Record of Third Bipartite Ministerial Meeting, May 10, 1950, ibid., 284-286. ロンドン外相会談，および会談の結果発表されたアラブ・イスラエル紛争に関する米英仏三か国宣言（Tripartite Declaration）については，Hahn, *The United States, Great Britain, and Egypt*, 97-102 ; U.S. Embassy in London to DOS, Secto 56, April 30, 1950, *FRUS, 1950*, 3 : 890-892 を参照。三か国宣言の原文は，Department of State, *Bulletin*, June 5, 1950, 886.

が合意されるにとどまった[31]。

　米国との次回の協議に向けて，COS は中東の軍事問題に関する包括的な再検討を行った。COS の検討結果は，「冷戦期」（米国側と同様に全面戦争時以外を指す）の政策と全面戦争時の軍事戦略の 2 部に分けて，英国の中東政策方針案としてまとめられた。COS がまとめた「冷戦期」の政策は，積極的な内容を有した。COS は，「すべての中東諸国を西側陣営にとどめる」ことを「冷戦期」の政策目標と定めた。その上で COS は，かかる目標を達成するためには，ソ連の影響力拡大の危険性と「西側諸国がみずからのインタレストを防衛する決意」を中東諸国に理解させる必要があり，中東諸国の認識に影響を与えるためには，西側陣営諸国が中東の安全保障に対するあらゆる脅威に対処しうることを「軍事力の誇示」によって示す必要があると論じた。そのための具体的方策として，COS は，英国がイラン南部に，米国がサウジアラビア東部のダーランに，それぞれ「前方展開戦力（forward elements）」を配置する，すなわち新たに恒常的な軍のプレゼンスを確立することを提案した。この COS の提案には，中東諸国に米英の軍事プランを漏らしてはならないという重大な留保が付されていた。後述するように，COS は全面戦争時には中東の大部分を放棄しなければならないと判断しており，かかる軍事プランが中東諸国の知るところとなれば，西側陣営が全面戦争時に中東を防衛する能力を持たぬことが白日の下にさらされ，「軍事力の誇示」の効果が消失してしまう，と COS は論じた。言い換えるならば，米英の「前方展開戦力」は，実際には存在しない，中東を軍事的に防衛する能力を中東諸国に信じさせるための張り子の虎であった。その中身が空洞であることをあくまでも秘匿した上で，あたかもソ連に対抗できるかの如く振る舞うことによって中東諸国の西側陣営への信頼を確保することが，「冷戦期」に関する COS の提案の眼目であった。

---

[31] Memorandum from Berry to Matthews, September 19, 1950, DSCF 780.5/9-1950. 朝鮮戦争が全面戦争に発展する可能性については，NSC 73/4, "Positions and Actions of the United States with Respect to Possible Further Soviet Moves in the Light of the Korean Situation," August 25, 1950, *FRUS, 1950*, 1: 375-389 を参照。米英協議については，DO (50) 12th Meeting, CAB131/8, July 6, 1950, *DBPO*, 2-4, *Korea, June 1950-April 1951* (1991), 36-41 ; Memorandum by FO, "The Implications of the Situation in Korea for British Foreign Policy," July 13, 1950, *DBPO*, 2-4 : 52-62 ; Oliver Franks to Bevin, July 26, 1950, *DBPO*, 2-4 : 78-80 ; P. Jessup to Acheson, "US-UK talks, July 20-24, 1950," July 25, 1950, *FRUS, 1950*, 3 : 1657-1660 ; Agreed U. S.-U. K. Memorandum, July 25, 1950, *FRUS, 1950*, 3 : 1661-1669.

「冷戦期」の政策方針とは対照的に全面戦争時の中東軍事戦略に関するCOSの分析は，きわめて悲観的であった。ソ連の北方からの軍事的侵攻を食い止める防衛線として，COSはいくつかの可能性を列挙した。それらの中でCOSがこの時点で何とか実現可能であると判断したのは，「ラーマッラー線」と呼ばれる防衛線であった。ヨルダン川西岸の街ラーマッラーからテルアヴィヴに引かれた東西の線より南，すなわちイスラエル南部からエジプトに至る地域を防衛することを目指すこの軍事戦略は，英国の中東における軍事プレゼンスの中心であるスエズ基地に至る前の「最後の (last ditch)」防衛線でソ連の南下を食い止めようとするものであった。仮にそれが実現されたとしても，中東のほぼ全域を放棄するラーマッラー線防衛戦略が中東を対象とする軍事戦略として不十分なものであることは明らかであったが，米軍の増援が得られぬ限りはそれが実現可能な唯一の軍事戦略であるというのが，COSの結論であった。(巻頭地図参照)

この対極にある最も望ましい軍事戦略は，トルコ南東部からザグロス山脈を経てペルシャ湾岸のバンダレ・アッバースに伸びる「外環 (Outer Ring)」防衛線を防衛する戦略であった。イラン北部を除く中東の大部分を防衛する外環防衛戦略は，政治的にも望ましいと判断されたが，COSは軍事力の大幅な不足を理由にこれを一蹴した。両者の中間には，レバノン山脈を含む南北に走る防衛線に沿ってトルコ南東部からスエズ基地に至るレヴァント地域を防衛しようとする「内環 (Inner Ring)」防衛戦略，そしてベイルートとダマスカスを結ぶ線以南を防衛することを目指す（実質的にはラーマッラー線を北に移動させるに等しい）「レバノン＝ヨルダン」線防衛戦略が，可能性として列挙された。COSは，必要とされる戦力規模は小さいものの迅速な軍の展開が必要とされるレバノン＝ヨルダン線防衛戦略を退けた上で，内環防衛戦略を西側陣営が将来的に実現を目指す軍事的目標と位置づけることを提案した。内環防衛戦略は，トルコとエジプトの防衛を結びつける点でラーマッラー線防衛戦略と大きく異なっていたものの，中東の大部分を放棄する点ではラーマッラー線防衛戦略と大差無かった。それでも内環防衛戦略を実現するためには，空軍戦力を中心とする米軍の増援が不可欠であるとCOSは分析していた。内環防衛戦略を米英共通の目標に据えることによって，米国をして全面戦争時に中東に米軍を派遣する方針に回帰せしむることが，COSを含む英国政府がこの戦略分析に込めたねらいであった[32]。

COSの検討結果は，英国政府の基本的立場として米国側に伝達され，米国政

府内では国務省とJCSがそれぞれこれを検討することとなった。全面戦争時の軍事戦略の部分を検討したJCSは,英国の方針を全面的に拒否する姿勢を示した。JCSは,スエズ基地を擁するエジプトを中東軍事戦略の中心に据える英国側の発想そのものを批判した。エジプトの戦略的重要性を過度に重視する英国の姿勢は,「中東全域,とりわけトルコを犠牲」にするものであり,内環および「それ以下の如何なる防衛線」も「中東の防衛ではなくエジプトの防衛に過ぎない」と,JCSは断じた。それゆえJCSは,内環防衛戦略を米英の将来的な軍事的目標とすることも,ラーマッラー線防衛戦略を当面の軍事戦略として採用することも,ともに明確に拒否した上で,中東を対象とする軍事戦略として唯一適切なのは外環防衛戦略であるとの判断を示し,米英両国は外環防衛戦略を採用すべきであると主張したのである。その一方でJCSは,全面戦争時に中東防衛のために米軍を投入する可能性を引き続き全面的に否定した。JCSは,ソ連に対する戦略爆撃のために米戦略空軍が中東の基地を使用する可能性や,地中海に展開する米海軍の戦力を状況に応じて中東で活用しうる可能性が存在することは認めたものの,中東を防衛することを目的とする米軍の投入は引き続き拒否する姿勢を示したのである。そのかわりにJCSは,中東戦域においてトルコを筆頭とする中東諸国および英連邦諸国の戦力を活用することを考慮すべきであると主張した[33]。

以上のようなJCSの立場は,トルーマン政権の対外政策全般の動向と合わせて考察しておく必要がある。朝鮮戦争勃発後,トルーマン政権はNSC 68を採用し,それまでみずからに課していた安全保障関連支出の上限を撤廃した。その結果,1950会計年度には約137億ドルであった米国の国防関連支出は,1951会計年度に235億ドル,1952会計年度に460億ドル,1953会計年度に528億ドルに,米軍の兵員数も同時期に約146万人から350万人へと,何れも急速に拡大していくこととなる[34]。かかる変化は,安全保障政策の軍事偏重化,あるいは「目標と

---

[32] COS(50)363, "Review of Middle East Strategy," September 15, 1950, DEFE 5/24, *BDEE*, B4-2 : 77-100 ; Record of Informal U.S.-U.K. Discussions, September 18, 1950, *FRUS, 1950*, 5 : 193-196 ; Cohen, *Fighting World War Three*, 163-171. なお,COSは,バハレーンおよびその対岸のサウジアラビアのラス・タヌーラを中心とする産油地域を様々な防衛線とは切り離して防衛することは軍事的に可能であるとの分析を示していた。

[33] COS(50)416, "Draft of Comments by the U.S. Joint Planners on the British Review of Middle East Policy and Strategy," October 19, 1950, *BDEE*, B4-2 : 116-121.

[34] *Historical Statistics of the United States*, Millennial Edition (Cambridge : Cambridge U.P., 2006), Tables Ea698-703, and Ed26-47.

手段の間のギャップ」の縮小に伴う積極的な対外政策イニシアティヴ復活の契機と捉えられてきた³⁵。しかるに，中東への軍事的関与を巡るJCSの姿勢に，朝鮮戦争勃発前後で大きな変化は見られない。米軍の戦力規模が拡大し，西欧への米軍の増派が実現した後にも，JCSは全面戦争時に中東に米軍を投入しないという基本方針を堅持していくことになるのである。

　かかるJCSの立場は，グローバルな戦略プランに依拠していた。このことは，1950年末に策定された軍事計画「リーパー（Reaper）」から窺い知ることが出来る。対ソ全面戦争が勃発した場合に発動することを目的として現有戦力に基づいて策定されていた「オフタックル」などとは異なり，「リーパー」は将来の軍事戦略とそれを実現するために必要とされる軍事力の目標を定めることを目的として策定されたプラン（objective plan）であり，その目標期日は朝鮮戦争勃発後に米国が着手していた軍備拡張計画が達成されると想定されていた1954年7月に置かれていた。「リーパー」は，西側連合国がソ連の侵略に対してユーラシア西部において，トロンドハイム・オスロ・ライン川・アルプス・ピアーヴェ川・アドリア海・クレタ・トルコ・ペルシア湾に至る前面防衛線を維持する軍事力を構築することを目標に掲げていた。言うまでもなく，これは中東に関しては外環防衛線にほぼ一致する。注目すべきは，1954年という西側陣営の大規模な軍事力増強が実現されているはずの時期においても，中東防衛のために米軍を派遣することが想定されていなかったことである。「リーパー」に付された各戦域に投入される戦力の一覧表によれば，開戦直後に中東防衛に当たるのは，英国・トルコ・イラン・イラクの軍事力であり，開戦後3か月までにオーストラリア，ニュージーランドなど英連邦諸国が増援を行うことが想定されていた。これら西側陣営の戦力の中で圧倒的に重要な役割を担うことを期待されていたのは，トルコ軍であった。開戦1年後の時点でも中東に展開される英軍が4個師団に過ぎないと想定されていたのに対して，トルコは開戦直後から22個師団という圧倒的な軍事力をもって中東防衛に貢献することが期待されていた³⁶。トルコを中心と

---

35 Pollard, *Economic Security*, chap. 10 ; Leffler, *A Preponderance of Power*, chap. 9. かつては，NSC 68路線への転換を米国のインタレスト定義の拡大と捉えるギャディスの古典的研究が有力であったが，このような見方は前掲のポラードやレフラーの研究により否定されたと見てよい。Gaddis, *Strategies of Containment*, chaps. 2 and 4.

36 JCS 2143/1, "Joint Outline War Plan for a War Beginning 1 July 1954 'REAPER'," October 5, 1950, and JCS 2143/6, "Joint Outline War Plan for a War Beginning 1 July 1954 'GROUNDWORK'," November 29, 1950, both in *APWSU*, vol. 15, *Blueprint for Rearmament : Reaper.* トルコの軍事力

する中東諸国の軍事力を活用して外環防衛戦略の実現を期すべきであるとのJCSの主張は，明らかに「リーパー」の構想を下敷きにしていたのである。

JCSの検討作業と並行して，国務省もCOSが作成した英国の中東政策方針案を検討していた。全面戦争時の軍事戦略について，国務省はJCSとほぼ同様の評価を下していた。すなわち国務省は，英国がエジプト周辺の防衛しか考慮していないことに失望し，「もし英国が中東全域の防衛を考慮しているのならば，全ての中東諸国からの一定の友好的協力が軍事的に不可欠であると論理的に結論されるのではあるまいか」との感想を抱いていたのである。しかし同時に国務省は，COSが提案する「冷戦期」の政策を基本的に支持し，英軍をイラン南部，米軍をダーランにそれぞれ駐留させることを検討すべきであると主張した。国務省は，これらの措置が「中東諸国の自信を強める」効果を有し，もって中東諸国を西側陣営の側にとどめるという全般的目標にも大きく資すると評価したのである[37]。

10月末，ワシントンで政治的・軍事的な諸問題に関する米英協議が開催されたが，中東問題については，米英間に依然として妥協の余地はなかった。米軍内で中東への米軍派遣に最も強く反対していた陸軍を代表して協議に参加したロートン・コリンズ（J. Lawton Collins）米陸軍参謀長は，全面戦争時に米国が中東に軍を派遣することを改めて拒否したばかりか，米軍のダーラン駐留など，全面戦争時に米国が中東を防衛するであろうとの根拠無き期待を中東諸国に抱かせかねぬ政策を「冷戦期」に遂行することにも反対した。国務省は，英国の苦境に理解を示しつつも，軍人たちと同様に英国の全面戦争プランに不満を表明した。国務省を代表して協議に参加していたジェサップ（Philip C. Jessup）無任所大使は，英国の中東軍事戦略は中東を「死活的に重要」と位置づけたペンタゴン合意に見合う内実を伴っていないと論評し，実質的に英国側に軍事戦略の再検討を求めた[38]。

以上のような英国に対する苛烈とも言える姿勢には，この時期の米国の政策決

に対する米軍部の期待については，Melvyn P. Leffler, "Strategy, Diplomacy, and the Cold War : The United States, Turkey, and NATO, 1945-1952," *The Journal of American History*, vol. 71, no. 4 (March 1985), 807-825，特にpp. 813-819に詳しい。

[37] McGhee to Jessup, "British Review of Middle East Policy and Strategy," October 19, 1950, *FRUS, 1950*, 5 : 217-221.

[38] Approved Summary of Conclusions and Agreements Reached at a Memorandum of J.C.S. and C.O.S., October 23, 1950, *FRUS, 1950*, 3 : 1686-1689 ; Memorandum of Conversation, "The Middle East and Iran," October 24, 1950, *FRUS, 1950*, 5 : 230-233 ; Minutes of the U.S.-U.K. Political-Military Conversations, October 26, 1950, *FRUS, 1950*, 3 : 1689-1698 ; DOS to B.D.C.C. Middle East, #424, November 14, 1950, *BDEE*, B4-2 : 124-125.

定者たちを捉えていた，全面戦争時の軍事戦略と「冷戦期」の政策を密接に連関させる思考法が反映されていた。NATO の結成に合わせて大陸欧州を保持することを目指す全面戦争プランが採用されたのも，かかる発想の帰結であった。中東においても同様の考慮が働いていたことを確認できる。この時期，米国は全面戦争時に中東産油国から撤退する際に，ソ連が中東石油を活用するのを防ぐために，油田および精製施設を「徹底的に破壊（hard plugging）」する方針を取っていた。しかし，米英協議で，かかる政策が産油国側に漏れた場合の悪影響が指摘された結果，翌年には，中東産油国からの撤退に際しては石油施設の破壊を「穏便な破壊（moderate plugging）」にとどめる方針が採用されることとなる。あくまでも仮構に過ぎなかった全面戦争時の西側陣営の振る舞いが，「冷戦期」の中東諸国の判断や行動にも大きな影響を与えるというのが，米国側の基本的な考え方であった。それゆえにこそ，全面戦争時に中東の大部分を放棄するラーマッラー線防衛戦略あるいは内環防衛戦略の採用を主張する英国の立場は，米国側としては容認できぬものだったのである[39]。

3）西側統合政策の生成 (1) ──政治的連携の強調

しかしながら，米国政府内では，全面戦争プランに「冷戦期」の政策が拘束される硬直的な発想への批判が出現し始めていた。かかる批判の先鋒に立ったのは，国務省，ことにマッギー国務次官補に率いられた NEA であった。先述のように，国務省は，英国の全面戦争プランに失望しつつも，「冷戦期」に米英が共同でより積極的な政策を推進すべきであるとの英国側の提案を高く評価し，米軍のダーラン駐留などを検討すべきであると主張していた。JCS は，このような国務省の方針を危険視し，それに強く反対する姿勢を示した。米軍部は全面戦争時に中東に米軍を派遣することのみならず，かかる事態に至る可能性を含むいかなる政策にも反対した。JCS の国務省に対する覚書の表現を借りるならば，JCS は中東への軍事的な「コミットに結果する（tend to commit）」可能性の芽すら摘み取ろうと

---

[39] 全面戦争時にサウジアラビアをはじめとする中東産油国の石油施設をソ連に占領される前に破壊し油田を永久に使用不能にする（permanent plugging）の方針は，1951 年 4 月の当該 NSC 文書の修正により，後に油田を再使用できるような穏便な破壊（moderate plugging）に改められることとなる。NSC 26/5, "Demolition and Abandonment of Oil Facilities and Fields in the Middle East," April 13, 1951, in "Near East Oil(2)" folder, Disaster Files, White House Office, NSC Staff Papers（以下 WHONSC）, Dwight David Eisenhower Library（以下 DDEL）.

していた⁴⁰。かくして米英間で中東を対象とする軍事戦略を巡る対立が膠着しているまさにその時に，米国政府内でも国務省とJCSの間で将来の中東政策を巡る論争が開始されたのである。

　1950年末から51年初頭にかけてマッギーの建議を咀嚼した上で国務省が形成していく新たな中東政策方針には，1950年代の米国の中東政策の重要な構成要素となっていく2つの特徴が現れていた。第1の特徴は，中東諸国を西側陣営に統合するという政治的目標を重視する姿勢であった。もっとも，朝鮮戦争の戦局がなお安定せぬこの時点においては，全面戦争時における軍事戦略から政治的目標を切り離す議論がただちに受け入れられる状況にはなく，国務省の政策決定者たちも，それを完全に切り離すことには躊躇していた。英国と同様，米国の政策決定者たちも，中東諸国が西側陣営の軍事力を信頼できず結果的に自国の安全保障に不安を抱いていることが，同諸国の西側陣営からの離脱につながる大きな原因になると考えていたからである。

　この問題を解決するための方途は，論理的に3つありえた。第1の方途は，英国側に外環防衛戦略の採用など全面戦争プランの抜本的見直しを要求する，JCSの方針である。マッギーらも外環防衛戦略の採用が中東諸国を西側陣営に政治的に統合する上でポジティヴな効果を持つとの認識をJCSと共有していた。しかし，それを実現するためには，米国が一定の軍事的責任を引き受けねばならないというのが，マッギーらNEAの基本的な立場であった。これが第2の方途である。マッギーは，英国に中東における主たる軍事的責任を負わせ続けようとするJCSの方針を「希望的観測」と断じ，「米英共同の責任（US-UK combined responsibility）」という新たな原則に立脚すべきであると主張した。西側陣営が「戦時に見捨てようとしている諸国民は，［戦後の］解放直後および戦後期を通じて引き続き協力していかなければならない諸国民」である。中東諸国民の信頼を獲得するためには，全面戦争時に中東を軍事的に見捨てることを前提とする現行の軍事プランを改めねばならない。「合衆国が現在取り組んでいる急速な軍備拡張」に鑑み，米国は中東における一定の軍事的責任を引き受けることを検討すべきである，とマッギーは考えていた。マッギーはこれを実現するために，英国とエジプト，イラク，ヨルダンとの二国間条約網に代わる「米英合同のコマンド機構」を

40　JCS 1887/6, "Politico-Military Conversations with the British Scheduled for 26 October," October 25, 1950, in *RJCS*.

設立する可能性も検討すべきであると主張した[41]。

　これら第1と第2の方途は,「冷戦期」の政治的目標に合わせて軍事プランを修正するという方向性で共通していた。しかし,国務省が中東政策の基本方針として採用していくのは,全面戦争時の戦争プランから切り離して政治的目標を追求するという,第3の方途であった。国務省がこの第3の方途を採用するに至った経緯は詳らかではないが,以後の議論の展開から見て,それが中東諸国を西側陣営に取り込むという「冷戦期」の政治的目標と中東における軍事的責任を回避しようとするJCSの頑なな姿勢とを両立させるための苦肉の策であったことは,ほぼ間違いない。1951年初めまでに,国務省は,米国が全面戦争時における軍事的責任を担うことは回避しつつ,しかし軍事援助等を通じて中東諸国の軍事力強化に直接的に関与することを通じて,中東諸国と西側陣営との間に「政治的基盤」を構築し,将来的に中東を西側陣営に政治的・軍事的に統合していくことを目指す政策方針を打ち立てていった。この結果,米国の軍事的役割の拡大を前提とするマッギーの「米英合同のコマンド機構」は国務省案として採用されるには至らず,「米英合同の軍事使節（combined military mission）」という構想にスケールダウンされた。国務省は,この米英合同軍事使節に加えて,これまで米国が援助の対象としていなかったアラブ諸国に新たに軍事援助を提供することなどを通じて米国の中東地域への関心を目に見える形で示し,そのことをもって中東諸国の西側陣営への協力を取り付けることを期すことを骨子とする新たな中東政策プログラム案をまとめ,JCSとの方針の摺り合わせに臨んだ[42]。

　JCSの同意を獲得するために,国務省は同省の提案が米国の中東における軍事的責任の拡大を伴うものではないとする立場を強調した。しかし,1月30日の国務省・JCS協議において,JCSは国務省の方針に概して慎重な反応を示した。JCS内部でも,シャーマン（Forrest P. Sherman）海軍作戦部長は,「英国の責任に

---

[41] Memorandum Drafted by Stabler, October 24, 1950, *FRUS, 1950*, 5 : 221-230 ; Memorandum from Howard to Jones, "Papers on Re-Evaluation of Middle East Plans," December 21, 1950, DSCF 780.5/12-2150 ; Memorandum from McGhee to Acheson, "Proposed US Political and Military Actions Required to Assist the Countries of the Middle East in the Defense of the Area against Aggression," December 27, 1950, *FRUS, 1951*, 5 : 4-14.

[42] Acheson to Marshall, January 27, 1951, *FRUS, 1951*, 5 : 21-27. 米英合同の軍事使節という案が出現した経緯は詳らかではないが,国務省はJCSとの協議以前から同案を英外務省に非公式に伝達し,英外務省もそれに期待感を示していた。British Embassy in Washington to FO, #285, January 29, 1951, in FO371/91185/E1192/9 ; FO to British Embassy in Washington, #423, February 1, 1951, in FO371/91185/E1192/9.

ついて語るとき，我々は実際にはみずからの責任を回避して，誰にも責任を負わせていない」との感想を漏らし，国務省の立場に一定の理解を示した。これに対して，コリンズ陸軍参謀長は，米軍には全面戦争時に中東に増派する余力がないことを強調しつつ，中東における軍事的責任を引き受けることに原理的に反対する立場を貫くのみならず，国務省は既成事実を積み重ねることによって中東における軍事的責任をなしくずし的に引き受けることを意図しているのではないかとの強い疑念を表明した。コリンズは，米軍のダーラン駐留は言うに及ばず，軍事使節の派遣すら，中東諸国は米国の軍事的コミットメントと理解するであろうと指摘した上で，軍事的責任を担うことなく政治的関与のみを強化できるとの国務省の方針は「幻想」であり，中東諸国民のみならず米国自身をも「欺く（kidding）」ことになるとの，きわめて辛辣な批判を展開した。国務省の立場は，「不可避的に」中東における軍事的責任を米国に負わせるか，そうでないとするならば中東諸国に「幻想」を与えるに過ぎぬ「不誠実」なものである，とコリンズは論じたのである。これに対してマッギーは，軍事的責任を負うことなく中東への政治的関与を強める際に「我々は上手く演技をしなければならない」と国務省の立場をレトリカルに表現しつつ，米国はむしろ中東諸国に「いくばくかの幻想」を与えることによって政治的目標を追求すべきであると応酬した。結局，1月30日の国務省・JCS協議では，ブラッドリー（Omar N. Bradley）JCS議長が，国務省の提案を「冷戦的観点」から基本的に了承するという方向で議論をまとめ，これに基づいて国務省がNSC文書の草案を作成することとなった。コリンズら軍人たちの国務省への不信感は残存したものの，国務省とJCSは，軍事的責任や軍事戦略の問題をいったん切り離した上で中東諸国との政治的連携強化を追求するという基本方針で，まがりなりにも合意したのである[43]。

　ある意味で，かかる政策方針は西欧における政策方針と本質的に変わらぬところがあった。NATO結成時はおろか，米国が西欧の可能な限り東方に防衛線を構築する「オフタックル」を採用し，NATOが西ドイツを含む西欧地域を可能な限り全面戦争時に保持する戦略を採用した後の1950-51年時点でも，NATOには前面防衛戦略を遂行する軍事的能力は無かった。上記の1月30日の国務

---

[43] Minutes of Discussions at the State-JCS Meeting on January 30, February 6, 1951, *FRUS, 1951*, 5 : 27–42 ; Memorandum for the Record, "State-JCS Meeting Held in Room 2C-923, the Pentagon, on Tuesday, 30 January, at 1500, undated, in "State-JCS Meeting : Memoranda for the Record" folder, Lot61 D417.

省・JCS協議でラスク（Dean Rusk）極東担当国務次官補が漏らした「我々は西欧においても今後しばらく［NATO加盟諸国を］だまし続けることになる」との感想が，中東と西欧における事態の同質性を物語っていた。つまり，コリンズのマッギーへの原理的な批判にもかかわらず，全面戦争時に軍事的に防衛することの出来ぬ国と同盟を結成することは少なくとも1951年初頭の時点だけを取り出すならば「不誠実」なこととは考えられていなかった。

しかし，それにもかかわらず，中東と西欧の間には根本的な相違があった。それは将来に向けた展望の相違である。NATOではなお弱体な軍事状況を克服すべく，米国のみならず西欧諸国も巻き込んだ大規模かつ組織的な軍備拡張が本格的に始まろうとしていた[44]。マッギーらが問題にしたのは，中東においては，西欧に見られるような同盟国が一丸となって危機に対処せんとする政治的な推進力が存在しないのはおろか，将来にわたってかかる状況が出現する展望すら抱くことが出来ぬ状況であった。1月30日の国務省・JCS協議において，シャーマン提督が，国務省の中東政策方針を「戦時に我々が行いうることについて現時点で明確なコミットメントを与えることなく，それら［中東諸国］をレールから逸らせぬようにすること」と描写したとき，マッギーはそれに強く同意した。文民と軍人を横断する形で，米国の政策決定者たちの間に，中東においてもNATOと並行して走る「レール」を敷き，西欧と並走させる形で中東を同盟国として西側陣営に統合するイメージが共有され始めていた[45]。

これと関連する，興味深いひとつのエピソードがある。1950-51年にかけて対日講和に向けた動きの中で，国務省では，米国，日本，オーストラリア，ニュージーランド，フィリピンを参加国とする「太平洋条約（Pacific Pact）」を締結する可能性が検討されていた。この太平洋条約構想について，マッギーは複雑な反応を示している。マッギーは，太平洋条約構想に反対ではなかったが，もしそれが実現すれば「中東は，域内諸国がそれを望みながら米国との集団安全保障条約（collective security pact）でカヴァーされていない，世界で唯一の地域となる」との

---

[44] John S. Duffield, *Power Rules : The Evolution of NATO's Conventional Force Posture* (Stanford : Stanford U.P., 1995), chap. 2 ; Walter S. Poole, *The History of the Joint Chiefs of Staff*, vol. 4, *The Joint Chiefs of Staff and National Policy* (以下 *HJCS*), *1950-1952* (Wilmington : Michael Glazier, Inc., 1980), chaps. 7-9.

[45] Minutes of Discussions at the State-JCS Meeting on January 30, February 6, 1951, *FRUS, 1951*, 5 : 27-42.

懸念を示した。その上で彼は，太平洋条約が締結される際には，米国が中東諸国の防衛に関する何らかの保障（assurance）を与えることを同時に考慮する必要があると主張したのである。このようなマッギーの見解には，極東も西欧に続いて西側陣営への統合に向けた「レール」を走り始める状況で，中東のみが取り残されるというイメージを見出すことが出来る。国務省の中東政策方針の最大の眼目は，中東を西側陣営への統合の「レール」に乗せることにほかならなかったのである[46]。

4）西側統合政策の生成（2）──地域的政策の構想

1951年初頭にマッギーらが提起した中東政策方針に見られる第2の特徴は，中東全体をひとつの地域として捉え，地域全体を単位に政策目標を定め，かかる地域的目標から個別的な政策を導こうとする姿勢であった。たとえば，1947年のペンタゴン協議で作成された大量の合意文書は中東のほとんど全ての国や下部地域を包含していたが，それらは個別的な政策の集合に過ぎず，それらを結びつけているのは中東を「死活的に重要」な地域と見做すとの原則や，中東防衛に関する英国の「主たる責任」といった米英の政策や行動の準則のみであった。しかし，1951年初頭になると，米国の政策決定者たちは，中東地域全体を対象とする政策目標を設定し，それを追求するための地域的な政策プログラムを構築しなければならないという意識を確実に持ち始めていた。

この時期に作成された情報分析は，その冒頭で「米国の安全保障インタレストの観点から見れば，近東はひとつのまとまりとして（as an entity）考察されねばならない」と述べた上で，トルコ，イラン，アラブ諸国，イスラエルに共通する問題として，地域的な連帯（cohesion）の欠如，資源の不足と経済的低開発，反西側的なナショナリズムの高まり，英国の西側インタレストを防衛する能力の低下，の4点を列挙した。その上で，「米国の援助および防衛コミットメント，そしてそれに対応する政治的活動の拡大は，［中東各国の］国内政治の安定および親西側的指向を増進させ，さらにそれを長期にわたり継続すれば，地域全体を［軍事的

---

[46] McGhee to Jessup and J.F. Dulles et al., "Pacific Pact," January 5, 1951, in "General" file, box 11, Lot53 D468. 周知のように，当初構想されていたような形で太平洋条約が実現することはなく，太平洋安全保障条約（ANZUS），日米安全保障条約，米比相互防衛条約という形を取ることとなる。太平洋条約やANZUSについては，Leffler, *A Preponderance of Power*, 346-347, 391-394, 426-433.

側面で］物質的に強化できるかもしれない」との展望を示した。かかる分析を背景に，国務省は，なお萌芽的段階にあったものの，中東全体を西側陣営に政治的さらには軍事的に統合するという地域的目標を定め，個々の中東諸国に対する，あるいは中東の個別的事案に関する政策を，かかる地域的目標から導き出そうとする傾向を示し始めていた。マッギーの「米英合同のコマンド機構」や，それをスケールダウンした「米英合同の軍事使節」の構想もまた，地域的な目標とそれを追求するための政策プログラムを両論とする地域的政策を構築しようとする潮流の一部であった。中東「全域（as a whole）」という言い回しとその背後にある地域的政策の発想は，騒々しく喧伝されることはなかったものの，これ以降の国務省の中東政策に響き続ける通奏低音となるのである[47]。

　1951年2月中旬，イスタンブールで開催された米国の中東駐在外交官会議の冒頭でマッギーが行った演説は，これら2つの特徴が密接に結びつく形で出現したことを物語っていた。マッギーは，中東における米国の目標を，すでに西側と協調している諸国についてはこれを「我々の側にとどめ」，西側との協調に躊躇している諸国についてはこれを「我々の側に強固に引き込む」ことによって，中東地域と西側陣営との「相互の協調」関係を創出することと定義した。そのことを通じて，平時のみならず全面戦争時にも西側陣営と連携し，「最大限のマンパワーと資源」を地域の防衛に傾注するような中東を実現すること，これが米国の地域的目標であるとマッギーは語った。英国がもはや中東において「主たる軍事的責任」を果たせず，その結果，中東諸国民が「戦時には見捨てられる」という懸念を強めている状況は，かかる目標の達成を脅かしている。それゆえ米国は，このような状況を克服して地域的目標を達成すべく，新たな政策を打ち出さねばならない。ただし，米国政府は欧州を最優先しているため，新たな中東政策も非常に限られた資源によって遂行しなければならない。それゆえ米国は，トルコの軍事力を強化して同国を中東防衛の軍事的な要に育成するとともに，中東諸国に向けて中東全域の防衛強化を支援する用意があることを宣言し，英国とも協力してアラブ諸国の「親西側指向」を強化するような方法で限定的な軍事援助を実行

---

[47] Memorandum from Walter N. Walmsley to Burton Berry, "Progress Report on NSC 47/5, 'United States Policy toward the Arab States and Israel'," January 30, 1952, in "Arab States and Israel" folder, box 3, Lot61 D167 ; NIE 26, "Key Problems Affecting US Efforts to Strengthen the Near East," April 25, 1951, in PSF box 213, HSTL ; Record of "Princeton Seminars, May 15-16, 1954," in Papers of Dean G. Acheson, box 98, HSTL.

する。以上のように国務省の方針の概略を説明した上で，マッギーは，中東諸国と「平等な」協力関係の実現を目標とする「中東安全保障センター（Middle East Security Center)」のような名称の米英の軍事機構を設立する案を披露した。さらに注目すべきことに，マッギーは中東諸国との連携強化を外環防衛戦略を実現するための手段と位置づけるのではなく，むしろ中東全域の西側陣営への統合を促進するための手段として外環防衛戦略の実現を目標とすべきであると語った。マッギーが中東において実現しようとしていたのは，彼自身が好んで用いた表現に従うならば，「深度ある防衛（defense in depth)」にとどまらず「深度ある安定（stability in depth)」であった[48]。

　ここには「同盟」という言葉はおろか，「条約」や「協定」という言葉すら現れない。それにもかかわらず，ここには，「協調」の原則に立脚しつつ，中東全体をひとつのブロックとして西側陣営に統合しようとする明確な方向性を見出すことが出来る。これまで，メリアム覚書，1949年11月のイスタンブール中東駐在外交官会議などで断片的に語られていた地域的政策が，なおおぼろげながら，しかし確実に結晶化し始めていた。それは，全面戦争時に域内の資源を動員できるようなシステムを中東に構築することを将来的な目標に捉えつつも，むしろそのような軍事的目標を媒介として，平時における西側世界と中東全域との政治的な連携を実現すること，換言するならば，中東全域を西側陣営に統合することを最大の目標とする政策であった。かかる目標と方向性を有する政策を，本書は以後，「西側統合政策」と表現する。1950年末から1951年初めにかけてマッギーらNEAの政策決定者たちが構想し始めた西側統合政策は，1957年に至るまで，様々な形に変奏されながら米国の中東政策を規定し続けるライトモティーフとなるのである。

　しかしながら，萌芽的段階にあった西側統合政策は，なお明確な形を取るには至らず，米国政府内でコンセンサスが得られたわけでもなかった。イスタンブールの中東駐在外交官会議は，マッギーが示した中東政策の基本方針を大筋で認めるとともに，トルコを中心として地域的防衛態勢の構築に向けた気運が高まることへの期待感を表明し，かかる文脈でトルコおよびギリシャのNATO加盟を支

---

[48] Opening Statement by Mr. McGhee for Istanbul Conference, February 14, 1951, in "General-Top Secret" folder, Lot53 D468 ; George C. McGhee, *The US-Turkish-NATO Middle East Connection* (New York : St. Martin's Press, 1990), 78-85.

持する方針に合意した。しかしながら、イスタンブール会議では、イランやエジプトを含む「将来の地域的な組織化（an eventual regional grouping）」についての結論は出なかった。その結果、イスタンブール会議は、中東諸国によって構成される多国間の地域的安全保障条約（regional security pact）を時期尚早として退け、マッギーの「中東安全保障センター」構想も支持されるには至らなかった[49]。

　NEA が起草を担当した新たな NSC 文書も、同様の経過を辿った。NEA 作成の原案は、国務省内で練られ、さらに JCS の同意を得るために修正された。その結果、新たな NSC 文書は、マッギーら NEA が当初目論んでいた内容から大幅に後退せざるを得なかった。アラブ諸国において政治的不安定が増大しており、したがって 1949 年 10 月に採用されていた NSC 47/2 の諸政策が不十分であるという認識を国務省の政策決定者たちは共有していたものの、3 月半ばに承認された NSC 47/5 は、既存の NSC 47/2 を補完する文書と位置づけられるにとどまった[50]。NSC 47/5 では、中東諸国が全面戦争時に西側陣営に見捨てられることへの不安から中立主義に傾斜しているとの分析が示され、それを克服して「深度ある安定」の実現を目指すことが政策目標として謳われていた。しかし、それを実現するための新たな政策プログラムとしては、これまで援助対象とされてこなかったアラブ諸国に小規模な軍事援助を供与する方針が打ち出されたくらいであり、たとえば、「米英合同の軍事使節」のような NEA から見れば控えめなアイディアすら、個々のアラブ諸国への援助の責任分担について米英間で協議するという政策に書き換えられ、事実上骨抜きにされていた[51]。

---

[49] Agreed Conclusions and Recommendations of the Conference of Middle Eastern Chiefs of Mission, Istanbul, February 14-21, 1951, *FRUS, 1951*, 5: 50-76.

[50] NSC Progress Report on the Implementation of NSC 47/2, January 26, 1951, in NSC Meeting #83, PSF box 182, HSTL; Memorandum from Director of International Security Affairs to B. Berry (NEA), February 19, 1951, *FRUS, 1951*, 5: 78-79; Memorandum from Omar Bradley to G. Marshall, March 13, 1951, in "Arab States and Israel" folder, box 3, Lot61 D167.

[51] NSC 47/5, "The Arab States and Israel," March 14, 1951, *FRUS, 1951*, 5: 95-97; Staff Study by the NSC, "United States Policy toward the Arab States and Israel," March 14, 1951, ibid., 97-101. 米英共同軍事使節案が JCS に拒否されたことは、2 月初めに国務省から英外務省に伝達された。英国政府内では米英共同軍事使節に期待する声が強く、2 月初旬に訪英したジョーンズ (Lewis Jones) 国務省近東部長に、英外務省は改めて米英共同軍事使節を検討するよう提案している。British Embassy in Washington to FO, #106 Saving, February 4, 1951, in FO 371/91185/E1192/13; Record of Meeting Held in the FO on 8th February, 1951, in FO 371/91185/E1192/24; British Middle East Office (Cairo) to FO, #76, February 15, 1951, in FO 371/91185/E1192/26. NSC 47/5 が承認された後に訪英したマッギーは、モリソン英外相との会談で、米国の新たな政策方針を、トルコ・ギリシャ・イラン以南の中東諸国に、英国との調整の上で限定的な武器援

しかも，かように抑制的な政策すら，それを実施する段階になると，JCS は消極的な姿勢を示した。5月2日に行われた国務省・JCS 協議において，マッギーは中東諸国において西側世界への反感が広がっていることを改めて強調し，これを克服するために「地域的アプローチ」に基づいて NSC 47/5 に盛られたアラブ諸国向け援助を検討することを提案した。これに対してコリンズ陸軍参謀長は，マッギーは米国が「中東を引き受けねばならないと結論しているようだ」と皮肉混じりに反論した。国務省の立場に理解を示す傾向の強かったシャーマン海軍作戦部長すら，軍事的な実効性を期待できぬ小規模援助をばらまくような政策には批判的であった。ヴァンデンバーグ（Hoyt S. Vandenberg）空軍参謀長に至っては，軍事援助を「賄賂」と呼んで憚らず，それよりもむしろ政治的・軍事的威圧によって中東諸国に西側の方針を受け入れさせるという「古風な（old-fashioned）」手法に訴えるべきではないかと発言した。ブラッドリー議長や国務省側の参加者の強い反対により，「古風な」手法の議論はすぐに沙汰やみとなった。しかしながら，米軍部が国務省の求める「地域的アプローチ」になお疑念を抱き，あるいは小規模の軍事援助によって中東諸国との協力関係を構築しようとする手法に懐疑的であることは明らかであった[52]。積極的な地域的政策を推進しようとする国務省に軍部が抵抗するという，前年秋以来の構図は温存されていた。マッギーら NEA の政策担当者たちが，このような軍人たちの批判や猜疑を乗り越えて「地域的アプローチ」を実行に移す機会を窺っていたことは間違いない。

3 中東コマンド構想の生成と変容

1) 中東コマンド構想の形成過程――軍人たちの構想

　1951年春，米英の政策決定者の間で，中東地域を対象とする西側陣営の軍事機構を創設しようとする構想が出現した。まもなく「中東コマンド（MEC）」と呼ばれることになるこの機構の構想が出現する過程はきわめて複雑であった。それは，ちょうどこの時期に浮上した諸々の軍事・外交問題を解決するために，か

　　助を行うことにより「中東により安定的な構造」を創出することと説明している。A Conversation between the Secretary of State and Mr. George McGhee, April 3, 1951, in FO371/91184/E1024/13.

[52] Minutes of Discussions at the State-JCS Meeting, May 2, 1951, *FRUS, 1951*, 5 : 113-120.

ような機構を創設する可能性が米英両国政府内および政府間の様々なレヴェルで同時並行的に語られ，それらの様々な構想が MEC というひとつの枠組みに流入したからである。そのような様々な構想や思惑を敢えて単純化するならば，MEC の起源には米英の軍人たちの構想と NEA を中心とする国務省の構想という 2 つの源流を見出すことが出来る。本項ではまず前者について検討する。

　のちに MEC 構想に発展していく構想の源流は，軍人たちに発している。1951 年の 1 月と 3 月に，米海軍東大西洋・地中海司令官（Commander in Chief, U.S. Naval Forces, Eastern Atlantic and Mediterranean：以下 CINCNELM）カーニー（Robert B. Carney）と英国の地中海・中東地域担当の司令官を主要な参加者とする米英の軍人間の協議がマルタで開催された。マルタ協議の主要議題は，全面戦争時の中東における軍事戦略の問題であった。2 度にわたる協議を通じて，米英の軍人たちは，全面戦争時の中東における軍事戦略を外環防衛戦略に移行させることを長期的な目標とすること，しかし当面はラーマッラー線防衛に基づく英国の現行戦略を容認すること，以上 2 点に合意した。外環防衛戦略に移行する目標期日が設定されなかったことを考慮すれば，これは米国側がラーマッラー線防衛を目標とする英国の現行戦略を追認したに等しかった。朝鮮戦争が膠着に向かい，全面戦争への危機感が後退していったことで，米英双方にこのような妥協を受け入れる余地が生まれたのであろう。

　マルタ協議は，米英軍部が外環防衛戦略の実現に向けた具体的な意見交換を行う最初の機会ともなった。マルタに集った軍人たちは，中東諸国の軍事力を活用する可能性について検討を行い，その検討対象にはエジプトから遠く隔たったパキスタンまでが含まれた。その結果，彼らは，トルコ，イラク，ヨルダン，イスラエルの軍事力を強化すべく努力すべきとの認識で一致した。わけても彼らが重視したのは，中東で最大の軍事力を擁していたトルコであった。協議の開始時点では，トルコを巡って米英間に対立があった。英国側が中東における軍事的責任を担うためには英国人司令官がトルコ軍の指揮権を掌握すべきであると主張したのに対して，対トルコ軍事援助を全面的に引き受け，それに伴って軍事使節団を常駐させていた米国側が難色を示したからである。しかし，マルタ協議の終了までに，米英の軍人たちは，トルコの軍事力を西側の軍事計画および指揮系統に組み込む必要性について認識の一致を見，曖昧な形ながら，「軍事計画および中東域内の戦力および外部から投入される戦力の配置を調整するための単一の司令

部」を設置するのが最も望ましいとの結論に至った。つまり、中東に駐留する英軍とトルコ軍を統一的に指揮する司令部を設置するという構想が出現したのである。名前はまだ無かったが、この構想が軍人たちのMEC構想の出発点となった。この統一司令部の司令官が英国人であることは、米英間の暗黙の了解事項であったと考えてよい。これ以降、英COSは、トルコ軍を英国人司令官の指揮下に置いて中東防衛に活用する軍事的な枠組みを実現することを一貫した目標として行動していくことになる[53]。

これと同時期、NATOの軍事機構の整備という、もともと中東とは無関係の文脈から、米英軍部間にMEC構想に流れ込むアイディアが浮上していた。結成時には紙上の条約という性質を強く有したNATOは、朝鮮戦争の勃発以降、急速に軍事機構を整え、軍事的実体を有する組織に変貌しつつあった。これは基本的に軍事的必要に基づき、まずは軍事的合理性に導かれて進められた作業であったが、そこには政治的な要素も介在した。NATOの軍事的指揮命令系統の最上位には連合国最高司令官（Supreme Allied Commander）を冠するポストが置かれるが、最も重要な欧州戦線を統括する欧州連合国最高司令官（Supreme Allied Commander, Europe：以下SACEUR）に米国人のアイゼンハワー（Dwight D. Eisenhower）が就任することが決定したのに続いて、大西洋連合国最高司令官（Supreme Allied Commander, Atlantic：以下SACLANT）に米海軍の提督を就任させる構想が明らかになると、英国世論、特に野党保守党は感情的な反発を示した。この英国の反発を宥めるために、1951年3月から4月にかけて、米英軍部間では、SACLANTを米国人ポストとすることの事実上の埋め合わせとして中東を管轄する連合国最高司令官ポストを新設し、それに英国人を就任させるという妥協案が

---

[53] G.H.Q. Middle East Land Force to Ministry of Defence, 404CCL, January 28, 1951, in FO371/91185/ E1192/10 ; COS(51)43, January 30, 1951, DEFE 5/27, PRO ; COS(51)166, DEFE 5/29, March 30, 1951, PRO ; JCS 1887/12, "Conclusions of Conference between 'CINCNELM' and British Middle East Commanders in Chief," March 20, 1951, in *RJCS* ; JCS 1887/20, "Certain Appraisals given by CINCNELM to British Middle East Commanders in Chief, 22-24 January, at Malta," April 27, 1951, in *RJCS* ; CINCNELM and British Commander in Chief, Middle East to British COS and U.S. JCS, March 13, 1951, *FRUS, 1951*, 5 : 94-95 ; Extract from Combined Middle East Study Produced at Malta Conference, attached to G.H.Q. Middle East Land Force to Ministry of Defence, London, DEF401, July 27, 1951, in FO371/91223/E1192/121 ; K.R. Kreps (for the Secretary of Defense) to the Executive Secretary of NSC, "Excerpts from a Joint Chiefs of Staff paper relating to NSC 97/1," December 11, 1951, in NSC Meeting #109, PSF, box 184, HSTL ; Poole, *HJCS, 1950-1952*, 367-374.

検討され始めた。

　この新設ポストは，中東連合国最高司令官（Supreme Allied Commander, Middle East：以下 SACME）と呼ばれ，その指揮下の軍事機構が MEC と呼ばれるようになった。この文脈で語られた SACME / MEC 構想が如何に政治的な性質を強く帯びていたかは，早期の案の中に，連合国司令官である SACME を英 COS の指揮下に置くという案すら存在したという事実から窺うことが出来る。しかし，SACME / MEC 構想は，まもなく実質的な軍事問題と密接にかかわらざるを得なくなる。SACEUR のもとには，欧州の北部・中央部・南部をそれぞれ管轄する連合国司令官（Commander in Chief of Allied Forces）が置かれることとなったが，このうち南欧・地中海の連合軍（南部コマンド）を指揮する連合国南欧司令官（Commander in Chief of Allied Forces in Southern Europe：以下 CINCSOUTH）と SACME の管轄領域の区分の問題が新たに浮上したからである。この問題について，米国側は地中海に展開する米第 6 艦隊を指揮する CINCSOUTH が地中海全体を管轄すべきであると主張したのに対して，英国側は英国の地中海・中東地域の戦力を含む同地域の戦力の一定部分を英国人 SACME の指揮下に置くことを主張した[54]。

　さらにこの問題は，トルコの NATO 加盟問題ともリンクした。すでに見たように，トルコは結成以前から NATO に強い関心を抱いており，1950 年 8 月に NATO への加盟を正式に申請，同 9 月に NATO の「協力国（associate）」の地位を与えられていた。しかしながら，NATO の正規加盟国ではない以上，トルコは米国の同盟国ではなく，米国がトルコの防衛に正式にコミットしたとは言えなかった。トルコ政府はこのことに不満を抱き，米国の正式なコミットメントを求めたのである。第一次世界大戦後にトルコ共和国が成立した後，ムスタファ・ケマル（Mustafa Kemal Atatürk），イスメト・イノニュと続いた共和人民党政権のもと，トルコは中立主義外交を是とし，第二次世界大戦に参戦したのも大戦最末期

---

[54] JCS 1868/251, "U.S. Position on Command Arrangements for the Mediterranean Area," April 6, 1951, in *RJCS*; JCS 1868/252, "U.S. Position on Command Arrangements for the Mediterranean Area," April 18, 1951, in *RJCS*; JCS 1868/253, "U.S. Position on Command Arrangements for the Mediterranean Area," April 18, 1951, in *RJCS*; JCS 1868/257, "Command Structure in the Mediterranean," April 25 1951, in *RJCS*; Memorandum by J. Ferguson, May 19, 1951, "The Problems of Commands in the Atlantic, the Mediterranean and the Middle East," in "Near and Middle East" folder, box 30, Lot64 D563; CINCNELM to SACEUR, March 8, 1951, *FRUS, 1951*, 3：479-485; Draft Record of a State-JCS Meeting, March 14, 1951, *FRUS, 1951*, 3：488-496; Hahn, *The United States, Great Britain, and Egypt*, 109-116.

になってからであった。しかし，第二次世界大戦後，ソ連の脅威に対抗するためにトルコは明確に親西側・親米的な外交方針に舵を切った。そして1950年5月に共和国史上最初の政権交代により成立した民主党政権は，ジェラル・バヤル（Mahmut Celâl Bayar）大統領，アドナン・メンデレス（Adnan Menderes）首相のもと，親西側・親米的外交への傾斜をいっそう明確化していた[55]。

　先述のように，国務省では1951年2月のイスタンブール中東駐在外交官会議がトルコのNATO加盟を強く支持し，JCSは外環防衛戦略の実現のためにトルコへの期待を高めていた。トルコをNATOに加盟させるならば，トルコに伏流していると考えられていた中立主義への傾斜を将来にわたって抑制するとともに，全面戦争勃発時にトルコの即時参戦を実現し，その軍事力や基地を活用することが可能になる，というのが米国の政策決定者たちの読みであった。4月末までに，米国政府はトルコ・ギリシャ両国のNATO加盟を支持する方針を正式に決定した。しかしながら，この際に米国政府がトルコの軍事力を欧州ではなく，おもに中東で活用することを当然視していたことには留意しておく必要がある。この点で米国政府の方針には，良く言えばトルコへの信頼感，制度設計という観点から言えば杜撰さが付きまとっていた。言うまでもなく，米国の政策決定者たちはNATOの軍事的管轄範囲を中東の外環防衛線，つまりトルコ東部やイランにまで拡大するつもりはなかった。すなわちトルコのNATO加盟と彼らが期待するトルコ軍の中東における役割を制度的にどのように結びつけるのか，米国政府内では十分に検討されていなかったのである。この時期に採用されたトルコ政策文書NSC 109においても，トルコを西側陣営に強固に統合することの重要性という観点から同国のNATO加盟を推進する必要性が強調されると同時に，トルコが中東防衛に貢献することへの期待感が示されていたが，両者の連関は明らかにされていなかった。米国政府は，中東におけるトルコの軍事的貢献に期待しながらも，まずはトルコを西側陣営に政治的に統合することが重要であると考えていた。そのような意味で，トルコのNATO加盟推進方針は，西側統合政策の一環であった[56]。

---

[55] George S. Harris, *Troubled Alliance : Turkish-American Problems in Historical Perspective, 1945-1971* (Washington, D. C. : American Enteprise Institute, 1972), chap. 2 ; William Hale, *Turkish Foreign Policy since 1774*, 3rd ed. (New York : Routledge, 2013), 78-88.

[56] Acheson to Marshall, March 24, 1951, *FRUS, 1951*, 3 : 501-505 ; McGhee to Perkins, April 24, 1951, ibid., 511-515 ; NSC 109, "The Position of the United States with Respect to Turkey,"

一方，英国政府は，トルコの軍事的資源を確実に活用しうる枠組みを構築することにはるかに大きな重点を置いていた。英国政府は，トルコとの政治的連携に関心を持たなかったわけではないものの，中東における軍事的責任を担う立場上，トルコの軍事力を英国人の指揮下に置き，それを確実に中東防衛に活用できるような枠組みを構築することを必須の目標と位置づけていたのである。トルコのNATO加盟は，それを制度的に保障するものとは考えられなかった。しかも英国政府には，トルコの中東防衛への協力を当然視できぬ事情があった。2月に英国の中東駐留陸軍司令官のロバートソン（Brian H. Robertson）将軍はトルコを訪問し，英国単独では外環防衛戦略を実行できぬことを率直に説明した上で，中東防衛へのトルコ側の協力を要請した。しかるに，英国側の思惑とは逆に，これを境にトルコ政府は軍事問題に関してあからさまに英国から距離を取るようになり，それと反比例するように米国への依存姿勢を強めていた。すなわち，英国はみずからの軍事力の限界ゆえにトルコの協力を必要としていたが，トルコはまさに英国の軍事的弱体さゆえに英国との軍事的協力に慎重姿勢を示すようになっていたのである。かかる事情から，英国政府はトルコをMECに組み込み，トルコ軍を英国人SACMEの指揮下に置く保証が得られぬ限り，トルコのNATO加盟を認めぬ方針を取った。これに加えて，英国の政策決定者たちは，米国の中東への軍事的コミットメントを回復するという1949年以来の目標を捨てていなかった。6月初旬までにアトリー政権は，トルコの軍事力を英国人SACME指揮下に編入すること，そして米国の中東への軍事的コミットメントを回復することを目標に，MEC構想を推進する方針を決定した[57]。

　トルコのNATO加盟問題は，米英関係に影を落としていくことになる。英国政府は，トルコ・ギリシャ両国をCINCSOUTHではなくSACME指揮下に置く

---

undated, *FRUS, 1951*, 5: 1151-1162; JCS 1704/51, "Position of the United States with Respect to Turkey and Greece," May 21, 1951; Memorandum from W.P. Armstrong to Webb, Matthews et al., "Estimate of Reactions to Varying Degrees of US Military Commitment and Activity in the Near East," May 2, 1951, in "General" folder, box 11, Lot53 D468; Ekavi Athanassopoulou, *Turkey-Anglo-American Security Interests, 1945-1952: The First Enlargement of NATO* (London: Frank Cass, 1999), 153-183; Leffler, "Strategy," 821-825.

[57] Record of a Meeting Held in the FO on April 2, 1951, "Anglo-U.S. Cooperation in Middle East Defence," in FO371/91184/E1024/12; CP(51)132, "Turkey and Greece and the North Atlantic Treaty," CAB129/45/57, May 17, 1951; CM(51)36th Conclusions, CAB128/19/36, May 22, 1951; D.O.(51)15th Meeting, in CAB131/10, June 7, 1951; Athanassopoulou, *Turkey-Anglo-American Security Interests*, 204-207.

ことを条件に，両国の NATO 加盟を支持する方針を米国側に通知した。さらに英国政府は，米国側への事前通告なく，トルコが MEC 参加を確約することを同国の NATO 加盟への支持の条件とする旨の覚書をトルコ政府に送付した。しかし，英国の覚書は逆にトルコ側の姿勢を硬化させ，トルコ政府は NATO 加盟が実現するまでは MEC について交渉しないとの姿勢を取るようになった。米国の政策決定者たちは，国務省と JCS を問わず，トルコの軍事力を英国人 SACME の指揮下に置くという英国側の構想を支持していたが，トルコを西側陣営に政治的に統合することを最優先する立場から，同国の NATO 加盟に条件を付そうとする英国の戦術には批判的であった。彼らはトルコの指導者たちが口頭で MEC 構想に好意的姿勢を示していることで満足しており，西側の軍事指令系統へのトルコ軍統合の枠組みなどは，同国の NATO 加盟後にトルコ側の主張も勘案しつつ決定すればよいと考えていた[58]。

このような中，6月には米英両国の軍部間で，MEC 構想に関する基本的な合意が成立した。トルコに対する外交戦術などで食い違いはあったものの，初期の米英交渉を主導した両国の軍人たちは，MEC を軍事的に効率的な組織とするという目標を共有しており，それゆえに多くの点で容易に意見が一致した。彼らは，CINCSOUTH 麾下の南部コマンドと MEC の管轄範囲の問題についてはトルコ・ギリシャの NATO 加盟実現後に協議する方針で合意したが，非公式には，トルコを MEC に，ギリシャを南部コマンドに，それぞれ編入するという共通理解を形成していた。また，米軍部は，中東への米戦闘部隊の派遣には引き続き反対しつつも，MEC 本部に米国人スタッフを派遣することに同意した。そして最も重要であったのは，米英軍部の指導者たちが，MEC を軍事的に効率的な組織とする見地から，NATO と MEC を事実上一体として運用できるような枠組みに合意したことであった。

NATO と MEC を一体的に運用する制度の要は，二重資格方式（two-hat concept）と呼ばれるスキームであった。NATO の意思決定は，閣僚級の文民によって構成される北大西洋理事会（North Atlantic Council）によって行われ，それが全加盟

---

[58] DO(51)18th Meeting, July 2, 1951, in CAB131/10 ; Memorandum of Conversation, July 6, 1951, *FRUS, 1951*, 3 : 554-555 ; DOS to U.S. Embassy in Ankara, #32, July 12, 1951, *FRUS, 1951*, 3 : 558-559 ; JCS 1868/283, "Command in the Mediterranean and the Middle East," August 13, 1951, in *RJCS* ; Memorandum by John H. Ferguson, August 29, 1951, *FRUS, 1951*, 5 : 171-172 ; Athanassopoulou, *Turkey-Anglo-American Security Interests*, 204-213.

国の制服組トップによって構成される軍事委員会（Military Committee）を経て，SACEUR / SACLANT を頂点とする NATO の軍事的指揮命令系統に伝達される。しかしながら，軍事委員会の実権は，同委員会に付置され，米・英・仏の軍人によって構成される常設グループ（Standing Group：以下 NATOSG）が握っており，実質的にはこの NATOSG が軍事的指揮命令系統の最上位に位置していた。米英の軍人たちは，MEC においても，NATO と同様に，SACME の上部機関として，参謀本部委員会（NATO の軍事委員会に相当）と，それに付置され，米・英・仏の軍人で構成される中東常設グループ（Middle East Standing Group：以下 MESG）を設置することとした。この MESG を NATOSG と同一人物で構成する，すなわちその構成員に二重資格を付与するならば，SACME とそれに帰属する MEC は，実質的には NATOSG から軍事的指令を受けることになる。MEC を形式的には NATO から切り離しつつ，MEC をあたかも NATO の一部のように機能させようとすること，さらに言うならば，NATO の司令部から中東における軍事作戦を一元的に指揮することが米英の軍人間の合意の要諦であった[59]。

2）国務省の構想――水平的パートナーシップの追求

　国務省は，中東に地域的組織を設立すること自体には大いに賛成であったものの，米英軍部間で形成されつつあった MEC 構想には危惧の念を抱いていた。メリアム覚書やマッギーの「米英合同のコマンド機構」構想に見られたように，もともと国務省内には中東の地域的組織への関心が存在した。1951 年初夏の段階で国務省を危惧させたのは，軍事的な最適解を追求しようとする米英軍部の姿勢が MEC を中東諸国の支持を得られぬような構想にしてしまう可能性であった。そもそも，米英軍部の MEC 構想では，その参加国は米・英・仏および英連邦諸国，そして NATO への加盟が想定されていたトルコのみとされていた。つまり軍部の MEC 構想は，中東を対象とする軍事機構であって，幅広く中東諸国が参加する組織ではなかった。これではトルコを除く中東諸国を西側陣営に取り込むことはおろか，中東の軍事的防衛に協力させることも出来なくなるとの懸念を，国務省は抱いたのである。NEA 近東部長のルイス・ジョーンズ（Lewis Jones）は，

---

[59] U.K. Record of a Meeting between the British COS and the Chairman of JCS, June 8, 1951, *FRUS, 1951*, 3: 528-535; U.S. Minutes of a U.S.-U.K. Meeting on Questions of Atlantic, Mediterranean and Middle East Commands, June 19, 1951, ibid., 535-546. なお，6 月半ばに南部コマンドは正式に発足し，CINCNELM のカーニーが CINCSOUTH を兼任することとなった。

MECを軍事的に合理的な組織とする必要性には理解を示しつつも，軍部の構想は「勃興しつつあるナショナリズムを抱くこれら諸国民を扱う」には不十分であると批判した。

　国務省は，かかる軍部のMEC構想の瑕疵を補うために，出来るだけ幅広い中東諸国と西側陣営との間に協力関係を打ち立てるための機関を付加することを提案した。当初は「中東防衛協力会議 (Middle East Cooperative Defense Board：MECDB)」，まもなく「中東防衛会議 (Middle East Defense Board：以下MEDB)」と呼称されていくこの機関は，門戸を中東諸国に無条件に開き，西側陣営諸国と中東諸国の意見交換や信頼構築の場となることが期待されていた。国務省は，MEDBをMESGからSACMEに連なる軍事的指揮系統からは切り離し，参謀本部委員会・MESGに付置する形で設置することを提案したが，MEDBの形式等にさほどこだわっていた様子はない。重要なのは，MEDBを「同地域からの最大限の協力を引き出すと期待される形態」で設立することであった。かかる国務省のMEDB構想は，「これまで英国とエジプト，ヨルダン，イラクとの二国間条約に大きく依存してきた中東防衛の枠組みの『新機軸 (new look)』」と位置づけられていたことから明らかなように，かつてマッギーが構想しJCSに退けられた地域的アプローチの嫡流であり，西側統合政策を前進させるための新たなプログラムであった[60]。

　しかしながら，国務省のMEDB構想には，JCSと英国政府がそれぞれ難色を示した。JCSは，国務省のMEDB構想が内容的に不自然であると考え，同構想に込められた国務省の意図に疑念を抱いた。国務省は，中東諸国と西側諸国の間の協力関係の増進という政治的目的を追求するためにMEDBの設置を提案していたが，それにもかかわらずMEDBの構成員を文民ではなく軍人にすべきであると主張していた。国務省は，MEDBがアラブ諸国の文民指導者たちによって構成されることになれば，それが反イスラエル的なアラブ連盟の二の舞となるのではないかと危惧していたのである。しかしJCSは，軍人によって構成されながら，政治的目的に資することを期待され，しかも軍事的指揮系統から切り離された組織の意義をなかなか理解しようとしなかった。JCSは，国務省が中東にお

---

[60] Working Paper by PPS, "Command Structure in the Middle East," May 23, 1951, ibid., 144-148 ; Memorandum by L. Jones to P. Nitze, May 23, 1951, *FRUS, 1951*, 5：149-150 ; British Embassy in Washington to FO, #1950, June 25, 1951, in FO371/91185/E1024/34.

ける米国の軍事的責任を拡大しようとしているのではないかとの警戒感を再び強め，国務省に対して「合衆国は軍事的防衛機構の改善のみを求めて」いるのであり，「連合国中東コマンドに参加する諸国との正式な政治的関係の樹立には基本的に反対」であるとの立場を確認する覚書を送付した。その後JCSは，MEDBの設立そのものは容認する立場に転じたものの，それが米国の軍事的コミットメントにつながる可能性を完全に封じようとする姿勢を堅持した。その結果，8月末の段階に至っても，米国政府内でMEDBに関する明確な合意は成立しなかった[61]。

　一方，英外務省は，国務省のMEDB構想を当初は好意的に受け止めた。英国の政策決定者たちは，米国が英国の中東における地位を尊重しつつみずからの中東への関与を拡大する徴候として，MEDBを歓迎したのである[62]。しかしまもなく，外務省とCOSの双方から，国務省が全ての中東諸国に無条件にMEDB参加の門戸を開こうとしていることへの懸念が表明されるようになった。外務省からは，MEDBをまともに機能させるためには，その構成員を可能な限り限定すべきであるとの意見が提起された。COSは，MEDBに参加する不特定多数の中東諸国に全面戦争時の英国の軍事計画が漏れて英国の軍事力の弱体さが中東諸国で公知となり，結果的に英国の威信と影響力が低下することになるのではないかとの深刻な懸念を表明した。外務省およびCOSの見解を受け，英国政府は，軍事的な「意図と能力」に応じて中東諸国のMEDBへの参加を制限すべきであると主張するようになった。英国政府の真意は，MEDBへの参加国を，事実上MEC本体への参加国，すなわち英・米・仏・土とオーストラリア，ニュージーランド，南アフリカという英連邦諸国に局限することにあった。一方で，英国の政策決定者たちは，中東の軍事的防衛態勢を強化するために中東諸国との何らかの協力関係を構築する必要性をも認識し始めていた。それゆえ英国政府は，軍事計画を開

---

[61] Memorandum of Conversation, "Middle East Command," August 10, 1951, *FRUS, 1951*, 5: 162-163 ; Memorandum from John H. Ferguson to Admiral Davis, August 16, 1951, in "Near and Middle East" folder, box 30, Lot64 D563 ; Memorandum by J.H. Ferguson, "Outline for State-JCS Discussion, August 29, 1951," August 29, 1951, *FRUS, 1951*, 5: 172-173 ; Position Paper of the Department of Defense, "Three Power Action Regarding an Allied Middle East Command," undated, *FRUS, 1951*, 5: 183-185 ; JCS 1868/283, "Command in the Mediterranean and the Middle East," August 13, 1951, in *RJCS*.

[62] Memorandum by H.A. Dudgeon, "Command Arrangements in the Middle East," May 29, 1951, FO371/91185/E1024/29 ; Record of a Meeting Held in the FO, at 11:00 a.m. on the 30th May, 1951, in FO371/91185/E1024/30.

示することなく中東諸国との協力関係を構築するための手立てとして，個々の中東諸国に MEDB との連絡部（liaison bodies）を設置することを提案した。以上のような英国政府の MEC および MEDB 構想は，中東諸国を西側陣営の意思決定過程から締め出し，実質的には NATO 諸国と英連邦諸国の決定を中東諸国に上意下達する，排他的で垂直的な性質を強く帯びた。英国政府は，MEDB の設立そのものには反対しなかったものの，彼らが構想する MEDB は西側諸国と中東諸国の水平的な協力関係の構築を目指す国務省の MEDB 構想とはきわめて異質なものであった[63]。

　MEDB 以外にも，前項で見た地中海における NATO と MEC の管轄範囲の問題など，MEC を巡っては米英間および米国政府内で様々な意見の不一致や対立があった。それでも 8 月末までには，なお多くの未解決問題を残しつつも，NATOSG レヴェルで MEC に関する暫定的な合意が成立した。MEC の原加盟国は，さしあたり米・英・仏・土・英連邦諸国とされた。これら全てが NATO の軍事委員会に当たる中東参謀本部委員会（Middle East Chiefs of Staff Committee）に参加し，同委員会には米・英・仏の軍人よりなる MESG を付置すること，そして MESG を NATOSG と同一人物で構成する二重資格方式を導入することが合意された。この中東参謀本部委員会・MESG の下に置かれる軍事機構は，英国人 SACME を頂点として，その下に，中東北部戦域を担当するトルコ人指揮官の司令部と，中東南部戦域を担当する英国人指揮官の司令部を設置することとされた。まだトルコの NATO 加盟は正式に決定していなかったが，それに先立って，ト

---

[63] Memorandum by G.W. Furlonge, "Command Arrangements," June 4, 1951, in FO371/91223/E1192/128; Record of Meeting Held at the FO on June 29, 1951, in FO371/91185/E1024/36; Confidential Annex to COS(51)100th Meeting Held on Wednesday, 20th June, 1951, DEFE 4/44, PRO; Confidential Annex to COS(51)103rd Meeting Held on Monday, 25th June, 1951, DEFE 4/44, PRO; U.S. Minutes of a U.S.-U.K. Meeting on Questions of Atlantic, Mediterranean and Middle East Commands, June 19, 1951, *FRUS, 1951*, 3: 535-546; Draft Memorandum from J. Ferguson, "Command in the Eastern Mediterranean and Middle East," July 6, 1951, *FRUS, 1951*, 3: 551-554; Memorandum from John H. Ferguson to Vice Admiral Davis, June 29, 1951, in "Near and Middle East" folder, box 30, Lot64 D563; Draft U.K.-U.S. Agreement by William Elliot (U.K. Representative on the NATOSG), "Command in the Mediterranean and Middle East," July 1951, *FRUS, 1951*, 3: 559-561; Memorandum by G.W. Perkins, "Comments on British Draft Paper," undated, *FRUS, 1951*, 3: 561-562; Memorandum from J.H. Ferguson to A.C. Davis, "Draft Anglo-U.S. Agreement on Command in the Mediterranean and Middle East," July 18, 1951, *FRUS, 1951*, 3: 562-564; Memorandum by J.H. Ferguson, "State-JCS Meeting August 20, 1951, on Middle East Command Arrangement," August 20, 1951, *FRUS, 1951*, 5: 171-172.

ルコを SACEUR 麾下の CINCSOUTH 指揮下ではなく，MEC の指揮下に置くことが暫定的に合意されたのである。懸案の MEDB については，「当初 MEC［本体］に参加を希望しない中東諸国の協力を確保する」目的で MEC と同時に設立することが合意されたが，その参加資格や MEC 本体との関係についての明確な合意はなかった[64]。

3）対エジプト提案と中東コマンド構想の変容

まさにこの合意が成立しようとしていた 8 月中旬，MEC 構想にエジプトという新たな要素が加わることとなる。1946 年末にシドキー＝ベヴィン条約が頓挫した後，1936 年英・エジプト条約改定を目指す英・エジプト交渉は，1947 年末から再開されたものの翌年初めに再び中断，第一次中東戦争の停戦と前後して 1949 年春に再開され，休止期間をはさみつつも断続的に継続していた。しかし，かねてから懸案のスーダン問題に加え，パレスチナ問題やスエズ運河のイスラエル船舶航行制限の問題などを巡って，エジプトの反英感情はいっそう高まっていた。1950 年初めに成立したワフド党のナッハース政権は，反英ナショナリズムを色濃く反映する世論を背景に，同時にかかる世論に行動を制約される中で，エジプトおよびスーダンからの英軍の即時全面撤退を要求する構えを崩そうとしなかった。英国政府は，スエズ基地の戦時における再使用権を確保した上で英軍の段階的撤退に応じる姿勢を示した。しかしナッハース政権は妥協に応じず，1951 年夏には 1936 年条約を一方的に破棄する構えを見せるに至った[65]。

ここに至って英国政府は，エジプトに MEC への参加を打診することで，条約改定交渉の行き詰まりの打開を目指す方針を打ち出した。二国間の 1936 年条約を多国間の MEC に置き換える，すなわち名目的にスエズ基地を「国際化」して同基地に駐留する英軍を「連合軍」とすることによって，引き続きスエズ基地の使用権を確保する。英国政府は，かかる枠組みをエジプトに提示することによって，交渉の決裂を回避し，エジプト政府による 1936 年条約の一方的な破棄を防ごうとしたのである[66]。

---

[64] Working Paper Prepared in the Department of State, August 28, 1951, *FRUS, 1951*, 3 : 573-574.

[65] Louis, *The British Empire*, 253-264, 691-735 ; Hahn, *The United States, Great Britain, and Egypt*, 58-62, 94-97, 102-109, 116-122 ; David Devereux, *The formulation of British Defence Policy toward the Middle East, 1948-56* (Basingstoke : Macmillan, 1990), 43-48.

[66] CP(51) 214, "Egypt : Defence Question and Sudan," CAB129/46/64, July 27, 1951, *BDEE*, B4-2 :

第 2 章　西側統合政策の形成　119

　この方針転換は，英国政府にとっては苦渋の決断であった。これまでにも英国政府内ではベヴィン前外相などがエジプトを含む中東諸国との多国間協定を構想したことがあった。しかし，それはあくまでも中長期的な目標であり，当面は「枢要な軍事的権利を引き続き当該国との二国間協定によって確保」するというのが，英国政府の基本方針であった。米国が全面戦争プラン「オフタックル」を採用した結果，英国の軍事プランがラーマッラー線防衛戦略に定位され，中東諸国にそれを秘匿する必要性が高まったことで，多国間協定への傾斜はむしろ弱まっていた。仮にエジプトが MEC 参加を受け入れた場合，同国に英国の軍事プランを通知するという「高価な代償」を払わねばならなくなるとして，COS はエジプトを MEC に参加させることに消極的であった。しかも，英国の政策決定者たちは，内心では，MEC のような多国間の枠組みを提案することによってエジプト側の姿勢が容易に軟化するとは考えていなかった。国務省の MEDB 構想を検討した際，英国政府は，「特にエジプトの場合，当該会議［MEDB を指す：引用者註］によって，英・エジプト交渉の妥結が容易になる可能性が高まると考えるべきではない」と結論していた。それゆえ，7 月の時点でも，英国政府は中東から MEC への正規の参加国を当面はトルコに限定し，エジプトも他のアラブ諸国と同じ「協力国」の地位にとどめようとしていたのである[67]。

　エジプトを MEC 本体に参加させることには，英国にとってもうひとつの大きなデメリットが伴った。エジプトが MEC 加盟国となれば，イスラエルとの軍事協力はほぼ不可能になる。ラーマッラー線および内環防衛戦略を実現するためには，何れもイスラエルの協力が不可欠であり，中東で最強の軍事力を有するイスラエルは英国にとって潜在的な軍事的資産であった。しかもイスラエルは，慎重ながらも英国との軍事的協力関係に前向きな姿勢を示していた。英国政府内では，エジプトの MEC 参加とイスラエルとの軍事協力を両立させる方途が検討されたものの，かかる方途は見出し難かった。結局，英国政府は，スエズ基地を西側陣営が掌握し続けることのメリットをイスラエル側が理解するであろうこと，そし

　　198-200 ; CM 57(51)4, CAB128/20/7, August 1, 1951, ibid., 203-204 ; Louis, *British Empire*, 583-585.
[67] COS 102(49)4 Annex, "Middle East Strategy and Defence Policy," DEFE 4/23, July 15, 1949, *BDEE*, B4-1 : 334-349 ; FO Record of an Inter-departmental Meeting, May 30, 1951, *BDEE*, B4-2 : 184-187 ; J.P.(51) 131 (Revised Final), July 23, 1951, in DEFE 4/45, PRO ; J.P.(51) 129(Revised Final), July 24, 1951, in DEFE 4/45, PRO ; Cohen, *Fighting World War Three*, 239-245.

てソ連との全面戦争という極限状況においてはイスラエルが西側陣営との連携を選択するであろうことに期待するしかなかった[68]。

かくも多くの問題があることを認識しながら，英国政府がエジプトに MEC 参加を提案することを決意したのには，中東の諸問題を巡る米国との対立を回避するという目的も込められていた。米国政府は，英国の対エジプト交渉姿勢が硬直的であるとの批判を強め，英国政府により柔軟な姿勢を取るよう圧力を加え始めていた。また，先述のように，トルコの NATO 加盟問題を巡って，英国はトルコのみならず米国とも軋轢を抱えていた。中東を巡る米英関係をいっそう悪化させることを防ぐためにも，英国政府としてはエジプトとの交渉を無為に決裂させるわけにはいかなかったのである。そのような事情ゆえに，英国政府は，エジプトに MEC 参加を提案する方針を決定するのと同時に，トルコの MEC 参加を同国の NATO 加盟支持の条件とするという従来の立場を放棄し，トルコの NATO 加盟を無条件に支持することを決定した。依然として英国の政策決定者たちは，トルコが NATO のみに参加して MEC 参加を拒否する可能性を懸念していたが，対エジプト政策で米国とトルコの支持を取り付けるためには「我々が冒さねばならぬリスク」としてトルコの NATO 加盟を無条件で受け入れざるを得ないとの判断に至ったのである[69]。

8月15日，ハーバート・モリソン（Herbert Morrison）英外相はアチソン国務長官に書簡を送付し，エジプトに MEC 参加を打診することを提案するとともに，英国がトルコの NATO 加盟を無条件に容認する立場に転じたことを伝達した[70]。米国側は，MEC をエジプトに拡大する構想を大いに歓迎した。これまでにも

---

[68] British Embassy in Washington to FO, #933 Saving, September 14, 1951, FO371/91223/E1192/138 ; FO to British Embassy in Washington, #4753 Saving, September 20, 1951, FO371/91223/E1192/138 ; FO to British Embassy in Washington, #4599, September 27, 1951, FO371/91223/E1192/138 ; G.W. Furlonge to C.B. Duke, October 5, 1951, FO371/91223/E1192/140. 後述するように，1954 年にスエズ基地からの英軍の撤退が決定した後，イスラエルはエジプトからの攻撃を懸念するようになる。スエズ基地を西側陣営が掌握し続けることのメリットをイスラエルが理解するであろうとの想定は，あながち的外れではなかった。

[69] British Embassy in Washington to FO, #799, August 10, 1951, *BDEE*, B4-2 : 206-207 ; COS to British Joint Service Mission in Washington, #82, August 16, 1951, ibid., 207-208 ; C.P.(51)239, "Washington and Ottawa Meeting : Review of British Policy," August 30, 1951, CAB129/47 ; COS (51)537 Annex, "Egypt's Position in the Proposed Middle East Command and the Role of UK Land and Air Forces," September 18, 1951, *BDEE*, B4-2 : 211-218.

[70] H. Morrison to D. Acheson, August 15, 1951, *FRUS, 1951*, 5 : 372-376 ; Paper Prepared in the British Embassy, September 1, 1951, ibid., 173-175.

マッギーは，米英共同でスエズ基地を運用する形態，あるいは英国の二国間条約網を多国間機構に置き換えることを構想したことがあり，これらの構想が国務省のMEDB構想に流れ込んでいたことはすでに述べた通りである。国務省内にはエジプトがMEC提案を受け入れる可能性は低いとの現実的な見方も存在したが，1951年8月段階では，ようやく訪れたアラブの大国と西側陣営との連携構築への期待感がそれを吹き飛ばしたかのようであった。一方，JCSは，米国が中東における軍事的責任を負うことなく，そして英国がエジプトとの決定的な対立に陥ることなく，スエズ基地の使用権を引き続き確保できる展望を持ち得る限りにおいて，英国の対エジプト政策を支持する立場を取ってきた。それゆえJCSは，エジプトにMEC参加を打診するとの英国側の提案にも，それがエジプト側を軟化させることへの漠然とした期待感を示しつつ，支持を表明した。これらを受けたアチソンは，「MECの枠組みに基づいてスエズ運河基地を何らかの形で国際化する」との提案は「エジプトの政府と国民に大きな満足」を与える可能性があり，したがって「エジプトとの対立を解決する最も有望な方途」であろうとのきわめて楽観的な展望を示しつつ，英国の提案を受け入れたのである[71]。

　エジプトをMEC本体に参加させる方針が採用されたことは，米国のMEC構想を大きく変質させる契機となった。これを主導したのは国務省であった。従来のMEC構想では，その加盟国はNATO加盟国（トルコの加盟を前提として）と英連邦諸国に限られていたが，エジプトを参加させる可能性が浮上するや，国務省はMEC本体に出来るだけ多くの中東諸国を参加させる方向に構想を修正すべく，布石を打っていった。9月初旬の米英協議では，MEC設立に至る一連の外交プロセスの中に，MEC設立の趣旨をイラク，ヨルダン，サウジアラビア，イスラエルの各政府に通知する段階が盛り込まれた。そして，ちょうどこの頃，国務省のMEC構想からMEDBが消失する。国務省は，西側陣営と中東諸国のパートナーシップを構築するという，これまでMEDBに期待されていた役割，すなわ

---

[71] Memorandum from McGhee to Nitze, "British Base in Egypt," September 19, 1950, in "Egypt 1950-1953" folder, box 14, Lot64 D563 ; F. Matthews to G. Marshall, August 21, 1951, *FRUS, 1951*, 5 : 376-378 ; Memorandum by H.S. Villard, "The Situation in Egypt," August 22, 1951, in "Egypt 1950-1953" folder, box 14, Lot64 D563 ; O. Bradley to G. Marshall, August 29, 1951, *FRUS, 1951*, 5 : 378-381 ; Acheson to Morrison, August 30, 1951, *FRUS, 1951*, 5 : 381-382. 10月に作成された情報分析は，多国間の枠組みによりスエズ基地問題が解決される可能性を認めつつ，スーダン問題が紛争解決の桎梏となる可能性を指摘していた。NIE 44, "The British Position in Egypt," October 15, 1951, in PSF box 213, HSTL.

ち西側統合政策を前進させる枠組みとしての役割を，MEC 本体に織り込む形に MEC 構想を修正しようとし始めたのである。9 月の段階では，国防省は「連合国 MEC に参加する如何なる国とも合衆国が正規の政治的連携を樹立することに基本的に反対する」という慎重姿勢を崩していなかったので，如上の国務省の構想が米国政府内で全面的に受け入れられていたとは言い難い。しかし，エジプトを参加させる可能性が浮上したことで，米国の MEC 構想が，中東地域を対象とする西側陣営の軍事機構から，西側諸国と中東陣営が共通のインタレストを基礎に協力する中東における多国間機構へと，さらには，西側陣営が一方的に意思決定を行う垂直的な組織から，西側陣営と中東諸国が対等な立場で共同の決定および行動を行う水平的な組織へと，変質し始めたことは間違いなかった[72]。

　一方，英国政府は，エジプトに MEC 参加を打診する方針に転じた後も，排他的で垂直的な MEC 構想を維持しようとしていた。英国政府は依然としてエジプト以外のアラブ諸国およびイスラエルを MEC 本体に参加させることなく，「連絡部（Middle East Liaison Section）」のみに参加する協力国の地位にとどめようとしていた。仮にエジプトが MEC 参加を受け入れた場合，MEC に協力しようとする他のアラブ諸国はエジプトより一段下の地位に甘んじねばならなくなり，このことによってこれらアラブ諸国の MEC への協力を得られなくなるリスクが生じることを，英国の政策決定者たちは認識していた。しかし彼らは，「良識あるアラブ人の多数」は英軍のエジプト駐留継続の必要性を認識しているゆえにエジプトのみが MEC 本体に参加することへの理解も得られるであろうとの到底現実的とは言い難い観測を示すことによって，かかるリスクを無視する姿勢を示していた。英国政府にとって，エジプトを MEC 本体に参加させる方針への転換は，エジプトが 1936 年条約を一方的に破棄しかねない切迫した状況の下での消極的な選択であり，そのことによって排他的かつ垂直的な従来の MEC 構想の骨格を抜本的に改めることなどは思いもよらないというのが実情であった[73]。

　以上のような経緯を経て，1951 年秋の MEC 構想は，以下の 4 つの目標を一挙

---

[72] DOS to U.S. Embassy in Cairo, #339, September 8, 1951, *FRUS, 1951*, 5: 181-183; Position Paper of the Department of Defense, undated, ibid., 183-185; Acheson to Truman, September 12, 1951, ibid., 185-187.

[73] Minutes by G.W. Furlonge, "Egypt and the Middle East Command," September 18, 1951, in FO371/90179/JE11910/18; FO to British Embassy in Amman, #372, September 27, 1951, in FO371/91223/E1192/141; G.W. Furlonge to C.B. Duke, October 5, 1951, in FO371/91223/E1192/140.

に実現する万能薬の如き観を呈するに至った。①英国とトルコの軍事力を結びつけることによって中東における西側陣営の軍事態勢を改善すること，②米国人SACLANTに対応する連合国最高司令官のポスト（SACME）を英国に割り振ること，③スエズ基地を名目的に「国際化」する提案として英・エジプト交渉に新たな材料を提供すること，そして，④中東諸国の西側指向および西側陣営との協力関係を増進するための水平的な多国間の枠組みを創出すること，以上である。

10月8日，ナッハース政権は1936年英・エジプト条約を一方的に破棄する法案を議会に提出し，エジプト世論は与野党を問わず法案を熱狂的に支持した。かつて同条約に調印したナッハース自身がそれを全面的に否定する挙に出たことで，1936年条約の正当性は完全に失墜した。かかる事態を受け，米・英・仏・土政府は，エジプト政府にMECに原加盟国として参加することを打診する提案を早急に行うことを決定した。カイロに駐在するこれら4か国の大使は，現時点でMEC提案を行っても，エジプト政府は国民的支持の下にそれを拒否し，MEC構想自体がエジプトの議会や世論で「木っ端微塵に」されるであろうとの見通しで一致し，本国政府に方針の再考を求めた。しかし，1936年条約の一方的な破棄を防ぐためにあらゆる可能性を探るとともに西側陣営の誠意を示すべきであるとの考慮が優先され，10月13日に4か国政府はエジプト政府にMECへの参加を呼びかける共同提案を行うに至った。結果は，カイロ駐在の4大使が警告した通りになった。共同提案のわずか2日後，エジプト議会は1936年条約を破棄する法案を全会一致で可決し，同日，ナッハース政権はMEC提案を全面的に拒否したのである[74]。

エジプト政府に拒否されたことはMEC構想の大きな躓きではあったが，米英両国政府内にMEC構想を抜本的に再考しようとする動きは生じなかった。それは，MEC構想の上記の4つの目標のうちの1つが少なくとも当面は実現できなくなったにすぎないと考えられたからである。共同提案に先立って，国務省は，

---

[74] U.S. Embassy in Cairo to DOS, #921, October 9, 1951, *FRUS, 1951*, 5：392-395；U.S. Embassy in Cairo to DOS, #446 and #447, October 10, 1951, DSCF 780.5/10-1051；U.S. Embassy in Ankara to DOS, #342, October 10, 1951, DSCF 780.5/10-1051；DOS to U.S. Embassy in Cairo, #547, October 11, 1951, DSCF 780.5/10-1051；U.S. Embassy in Cairo to DOS, #463, October 12, 1951, *FRUS, 1951*, 5：209-211；Despatch from U.S. Embassy in Cairo, "Rejection of Defense Proposal and Approval of Abrogation Bills," October 16, 1951, DSCF 780.5/10-1651；Despatch from British Embassy in Cairo to FO, #347, October 16, 1951, *BDEE*, B4-2：230-234；Hahn, *The United States, Great Britain, and Egypt*, 125-128；Devereux, *The Formation of British Defence Policy*, 58-61.

エジプト政府の共同提案への対応が如何なるものであっても，中東諸国と西側陣営の協力関係の基礎としてMECを早期に設立するとの方針を決定していた。エジプトがMEC提案を拒否した翌日，国務省は，米・英・仏・土がエジプトの姿勢如何にかかわらずMECを早期に設立する方針であること，そしてMECに協力せぬ国には米国の軍事援助の提供が困難になる可能性があることを，サウジアラビア，イラク，シリア，レバノン，ヨルダン，イスラエルの各政府に伝達するよう，各国の米大使館に訓令を発した[75]。

アラブ諸国のMEC構想への反応は，錯綜していた。多くのアラブ諸国は公式にはエジプトを支持する立場を取り，シリアやイラクでは多くの新聞もエジプト支持の論陣を張っていた。しかし，アラブ諸国の首脳や政府要人の多くは，非公式あるいは個人的な見解としては，MEC設立に反対せず，慎重ながら好意的な反応を示すことが多かった[76]。さりとて，このことはMECが設立されれば多くのアラブ諸国がそれを支持し，あるいはそれに参加するであろうことを意味したわけではなかった。MECに好意的な反応を示したアラブ諸国の指導者たちでさえ，エジプトをはじめとする他のアラブ諸国の動向，あるいはエジプトへの共感を示す国内世論の反応を慮り，公式にMECへの加盟や支持に踏み切ろうとする指導者や政府は皆無であった[77]。

---

[75] DOS to Certain American Diplomatic Officers, #334, October 11, 1951, DSCF 780.5/10-1151; DOS to U.S. Embassy in London, #1976, October 11, 1951, DSCF 780.5/10-1151; DOS to Certain Diplomatic Officers, #357, October 16, 1951, *FRUS, 1951*, 5: 227-229; DOS to Certain Diplomatic Officers, #371, October 19, 1951, *FRUS, 1951*, 5: 234-235. 国務省はイランもMECに参加させるべきであると考えていたが，石油国有化を巡る英・イラン関係等に鑑みて，当面イランへのMEC構想打診を見合わせることを決定している。DOS to Certain American Diplomatic Officers, #342, October 12, 1951, DSCF 780.5/10-1251; DOS to U.S. Embassy in Tehran, #846, October 19, 1951, DSCF 780.5/10-1951.

[76] U.S. Embassy in Tel Aviv to DOS, #349, October 13, 1951, DSCF 780.5/10-1351; U.S. Embassy in Damascus to DOS, #209, October 14, 1951, DSCF 780.5/10-1451; Memoranda of Conversation with Charles Malik, October 13-15, 1951, DSCF 780.5/10-1551; U.S. Embassy in Baghdad to DOS, #300, October 15, 1951, DSCF 780.5/10-1551; U.S. Embassy in Damascus to DOS, #210, October 15, 1951, DSCF 780.5/10-1551; DOS to Certain American Diplomatic Officers, #357, October 16, 1951, DSCF 780.5/10-1651; U.S. Embassy in Jidda to DOS, #204, October 17, 1951, DSCF 780.5/10-1751; U.S. Embassy in Amman to DOS, #110, October 22, 1951, DSCF 780.5/10-2251. アラブ諸国の新聞報道については，Despatch from U.S. Embassy in Baghdad, #389, October 22, 1951, DSCF 780.5/10-2251; Gnade to L. Jones, "Weekly Summary," October 22, 1951, DSCF 780.5/10-2251.

[77] U.S. Embassy in Damascus to DOS, #233, October 22, 1951, DSCF 780.5/10-2251; U.S. Embassy in Baghdad to DOS, #321, October 24, 1951, DSCF 780.5/10-2351; U.S. Embassy in Damascus to

第 2 章　西側統合政策の形成　125

　かかる状況にもかかわらず，国務省の政策決定者たちは，アラブ諸国の MEC 構想への反応は概して「好意的」であると判断した。彼らは，エジプト政府の MEC 提案拒否やアラブ諸国のエジプトへの「共感」は「感情的」なものであって，克服可能であると判断したのである。エジプトを含むアラブ諸国の指導者も国民も，いずれは合理的あるいは理性的な判断に立ち，かような「感情的」議論を克服するに違いないという無言の前提が，彼らの楽観的な判断の根底にはあった。それゆえ国務省の政策決定者たちは，彼らが感情論と捉えた MEC への批判的論調をアラブ諸国の指導者や国民をして克服せしむる契機となるような MEC 構想に関する公式声明を米・英・仏・土政府が発表すべきであると主張した[78]。

　国務省は，MEC 構想に関する公式声明を，中東諸国の「憎悪，中立主義，共産主義，ナショナリズム，排外主義，そして西洋帝国主義の余波の混合物」を克服するための「骨の折れる教育キャンペーン」の一環と位置づけ，それを出来るだけ多くの中東諸国から支持や協力を引き出せるようなものにしようとした。国防省宛のメモランダムにおいて，国務省は「トルコ以外の中東諸国が参加しないとすれば MEC は異常な様相を呈することになる」と指摘し，「［中東］地域諸国の［中東］コマンドに対する好意的姿勢を増進」することを目的とする公式声明が必要であると強く論じた。国務省が国防省に示した公式声明案には，中東諸国の軍事力の向上および MEC の発展に伴い，「領土的に中東外部の諸国」の平時における役割は「最小限（minimal）」になっていくであろうとの，理想主義的とも言える未来図が盛り込まれていた。実際には，国務省の政策決定者たちは，英国とアラブ諸国との二国間条約をただちに MEC に置き換えることを考えていたわけでも，英国の非公式帝国を解体しようとしていたわけでもなかったから，かかる未来図に誇張があったことは否めない。しかし同時に，如上の未来図も含め

DOS, #241, October 24, 1951, DSCF 780.5/10-2451 ; U.S. Embassy in Baghdad to DOS, #333, October 25, 1951, DSCF 780.5/10-2551 ; U.S. Embassy in Beirut to DOS, #436, October 26, 1951, DSCF 780.5/10-2651 ; U.S. Embassy in Jidda to DOS, #219, October 27, 1951, DSCF 780.5/10-2751 ; Gnade to L. Jones, "Weekly Summary," October 29, 1951, DSCF 780.5/10-2951 ; U.S. Embassy in Damascus to DOS, #254, November 1, 1951, DSCF 780.5/11-151 ; U.S. Embassy in Beirut to DOS, #489, November 8, 1951, DSCF 780.5/11-851.

[78] McGhee to Perkins, "US-UK-French Positions on the NEA Area," October 26, 1951, in "General" folder, Lot53 D468 ; McGhee to the Acting Secretary, "Status report on the Middle East Command," October 29, 1951, in "General" folder, Lot53 D468 ; Memorandum by James E. Webb, "Meeting with the President, Monday, October 29, 1951, Middle East Command," October 29, 1951, DSCF 780.5/10-2951 ; Despatch from U.S. Embassy in Cairo, October 31, 1951, DSCF 780.5/10-3151.

て，公式声明案が，中東諸国を潜在的な同盟国と位置づけ，中長期的に中東全域に西側陣営諸国と対等な同盟関係，いわば中東版 NATO を打ち立てるという国務省の政策決定者たちが抱きつつあった中東の理想の将来像を投影するものであったこともまた間違いなかった。そして，これまで国務省の中東政策に難色を示してきた JCS は，細かな文言の修正を要求しつつも，国務省の公式声明案を大筋で了承した。JCS もまた，MEC を通じて中東諸国を段階的に強化するとともに，西側陣営と中東諸国の間に水平的な協調関係を構築していくことを目標とする西側統合政策を支持する姿勢に転じ始めていたのである。この結果，米国政府の公式声明案は，MEC を，様々な目先の問題を解決するための手段ではなく，より長期的な観点から中東地域を西側世界に統合するための手段，さらにはその先に実現される地域的目標そのものとして位置づける最初の文書となった[79]。

　一方，英国政府も，エジプト側の回答如何にかかわらず MEC を早期に設立する意向であった。むしろ，トルコ軍を英国人司令官の指揮下に置き，米国を中東防衛に直接関与させるという，より具体的かつ切実な目標を MEC に込めていた英国政府の方が，その早期設立に熱心であったと言ってもよい。しかしながら，英国政府は，米国政府の公式声明案には大いに不満であった。英国の政策決定者たちは，米国の声明案が全体的にアラブ世界に追従するかのような論理と語り口になっていることを問題視した。「理性に訴えかけてアラブ連盟の好ましからざる行動を抑制し得た例はない」と信じる彼らは，西側陣営は中東諸国の反応如何にかかわらず決然と MEC 設立に進む姿勢を示すべきであると主張した。これに加えて，英国の政策決定者たちは，イラクおよびヨルダンとの二国間条約を MEC に置き換えるつもりは毛頭なく，また米国側が望むような西側諸国と中東諸国が平等な資格で参加する水平的な多国間機構としての MEC 構想を容認するつもりはなかった。そして当然ながら，彼らは中東諸国の軍事力の向上に伴って「領土的に中東外部の諸国」の役割が低下していくとの展望を公式に表明することには反対であった[80]。

---

[79] DOS to Certain American Diplomatic Officers, 368, October 19, 1951, DSCF 780.5/10-1951 ; F. Matthews to R. Lovett, October 31, 1951, *FRUS, 1951*, 5 : 238-243 ; Memorandum of Conversation, "Basic Principles of the MEC," November 1, 1951, DSCF 780.5/11-151 ; JCS 1868/310, "Middle East Command," November 2, 1951, in *RJCS*.

[80] Memorandum Prepared by the British Embassy in Paris, "Middle East Command," October 3, 1951, in FO371/90182/JE11910/91 ; FO to British Embassy in Washington, #5175, October 18, 1951, in FO371/91225/E1192/174 ; Memorandum by J.C. Wordrop, "Middle East Command," October 20,

しかし，米国政府はみずからの公式声明案の大幅な変更には応じようとしなかった。そこには，単なる中東諸国向けの宣伝を超えた，米国の政策決定者たちの理想とする中東の将来像が込められていたからである。そこで英国政府は，共同声明を「アラブ向け」の宣伝と割り切った上で，米国案の基本的骨格を受け入れ，しかし細かな文言の修正を加えることによって，公式声明の描き出すMEC像を出来る限り英国のMEC構想に近づけることを目指した。英国側が最も問題視したのは，米国案が「中東諸国がMEC［本体］の参加国（participating members）となる」ことを当然視していたことであった。英国政府は，依然として，MEC本体へのアラブ諸国の参加に反対し，意思決定を西側陣営諸国が実質的に独占する垂直的な組織としてMECを構想していた。そして英国政府は，細かな文言の修正を積み重ねることにより，米国案においては水平的な組織として描かれていたMECを垂直的な組織に衣替えすることに相当程度成功することとなる[81]。

　11月10日，米・英・仏・土政府は，MECに関する4か国共同声明を発した。共同声明において，MECは「中東全域の防衛のための協力的活動の中心」と位置づけられ，その目的は，「中東の防衛に参加する意志を有し，外部からの侵略に対して中東全域を防衛するために然るべき役割を担うために必要とされる自国の能力を向上させようとする諸国」を支援することとされた。発足当初のMECの役割は，軍事計画の策定，中東諸国への助言や軍事訓練の提供および軍事援助の調整などとされた。米国側の公式声明案では，このようにして活動を開始するMECが，西側陣営諸国と中東諸国の協調のもとに地域全体を包含する多国間機構として発展していくイメージが強調されていた。これに対して，英国政府の要求を容れた4か国声明においては，「中東防衛連絡機構（Middle East Defense Liaison Organization）」なる新たな組織が出現し，中東諸国はMEC本体には参加せず同連絡機構のみに参加するであろうことが強く示唆されることとなった。その結果，中東諸国の防衛能力向上に伴って「中東域外の諸国の平時における役割は比

　1951, in FO371/91225/E1192/185 ; FO to British Embassy in Washington, #5211, October 20, 1951, in FO371/91225/E1192/185 ; U.S. Embassy in London to DOS, #1915, October 18, 1951, *FRUS, 1951,* 5 : 231-232.

[81] British Embassy in Washington to FO, #3504, November 2, 1951, in FO371/91227/E1192/264 ; British Embassy in Paris to FO, #471, November 6, 1951, in FO371/91227/E1192/273 ; British Embassy in Paris to FO, #502, November 8, 1951, in FO371/91228/E1192/295 ; Memorandum of Conversation, "Middle East Command," November 6, 1951, DSCF 780.5/11-651 ; U.S. Embassy in Paris to DOS, Secto 14, November 6, 1951, *FRUS, 1951,* 5 : 243-245.

例して減少していくであろう」との英国側が難色を示していた一節は4か国声明に残存したものの，それはMEC本体の構想からやや遊離した漠然たる願望の表明の如き様相を呈することとなった[82]。

公式声明を通じて中東諸国に西側陣営との対等な同盟関係の構築を呼びかけようとしていた米国政府の目論見は，英国政府の抵抗によって後退を余儀なくされた。しかしそのことによって，米国の政策決定者たちが，彼らがもともとの公式声明案に込めていたMEC構想や理想の中東の未来図を放棄したというわけでは全くなかった。その後も米国政府は，MEC設立後に「［中東］地域諸国の地域防衛への参加を漸進的に拡大することにより［MECの］基盤を多国間に拡張」することを展望し，「中東域外諸国の平時における役割を漸減させる」ことで「地域諸国政府の願望」に応えることをMECの「最終的な目標」と位置づけていた。そして，そのようにMECを発展させることが，「中東諸国の親西側指向を維持および増進し，自由世界との共同の防衛活動における真の協力」を実現し，そして「中立主義の拡大に対抗するとともに共産主義の浸透を防止する」という地域的目標を実現するための方途であると，米国の政策決定者たちは信じ続けていたのである[83]。

4）トルコのNATO加盟とSACLANT問題

エジプトを巡る一連の動きに先立つ9月20日，オタワで開催された北大西洋理事会は，トルコおよびギリシャのNATO加盟を決定した。この段階になっても，地中海・中東地域の西側連合国の軍事的指揮命令系統についてNATO加盟国間で明確な結論は出ておらず，この問題については，トルコ・ギリシャ両国の加盟を規定する議定書のNATO加盟国による批准を待って，改めて検討することとされた[84]。

---

[82] Four Power Statement on the Middle East Command, November 10, 1951, in Department of State, *Bulletin*, November 19, 1951: 817-818. 当初，共同声明には，英国政府がMECへの参加を期待していた，オーストラリア，ニュージーランド，南アフリカも原加盟国として名を連ねることが予定されていたが，直前になってオーストラリアが他のコミットメントを理由に原加盟国の地位を辞退したことなどから，4か国声明となった。British Embassy in Paris to FO, #509, November 8, 1951, in FO371/91228/E1192/297.

[83] Steering Group's Negotiating Paper, TCT D-4/1c, "General Middle East Paper," December 31, 1951, in Declassified Documents Reference System (online)（以下，DDRSと記し，CKで始まる文書の固有番号を付す），CK3100392119.

[84] Bradley to Eisenhower, September 18, 1951, *FRUS, 1951*, 3: 670-672; Memorandum of

オタワでの北大西洋理事会後，西側の軍事指揮系統へのトルコ・ギリシャ軍の統合の枠組みを巡って，米英軍部間およびトルコ・ギリシャを含む NATO 内部では活発な外交が展開された。米国が，ギリシャを NATO の南部コマンドに，トルコを MEC に編入するという方針を維持していたのに対して，英国は，トルコ・ギリシャ両国軍をともに英国人司令官の指揮下に置くべきであると再び主張し始めていた。一方，トルコ・ギリシャ両国は，ともに SACEUR 指揮下のコマンドへの編入を希望した。ことにトルコは，中東国家ではなく欧州国家として遇されることを強く要求し，MEC の軍事指揮系統のみに帰属させられることで NATO 加盟が形骸化することに強い警戒感を示した。メンデレス首相以下トルコ政府は，エジプトに対する MEC の共同提案および 4 か国共同声明などでは MEC 構想に積極的に協力する姿勢を示していたが，そのこととトルコ軍の軍事指揮系統問題は別事との立場を取っていた。もともとトルコが NATO 加盟を希望した理由が米国の直接的なコミットメントを獲得することであったことを考えれば，トルコにとって自国軍を SACEUR 麾下に置くことは譲れぬ一線であった[85]。

　これらの主張を受けた JCS は，SACEUR 指揮下に東部コマンドを新設して英国人をその司令官（CINCEAST）に任命し，トルコ・ギリシャ両国を同コマンドに編入するという妥協案を考案した。しかし，英国がこの東部コマンドと MEC を事実上同一視する姿勢を見せたために，NATO の対象地域の拡大に慎重なデンマークやノルウェイなど NATO 内の小国は東部コマンド案に難色を示した。それでも，11 月にローマで開催された北大西洋理事会では東部コマンド案は NATO 主要国の大方の支持を得た[86]。しかし，トルコ・ギリシャ両国は，

Conversation, undated [September 20, 1951], ibid., 680-683 ; U.S. Embassy in Ottawa to DOS, Secto 31, 1951, ibid., 689-690.

[85] U.S. Embassy in Athens to DOS, #1707, October 12, 1951, *FRUS, 1951*, 3 : 594-595 ; Record of Conferences of U.S., U.K. and French Representatives, with Turkish Prime Minister, October 13-14, 1951, *FRUS, 1951*, 5 : 212-226 ; Bradley to Truman, October 18, 1951, *FRUS, 1951*, 3 : 597-599. トルコ政府の 4 か国共同声明に至る協力姿勢については，U.S. Embassy in Ankara to DOS, #383, October 23, 1951, DSCF 780.5/10-2351 ; DOS to U.S. Embassy in Ankara, #363, October 24, 1951, DSCF 780.5/10-2451 ; U.S. Embassy in Ankara to DOS, 3396, October 26, 1951, DSCF 780.5/10-2651.

[86] JCS 1868/314, "Command Organization on the European Southern Flank and in the Middle East," November 7, 1951, in *RJCS* ; JCS 1868/315, "Command Organization on the European Southern Flank and in the Middle East," November 9, 1951, in *RJCS* ; JCS 1868/316, "Command Organization on the European Southern Flank and in the Middle East," November 11, 1951, in *RJCS* ; JCS 1868/

CINCEASTが英国人である限りは東部コマンド構想を拒否する姿勢を示し、自国軍を米国人 CINCSOUTH 麾下の南部コマンドに帰属させることを明確に要求し始めた。とりわけトルコ政府は、CINCSOUTH 麾下への統合が確定するまでは MEC について議論することを拒否するとの強硬姿勢を示した。じつのところ、NATO 内には、トルコ軍の南部コマンド編入は軍事的観点から見て望ましくないとの意見の一致が存在した。ナポリの CINCSOUTH 司令部からアナトリア東部の軍事作戦を指揮するというのは著しく非効率的であるとして、アイゼンハワーを含む関係者はトルコ軍の南部コマンド編入に反対していた。つまり、トルコ軍を SACEUR 麾下ではなく MEC に編入するという英国の構想は、軍事的な見地からも支持されていたのである[87]。

しかしながら、トルコ・ギリシャの NATO 加盟を正式決定することを予定されていた、リスボンで開催される北大西洋理事会が近づく中、問題を膠着させたままに放置するわけにはいかなかった。1952 年初め、米国政府はトルコの NATO 加盟を円滑に進めることを最優先することを決断した。これに伴って、JCS は、トルコの要求を全面的に受け入れる形で、NATO と MEC をいったん完全に分離してトルコ軍をギリシャ軍とともに南部コマンドに編入する方針を決定し、国務省もこれに同意した。米国政府は、トルコ軍を英国人司令官の指揮下に置くという英国政府の切実な関心事や軍事的な効率性を犠牲にして、トルコを西側同盟国として確実に取り込むことを優先したのである。1952 年 2 月、リスボンにおける北大西洋理事会で、トルコとギリシャは NATO への正規加盟を果たし、両国軍は南部コマンドに編入されることになった[88]。

318, "Command Organization on the European Southern Flank and in the Middle East," November 19, 1951, in *RJCS*.

[87] Memorandum by Eisenhower, October 9, 1951, *FRUS, 1951*, 3 : 592-593 ; Bradley to Lovett, November 23, 1951, ibid., 713-716 ; Memorandum of Conversation, November 26, 1951, ibid., 608-609 ; Memorandum of Informal U.S.-U.K.-French Discussion, November 27, 1951, ibid., 725-726 ; Memorandum of Conversation, November 29, 1951, ibid., 743-744 ; JCS 1868/329, "Command Arrangements in the Eastern Mediterranean and Middle East," December 29, 1951, in *RJCS* ; Athanassopoulou, *Turkey-Anglo-American Security Interests*, 217-227.

[88] Minutes of Meeting between Truman and Churchill, January 8, 1952, *FRUS, 1952-1954*, 9 : 171-176 ; Memorandum by R. Moore, "Turkish Views on the NATO Command Relationship," January 15, 1952, *FRUS, 1952-1954*, 9 : 176-178 ; JCS 1868/345, "NATO Command Organization in the Mediterranean-Middle East Area," January 28, 1952, in *RJCS* ; JCS 1868/346, "Organizing and Establishing the Middle East Command," February 5, 1952, in *RJCS* ; JCS 1868/354, "NATO Command Organization in the Mediterranean-Middle East Area," February 5, 1952, in *RJCS*. 1952 年

この結果，トルコ軍を英国人司令官の指揮下に置くという，MEC に込められていた4つの目標のうちの1つが，少なくとも当面は失われることとなった。仮に早期に MEC を設立したとしても，英国人 SACME が指揮できる軍事力は中東に駐留する英国軍だけという状況になったからである。このことが英国に与えた衝撃は大きかった。スリム（William J. Slim）英陸軍参謀長が，同僚たちを前に，トルコを「合衆国の衛星国」と痛罵するとともに，米国への不信感をあらわにしたのも無理はなかった[89]。そして，中東を軍事的に防衛する「主たる責任」を担う以上，英国政府はトルコ軍を中東防衛に活用するための枠組みとして，すなわち軍事機構としての MEC に引き続き期待せざるを得なかったのである。

 一方，この頃までに，MEC に込められていた4つの目標のうちのさらに別の1つが消失していた。1952年1月にワシントンで開催された米英首脳会談において，米国側が強力な圧力を加えた結果，ウインストン・チャーチル（Winston S. Churchill）英首相は，1年近く延期されていた米国人提督の SACLANT 就任を容認した。これに伴い，SACLANT に対応する連合国最高司令官のポストを英国に割り当てるという，MEC の目的の1つが消失したのである[90]。

 状況を整理するならば，1952年2月までに，1951年10月段階で MEC に期待されていた4つの目標のうち2つが実質的に失われていた。米国人 SACLANT が既成事実化したことで，その代償として SACME ポストを英国に提供するという目標はもはや顧みられなくなった。1936年条約を一方的に破棄したエジプト政府が MEC 提案を受け入れるとは考えにくく，したがって MEC によってスエズ基地を名目的に「国際化」するという目標も実現困難な状況となった。残る2つの目標のうち英国政府が重視していたのは，トルコ軍を英国人司令官の下で中東防衛に活用するための軍事的枠組みとしての MEC であり，米国政府もかかる枠組みとして MEC を活用することに反対していたわけではなかった。しかし，西側同盟内でのトルコ軍の指揮命令系統の問題はトルコ軍の NATO 南部コマン

 1月には英 COS はトルコを CINCSOUTH 指揮下に編入することを容認したが，二重資格方式等を駆使することによって SACME がトルコ軍を指揮することが可能になることに期待を抱いていた。COS.(52)34, January 11, 1952, DEFE 5/36, PRO.
[89] COS(52)11th Meeting, 22 January 22, 1952, DEFE 4/51, PRO.
[90] Minutes of the Third Formal Meeting of Truman and Churchill, January 8, 1952, 11 a.m.-1 p.m., *FRUS, 1952-1954*, 6 : 774-786 ; Minutes of the Meeting between Truman and Churchill, January 8, 1952, 5 p.m., ibid., 793-794 ; Minutes of the Meeting between Truman and Churchill, January 18, 1952, 3 p.m., ibid., 846-857 ; Poole, *HJCS, 1950-1952*, 279-284.

ドへの編入という形でいったん決着したため，トルコ軍を中東で活用するための枠組みとして MEC を設立する可能性も少なくとも当面は遠のいた。一方，米国政府，とりわけ国務省 NEA は，中東諸国と西側陣営の間に対等なパートナーシップを構築するための枠組み，すなわち西側統合政策の目標を追求するための枠組みとして，MEC に期待し続けていた。しかし，英国政府はかかる水平的な MEC 構想には否定的であり，米軍部も国務省の構想の積極的な協力者というにはなお程遠い状況であった。以上のように，米英の政策決定者や軍人たちはそれぞれの立場から MEC への期待を持続させていたため，MEC 構想を断念すべきであるとの主張は皆無であった。しかし，MEC 構想は分裂し，如何なる目標のためにどのような形で MEC の実現を目指すのかという問題は，改めて米英両国の政府内および両国政府間の議論と交渉に委ねられることとなった。そして MEC 構想を巡る交渉は，中東地域と西側陣営との間にどのような将来像を展望するのかという問題，すなわち中東を対象とする地域的政策の影響を受け，同時に地域的政策の内容に影響を与えていくことになるのである。

4 西側統合政策の結晶化

1) NSC 129/1 の策定

1951 年末，トルーマン政権は中東政策の再検討に動き始めていた。1951 年は，米国が中東の政治的問題に本格的に関与し始めた年であるとともに，中東の反英ナショナリズムが新たな高まりを見せた年でもあった。エジプト政府が 1936 年条約を破棄し MEC 提案を拒否したのと前後して，イランのモハンマド・モサッデク（Moḥammad Moṣaddeq）政権は英国の中東におけるプレゼンスのもう一方の柱であるアングロ゠イラニアン・オイル・カンパニー（AIOC）をイランから放逐していた。何れのケースにおいても，英国とナショナリストたちに妥協と和解を求める米国政府の努力は失敗に終わっていた。11 月 10 日の MEC 構想に関する 4 か国共同声明に対する中東諸国の反応も，芳しくなかった。親米的なサウジアラビア政府は，MEC を英・仏・トルコの影響力拡張の手段と見做して不信感を示した。イラクでは親英的な指導部すら微温的な支持姿勢を示したに過ぎず，レバノンでも MEC への評価は分かれていた。基本的に親西側の立場を取るシリ

アの実力者シーシャクリー（Adīb al-Shīshaklī）も，MEC には批判的な姿勢を示した。石油国有化紛争を通じて主権回復に邁進するイランでは，政府系新聞に MEC に批判的な論説が掲載された。MEC 構想への理解と賛同を示したのはイスラエル政府のみであったが，広くアラブ世界との連携を目指す西側諸国がイスラエルとの連携を公然化できぬことは，当のイスラエルの指導者たち自身が十分に認識していた[91]。

かかる状況の下，米国の政策決定者たちは，「中東地域において，米国は同地域諸国で興隆しつつあるナショナリズムに敵対しており，みずからを長年にわたって苦しめてきた植民地列強の同盟者であると信じる人々が増加している」こと，そしてその結果，中東において「フランスと英国のみならず，米国の威信と影響力も漸減している」ことに，深刻な懸念を抱き始めていた。さらに彼らは，かかる政治的潮流が継続すれば，「西側陣営は，中国を喪失したのと同様に，中東を喪失しかねない」との危機感を抱くようになった[92]。

このような危機感を背景に，1952 年 1 月から 2 月にかけて国務省の NEA と PPS が中心になって作成した，新たな NSC 中東政策文書の草案（以下，「初期草案」）は，「冷戦期における，アラブ諸国，イラン，およびイスラエルよりなる地域に対する合衆国の目標および政策」（強調引用者）と題されていた[93]。つまり，

---

[91] U.S. Embassy in Tel Aviv to DOS, #466, November 11, 1951, DSCF 780.5/11-1151；U.S. Embassy in Jidda to DOS, #245, November 12, 1951, DSCF 780.5/11-1251；Gnade to Kopper, "Weekly Summary," November 13, 1951, DSCF 780.5/11-1351；U.S. Embassy in Tehran to DOS, #1802, November 14, 1951, DSCF 780.5/11-1451；U.S. Embassy in Baghdad to DOS, #396, November 20, 1951, DSCF 780.5/11-2051；U.S. Embassy in Beirut to DOS, #522, November 20, 1951, DSCF 780.5/11-2051；U.S. Embassy in Beirut to DOS, #524, November 21, 1951, DSCF 780.5/11-2151；U.S. Embassy in Damascus to DOS, #297, November 21, 1951, DSCF 780.5/11-2151.
[92] Steering Group's Negotiating Paper, TCT D-4/1c, "General Middle East Paper," December 31, 1951, in DDRS, CK3100392119.
[93] NSC Staff Study on "The Position of the United States with Respect to the Area Comprising the Arab States, Iran and Israel," January 18, 1952, in "Near and Middle East" folder, box 30, Lot64 D563；NSC Staff Study on "The Position of the United States with Respect to the Area Comprising the Arab States, Iran and Israel during the Cold War," January 30, 1952, in "Arab States, Iran, Israel" folder, box 3, Lot61 D167；Draft Statement of Policy, "The Position of the United States with Respect to the Area Comprising the Arab States, Iran and Israel during the Cold War," undated (attached to a memorandum on the same subject dated February 4, 1952), in the same folder；Memorandum from Rayner to Bonbright and Perkins, "Proposed NSC Paper on Position of the US with Respect to the Area Comprising the Arab States, Iran and Israel," January 23, 1952, in the same folder. 新たな中東政策 NSC 文書草案がイランを対象に含めることになったきっかけを作ったのは JCS であった。1951 年 10 月に JCS が作成し NSC に回覧された文書（NSC 117）は，イランがソ連の影

新たな中東政策文書は，中東全域を政治的に西側陣営に統合することを明確に目標に掲げていた。初期草案は，中東地域の最大の脅威は，いまやソ連の軍事的侵略ではなく，冷戦状況の下で域内諸国の政治的・経済的混乱から親ソ的な政権が出現することであると指摘した。1950-51 年にマッギーらが強調した，全面戦争において西側陣営に見捨てられるとの不安が中東地域を中立主義に向かわせているとの議論は，初期草案ではマイナーな位置に退いていた。それに代わって初期草案は，中東地域が西側陣営から離反する傾向を強めつつある根底には，中東全域で進行しつつある社会経済的変動があると看破した。中東諸国においては，主として都市に基盤を有する，知識人層，学生，中小の商人や職人，中下級官吏，賃金労働者層などの「勃興しつつある政治勢力」が，地主層と部族指導者に代表される伝統的な指導層に挑戦しつつある。「これらの勢力は，既存の静的な社会的・経済的システム，およびほとんどの域内諸国の政治的統治［体制］が，みずからの国民的および個人的な野心に合致しないと考えている」。かかる状況の下で，既存の支配層は，みずからの地位に影響を及ぼさぬ問題で新興勢力に部分的に妥協することで，保身を図ろうとする傾向を強めている。それゆえ旧支配層は新興勢力の西側陣営に対する批判や攻撃に同調し，その結果として，イランの石油国有化や英・エジプト条約の破棄という事態が発生したのである。大略このような図式を示しつつ，初期草案は都市の知識層や労働者層の政治的覚醒およびそれらの政治的要求と既存の支配体制の矛盾を中東地域に共通する政治的・経済的課題として同定する，洗練された問題意識を提示した。それは，1950 年代後半にロストウ（Walt W. Rostow）らが発展させていく近代化論の問題意識を先取りしていたと言ってよい。

このように，初期草案の起草者たちは中東における社会経済的変動とそれに伴う政治秩序の動揺という問題を同定する地点にまでは辿り着いたものの，しかし，かくも大きく構造的な問題への即効的な解答などあろうはずもなかった。初期草

響下に入る場合には英国の中東における地位およびイラン周辺国の対外政策に重大な政治的影響を及ぼすと警告し，そのような事態を避けるために米国が対イラン政策を強化することを勧告した。11 月 20 日，同文書を検討した NSC 上級スタッフは，対イラン政策を「東地中海および中東」を対象とする政策文書の一部として検討する方針を決定した。初期草案は，かかる決定を受けて作成されたものである。NSC 117, "Anglo-Iranian Problem," October 18, 1951, in Paul Kesaris, ed., *Documents of the National Security Council, 1947-1977*, microfilm (Bethesda : University Publications of America, 1980); NSC Status of Projects as of September 1, 1952, in NSC Meeting #122, PSF, box 185, HSTL.

案は，長期的に西側のインタレストや影響力を維持するような形で中東の社会経済的問題に対処する必要性を指摘した上で，当面の短・中期的な方針としては，米国からの援助等を通じて，既存の支配層に都市中下層の不満を緩和するような政策や改革を推進するよう求め，また「相対的に西側陣営に好意的な有能な指導者の出現を促進する」方針を示すにとどまった。つまり，「勃興しつつある政治勢力」の暴発を抑制するような改革で時間を稼ぎつつ，親西側的でありながら，より開明的で「建設的な」ナショナリスト（この語については第4章で論じる）の登場を待ち，可能な限り「建設的な」ナショナリストを支援する，ということであったが，それは如何にも曖昧で先行きの不透明な解答であった。

　中東におけるもうひとつの大きな問題は，英国の権威と影響力の凋落であった。初期草案は，中東における米英のインタレストが大きく重なり合うことを確認し，米国は英国と「とりわけ緊密な関係」を維持していくべきであると論じていた。しかし一方で，イランやエジプトの紛争に対する方針も含め，米英間には中東政策を巡る軋轢や意見の不一致が目立ち始めていた。とりわけ英国政府が，ともすれば軍事力を背景に，あるいはそれを行使して，中東におけるみずからの地位を維持しようとする姿勢を示すことに，米国の政策決定者たちは苛立ちを強めていた。「19世紀の方法で同地域における西側のインタレストを維持し防衛する」ことは不可能であり，それゆえ，「西側陣営が中東諸国との間に新たな基盤に立つ新たな性質の関係を築くべく努力しなければならないことは明白」である，と初期草案は論じた。

　ここで初期草案の起草者たちが期待をかけたのはMECであった。初期草案では，MECの軍事的機能が否定されたわけではなかったが，いまやMECは，ナショナリストたちが要求する西側諸国との「平等な立場」を中東諸国に付与し，「［中東］域内諸国間の協調，および同諸国と西側陣営との協調を前進」させる枠組みとして，より大きな期待を寄せられていた。さらにMECは，中東諸国の軍事力を強化することによって各国の国内治安を強化すること，あるいは中東諸国と西側陣営諸国の軍人たちの交流の拡大などを通じて，中東諸国「政府の国内権力（local power）と威信を向上させる」機会をもたらしうる，すなわち，中東諸国の「国内的安定を増進」させる機能をも持ちうると，初期草案は指摘していた。つまりMECは，容易に解決策の見当たらない中東の社会経済的変動への対応という役割をも期待され始めていたのである。それゆえ初期草案の起草者たちは，

JCSの反対を覚悟の上で，MECに「連隊規模」の米軍戦闘部隊を参加させることを検討する方針を盛り込んでいた。初期草案は，かかる方針を正当化する論拠として，中東外部からの侵略への抑止機能以上に，米国のMECへの軍事的関与がもたらすであろう「心理的効果」の増大，および中東諸国の反政府勢力を抑制することに伴う「安定化効果」など，域内の政治的安定に及ぼす効果を強調していた。

以上のように，NEAとPPSを中心に作成された初期草案は，とりわけMECを通じて西側陣営と中東諸国との間に水平的かつ協調的な関係を構築していくことにより，中東地域の政治的・軍事的問題のみならず社会経済的な問題にも対処する方針を打ち出していた。しかし，かかる方針には，まず国務省内から疑問の声が上がった。異論を唱えたのは，欧州問題の専門家たちであった。彼らは，NEAの方針は中東諸国との協調を求めるあまり宥和的な姿勢に傾斜しすぎており，結果的に中東の秩序を維持する意志と能力を有する唯一の存在たる英国の地位を弱体化させることに荷担することになると感じていた。それゆえ欧州問題の専門家たちは，「若干の反発を受けるリスクを冒してでも［中東のナショナリストに対して］強硬な姿勢を取るべきである」と主張した。両者の認識の相違はMECに対する見解にも反映された。NEAが軍事的効率性を犠牲にしてでもMECを中東諸国に受け入れやすいものに修正しようとするのに対して，欧州問題の専門家たちはMECの軍事的機能を損なうべきではないと主張した[94]。

しかしながら，NEAが進めようとする中東政策に最も痛烈な批判を加えたのは，ケナンであった。ケナンは，彼独特の難解かつ冗長な表現で，しかしきわめて単純な本質主義に基づく議論を展開した。

> 援助計画も寛大な言葉も，個人的な親交も，そして我々の同盟諸国が取るであろうよりも寛大な姿勢の働きかけも，この地域の人々をして我々を支持あるいは尊敬せしむるような効果を有することはあるまい。とりわけ，中東の狂信的な排外主義者たちが，友好的な信頼しうる勢力たりうるとか，道徳的観点から我々が当然連携すべき勢力たりうるという迷妄に陥らぬようにしようではないか。

---

[94] Memorandum by James G. Parsons and Francis L. Spalding, "NATO and the Arab World," February 25, 1952, DSCF 780.5/2-2552; Memorandum from Andrew B. Foster and Francis L. Spalding to L. Jones, "The Middle East Command," March 14, 1952, DSCF 780.5/3-1452.

つまり，中東諸国との間に協調的関係を構築しようとする政策は，「アジアと中東の諸国民に対する我々のアプローチに伏在する全面的かつ致命的な誤解」に基づいているというのである。「我々が如何に合理的な変化を求めて訴えようとも」，中東諸国とは協調関係も，ましてや「軍事的同盟関係」も築くことは出来ない。何故なら「我々のアジアの友人たちは，みずからの経験を通じてしか，より冷静で分別のある心構えを持つことはない」からである。「段階的な譲歩や部分的撤退によって［中東］現地の権力者たちの欲望が満たされる，あるいは彼らの根深い憤怒が愛着（devotion）へと転化するなどという考え方は，口に出すだけでも赤面するほどナイーヴなものであることは間違いない」。以上のように現行政策を全否定した上でケナンが示す処方箋は，きわめて単純であった。中東の諸問題を解決する唯一の手段は，「それを活用する決意と勇気に裏打ちされた軍事力」である。そして，イランの油田地帯の拠点であるアーバーダーンやスエズのような「我々にとって真に死活的重要性を有する地点を，心静かに，強固に，かつ迅速に，掌握する（dug in）ことこそ，我々の基本的インタレストを防衛する最善策」である。かような方針を主張するケナンから見れば，エジプトやイランの問題を巡って英国に譲歩を求めることはナンセンスであった。「英国は，友邦かつ同盟国であるか，そうではないかの何れかでしかあり得ない」。つまりケナンは，米国は英国と全面的に連携して中東の拠点を軍事的に掌握すべきであり，それこそが中東の諸国民をして西側陣営との連携を選択せしむる「経験」なのだと主張したのである[95]。

このようなケナンの主張に対して，さしあたり NEA は，中東諸国の国民的な抵抗を前に中東の拠点を軍事的に掌握し続けることは軍事的にも政治的にも現実的なオプションとは考えられない，と反論した。しかし，NEA の反論はそれでは終わらなかった。ケナンの献策の 1 か月後，NEA は理路整然とした，実に堂々たる反論を提出するのである。

> 我々は中東のナショナリズムを，単に非合理的，無責任，反米的，反西洋的［なナショナリズム］として，あるいは西洋世界を過去数世紀の間に国民国家

---

[95] Memorandum by George F. Kennan, untitled, January 22, 1952, DSCF 780.5/1-2252. ケナンは，待命状態で国務省を研究休職して客員研究員としてプリンストン高等研究所に在籍していたが，本文書作成前に駐ソ大使就任の打診を受諾する意向を示し，議会の承認待ちの状態であった。Miscamble, *George F. Kennan and the Making of American Foreign Policy*, 334-335.

の集合体に変容させたナショナリズムと本質的に異なるものとして扱うべきではないと信じている。現下のところ，その中に無責任な要素が存在することは疑うべくもないが，無責任さはこの地域に特有のものではない。中東のナショナリズムは，欧州その他の同盟国との関係においても，中東，アジア，アフリカ諸国民との関係においても，合衆国にきわめて深刻で複雑な問題を提起している。しかし，民族自決への渇望（the urge toward self-government）を安易に否定することは，我々の伝統と原則に照らして，我々自身のインタレストを損なうことになると，我々は信じている。かような行動に出ることは，ソ連と共産主義に同地域のナショナリズムの指導権を掌握する余地を与え，戦うことなく同地域をソ連に奪われることにつながるであろう。

エジプトやイランとの紛争解決の道筋はなお見えず，場合によっては軍事力を行使する局面が到来する可能性が存在することをNEAは否定しなかった。しかし，「忍耐強い，知力に基づく，建設的な政治的手腕」こそが，中東のナショナリズムとの和解に至る最善の道であると，NEAは断言した。そして，経済・技術・軍事援助などを提供しつつ中東諸国との協調関係を追求する政策は，「彼ら［中東諸国民］の独立への前進に寄与し，彼らの生活水準や識字率を向上させるのを支援することを通じて，持続的な基盤に立脚する頑強なる形勢（situations of strength）を中東諸国民に醸成しうる」との計算に基づくものとして正当化された。NEAの議論の核心は，中東のナショナリズムを特別視することなく欧州のナショナリズムと質的に変わらぬものと捉え，それゆえに中東のナショナリズムもまた西側陣営と連携する，米国の視点から見て「建設的な」ナショナリズムに変容し得るという信念にあった。この，ナショナリズムの可塑性，さらに踏み込むなら，ナショナリズムの善性への信念，そして合理的な説得と援助等を通じた支援によってナショナリズムの方向性を変化させられるとの期待と計算こそが，西側統合政策の思想的な基盤であった[96]。同じ頃，PPS内でも，米国の新たな中東政策は「同地域諸国の人々にみずからの真のインタレストを認識させるとともに，

---

[96] Memorandum from E.M. Wright to B. Berry and P.H. Trezise, "Comments on Mr. Kennan's Letter to S/P," February 7, 1952, DSCF 780.5/1-2252；Memorandum Prepared in NEA, "Some Comments on the Kennan Enclosure," February 22, 1952, in "Arab States, Iran, Israel" folder, Lot61 D167. なお，「頑強なる形勢」や「頑強なる地位（position of strength）」という用語は，西側陣営諸国の政治的・経済的・軍事的な頑強さや結束を理想や目標として語る際に，しばしば用いられた表現である。

彼らをして我々の目標が彼らの真のインタレストに合致するものであることを理解させること」を目指すべきであるとする意見がむしろ強まっていた[97]。国務省の欧州問題の専門家からもケナンの極端な主張に同調する者が現れなかったことを考えれば，皮肉にもケナンの献策は西側統合政策の思想的な基盤を結晶化させる触媒として機能したと言えぬこともなかった。

　初期草案は，その後，国務省内，および関係省庁の代表がNSC文書を検討するNSC上級スタッフ（Senior Staff）会合等で検討され，修正を加えられていった。形式上の大きな変化は2点あった。ひとつは，イランが政策文書の対象から外れたことであった。これは主として，これまでNSCの対イラン政策文書が別個に作成されてきた経緯によるものであり，新たな政策文書はアラブ諸国とイスラエルのみを対象とするNSC 47/2およびNSC 47/5の後継文書という位置づけとされた。この変更により，イランに関する明示的な言及は削除されることとなった。しかしきわめて重要なことに，このことによって初期草案の視点や議論が大きく変化することはなかった。つまり，形式的にはイランは新たな政策文書の対象から除外されたものの，新文書は実質的にはイランを含む中東全域を対象として捉え続けていたのである。もうひとつは，文書の表題から「冷戦期における」という文言が削除されたことである。初期草案の起草者たちは，当該文言を挿入することで，全面戦争時の軍事的責任と「冷戦期」の政策をリンクさせようとするJCSの批判をかわそうとしていた。しかるに，国務省内の検討の過程で，MECに「連隊規模」の米軍を派遣する可能性を盛り込むことに異論が出され，その結果，平時に中東に派遣することを考慮すべき米軍の規模は「形ばかりの戦力（token forces）」に縮小された。これと同時に「冷戦期における」という文言も，文書の表題から削除されることとなった模様である[98]。

　しかしながら，初期草案の作成者たちがJCSからの批判に身構えていたとす

---

[97] John C. Ferguson to C. Bohlen, "Proposed NSC Paper Covering the Arab States, Israel and Iran," February 27, 1952, in "Near and Middle East" folder, box 30, Lot64 D563.

[98] W.N. Walmsley to C. Bohlen, "US Objectives and Policies with Respect to the Area of the Arab States and Israel during the Period of the Cold War," March 6, 1952, in "Arab States, Israel & NSC 129/1" folder, Lot61 D167 ; F. Matthews to F.C. Nash, March 7, 1952, in the same folder ; W.N. Walmsley to Berry, Perkins, and Ferguson, "Draft Statement of Policy on 'U.S. Objectives and Policies with Respect to the Arab States and Israel'," March 26, 1952, in the same folder ; B. Berry to C. Bohlen, "US Objectives and Policies with Respect to the Area of the Arab States and Israel during the Period of the Cold War," March 28, 1952, in the same folder.

るならば，彼らはいささか拍子抜けしたに違いない。全面戦争時の軍事的責任と「冷戦期」の政策を厳密にリンクさせることを主張していた JCS の立場にも変化が現れ始めていた。国務省の草案を検討した JCS は，依然として米国が全面戦争時に中東に米軍を派遣することを考慮していないことを理由に，平時に中東に「形ばかりの戦力」を駐留させることすらも「軍事的には賢明でない」(強調引用者)との判断を示しつつも，「軍事的側面以外の全般的な考察」(同)を踏まえた上で「形ばかりの戦力」を駐留させる可能性を新たな中東政策文書に盛り込むことを容認する姿勢を示した。JCS は，全面戦争時の軍事的責任と「冷戦期」の政策の間のリンクを否定したわけではなかったが，前者が後者を過剰に制約すべきではないとする国務省の立場に歩み寄りを見せていたのである[99]。

以上のような過程を経て，新たな中東政策文書 NSC 129/1「アラブ諸国とイスラエルに関する合衆国の目標と政策」は，4月24日にトルーマンの承認を得て成立した。NSC 129/1 は，短い散文的な政策文書であったが，米国が中東地域を西側陣営の側に保持するために従来よりも大きな責任を担う決意を明確に語っていた。米国は，MEC 構想を推進することにより，中東諸国の防衛力の強化および政治的安定の増進を図るとともに，経済・軍事援助，技術協力，心理的・政治的プログラムなどを通じて，「西側インタレストへの危険を最小化するような，また安定的な非共産主義政権の存続可能性を最大化するような進路」に中東諸国の政治的変動を導くことを目指すであろう。また NSC 129/1 には，中東の社会的・経済的変動に関する分析や MEC の政治的効用に関する初期草案の議論をほぼそのまま引き継ぐスタッフ・スタディが付属していた。初期草案が提起した地域的な政策課題の捉え方や地域を単位とする政策アプローチは，いまや政権全体のコンセンサスとして承認されたのである[100]。その成立過程も含めて考察するとき，NSC 129/1 およびスタッフ・スタディが承認されたことは，NEA に起源を有

---

[99] W.N. Walmsley to C. Bohlen, "Arab States and Israel," March 31, 1952, in "Arab States, Israel & NSC 129/1" folder, Lot61 D167 ; Memorandum for the President by James S. Lay, April 24, 1952, and Its Attachment : Memorandum from O. Bradley to the Secretary of Defense, "United States Objectives and Policies with Respect to the Arab States and Israel," April 15, 1952, in NSC Meeting #115, PSF, box 184, HSTL.

[100] NSC 129/1, "United States Objectives and Policies with Respect to the Arab States and Israel," [April 24, 1952,] *FRUS, 1952-1954*, 9 : 222-226 ; NSC Staff Study on "United States Objectives and Policies with Respect to the Arab States and Israel," April 7, 1952, in Paul Kesaris, ed., *Documents of the National Security Council, Fifth Supplement*, microfilm (Bethesda : University Publications of America, 1989).

する西側統合政策が米国の中東政策の基本的枠組みたる地位を獲得したことを意味した。米国の政策決定者たちは，ナショナリスト勢力と西側陣営の対立を架橋し，中東諸国と西側陣営の間に共通のインタレストの基盤に立脚する協調的関係を構築することを地域的目標として明確に定めたのである[101]。

2）MEC 構想の再検討と JCS の姿勢の変化

トルーマン政権内では，中東政策の再検討と並行して MEC 構想の再検討も進んでいた。NSC 129/1 の承認によって西側統合政策が地域的政策の指針として定まったとはいえ，それを実行に移すのは容易ではなかった。このことは，NSC 129/1 策定の推進力となった国務省 NEA の政策決定者たちも十分に認識していた。NSC 129/1 承認の直前，NEA 内で作成されたある文書には次のような一節がある。

> つまるところ，NEA 地域における我々の課題は，しばしば両立し難いように見える 2 つの目標を両立させることに帰着する。
> (a) NEA 地域内の如何なる重要な部分をも自由世界から喪失することなく，米国が対ソ政策において英・仏への支援を継続すること。
> (b) 換言するならば，NATO における我々の最強の同盟国たる英・仏の［中東］各地における正当な地位を損なうことなく，NEA 地域において興隆しつつあるナショナリズムからの支持および友好関係を確保すること[102]。

MEC 構想の修正は，これら「両立し難いように見える」目標を両立させることを焦点に進められた。これら 2 つの目標は，MEC に付きまとっていた 2 つのイ

---

[101] 本書の分析対象からは外れるが，NSC 129/1 承認と前後して，米国の中東地域を対象とする「心理戦争（psychological warfare）」，すなわち広報・宣伝工作が本格的に開始された。その最初の大きな動きは，4月に心理戦略委員会（Psychological Strategy Board：PSB）に設置された中東地域を管轄する「暫定パネル H」なる作業グループが作成した，PSB D-22 という中東向けの広報・宣伝工作基本方針であった。同文書は，NSC 129/1 添付のスタッフ・スタディの問題意識を引き継ぎ，「世論形成集団」や「新興の都市・知識人階級」が「健全な農地改革」などの「建設的プログラム」を支持するよう世論を誘導することを方針に掲げていた。Charles E. Johnson to David K.E. Bruce, April 4, 1952, in "334 Panel 'H'" folder, box 24, PSB Files, SMOF, Truman Papers, HSTL ; Terms of Reference for Ad Hoc Panel 'H', May 29, 1952, in the same folder ; PSB D-22, "Psychological Strategy Program for the Middle East," in "PSB D-22" folder, box 2, Lot62 D333.

[102] Harold B. Hoskins to Henry Byroade, "Re-Appraisal of US Policies in the NEA Area," April 7, 1952, *FRUS, 1952-1954*, 9 : 204-213.

メージ，すなわち軍人たちが当初構想し国務省の欧州問題専門家たちも尊重すべきであると主張した中東の軍事的防衛力の向上を目標とする組織というイメージと，国務省NEAが当初はMEDBとして提起した中東諸国と西側陣営の水平的な協力関係を増進する組織というイメージと，それぞれ重なりあうところがあった。前者が軍事的な合理性と効率性を優先し，実質的に西側陣営諸国が決定権を握る垂直的な組織という性格を強く有したのに対して，後者は西側陣営諸国と中東諸国の平等性を強調する水平的な組織という性格が強かった。

　2月に結成された，MEC問題を検討するためのNEAのジョーンズを議長とする国務・国防省合同ワーキング・グループにおいて議論の焦点となったのも，中東のおける2つの目標を如何にして両立させ，それに合わせて2つのMEC構想を如何に組み合わせるかという問題であった。5月に提出されたワーキング・グループの報告書は，MECを最初から軍事的な目標を追求する組織として設立するのではなく，段階的にMECの組織と機能を拡充していくという方針を勧告した。すなわち，当初は軍事プランニングや中東諸国との意見交換，および中東諸国に助言や軍事訓練を提供する緩やかな組織としてMECを設立し，それを徐々に軍事的な実質を伴う組織へと育成していくという方針である。中東諸国は「共通の目標」を抱くに至っておらず，中東地域は西欧においてNATOの実現を導いたような政治的基盤を欠いている。それゆえ，設立当初のMECは，まずは「中東の安定を増進し，現時点では存在していない中東諸国と西側陣営諸国の間の協調関係の枠組み」として機能すべきである，というのがワーキング・グループの結論であった。

　MECの参加国は，米・英・仏・土および豪など英連邦諸国を発起国（sponsoring states）とし，アラブ諸国，イスラエル，イランのうち実質的な軍事的貢献を行う国を参加国（participating states），義務を負わぬものの MECとの連携を希望する国を協力国（associated states）とする方針がさしあたり採用された。ワーキング・グループは，軍事的責任を負わぬ協力国に発起国などと同じ発言権を与えるのが困難であることは認識していたものの，参加国の問題については，アラブ諸国を「二級市民」のように扱う規定を出来る限り取り除き，「中東諸国から最大限の協力を得られるようなフォーミュラ」を追求すべきである，と勧告していた。かかる文脈でワーキング・グループは，MECの名称を「中東防衛機構（Middle East Defense Organization：以下MEDO）」に変更することを提案した。初期のMEC

は，軍事的な指揮命令系統を備える「コマンド」には程遠く，また西側諸国から中東諸国への「指令」を連想させるような名称を避ける方が中東諸国には受け入れられやすいと考えられたからである[103]。

　ワーキング・グループが討議を重ねていたのと同時期にアチソン国務長官より中東政策に関する助言を求められていたジェサップ無任所大使も，同様の結論に至っていた。米国が中東において直面している最大の課題は，中東諸国と英国をはじめとする西側陣営諸国との間の対立を克服するという政治的問題である。MECもまたそのような課題に対処することを最大の目的とすべきであり，したがって，中東諸国にとってより受け入れられやすい形でその設立を目指すべきである，というのがジェサップの結論であった[104]。

　このように，トルーマン政権内では，MECの目的については西側陣営と中東諸国の間の理解や協力を増進するという政治的目標を優先する方向に議論が収斂しつつあったが，それとは対照的に，MECの具体的な組織や機構についての議論はむしろ拡散する傾向を示し始めていた。このことが顕著に現れたのは，MECの意思決定機構の問題であった。軍事的観点から見れば，意思決定は少数で，しかも西側陣営諸国のみで行った方が効率的であるが，初期のMECの政治的目標に照らせば，出来るだけ多数で，あるいは決定に携わるメンバーを固定せずに行う方が望ましい。結局，ワーキング・グループは，両者の一致点を示すことは出来ず，一定の効率性を維持しつつもトルコや中東諸国からの協力が得られる形態であれば，特定の組織形態にはこだわらないとする曖昧な結論を示すにとどまった。同様にMECとNATOの関係についても，ワーキング・グループは明確な結論を示さず，実際にMECが設立される段階での外交交渉に委ねる姿勢を示した。

---

[103] Memorandum of Conversation, "Meeting of State-Defense Working Group on MEC, March 10, 1952, Summary of Discussion," March 18, 1952, DSCF 780.5/3-1852 ; Memorandum by Andrew B. Foster, "Report of the State-Defense Working Group on the Middle East Command," April 16, 1952, *FRUS, 1952-1954*, 9 : 213-218 ; Memorandum of Conversation, "Discussion of MECO Position Paper, April 24, 1952," April 24, 1952, *FRUS, 1952-1954*, 9 : 218-221 ; Report of the State-Defense Working Group, "Recommended United States Position in Regard to Establishment of Middle East Command Organization," May 16, 1952, in "Near and Middle East" folder, box 30, Lot64 D563.

[104] Memorandum from Philip C. Jessup to Acheson, "General Factors Affecting the Establishment of the Middle East Command," April 7, 1952, in "Near and Middle East" folder, box 30, Lot64 D563 ; Memorandum for Ambassador Wadsworth from Philip C. Jessup, April 28, 1952, in the same folder.

MEC の具体的な組織や機構に関するイメージが曖昧になってきた原因のひとつは，関係者間の意見対立の顕在化であった。後述するように，英国政府は MEC の軍事的機能を重視する立場を堅持しており，国防省は英国の立場に理解を示していた。それに対して，国務省はより緩やかで開かれた組織から出発することを主張し，両者の折り合いがつかなかったのである。しかしそれ以上に注目すべきは，最終的な MEC のあり方については，米国政府内に大まかなコンセンサスが成立しつつあったことである。ワーキング・グループでは，最終的に MEC を西側陣営諸国と中東諸国が共通のインタレストに立脚しつつ地域的な防衛態勢の強化に邁進する組織，すなわち中東版の NATO へと育成するという方針については完全な意見の一致があった。MEC の組織や機構を巡る意見の対立は，米国政府内の議論がいまや西側統合政策の是非ではなく，その具体的な経路や戦術を巡る問題にまで進展していたことの表れでもあったのである[105]。

　JCS は，西側統合政策のコンセンサスの内部にありながら，なお消極的な参加者にとどまっていた。米国が全面戦争時に中東における軍事的責任を回避するという原則は，いまや国務省も完全に了解しており，したがってこの原則も西側統合政策のコンセンサスの一端に組み込まれていた。しかし，米国の軍人たちは，如上の原則を楯に，中東の軍事的問題に関する独自の分析すら進めていなかった。驚くべきことに，1952 年初夏の時点で，JCS が把握していた中東諸国の戦力データ，そして全面戦争時の中東における軍事戦略に関する分析は，1950 年 10 月に英国政府から提供された情報，つまり英国側がラーマッラー線防衛戦略に依拠せざるを得ないことを米国側に伝達した際の情報から更新されていなかった。しかも JCS は，なお 1950 年末に承認された「リーパー」を根拠に，中東の軍事的問題へのみずからの消極的な取り組み姿勢を正当化するありさまであった[106]。

　5 月頃から，国務省は西側統合政策を前進させるべく，JCS に積極的な協力を求め始めた。英国とエジプトおよびイランとの紛争，トルコの NATO 加盟問題など，政治的問題に忙殺されている間に「米国は不注意にも軍事的側面を等閑視してきた」という反省が，国務省にはあった。中東のみが取り残されているという焦燥感もまた，国務省の政策決定者たちを衝き動かしていた。西欧と極東にお

---

[105] 上記註 103 参照。
[106] Memorandum of Conversation, "Discussion with Strategic Plans Group on Middle East Strategic Plans and Gaza," May 8, 1952, in "Near and Middle East" folder, box 30, Lot64 D563.

いてもソ連の侵略を実際に食い止めるだけの軍事態勢がいまだ整備されていなかったとはいえ,両地域はその実現に向けて確実に前進しようとしていた。西欧においては,ソ連の侵略に対してライン川以西を保持することを目指す前面防衛戦略が採用されたことによって,西欧諸国の防衛強化に向けた活動が強化され,政治的連帯も強まったとの認識を国務省は抱いていた。2月のリスボンにおける北大西洋理事会においては,野心的な戦力目標が設定され,5月には西独再軍備への道を開くべく欧州防衛共同体（European Defense Community：EDC）条約が調印されていた。極東においては,対日講和が成り,日本の再軍備も緒に就いていた。西欧においても極東においても,西側陣営の政治的統合の強化と軍事態勢の強化は相携えて進行していた。一方,これらの地域とは対照的に,中東においては政治的・軍事的な結束強化に向けた道筋すら見えていなかった。国務省の政策決定者たちは,中東においても西側陣営への政治的統合と軍事態勢の強化を並行的に進める必要性を認識し,そのためには軍人たちの専門的な知見と組織的な協力が不可欠であると判断したのである[107]。

　国務省の政策決定者たちは,中東諸国の西側陣営への政治的統合と軍事態勢の強化を両立させる鍵は,MECと外環防衛戦略にあると見定めていた。外環防衛戦略の問題は,1951年春のマルタ協議以来,事実上の休眠状態に置かれていたが,国務省はMEC構想と外環防衛戦略の実現を結びつけることによって,政治・軍事の両面で西側統合政策を推進しようとし始めたのである。6月18日に行われた国務省・JCS協議において,国務省PPS室長ポール・ニッツェ（Paul Nitze）は,JCSに国務省の構想への理解を求めた。中東全域を西側陣営に政治的に統合するためには,全面戦争時に中東の大部分を保持することを目標とする外環防衛戦略を採用しなければならない。翻って,外環防衛戦略を実現するためには,トルコを中心とする中東諸国の協力が必要になる。かような政策的な円環の

---

[107] Memorandum Prepared by the PPS, May 21, 1952, in "Near and Middle East" folder, box 30, Lot64 D563. 同文書本文は,*FRUS, 1952-1954*, 9：232-234 に所収されているが,同文書のカヴァー・メモには,文書の宛先の一人であったマシューズ（H. Freeman Matthews）国務副次官による「中東コマンドを我々の地域的目標の手段と位置づける言及が,本文書にはまだない。この欠落は重大である」（下線原文）との手書きのノーテーションがある。ここで言う「我々の地域的目標」とは,国務省が一貫して主張してきた,中東諸国と西側陣営の協調と読み替えて間違いなかろう。Memorandum Prepared by A.B. Foster, "Some Observation on the U.S. Approach to the Problems of the Defense Security of the Middle East," June 4, 1952, in "Near and Middle East" folder, box 30, Lot64 D563.

中心に,「政治的重要性を有する軍事的組織」たる MEC が位置することになろう。いまや英国が単独で中東を軍事的に防衛する能力を持たぬ以上,米国は外環防衛戦略を実現するとともに中東地域を西側陣営に統合するために主導的な役割を果たさねばならず,そのように米国が行動していくためには,軍事的見地から外環防衛戦略の実現に必要とされる諸条件を検討する必要がある。このように述べて,ニッツェは JCS に外環防衛戦略の実現に向けた米軍部独自の検討を行うよう要請したのである[108]。

しかるに,JCS の反応は複雑であった。協議に先だって JCS が作成していたポジション・ペーパーは,政治的目標を重視する緩やかな組織から段階的に本格的な軍事同盟へと MEC を発展させていくとする国務・国防合同ワーキング・グループの構想を基本的に受け入れつつも,設立当初の MEC の政治的性格を重視することが,将来それを軍事的機構として発展させる際の障害となる可能性があるとの懸念を表明していた。6月18日の協議において,ブラッドリー JCS 議長は,MEC を中東諸国の参加に開く方針には賛成したが,全アラブ諸国の参加を目指すべきであるとするニッツェの立場を支持するところまでは踏み込もうとしなかった。さらにコリンズ陸軍参謀長は,米国が政治的に中東への関与を深めることが「戦時に米国が助けに来てくれるとの想念」を中東諸国に惹起する可能性があるとの,前年と変わらぬ懸念を表明した。すなわち,この段階に至っても,JCS が MEC に抱くイメージは国務省が想定するほどには水平的な開かれた組織ではなく,また中東への軍事的コミットメントを回避するという原則から JCS は中東への政治的関与に慎重な姿勢を維持していたのである。

さらに,外環防衛戦略を巡っては,国務省と JCS の立場の隔たりはいっそう大きかった。1950年以来,外環防衛戦略を実現することは JCS の目標でもあった。しかし,1952年初夏の時点では,JCS はむしろその実現を悲観するようになっていた。英国政府は最大でも内環防衛戦略しか考えておらず,オーストラリアなど英連邦諸国から中東戦域に増援を得られる目処はなお立っていなかった[109]。

---

[108] Memorandum of Conversation, "Nationalism in the Middle East and the Brtish Position in that Area," May 29, 1952, in "Near and Middle East" folder, box 30, Lot64 D563 ; Memorandum Prepared by P. H. Nitze, "Presentation to the JCS," June 10, 1952, in "Near and Middle East" folder, box 30, Lot64 D563 ; A.B. Daspit to J.H. Ferguson, "Middle East Defense Organization," June 17, 1952, in the same folder ; Minutes of State-JCS Meeting, June 18, 1952, *FRUS, 1952-1954*, 9 : 237-247.

[109] オーストラリアはマラヤをはじめとする東南アジアと太平洋地域の防衛に自国の軍事力を集中させる姿勢を強め,1951年以降は中東への増援を事実上拒否する姿勢を示していた。南

第 2 章　西側統合政策の形成　147

しかも，後述するように，英国とエジプトとの対立が深まりスエズ基地が機能不全に陥っている状態では，仮に英連邦諸国からの増援が得られても，それらの部隊を駐屯させる場所がなかった。JCS はトルコに期待し続けていたが，MEC が設立されぬ限りトルコ軍を中東で活用できる保証もなかった。かかる状況では，外環防衛戦略の早期の実現は難しい。それゆえ米国は，MEC の早期設立を図るべきではあるが，それ以上に踏み込んで外環防衛戦略の実現に向けて動くべきではない，というのが JCS の結論であった。6 月時点では，MEC 構想と外環防衛戦略を結びつけることによって JCS を西側統合政策の積極的な協力者として取り込もうとする国務省の試みは，失敗に終わったのである[110]。

とはいえ，JCS の中東に対する基本的スタンスが質的な変容の途上にあったことには，注目してよい。このことは，中東への政治的関与に最も強い警戒感を示し続けていたコリンズが独自に作成していた MEC 構想に見出すことが出来る。コリンズは，早期に MEC を設立する代わりに，2 つの系統に分けて MEC の設立を準備すべきであると主張した。米・英・土を中心とする NATO 諸国のみで中東を対象とする軍事プランニングを非公式に進めるとともに，それと並行して，中東諸国が軍事問題を話し合うフォーラムのような機能を果たす中東防衛評議会 (Middle East Defense Council) なる組織を設立する。そして，西側諸国のプランニングと中東防衛評議会の活動がともに軌道に乗ったところで，両者を合体させて軍事同盟としての MEC を発足させる，というのがコリンズ案の骨子であった。コリンズがこのような案を作成したのは，国務・国防合同ワーキング・グループの MEC 構想には米国を中東に軍事的に巻き込む危険性があると考えたからであった。その意味で，この時点でもコリンズの発想はきわめて保守的であったと言ってよい。しかし同時にコリンズは，アラブ諸国から最大限の協力を取り付けぬ限り中東における米国の地域的目標は達成され得ないと論じ，MEC 構想が，アラブ諸国から西側陣営の押し付け，あるいは西側陣営への従属と捉えられることの危険性をも指摘していた。このような問題を回避するために，コリンズは中東防衛評議会という新たな組織を案出したのである[111]。

　アフリカとニュージーランドは，戦時に中東への増援を行う可能性には前向きな姿勢を示していたが，何れも平時に中東に自国軍を駐留させることは拒否した。Ovendale, *The English-Speaking Alliance*, 137-140.
[110] JCS 1868/383, "Organization and Establishment of the Middle East Command," May 26, 1952, in *RJCS*; Minutes of State-JCS Meeting, June 18, 1952, *FRUS, 1952-1954*, 9 : 237-247.

JCS は，8 月半ばにコリンズ案を承認し，既存の MEC 構想の代案として国務省に提示した。当初，国務省は，中東防衛評議会という全く新規の組織を含む JCS 案に当惑したものの，ほどなくそれを基本的に受け入れる姿勢に転じた。JCS の防衛評議会構想は，その目的も内容も，前年に国務省が MEDB 構想として提示したものと基本的に同じであった。さらに，この頃までには国務省も，軍事プランニングは MEC の設立如何にかかわらず，西側陣営諸国間の非公式協議によって進めるべきであると考えるようになっていた。8 月末の国務省と JCS の協議において，組織の名称はともかく，アラブ諸国との連携強化を目指す緩やかな組織の設立を目指すとともに，軍事プランニングについては正式な組織の設立を待たずに西側陣営諸国間で非公式に開始するという方針について，両者は実質的な合意に達した[112]。地味で緩やかな合意であったが，国務省と JCS が中東における政策課題と行動方針についてここまで意見の一致を見たのは，朝鮮戦争の勃発以降では初めてであった。中東全域を西側陣営に政治的に統合し，その先に中東版 NATO の設立を展望する西側統合政策は，間違いなく米国政府のコンセンサスとなりつつあった。しかしその過程で，MEC の設立はより遠く将来の課題として認識されるようになり，しかも MEC 構想の輪郭は曖昧なものになっていった。

3) 中東政策を巡る米英の軋轢と接近

　米国政府が中東政策と MEC 構想を再検討している間，英国政府は早期の MEC 設立を目指し，米国側に働きかけを続けていた。保守党チャーチル政権誕生後の 1951 年末，英国政府はラーマッラー線防衛戦略に代えて内環防衛戦略を採用したが，このことにより，以前にもまして全面戦争時における英軍とトルコ軍の連携は軍事的に不可欠のものとなった。加えて，米国から中東防衛への軍事的貢献を引き出さんとする思惑は，保守党政権になって強まることはあれ弱まる

---

[111] Memorandum by Chief of Staff, U.S. Army, "Organization and Establishment of the Middle East Command," attached to JCS 1868/383, "Organization and Establishment of the Middle East Command," May 26, 1952, in *RJCS*.

[112] JCS 1868/404, "Middle East Defense Organization," August 12, 1952, in *RJCS* ; Memorandum from Byroade to Matthews, "Middle East Defense Organization," August 20, 1952, in "Near and Middle East" folder, box 30, Lot64 D563 ; Memorandum of Conversation, "MEDO," August 28, 1952, *FRUS, 1952-1954*, 9 : 268-270 ; Memorandum for Files, "MEDO," August 28, 1952, in "Near and Middle East" folder, box 30, Lot64 D563.

ことはなかった。これらの目標を達成するために，英国政府は一貫して MEC の早期設立を主張し続けたのである[113]。

英国政府は，1952 年の前半だけでも，1 月 31 日，4 月 29 日，6 月 18 日の 3 度にわたり，米国政府への覚書で MEC の早期設立を提案した[114]。（この間の米英協議を通じて MEC は MEDO と改称されることが合意されたので，以下では MEC / MEDO と記すこととする。）しかしながら，英国側の MEC / MEDO 提案に米国政府は難色を示し続けた。米国側の不満はおもに次の 2 点に向けられた。まず，英国政府は，依然として MEC / MEDO への中東諸国の参加を重視していなかった。英国案では，MEC / MEDO の設立準備会合を米・英・仏・土・英連邦諸国のみで開催することとされており，しかも MEC / MEDO への中東諸国の参加は軍事的貢献の有無によって制限することとされていた。英国政府も，エジプトを含む中東諸国の参加を不要と考えていたわけではないものの，さしあたりトルコの参加さえ確保できれば，他の中東諸国の動向如何にかかわりなく MEC を早期に設立すべきであるというのが基本的立場であった。これに対して米国政府は，中東諸国との協力関係を構築し，中東諸国から中東防衛への貢献を引き出すことが MEC / MEDO の目標であるとして，軍事的貢献によって中東諸国の参加を制限することに強く反対した。また米国政府は，MEC / MEDO の設立に至るまでの過程においても，中東諸国からの支持および参加を拡大することに最大限配慮すべきであると主張し，トルコ以外の中東諸国を置き去りにしかねぬような形で早期に MEC / MEDO を設立することに反対した。たしかに，たとえば MEDB 構想の生みの親で MEC / MEDB への中東諸国の参加拡大に最も積極的であったジョーンズ近東部長ですら，MEC / MEDO の制度設計は西側陣営諸国のみで行うべきであるとの英国側の主張に理解を示していたことからも窺われるように，米国の政策決定者たちは英国の MEC / MEDO 構想に共感する部分も少なからず持ちあわせていた。そのような意味で，米英間の意見対立は，手順や手法を巡る

---

[113] COS(51)755 Annex, "Defence of the Middle East Dec 1951-Dec 1954," December 18, 1951, DEFE 5/35, *BDEE*, B4-2 : 290-305 ; COS(51)759 Annex, "Middle East Strategy," DEFE 5/35, ibid., 305-308 ; JP(51)219 (Final), January 9, 1952, in DEFE 4/51, PRO ; COS(52)11th Meeting, January 22, 1952, in DEFE 4/51, PRO.

[114] Memorandum of Conversation, "British Views on the Early Establishment of the MEC," January 31, 1952, *FRUS, 1952-1954*, 9 : 178-184 ; Memorandum of Conversation, "UK Memorandum on MEC," April 29, 1952, ibid., 226-231 ; DOS to U.S. Embassy in London, #6830, June 21, 1952, ibid., 247-249.

対立という性格を有したことも間違いない。しかし、それにもかかわらず、中東諸国と西側陣営の間に協力関係の基盤を構築することを MEC / MEDO の最大の目的と捉えるようになっていた米国の政策決定者たちにとっては、中東諸国にどのような印象を与えるかという問題は、MEC / MEDO の機能や組織と少なくとも同程度の重要性を有していた[115]。

米国政府の英国の MEC / MEDO 構想に対するもうひとつの批判は、MEC / MEDO の機能と組織にかかわるものであった。英国政府の MEC / MEDO 構想は、1951年夏に米・英・仏で合意されていた、明確な軍事的指揮命令系統を有する軍事機構としての垂直的組織であり続けていた。英国政府は、トルコ軍を英国人 SACME の指揮下に置くことを MEC / MEDO の最も重要な機能と位置づけていたが、かかる枠組みを正当化するためには SACME の上位に位置する西側連合国の意思決定機関が必要であり、そのような意思決定機関は軍事的な効率性を有するものでなければならないと主張した。それゆえ、英国政府は1952年に入ってからも NATOSG と MESG を同一人物で構成する二重資格方式に強いこだわりを見せた。これに対して、米国政府の MEC / MEDO 構想は、政治的な目標を重視する水平的な組織へと変容していた。それゆえ米国政府は、設立当初の MEC / MEDO において軍事的指揮命令系統は重要ではなく、まして NATO 諸国が構成する上部機関が MEC / MEDO の決定権を握るような枠組みは中東諸国の反発を招くと予想されるゆえにむしろ有害であると主張した。1952年夏に、国務省と JCS が中東に関する軍事プランニングを当面は MEC / MEDO のような組織を通じてではなく米・英・仏・土の非公式な連絡によって推進する方針で合意したことによって、米英間の溝はむしろ深まっていった[116]。

---

[115] Memorandum of Conversation, "Middle East Command," February 7, 1952, *FRUS, 1952-1954*, 9 : 188-191 ; Circular Telegram from DOS, May 3, 1952, ibid., 231-232 ; Memorandum by John Ferguson, "Britain's Position in the World and Its Implications for Our Middle East Policy," June 3, 1952, in "Near and Middle East" folder, box 30, Lot64 D563 ; Memorandum of Conversation, "UK Draft Memorandum on the Allied Middle East Defense Organization," June 18, 1952, in "Near and Middle East" folder, box 30, Lot64 D563 ; U.S. Embassy in London to DOS, Secto 19, June 27, 1952, *FRUS, 1952-1954*, 9 : 249-251 ; U.S. Embassy in London to DOS, Secto 24, June 27, 1952, *FRUS, 1952-1954*, 9 : 251-254 ; Memorandum by Daspit, "United States Comments on the United Kingdom Memorandum on the Middle East Defense Organization," undated, *FRUS, 1952-1954*, 9 : 271-274 ; FO Memorandum, "Middle East Defence : The Present Position," June 1952 [undated], *BDEE*, B4-2 : 429-431.

[116] Acheson to Lovett, May 28, 1952, *FRUS, 1952-1954*, 9 : 234-236 ; DOS to U.S. Embassy in London, #6380, June 21, 1952, ibid., 247-249 ; O. Bradley to R. Lovett, "Organization and

この問題について英国政府は巧みな外交戦術を採用する。英国は，NATOSG の発言権を強化しようとしていたフランス政府が二重資格方式に固執すると予想し，みずからは米国に圧力を加えるのを中止したのである。1952 年 8 月以降，英国主導で MEDO 構想の検討作業が米英二国間交渉からフランスなど原加盟国と想定された諸国に拡大されるや，英国の予想通り，フランス政府は二重資格方式により MEDO を NATOSG／MESG に従属させることを主張した。米国がこれに反対する姿勢を崩さなかったことから，西側陣営内における MEDO 交渉は進捗を阻まれることとなったのである[117]。

　しかしながら，フランスの抵抗は，克服できぬほど重大な障害ではなかったように見える。米国政府をして早期の MEDO 設立を断念せしめたのは，エジプト情勢であった。1951 年 10 月の英・エジプト条約破棄以降，エジプトの反英感情はいっそうの高まりを見せていた。エジプト政府も後援する国民的な対英非協力運動により，スエズ基地は，労働力や物資の調達に事欠き，機能不全に陥るありさまであった。このような中，1952 年 1 月末，スエズ運河沿いのイスマーイリーアにおけるエジプト人反英ゲリラによる英軍への攻撃をきっかけに，イスマーイリーアのエジプト警察本部と英軍の間で戦闘が発生し，数多くのエジプト人が死傷する事件が発生した。26 日，カイロでは激しい反英暴動が発生し，暴徒たちが英国系をはじめとする西洋系の施設や商店などに放火したことから，カイロ中心部では大規模な火災が発生した。このカイロ炎上事件後，ナッハース首相はファルーク（Fārūq）国王に解任され，宮廷とワフド党の対立の激化によりエジプト政治はいっそう不安定化した。米国からの圧力もあり，英国政府はエジプト政府との非公式の条約改定交渉を継続したものの，エジプト国民の反英感情の高まりを前に，本交渉に漕ぎ着ける目処すら立たなかった[118]。

　　Establishment of the Middle East Defense Organization," June 24, 1952, in "Near and Middle East" folder, box 30, Lot64 D563 ; Ferguson to Daspit, "Middle East Defense Organization," June 26, 1952, in the same folder ; Record of a Meeting at FO, June 26, 1952, in FO 800/807.

[117] COS(52)89th Meeting, 23 June, 1952, DEFE 4/54, PRO ; Memorandum of Conversation, "UK Memorandum on the Allied Middle East Defense Organization," August 14, 1952, in "Near and Middle East" folder, box 30, Lot64 D563 ; Memorandum of Conversation, "French Position Regarding MEDO," October 1, 1952, *FRUS, 1952-1954*, 9 : 279-281 ; DOS to U.S. Embassy in Paris, #2155, October 15, 1952, *FRUS, 1952-1954*, 9 : 289-292.

[118] M. Mason, "'The Decisive Volley' : The Battle of Ismailia and the Decline of British Influence in Egypt, January-July 1952," *Journal of Imperial and Commonwealth History*, 19, no. 1 (1990), 45-64 ; Keith Wheelock, *Nasser's New Egypt : A Critical Analysis* (New York : Frederick A.

エジプト革命は，かかる状況の下に発生した。1952年7月22-23日，エジプト軍内の改革派将校よりなる自由将校団がクーデタを敢行し，ファルーク国王は退位，国外追放となった（生後半年の息子が形式的に王位を継承するも，翌1953年6月に正式に共和政に移行）。自由将校団は，一般からの公募でエジプト軍学校に入学した第一世代である，ナセルやアンワル・サーダート（Muḥammad Anwar al-Sādāt）ら若手将校たちの横のつながりを背景に，パレスチナ戦争（第一次中東戦争）後にナセルを中心に結成されていた中堅・若手将校を中心とするエジプト軍内部の秘密結社であり，反帝国主義およびパレスチナ戦争を敗北に導いた旧体制の刷新を目標に掲げていた。しかし，自由将校団は，政府による弾圧の機先を制する形でクーデタに及んだこともあって，クーデタが成功した時点で確たる国内改革プログラムを有していたわけではなかった。それゆえ，軍人たちはヴェテラン政治家のアリー・マーヒル（ʻAlī Māhir）に首相職を委ね，その背後で，自由将校団上層部によって構成される評議会（のちの革命指導評議会（Revolutionary Command Council：以下RCC））が実質的な権力を握るという二重権力体制を構築した。しかし，ほどなくマーヒルと軍人たちは農地改革等を巡って意見の相違を生じ，9月初旬には，自由将校団の名目的な指導者の地位にあったムハンマド・ナジーブ（Muḥammad Najīb）が首相に就任した。

　革命政権の当面の最大の関心は国内問題にあった。革命政権は，農地改革，税制改革，労働条件の改善などの改革に取り組むとともに，政党の指導者を含む旧体制の指導的人物をパージした。しかし農地改革などは内容的に国民を満足させるものではなく，またワフド党に代表される旧来の政治勢力は根強く抵抗した。翌1953年1月にはRCCは全政党を解散する指令を発するとともに，みずからの支持基盤とするために「解放戦線」なる翼賛的組織を設立するが，国民的支持を獲得するにはなお程遠い状況にあった。さらにその後，革命政権内部の権力闘争が生じていくことなどもあり，革命政権の権力基盤の確立は，1954年以降にずれこむこととなる[119]。

Praeger Publishers, 1960), chap. 1.

[119] British Embassy in Cairo to FO, May 30, 1953, in FO371/102699/JE1011/1 ; Joel Gordon, *Nasser's Blessed Movement : Egypt's Free Officers and the July Revolution* (Cairo : The American University of Cairo Press, 1996), chaps. 3 and 4 ; Wheelock, *Nasser's New Egypt*, 12-28 ; Goldschmidt, *Modern Egypt*, 88-93 ; Vatikiotis, *The History of Modern Egypt*, 375-384. 1901年生まれのナジーブは国民的人気のある将軍で，1918年生まれのナセルやサーダートら少壮の将校たちが頭目として担ぎ出した人物であった。それゆえナジーブは，自由将校団で唯一の将官となった

ナジーブ政権は，対外政策については柔軟な姿勢を示した。旧体制時代からの最大の変化は，英・エジプト間の懸案となっていたスーダン問題について，スーダンの独立を実質的に容認する姿勢を示したことであった。同時にナジーブ政権は，将来的にMEDOに参加する可能性すら示唆しながら，米国に軍事・経済援助を要請した。米国の政策決定者たちは，エジプト革命政権が，ナショナリズム感情を強める国民の支持を背景としつつ西側陣営と政治的・軍事的に連携する改革者政権，すなわちNSC 129/1の策定過程で彼らが理想として思い描いていた，建設的で責任あるナショナリズムを体現する存在になりうるとの期待を高めていった。英国政府はより慎重な見方をしていたものの，革命政権の登場によりスエズ基地問題解決の可能性は高まっているとの見方を強めていた。トルーマン政権は，ナジーブ政権の求めに応じて軍事援助の凍結を段階的に解除するなど，同政権を側面から支援しつつ，エジプトとの新たな友好関係を追求する姿勢を強めていった[120]。

しかし，かようなナジーブ政権も，エジプトの国土から英軍の全面撤退を要求する点については一歩たりとも譲歩しないという強硬姿勢を崩さなかった。MEDOに参加する可能性も，あくまでも英軍の全面撤退を実現した後の話であった。このような中，MEDO構想には，トルコという予想外の強力な援軍が現れていた。10月中旬，訪英したトルコのメンデレス首相は，可能な限りアラブ諸国の協力を獲得しつつ，しかしアラブ諸国の協力が得られぬ場合には米・英・仏・土だけでも早期にMEDOを設立すべきであると主張し，イーデン（Anthony Eden）外相を驚かせた。このときメンデレスが，イラクの摂政アブドゥル＝イラーフがMEDOへの参加に積極的であると言及したことは，後の展開を考えれば興味深い。何れにせよ，英・土両国は，アラブ諸国へのMEDO参加打診を進めつつ，早期のMEDO設立を準備する方針で合意した。トルコ政府は，かか

が，クーデタ決行時においても蚊帳の外に置かれるなど，実質的な指導者として期待されていたわけではなかった。なおナジーブは，サラーハ・サーリム（Ṣalāḥ Sālim）と並び，自由将校団内部で数少ないスーダン出身者でもあった。

[120] DOS to U.S. Embassy in Cairo, #811, August 4, 1952, *FRUS, 1952-1954*, 9 : 1847-1848 ; U.S. Embassy in Cairo to DOS, #730, September 18, 1952, ibid., 1860-1861 ; DOS to U.S. Embassy in Cairo, #678, September 30, 1952, ibid., 1863-1865 ; DOS to U.S. Embassy in Cairo, #826, October 21, 1952, ibid., 1872-1873 ; U.S. Embassy in Cairo to DOS, #1167, November 10, 1952, ibid., 1877-1878 ; C.(52)349, "Egypt : Request for Jet Aircraft," October 21, 1952, CAB129/55/49, PRO ; C.C.(52)89th Conclusions, October 23, 1952, CAB128/25/39 ; Hahn, *The United States, Great Britain and Egypt*, 139-149.

る英国との合意を背景に，しかし独断で，10月下旬にナジーブ政権にMEDO参加を働きかけた。しかし，トルコ政府からの働きかけに対しても，ナジーブ政権は英軍の全面撤退までMEDOに関する交渉には応じないとの立場を崩さなかった[121]。

　ここで米国政府は，MEDO構想をいったん棚上げにして，当面はスエズ基地問題の解決に焦点を絞って英・エジプト間の紛争解決に集中すべきであると判断するに至り，11月5日にかかる方針を英国政府に伝達した[122]。このような米国の方針を受け入れることは，英国にとってはわずか数週間前のメンデレスとの合意をいったん棚上げすることを意味したが，それにもかかわらず英国政府は米国政府の新たな方針を受け入れた。後述するように，英国政府は軍事戦略全般の抜本的な見直しを進める途上にあり，その作業の終了を待ってエジプト政府との本格的な交渉を再開する方針が閣議で了承されていた。また，エジプトの参加がなければ他のアラブ諸国のMEDO参加は困難であるとの分析では，米英両国の政策決定者たちは基本的に一致していた[123]。以下に見るように，米英両国政府内では将来的な地域的構想としてのMEDOへの期待感は，1952年末にかけてむしろ高まっていく。しかし，外交案件としてのMEDO構想は，1952年11月に棚上げとなり，結果的に，以後再び浮上することはなかったのである。

　英国政府にMEC / MEDO構想の修正を求め，さらにエジプトとの紛争解決への集中を強いるという米国政府の姿勢は，中東南部のアラブ世界の問題について英国のフリーハンドを実質的に容認していた1950年頃までの姿勢とは異質なものであった。米国政府の行動にかような変化をもたらしていたのは，中東諸国とのより水平的な協調関係を構築することによって中東全域を西側陣営に取り込む

---

[121] Record of a Meeting between the Secretary of State (Eden) and the Turkish Prime Minister (Menderes), October 18, 1952, in FO800/807 ; U.S. Embassy in Cairo to DOS, #1007, October 21, 1952, *FRUS, 1952-1954*, 9 : 297-299 ; U.S. Embassy in Ankara to DOS, #542, and #543, October 24, 1952, *FRUS, 1952-1954*, 9 : 301-305 ; DOS to U.S. Embassy in Cairo, #911, October 31, 1952, *FRUS, 1952-1954*, 9 : 310-311.

[122] Aide-Mémoire from DOS to the British Embassy, November 5, 1952, *FRUS, 1952-1954*, 9 : 311-313 ; H.F. Matthews to R. Lovett, November 21, 1952, ibid., 1889-1892.

[123] C(52)369, "Egypt : Defence Negotiations," October 27, 1952, CAB129/56/19 ; C. C.(52)91st Conclusions, October 29, 1952, CAB128/25/41 ; Eden to Churchill, P.M.(52)138, November 7, 1952, in FO800/769 ; COS 153(52)2, "Middle East Defence Organisation," November 7, 1952, DEFE 4/57, *BDEE*, B4-2 : 494-495 ; COS 164(52)1 Annex, "Military Basis of Defence Negotiations with Egypt," December 2, 1952, DEFE 4/58, *BDEE*, B4-2 : 504-507.

ことを目指す西側統合政策であった。そして，ここまでの展開を敢えて図式的に振り返るなら，米国が独自の地域的政策たる西側統合政策の構想を明確化していくのに比例して，米英間の軋轢は増大する傾向を示した。しかし，中東を巡る米英関係はこのまま軋轢を増大させていくわけではない。それは，ひとことで言えば，英国政府の中東政策が，米国の西側統合政策と大きく重なり合う内容を持つようになっていくからである。かかる英国の中東政策の転換は，1952年半ば，英国の軍事戦略の全面的な刷新を機に始まった。

　6月にチャーチル政権が正式に採用した1952年版の「防衛政策と世界戦略」は，おもに経済的・財政的観点から，英国もその一翼を担う西側陣営の核抑止態勢を英国の安全保障政策の基本に据えるとともに，英国の通常戦力を縮小する方針を明確に打ち出した。三柱政策は放棄され，中東の重要性は平時には英本国・西欧と極東に次ぐ第3位の位置を与えられるにとどまることとなった。これに伴い，中東に駐留する英軍の縮小も不可避となった。その道程はなお紆余曲折を経ることになるものの，これ以降，英国政府は，大規模で高コストのスエズ基地からの撤退を真剣に考慮するとともに，幅広い中東諸国との軍事的協力の必要性を認識するようになっていく。1952年版「防衛政策と世界戦略」の採用は，英国の中東軍事戦略と中東政策を大きく変容させていく契機となったのである[124]。

　全般的軍事戦略の変更を受け，同年11月までに英国の中東軍事戦略は，エジプト中心の内環防衛戦略からレヴァント＝イラク戦略と呼ばれる新戦略に移行していった。レヴァント＝イラク戦略の骨子は，英軍とトルコ軍を中心とする西側連合軍がレヴァント地域すなわち内環防衛線に防衛の拠点を構築するのと並行して，英軍・イラク軍・ヨルダン軍（アラブ軍団）を前方に展開し，ザグロス山脈線でソ連軍の南下を阻止または遅延させるというものであった。レヴァント＝イラク戦略は，英軍部内で「内環防衛戦略の前面防衛的解釈（a forward interpretation of the Inner Ring Strategy）」とも呼ばれていたことから窺われるように，内環防衛戦略の派生形という位置づけであったが，ザグロス山脈線に当初の防衛線を設定す

---

[124] D(52)26, "Defence Policy and Global Strategy," June 17, 1952, CAB131/12, *BDEE*, B4-2 : 398-429 ; Christopher Staerck and Gillian Staerck, "The Reality behind Britain's Global Strategy," in Wolfram Kaiser and G. Staerck, eds., *British Foreign Policy, 1955-64 : Contracting Options* (Basingstoke : Macmillan, 2000), 33-60 ; Andrew M. Johnston, "Mr. Slessor Goes to Washington : The Influence of the British Global Strategy Paper on the Eisenhower's New Look," *Diplomatic History*, vol. 22, no. 3 (Summer 1998), 361-398.

る点で，外環防衛戦略とも捉えうる内容を備えていた。かつて戦力不足を理由に外環防衛戦略が却下されていたことを考えれば，従来より小規模な戦力でも遂行できる戦略としてレヴァント＝イラク戦略を正当化するCOSの説明はいかにも苦しいものであった。しかし，全体戦略である「防衛政策と世界戦略」が，英国の経済的・財政的制約の観点から，核抑止への依存増大を不可避の軍事的リスクとして受け入れたことの延長として，レヴァント＝イラク戦略もまた，軍事的リスクは大きいものの，長期的に維持することが可能な戦略として採用されるに至ったのである[125]。

英国の中東軍事戦略がまがりなりにも外環防衛戦略に移行したことは，英国の中東政策にも変化をもたらしていった。ひとつは，対エジプト交渉の基本的スタンスの変化である。もともとレヴァント＝イラク戦略はエジプトを中東の軍事拠点と見做す従来の戦略に代わる戦略と位置づけられていたが，その後の検討で，戦時にはスエズ基地を補給拠点として使用する必要があることが明らかになった。これにより，英国政府は，有事の際に同基地を使用する権利を確保することを条件としてスエズ基地からの撤退を受け入れるという，対エジプト交渉の基本的スタンスを確立することとなったのである[126]。

レヴァント＝イラク戦略の採用は，もうひとつの，見えにくいながら，より深甚なる変化をもたらした。レヴァント＝イラク戦略の採用以降，英国政府は，トルコとエジプト以外の中東諸国と幅広く協力関係を構築する必要性を強く認識するようになっていく。レヴァント＝イラク戦略では，戦時に英軍が展開するイラクおよびヨルダンの基地に軍事物資をあらかじめ備蓄しておく必要があり，また両国の軍事力をザグロス山脈線で活用することが企図されていた。そして，英国の関心は，単純にイラクとヨルダンのみにシフトしたわけではなかった。レヴァント＝イラク戦略は中東の大部分を戦域として想定するものであり，それゆえ英

---

[125] COS 98(52)3 Annex, "Review of Middle East Strategy," July 8, 1952, DEFE 4/55, *BDEE*, B4-2：433-435；COS(52)519 Annex, "Review of Our Middle East Strategy in the Light of Present Assumptions," September 18, 1952, DEFE 5/41, ibid., 457-463；N. Brownjohn to B. Robertson, September 18, 1952, WO 216/559, ibid., 466-467；COS 157(52)4, "Review of Middle East Strategy," DEFE 4/57, November 14, 1952, ibid., 496-502；Cohen, *Fighting World War Three*, 298-307；Devereux, *Formation of British Defence Policy*, 113-120.

[126] COS 164(52)1 Annex, "Military Basis of Defence Negotiations with Egypt," December 2, 1952, *BDEE*, B4-2：504-507；COS 164(52)1, "Defence Negotiations with Egypt," December 2, 1952, ibid., 507-510；British Embassy in Paris to FO, #628, December 15, 1952, in FO800/769.

第 2 章 西側統合政策の形成 157

国の政策決定者たちは，同戦略の実現のために「全ての中東諸国」の協力が必要であるとの認識を 1952 年末以降急速に強めていったのである。英・エジプト紛争解決の必要性もまた，アラブの大国たるエジプトとの協力なくして他のアラブ諸国との協力関係を追求するのは困難であるとの展望から正当化されるようになった。そして，中東諸国から幅広く協力を調達するための枠組みとして，英国政府は MEDO に改めて注目するようになった。英国政府の MEC / MEDO 構想が常に軍事的要請と密接に結びついていたことは，レヴァント＝イラク戦略への移行に際しても変わらなかった。英国政府は，政治的観点を重視する米国政府とは異なる軍事的観点という経路から，幅広い中東諸国との協力関係の必要性を強く認識するようになったのである。しかし，経路は違えども，結果的に英国の中東政策が米国の西側統合政策と大きく重なり合う内容を有するようになりつつあったことは間違いなかった[127]。

皮肉なことに，このような米英の地域的政策の西側統合政策への収斂は，この時点では米英双方でほとんど意識されなかった。トルーマン政権最末期の 1952 年末から翌年初めにかけて，米国政府は英国政府に対してエジプトおよびイランへのいっそうの譲歩を求める圧力を加え，中東を巡る米英間の軋轢はそれまでになかったほどに高まった。米国からの圧力の結果，英国政府はエジプトおよびイラン政府との直接交渉の準備に忙殺されることとなり，早期に MEDO を設立しようとする動きは英国政府内においても後景に退いていった[128]。しかし，米英の中東政策の西側統合政策への収斂は，新たな目標とインタレストの共有に基づく米英協調の時代を確実に準備していたのである。

一方，米国政府内でも西側統合政策コンセンサスの形成に向けた動きが継続していた。6 月に外環防衛戦略実現に向けた協力を JCS に拒否された後も，国務省

---

[127] COS 157(52)4, "Review of Middle East Strategy," November 14, 1952, DEFE 4/57, *BDEE*, B4-2 : 502-503 ; COS 165(52)Annex, "Progress of the Middle East Defence Organisation," December 4, 1952, ibid., 511-514 ; COS(53)77th Meeting, June, 23, 1953, DEFE 4/63, PRO. 10 月半ば，英国政府は，エジプト，イラク，ヨルダン，シリア，レバノン，サウジアラビアに MEDO 設立を打診することを米国政府に提案した。先述の早期の MEDO 設立に関する英土間の合意は，この文脈でなされたものである。Memorandum of Conversation, "UK Views on Approach to Arab States," October 13, 1952, in "Near and Middle East" folder, box 30, Lot64 D563 ; DOS to Certain Diplomatic Missions, #449 and #450, October 17, 1952, *FRUS, 1952-1954*, 9 : 292-296.
[128] Hahn, *The United States, Great Britain and Egypt*, 171-179 ; Ovendale, *Britain, the United States and the Transfer of Power*, 74-78 ; Wm. Roger Louis, "The Tragedy of the Anglo-Egyptian Settlement of 1954," in Louis and Owen, eds., *Suez 1956*, 43-72.

はJCSを西側統合政策の協力者として取り込む努力を続けていた。8月中旬，国務省は，中東諸国向けの軍事援助計画の基礎的データが必要であるとの理由で，1956-57年に外環防衛戦略を実現するために必要とされる戦力規模やそれを実現するために予想されるコストなどを分析するようJCSに改めて要請した[129]。

1952年秋には，JCSは国務省のかかる要請に抵抗を示さなくなっていた。海軍作戦部長フェクテラー（William M. Fechteler）提督は，9月15日付のJCS宛覚書において，中東の軍事問題に対する従来のJCSの姿勢は断片的で一貫性に欠けるものであったと批判し，国務省が求めるような包括的検討作業が必要であると主張した。すでに見たように，1950年段階においても海軍は中東への関与の拡大を主張する国務省の立場に好意的であった。フェクテラーの建議が，コリンズに代表される陸軍に向けられた批判であり，さらにはみずからの役割を拡大しようとする海軍の党派的立場を反映したものであったことは間違いない。それにもかかわらず，フェクテラーの主張がJCS内部での論争を惹起することはなく，JCSは10月17日に国務省が求めるような中東に関する独自の戦略分析に着手することを決定した[130]。このJCSの決定はきわめて重要であった。後述するように，この決定を起点として，JCSは中東を対象とする軍事プランニングを恒常的に行うようになり，西側統合政策の積極的な参加者へと転じていくことになるからである[131]。

このようなJCSの姿勢の変化の理由はいくつか指摘できる。ひとつは，10月に英COSがJCSに中東の軍事問題に関する協議の開催を申し入れていたことである。JCSは，10月17日の段階では英国のレヴァント＝イラク戦略に関する具体的な情報は得ていなかったが，英国との協議の準備のために米国側でも中東軍事戦略の分析を独自に進めることが必要であると認識されたことは間違いない[132]。もうひとつは，ちょうど同じ頃，JCSがイランで共産主義勢力のクーデタが発生

---

[129] F. Matthews to R. Lovett, August 15, 1952, *FRUS, 1952-1954*, 9 : 266-267 ; Memorandum by Edwin M. Martin, "Mr. Ohly's Memorandum of September 15 : MEDO and United States Armed Policy in the Middle East," September 19, 1952, ibid., 274-276.

[130] JCS 1741/68, "Availability of the Middle East Oil in time of War," September 17, 1952, in *RJCS* ; JCS 1887/55, "Middle East," September 16, 1952 in *RJCS* ; JCS 1887/56, "Middle East," October 17, 1952, in *RJCS* ; DOS to USUN, New York, Telac 41, date illegible, "Near and Middle East" folder, box 30, Lot64 D563.

[131] 中東戦域プランの発展については，第7章第2節で後述する。

[132] JCS 1887/64, "U.S.-U.K. Coordination in Middle East Defense Planning," February 6, 1953, in CCS 381, EMMEA(11-19-47), Sec. 14, RG218, NARA.

した場合に軍事介入を実施する可能性を具体的に検討していたことである[133]。局地的な軍事介入プランと全面戦争プランはその性格を異にするものの、イランへの軍事介入は外環防衛戦略と結びつけて考えられていた可能性が高い。この時期、ブラッドリーJCS議長は、イランが共産化した場合に外環防衛戦略の実現が困難になることにたびたび言及している。11月28日の国務省・JCS会合で、ブラッドリーは次のように発言した。

> ……軍事的観点から見れば、……内環防衛の方がはるかに容易だ。イランを喪失すれば、外環防衛コンセプトを全面的に断念しなければならなくなるであろう。もっとも、イランを喪失しても、我々は中東諸国の大部分を維持する計画を立案できるであろうし、内環を維持することによってスエズを防衛することは出来るであろう。[その場合は]我々はイランとイラクおよびシリアの一部から撤退しなければならなくなるであろう。[同時に]我々は[共産化した]イラン国内で大規模な破壊活動を組織するであろう[134]。

イランへの軍事介入プランと外環防衛戦略が踵を接してJCSの検討課題となったことは、単なる偶然ではなかったと考えられるのである。

しかしながら、JCSの中東への姿勢の変化をもたらした最も重要な要因は、この頃までに米国の軍人たちが西側統合政策を咀嚼し内在化させていたことにあったと考えられる。10月と11月の国務省・JCS協議においては中東問題に多くの時間が割かれたが、コリンズを含むJCSの面々から中東への政治的関与に対する原理的な批判が提起されることはもはやなかった。上に引用した発言の前後に、ブラッドリーはMEDOの目的が「概ね政治的」であるとの認識を示した上で、次のように発言した。

> 現地諸国の軍事力を強化する大規模な活動を開始する前に、中東諸国に協力

---

[133] J.S.P.C. 961/11, "U.S. Military Course of Action in Iran," October 15, 1952, in CCS 092 Iran (10-23-48), Sec. 7, RG218, NARA. イランへの軍事介入プランについては、第13章第4節で後述する。
[134] Substance of Discussion of State-JCS Meeting, November 28, 1952, "State-JCS Meetings, vol.IV" folder, box 51, Lot61 D417. 同文書は *FRUS, 1952-1954*, 9: 319-326 に収録されているが、引用箇所は掲載されていない。次の文書におけるブラッドリーの発言も参照。Memorandum of Conversation, "French Position Regarding MEDO," October 1, 1952, *FRUS, 1952-1954*, 9: 279-281.

の意思があるか，我々はより明確な証拠を欲することになるであろう。［それゆえ］我々は，MEDO を継続的な事業として維持したいと考えている。これは NATO の発展と同質のものとなるであろう。NATO においても，実質的な計画が始動する前に，組織が結成され，基礎が打ち立てられた。

いまやブラッドリーは，国務省の政策決定者たち以上に明確に，未来に向かって直線的に発展していく同盟プロジェクトとして西側統合政策を語っていた。同盟プロジェクトとしての西側統合政策は，中東全域を対象とし，中東諸国を政治的に西側陣営に統合することから開始されるであろう。かかる政治的な「基礎」が確立された後に，中東諸国を軍事的に強化するという次の段階が訪れるであろう。それはまさに中東版 NATO を目指すプロジェクトであった。当然ながら，国務省の政策決定者たちが，このようなブラッドリーの理解に異議を差し挟むことはなかった[135]。トルーマン政権末期までに，MEDO 構想の内容は曖昧化し，その実現は将来に先送りされたものの，そのかわりに米国の政策決定者たちは，将来にわたって継続していく同盟プロジェクトとしての西側統合政策を明瞭にイメージするようになっていたのである。

＊

1950 年末から 1951 年にかけてジョージ・マッギーやルイス・ジョーンズら国務省 NEA の政策決定者たちの断片的な構想として析出し始めた西側統合政策のアイディアは，MEC / MEDO 構想という触媒によって結晶化した。西側統合政策は，まず国務省のコンセンサスとなり，トルーマン政権末期までに米軍部をもそのコンセンサスに包摂するとともに，ひとつの同盟プロジェクトとして米国の政策決定者たちの間で共有されるようになった。

米国の西側統合政策は，中東諸国との水平的なパートナーシップの重要性をとりわけ強調した。ここで一点留保を付さねばならないのは，仮に西側統合政策が米国の政策決定者たちの理想通りに実現したとしても，米国と中東諸国，あるいは米英と中東諸国の間に完全な平等は実現しなかったであろうということである。このことは，MEC / MEDO 構想が，NATO を事実上のモデルとしたことからも

---

[135] Substance of Discussion of State-JCS Meeting, November 28, 1952, "State-JCS Meetings, vol. IV" folder, box 51, Lot61 D417 ; Minutes of State-JCS Meeting, October 29, 1952, *FRUS, 1952–1954*, 9 : 305–310.

容易に想像できる。第1章で確認したように，戦後の西ヨーロッパに出現した秩序は，米国の圧倒的な経済力と軍事力に依存する垂直的な構造を内包した。西側統合政策は，米欧間に出現した垂直的関係と少なくとも同程度の垂直的関係を暗黙のうちに米・中東間に措定していたであろう。そもそも，米国のグローバルな覇権の絶頂期において，構造的なレヴェルで米国と平等な関係を望み得る国や地域など存在しなかった。西側統合政策が目標とした水平的パートナーシップは，プロセスの観点から見た平等性を重視していた。国土や資源の大小を問わず，基本的なインタレストを共有する国々が，同じ目標に向かって協調し，その過程に必然的に生じる利害や意見の対立を調整し，各々の役割分担の下で行動する。かような関係を西側陣営と中東諸国との間に構築することが，米国の地域的目標となったのである。そして，かかる地域的目標を掲げる限り，中東のナショナリズムを本質的に異質なものと見做し，あるいは軍事的威圧によって短期的な目標を達成しようとする，ケナンが提起したような認識や政策オプションは排除されねばならなかった。かかる認識上の立場や政策オプションは，基本的なインタレストと目標を共有しうる存在としてナショナリスト勢力を含む中東諸国民を位置づける西側統合政策の前提に根本的に背馳したからである。

　英国政府もまた米国政府の西側統合政策と内容的に大きく重なり合う政策を採用しつつあったが，英国のそれは軍事戦略上の必要に迫られた，よりプラグマティックな性質を有した。しかし，かつてベヴィン外相の下で「第三勢力」構想を抱いていた英国政府が欧州復興計画やNATOの設立に向けて米国と緊密に協調できたのと同様に，1952年末までに英国政府の中東政策は，潜在的には米国との緊密な協調を再構築できる程度にまで，西側統合政策と重なりあう内容を持ち始めていた。

　MEC / MEDO構想は，これらのプロセスの触媒として重要な役割を果たした。しかし皮肉にも，米国政府内および米英間で西側統合政策を焦点とするコンセンサスの形成が進むのに比例するように，MEC / MEDO構想は政策としての具体性を喪失していった。米国政府内，そして米英間の曖昧なコンセンサスは，英・エジプト紛争を解決した後にMEDO設立に向けた外交プロセスが再始動するであろうとの曖昧な展望のみであった。換言するならば，英・エジプト紛争（およびイラン石油国有化紛争）の解決は，いまや孤立した外交課題ではなく，西側統合政策の目標実現に至るまでの直線的な地域的政策プログラムの第一段階として

位置づけられていた。このことは，西側統合政策のこれ以降の展開を理解する上で重要である。しかし，トルーマン政権には，もはやその第一段階を突破するための時間すら残されていなかった。かくして西側統合政策の将来は，アイゼンハワー政権に託されることとなったのである。

第 3 章
協調的石油秩序への道程

1　中東石油と米国

　米国の政策決定者たちをして中東を西側世界に統合する価値と必要のある地域として認識せしめていた大きな要因のひとつが，同地域に賦存する巨大な石油資源であったことは間違いない。米国の戦後世界構想において中東に与えられた独特の位置づけもまた，その石油資源に大きく由来した。しかしながら，石油を焦点とする米国の中東におけるインタレストの増大は，同地域に巨大な石油資源が存するという単純な事実から自動的に導かれたわけではなかった。本節では，いったん時間をさかのぼり，米国の戦後世界構想における中東の位置づけという観点から，米国の政策決定者たちが中東の石油資源に関心を抱き，中東に独特の重要性を付与していく過程を検討する。

　石油の歴史を俯瞰するならば，資源の持続性や将来的な供給能力への見通しが，悲観と楽観の間を振り子のように振幅してきたことに気付く。21世紀に至るまで石油資源の絶対量が不足したことはなかったが，石油の需給関係はたびたび逼迫し，石油資源枯渇への恐怖感や将来的な供給能力不足への懸念が，石油産業界や政策決定者たちを衝き動かし，石油を巡る政治的関係や制度的な枠組みに大きな影響を与えてきたのである。石油を巡る米国と中東の関係において最初の重要な転機となったのは，第一次世界大戦直後から1920年代前半にかけて叫ばれるようになった，米国の石油資源枯渇への不安であった。かかる危機感を背景として，両大戦間期には米国籍の石油会社の中東進出が進んだ。フランスとともに旧オスマン帝国領のアラブ地域に委任統治領を獲得していた英国は，この新たな勢力圏への米国籍石油会社の進出を阻もうとしたが，米国の国務省は「門戸開放」原則を唱えてこれに対抗した。結果的に，戦間期を通じて，米国籍の石油会社は，

イラク，クウェイト，バハレーン，サウジアラビアで石油利権を獲得した[1]。

利権の対象地域，油田の規模，投資リスクが何れも大きい中東では，大規模な資本を調達するとともにリスクを分散するために，複数の石油会社が現地に開発・生産のための合弁会社を設立する経営形態が一般化した。1930年代半ばまでに，のちに中東の主要産油国となる国々の石油利権は8つの石油会社の間で分割される形となった（表1参照）。後にこの8社が，米国のプロ野球の一部リーグになぞらえて「メジャーズ」と呼ばれる世界の主要石油会社となっていくことになる。メジャーズ8社のうち，英国政府も資本参加するアングロ＝パーシャン・オイル・カンパニー（APOC），オランダ籍でありながら英国にも登記され英国政府とも緊密な関係を有していたロイヤル＝ダッチ・シェル（Royal-Dutch Shell：以下，シェル）社の2社が英国系企業，フランス石油会社（Compagnie Française des Pétroles：以下CFP）がフランス系で，残る5社は米国籍企業である。大括りに捉えるならば，戦間期に中東の石油資源の大部分を米英の石油会社が掌握する状況が生まれたのである。

このようにして，米国は中東に石油という経済的インタレストを有するようになった。しかしながら，この新たな経済的インタレストは，第二次世界大戦期に至るまで，なお潜在的な次元にとどまっていた。個々の石油会社はともかく，国家としての米国は中東の石油を必要としていなかった。また，第一次世界大戦前からAPOCが商業生産を開始していたイランを除けば，中東の石油開発は始まったばかりであった。石油が商業的に生産され始めた19世紀後半以来，米国は一貫して圧倒的に世界最大の産油国であり，世界の石油生産の重心は南北アメリカ大陸にあった。1940年を例に取ると，世界の石油の年間生産量約21.5億バレルのうち，米国は13.5億バレルを生産し，米国を含む西半球の総生産量は16.7億バレルで，世界全体の78％あまりを占めた。これに対して，同年の中東地域の生産量は全体で1億バレルをようやく超えたに過ぎなかった[2]。

それに加えて，政府と石油産業の関係のあり方もまた，この時期の米国の中東におけるインタレストを限定する一因であった。海軍用燃料の安定的確保を目指

---

[1] U.S. Senate, Subcommittee on Multinational Corporations of the Committee on Foreign Relations（以下MNC），*Report to the Committee on Foreign Relations : Multinational Oil Corporations and U.S. Foreign Policy* (Washington, D.C. : U.S.G.P.O, 1975)（以下 *MNC Report*），33-38.

[2] DeGolyer & MacNaughton, *Twentieth Century Petroleum Statistics* (Dallas : DeGolyer & MacNaughton, 1993)（以下 *TCPS 1993*），charts, nos. 4, 5, and 9.

表1 中東主要産油国における現地生産会社への石油会社の参加比率(1945/1972年)

A. 1945年

国名	現地生産会社名	参加会社(親会社)	参加比率(%)
イラン	——	AIOC	100
イラク	イラク石油 (IPC)	AIOC	23.75
		シェル	23.75
		CFP	23.75
		エクソン	11.875
		モービル	11.875
		C・グルベンキアン(個人)	5
サウジアラビア	アラムコ (ARAMCO)	ソーカル	50
		テキサス	50
クウェイト	クウェイト石油 (Kuwait Oil Co.)	AIOC	50
		ガルフ	50

B. 1972年(上記から変化した国のみ)

国名	現地生産会社名	参加会社(親会社)	参加比率(%)
サウジアラビア	アラムコ (1947年に参加比率が変更)	ソーカル	30
		テキサス	30
		エクソン	30
		モービル	10
イラン	コンソーシアム (1954年に発足)	BP(AIOCより社名変更)	40
		シェル	14
		エクソン	7
		モービル	7
		ソーカル	7
		テキサス	7
		ガルフ	7
		CFP	6
		イリコン (米独立系12社による合弁企業)	5

(出所) Sampson, *Seven Sisters*, 150を基に筆者作成。

して第一次世界大戦前からAPOCに政府が資本参加した英国や,イラクの石油開発のために半官半民のCFPを設立したフランスとは対照的に,米国では完全な私企業として石油会社が発展した[3]。1920年代の共和党政権時代に商務長官と大統領を務めたハーバート・フーヴァー(Herbert Hoover)に代表される米国の政策決定者たちは,石油に限らず米国系企業が海外の天然資源供給源を確保することを奨励し,そのような企業を支援した。しかし,ホスト国政府の政策等によっ

---

[3] Louis Turner, *Oil Companies in the International System* (London: Royal Institute of International Affairs, 1978), 27-28.

て米国系企業が不利益を被る，あるいはその地位が脅かされるような場合を除けば，米国政府はホスト国政府との間に特段の外交関係を切り結ぶことはなかった。米国系企業の海外進出を奨励し，それらの企業に情報と活動しやすい環境を提供することが，この分野における戦間期の米国政府の役割であった[4]。

　加えて，反トラスト法という制度的制約がある米国においては，政府と石油会社の関係は常に一定の距離を保つものとならざるを得なかった。米国の石油会社は，みずからが必要とするときに政府に支援を求めることはあっても，政府との恒常的な協力関係を築いたわけではなかった。海外進出の促進という点で，石油会社と米国政府の利害は一致したが，ひとたび参入が実現すると，石油会社は既得権者として利権の門戸を閉ざした。イラク石油会社（Iraq Petroleum Company：以下 IPC）に参加する石油会社が 1928 年に締結した旧オスマン帝国領での参加企業の単独行動を禁じる赤線協定（Red Line Agreement）や，同年に APOC，シェル，スタンダード・オイル・カンパニー・オブ・ニュージャージー（Standard Oil Company of New Jersey：以下，エクソン）が世界的な市場分割について合意したアクナキャリー協定（Achnacarry Agreement）は，「門戸開放」の維持を主張する米国政府の意向を無視する形で，石油会社が締結したものであった[5]。

　大恐慌の到来によって石油の生産過剰が問題化し，それと前後してテキサス州で新規の大規模油田が発見されると，石油枯渇への危機感は過去のものとなった。大恐慌下の 1930 年代，米国における石油を巡る最大の関心事は，石油価格の下落を防ぐための国内の生産調整であった。テキサス州で開始された州政府による生産調整は，全国産業復興法の下で全国的な石油の生産調整を定める石油協約および石油の州際取引禁止措置へと拡大した。そして，1935 年に同法が違憲判決を受けた後，その後長きにわたって米国内の石油生産を規制するシステム，すなわち，各州の生産調整制度，産油州間で締結された州際石油協約（Interstate Oil Compact），および連邦政府による石油の州際取引の監視と取り締まりを盛るコナリー州際石油取引規制法（Connally Hot Oil Act of 1935）により，連邦と州の公権力が米国内の生産調整を実施する体制が確立した。公権力による米国内の生産調整体制と，石油会社が世界的な市場分割のために締結したアクナキャリー協定およ

---

[4] Emily Rosenberg, *Spreading the American Dream : American Economic and Cultural Expansion, 1890-1945* (New York : Hill and Wang, 1982), 125-137.

[5] *MNC Report*, 35-36；Turner, *Oil Companies*, 30-34.

びそれを補完する一連の協定は，全く異なる主体が大きく異なる動機に導かれて実現したものでありながら，相互補完的に世界的な石油の生産調整を実現することとなった。かくして「国際的なカルテル並立の時代」となった1930年代においては，石油生産の抑制が世界的な関心事であり，中東石油の開発や生産も頭打ちとなったのである[6]。

しかし，米国が第二次世界大戦に参戦すると，米国政府はふたたび中東の石油資源への関心を高めることとなる。そのきっかけとなったのは，またしても将来の石油危機への不安であった。戦時の急激な石油需要の伸びに伴って，1942-43年に航空機用ガソリンの供給不足が発生したことを契機に，米国政府内外では，将来的な石油の生産および精製能力の不足，さらには米国の石油資源枯渇の恐れが声高に語られるようになった。事実，19世紀から石油生産を本格化させていた世界最古の産油国である米国の石油生産の伸びは鈍化しつつあった。当時の米国内における石油の確認埋蔵量約200億バレルから推計すると平時の消費水準でも14年あまりで米国の石油資源は枯渇する可能性があるとの悲観的な観測が，1943年には米国政府の高官レヴェルで語られるようになった。そして，かかる悲観論が，海外における石油資源の開発と生産を米国の「死活的インタレスト」と位置づける議論へとつながっていくことになる[7]。

さらに，米国の石油資源枯渇への恐怖感は，国家安全保障の論理とも結びついた。2つの世界大戦で連合軍の近代兵器を稼働させていたのは，まさに米国の石油であった。1945年を例に取ると，世界の年間石油生産量約26億バレルのうち，アメリカは約17億バレルを生産し，約3.2億バレルのベネズエラがそれに続いた。これに対して，旧大陸最大の産油国であったソ連は約1.5億バレル，中東最大の産油国イランは約1.3億バレルを生産したに過ぎなかった[8]。増大していく世界的な石油需要に米国が応え続けることが出来たとしても，それは限りある米国の石油資源の枯渇を早めることになり，そしてそのことは，将来的に第二次世界大戦型の戦争が再び勃発した際に必要とされるであろう米国の石油供給を危う

---

[6] Sampson, *The Seven Sisters*, chap. 4.「国際的なカルテル並立の時代 (an age of international cartels)」は，Turner, *Oil Companies*, 30 より引用。

[7] Draft Letter from William C. Bullitt, Under Secretary of the Navy, to the President, June 1943, in U.S. Senate, Subcommittee on Multinational Corporations of the Committee on Foreign Relations, *A Documentary History of the Petroleum Reserves Corporation*（以下 *PRC History*）(Washington, D.C.：U.S.G.P.O., 1974), 3-6.

[8] *TCPS 1993*, charts, nos. 4, 5, 6, 7 and 9.

くするという点で，米国の安全保障を脅かす問題であると考えられるようになったのである。それゆえ，将来の大戦争に備えるためには，米国のみならず「西半球」全体として石油資源の供給能力を長期にわたって確保しておく必要があると考えられるようになった。したがって，ベネズエラなど西半球での石油開発は，安全保障という観点からは十分な解答ではなかった。米国の石油生産を抑制しつつ，戦後世界において拡大するであろう石油需要を満たすためには，新たな石油の供給拠点は「東半球」に求められねばならなかった。かかる経緯から，米国の政策決定者たちの関心は中東地域に向けられることとなったのである[9]。

大戦中には，中東に莫大な石油資源が存在していることが，科学的にも明らかにされつつあった。1943年末に中東に派遣された米国政府の石油技術者チームは，中東地域に米国を上回る260億バレルの石油が埋蔵されていると推計し，「世界の石油生産の重心は，メキシコ湾・カリブ海地域から中東すなわちペルシャ湾地域に移動しつつあり，最終的に後者が明確に世界の石油生産の重心となるまで移動の過程が継続しそうである」との見通しを示した[10]。遅くとも1944年末までに，米国の政策決定者たちは，ペルシャ湾地域に米国に匹敵する規模の石油資源が埋蔵されていることを確信し，「平時における東半球市場への供給源として」ペルシャ湾地域の石油開発を促進することを政策目標に掲げるようになったのである[11]。

ここで述べられている「平時」が，第二次世界大戦後のことを指すことは強調しておかねばならない。「平時における東半球市場への供給源として」ペルシャ湾地域の石油開発を促進するという目標は，米国一国の石油供給の問題をはるかに超える広がりを有し始めていた。米国はすでに，ブレトン・ウッズ会議や国際連合の設立に向けた外交交渉で主導的な役割を果たすことを通じて，戦後世界の経済と安全保障に大きな責任を担う姿勢を明確にしていた。戦後世界が如何なるものになるか，なお明らかになっていなかったものの，米国は政治・経済の両面において，世界の中心国としての役割に公的にコミットし，それを行動に移し始

---

[9] Memorandum by the Interdivisional Petroleum Committee of the Department of State, "Foreign Petroleum Policy of the United States," April 11, 1944, *FRUS, 1944*, 5 : 27-33.
[10] David S. Painter, *Oil and the American Century : The Political Economy of U.S. Foreign Oil Policy, 1941-1954* (Baltimore : Johns Hopkins U.P., 1986), 52.
[11] Memorandum, "Oil Situation in the Middle East," February 9, 1944, *PRC History*, 49-53 ; Memorandum by Assistant Secretary of State to the President, undated, *FRUS, 1944*, 5 : 36-37.

めていたのである。そして石油もまた,ひとつの重要なコンポーネントとして,米国の戦後世界構想に組み込まれていた。このような文脈において考えるとき,米国の政策決定者たちが,世界的に増大すると予想されていた石油需要を中東における石油生産の拡大によって充当するという壮大な構図を描いていたことは,米国と中東の関係に重大な意味を有した。もはや中東は,米国の石油会社や政策決定者が,一時的な石油需給の変動などに伴って,気まぐれな関心を向ける地域ではなくなりつつあった。米国は,中東に世界的な石油の生産拠点としての明確な役割を与え,中東がそのように機能することに恒常的なインタレストを有するようになっていったのである。

その巨大な石油資源こそ米国の中東における基幹的なインタレストであり,米国を中東に恒常的に関与させる重要な契機であった。しかし,このように述べることは,米国の中東におけるインタレストが石油に局限されていた,あるいは石油を巡るインタレストが政治的その他のインタレストを凌駕していたということを意味するわけではない。さらに付け加えるならば,石油の交易条件や,米国の石油産業の利益という観点から,米国の政策決定者たちがこのような戦後世界構想を描いたわけではなかった。米国の中東石油に関するインタレストの要諦は,世界的な需要の増大に対応しうる生産の拡大および安定的な供給の維持にあった。しかし,それを実現する枠組みは,なおきわめて流動的であった。如何なる原理に立脚して,そして如何なる制度的および政策的枠組みによって,中東の石油開発を促進し,中東石油を安定的に世界市場に供給していくかという問題は,主要石油会社を擁する米英両国政府,石油業界,そして産油国政府などの主要アクター間の広義の交渉を通じて決定されていくことになるのである。

2 中東石油開発の枠組みの模索

1) 政府の直接参入の試み——PRC の挫折

最初に問われることになったのは,中東の石油開発および生産を引き続き私企業の手に委ねることの是非であった。この問題は,第二次世界大戦中,サウジアラビアの石油利権を巡る米国内の議論を通じて問われることとなった[12]。サウジアラビアの石油利権は,1933 年にスタンダード・オイル・オブ・カリフォルニ

ア (Standard Oil of California：以下，ソーカル) 社が獲得し，同社がテキサス (Texas Company) 社と設立した合弁会社であるカリフォルニア=アラビアン・スタンダード・オイル・カンパニー (California-Arabian Standard Oil Company：以下 CASOC) が保有していた。米国籍企業が石油利権を100％掌握していたのは，中東ではサウジアラビアとバハレーンのみであった[13]。CASOC は，1939年に大規模油田を発見し，同年から商業生産と輸出が開始されたものの，まもなく第二次世界大戦が勃発したために，生産と輸出はともに軌道に乗ることなく頭打ちとなった。一方，大戦の到来でアラビア半島の聖地巡礼者が減少したことにより，サウジアラビア政府の収入が減少したことから，アブドゥルアジーズ ('Abd al-'Azīz ibn 'Abd al-Raḥman Āl Sa'ūd) 国王は CASOC に追加の支払いを要求した。しかし，多くの資本を投下しながら石油輸出を本格化できずにいた CASOC は，国王からの要求に応えることが出来ず，1941年に米国政府に支援を要請した。これを受けて，CASOC 利権の維持を重視するフランクリン・ローズヴェルト (Franklin D. Roosevelt) 政権は，武器貸与法による対サウジアラビア援助を決定した。第二次世界大戦に参戦していなかった同国への援助には米国内からの批判が予想されたため，当初は英国に提供した武器貸与法援助の一部を英国経由でサウジアラビアに提供するという変則的な形が取られたが，CASOC のさらなる陳情を受け，また米国自身のサウジアラビアへの影響力拡大を目指す見地から，1943年には直接援助に切り替えられた。

しかし，もはやこの頃までに，問題はサウジアラビアに対する援助の形態にと

---

[12] 本節の叙述は，以下の文献を適宜活用している。Aaron D. Miller, *Search for Security : Saudi Arabian Oil and American Foreign Policy, 1939-1949* (Chapel Hill : University of North Carolina Press, 1980), chaps. 2, 3 and 4 ; Irvine H. Anderson, *Aramco, the United States and Saudi Arabia : A Study of the Dynamics of Foreign Oil Policy, 1933-1950* (Princeton : Princeton U.P., 1981), chaps. 2-5 ; Painter, *Oil and the American Century*, chaps. 2 and 3 ; 油井『戦後世界秩序の形成』, 48-59 頁。

[13] バハレーンの合弁会社であるバハレーン石油会社 (Bahrain Petroleum Company：BAPCO) も，CASOC と同じ親会社2社で構成された。もともとバハレーンの石油利権は英国系企業が保有しており，ソーカルが同英国系企業から利権を購入しようとした際，英植民地省は米国系企業の参入を阻止しようとしたが，米国政府が抗議したことで，ソーカルが1929年に利権を取得した。ソーカルは単独で BAPCO を設立し，1932年に同地で油田を発見した。このことからソーカルは，対岸のサウジアラビアを有望と見て，単独で同国の利権を取得し，同国の石油開発のために単独で CASOC を設立した。しかし，サウジアラビアでの探鉱が難航したことから，1936年にテキサス社を対等のパートナーとして CASOC と BAPCO に招入したのである。Benjamin Shwadran, *The Middle East, Oil and Great Powers*, 3rd ed. (New York : John Wiley & Son, 1973), 390-392.

どまるものではなくなっていた。先述のように，1942-43年にかけて，米国では航空機燃料やガソリンの供給不足が発生し，将来的な石油供給への不安が語られ始めていた。このような中で，連邦政府内では，サウジアラビアの石油利権を，特定の石油会社の商業的権益にとどまらぬ，米国の安全保障上のインタレストとして位置づける議論が強まり，国務省，内務省，軍部が連邦政府の介入によってサウジアラビアの石油利権を確保する方策を検討し始めていた。その介入のあり方を巡って，各省の構想には隔たりがあった。国務省は，私企業による石油産業の運営という原則を尊重する立場を取り，CASOC から連邦政府が石油を直接購入する契約を構想した。一方，軍部と内務省は，CASOC の石油利権を連邦政府が引き継ぐ形で，公権力が石油産業に直接参入する形態を模索した。これら省間の協議から導かれた結論は，後者の構想に近いものとなった。すなわち，連邦政府の復興金融公社（Reconstruction Finance Corporation）の下に石油備蓄公社（Petroleum Reserves Corporation：以下 PRC）という国営企業を立ち上げ，同公社に国外の石油利権獲得の権限を付与することになったのである。

　1943年6月30日に PRC は正式に発足し，連邦政府内で石油問題を管轄していた内務省のハロルド・イッキーズ（Harold L. Ickes）長官が総裁に就任した。しかし，PRC はほどなく暗礁に乗り上げる。PRC は，当初 CASOC の株式の100％取得を目指したが，CASOC の親会社2社はこれに強く抵抗した。PRC 側は，取得する株式の比率を過半数，3分の1と引き下げていったが，交渉は妥結に至らなかった。これと並行して PRC は，クウェイトの石油利権の50％を有するガルフ社（Gulf Oil Company）の利権を購入する交渉も行ったが，金銭的条件で折り合いがつかなかった。交渉が難航するうちに，PRC の石油利権直接参入の動きが公知となると，米国内の石油業界は組織的な反対キャンペーンを展開し始めた。PRC 批判の中心となったのは，皮肉にも，戦時石油管理官（Petroleum Administrator for War）として米国の石油産業の管理や統制の任に当たっていたイッキーズに助言を与えることを目的として米国内の石油会社の代表によって組織されていた，戦時石油産業会議（Petroleum Industry War Council：以下 PIWC）であった。11月に提出された報告書「合衆国の石油政策」の中で PIWC は，米国人による中東を中心とする海外の石油資源開発を促進することの重要性を呼号する点で政府と立場を共有しつつも，それを実現する能力を有するのは私企業であり，政府は私企業による石油開発を促進するような外交的および制度的な環境を整備すること

に集中すべきであると主張した[14]。CASOC 親会社との交渉の不調と石油業界からの反発に直面し，PRC は石油利権への直接参入を断念せざるを得なくなった。

しかし，イッキーズは公権力による中東石油開発を断念したわけではなかった。1944 年 1 月，PRC は，サウジアラビアやクウェートなどペルシャ湾岸で生産される石油を地中海沿岸まで輸送するパイプラインを PRC が建設し運営するという形で，連邦政府を中東の石油開発に参与させることを構想し始めた。この国営パイプライン構想は，もともとサウジアラビアから地中海沿岸へのパイプライン建設を計画していた CASOC にとっては，みずからの負担軽減につながるものであった。(1944 年 1 月に CASOC は，社名をアラビアン＝アメリカン・オイル・カンパニー (Arabian-American Oil Company：ARAMCO，以下，アラムコ) に改めている。) それゆえ，アラムコ親会社のソーカル社とテキサス社，そしてクウェイト石油に 50% 参加していたガルフ社は，ほどなく PRC のパイプライン建設に同意した。もともと積極的な公権力の関与に支持を与えてきた軍部は国営パイプライン構想も支持し，2 月初めには大統領もこれを承認した。

しかし，この国営パイプライン構想は，PRC のサウジ石油利権への直接参入構想以上に強烈な反発に見舞われた。上記の 3 社を除く米国の石油業界は，ほぼ全面的に反対姿勢を示した。米国の石油業界は，海外に生産拠点を有し原油生産 (上流部門) から精製・販売 (下流部門) まで全てを内部化して一貫操業するごく少数の大企業と，国内での生産や販売に従事し多くの場合上流部門か下流部門の何れかに特化した夥しい数の中小業者に大別され，この 2 つのグループの間では利害が対立することが多い。しかし，国営パイプライン構想については，上記の 3 社以外の大企業と中小企業の間で，安価な中東石油との競争を回避したいという利害が一致した。とりわけ中小石油業者は，みずからの立場の正当性を主張するために，私企業体制を賛美するとともに，公権力が運営する PRC を「ファシスト的アプローチ」として糾弾する原理的な立場を明確にしていった[15]。中小業

---

[14] Report by the Foreign Operations Committee of the Petroleum Industry War Council, "A Foreign Oil Policy of the United States," November 5, 1943, in *PRC History*, 60-68. 戦時石油管理官および PIWC については，Painter, *Oil and the American Century*, 12-14.

[15] Report for Independent Petroleum Association of America Published by the PIWC, undated, "U.S. Foreign Oil Policy and Petroleum Reserves Corporation," in *PRC History*, 88-119. 興味深いことに，中小業者は，英国政府が株主として参加しながらも経営には関与しない AIOC のような企業形態は必ずしも否定していない。かかる中小業者の立場は，彼らが AIOC と直接的に競合する立場にはなかったという事情によるものであろう。

者に引きずられるような形で，2月初めには，PIWCもPRC廃止を要求することを決議した。連邦議会では，勢力を拡大しつつあった反ニューディール勢力が，石油業界からの反発に呼応する形で，ニューディールの立役者の一人であるイッキーズが主導するPRCへの批判を強めていた。以上のような政治情勢の下で，国営パイプライン構想は立ち往生し，同年夏までには事実上の断念へと追い込まれる。そして，国営パイプライン構想の頓挫とともに，公権力が中東石油の開発と生産に直接関与するPRCの試みは終焉を迎えたのである。

2）行政的計画化の試み——米英石油協定

　PRCが石油産業からの批判を浴びている頃，連邦政府内では，英国政府との間で石油に関する外交的な合意を形成するという，PRCとは全く異なるアプローチによって中東石油の開発を促進しようとする動きが進行していた。中東に非公式帝国を有する英国は，潜在的に米国籍企業の新規参入に門戸を閉ざすことが出来る立場にあった。しかも第二次世界大戦時点で，英国勢，すなわちアングロ＝イラニアン・オイル・カンパニー（AIOC）とシェル社は，中東の石油生産量の8割あまりを占めていた。すなわち，米国籍石油会社の中東における活動を制約し，あるいは脅かしうる立場にあるのは，実質的に英国のみであったゆえに，英国との外交的合意は戦後を見据えた長期的な中東石油の「秩序ある開発（orderly development）」を大いに促進すると期待されたのである[16]。

　米英石油協定に至る動きを主導したのは，国務省であった。国務省は，公権力の石油産業への直接参入には一貫して消極的であり，そのようなアプローチを追求するイッキーズの内務省とは対外石油政策の主導権を巡って競合する立場にあった。国務省内では，1943年3月に石油を巡る米英協定の構想が語られ始め，遅くとも9月には中東石油に関する諸問題を米英間で協議する委員会を設置するとの構想が語られるようになっていた。このような折，11月に英外務省が中東の諸問題に関する協議を打診してきたのを契機に，国務省の構想は具体性を帯び始めた[17]。

---

[16] Memorandum by the Adviser on Political Relations, November 24, 1943, in *FRUS, 1943*, 4: 943-947.

[17] Memorandum from the Adviser on Political Relations to the Under Secretary of State, November 6, 1943, *FRUS, 1943*, 4: 8-10; Memorandum from Brig. General Boykin C. Wright to the Secretary of War, November 30, 1943, *PRC History*, 41-47. アンダーソンによると，米英石油協定の構想は，

1944年初めにPRCの国営パイプライン構想の失速が明らかになる中で、ローズヴェルト政権は、外交的な手法によって中東の石油開発を促進するというオプションに軸足を移し始めた[18]。2月から3月にかけて、ローズヴェルトとチャーチル英首相の間では、両国の石油会社が中東に有する石油利権を相互に侵害しないことを約する、きわめて率直なメッセージが交換された[19]。首脳レベルで石油利権を巡る相互不信を除去することが、中東石油を巡る米英協調の前提として必要だったのである。

中東石油に関する米英協議は、4月中旬から事務レヴェルの折衝が行われ、4月末に暫定合意が成立した。先行研究ではほとんど注目されていないが、PRC構想と米英石油協定の間には、その目標において質的な相違が存在していた。PRC構想は、米国の安全保障上のインタレストを強調し、サウジアラビアの石油利権を英国に奪われぬようにすることを目標とする、あからさまにナショナリスティックな構想であった。米英石油協定にも、ナショナリスティックな思惑が込められていなかったわけではない。暫定合意において、米英両政府は、既存の石油利権を相互に尊重するとともに、利権未設定地域については機会均等の原則に従い、石油資源の探鉱・開発・生産・輸送について制限的な政策を採用しない

英国側でも同時並行的に進んでいた。戦後に大量の中東石油を抱え込むことになると予想したAIOCは、十分な市場を確保するために米英政府間レヴェルでの合意が必要になると考え、英国政府にそのような案を提案するとともに、1943年8月にはソーカル社のデュース (James Terry Duce) 経由で米国側にも打診していた。ゆえに、1943年夏以降、米国政府は英国との合意の余地を視野に入れつつ、協定を構想していたと考えられる。Anderson, *Aramco, the United States and Saudi Arabia*, 71-73.

[18] PRCと米英協定は原理的には排他的ではなく、両者は並行的に進行した側面もある。しかし、実際には国営パイプラインの建設は英国との協議にも大きな影響を与えると考えられたため、優先順位を付す必要があり、1944年1月の段階では、ローズヴェルト政権は事実上PRC構想を優先していた。Memorandum from the Secretary of State to the President, January 8, 1944, *FRUS, 1944*, 5: 15-16; Two Memoranda by President Roosevelt, January 10, 1944, ibid., 16-17. しかし、1944年2月から3月にかけて米国の石油産業がPRCへの敵対姿勢を明らかにするにつれて、PRCは後景に退き、米英協議が優先されるようになってくる。Acting Secretary of State to Certain Diplomatic Missions in the American Republics, February 17, 1944, ibid., 23-24. アンダーソンは、PRC構想と米英石油協定構想がローズヴェルト政権内で対立的な位置づけを帯びた大きな原因を、対外石油政策を牛耳ろうとするイッキーズの政治的野心に求めている。Anderson, *Aramco, the United States and Saudi Arabia*, 73-83.

[19] Prime Minister Churchill to President Roosevelt, February 20, 1944, *FRUS, 1944*, 3: 100-101; Acting Secretary of State to U.S. Embassy in London, #1332, February 22, 1944, ibid., 101-102; Prime Minister Churchill to President Roosevelt, February 24, 1944, ibid., 102-103; Prime Minister Churchill to President Roosevelt, March 4, 1944, ibid., 103.

ことを約した。しかし，米英石油協定の目標は，自国の石油会社の石油利権を防衛するというナショナリスティックな目標にとどまるものではなかった。米英石油協定の最大の眼目は，中東石油資源の「秩序ある開発」を促進することにあった。この「秩序ある開発」には，広範な目標が込められていた。暫定合意は，「すべての平和を愛する諸国民に，十分な量の石油を……正当な価格（fair price）で，平等かつ無差別の原則の下に供給する」こと，そして，産油諸国の「健全な経済発展」をもたらすような形で石油資源開発を行い石油から生じる富を分配することを目標に掲げていた。さらに暫定合意は，米英二国間協定の発効後に，協定参加国を消費国と産油国に広く拡大し，最終的にはこれを多国間の「国際石油協定」に発展させるとの展望を打ち出していた。すなわち，米英石油協定は，中東の石油利権の大部分を掌握する石油会社を擁する米英両国の主導のもとに，産油国と消費国の間に利益の一致を実現しようとする，国際主義的（インターナショナリスティック）な構想だったのである。

　かかる目標を追求する仕組みとして，暫定合意では，米英各5名，計10名よりなる合同石油委員会（Joint Petroleum Commission）を設置することが合意された。合同石油委員会は，「世界の石油需要の長期的な予測」を行い，その需要を満たすために，「利用できる埋蔵資源，健全な工学的手法，関連する経済的諸要因，産油国と消費国の利益などの様々な要因を勘案」しつつ，「多様な産油国の間で公平に生産を分担」する方法を「提案（suggest）」することを主たる任務としていた。また，合同石油委員会は，「世界的な石油の生産・精製・輸送・販売にかかわる……短期的な諸問題」を分析し，米英両国政府に適切な対処法を「勧告（recommend）」する任務も帯びていた。合同石油委員会の決定は，米英両国政府が「それぞれの憲法上の手続きに従って」実行するよう「努める（endeavor）」こととされるにとどまり，同委員会の決定が自動的に実行されるものとは想定されていなかった。しかし一方で，合同石油委員会の権限は広範であり，その中には個々の産油国に生産割当を行う権限までが含まれていた。このように，具体的な実施方法については多分に曖昧さが付きまとったとはいえ，合同石油委員会に期待されていた役割は明確である。それは，世界的な石油の需給予測をはじめとする科学的なデータと知見に基づいて，世界的な石油生産を行政的に計画化し管理・調整する司令塔の如き役割を期待されていたのである。いうなれば，それは米国内ですでに稼働していた生産調整システムを世界大に拡大する企てであった。

計画化の手法によって産油国と消費国さらには産油国間の利害調整を実現することで石油を巡る広範な利益の一致を創出することが合同石油委員会に期待された役割であり，かかる広範な利益の一致を創出するシステムを構築することこそが米英石油協定の最大の眼目であった[20]。

7月末に始まった米英の閣僚級協議では，英国側が戦後のポンド危機を見越した上でドル石油の輸入制限を行う権限を留保する条項を暫定協定に追加することを主張したことが，唯一の深刻な対立点となった。しかし，米国側がそれに強く抵抗したことから，最終的には英国側が譲歩し，英国側の求める条項が協定に書き加えられることはなかった[21]。以上のような経過を経て，1944年8月8日，米英石油協定（Petroleum Agreement between the United States and the United Kingdom）が調印された。本協定では，国際協定としての体裁が整えられ，合同石油委員会が国際石油委員会（International Petroleum Commission）と改称されて構成員が米英より4名ずつの計8名とされるなどの変更はあったものの，内容的には本協定は暫定合意をほぼそのまま踏襲していた[22]。

ローズヴェルト政権は，米英石油協定には十分な成算があると踏んでいたに違いない。協定を主導した国務省は私企業による石油産業の運営という原則にコミットしていたし，米国の石油業界には英国との協定を積極的に望む向きもあった。PIWCが1943年11月に作成した報告書「合衆国の石油政策」は，PRC批判の文脈で私企業による石油産業運営の利点を強調するのと同時に，米国政府と石油業界の協力関係の緊密化や私企業への外交的支援を求め，その延長線上で，米国内の州際石油協約に擬された「国際石油協約（International Oil Compact）」の実現を提唱していた。国際石油協約は，加盟国に差別的な政策を禁じつつ世界的な需要増に対応することを目的とするものとされていた。PIWCは，かかる目的を達成するために，加盟諸国の石油政策の調整を行う機関として，主要消費国と石油産業の代表よりなる「常設委員会（Permanent Commission）」を設置することも提案していた。以上のようなPIWCの構想は，米英石油協定と大きく重なり合う内容を有していたと言ってよい[23]。さらに，ローズヴェルト政権は，米英石油協

---

[20] Secretary of State to the President, May 4, 1944, *FRUS, 1944*, 3 : 111-115.
[21] Anderson, *Aramco, the United States and Saudi Arabia*, 91-94.
[22] Secretary of State to President Roosevelt, August 24, 1944, *FRUS, 1944*, 3 : 124-125 ; Department of State, *Bulletin*, August 13, 1944 : 153-156.
[23] Report by the Foreign Operations Committee of the Petroleum Industry War Council, "A Foreign Oil

定に至る交渉過程で，米国の石油産業の代表者を米国側交渉団の顧問として参加させたほか，交渉内容を有力な連邦議会上院議員に通知するなど PRC の失敗の経験を踏まえて，国内政治対策には最大限の注意を払っていた[24]。

しかし，政権の予想に反して，米英石油協定は米国内で強い批判を浴びた。最も強く反発したのは，米国内のみに基盤を持つ中小の石油業者であった。これら中小業者は，海外からの安価な石油の大量流入に強い警戒感を抱くとともに，PRC の場合と同様に政府の石油ビジネスへの関与拡大に原理的な反発を示した。一方，メジャーズは，米英石油協定が米国の反トラスト法の緩和に踏み込まなかったことには不満を抱いていたものの，中東での「秩序ある石油開発」を望む立場から協定を評価していた。しかしメジャーズは，中小業者を敵に回してまで協定を支持しようとはしなかった。中小業者は，経済的には大規模業者に太刀打ちできぬものの，その数ゆえに大規模業者を凌駕する大きな政治力を有したからである。また，連邦議会上院からは，米英石油協定が行政協定として締結されたことに対して，立法府軽視との批判があがった。かかる批判に対処するため，ローズヴェルト政権は，同協定を条約扱いとして上院に批准を求めることとした。しかるに，同協定を最初に審議する上院外交委員会の委員長トム・コナリー (Tom Connally，民主党) は，最大の産油州テキサス選出であり，先述の 1935 年コナリー州際石油取引規制法にその名を残していることからも窺われるように，中小石油業者の声に敏感であった。結局，ローズヴェルト政権は，協定をいったん取り下げ，修正案の作成に向かうこととなる[25]。

様々な曲折を経て英国との間に協定の修正が合意されたのは，第二次世界大戦終結後の 1945 年 9 月のことであった。修正協定は，全体的に簡略化され，文言の多くが修正されていた。一方で，修正協定には，同協定が締約国の国内石油産業には適用されぬこと，締約国の石油輸入に関する法や制度を脅かすものではないことを明記する新たな条文が盛り込まれ，さらに，目立たぬ修正ではあったが両国政府が自国の石油業界との「全面的かつ適切な協議 (full and adequate consultation)」を促進するとの文言が付加されていた[26]。これらの修正が，原協定への国

Policy of the United States," November 5, 1943, *PRC History*, 60-68.

[24] Painter, *Oil and the American Century*, 62-64.

[25] Painter, *Oil and the American Century*, 64-74; Anderson, *Aramco, the United States and Saudi Arabia*, 103-107.

[26] Second Anglo-American Petroleum Agreement, September 24, 1945, reprinted in Anderson, *Aramco,*

内石油業界からの広範な反発を緩和したい米国政府の思惑と，ドル建て石油の輸入制限の権利留保を求める英国の立場を反映していたことは明らかである。しかるに，修正協定に対しても中小石油業者を筆頭に米国内の批判は高まるばかりで，協定が上院を通過するめどは全く立たなかった。

まもなく，米英石油協定を推進する勢力は先細りしていった。国務省は，イッキーズの主導で実現した修正協定を原協定ほどに評価せず，批准への熱意を失っていた。そのイッキーズもまた1946年2月には内務長官を辞し，彼を失った内務省は協定への関心を示さなかった。ようやく1947年夏に開催された同協定を審議する上院外交委員会の公聴会では，コナリーが用意した反対派が協定への批判を繰り広げ，結局，協定は上院の投票にすらかけられなかった。協定が正式に連邦議会から取り下げられるのは1952年であるが，1946年時点ですでにそれは過去のものとなっていたと言ってよい。

以上のような経過を経て，米国政府が正面に出て国際的な石油秩序を構築する経路は，PRCのような形で政府が石油産業を直接運営する形はおろか，米英石油協定で想定されたような行政的な計画化の可能性も，閉ざされることとなった。戦後の国際石油秩序は，私企業の手によって，そして公権力の介入の余地がきわめて限定される条件のもとで形作られることが決定づけられたのである。しかし，如何にして中東石油の開発および生産を促進し，その過程において産油国と消費国の利益の一致を創出していくのか，米英石油協定の文言に従うならば如何にして「秩序ある開発」を実現していくのかという問題には，なお解答が与えられていなかった。戦後，米国の政策決定者たちは，私企業が決定権を握る環境の下で，引き続きこの問題の解答を探し求めていくこととなる。

3　戦後世界と中東石油

1）世界的な石油生産・消費パターンの変化

第二次世界大戦後の世界において，中東の石油資源は，戦時中に考えられていた以上に大きな重要性を持つようになった。戦後，米国内の石油生産の伸びは長

---

the United States and Saudi Arabia, 224-228.

期的な鈍化傾向を免れ得なかったが，米国内の石油消費は急増した。1950年までに，金額ベースでも数量ベースでも，米国の石油輸入は輸出を上回るようになり，第二次世界大戦まで世界の石油供給の大きな部分を占めていた米国は石油の純輸入国に転じた[27]。米国に代わる世界の石油供給源として急速に台頭したのが，中東であった。1945年時点では，北米大陸の原油生産量がおよそ17.6億バレルであったのに対して，中東は2億バレルにも満たなかった。しかし，1960年までに北米が28.6億バレルと約1.6倍の伸びにとどまったのに対して，中東は19.2億バレルとその生産量は10倍あまりに急拡大し，その大部分が輸出に回されていた[28]。第二次世界大戦直前の1938年，世界の石油生産における北米大陸の割合は約63％，中東を含むアジアが約10％であったのに対して，1960年には北米が約37％，アジア（大部分は中東）が28％と拮抗するようになり，1960年代半ばまでにはアジアが北米の割合を上回るようになる[29]。

　これらの変化が人類史上の巨大な変化を背景としていたことは，改めて述べるまでもない。史家エリック・ホブズボームは，第二次世界大戦後の30年あまりを，急激な世界的人口増加を超える速度で食糧生産が増大し，それにもかかわらず人類の大きな部分が人類史上初めて食糧生産から解放され，国や地域によって濃淡はあったものの，人類の大部分が技術革新の成果に浴した時代，すなわち人類史上における「黄金時代」と描写した[30]。そして，かかる20世紀後半の人類の繁栄は，それ以前とは比べ物にならぬほど大量の化石燃料を燃焼させることから得られる熱を大きな原動力としていた。20世紀後半以降も石炭は依然として重要な一次エネルギー源であり続けたが，この時代の急増する一次エネルギー消費の大きな部分を占めたのは石油であった。この間の事情は，1940年に約21億バレルに過ぎなかった世界の原油生産量が，1960年に約76億バレル，さらに1970年には167億バレルへと急増したことからも窺われる[31]。

　中東の石油を西側世界の経済復興と結びつける上できわめて重要な役割を果た

---

[27] *Historical Statistics of the United States, Millennial Edition*, 5 : Ee586, Ee611 ; DeGolyer & MacNaughton, *Twentieth Century Petroleum Statistics, 1973* (以下 *TCPS 1973*), 39, 46.
[28] DeGolyer & MacNaughton, *TCPS 1973* : 4, 9.
[29] DeGolyer & MacNaughton, *TCPS 1973* : 3.
[30] Eric Hobsbawm, *The Age of Extremes : A History of the World, 1914-1991* (New York : Vintage Books, 1994), 257-268, 287-295（エリック・ホブズボーム著，河合秀和訳『20世紀の歴史――極端な時代』三省堂，1996年，上巻，385-399頁，下巻，5-25頁）．
[31] DeGolyer & MacNaughton, *TCPS 1973* : 4.

したのは，欧州復興計画であった。欧州復興計画の援助額の 10％ 以上が石油輸入に充てられ，石油は品目別の援助額で最大の位置を占めた。そして，その石油の大部分は中東から供給されることになった。欧州復興計画の法的な基礎となる米国の経済協力法（Economic Cooperation Act）では，最も安価な供給源から物資を調達することが定められており，とりわけ石油および石油製品については可能な限り米国以外の供給源から調達すべきことが定められていた。これに対応する形で，主要石油会社は中東産石油の公示価格を引き下げ，西欧全域において中東産石油を西半球産石油よりも低価格で供給するシステムを構築した。この結果，西欧をはじめとする東半球では中東が石油の主たる供給源となる構造が出現した[32]。中東における石油の開発と生産は私企業の手に委ねられたものの，新たな生産・消費パターンの出現には，覇権国となった米国の政策が大きくかかわっていたのである。

2）国務省の中東石油政策

　米国政府は，米英石油協定を通じて目指していた，産油国と消費国の間に共通の利益を実現しつつ安定的に中東石油の開発と生産を促進するという目標を断念したわけではなかった。戦後，中東における石油問題を主として担当した国務省は，石油会社に働きかけ，あるいは石油を巡る外交プロセスに関与する中で，かかる目標の実現を目指していくことになる。

---

[32] Painter, *Oil and the American Century*, 153-160 ; Daniel Yergin, *The Prize : The Epic Quest for Oil, Money, and Power* (New York : Simon & Schuster, 1991), 422-425（ダニエル・ヤーギン著，日高義樹・持田直武訳『石油の世紀──支配者たちの興亡』日本放送出版協会，1991 年，上巻，694-698 頁）。公示価格（posted price）は，1920 年代末以降，AIOC，シェル，エクソン，モービルなどの主要石油会社が，アクナキャリー協定など世界的な市場分割カルテルに実効性を持たせるために世界的な石油価格を統一する目的で設定するようになったのが起源である。戦中までの公示価格は米メキシコ湾岸を基準点とし，各消費地の石油価格はメキシコ湾岸公示価格に消費地までの輸送費を合算した金額に統一された。戦後，欧州復興計画の発動と中東の石油生産の拡大に伴い，ペルシャ湾岸が公示価格の新たな基準点として設定されるようになった。ペルシャ湾岸の公示価格は，メキシコ湾岸積み出し石油とペルシャ湾岸積み出し石油の価格が，当初はロンドンで，ついでニューヨークで均衡するように設定された。この結果，西欧全域でペルシャ湾岸積み出し石油の方がメキシコ湾岸積み出し石油よりも安価になり，西欧は中東石油の市場となった。このように，公示価格は石油会社が恣意的に設定する数字であり，戦後に市場分割カルテルが解体した後は市場の実勢価格を必ずしも反映せぬものとなったが，中東諸国の現地生産会社の利益を算出する基準などとして活用され続けた。Neil H. Jacoby, *Multinational Oil : A Study in Industrial Dynamics* (New York : Macmillan, 1974), 216-226 ; 瀬木耿太郎『石油を支配する者』（岩波書店，1988 年），86-96 頁。

この目標を実現するために国務省が採用した政策は，大きく2つの方向性を有した。ひとつは，石油から生じる利益を出来るだけ中東諸国に分配することによって，中東諸国を利害共有者（stakeholder）として取り込もうとする方向性であった。このような政策の方向性は，アラムコがサウジアラビア産石油を地中海沿岸に輸送するために計画したトランス＝アラビアン・パイプライン（Trans-Arabian Pipeline：以下，TAPライン）の建設過程に，その初期の形態を見出すことが出来る。TAPラインは，サウジアラビア北東部のペルシャ湾沿岸の油田地帯から，トランスヨルダン，シリアを経てレバノンまでを結ぶ大規模なパイプラインとして計画されていた[33]。同パイプラインの建設に関する協定を締結するための通過国との交渉過程で，ひとつの問題が発生した。トランスヨルダンなどパイプライン通過諸国がパイプラインの保安費用の他に通行税の支払いを要求し，アラムコ側はこれに柔軟に応じる姿勢を見せたのに対して，英国政府は慣例に反するとして通行税の支払いに反対したのである。イラク北部で生産された石油を地中海まで輸送するパイプラインを運営するIPCは通過国であるシリアに通行税を支払っておらず，英国政府はTAPラインもこの慣習に従うべきであると主張した。これに対して国務省は，通行税の支払いを強く支持した。国務省は，「石油資源の開発から得られる経済的利益に多くの地域諸国が直接与ること」になれば，関係国の米国の石油会社への支持や好意が向上し，石油会社の地位も安定すると判断していた。それゆえ国務省は，「如何なる形であれ石油資源の開発および流通（commercialization）に協力する諸国は，かかる協力に対して正当かつ適切な見返りを受け取るべきである」との原則を打ち出し，英国政府に対して通行税の支払いに同意するよう求めた[34]。このような国務省からの働きかけの結果，1946-47年に，アラムコがトランスヨルダン，レバノン，サウジアラビア，シリアとの間に締結した一連のパイプライン通過協定には，通行税の支払いが盛り込まれることとなったのである[35]。

パレスチナ問題が紛糾し，イスラエルを即時承認した米国がアラブ世界からの

---

[33] もともとの計画では，TAPラインの終着点はハイファとされる予定であったが，イスラエル建国と第一次中東戦争により，レバノンのシドンに変更された。
[34] Memorandum by John A. Loftus, February 5, 1946, *FRUS, 1946*, 7 : 18-22 ; DOS to U.S. Embassy in London, #2352, March 16, 1946, ibid., 23-24.
[35] Miller, *Search for Security*, 152-157 ; Anderson, *Aramco, the United States and Saudi Arabia*, 171-174.

非難を浴びる中で，国務省は，サウジアラビアの石油開発と TAP ラインを，米国とアラブ世界の利益の共通性を象徴するものと位置づけ，アラブ世界で失墜した米国への信頼回復の一助として利用しようとした。しかしながら，通過国との協定調印後も TAP ラインの建設は難航した。第一次中東戦争の影響で建設作業は滞り，パイプラインの脆弱性が認識されたために，TAP ライン計画自体を疑問視する向きが強まった。それに加えて，欧州復興計画の影響で米国内の鉄鋼資材の需給は逼迫していた。これらの状況を踏まえて，米商務省は，TAP ライン向け鉄鋼の輸出ライセンスの発給を停止し，その再開に慎重姿勢を示した。逆風が強まる中で，国務省は一貫して TAP ライン計画の推進を訴え，鉄鋼輸出の再開を求めた。マーシャル長官以下，国務省は，TAP ライン計画が西欧と中東の双方にとってきわめて重要であるとの議論を展開した。すなわち，「中東の石油は，欧州復興計画の成功と欧州の継続的な繁栄のための重要な要素」であるばかりではなく，パイプラインを通じて中東地域にもたらされる「大規模な収入」が中東の経済的さらには政治的な安定を増進し，「外部からの圧力に対する脆弱性を低減」させる，との議論である。この時期に冷戦が顕在化したことを考えれば，この「外部からの圧力」を共産主義勢力と読み替えるのは容易である[36]。国務省の働きかけが稔り，1948 年秋から TAP ライン建設向けの鉄鋼輸出は再開され，1950 年 11 月に TAP ラインは供用を開始する[37]。以上のような議論の積み重ねを経て，1940 年代末頃までに米国政府内では，中東石油は西欧をはじめとする西側世界の経済復興に不可欠であるばかりでなく，石油から生じる富の適切な分配を通じて中東地域の安定をも増進する，との認識が基本的に共有されるようになったのである[38]。

産油国と消費国の間の共通の利益を増進するために国務省が追求したもうひとつの政策は，中東の石油開発における競争を復活させることによって，利権協定

---

[36] Henderson and Kennedy to Lovett, "Steel Export Licenses for Trans-Arabian Pipeline," September 4, 1947, DSCF 890.6363/8-2847 ; Robert A. Lovett to Averell Harriman, September 8, 1947, *FRUS, 1947*, 5 : 665-666 ; George C. Marshall to Charles W. Sawyer, September 15, 1948, *FRUS, 1948*, 5 : 45-47.

[37] Miller, *Search for Security*, chap. 7 ; Anderson, *Aramco, the United States and Saudi Arabia*, 174-179.

[38] Hoffman to Loftus, "Economic Data re Trans-Arabian Pipeline," September 3, 1947, DSCF 890.6363/8-2847 ; Eakens to Thorp, "Department Position on Shipment of Steel to the Middle East for Oil Development and for the Trans-Arabian Pipeline," March 12, 1947, DSCF 890.6363/3-1248 ; George C. Marshall to Charles Sawyer, September 15, 1948, DSCF 890.6363/9-2148.

および石油価格に市場原理を導入することであった。第二次世界大戦終了時点で，中東の石油生産に携わっている石油会社は，エクソン，スタンダード・オイル・カンパニー・オブ・ニューヨーク（Standard Oil Company of New York：以下，モービル），ソーカル，テキサス，ガルフの米国系5社と，英国系のAIOCとシェル，フランス系のCFPの，計8社に過ぎなかった。これら8社は，サウジアラビアのアラムコ，イラクのIPC，クウェイトにおけるクウェイト石油会社などに見られるように，現地の石油生産を合弁で行うのに加えて，石油を融通しあう長期販売契約を締結することによって，複雑で排他的なシステムを構築しつつあった。その巨大さと排他的な地位ゆえに，これら8社は，「メジャーズ」と呼ばれることとなったわけである。しかし，以下に見ていくように，1940年代後半の国務省は，様々な理由からこのようなメジャーズの排他的支配体制の確立を快く思わず，メジャーズ以外の石油会社に中東参入の機会を開こうとした。図式的に整理するならば，国務省は，メジャーズという限られたプレイヤーが牛耳る排他的で静的な秩序に代わり，新規参入者に開かれた開放的で動的な秩序を構想したのである。

かかる国務省の政策が析出する契機となったのは，1945-46年に浮上したアラムコの再編問題であった。アラムコの親会社であるソーカル社とテキサス社は，TAPラインの十分な建設資金を持たず，また膨大なサウジ石油を売りさばくのに十分な市場を持たなかった。それゆえこれら2社は，アラムコの経営基盤を強化するために，新たなパートナーとしてエクソン社をアラムコに迎え入れることを検討し始めた。エクソン社への参加打診後，モービル社も新たなパートナーの候補に加わった。これら4社の間では利害関係の一致が見られた。エクソン社とモービル社がみずからの市場シェアに見合う原油供給力を持たなかったのに対して，ソーカル社とテキサス社はサウジ石油を売りさばくのに見合う市場も資金も持たなかったからである。

ここで生じた問題は，エクソンとモービルの2社がIPCにも参加していたことであった。IPC参加企業間で1928年に合意された「赤線協定」は，旧オスマン帝国領とされる地域において参加企業がIPC以外の枠組みで石油開発に携わることを禁止しており，サウジアラビアもこの「赤線」領域内に含まれていたのである。アラムコにかかわる石油会社と政府の動向を企業内文書まで含めて検討したアンダーソンの研究によれば，1946年末にかけて，関係石油会社の経営陣

は，国務省，陸・海軍省，司法省，内務省の高官にアラムコの再編案を非公式に提示し，前向きあるいは反対しないとの回答を得た。大戦末期の1945年春頃に米国政府内でもエクソン・モービル両社の参加という形でアラムコの拡大再編を行う可能性が検討されており，1946年末に石油会社側が打診した案はまさに政府内で1年半ほど前に検討していた内容であったゆえに，各省関係者に容易に受け入れられるところとなったという[39]。しかしながら，政府・石油会社・産油国の利益の一致を強調するアンダーソンは，国務省が石油会社側のアラムコ再編構想に抵抗を示した事実を過小評価し，その結果，国務省独自の中東石油政策が存在したことを見逃している。実情はいますこし複雑であった。

アラムコ再編に対する国務省の姿勢を仔細に検討すると，1945年時点で米国政府内でエクソン・モービル両社のアラムコ参加が検討されていた事実と1946-47年の国務省の方針とを直線的に結びつけることは出来ぬことが明らかになる。1946年8月27日の国務省とエクソン・モービル両社代表との会談記録によると，両社は，第二次世界大戦時にフランスがドイツに占領された時点でフランスはIPCが登記されている英国の敵国となり，それゆえフランスのCFPを調印者に含む協定は法的な効力を失っているとの法律的判断を示した上で，赤線協定の撤廃を目指すとの方針を示した。しかし両社は，赤線協定撤廃のあかつきにアラムコに参加する意向であることまでは明言していない。これに対して国務省側は，赤線協定の廃止を支持する姿勢は示したものの，石油会社側が明言しなかったアラムコへの参加については当然ながら何も言及していない。事情を把握していた国務省が石油会社側の思惑を忖度した可能性までは否定できないものの，この段階で国務省がエクソン・モービル両社のアラムコ参加を明示的に支持したわけではないという事実は確認しておかねばならない[40]。

その後，エクソン・モービル両社は，IPCの他のパートナーたち（AIOC，シェル，CFP，およびカルースト・グルベンキアン（Calouste Gulbenkian））とIPC協定の改定交渉を開始したが，とりわけCFPとグルベンキアンはエクソン・モービル側の主張に激しく抵抗した。1946年12月，エクソン・モービル両社は，他の

---

[39] Anderson, *Aramco, the United States and Saudi Arabia*, 138-154.
[40] Memorandum of Conversation, August 27, 1946, *FRUS, 1946*, 7 : 31-35 ; Memorandum by Anonymous Oil Company Member, in U.S. Senate, Subcommittee on Multinational Corporations of the Committee on Foreign Relations, 93rd Congress, 2nd Session (以下 MNC), *Hearing on Foreign Relations : Multinational Corporations and United States Foreign Policy* (以下 *Hearings*), 8 : 112.

IPC パートナーに赤線協定の無効を主張する正式な書簡を送付するとともに，アラムコの親会社であるソーカル・テキサス両社とアラムコの株式譲渡に関する基本合意が成立したことを報道向けに発表した[41]。IPC のパートナーたちが，エクソン・モービル両社がアラムコへの参加のために赤線協定の廃止を目指しているという事情を交渉開始当初から理解していたのは間違いない。しかし，エクソン・モービル両社の IPC 協定改定提案とアラムコへの参加問題が明示的に結び付けられたのは，1946 年 12 月なのである。そして，この間の様々な交渉過程を記録した 1947 年 1 月 3 日付の石油会社側の文書において，国務省との接触について言及されているのは先述の 8 月 27 日の会談のみである。したがって，1946 年を通じて，国務省がエクソン・モービル両社のアラムコ参加に明示的な同意を与えたとは考えにくい[42]。

CFP がエクソン・モービル両社を相手取って英国の法廷で訴訟を起こし，1947 年 1 月 4 日にフランス政府が CFP を支援する方針を国務省に通知したことで，国務省は IPC 協定改定問題の正式な当事者となる[43]。これを受けて，エクソン・モービル両社の代表と国務省の間で 1 月 9 日に会談が持たれ，この場で初めて両社はアラムコへの参加の意向を国務省に通知した。国務省の担当者は，仮に両社がアラムコへの参加を断念する場合でも赤線協定の撤廃を断念せぬことを希望するという同省の立場を説明するとともに，石油会社側からの質問に答える形で，フランスの抵抗を理由に両社がアラムコ参加を断念しないよう希望すると発言した。確認できる限り，国務省がエクソン・モービル両社のアラムコ参加を支持する立場を明言したのはこれが初めてである。しかし，前年以来の赤線協定撤廃への国務省の一貫した支持に比べれば，アラムコへの 2 社の参加への支持はいかにも受動的なものであった[44]。

はたして，この後まもなく，国務省内からエクソン・モービル 2 社のアラムコ参加に反対する声が上がる。反対の声を上げたのは，経済問題担当国務次官ウィリアム・クレイトンのもとで国際貿易問題を担当していたポール・ニッツェおよ

---

[41] U.S. Senate, Select Committee on Small Business, *The International Petroleum Cartel : Staff Report to the Federal Trade Commission*, August 22, 1952, reprint (Washington, D.C. : U.S.G.P.O., 1975)（以下 FTC, *International Petroleum Cartel*), 101-103.
[42] Memorandum re IPC, January 3, 1947, in MNC, *Hearings*, 8 : 124-126.
[43] French Ambassador to the Secretary of State, January 4, 1947, *FRUS, 1947*, 5 : 627-629.
[44] Memorandum of Conversation, January 9, 1947, *FRUS, 1947*, 5 : 629-631.

び石油問題担当者ロバート・エイキンズ（Robert H.S. Eakens）ら，国務省の経済問題を担当していた若手の政策担当者たちであった。彼らは，アラムコ再編や後述するメジャーズ間の原油の長期販売協定を通じて，メジャーズが複雑で排他的な結合を強め，中東の石油生産で「独占に近い状況（near-monopolies）」を創出し，国際石油取引における競争を制限する傾向を強めていることを問題視した。彼らは，自由で開放的な経済システムを追求している国務省がメジャーズの排他的な結合強化の動きについては唯々諾々とこれを追認していることに危機感を強め，中東石油秩序をより動的で開放的なものとすることを国務省の目標に据えるべきであると考えていた。1947年2月，彼らはかかる政策転換を目指して積極的な行動を開始した[45]。

ニッツェは，石油会社側のアラムコ再編案に対する代案として，アラムコへの新規参加をエクソン1社としてエクソンの保有するIPCの株式をモービルに取得させることでエクソンのみをIPCから脱退させるか，あるいはエクソン・モービル両社の保有するIPC株式を中東への新規参入を望む米国の独立系石油会社に売却させるとの案を提起した。同時にニッツェは，エクソン・モービル両社がAIOCと締結しようとしていた原油の長期販売契約にも反対した。これら2つの動きは，形態は違えども，すでに中東で石油生産に従事している大石油会社が排他的な結合を強めることでみずからの地位を強化するという点では同じ方向性を有した。ニッツェは，これら2つの動きを抑制することが出来れば，「国際石油取引に従事している石油会社間で相互関係を強化する取り決め（interlocking arrangements）を積み重ねようとする傾向を抑制」し，「きわめて少数の米英の大石油会社の様々な連合体が中東の石油利権を独占している」との米国の独立系石油会社からの批判を緩和することが出来ると主張したのである[46]。

エイキンズは，ニッツェ案を全面的に支持するとともに，それをさらに発展させた。エイキンズは，中東の石油利権が少数の大石油会社のもとに集中することは「公共の利益」および「現今の合衆国の対外経済政策」の原則に反すると論じ，それを抑制するためにニッツェ案に追加すべきものとして2つの政策を提起した。ひとつは，利権獲得から一定期間のうちに開発が行われなかった未利用利権地域

---

[45] Memorandum from Eakens to Wilcox, "Proposed Staff Committee Paper on Middle East Oil Deals," February 14, 1947, DSCF 890.6363/2-1447.

[46] Memorandum from Paul Nitze to William Clayton, February 21, 1947, *FRUS, 1947*, 5 : 646-647.

第3章　協調的石油秩序への道程　187

を石油会社に放棄させることであった。エイキンズによると，これはすでにラテンアメリカなどの石油利権では広く実施されている商慣行であり，むしろ利権保有者が未利用地域を無期限に保持し続ける中東の状況の方が異常なのであった。もうひとつは，すでに中東に利権を保有している石油会社に，中東に新たな石油利権を求めぬよう働きかけることであった。これら2つの政策は連関していた。放棄された未利用利権地域にはおそらく新たな利権地域が設定されることになるが，その新規利権地域に中東に利権を保有している石油会社が参入しないことになれば，中東には多くの新規業者が参入することとなる。それが実現すれば，中東の石油開発および生産の様々な局面に競争が復活するのは間違いない[47]。

　かかる政策が「現今の合衆国の対外経済政策」の原則に合致するとエイキンズが主張したのには理由があった。ニッツェやエイキンズの上司に当たるクレイトンは，もともと南部の棉花取引で頭角を現したビジネスマンで，熱烈な自由貿易論者として知られていた。クレイトンが大きな影響力を有する国務省が，赤線協定の撤廃を支持するのは当然だが，メジャーズの排他的な秩序を容認するのは不自然であるというのが，エイキンズの論点であった。ニッツェとエイキンズは，自由で開放的な経済秩序を目指す国務省の基本方針とメジャーズの排他的な結合強化を受動的に追認している現行政策の矛盾を衝くことで，国務省の中東石油政策を，石油会社間の競争の活性化や，動的で開放的な石油秩序の追求という方向に転換することを目指したのである。

　ニッツェとエイキンズの献策がクレイトンの承認を得たことは確実であると思われる。それというのも，3月7日の国務省とエクソン・モービル両社の代表の会合において，ニッツェは彼とエイキンズが提案した政策を石油会社側に打診しているからである。しかるに，石油会社側はニッツェとエイキンズが構想したオプションを全面的に拒否する姿勢を示した。エクソン・モービル両社の代表者によると，アラムコへの参加をエクソン1社とする可能性は，すでに両社間で検討されたものの，エクソン社のIPC株式の売却代金についてモービル社との調整がつかなかったとのことであった。しかし，両社がともにアラムコに参加する方針を決定した最も重要な理由は，IPCとアラムコの双方に参加することによって「中東石油［利権］の保有を拡大」する方が「一地域や一国に全ての投資を集中

---

[47] Memorandum from Robert Eakens to George McGhee, March 4, 1947, *FRUS, 1947*, 5: 647-651.

するよりもはるかに好ましい」との経営判断であった。とりわけエクソン社は，中東の他の利権への入札を自制する意思がないことを明言した。ビジネスは拡大するのが宿命であり，しかも仮に米国の石油会社が中東での新規入札を自制しても，AIOC など米国系以外の石油会社が自制的に行動するとは思われないというのが，その理由であった。つまり，石油会社側は，引き続き中東における利権保有の拡大を目指すことこそが合理的であるとの判断を改めるつもりは毛頭なかった。未利用利権地域の放棄については，明確な結論は得られなかった。しかし，石油会社側が，国務省の主張は「才覚の無さ」ゆえに中東進出の機会を逃した石油会社を「不当なほど重視」しているとの感想を抱いたと言及していることから判断するならば，石油会社側に未利用利権地域を放棄する意思がなかったことは明らかである[48]。

　石油会社側は，国務省の個別の提案を一蹴したのみならず，その背後にある開放的で動的な石油秩序の構想を全面的に拒否したに等しかった。すでに中東に地歩を築いた石油会社から見れば，利害関係を同じくする企業間で排他的な枠組みを構築し，さらにはそのような立場の企業が中東の石油利権を独占する方がはるかに合理的であった。そして，彼らにはそれを実現する力があった。すでにPRC および米英石油協定の挫折を通じて，米国政府が石油会社の判断や行動に及ぼすことが出来る影響力がきわめて限定されていることは明らかになっていた。石油会社は，必要な際には政府の介入を要請しながら，彼らが望まぬときには政府の意向を無視し，みずからの判断に従って石油産業を運営する行動様式を身につけていた。国務省は意見を表明し，石油会社側の方針に「留保の姿勢を示す」ことは出来ても，みずからの方針を石油会社に強制する手段は何ら持ち合わせていなかった。

　結果的に，アラムコの再編成は，石油会社側が合意していたとおりに実現する。上記のニッツェらとの会合のわずか数日後の3月12日，ソーカル・テキサス両社はアラムコ株式の30％をエクソン社に，10％をモービル社に売却する協定に

---

[48] Memorandum of Conversation, undated [March 7, 1947], *FRUS, 1947*, 5 : 651-654 ; Memorandum on the Meeting Held in Room 132, Department of State, March 7, 1947, 2:30 P.M. in MNC, *Hearings*, 8 : 160. この会談の記録が英・仏・中東諸国の米大使・公使館に情報として送付されていることからも，ニッツェとエイキンズの方針が実質的に国務省の方針として承認されていたことが窺われる。Air Mail to Certain American Diplomatic and Consular Officers, "Transmission of a Memorandum of a Meeting on March 7, 1947," April 30, 1947, DSCF 890.6363/4-3047.

調印した。残る問題は IPC の赤線協定であったが，これも IPC 内部の妥協によって解決する。CFP はエクソン・モービル両社が IPC の増産方針を誓約したことで，グルベンキアンはみずからが保有する株式 5％ 以上の IPC 産石油を獲得する権利を確保したことで，それぞれ訴訟を取り下げた。IPC は赤線条項を含まぬ新たな協定を締結し，これにより法的な軛から解放されたエクソン・モービル両社は，1948 年末までにアラムコへの参加を完了することになる[49]。

これに加えて，1947 年にはメジャーズ間で 2 つの大規模な長期販売協定が締結された。ひとつは，5 月に締結されたガルフ・シェル協定である。ガルフ社が 50％ 参加するクウェイト石油で生産された原油をシェル社に供給することを骨子とする同協定は，ガルフ社がシェル社に提供した石油の精製・販売から得られる利益の分与を受ける点，両社が相互に市場を侵犯せぬように工夫された価格メカニズムが盛り込まれている点，そして契約期間が 22 年間の長期にわたる点で，実質的にシェル社をクウェイト石油のパートナーに迎え入れるのに近い内容を有した。もうひとつは，同年 9 月に締結されたエクソン・モービル・AIOC 協定である。同協定では，AIOC がイランとクウェイトで生産した原油を，エクソン・モービル両社に実際の原油生産コストを基準とする特別価格で 20 年あまりにわたって供給することが約された[50]。これらの協定は，とりわけ東半球に巨大な市場シェアを有する石油会社（シェル・エクソン・モービル）と，中東に大量の原油供給能力を有する石油会社（ガルフ・AIOC）の利害の一致から生まれた。後者のグループは価格競争に訴えることなく市場を獲得することが出来たし，前者のグループは生産原価の低い中東石油にみずからの市場を奪われる脅威から解放されたのである。これらの長期販売契約の背後にあったロジックは，アラムコの再編成を導いたロジックと大きく重なり合っていた。メジャーズは，中東が世界の石油生産の中心となる新たな時代を見据えつつ，相互の結束を固め，排他的で静的なみずからの支配体制をいっそう強化しようとしていたのである。

以上のようなメジャーズ間の再編や連携強化は，米国のインタレストに合致する側面も存在した。東半球に市場を有する石油会社が中東石油を安定的に確保できるようになることは，中東石油によって東半球の需要を賄い，西半球の石油資

---

[49] Anderson, *Aramco, the United States and Saudi Arabia*, 158-159.
[50] FTC, *International Petroleum Cartel*, chap. 6 ; Memorandum of Meeting in Mr. Clayton's Office on February 3, 1947, DSCF 890.6363/3-647.

源の消費を節約するという大戦期以来の米国の構想に合致する動きであったからである。しかしながら国務省は，かかる生産・消費パターンが実現することと，中東の石油生産が米国の目指す開放的な経済秩序に逆行する排他的な性格を強めていくことは別問題であると捉えていた[51]。それゆえ国務省は，引き続き開放的で動的な石油秩序を追求した。1948年に入ってからも，メジャーズの未利用利権地域を放棄させ，メジャーズ以外の石油会社を中東に新規参入させるという政策方針については，国務省内に「大方の合意」があったことを確認できる[52]。しかし，かかる目標の実現には大きな困難が伴った。国務省は，石油会社と中東産油国政府に働きかけること以外に政策実現に向けた手段を持たなかった。また，公平性の観点から，情報提供などを通じてメジャーズよりも独立系石油会社を優遇することも出来なかった。

　このような限界は，サウジアラビア沖合地帯がアラムコの石油利権地域に含まれるか否かが問題になった際の一連の動きからも明らかになる。一般論として，沖合地帯の石油利権の問題は主権や漁業権の問題とも関連するデリケートな問題であり，米英両国政府は1948年を通じて，ペルシャ湾地域で国際紛争が発生するのを未然に防ぎうるような沖合地帯の石油利権に関する一般原則を打ち立てるべく，準備を進めていた。その際に国務省は，沖合地帯の石油利権を陸上の石油利権から切り離し，沖合地帯に新たな利権地域を設定することを目指した。国務省は，新たに設定されるであろう沖合地帯の利権を巡る競争にメジャーズ以外の企業が平等な条件で参加できるよう，米英協議の内容を含め，沖合地帯の利権に関する情報の漏洩防止にとりわけ意を用いた[53]。

　1948年前半，サウジアラビアにおける事態は国務省の期待する方向に進むかに思われた。アブドゥルアジーズ国王やサウジアラビア政府は，アラムコ利権は沖合地帯に及ばぬとの立場に傾き，独立系である米国のスペリオール社（Superior Oil Co.）と英国のセントラル・マイニング社（Central Mining Co.）の合弁企業への新規利権の付与に前向きな姿勢を示したからである[54]。もちろんアラムコはこ

---

[51] Memorandum for the Secretary's Staff Committee, "Projected Inter-Company Arrangements Affecting Middle East Oil," undated, attached to Memorandum from Eakens to Wilcox, "Proposed Staff Committee Paper on Middle East Oil Deals," February 14, 1947, DSCF 890.6363/2-1447.

[52] Memorandum by E.G. Moline, "Saudi Arabia's Offshore Oil," August 6, 1948, *FRUS, 1948*, 5 : 29-31.

[53] Memorandum of Conversation, March 18, 1948, *FRUS, 1948*, 5 : 8-11 ; DOS to U.S. Embassy in London, #4327, November 17, 1948, DSCF 890B.6363/11-948.

れに反発し，沖合地帯も既存の利権地域に含まれるとの立場を取った。国務省は，アラムコとスペリオール・セントラル連合の何れかを支持することはないとの立場を取ったが，アラムコからの支援要請を拒否し，沖合利権に関する一般原則の樹立までアラムコ側が行動を自制することを求めることで，アラムコよりも新規参入者を歓迎する立場を強く示唆した[55]。国務省は，英国側との協議の席でも，沖合地帯の石油利権については，既得権を有する石油会社を優遇することに反対し，「完全な競争」が行われることを希望する立場を明言している[56]。先述のように，ちょうどこの時期，国務省はアラムコが事実上の事業主体であったTAPラインの建設については，これを促進すべく行動している。米国の政策決定者たちは，石油から生じる富を通じて中東と西側世界の間に共通の利益の基盤を創出することと，それを遂行する役割を既得権者に委ねることを截然と分けて考えていたのである。

しかし，国務省の思惑は，またしてもメジャーズの壁に阻まれることとなる。9月半ば，サウジアラビア政府とアラムコは，利権地域の沖合地帯も既存のアラムコ利権の対象に含むとの合意に達した。アラムコは，早期に沖合地帯の資源探査を開始することを約すとともに，沖合地帯の利権承認の見返りとして最低でも年200万ドルのロイヤリティを支払うこととなった[57]。この間にサウジ・アラムコ間でどのような折衝が行われたのかは詳らかでないが，アラムコがみずからの既存の地位，および再編によって調達可能になった資金を活用して，排他的な地位をいっそう磐石なものとしたことは明らかである。この2年後に，あるアラムコの役員は，「沖合地帯の利権を獲得した唯一の理由は，競争者を締め出すためであった」と述べている[58]。アラムコは，排他的な支配を強化するという，まさに国務省の方針と真っ向から対立する原則の下に行動したのであった。

国務省の努力が全く成果を上げなかったわけではない。きわめて緩慢なペースながら，アラムコは未利用利権地域を段階的に放棄していくことに同意し，1950年代には，これらの放棄地域に新たな利権が設定されていくこととなる[59]。しか

---

[54] U.S. Legation in Jidda to DOS, #164, March 29, 1948, *FRUS, 1948*, 5 : 11-12.
[55] DOS to U.S. Legation at Jidda, #171, May 8, 1948, *FRUS, 1948*, 5 : 14 ; Memorandum of Conversation, June 11, 1948, ibid., 16-19 ; Robert Eakens to Richard Funkhouser, August 6, 1948, DSCF 890.6363/7-1548.
[56] Memorandum of Conversation, July 23, 1948, *FRUS, 1948*, 5 : 24-28.
[57] U.S. Legation in Jidda to DOS, #512, September 15, 1948, *FRUS, 1948*, 5 : 48.
[58] Memorandum of Conversation, November 2, 1950, *FRUS, 1950*, 5 : 104-106.

し，1940年代後半の段階では，メジャーズ以外の石油会社の中東への新規参入は，サウジアラビアとクウェイトが「不可分の2分の1」ずつ主権を有する，所謂サウジ＝クウェイト中立地帯に利権を獲得した，何れも米国の独立系石油会社である，アミノイル（American Independent Oil Company：Aminoil）社とパシフィック・ウェスタン（Pacific Western Oil Corporation：後のゲッティ・オイル（Getty Oil）の前身のひとつ）社の2社に限られた。両社はまもなく合弁で中立地帯の石油開発を進めていくことになるが，最初の商業規模の油井の発見は1953年までずれ込むことになる。そのような意味で，1940年代末においては，サウジ＝クウェイト中立地帯に進出したこれら非メジャーズ企業は実際の石油生産を通じてメジャーズの支配に挑戦し得たわけではなかった。しかし，それでもなおこの新規参入者たちは，メジャーズによる中東石油支配に小さな楔を打ち込むことになった。アミノイル社はクウェイトに750万ドル，パシフィック・ウェスタン社はサウジアラビアに950万ドルという，きわめて高額な頭金を支払うことで利権を獲得した。それに加えて，パシフィック・ウェスタン社は，1バレル当たり55セントという，当時中東で一般的であったバレル当たり22-33セントのロイヤリティをはるかにしのぐ条件でサウジアラビアとの利権契約を結んでいた[60]。当時としては破格とも言えるこれらの契約条件は，中東産油国を驚かせるというよりも，むしろ彼らが抱きつつあった自国の石油資源には現状よりもはるかに大きな経済的恩恵をもたらす潜在力があるのではないかとの想念を確信に変える効果を持ったように見える。

先行研究においては，アラムコ再編時のニッツェ・エイキンズ案や，サウジ＝クウェイト中立地帯への独立系業者の参入は，メジャーズによる排他的な中東石油支配体制の成立およびメジャーズと米国の政策決定者たちの協調関係の出現過程における，例外的なエピソードとして捉えられる傾向がある[61]。しかし実際には，国務省は，1947年以来一貫して，開放的で動的な中東石油秩序の構築を目指し，メジャーズが構築しようとする排他的で静的な秩序の出現を抑制すべく行動していた。このような国務省の政策は，概してメジャーズの行動に修正を加え

---

[59] U.S. Legation in Jidda to DOS, #512, September 15, 1948, *FRUS, 1948*, 5 : 48 ; Memorandum of Conversation, November 2, 1950, *FRUS, 1950*, 5 : 104-106.
[60] Yergin, *The Prize*, 437-445（邦訳，下巻，15-29頁）.
[61] たとえば，Yergin, *The Prize*, 415-416 ; Anderson, *Aramco, the United States and Saudi Arabia*, 156-157.

ることは出来なかったが,産油国側の認識を変化させるというやや想定外の経路から,現状の変革を求める圧力を高める結果につながったのである。

4 動的・開放的な石油秩序構想の挫折——利益折半協定への道

1) 中東産油国の要求と国務省の方針

　1950年,サウジアラビア政府とアラムコの関係は悪化しつつあった。原因は,サウジアラビア政府からの金銭的要求の高まりにあった。すでにそれまでにサウジ側からのこの種の要求は常態化しており,アラムコはそれらに出来るだけ応える姿勢を示していた。しかし,サウジ側からの要求はエスカレートする一方であった。利権協定ではロイヤリティの支払いは年2回と定められていたが,サウジ政府の要求で支払いは月毎となり,前払いもしばしばであった。サウジ政府がおよそ財政規律に無関心であることに,アラムコ側は懸念を強めていた[62]。同年6月のサウジ政府からの要求は,アラムコからの借款の返済期限の延長,東部ダンマンの港湾建設や鉄道建設費の負担,福祉基金（welfare fund）への拠出という名目で,正規の石油代金以外に年1000万ドル以上にのぼった。アラムコ側は,これ以上の譲歩はサウジ政府の要求をさらにエスカレートさせるだけであるとの判断に傾き,難色を示した[63]。さらに,英国の経済政策が事態を悪化させていた。前年9月にポンド切り下げを余儀なくされていた英国は,依然としてドル不足に苦しんでおり,英国政府はドル流出対策の一環としてスターリング・エリアからサウジ産石油を含むドル建て石油を締め出していた。この結果,イラン,イラク,クウェイトなどポンド建て石油の生産が伸びる一方で,サウジの石油生産は頭打ちとなった。このことは,少なくとも当面は,石油生産の拡大によってサウジ政府への支払いを拡大するというオプションをアラムコが選択できないことを意味した[64]。

---

[62] U.S. Embassy in Jidda to DOS, #53, February 10, 1950, *FRUS, 1950*, 5 : 23-25. サウジアラビアの米大使館は,1944年にジッダに開設（外交関係樹立は1933年）され,1984年に首都のリヤドに移った。

[63] U.S. Embassy in Jidda to DOS, #373, June 23, 1950, *FRUS, 1950*, 5 : 58-60.

[64] Memorandum of Conversation, February 6, 1950, *FRUS, 1950*, 5 : 22-23 ; Memorandum from Wilkins to Funkhouser, March 15, 1950, ibid., 34-35 ; U.S. Embassy in Jidda to DOS, #372, June 22, 1950, ibid., 57-58.

1950年6月，サウジアラビア政府は，石油から生じる利益のより大きな割合とアラムコからサウジ政府への支払いの形式の変更を要求し始めた。その際にサウジ側は，アラムコが利益の約38％を所得税として米国政府に支払っている事実を指摘し，サウジアラビア政府がアラムコに所得税を賦課する方式を取れば，アラムコが新たな負担を負うことなくサウジ側への支払いを増大させることが出来ると指摘した[65]。

　サウジアラビア政府の要求が，ベネズエラで導入されていた利益折半方式を念頭に置いていることは明らかであった。ベネズエラは，1943年の石油法で，石油から生じる利益の半分をロイヤリティと所得税によって石油会社が政府に支払う制度を導入した。この最初の利益折半協定は，1938年にメキシコ政府が敢行した石油国有化のような事態を未然に防ぐとともに，戦時の石油需要を賄うためにベネズエラの石油生産を拡大するという方針で一致した，ベネズエラ政府，国務省，およびベネズエラの石油生産の大半を担っていたエクソン，ガルフ，シェルの合意の下に導入された。1945年10月に改革派軍人との共闘の下にクーデタで政権を獲得した民主行動党（Acción Democrática）のロムロ・ベタンクール（Rómulo Betancourt）の中道左派政権は，さらに改革を推し進めた。多くの石油労働者を支持者に擁する民主行動党は，1943年法がベネズエラ政府の石油資源に対する権利や石油会社に対する発言権を拡大していないこと，またベネズエラ政府の石油収入が実際には石油利益の半分に届いていないことに，批判的であった。しかしベタンクール政権は，国内の改革や経済開発に必要な石油収入を確保するために，米国政府や石油会社を敵に回すような一方的な国有化を回避し，かわりに漸進主義的なアプローチを採用した。フアン・パブロ・ペレス・アルフォンソ（Juan Pablo Pérez Alfonso）開発相の主導のもと，ベネズエラ政府は，石油会社に石油産業労働者の賃金引き上げを受け入れさせ，新規の石油利権の付与を停止し，石油から生じる利益の50％を確実に政府が獲得できるように所得税法を改正した。1948年11月，右派のクーデタにより民主行動党政権は終焉を迎えるが，ペレス・ヒメネス（Marcos Pérez Jiménez）が背後で実権を握る右派政権は，民主行動党政権が導入した石油会社への規制等を撤廃しながらも，所得税方式による石

---

[65] DOS to U.S. Embassy in Jidda, A-46, June 1, 1950, *FRUS, 1950*, 5: 52; U.S. Embassy in Jidda to DOS, #348, June 13, 1950, ibid., 56-57; DOS to U.S. Embassy in London, #1157, August 31, 1950, ibid., 75-76.

油利益の折半は存続させた。このようにして，所得税の徴収を通じて石油から生じる利益を産油国政府と石油会社の間で折半するというシステムが定着することになった。この間にベネズエラの石油生産は順調に拡大し，ベネズエラ政府の石油収入も，1943年の約1.1億ドルから1947年には4.1億ドルに急増していた[66]。

　サウジアラビアを含む中東の石油利権では，石油会社から産油国政府への支払いは，原油1トン当たり4シリングの固定ロイヤリティが基本となっており，これは1バレル当たり22セントに相当した。これに対して，利益折半原則を適用すれば，当時の中東石油の公示価格1.75ドルの場合，産油国政府への支払いは，油質や消費国までの輸送費によって上下するものの，1バレル当たり45から75セントの水準に上昇すると予想されていた[67]。しかし，利益折半がロイヤリティの引き上げによって実施されることになれば，石油会社側は莫大な負担増を覚悟しなければならない。産油国への支払コストの増大分が，そのまま石油会社の負担となるからである。しかし，産油国への支払いが所得税という形態を取るならば，事情は一変することになる。米国の内国歳入法(Internal Revenue Code)は，二重課税を免除するため，外国の政府に支払われた所得税を米国の所得税から控除することを規定していた。ロイヤリティという形式では，石油会社から産油国への支払いは経費の扱いとなり，米国の課税額から部分的に控除されるに過ぎない。これに対して，所得税という形式をとれば，石油会社から産油国への支払いは，全額が米国の課税額から控除されることになる。ごく単純化するならば，石油会社の立場から見れば，これまで米国政府に支払っていた所得税を産油国に支払うことにするだけで，みずからが新たな負担を負うことなく産油国への支払いを大幅に増大させることが期待できたのである。サウジアラビア政府は，かかる新たな方式に移行することを要求したのであるが，それは事実上1933年の利権協定の再交渉を求めるに等しかった。

　既存の石油利権に不満を抱いているのはサウジアラビアにとどまらなかった。イランとAIOCは原油1トンあたりのロイヤリティを4シリングから6シリングに引き上げることを骨子とする1933年石油利権協定の追加協定を1949年7月に締結していたが，追加協定は内容的に不十分であるとしてイラン議会で猛烈な批

---

[66] Stephen G. Rabe, *The Road to OPEC : United States Relations with Venezuela, 1919-1976* (Austin : University of Texas Press, 1982), chaps. 4 and 5 ; Painter, *Oil and the American Century*, 129-135.
[67] Circular Airgram from DOS, August 23, 1951, *FRUS, 1951*, 5 : 328-329.

判にさらされ，批准されることなく棚晒し状態になっていた。イラクでは，6シリングへのロイヤリティ引き上げが受け入れられていたものの，国民のIPCへの不信感は根強く，政府もさらなる増産を求めてIPCに圧力を加えていた。サウジアラビアの要求は，このような中東産油諸国の石油会社に対する不満や要求の高まりの顕著な一例であった。かかる事態を受け，国務省と米国系メジャーズは，中東石油を巡る諸問題について，包括的な意見交換を行う機会を設けることとなった。

　会合に先だって，国務省内では，NEA担当国務次官補の石油問題顧問の地位にあったリチャード・ファンクハウザー（Richard Funkhouser）が，「中東石油」と題する大部のメモランダムを作成した[68]。「中東石油」メモは，国務省の中東石油政策のひとつの潮流の包括的表明として，きわめて興味深い内容を有した。「中東石油」メモは，第二次世界大戦後の短期間のうちに中東の石油資源が西側世界にとって欠くべからざる重要性を有するに至っているとの指摘から論を起こす。中東石油は，すでに西欧の需要の75％を満たしており，その生産量は近い将来に東半球の全需要を賄う規模に成長すると予想されている。中東石油の開発は，西半球石油資源の節約に貢献し，米軍も海外における活動では中東石油に大きく依存している。一方，サウジアラビア政府収入の75％が石油ロイヤリティで，イランやイラクの長期開発計画も石油収入を前提としているなど，中東産油国にとっても石油の重要性は増している。かくして，石油という資源を媒介として，西側世界と中東産油国の間には共通の利益の基盤が出現するに至っている。しかるに，中東産油国における石油会社への不満の高まりは，かかる共通の利益の基盤を掘り崩し，ひいては中東地域における米国の外交目標の達成をも危殆に瀕せしめている。「中東石油」メモは，中東における石油産業の運営と米国外交の関係を，次のように簡潔かつ力強く描写する。

> 中東における西側の石油利益の維持と防衛は，同地域における米国の全般的な政策目標の達成に大きくかかっており，同様にこれらの目標の達成は石油産業の運営のあり方に大きくかかっている。石油産業の運営に対する現地の不満が除去されるのに比例して，共産主義や反西側ナショナリズムに対する中東の抵抗力は強まっていく。近東の人々に対して，石油産業がみずからの

---

[68] Paper Prepared by Richard Funkhouser, "Middle East Oil," September 1950, *FRUS, 1950*, 5 : 76–96.

直接的な利益になることが，より明瞭に示されねばならない。

このように述べた上で，「中東石油」メモは，西側世界と中東産油国の共通の利益を媒介する存在として，石油会社の重要性を指摘した。米国政府は，産油国政府への働きかけや，会社側への情報提供などを通じて，石油会社を側面支援することは出来るかもしれない。しかし，実際に産油国政府と契約を交わし，石油産業を運営し，産油国の人々に直接接する機会が最も多いのは石油会社である。米国のみならず西側世界と中東が安定的な関係を構築するためには，石油会社が産油国との間に相互利益に立脚する良好な関係を築くことが不可欠である。それゆえにこそ，石油会社の判断や選択を然るべき方向に導くことが重要になる。

　産油国と石油会社の関係を規定する基礎にあるのは利権契約であった。「中東石油」メモは，中東における広報活動や石油会社と国務省の間の情報交換の重要性にも言及しているものの，その議論の焦点は利権契約の内容に置かれていた。「中東石油」メモは，中東諸国がベネズエラ型の利益折半協定を望んでいると分析していた。しかし，きわめて重要なことに，「中東石油」メモは，ベネズエラ型の利益折半方式の導入に理路整然と反対していたのである。「中東石油」メモは，利益折半方式の持続性に疑問を投げかけた。石油から生じる利益を産油国と石油会社の間で如何に分配するかは「哲学的」問題であって，それを決定する「絶対的価値」は存在せず，したがって「如何に正当な（valid）契約であろうとも，永遠に持続し，産油国を満足させ続けることはない」。そうであるならば，利益折半方式とて，ひとつの通過点と捉えるしかない。「産油国がベネズエラ型の契約に満足し続けるという保障は存在しないゆえにこそ，ひとたびそれ［ベネズエラ型の契約］が実現されれば，石油会社は利権契約の柔軟化に抵抗し，最終的には外国［産油国］政府が利権自体の取り消しを迫る事態に至る」可能性が高い。このような「防衛線を死守しようとする（hold the line）」アプローチが長期的に成功する見込みはない，と「中東石油」メモは断じていた。同時に「中東石油」メモは，所得税方式の導入にも反対する姿勢を示していた。所得税方式の導入に伴って適用されるであろう外国税額控除とは，米国から産油国への所得の移転にほかならず，移転された所得は最終的には米国の納税者の負担で賄われることになる。したがって，外国税額控除の適用は「米国政府と国民が敗者となる」ことを意味する。以上のように「中東石油」メモは，利益折半原則と所得税方式

の何れにも明確に反対する立場を取っていたのである。

　ベネズエラ型協定に代わるものとして「中東石油」メモが提唱したのは，石油会社に未利用利権地域の放棄を加速させ，放棄された地域への新規業者の参入を促す方式であった。石油会社側が積極的に未利用利権地域を放棄すれば，石油会社が意図的に石油開発を抑制しているという産油国からの批判をかわすことが出来る。それ以上に重要なのは，この方式によるならば中東の石油開発に競争が復活することである。放棄された利権地域に新規の利権が設定され，参入希望者の間で利権契約を巡る競争が起こり，産油国・生産地間の競争も復活する。このような競争の過程で「ロイヤリティ市場」が形成され，市場のメカニズムが機能することによってロイヤリティは「適正な (fair)」水準に落ち着いていくことになるであろう。要するに「中東石油」メモは，排他的で静的な秩序に代わり，市場メカニズムに基づく，開かれた動的な秩序を実現することにより，中東産油国と石油会社，さらには中東地域と西側世界との間に相互利益の原則に基づく安定的な関係を実現することが出来ると主張したのである。言うまでもなく，「中東石油」メモは，1947年のニッツェ・エイキンズ案の嫡流であった。中東の石油秩序を開放的で動的なものに転換することによって中東産油国と西側世界の間に長期的な利益の一致を創出せんとする政策方針が，国務省の内部に脈々と引き継がれていたのである。

　9月11日，国務省とメジャーズの間で会合が開催された。会合の主たる議題は，石油利権の長期的な安定を実現するための方策であった。国務省側は，産油国におけるナショナリズムの高まりと国有化を求める世論の高まりに警鐘を鳴らし，議論を主導した。ファンクハウザーは，ベネズエラで行われた調査では，回答者の75％が産油国政府は石油会社よりも効率的に石油産業を運営できないことを認めているが，同じく75％が政府による石油産業の運営を支持していることを指摘した上で，かかる圧力をかわすためには，未利用利権地域の放棄や利権契約の定期的な再交渉の制度化が必要であると主張した。一方，マッギー国務次官補は，未利用利権地域の放棄についても検討が必要であることを認めつつ，むしろ「契約の神聖」の原則を維持しながら利権契約を柔軟に修正していく必要性を強調した。みずからも石油産業の出身であるマッギーは，静的で排他的な石油秩序をそれほど問題視していたようには見えない。国務省内には，開放的・動的な石油秩序を追求しようとする潮流と，排他的・静的な秩序の下で安定を実現し

ようとする潮流が併存していた。おそらく両者は対立的な派閥として存在していたというよりも，産油国・消費国間関係を長期的に安定させるための2つのオプションとして相互補完的に併存していたというのが実情に近いと考えられる。9月11日の会合におけるマッギーとファンクハウザーの立ち回りは，かような国務省の中東石油政策のありようを反映していた。

　これに対して石油会社側は，国務省ほどの危機感を示さなかった。石油会社側は，中東諸国の一般国民の支持を獲得するための広報活動の必要性をほとんど認識していなかったし，中東諸国がベネズエラの利益折半方式を知悉していることに驚きを示す者すらいた。もっとも，石油会社側の参加者たちが率直な意見を述べていたかははなはだ疑問である。石油会社は，必要なときには米国政府の支援を仰ぐが，それ以外のときは公権力の干渉を出来る限り回避するという行動様式を，この会合でも実践していたと考えられるからである。メジャーズの代表たちは，様々な個別的な事例を提示して国務省側の提案に難色を示す論法を取ったが，彼らの姿勢は，とりわけ開放的で動的な石油秩序に反対する点で一貫していた。9月11日の会合で，最も率直に石油会社側の立場を述べたのは，業界の大立者というべき高名な石油技術者で，マッギーのかつての雇い主にして岳父でもある，エヴェレット・デゴライヤーであった。特定の石油会社を代表せぬ立場から出席していたデゴライヤーは，石油会社が未利用利権地域の放棄に応じようとしない理由を単刀直入に説明した。「石油会社は，世界市場におけるシェアの低下を受け入れぬ限り，自発的に利権地域を放棄することは出来ないであろう」。その理由は，ペルシャ湾地域における石油生産の利益率の高さにあった。デゴライヤーは，AIOCの原油生産コストが1バレル当たり約6セントであることを紹介しつつ，仮にサウジ＝クウェイト中立地帯で石油が発見されれば，1バレル当たり55セントという当時としては破格のロイヤリティで利権を獲得したパシフィック・ウェスタン社でさえ十分に利益を上げられるであろうことを説明した。すなわち，未利用利権地域の放棄は，メジャーズから見るならば，国際石油市場において価格競争力を持つ新規の競争者を招き入れることを意味するばかりではなく，「ロイヤリティ市場」においても競争に巻き込まれること，その結果，産油国政府からの新たな圧力にさらされるであろうことを意味したのである。9月11日の会合は，国務省の中東石油政策の一方のヴィジョンであった開放的で動的な石油秩序へのメジャーズの反発の強さを印象づける形で終了した[69]。

2）サウジアラビア・アラムコ間の利益折半協定の締結

　この間にもサウジアラビア政府からアラムコへの圧力はいっそう増大していた。サウジ側は，アラムコに余力がある以上，支払いを増大させるのは当然であるとの立場を取り，アラムコがそれに応じぬ場合には利権を取り消す可能性すら示唆していた[70]。アラムコとサウジアラビア政府との直接交渉開始を目前に控えた11月3日，マッギーらはアラムコ上層部との会合を持った。マッギー国務省側は，「正当な契約」関係が侵害されぬ形でアラムコ・サウジ間の対立を解消することの重要性を強調した。国務省は，今次のアラムコ・サウジ間交渉は，長期にわたる利権契約期間中に生じた「不公正（inequities）」を修正することを目的とするものであると理解し，「契約の神聖」原則への侵害とは見做さない。しかし，サウジ側が一方的な利権の取り消しのような行動に出た場合，米国政府はそれに対抗する強硬な措置を取らねばならなくなるであろう。つまり国務省は，新たな協定の具体的な内容以上に，一方的な契約の破棄や変更という悪しき前例を作ることなく，サウジアラビア政府とアラムコの合意によって紛争が解決されたという形式を維持することを何よりも重視する立場を示したのである。これに対してアラムコ側は，サウジアラビア政府への支払いを増加させる形で利権契約を修正することは避けられないとの見通しを改めて示した。

　国務省側も，アラムコがサウジアラビア政府への支払いを増加させる形で利権契約を修正することには同意した。しかし，アラムコ側が，所得税方式によってサウジアラビアへの支払いを増加させる意向を示し，すでに財務省から外国税額控除の適用に前向きな感触を得ていることを説明したのに対して，国務省側は，所得税方式の導入は「米国の納税者がサウジアラビアにおけるアラムコの地位のために補助金を負担するに等しい」として難色を示した。また，アラムコ側が，利益折半方式を導入することによってサウジアラビアが「参加の感覚」を抱くようになり，アラムコへの要求は収まるであろうとの見通しを示したのに対して，ファンクハウザーは，利益折半方式が中東産油国で強く望まれるようになっていることを認めつつ，産油国側の要求は石油会社が支払い能力の限界に達するまで

69　Funkhouser to McGhee, "Summary : September 11 Meeting with Oil Officials," September 18, 1950, in MNC, *Hearings*, 8 : 341-345.

70　Memorandum of Conversation, "Conversation with Aramco Officials," October 26, 1950, DSCF 886A.2553/10-2650 ; Memorandum of Conversation, "Visit of Asad al Faqih," November 6, 1950, DSCF 886A.2553/11-650.

止まることはないであろうとの悲観的な観測を示した。マッギーもまた，石油の開発および生産の拡大，未利用利権地域放棄の加速，公共事業や教育への投資拡大など，出来る限り利権契約の金銭面以外の分野で譲歩することによってサウジ側の「パンチをかわす (rolling with the punch)」べきであると主張した。しかしアラムコ側は，サウジアラビアが現金の支払い増額を求めていることを指摘し，非金銭的な譲歩に消極的な姿勢を示した[71]。

　サウジアラビア側の強硬姿勢を前に，国務省は，「契約の神聖」という原則を維持しつつ利権を保持するためにはアラムコが利益折半方式を導入することはやむを得ないとの判断に至りつつあった。しかし，国務省の政策決定者たちは，利益折半方式の導入が石油利権の長期的な安定の決定打にはなり得ないという「中東石油」メモの認識をも保持していた。上記会合でマッギーが利権地域の放棄を含む非金銭的譲歩を慫慂したのが，その証左である。さらに，この時期に国務省からサウジアラビアの米大使館に送付された文書は，未利用利権地域の放棄と新規業者の参入促進が依然として同省の中東石油政策の基本であることを確認している。これらを通じて中東石油の開発および生産に競争を導入することは，発展途上地域への民間資本の導入促進という米国政府の全般的方針にも合致する。そしてこの過程で石油価格が低下すれば，多くの西側諸国が直面しているドル不足の緩和にも資するであろう，と同文書は論じていた。つまり，開放的・動的な石油秩序の導入を利益折半方式よりも上策と見る認識を，国務省の政策決定者たちは保持していたのである[72]。加えて，この頃，国務省は機会あるごとにサウジアラビア側に財政規律の必要性を説いている。言うまでもなく，サウジアラビア政府の支出が抑制されぬ限り，アラムコへの金銭的要求は止まることはないであろうとの認識からである[73]。11月3日の時点では，国務省は立場を後退させつつも，

---

[71] Memorandum of Conversation, November 6 [?], 1950, *FRUS, 1950*, 5: 106-109. 同文書の現物を確認したが，確かに会合の日付は記されていない。*FRUS*は，同文書末尾の「11/8-13/50」という起草日を示す記述から，会合の日付を11月6日と推定している。しかし，11月7日付の国務省からジッダの米大使館への訓令には，会合が3日に行われたことを示す記述がある。DOS to U.S. Embassy in Jidda, #161, November 7, 1950, DSCF 886A.2553/11-750. また後述の13日の会合では，「アラムコとの前回の会合の後」にサウジアラビア政府が一方的に所得税の賦課を宣言したとのマッギーの発言があるが，サウジ政府の所得税布告は4日であり，したがって当該会合が4日より後に行われたとは考えにくい。13日の会合については，本章註75参照。

[72] Airgram from DOS to U.S. Embassy in Jidda, A-38, November 10, 1950, DSCF 886A.2553/11-1050.

[73] U.S. Embassy in Jidda to DOS, #272, November 4, 1950, DSCF 886A.2553/11-450；Memorandum

所得税方式による利益折半原則の導入へと突き進もうとするアラムコになお抵抗していたと考えて間違いない。

しかし，11月4日にサウジアラビア政府が国内で操業する外国企業に20％の所得税を賦課することを一方的に宣言すると，国務省の抵抗は事実上吹き飛んでしまう。1933年利権協定にはサウジアラビア政府はアラムコに課税しないことが明記されていたので，一方的な所得税賦課は明確な契約違反であった[74]。11月13日，アラムコと同社の親会社の幹部が国務省を訪れ，対応を協議した。マッギーの姿勢には明らかな変化が見られた。彼は，未利用利権地域の放棄や公共事業への投資拡大などの非金銭的な譲歩ではサウジ側の圧力をかわすことは出来ぬであろうことを認めた上で，アラムコがサウジ政府への支払いの大幅な引き上げを前提としつつ利権協定の実質的な改定に進むことは止むを得ないとの認識を示した。石油会社側は，サウジアラビア政府による所得税賦課が契約違反であることを強調しつつ，サウジ側との交渉を通じて，これを悪しき前例とはせぬような形で新たな協定をまとめる方針を示した。これに対してマッギーは，事態の重大さに同意し，国務省としてアラムコの交渉を最大限支援することを約束した。そして石油会社側が米国の外国税額控除の適用を前提に所得税方式で利益折半を導入する方針を示したのに対しても，国務省側はそれを黙認する姿勢を示したのである[75]。明らかにサウジアラビア政府の所得税賦課宣言が，国務省の姿勢に変化をもたらしていた。いまや国務省は，「契約の神聖」原則を維持しつつサウジアラビアの石油利権を維持するという最低限の目標を達成するためには，サウジ側が求めている所得税方式による利益折半への移行を受け入れるしかないとの判断に至り，開放的で動的な石油秩序という，いわばより高次の目標は棚上げされることになったのである。

以上の経緯を見ると，所得税賦課宣言も含めて，サウジアラビア政府とアラムコの間にある種の共謀関係が存在していたのではないかと疑いたくなる。11月3日の会合において，石油会社側はサウジアラビア政府が雇用した米国人の税制専

---

of Conversation, "Visit of Asad al Faqih," November 6, 1950, DSCF 886A.2553/11-650.

[74] Royal Decree No. 17/2/28/3321/21, 23 Muharram 1370 (November 4, 1950), in MNC, *Hearings*, 8 : 374-377 ; Anderson, *Aramco, the United States and Saudi Arabia*, 25-26, 190-193.

[75] Memorandum of Conversation, "Discussion with Aramco Officials Regarding Saudi Arabian Demands for Contract Renegotiations," undated [November 13, 1950], in MNC, *Hearings*, 8 : 345-348.

門家と接点を持っていることを示唆していた。4日に布告された所得税制度の策定にそのような専門家が関与していたことは間違いなかろう。しかし，仮にある種の共謀関係があったとしても，それはきわめて緩やかなものであったと推測せざるを得ない。11月28日にサウジアラビア政府とアラムコの直接交渉が開始された後，両者は利益折半原則の導入という大枠では早急に合意したが，その内容には根本的な相違があることが明らかになった。アラムコ側がロイヤリティと所得税を合わせてサウジアラビア政府に石油から生じる利益の50％を支払う立場であったのに対して，サウジアラビア側はロイヤリティとは別に石油から生じる利益の50％を支払うよう求めた。つまり，サウジアラビア側は，ベネズエラ方式よりもはるかに産油国側に有利な内容の協定を望んでいたのである。しかも，交渉の途上でサウジアラビア側が突如として50％以上の石油利益を要求して，交渉が中断する局面も見られた。結果的にアラムコとサウジアラビア政府の直接交渉はおよそ1か月というきわめて短期間で合意に至るものの，その波乱に満ちた交渉過程からは事前に両者間の共謀関係が存在していたとは想像しがたいのである[76]。

　所得税方式による利益折半原則を導入する新たな石油協定がサウジアラビア政府とアラムコの間で調印されたのは，12月30日のことであった。新協定は，従来の固定ロイヤリティを存続させたまま，それに新規の所得税を合わせて，アラムコの利益の50％をサウジアラビア政府に移転する形を取った。つまり，既存の1933年利権協定の追加協定という形式で，利益折半原則が導入されたことに

---

[76] U.S. Embassy in Jidda to DOS, #356, December 6, 1950, *FRUS, 1950*, 5：118；U.S. Embassy in Jidda to DOS, #409, December 29, 1950, ibid., 120–121. 1957年3月に連邦議会上院司法委員会反トラスト・独占小委員会でアラムコへの課税問題が取り上げられた際，国務省を訪れたアラムコのデュース（James T. Duce）は，1950年にサウジアラビアに利益折半方式を導入するに際して所得税方式を採用することはマッギーらと合意済みであったことを強調した。一方，外国税額控除の適用については，内国歳入庁（Internal Revenue Service：IRS）と協議し，IRSから適用の言質は得られなかったものの，IRS側から適用に反対する意見もなかった，と述べている。アラムコが，外国税額控除適用の確信を得ていたことは間違いない。Memorandum of Conversation, "Income Tax and Other Items," April 18, 1957, DSCF 886A.2553/4-1857. 米連邦政府のアラムコに対する課税では，外国税額控除に加えて高額な減損会計（percentage depletion）が適用され，両者を組み合わせることによってアラムコから連邦政府への所得税の支払いが相殺された。アラムコの配当金への課税（株主への配当前）という形では，アラムコから連邦政府への支払いは継続している。Letter from James Terry Duce to Christian Herter and Attached Copy of Letter from F.A. Davies to Senator Alexander Wiley, April 1, 1957, DSCF 886A.2553/4-157.

なる。当事者間の合意に基づく交渉という形式のみならず，協定の内容においても既存の協定の正当性が確認されたわけであり，「契約の神聖」原則も守られることとなったのである[77]。

　サウジ・アラムコ間の新協定の締結以降，国務省の中東石油政策には驚くべき変化が現れる。ひとことで言えば，国務省は，動的・開放的な石油秩序を追求しようとする姿勢を封印し，利益折半方式の公平性を広く喧伝する姿勢に転じていくのである。国務省は，利益折半を「パートナーシップの原則」と位置づけるとともに，同原則は，中東産油国における石油利権を安定させるための「きわめて防衛しやすい基盤（an eminently defensible basis）」を提供するのみならず，共産主義勢力の欧米石油会社に対する攻撃への「現実的かつ劇的な回答」になるとして，これを高く評価する姿勢を示し始めた[78]。たしかに利益折半方式には，シンプルさというメリットがあった。「50％」という数字が産油国と石油会社の平等な「パートナーシップ」を象徴していると主張することは可能であった。それ以上に国務省が重視したのは，利益折半方式が産油国間の格差を捨象できることであった。油質や消費地までの距離など様々な要因に応じて単位当たりの石油から生じる利益は変動する。しかし，利益折半原則に基づくならば，たとえばベネズエラとサウジアラビアの原油の体積や重量当たりの利益が大きく異なっても，両国は「50％」という横並びの水準での利益を得ていると論じることが出来る。国務省は，利益折半方式を新たなスタンダードとすることによって，中東産油国からの利権改定要求を終息させられるのではないかと期待し始めていた[79]。

　国務省が突如として動的・開放的な石油秩序について語らなくなった理由は，おそらくここにあった。そして，「50％」という固定された水準が，産油国間で，そして産油国と石油会社の間で，さらには産油国と消費国の間で公平性を実現するとする立場と，所与の利益分配率を定めずに「ロイヤリティ市場」のようなメカニズムによって動的にそれを決定するのが公平であるとする立場を，同時に追求することは出来なかった。ひとたびサウジアラビアで利益折半協定が実現されてしまった以上，国務省は前者の立場を取らざるを得なくなったのである。後に

---

[77] U.S. Embassy in Jidda to DOS, #417, December 31, 1950, *FRUS, 1950*, 5: 121; Agreement between the Government of Saudi Arabia and Aramco, December 30, 1950, in Hurewitz, *Diplomacy in the Near and Middle East*, 314-322.

[78] Circular Airgram from DOS, January 25, 1951, *FRUS, 1951*, 5: 282-283.

[79] Circular Airgram from DOS, August 23, 1951, *FRUS, 1951*, 5: 328-329.

見るように，米国の政策決定者たちは，動的で開放的な石油秩序というもうひとつのモデルが存在していることを忘れてしまったわけではない。しかし，彼らはいまや，産油国と消費国の利益を一致させ，産油国間の公平性を実現する枠組みとして，利益折半方式を強く擁護する政策を採用したのである。

これ以降，米国政府が追求し，実際にまもなく中東産油国に拡大していく石油秩序を，本書では協調的石油秩序と呼ぶこととする。協調的石油秩序の制度的基盤は利益折半原則であり，その思想的基盤は，利益折半原則に基づいて石油から生じる利益を産油国と石油会社の間で均等に配分することにより，産油国間，産油国・石油会社間，産油国・消費国間で利益の一致が実現されるという考え方であった。産油国政府と石油会社，産油国と消費国は，石油利益の分配率を巡る闘争を放棄し，産油国は生産の拡大によってのみ，石油収入を拡大することとなる。そして，産油国と消費国の共通の利益は，大量の石油を安定的に生産し世界的に流通させる能力を有するメジャーズによって媒介される。かくして協調的石油秩序において，メジャーズは，米国の対外政策の「特権的な代理人（chosen instrument）」の地位を与えられることとなった。対照的に，動的で開放的な石油秩序を実現するためには不可欠であった新規参入者は，「50％」という数字に象徴される公平性を攪乱する存在として招かれざる客となっていくのである[80]。

かかる石油秩序は，実際に「協調的」性質を有していた。協調的石油秩序のモデルとなったサウジ・アラムコ協定の実現過程では，サウジアラビア政府とアラムコの利害が利益折半方式の導入で一致し，米国政府も結果的にそれを追認することとなった。その「協調的」性質は，その逆の事例からも照射することが出来る。イランにおいて AIOC への国民的批判に直面していた英国政府は，イランのナショナリズムからの圧力に安易に譲歩することなく，強硬な姿勢を保持することで事態を打開しようとしていた。サウジ・アラムコ協定締結の報に接し，英外務省は「米英の石油会社が団結して中東諸国からの要求に抵抗できなかったこと

---

[80]「特権的な代理人」とは，米国の対外政策目標に資することを期待され，米国政府が政策的に優遇した特定企業を指す。20世紀初頭から，米国政府はこのような「特権的な代理人」企業を通じて米国の経済的・文化的影響力を拡大しようとした。代表的な企業としては，金融のJ・P・モルガン，通信のITT (International Telephone and Telegraph)，ラジオ放送のRCA (Radio Corporation of America)，報道のAP (Associated Press)，航空運輸のパンナム (Pan-American Airways) などがある。Emily S. Rosenberg, *Spreading the American Dream: American Economic and Cultural Expansion, 1890-1945* (New York: Hill & Wang, 1982), chaps. 3-5.

への遺憾」の意を米国側に伝達した[81]。かかる英国政府の姿勢に比べるならば，国務省の中東石油秩序構想は，明らかに「協調的」性質を有していたのである。

　しかし，産油国，消費国，石油会社の何れかが「50％」という数字に共通の利益を見出さなくなった瞬間に，協調的石油秩序の制度的基盤は動揺し，その思想的基盤は失われる。まもなく米国の政策決定者たちは，サウジアラビア対岸のイランで，かかる事態に直面することとなる。そればかりではない。協調的石油秩序の黎明期から，それを批判する声はサウジアラビアからも漏れ聞こえていた。1951年夏，サウジアラビア政府の石油問題顧問を自称する当時30代前半の無名の若者が，ベネズエラで開催される石油関係の会合に出席する旅の途上でメキシコに一時滞在していた。アブドゥッラー・タリーキ（'Abdullah al-Ṭarīqī）というその若者は，アラムコがサウジアラビアの石油資源を早期に枯渇させてしまうのではないかとの懸念を抱き始めていたサウジアラビア政府の指示により，石油情勢の調査のために西半球に派遣されたと語った。おそらく米国政府の担当者たちは認識していなかったが，タリーキは，テキサス大学で石油工学を修め，サウジアラビア財務省に勤務していたテクノクラートであった。タリーキは，メキシコ国営石油会社の関係者たちと親しく交流し，石油国有化を成し遂げたメキシコ，そしてそれを成し遂げようとしているイランに敬意と共感を抱いていた。そして彼は，大国の権力を背景とする石油会社がサウジアラビアのみならず中東の全ての産油国の対外政策を制約していることに中東諸国民は憤っており，中東諸国は「完全なる独立」を勝ちとらんと決意している，との認識を語った[82]。協調的石油秩序の思想的基盤を否定する彼の認識は，利益折半方式を打破することになる国際的組織にやがて結実することとなる。

---

[81] U.S. Embassy in London to DOS, #3770. January 1951, DSCF 886A.2553/1-551.
[82] Despatch from U.S. Embassy in Mexico, #638, September 11, 1951, DSCF 886A.2553/9-1151 ; Obituary, "Sheik Abudullah al-Tariki, 80, First Saudi Arabian Oil Minister," *New York Times*, September 16, 1997.

第4章
イラン石油国有化紛争と協調的石油秩序

1　石油国有化の背景

　イランは中東で最も古い産油国である。1901年，カージャール朝は，北部5州（アーゼルバイジャーン，ギーラーン，マーザンダラーン，ホラーサーン，アスタラーバード）を除くイラン全土を対象とする60年期限の石油利権を，英国人投資家のウィリアム・ダーシー（William Knox D'Arcy）に付与した。この石油利権を引き継いだアングロ゠パーシャン・オイル・カンパニー（APOC）は，1908年にイラン南西部のフーゼスターン州で商業規模の油田を発見，イラクとの国境を画すシャトルアラブ川沿岸のアーバーダーンに石油精製施設を建設し，1912年に本格的な石油輸出を開始した。第一次世界大戦直前に，英国政府が海軍燃料を石油に転換する政策の一環としてAPOC株式の過半数を購入したことで，同社は英国の事実上の国策会社として発展することとなった[1]。
　19世紀以来，英国とロシアが影響力を競う舞台となったイランでは，早くから排外主義的なナショナリズムが出現し，それが立憲革命の推進力ともなった。かかるナショナリズムは第一次世界大戦期にいっそう強まった。そのような国民感情を背景に登場したのが，レザー・ハーン（Reẓā Khān）であった。1921年のクーデタでイランの政治的実権を掌握した彼は，1925年にレザー・シャー（Reẓā Shāh Pahlavī）としてみずから王位に就き，パフラヴィ朝を創始した。そしてその前後を通じて，国内的にはみずからに権力を集中させる権威主義的な中央集権国家を建設して上からの近代化を推進し，対外的にはカージャール朝下で乱発されていたカピチュレーションを廃止するなどイランの国権回復を目指す政策

---

[1] Shwadran, *The Middle East, Oil, and Great Powers*, 13–22.

を推進した[2]。

このような中で、APOCの石油利権が、レザー・シャーとイランのナショナリズムの標的となったのは自然な流れであった。1920年代からイラン政府とAPOCの間では利権協定を巡る様々な交渉が行われていたが、世界恐慌のあおりでAPOCからの支払いが急減したことで、両者の対立は決定的になった。1932年末、イラン政府がダーシー利権の破棄を一方的に宣言したことを契機にAPOCとの本格的な交渉が行われ、翌1933年4月に新たな利権協定が締結された。1933年石油利権協定は、ダーシー利権では会社利益の16％を基準に算定されていたロイヤリティを原油1トン当たり4シリングに固定することを骨子とし、利権地域を10万平方マイルに制限するなど、イラン側に有利な内容を含んでいた。しかし、利権地域はなお広大であり、利権協定の有効期間も1993年末までに22年間延長され、さらにイランは利権協定の破棄や修正を行う権利を放棄させられた[3]。それゆえ1933年協定の締結後も、APOC（1935年にイランが国号を「ペルシャ」から「イラン」に変更したことに伴い、社名は「アングロ＝イラニアン・オイル・カンパニー（AIOC）」に変更される）は、イランのナショナリズムにとって、克服すべき対象であり続けた。

1941年、英ソ両国がイランを占領したのに伴い、レザー・シャーは退位と出国を強いられ、息子のモハンマド・レザー（Moḥammad Reẓā Pahlavī）が王位を継いだ。しかし、1919年生まれの若きシャーは、父王のような権威を持ちえなかった。レザー・シャーの権力は公式に制度化されたものではなかったので、連合国占領下のイランでは、弱体な国王の下、1906年憲法で想定されていたようなマジュレス（議会下院）の権威が復活した。政治的出版物が叢生し、組織的に弱体ながら多くの政党が結成された。ほぼ唯一組織的動員力を有した、イランの共産党にあたるトゥーデ（Tūdeh）党が結成されたのもこの時期であった[4]。

石油は再びイランのナショナリズムの焦点となった。大戦中、ソ連がイラン北部の石油利権を付与するようイラン政府に要求したのに対して、マジュレスは占領下での新たな石油利権の付与を禁止する法律を1944年12月に制定し、ソ連の

---

[2] Gavin R.G. Hamby, "The Pahlavī Autocracy: Riẓā Shāh, 1921-1941," in Peter Avery, Gavin Hamby and Charles Melville, eds., *The Cambridge History of Iran*, vol. 7, *From Nadir Shah to the Islamic Republic* (Cambridge: Cambridge U.P., 1991), 213-243.

[3] Shwadran, *The Middle East, Oil, and Great Powers*, 37-47.

[4] Abrahamian, *Iran between Two Revolutions*, chap. 4.

要求を拒否した。戦後，ソ連は北部の占領を継続しながら石油利権を要求し続けたため，アフマド・カワーム首相は，1946年4月に北部における石油利権の付与を事実上の交換条件として占領軍を撤退させる合意をソ連との間に結んだ。しかし，ソ連への北部利権の付与はマジュレスで猛烈な批判にさらされた。1947年10月22日，マジュレスは，カワーム首相によるソ連への石油利権付与を無効とすることをほぼ全会一致で決議した。この決議によって，イラン北部に石油利権を獲得せんとするソ連の思惑は最終的に挫折することとなった[5]。

ソ連の石油利権要求に対して示されたイランのナショナリズムは，イラン南部のAIOC利権にも向けられていた。1947年10月22日のマジュレス決議は，北部石油利権の無効を宣言するのみならず，AIOCが操業する南部においてイランの権利が損なわれている状況を認定し，かかる権利の回復のために然るべき措置を取るよう政府に命じていた。これを受けてイラン政府はAIOCとの利権改定交渉を進め，1949年7月17日に，原油1トン当たりのロイヤリティを従来の4シリングから6シリングに引き上げることを骨子とする，1933年利権協定の追加協定を締結した。追加協定は，締結直後に批准のためにマジュレスに上程されたが，内容的に不十分であるとして厳しく批判された。イラン側関係者は，ベネズエラが利益折半方式の石油協定を締結していること，そして追加協定がそれよりも内容的に不利であることを認識していた。9月の英ポンド切り下げにより，追加協定が批准される可能性はいっそう低下した[6]。

1944年の新規利権付与禁止の法律制定から追加協定への反対に至るまで，石油を巡るイランのナショナリズムの先頭に立っていたのが，ヴェテラン政治家のモハンマド・モサッデクであった。モサッデクは，1882年にイランの伝統的な支配階層の一角を占める高級官吏の地主の家に生まれ，父親は廷臣，母親はカージャール王家の遠縁であった。モサッデクは，フランスとスイスに学んで法学博

---

[5] Abrahamian, *Iran between Two Revolutions*, 225-250 ; Fakhreddin Azimi, *Iran : The Crisis of Democracy 1941-1953* (London : I.B. Tauris, 1989), chaps. 10 and 11 ; Gavin R.G. Hamby, "The Pahlavī Autocracy : Muḥammad Riẓā Shāh, 1941-1979," in Avery et al., eds., *The Cambridge History of Iran*, 7 : 244-251.

[6] Mostafa Elm, *Oil, Power, and Principle : Iran's Oil Nationalization and Its Aftermath* (Syracuse : Syracuse U.P., 1992), 48-56 ; Shwadran, *The Middle East, Oil, and the Great Powers*, 89-91. 追加協定によってイラン側が得られる石油収入は，石油から得られる利益の32-37.5％に相当した。AIOCは，追加協定がベネズエラの利益折半協定よりも有利であるとの虚偽の宣伝を行い，同協定のマジュレスでの批准を目指したが，効果はなかった。

士の学位を取得し，カージャール朝下でマジュレス議員，閣僚，州知事などを歴任した政治的エリートであったが，その政治的キャリアの最初期から一貫して，対外的には内政干渉や利権に強く反対する排外主義的ナショナリズムの立場，国内的には立憲主義を擁護する自由主義的ナショナリズムの立場に立っていた。パフラヴィ朝の創設やレザー・シャーの独裁的統治，そして1933年の石油利権協定を批判したモサッデクは，レザー・シャーの不興を買い，公職を解かれて政治的な沈黙を強いられ，自宅軟禁や投獄も経験していた。しかし，レザー・シャーの退位後，モサッデクは，マジュレスの議席を回復して政治の表舞台に復活し，自由主義的かつ国権回復的なナショナリズムを代表する存在となっていた[7]。

そのようなモサッデクの政治基盤となっていくのが，1949年10月に彼を中心に結成された国民戦線（Jebhe-ye Mellī）であった。1946年の軍による分離主義政権の打倒，そして1949年のみずからへの暗殺未遂事件などを契機に，シャーは父王のような権威主義的な支配の実現を目指し始めていた。国民戦線は，立憲主義の後退に反対するとともに，石油を巡る国権の未だ回復されざる状況を正すことを目標に，多様な政治指導者や政党を緩やかに糾合した政治的連合体であった。その指導層には，ホセイン・ファーテミー（Ḥoseyn Fāṭemī），モザッファル・バカーイー（Moẓaffar Baqāʾī），ホセイン・マッキー（Ḥoseyn Makkī）ら，比較的若年のインテリ・専門家層のほか，レザー・シャーの退位により復権した反宮廷政治家たち，そしてアブル＝カーセム・カーシャーニー（Abū al-Qāsem Kāshānī）師に代表される排外主義的な宗教指導者も含まれていた。国民戦線の支持勢力は，新たに台頭しつつあった専門家をはじめとする近代的中産層と労働者層にその中心があったものの，イランの伝統的支配層の一翼を担うバザール勢力や宗教勢力の一部までが含まれる，きわめて広範なものとなった。国民戦線は，議会内勢力としては少数派であったものの，広範かつ多様な勢力を立憲主義と国権回復的ナショナリズムの旗の下に緩やかに糾合することとなったのである[8]。

---

[7] Homa Katouzian, *Musaddiq and the Struggle for Power in Iran* (London : I.B. Tauris, 1990), chaps. 1-3.

[8] Abrahamian, *Iran between Two Revolutions*, 249-261 ; Elm, *Oil, Power, and Principle*, 56-58, 94-97. レザー・シャーの退位後の政治的自由化の時代におけるひとつの特徴として，レザー・シャーのもとで抑圧されていた伝統的な上流階級人士の復活があった。イランの上流階級は，王家を含む伝統的な勢力を誇る部族あるいは大地主層，宗教指導者，およびそれらと姻戚関係を持った勢力である。これら人士の政治的立場は多様であり，カワームやモサッデクもこの階層に含まれる。史家アブラハミアンによると，レザー・シャー退位後モサッデ

マンスール（'Alī Manṣūr）首相のもと，1950年6月に追加協定を検討するための特別委員会がマジュレスに設置された。18人で構成される特別委員会のうち，国民戦線の議員はモサッデクを含めて5名に過ぎなかったが，モサッデクが委員長に選任された。これと前後して，シャーは弱体なマンスール首相を見限り，陸軍参謀長のアリー・ラズマーラー（'Alī Razmārā）を首相に指名し，彼の強力な指導力によって追加協定の批准を実現することを目指した。しかし，追加協定を取り巻く状況はいっそう厳しくなっていった。特別委員会は，11月25日に追加協定は「南部の石油に関するイラン国民の利益を確保するものではない」と結論する報告を提出し，翌1951年1月11日にマジュレスは特別委員会の報告を全会一致で承認した。この頃までにモサッデクは，特別委員会が石油国有化を勧告すべきであると明確に主張し始めていた。そして，国有化を呼号する国民戦線への支持の高まりとラズマーラーの強権的な政治姿勢への反発が相俟って，マジュレスで多数を占める保守派が，議員総数の2割にも満たぬ国民戦線の方針を追認する状況が出現し始めていた[9]。

2月に入ると，舞台裏では，AIOCが追加協定を放棄してイランの石油利権に利益折半原則を適用することに前向きな姿勢を示し始めていたが，ラズマーラー首相は時間を稼ぐ必要があるとして，このことを公表しなかった。3月7日，ラズマーラーは，国有化に反対する姿勢を表明した直後に，急進的イスラーム主義組織のメンバーとされる人物に暗殺された。ラズマーラーの暗殺によって，イランの政治状況は一挙に流動化し，石油国有化への流れは止められなくなった。翌8日，マジュレスの特別委員会は石油産業の国有化を勧告し，20日までにイラン上下両院は同勧告を承認して，石油産業の国有化の原則を謳う石油国有化法が成立した。国有化の動きと直接連動していたわけではなかったが，南部油田地帯では，イラン人の石油労働者たちがAIOCに待遇改善などを要求する大規模なスト

クまで首相を経験した12名のうち9名がこの階層の出身で，さらに第13-16期（1941-52年）マジュレス議員および閣僚の多くもこの階層のバックグラウンドを有していた。Ervand Abrahamian, *A History of Modern Iran* (Cambridge : Cambridge U.P., 2008), 100-107, 113-118.

[9] British Embassy in Tehran to FO, #197, July 7, 1950, *BDFA*, 4-B, 9 : 49-51 ; British Embassy in Tehran to FO, #353, December 14, 1950, ibid., 81-83 ; British Embassy in Tehran to FO, #5, January 11, 1951, *BDFA*, 5-B, 1 : 70-72 ; British Embassy in Tehran to FO, #42, February 7, 1951, *BDFA*, 5-B, 1 : 78-81 ; Katouzian, *Musaddiq*, 90-94 ; Rouhollah Ramazani, *Iran's Foreign Policy 1941-1973 : A Study of Foreign Policy in Modernizing Nations* (Charlottesville : University of Virginia Press, 1975), 189-194.

ライキを開始した。この間の3月14日,英国政府はAIOCが利益折半原則の適用に前向きな姿勢であることをホセイン・アラー（Hoseyn 'Alā'）首相に伝達し,国有化を思いとどまるよう求めたが,アラー首相は英国側の申し入れを公表しなかった。4月28日,国有化に向けた動きを主導してきたモサッデクが首相に就任し,イランの石油国有化の流れはいっそう動かし難いものとなっていった[10]。

2 米英の基本的立場の形成

　イランが急速に石油国有化に向かう中,米国政府は事態の展開を座視していたわけではない。1950年9月中旬,すなわちサウジアラビア政府の利権協定改定要求の高まりを前に国務省とアラムコ親会社が協議を行った直後に,マッギー国務次官補は英国を訪問し,イラン問題について英国政府との非公式協議を行った。国務省内では,すでにこの時点までに,追加協定に固執するAIOCの硬直的な方針を危惧する見解が示されていた。1トン当たり6シリングという追加協定の条件は,まさにサウジアラビアが変更を求めている内容であったし,イラン側はベネズエラの利益折半協定についても知悉していたからである[11]。しかしながら,前章で確認したように,この時点では国務省はアラムコが所得税方式による利益折半方式に移行することを支持していなかった。それゆえ,マッギーの英国政府への助言は,利益折半方式への移行を慫慂するというよりも,イラン側の要求に柔軟な姿勢を示すことで早期にイランとの安定的な合意を実現することを説くものとなった。マッギーは,具体的な内容に立ち入ることは出来ないとしつつも,サウジアラビアが「きわめて包括的」な要求を行っており,アラムコがこれに応じれば「追加協定が批准される可能性は完全に失われる」との観測を示した上で,ラズマーラー首相が求めているAIOCの専門職へのイラン人の登用拡大やAIOCの帳簿の開示などに柔軟に応じるべきであると主張した[12]。マッギーの英国政府

---

[10] British Embassy in Tehran to FO, #99, March 28, 1951, *BDFA*, 5-B, 1: 100-102; British Embassy in Tehran to FO, #119, April 15, 1951, ibid., 106-108; British Embassy in Tehran to FO, #135, May 5, 1951, ibid., 117-120.

[11] Memorandum from R. Funkhouser to McGhee, September 14, 1950, *FRUS, 1950*, 5: 97-99.

[12] Record of Informal U.S.-U.K. Discussion, September 21, 1950, *FRUS, 1950*, 5: 593-600; George C. McGhee, *Envoy to the Middle World: Adventures in Diplomacy* (New York: Harper & Row, 1983), 322-328.

への助言は，非金銭的な譲歩でサウジ側の圧力をかわすべきであるとの，彼が同時期にアラムコに行っていた助言にも沿うものであった。

これに対して英国側は，基本的にイランへの譲歩は不要と考えており，その結果，米国側からの警告を無視することとなった。史家ルイスは，このような英国側の姿勢の背後に，根深いイラン蔑視の観念が存在したことを指摘している。英国政府およびAIOCの内部には，植民地支配を経験していないイランは「アジアのデカダンス」に堕しており，したがって国有化に向けた熱狂は「真のナショナリズムの前段階」の混乱に過ぎぬという見方が存在した。また，モサッデクを「狂信的」あるいは「病的な」反英主義者と捉える見方が英国政府内では優勢であった。それゆえ，国有化は非合理的な指導者に率いられた大衆の熱狂の産物であって，まともに取り合うには値しないというのが英国側の基本的な見方であった。かかる見方が，英国側の国有化への対応の遅れ，さらには軍事力によって紛争を解決しようとする衝動の背景をなすこととなる[13]。

1951年3月，イラン政治の不安定化と石油国有化に向けた動きの急速化を受け，米国政府はイランへの関心を増大させた。しかし，米国の政策決定者たちの最大の関心事は，石油そのものではなく，その政治的影響にあった。彼らが最も懸念していたのは，石油国有化およびそれに伴う紛争を契機に，イランや中東の「安定と西側指向」が損なわれ，最悪の場合，イランがソ連に接近し，あるいは共産化する可能性であった。それゆえ彼らが国有化紛争勃発直後から最も重視したのは，紛争を平和裡に解決することであり，かかる観点に立てば，イランとの対決を辞さぬ英国側の姿勢は，石油国有化それ自体以上に危険であった。しかし一方で，米国の政策決定者たちは，イランの石油産業を効率的に運営し，イランに安定的な石油収入をもたらしうるのはAIOCのみであると信じて疑わなかった。当然，彼らは英国の国際収支におけるAIOCの重要性をも認識していた。それゆえ米国政府は，交渉を通じてイランのナショナリズムを満足させるような形に利権協定を改定することでAIOCのイランにおける石油生産を継続することを，紛争解決に向けた基本方針としたのである[14]。

---

[13] Louis, *British Empire*, 633-651 ; idem, "Musaddiq and the Dilemmas of British Imperialism," in James A. Bill and Wm. Roger Louis, eds., *Musaddiq, Iranian Nationalism, and Oil* (London : I.B. Tauris, 1988), 228-260（特に pp. 228-235）.

[14] U.S. Chargé in Amman to DOS, #164, March 26, 1951, *FRUS, 1951*, 5 : 289-292 ; DOS to U.S. Embassy in London, #4456, March 31, 1951, ibid., 296-298 ; NSC Staff Study, "The Position of the

4月中旬，イランを巡る米英間の最初の本格的な意見交換がワシントンで行われた。米国側の参加者はマッギーのほか NEA のギリシャ・トルコ・イラン部長のウィリアム・ラウントリー（William M. Rountree）ら，英国側はフランクス（Oliver S. Franks）駐米大使が代表を務めた。米国側は，以後，米国政府が一貫して取り続けることになる紛争解決の基本方針を示した。石油問題の具体的解決方針に先立つ大原則は，紛争解決のための武力行使を容認しないということであった。米国政府の最大の関心はイランを西側世界の一員にとどめることである。英国による武力行使は，仮に石油問題の解決に資するとしても，イランを西側世界にとどめるという基幹的な目標を大きく損なうことになる。それゆえ，交渉による平和的な紛争解決が米国の大原則である，とマッギーは明言した。その上で，石油問題については，①国有化の原則の承認，②利益折半原則の導入，③石油産業の運営へのイラン人の参加増大や会社の帳簿開示等，イラン側の要求への柔軟な対応，以上3点を満たす形に利権協定を改定すべきである，との米国側の見解を説明した。

このときまでに米国政府が決定していた紛争解決方針，すなわち，形式的には国有化を受け入れつつ実質的には AIOC 利権を利益折半型の協定に移行させることで紛争解決を図るという方針は，単純化するならば，イランを協調的石油秩序に取り込むということにほかならなかった。イランの石油国有化政策の内容すら定まらぬうちに決定されたこの基本方針が，これ以降の米国政府のイラン紛争に関する政策の基本的な枠組みを定めることとなる。言い換えるならば，米国のイラン紛争に対する政策は，イラン側の情報，ましてイラン側との対話から導かれたものではなかった。かかる政策に内在する無言の前提，すなわちイランは名目的な国有化で満足し，利益折半原則を受け入れるであろうとの前提は，協調的石油秩序という米国側のモデルから一方的に導かれたものであった。

フランクス駐米大使は，米国の方針に強い不満を示した。英国政府は，たとえ名目的なものであろうとも，国有化を認めることに慎重であった。英国側は現行の1933年利権協定の法的な正当性に強い執着を示し，同協定を交渉の出発点とせぬ如何なる交渉にも応じぬ方針であった。その帰結として，英国政府は，利益

United States with Respect to Iran," undated, *FRUS, 1952-1954*, 10 : 11-23 ; DOS to U.S. Embassy in Iran, #1623, March 17, 1951, *FRUS, 1952-1954*, 10 : 25-28 ; McGhee, *Envoy*, 328-334 ; James F. Goode, *The United States and Iran, 1946-51 : The Diplomacy of Neglect* (Basingstoke : Macmillan, 1989), 84-90.

折半という結論ありきの立場を取ることにも強い抵抗感を示した。マッギーは，このような英国政府の硬直的な姿勢への不満を隠さなかった。彼は，英国側の姿勢は「中東地域の継続的な安定と平和，ならびに英米および自由世界全体にとってのイラン石油の国際市場への輸出継続の重要性」を「商業的あるいは貿易収支上の問題に従属させる」ものであると批判し，英国の現行政策には「好意的中立」以上の立場をとることは出来ないとする，きわめて厳しい姿勢を示した。この結果，4月中旬の米英協議は，物別れに近い形で終了したのである[15]。

ちょうどこの米英協議の頃を境に，イランの国有化政策がきわめて実質的な内容を持ち，しかもイラン政府がそれを迅速に実行に移そうとしていることが明らかになっていった。4月後半，モサッデクの率いるマジュレス特別委員会は，国有化の具体的な内容を定める法案を迅速に作成した。特別委員会の法案はさしたる抵抗を受けることなくイラン上下両院を通過し，モサッデクの首相就任後まもない5月2日に国有化施行法として発布された。9条よりなる国有化施行法は，国有化の実施主体として，議会両院の代表等より構成される合同委員会を新たに設置することを定め，同委員会に早急にイラン国営石油会社（National Iranian Oil Company：以下 NIOC）の設立を準備するよう求めていた。同法は，AIOC を「旧」会社と呼ぶとともに，NIOC が AIOC の施設を引き継ぎ，海外の顧客に直接石油を販売することを想定していた。そして，以後の紛争を通じて重要な意味を有するのは，石油から生じる利益の分配に関する同法の規定であった。国有化施行法は，石油価格や利益分配に直接言及していたわけではなかったが，NIOC を通じて販売した石油代金の 25％ を AIOC への賠償に充てることを規定し，実質的には 75％ をイラン政府がみずからの収入として獲得することを想定していた[16]。

国有化施行法の成立を境に，紛争はエスカレートしていった。AIOC は 1933 年利権協定の規定にしたがって仲裁による問題解決を求めたが，イラン政府は，利権協定の取り消しは法的に国家主権の正当な行使であり，利権協定自体が失効した以上，仲裁に服する義務はないとして，AIOC の要求を拒否する姿勢を示した[17]。これに対して英国政府は，5月19日にイラン政府に交渉を呼びかける覚書

---

[15] Memoranda of Conversation, April 17 and 18, 1951, *FRUS, 1952-1954*, 10：30-37, 37-42.

[16] Hurewitz, *Diplomacy*, 322-323；U.S. Embassy in Tehran to DOS, #2660, May 3, 1951, DSCF 888.2553/5-351.

[17] FO to Certain Diplomatic Posts Abroad, #99, May 8, 1951, *BDFA*, 5-B, 1：62-63；N.R. Seddon (for A.I.O.C.) to M. Mosaddeq, May 8, 1951, ibid., 63；Despatch from U.S. Embassy in Tehran,

を送付したものの，覚書の末尾は，交渉による紛争解決が実現せぬ場合には「きわめて深刻な結果」を招くとの威圧的文言で結ばれていた[18]。実際には，英国政府は，少なくとも当面は，イラン在留英国人の救助以外の目的で軍事行動を取るつもりはなかった。アトリー政権内には，中東における英国の威信と影響力を維持するために軍事行動を躊躇すべきではないとの意見も存在したが，国際社会からの批判が予想され，何よりも米国政府が軍事行動に強く反対していることから，アトリー政権はひとまず軍事行動を自制する方針を決定していた。しかしながらアトリー政権は軍事行動を原理的に否定したわけではなく，事態の展開によっては，そして諸々の条件さえ整えば，イランに対する軍事行動に訴える姿勢を維持していた[19]。

　紛争のエスカレートに直面しても，前述の米国政府の基本方針に動揺はなかった。しかし米国政府内に，かかる方針への異論がないわけではなかった。国務省政策企画室長を退いて同省顧問（Counselor）の地位にあったジョージ・ケナンは，イランの石油国有化は西欧への石油供給を脅かすばかりか，イランへのソ連の影響力拡大すら招きかねぬ，米国と西側陣営のインタレストに著しく反する動きであるとして，イランに対して米国は「自国および同盟国の既存のインタレストを防衛するために必要な措置」を取る可能性があることを明言すべきであると主張した[20]。「必要な措置」には，当然，英国の軍事行動を容認することが含まれていたであろう。ケナンは，米英が強固に連携し，必要とあらば軍事的威圧を用いてでもイラン側に西側陣営が定める条件を呑ませるような方針を想定していたものと思われる。しかし，ケナンの主張は省内で完全に無視された。マッギーらイラン政策に携わる政策決定者たちは，イランと英国の間に共通のインタレストの基盤を構築することの重要性とその実現可能性を信じていた。それゆえ米国政府は，英国政府に対しては，軍事行動に強く反対する姿勢を明確化しつつ，国有化原則を受け入れた上でイラン政府と早期に直接交渉を開始するよう，圧力を加え続けた[21]。

#976, May 22, 1951, DSCF 888.2553-AIOC/5-2251.
[18] FO to British Embassy in Washington, #1983, May 11, 1951, *BDFA*, 5-B, 1 : 66-68 ; U.S. Embassy in Tehran to DOS, #2803, May 15, 1951, DSCF 888.2553/5-1551 ; U.S. Embassy in London to DOS, #6040, May 21, 1951, DSCF 888.2553/5-2151.
[19] C.M.(51)35th Conclusion, May 10, 1951, CAB128/19/35.
[20] George Kennan to Paul Nitze, May 18, 1951, DSCF 888.2553/5-1851.
[21] DOS to U.S. Embassy in Tehran, #2088, May 11, 1951, *FRUS, 1952-1954*, 10 : 51-54.

同時に米国政府は，イラン政府に対しても，性急で一方的な国有化を自制し，英国との直接交渉を開始するよう求めていた。マッギー，そして駐イラン米大使グレイディ（Henry Grady）がイラン側に対して繰り返していたのは，イランとAIOCのインタレストの共通性であった。イラン国内の石油生産・精製施設のみならず，大規模なタンカー船団と第一級の技術者を擁するAIOCを喪失することは，イランにとって巨大な損失である。交渉を通じてAIOCとの間に新たな協調の基盤を築くことによって，イランは巨大な利益を獲得することが出来る。このようにイランにとってのAIOCの価値を説くことでイラン側に軟化を促しつつ，米国の政策決定者たちは，AIOCと西側陣営はイラン石油を喪失してもその欠損を埋め合わせることが出来るとの展望をもイラン側に語っていた。彼らは，イラン側がみずからの交渉上の立場を過信することによって交渉が不可能になることを恐れていた。それゆえ彼らは，AIOCの喪失がイランにもたらすであろう経済的損失とAIOCがもたらしうる利益を同時に語ることによって，イラン側が合理的にみずからの利益を最大化する選択を行うことを期待したのである[22]。

英国とイランへの働きかけと並行して，国務省は米国の石油業界を米国政府の解決方針の枠組みに取り込む努力を開始していた。この問題についての国務省の活動は，2つのレヴェルで進行した。ひとつは，米国系メジャーズ5社を中心とする，いわば石油産業の中心的グループとの協議や意見交換である。5月14日，マッギーは米国系メジャーズの代表らとイラン紛争への対応を議題とする意見交換に臨んだ。会合の冒頭，マッギーは，イランを西側世界にとどめ，イランからの石油輸出を継続することの重要性を指摘するとともに，米国政府が，名目的な国有化の下にAIOCがイランにおける石油産業の運営を継続する形で紛争を解決することを目指していると説明した。その上でマッギーは，ソ連に影響力拡大の隙を与えず，かつ不要に米英関係を悪化させることなく紛争を解決するためには，米国の石油会社がイランに進出する意思を持たぬことを明確化すべきであるとの見解を示した。石油会社側の出席者たちは，AIOC利権の正当性を否定することはみずからが保有する石油利権をも否定する自殺行為であるとして，イランに進出する意思を持たぬことを明言した。しかし，それ以外の点については，石油会

---

[22] U.S. Embassy in Tehran to DOS, #2514, April 23, 1951, DSCF 888.2553/4-2351； Memorandum of Conversation, "Call of the Iranian Ambassador on Assistant Secretary McGhee," May 3, 1951, DSCF 888.2553/5-351； DOS to U.S. Embassy in London, #5493, May 25, DSCF 888.2553-AIOC/5-2451.

社の見方は国務省とは大きく異なっていた。メジャーズの代表たちは,契約関係を尊重しないイランへの敵意をあらわにし,国有化原則の承認に反対した。そればかりか彼らは,イラン石油のボイコットを含む懲罰的な政策を主張し,国務省にもそのような強硬策への同調を求めたのである。これに対してマッギーは,ボイコットはソ連の影響力拡大につながりかねぬ危険なオプションであるとして,これに反対する立場を示し,イランのナショナリズムを満足させるためには,むしろ国民的支持を獲得しているモサッデクとの交渉による紛争解決を図るべきであるとの見解を示した。しかし,石油会社側にイランへの敵対的な姿勢を改める様子はなかった。つまり,米国系メジャーズは,AIOCと同社を支持する英国政府の同志であって,交渉を通じてイランとAIOCの間に新たな共通の利益の基盤を構築しようとしていた国務省の同志とは言い難かった。両者は,米国系石油会社のイラン参入を否定する点では足並みを揃えたものの,それ以外の点では,大きく異なる地点に立っていたのである[23]。

　国務省のもうひとつの活動は,イランの石油開発に直接参入することを目指す,あるいはイラン石油の購入に関心を示す,有名無名の独立系石油業者,さらには生活協同組合のような組織あるいは個人からの個別的な問い合わせへの対応であった。早くも4月末には,そのような独立系石油業者からの問い合わせが国務省には寄せられていた。このようなイランへの参入希望者に対して,国務省は強く否定的な姿勢を示した。もっとも,米国政府が米国内外の個人や団体のかかる経済活動を禁ずる法的な権限はなかったので,問い合わせに対する国務省の回答は,新規業者のイラン参入やイラン石油の購入は紛争解決に資するところがないとの同省の判断を伝達した上で,当該の業者や個人の自制を強く期待する,という内容となった。これ以降,1952年12月まで国務省は一貫してこのような姿勢を取り続けていくことになる。かかる国務省の姿勢は,イランを協調的石油秩序の枠組みに取り込むという米国の紛争解決方針に由来した。これら業者や個人は,イランからの大規模な石油輸出を実現し,イランに安定的な石油収入を保障しうる存在ではなかった。そればかりか,複数の業者がイラン石油を巡って競合する

---

[23] Memorandum of Conversation, "Discussion of AIOC Problem with U.S. Oil Companies," *FRUS, 1951*, 5: 309-315 ; B.B. Howard (Standard Oil Co. of New Jersey) to McGhee, May 18, 1951, DSCF 888.2553-AIOC/5-1851. もっともこの点については,業界内の噂のレヴェルではあるが,メジャーズがイラン石油への参入を狙っていたことを示唆する史料も存在する。Funkhouser to McGhee, "Oil Industry Information, Iran," September 12, 1951, DSCF 888.2553/9-1251.

第4章　イラン石油国有化紛争と協調的石油秩序　219

ようなことになれば，そこに市場的メカニズムが働き，イランに出現する動的な石油秩序が他の産油国の石油利権にまで飛び火する可能性があった。先述のように，サウジアラビアとアラムコの利益折半協定締結以降，国務省は静的・閉鎖的な石油秩序によって産油国と消費国の共通の利益の基盤を構築することを目指していた。そして，イランを協調的石油秩序の枠組みに取り込むことを目標とする以上，そこに動的・開放的なメカニズムが出現することは避けねばならなかったのである[24]。

5月18日，アチソン国務長官はイラン紛争に関する公式声明を発表した。この中でアチソンは，「石油資源の開発からもたらされる石油収入の増加を求めるイランの願望」を「正当な目標」と評価する一方で，「世界中の契約関係の正当性に対する……信頼を維持」するために，「明白な契約関係を一方的に破棄するあらゆる行為」に米国政府が強く反対の立場であると明言した。さらに，AIOCが「イランの福祉」に貢献しうるとの認識を示した上で，声明は「イランにおけるような大規模で複雑な[石油]産業の運営を遂行する最高の能力を有する米国の石油会社」すなわち米国系メジャーズは同国に参入する意思を持たぬと指摘した。以上のように米国政府の認識と立場を説明した上で，アチソンは，英国側には「イランの願望」に貢献することを，イラン側には「契約関係」を尊重した上でAIOCと協調しつつ国民の「福祉」向上を追求することを，それぞれ求め，双方に妥協を促した[25]。

アチソン声明は，米国政府がイランに利益折半方式を導入することを目指していることまでは語らなかったが，それ以外の点では米国政府のイラン紛争に対する立場を率直に語るものであった。それゆえ，そこには米国の政策決定者たちが改めて検討するまでもないと考えるほど自明視していた前提が滲み出ていた。そ

---

[24] 次に示すのは，独立系石油会社アミノイル（Aminoil），およびドリレキシコ（DRILEXCO）なる探鉱会社（すでにテヘラン南方のコムでイラン政府との契約で探鉱中であった），全米生活協同組合（The Cooperative League of the U.S.A.）からの問い合わせに対する国務省の回答を示す史料である。これらは，イラン参入を問い合わせてきた企業のごく初期の例に過ぎず，以後紛争中を通じて数多くの問い合わせが行われることとなるが，イラン参入やイラン石油購入の自制を求める国務省の基本的姿勢に大きな変化はなかった。DOS to U.S. Embassy in Tehran, #1970, April 27, 1951, DSCF 888.2553/4-2351 ; Memorandum of Conversation, "DRILEXCO Activities in Iran," May 23, 1951, DSCF 888.2553-AIOC/5-2351 ; Attachments to William D. Hassett to DOS, August 1, 1951, DSCF 888.2553-AIOC/7-2751.

[25] Statement by the Department of State on May 18, 1951, Department of State, *Bulletin*, May 28, 1951 : 851 ; DOS to U.S. Embassy in Tehran, #2119 and #2125, May 16, 1951, DSCF 888.2553/5-1651.

れは，イランと英国の双方が妥協しうる地点に両者が共有しうるインタレストの領野が存在しているとの前提，そしてかかる共通のインタレストが経済的分野に存するとの前提であった。かかる前提があればこそ，米国の政策決定者たちは，イランを協調的石油秩序の枠組みに包摂することで紛争は解決されると信じていた。しかし，こののち半年あまりの間に，彼らはかかる前提が如何にナイーヴなものであったか，思い知らされることとなる。

3 ナショナリズムとの邂逅

1) 第1回直接交渉と石油輸出の途絶

　5月末から6月にかけて，イラン紛争はいっそう激化する様相を見せた。5月30日，イラン政府は国有化の実行プログラムをAIOCに通告した。このプログラムによれば，イラン政府は，NIOCの暫定役員会をフーゼスターン州に派遣して，南部油田地帯でのAIOC施設の接収作業を進めるとともに，石油を積み出すタンカーの荷主に対して石油代金をNIOCに支払うことを約す受領証の提出を求めることとされていた。メフディ・バーザルガーン（Mehdī Bāzargān）を長とするNIOC暫定役員会は，6月中旬に，AIOCの全従業員をイラン政府職員と見做す旨の声明を発するとともに，AIOC施設の接収を進め，AIOCに対しては石油代金の75％をイラン政府に引き渡し，残る25％を将来の賠償のために銀行に預託するよう要求した。イラン政府が構想する国有化が，きわめて実質的な内容を有するものであることが明らかになっていったのである[26]。

　英国政府は，5月末にイランを国際司法裁判所（International Court of Justice：以下ICJ）に提訴した[27]。これに伴って，英国政府は，AIOCではなく英国政府自身が紛争当事者になったとして，イラン政府に政府間交渉を求めた。しかしモサッ

---

[26] U.S. Embassy in Tehran to DOS, #3060, May 31, 1951, DSCF 888.2553-AIOC/5-3151；U.S. Embassy in Tehran to DOS, #3100, June 4, 1951, DSCF 888.2553-AIOC/6-451；U.S. Embassy in Tehran to DOS, #3232, June 12, 1951, DSCF 888.2553-AIOC/6-1251；U.S. Embassy in London to DOS, #6577, June 14, 1951, DSCF 888.2553-AIOC/6-1451. 周知のように，バーザルガーンは，イスラーム革命後に最初の首相を務めることになる。

[27] FO to British Embassy in Tehran, #436, May 26, 1951, *BDFA*, 5-B, 1：81-82；U.S. Embassy in Tehran to DOS, #3001, May 27, 1951, DSCF 888.2553-AIOC/5-2751；U.S. Embassy in London to DOS, #6240, May 29, 1951, DSCF 888.2553-AIOC/5-2951.

デクは，国有化は国家主権の行使であるから英国政府と交渉を行う必要はないとの立場を譲らず，AIOCとも賠償や国有化の具体的な手順以外は交渉の必要を認めなかった[28]。しかし一方で，モサッデクはグレイディ米大使にはやや異なる姿勢を示し始めていた。モサッデクは，紛争に際して米国政府が公平な立場を持していることを評価する姿勢を示すのみならず，米国が紛争の仲裁者として行動することへの期待感を示唆する発言を行うことがあった。このことからグレイディ大使はモサッデクの軟化を確信するようになった[29]。一方，英国側も，5月29日にハーバート・モリソン（Herbert S. Morrison）外相が，下院においてイランによる国有化の権利を容認する立場を示し，野党保守党もそれを追認する姿勢を示すなど，妥協を模索する姿勢を示し始めていた[30]。紛争激化への危機感と，紛争の両当事者間に妥協の機運が生じつつあるとの読みが，米国政府を衝き動かした。トルーマンはアトリーとモサッデクに書簡を送り，直接交渉を決断するよう呼びかけた。その結果，英国側がイランの要求を容れる形でAIOC代表のテヘラン派遣に同意し，紛争当事者間の最初の直接交渉が行われる運びとなった[31]。

6月中旬，AIOCのジャクソン（Basil Jackson）を代表とする交渉団がテヘランを訪れ，紛争開始以来最初の当事者間直接交渉が実現した。19日にAIOCが

---

[28] British Embassy in Tehran to FO, #160, May 28, 1951, *BDFA*, 5-B, 1 : 83-84 ; British Embassy in Tehran to FO, #539, May 30, 1951, ibid., 87-88.

[29] U.S. Embassy in Tehran to DOS, #3042, May 30, 1951, DSCF 888.2553-AIOC/5-3051 ; Despatch from U.S. Embassy in Tehran, #1023, May 31, 1951, DSCF 888.2553/5-3151 ; U.S. Embassy in Tehran to DOS, #3125, June 5, 1951, DSCF 888.2553-AIOC/6-551 ; U.S. Embassy in Tehran to DOS, #3149, June 6, 1951, DSCF 888.2553-AIOC/6-651. 米国が英国とイランに対して直接交渉を慫慂する過程で，グレイディ大使が，トルーマンからアトリー宛の親書をモサッデク宛と思い込み，誤ってモサッデクに手交するという外交的トラブルがあった。しかし，むしろこのことがモサッデクの米国に対する信頼を強めさせるという珍事も発生した。DOS to U.S. Embassy in London, #5594, June 1, 1951, DSCF 888.2553/6-151 ; U.S. Embassy in Tehran to DOS, #3092, June 2, 1951, DSCF 888.2553/6-251.

[30] Extract from House of Commons Debates, May 29, *BDFA*, 5-B, 1 : 85-86. 駐イラン英大使シェパードは，5月25日のモサッデクとの会談で，英国政府が「何らかの形態の国有化（some form of nationalisation）」を容認する可能性に言及していた。閣内では国有化原則の承認表明に慎重な意見もあったが，イラン側がシェパードの発言を暴露することへの懸念から，モリソンによる下院での国有化容認表明の方針が決した。British Embassy in Tehran to FO, #160, May 28, 1951, *BDFA*, 5-B, 1 : 83-84 ; C.M.(51)37th Conclusions, May 28, 1951, CAB128/19/37, PRO.

[31] Truman to Attlee, May 31, 1951, *FRUS, 1952-1954*, 10 : 59-61 ; Truman to Mosaddeq, June 1, 1951, ibid., 61-62 ; DOS to U.S. Embassy in London, #5563, May 30, 1951 ; DOS to U.S. Embassy in London, #5563, May 30, 1951, DSCF 888.2553/5-3051 ; U.S. Embassy in London to DOS, #6333, June 2, 1951 ; U.S. Embassy in Tehran to DOS, #3100, June 4, 1951, DSCF 888.2553-AIOC/6-451.

行った提案の骨子は以下のとおりであった。

①AIOC はイランの国有化を承認し，イラン国内の AIOC 施設はイラン側に譲渡する。AIOC はイラン側に賠償を要求しない。

②AIOC はイラン政府に，即時に 1000 万ポンドを，長期的協定の成立までは月 300 万ポンドを支払う。

③石油の生産，精製，販売を行う新会社を設立する。同社は，イラン側の権威に従い，役員には相当数のイラン人を登用し，石油産業運営の権限を保持する。

④上記③の新会社は，イラン政府との間に石油から生じる利益を折半する協定を締結する[32]。

一読すれば明らかなように，AIOC 提案は，名称のみを変えた AIOC がイランとの間に利益折半協定を締結することを目指すものであった。国有化の原則を承認し，利益折半協定に移行する方針を示し，イラン人の経営参加拡大を打ち出したこの提案は，4 月中旬の米英協議で米国側が示していた条件を満たしていた。それゆえ国務省は，AIOC 提案は「イランが国有化に向けての闘争において要求してきた，事実上あらゆるものを獲得する機会を同国に提供する」との評価を示し，イラン側に提案の受け入れを促した[33]。しかるに，イラン政府は，国有化の趣旨に反するとして，提案を即日拒否した。米国政府は，交渉の失敗は「イラン国民の経済と福祉に深刻な影響を与える」としてイラン側に妥協を促すとともに，英国側に対しても交渉が決裂すればイランとの妥協の可能性が失われるとして，交渉の継続を求めた。しかし，英国とイランはともに態度を硬化させ，米国の説得に耳を貸そうとしなかった[34]。

米国政府が交渉の決裂を恐れていたのは，それがイランからの石油輸出の途絶につながる可能性が高かったからである。英国政府は，交渉が失敗すればイラン石油のボイコットを発動する構えを見せていた[35]。米国政府が恐れていたのは，

---

[32] U.S. Embassy in Tehran to DOS, #3335, June 19, 1951, DSCF 888.2553-AIOC/6-1951.

[33] DOS to U.S. Embassy in Tehran, #2396, June 14, 1951, DSCF 888.2553-AIOC/6-1451; DOS to U.S. Embassy in Tehran, #2430, June 19, 1951, DSCF 888.2553-AIOC/6-1951.

[34] U.S. Embassy in Tehran to DOS, #3354, #3358, ad #3372, June 20, 1951, DSCF 888.2553-AIOC/6-2051; DOS to U.S. Embassy in London, #2446, June 20, 1951, DSCF 888.2553-AIOC/6-2051; U.S. Embassy in Tehran to DOS, #3376, June 21, 1951, DSCF 888.2553-AIOC/6-2151.

[35] U.S. Embassy in London to DOS, #6495, June 12, 1951, DSCF 888.2553-AIOC/6-1251; U.S.

西側世界の石油供給に不足が生じる事態ではなかった。米国政府の情報分析によれば，イランからの石油輸出が途絶した場合，アーバーダーンの石油精製能力の喪失に伴って西側世界の石油精製能力は一時的に逼迫するものの，原油供給の欠損は軽微であり，英国を中心とする西欧諸国の石油調達コストは上昇するにせよ，全体としてイラン石油の欠損は十分に補填可能であった[36]。むしろ米国政府が恐れていたのは，石油収入を喪失したイランが政治的に不安定化することであった。マッギーは，ボイコットによってイランを経済的に圧迫するという戦術は「共産主義者や他の急進的な勢力」に影響力を拡大する余地を与え，イランをソ連になびかせる危険をはらんでいると考えていた。石油収入の途絶によりイランが財政危機に陥り，「イランにおける非共産勢力が秩序と中央政府の機能を維持する能力をいっそう低下させる」事態に陥る可能性も，米国の政策決定者たちの懸念材料であった。それゆえ米国政府は，第1回直接交渉の前後を通じて，イランからの石油輸出の継続を当面の最重要課題と位置づけていた[37]。

しかるに，交渉決裂直後から，英・イラン間の緊張はいっそう高まり，事態は石油輸出の途絶に向かって急速に動いていった。モサデク政権は，国有化に反する行為を行った者を最高で死刑に処する内容の破壊活動防止法案をマジュレスに提出した。これと同時にイラン当局は，AIOCの事務所等の物理的な接収を進めるとともに，石油産業の運営を実質的に掌握する動きを強め，アーバーダーンから出航するタンカー船主にNIOC宛の受領証への署名を強硬に求め始めた。イラン南西部におけるAIOCの現場最高責任者であったドレイク（Eric Drake）は，受領証に但し書きを付するという妥協によって石油輸出の継続を図っていたが，イラン当局からかかる行為を破壊活動と見做す旨の通告を受けるに及び，身の危険を避けるためにシャトルアラブ川をはさんだ対岸イラクのバスラに逃れることを余儀なくされた[38]。

Embassy in London to DOS, #6701, June 20, 1951, DSCF 888.2553-AIOC/6-2051.

[36] NIE 14, "The Importance of Iranian and Middle East Oil to Western Europe under Peacetime Conditions," January 8, 1951, in PSF, box 213, HSTL.

[37] Memorandum from McGhee to Matthews, "Iranian Problem," June 14, 1951, DSCF 888.2553-AIOC/6-1451; DOS to U.S. Embassy in Tehran, #2399, June 15, 1951, DSCF 888.2553/6-1251; McGhee to Acheson, "The Iranian Situation," June 21, 1951, DSCF 888.2553/6-2151; DOS to U.S. Embassy in London, #6049, June 22, 1951, *FRUS, 1952-1954*, 10: 67-68.

[38] U.S. Embassy in Tehran to DOS, #3431 and #3435, June 25, 1951, DSCF 888.2553-AIOC/6-2551; J.A. Beckett (Petroleum Attache of British Embassy) to E. Moline, June 25, 1951, DSCF 888.2553/6-2551; James H. Bamberg, *The History of the British Petroleum Company*, vol. 2, *The Anglo-*

このようなイラン側の動きに対して、アトリー政権は、AIOC にイラン政府への石油代金支払い停止を求めるとともに、他の石油会社にもイラン石油の購入を自制するよう求める方針を固めた。そして 6 月 26 日、モリソン外相は、米国側に事前通告することなく、イラン石油のボイコットの発動と、油田地帯沖合への巡洋艦派遣を発表した。さらに英国政府は、原油生産の停止に伴って、AIOC の英国人従業員を油田地帯から撤収し順次アーバーダーンに集結させる方針も明らかにした。これと前後して、イラン駐在の AIOC の英国人職員は、NIOC 職員として働くことを拒否することをイラン当局に通告した。アトリー政権は、AIOC とともに、対イラン経済制裁に本格的に動き始めたのである[39]。

このように紛争が激化する中で、トルーマン政権は、新たな対イラン政策文書 NSC 107/2 を承認した。NSC 107/2 は、イランを西側世界にとどめることを米国の対イラン政策の最重要目標として改めて確認していた。NSC 107/2 の新しさは、かかる目標を追求するに当たり、英国との協調に限界があることが強く示唆されたことであった。米国は、「自由世界の分裂」に帰結しかねない英国による対イラン軍事行動に強く反対し、また、国有化紛争の解決に向けての米英の協調は「合衆国の政策に有害ではない限り」でのみ追求するとの方針が打ち出されていたのである。米国は、英国に代わってみずからがイランにおける主導権を握らねばならない局面が到来することを想定し始めていた。しかしそれは、イランにおける英国の地位そのものを奪うということではなく、イランと西側陣営の間に共通のインタレストの基盤を維持するという英国が急速に喪失しつつあった役割を代行する行動として位置づけられていた[40]。AIOC による石油生産および輸出を維持するためにボイコット回避に奔走する米国の政策担当者たちは、承認されたばかりの NSC 107/2 で想定されていた米国のイランにおける新たな役割を、まさ

Iranian Years, 1928-1954 (Cambridge: Cambridge U.P., 1994), 430-437.

[39] C.M.(51)45th Conclusions, June 21, 1951, CAB128/19/45 ; U.S. Embassy in London to DOS, #6780, June 23, 1951, DSCF 888.2553/6-2351 ; U.S. Embassy in London to DOS, #6831, June 26, 1951, DSCF 888.2553/6-2651 ; FO to British Embassy in Tehran, #653, June 28, 1951, *BDFA*, 5-B, 1:175-176 ; U.S. Embassy in Tehran to DOS, #3473, June 28, 1951, DSCF 888.2553/6-2851. 英外務省は、米国側への事前通告がなかったのは、政府の決定が発表直前であったためだと釈明した。実際、モリソンのボイコット発動発表前日の英閣議では、アーバーダーンからのタンカー引き揚げは当面延期することが合意されており、英外務省の釈明は事実に基づいていた可能性が高い。U.S. Embassy in London to DOS, #6859, June 27, 1951, DSCF 888.2553/6-2751 ; C.M.(51)46th Conclusions, June 25, 1951, CAB128/19/46.

[40] NSC 107/2, "Iran," June 27, 1951, *FRUS, 1952-1954*, 10:71-76.

に遂行しようとしていたのである。

　6月末，国務省は，英国政府に事前に相談することなく，紛争に60日間の「モラトリアム」を設けてイランの石油輸出を継続する案を，イランと英国の双方に提示した。グレイディ大使は，モサッデクと会談し，破壊活動防止法案の取り下げへの同意を取り付けたが，モサッデクはタンカー船主によるNIOC宛受領証への署名については石油国有化の根幹にかかわる政策であるとして譲らなかった[41]。一方，英国の閣議では，モリソン外相がモラトリアム提案の受け入れを進言したが，むしろ閣内では，米国の行動はイラン側に米英離間の隙を与える，あるいは英国の基本的立場を損なうものであるなどとして，米国への不快感を表明する声の方が優勢であった。じつのところ，モラトリアム提案には前向きであったモリソン外相も，グレイディ大使が破壊活動防止法案取り下げの見返りとしてモサッデクにAIOC英国人職員のイラン残留を示唆したことに激怒していた。英国政府は，米国との協調関係を維持するために，さしあたりモラトリアム提案を歓迎する姿勢を示したものの，破壊活動防止法案の完全な取り下げ，および受領証問題でのイラン側の譲歩をモラトリアム受け入れの条件として示した[42]。

　この間もグレイディ大使は，受領証問題の解決に向けて奔走したが，英国側の反応は鈍く，モサッデクの姿勢は頑迷であった。結局，7月3日に最後のタンカーが空荷のまま出航し，イラン石油の輸出は途絶した[43]。英国政府・AIOCによるボイコットは，全メジャーズの強力な支持を受けていた。ボイコットの開始は，イラン紛争における米国の最初の外交的敗北であった。そして，後に見るように，イランの石油収入の喪失という事態は，イランを巡る米英間の軋轢の大きな原因となっていく。

---

[41] DOS to U.S. Embassy in Tehran, #6184, June 27, 1951, DSCF 888.2553/6-2751 ; U.S. Embassy in Tehran to DOS, #3497, June 29, 1951, DSCF 888.2553/6-2951.

[42] C.M.(51)47th Conclusions, June 28, 1951, CAB128/19/47 ; FO to British Embassy in Tehran, #658, June 28, 1951, in FO 800/653 ; FO to British Embassy in Tehran, #105 Saving, June 30, 1951, in FO 800/653.

[43] U.S. Embassy in London to DOS, #6780, June 23, 1951, DSCF 888.2553/6-2351 ; U.S. Embassy in Tehran to DOS, #3520, June 30, 1951, DSCF 888.2553-AIOC/6-3051 ; U.S. Embassy in Tehran to DOS, #13, July 2, 1951, DSCF 888.2553/7-251 ; U.S. Embassy in London to DOS, #59, July 4, 1951, DSCF 888.2553-AIOC/7-451 ; U.S. Embassy in Tehran to DOS, #39, July 4, 1951, DSCF 888.2553/7-451. ボイコット開始後も，7月中旬まで，グレイディらは受領証問題を打開することによる石油輸出の再開を目指し，イランと英国に妥協を働きかけ続けた。U.S. Embassy in Tehran to DOS, #145, July 11, 1951, DSCF 888.2553/7-1151 ; DOS to U.S. Embassy in Tehran, #122, July 17, 1951, DSCF 888.2553/7-1151.

ボイコットを巡る米国政府の立場は，じつのところ複雑であった。それは，米国政府が基本的にはボイコットの回避を目指しつつも，供給が途絶したイラン石油の欠損を早急に補塡するための措置を講じることにより，結果的にボイコットを補完する行動をも同時に取っていたからである。朝鮮戦争の影響下に成立した防衛生産法（Defense Production Act）の第708項は，国防（national defense）の目的のために，特定業界が自発的協定（voluntary agreement）を締結することを認め，それを反トラスト法の適用対象から除外することを定めていた[44]。この規定に従い，内務長官が兼務する防衛石油管理官（Petroleum Administrator for Defense：以下PAD）は，4月25日に米国籍の石油会社17社とアーバーダーン精油所の操業が停止した場合の対応を検討し，それが現実化した場合には，欠損を補うための石油会社間の自発的協定が必要になるとの結論で一致した。朝鮮戦争により，西側世界の石油需給は逼迫しており，特に石油の精製および輸送能力の限界が認識されていた。自発的協定に参加する石油会社は，海外石油供給委員会（Foreign Petroleum Supply Committee：以下FPSC）を結成し，FPSCは海外の石油供給状況の分析に基づいて行動計画を作成してPADに提出する。PADは行動計画が適切であると判断される場合にそれを承認し，承認された行動計画に基づいて参加石油会社に指示を出すこととなる。このような石油業界と政府のコーポラティズム的協調体制は，第二次世界大戦中に戦時石油管理官（Petroleum Administrator for War）のもとで稼働したシステムの焼き直しであった[45]。

PADが準備した自発的協定は，遅くとも7月初めまでに承認され，7月5日にはFPSCの初会合がニューヨークで開催された。同会合にはオブザーバーとしてAIOCやシェルの代表も出席した。すなわち，ボイコットによって生じたイラン石油の欠損を補塡するための，米国の石油業界全体と海外メジャーを実質的に包含する，世界的な石油の生産・輸送調整メカニズムが機能し始めたのである[46]。このことは，結果的にイラン石油のボイコットを補完する体制の構築に米国政府が荷担することにほかならなかった。国務省の反応は複雑であった。如上のメカニズムが稼働し始めるのに先だって，国務省は，イラン石油の輸出継続こそが

---

[44] Public Law 774, 64 Stat. 932.

[45] Charles Rayner (Department of Interior) to Harold F. Linder (Department of State), May 2, 1951, DSCF 800.2553/5-251 ; Brown to Thorp, "Proposed Voluntary Agreement relating to the Supply of Petroleum to Friendly Foreign Nations," June 19, 1951, DSCF 800.2553/7-351 [sic].

[46] Airgram from DOS to U.S. Embassy in London, A-150, July 2, 1951, DSCF 888.2553/7-651.

「イランと西側にとって枢要（essential）」であり，「代替供給源の開発よりも，AIOC・イラン間の迅速な紛争解決に引き続き主眼を置くことがきわめて重要」であると釘を刺していた。つまり，西側陣営の盟主として，資本主義世界の覇権国として，米国政府は世界的な石油供給の問題に対処せざるを得ないものの，そのことはイラン石油のボイコットを容認し，あるいはそれに積極的に荷担することを意味するものではないというのが，国務省の立場であった[47]。自発的協定の成立とFPSCの発足は，公式に発表され報道もなされたが，国務省がみずからの微妙な立場を政府の外部に向けて語ることは，もちろん出来なかった[48]。

　イラン政府は，ほぼ間違いなくFPSCの存在を認識していたが[49]，管見の限り，このことに具体的に言及して米国政府を批判することはなかった。しかし，モサッデクがしばしば米国に向けて発する厳しい言葉の裏には，米国がイラン石油をボイコットする側に立っているとの醒めた認識が存在していたように思われる。ボイコット開始直後の7月中旬のグレイディ大使との会談で，モサッデクはそれまでになかったほど明確に，石油紛争において米国は完全に英国の側に立っていると批判した。グレイディが，米国は英国からはイラン寄りだと批判されていると反論すると，モサッデクは「英国人は間違っている」と言い返した[50]。まさに覇権国たるがゆえに，西側陣営内の利益の調和を図らんとする政策決定者たちの意図や行動にかかわりなく，米国はイランを抑圧する立場にみずからを置かざるを得ず，結果的に紛争の解決をいっそう困難にしていくという側面が確実に存在したのである。

2）ハリマン・ミッションと第2回直接交渉

　しかし一方で，米国の紛争解決努力の真剣さが，モサッデクに米国へのある種

---

[47] DOS to U.S. Embassy in London, #5663, June 5, 1951, DSCF 888.2553-AIOC/5-2951.
[48] "U.S. Plans Oil Pooling: Voluntary Sharing by Concerns in Emergency Sought," *New York Times*, June 23, 1951.
[49] ワシントンのイラン大使館は，欧州復興計画の実施に携わった経験を有する法律家（オスマン朝領からのアルメニア系移民1世であった）サミュエル・ナカズィアン（Samuel Nakasian）に，石油紛争解決のための助言を求めていた。7月下旬にナカズィアンがモサッデクに送付した提言の結論は，早急にメジャーズと利権協定を締結すべきであるというものであったが，現状分析の箇所で，FPSCがイラン石油の欠損を補塡する組織的な活動を開始していることが紹介されている。Copy of Letter from Samuel Nakasian to Mosaddeq, July 25, 1951, DSCF 888.2553/7-2151.
[50] Memorandum of Conversation, July 11, 1951, *FRUS, 1952-1954*, 10: 86-87.

の信頼感を抱かせていたことも間違いないように思われる。6月28日，モサッデクはトルーマンに親書を送り，米国の一連の行動に謝意を示すとともに，石油輸出の継続を希望する姿勢を示した。米国側は，このモサッデクの動きを，紛争解決に向けた新たな突破口を提供するものと捉えた。トルーマンはモサッデクへの返書で，民主党の大物政治家で前商務長官のエイヴレル・ハリマン（W. Averell Harriman）を特使としてイランに派遣することを提案したのである。ハリマンほどの大物を派遣すること自体が，米国政府の紛争解決に向けた決意を物語っていた。イラン政府も，紛争解決に向けた米国政府の関与を歓迎する姿勢を示した。7月11日，モサッデクはハリマンのイラン来訪を歓迎する回答を寄せ，英国政府の頭越しにハリマンのイラン派遣が決定されたのである[51]。

　この間，第1回直接交渉の直後に，英国政府はICJにイランにおけるAIOCの現状維持を求める暫定保全勧告を請求し，7月5日にICJは英国側の主張を支持する勧告を発していた。これを受けて英国政府は，みずからの法的正当性を主張しつつ，当面の交渉を拒否し，イラン側への圧力を強化する政策を取ろうとしていた。アトリー政権の閣僚レヴェルおよび英外務省の実務者レヴェルの双方で，第1回直接交渉時のAIOC提案の基本線を受け入れようとしないモサッデクとの紛争解決は期待できぬとの見方が強まり，英国人の安全を確保すると同時にイランへの圧力を加えるためにAIOC英国人職員の油田地帯からの撤収を急ぐべきであるとの主張が強まっていた[52]。英国政府の強硬姿勢は，英国国内政治上の制約から導かれている側面も存在した。野党保守党は，軍事力の行使を含む対イラン強硬策を主張するとともに，AIOCのイラン撤退につながりかねない英国人職員の引き揚げには反対していた。かかる保守党からの圧力の影響もあり，7月初旬にアトリーはAIOCの資産を防衛するための軍事行動を検討するようCOSに指示し，COSが作成したアーバーダーンを制圧するための軍事作戦の概要は閣議で検討された[53]。これらの検討作業は極秘裏に進められていたが，駐米英大使フ

---

[51] Mosaddeq to Truman, June 28, 1951, *FRUS, 1952-1954*, 10: 77-79; Truman to Mosaddeq, July 8, 1951, ibid., 84-85; DOS to U.S. Embassy in London, #72, July 4, 1951; Memorandum of Conversation, "Call of the Iranian Ambassador Mr. Entezam," July 5, 1951, in DSCF 888.2553 file (unnumbered); Mosaddeq to Truman, July 11, 1951, DSCF 888.2553/7-1151.

[52] ICJ Order Regarding Anglo-Iranian Oil Company Case: Request for the Indication of Interim Measures of Protection, July 5, 1951, *BDFA*, 5-B, 1: 203-208; C.M.(51)49th Conclusions, July 5, 1951, CAB128/19/49; Memorandum of Conversation, July 7, 1951, *FRUS, 1952-1954*, 10: 81-84; U.S. Embassy in London to DOS, #276, July 13, 1951, DSCF 888.2553/7-1351.

ランクスは，近い将来に総選挙を控えたアトリー政権が，じつのところモサッデク政権の譲歩または崩壊を待つのみの状況に陥っており，悪くすれば国内政治上の圧力から軍事行動に訴えざるを得なくなる状況にあると，国務省に打ち明けていた[54]。

アトリー政権は，米国を含む国際世論の批判を浴びることに伴う政治的コストが過大である等の理由で対イラン軍事行動をさしあたり自制する一方で，イラン紛争におけるみずからの立場の正当性を主張するために，イランを国連安保理に提訴することを 7 月 12 日の閣議で決定しようとしていた。米国政府は西側世界内部の対立を安保理に持ち込むことには否定的であったが，アトリー政権は安保理提訴を強行する構えであった。モサッデクがハリマンの受け入れを表明したのは，まさにこのタイミングであった。アトリー政権は，安保理への提訴をハリマンの活動の成果を見極めるまで延期することに同意せざるを得なくなった[55]。7 月中旬以降，米国政府は，ハリマンのイランにおける交渉を円滑に進めるために，一貫して英国政府に新たな行動を自制するよう強く求めていく。米国政府は，AIOC の英国人職員の油田地帯からの撤収にも反対であった。かかる措置は，短期的にイラン側との緊張を高めるばかりか，将来的にイラン石油産業の運営に AIOC が復帰することを困難にすると考えられたからである[56]。この結果，英国政府は，ICJ の暫定保全勧告をみずからの正当性をアピールするために活用する機会を封じられたばかりか，南部油田地帯におけるイラン当局の接収活動が進行

---

[53] C.P.(51)172, Memorandum by COS, "Seizure of Abadan Island," June 29, 1951, CAB129/46/22, PRO; Attlee to Morrison, "Persia," July 4, 1951, in FO800/653; C.M.(51)50th Conclusions, July 9, 1951, CAB128/19/50; U.S. Embassy in London to DOS, #6771, June 22, 1951, DSCF 888.2553/6-2251.

[54] DOS to U.S. Embassy in London, #72, July 4, 1951, DSCF 888.2553/7-451.

[55] C.P.(51)200, Memorandum by Foreign Secretary, "Persia," July 11, 1951, CAB129/46/50; C.M.(51)51st Conclusions, July 12, 1951, CAB128/20/1; Memorandum of Conversation, "Iran," July 11, 1951, DSCF 888.2553/7-1151. アトリー政権が軍事行動の自制を決定した後，アトリーらと保守党指導部の非公式会談において，保守党党首のチャーチルは，バスラ近郊のシュアイバ空軍基地に英軍部隊を増派し，イランに軍事的圧力を加えることを主張した。アトリーは英国人の生命を危険にさらすことになるとしてこれを拒否している。Hand-Written Note by W. Strang, July 18, 1951, in FO800/653. 7 月下旬に英 COS は，旧計画よりも短期間の準備でアーバーダーンを掌握できるとの結論に至り，同計画を改訂したが，ハリマンの交渉の進展から，閣議での本格的な検討は見送られた。C.P.(51)212, Memorandum by Foreign Secretary, "Persia," July 20, 1951, CAB129/46/62; C.M.(51)54th Conclusions, July 23, 1951, CAB128/20/4.

[56] Memorandum of Conversation, "British Ambassador's Call re Iran," July 12, 1951, DSCF 888.2553/7-1251; DOS to U.S. Embassy in London, #303, July 14, 1951, DSCF 888.2553/7-151.

する中で，それに対する対抗措置も取れないという状況に追い込まれたのである。

かくもイラン紛争への関与を深めた米国政府ではあったが，新たな紛争解決のアイディアを持ち合わせていたわけではなかった。国務省のファンクハウザーが作成しハリマンがイランに携行したメモは，米国政府が引き続き，形式的には国有化を承認しつつ，実質的には利益折半方式のもとにAIOCを存続させる形で紛争解決を実現することが望ましく，また可能でもあると判断していたことを物語っている。強いて変化した点を挙げるとすれば，モサッデク政権が国有化施行法に強く執着しているという第1回直接交渉から得られた教訓を踏まえ，同法を修正することなく，何らかの新たな立法や取り決めを同法に追加することを通じて，如上の解決方針を追求するとの戦術が打ち出されたことくらいであった。かつて動的・開放的な石油秩序を追求する急先鋒であったファンクハウザーがイランを協調的石油秩序に取り込むことを全面的に支持するメモを作成していたこと自体，利益折半原則の下にイランの石油生産が継続することが，「イラン，AIOC，米国，英国，他の［産油国の］利権保有者」の利益，すなわち西側世界全体の利益になるとの確信が米国の政策決定者たちに深く浸透していた事情を物語っている[57]。それゆえ，ハリマンの最大の使命は，利益折半方式が如何にイランを含むあらゆる関係者の利益に適うかを，イラン側に説得することにあった。

ハリマンおよび彼に随行した石油問題の専門家ウォルター・レヴィ（Walter J. Levy）は，7月15日にイランに到着した直後から，イラン政府の関係者たちと精力的に接触を重ねた。17日にハリマンはモサッデクとの最初の会談に臨んだ。この会談におけるモサッデクの発言は，米国側の当初の予想通りであった。すなわちモサッデクは，国有化施行法への執着を示しつつ，AIOCに賠償を行った上でイランが英国を含むあらゆる顧客に自由に石油を販売するという方針を示したのである。これを受けてハリマンは，ファンクハウザー・メモにあったように，国有化施行法と両立するような形での紛争解決の方途を探る必要があると判断した[58]。しかるに，イラン議会の合同石油委員会やモサッデク以外のイラン側要人

---

[57] Memorandum by R. Funkhouser, "A Proposed Settlement of Iran Oil Dispute," July 12, 1951, in DSCF 888.2553 file (unnumbered). 国務省はファンクハウザー・メモの方針での紛争解決の可否をイラン滞在中のハリマンに問い合わせており，このことからも同メモの重要性が窺われる。DOS to U.S. Embassy in Tehran, #163, July 20, 1951, DSCF 888.2553/7-2051.

[58] U.S. Embassy in Tehran to DOS, #240, July 17, 1951, DSCF 888.2553/7-1751; U.S. Embassy in Tehran to DOS, #285, July 19, 1951, DSCF 888.2553/7-1951.

第4章　イラン石油国有化紛争と協調的石油秩序　231

たちとの会合を重ねるうちに、ハリマンは、イラン政府が第1回直接交渉において AIOC 提案を拒否したのは、英国に対する過剰な警戒感と、イラン国民からの批判を恐れる心理ゆえであったと判断するようになった。換言すれば、英国側が国有化を受け入れていることを十分に明確化し、かつ国有化施行法を尊重するような外観の提案を行うならば、提案の内実が第1回直接交渉時の AIOC 提案の線、すなわち協調的石油秩序の枠内にとどまるものであっても、イラン側には受け入れる余地があると考えるようになったのである[59]。

　さらに、英国との直接交渉再開の条件を決定した7月23日のイランの閣議決定が、ハリマンの紛争解決への期待を高めることになった。この閣議決定で列挙された交渉再開条件の最も重要な項目は、英国政府が「国有化の原則」を承認することであったが、この「国有化の原則」は3月20日に成立した国有化法を指すこと――つまりモサッデクが執着を示してきた国有化施行法ではないこと――が明記されていた。それまでハリマンら米国チームは、イラン側との協議において、国際石油産業の実情を粘り強く説明するとともに、イランが他国より有利な条件の石油収入を獲得することは期待できないことを、繰り返し強調していた。後の展開を考えれば、イラン政府がなぜわざわざ3月20日法の受け入れのみを条件とするような決定を行ったのかは理解に苦しむ。この閣議決定の後も、モサッデクは国有化施行法への執着を示す発言を行っており、かかるモサッデクの立場と7月23日の閣議決定は、齟齬をきたすからである。何れにせよ、ハリマンは、7月23日のイランの閣議決定から、モサッデクを含むイラン政府が国有化施行法を実質的に取り下げ、したがって75対25という石油利益の分配を断念し、利益折半方式を受け入れる方向に大きく傾いたと判断した[60]。

---

[59] U.S. Embassy in Tehran to DOS, #276, July 19, 1951, DSCF 888.2553/7-1951 ; U.S. Embassy in Tehran to DOS, #287, July 20, 1951, DSCF 888.2553/7-2051 ; U.S. Embassy in Tehran to DOS, #318, July 21, 1951, DSCF 888.2553/7-2151 ; U.S. Embassy in Tehran to DOS, #324, July 23, 1951, DSCF 888.2553/7-2351 ; U.S. Embassy in Tehran to DOS, #352, July 24, 1951, DSCF 888.2553/7-2451.

[60] U.S. Embassy in Tehran to DOS, #340, July 24, 1951, DSCF 888.2553/7-2451 ; U.S. Embassy in Tehran to DOS, #380, July 25, 1951, DSCF 888.2553/7-2551. モサッデクは7月29日のグレイディ大使との会談で、7月23日の閣議決定について、「国有化の原則」とは「石油の探鉱、採掘、使用がイラン人の手で行われる」ことを意味し、石油の販売には「9箇条の国有化法の関係する条項」を適用することを決定したと説明した。「9箇条の国有化法」とは国有化施行法のことであり、「関係する条項」とは、石油代金の25％を賠償に充てるとの条項にほかならない。少なくともこの時点で、モサッデクが国有化施行法の適用を断念していないことは明らかである。それにもかかわらず、グレイディも国務省本省もこのことを特に問題

米国政府は，紛争解決が近いことを確信し，英国政府にイラン政府の条件を全面的に受け入れて直接交渉の再開を決断するよう強く求めた[61]。しかし，英国政府は，イラン側の条件をそのまま受け入れることには難色を示した。すでにアトリー政権は，米国政府の意向に反する形で，そして野党保守党の同意も取り付けた上で，AIOCの英国人職員のアーバーダーンへの全面撤収を決定していた。前記のドレイクの一件後も，油田地帯ではイラン当局と英国人技術者の間の摩擦が頻発しており，英国人の安全を図る必要があったのである[62]。しかし，直接交渉ということになれば，イラン当局への敵対的行動でもある全面撤収は延期せざるを得なくなる。その間，イラン当局の行動を座視し，AIOCの英国人職員を危険にさらし続けることは，英国の国内世論上も受け入れ難かった。それゆえアトリー政権は，イラン政府の条件を受け入れて直接交渉を再開することに原則的に同意しつつ，イラン当局によるAIOCの活動への干渉の停止を交渉再開の条件に加えることを，26日に決定した[63]。

　27日，ハリマンは，英国政府に直接交渉を決断させることを目指し，ロンドンに飛んだ。この段階に至っても，イランと英国の立場には小さからぬ隔たりがあった。イラン政府は，英国政府が問題視しているような油田地帯での軋轢は発生していないとして，英国政府の交渉開始条件を受け入れようとしなかった。英国国内でも意見は割れていた。英国政府内には，イラン政府は石油輸出の途絶によって姿勢を軟化させつつあり，したがって拙速に交渉するよりも当面はイランに圧力を加え続けるべきであるとの見解があった。直接交渉再開に前向きなアトリー首相は7月30日に下院でイランの石油国有化の原則を受け入れることを正式に表明したが，野党保守党の指導者チャーチルは労働党政権の中東政策を厳しく批判し，イランに対する軍事行動をも躊躇すべきではないと主張していた[64]。

視していない。U.S. Embassy in Tehran to DOS, #424, July 29, 1951, DSCF 888.2553/7-2951.
[61] DOS to U.S. Embassy in London, #562, July 24, 1951, DSCF 888.2553/7-2451.
[62] C.M.(51)52nd Conclusions, July 16, 1951, CAB128/20/2 ; DOS to U.S. Embassy in Tehran, #147, July 19, 1951, DSCF 888.2553/7-1951.
[63] U.S. Embassy in Tehran to DOS, #382, July 25, 1951, DSCF 888.2553/7-2551 ; U.S. Embassy in London to DOS, #501, July 25, 1951, DSCF 888.2553/7-2551 ; U.S. Embassy in London to DOS, #543, July 26, 1951, DSCF 888.2553/7-2651 ; C.M.(51)55th Conclusions, July 26, 1951, CAB128/20/5.
[64] U.S. Embassy in London to DOS, #581, July 28, 1951, FRUS, 1952-1954, 10 : 123-124 ; U.S. Embassy in Tehran to DOS, #425, July 29, 1951, DSCF 888.2553/7-2951 ; C. M.(51)56th Conclusions, July 30, 1951, CAB128/20/6 ; C.M.(51)57th Conclusions, August 1, 1951, CAB128/

このような状況の中，ハリマンは，英・イラン両政府の中間に立つ豪腕の調停者として，双方の交渉開始条件の摺り合わせを進めた。彼は，わずか4日あまりの英国滞在で英国政府から直接交渉への同意を引き出し，その直後にテヘランに戻って，シャーやモサッデクも交えて，英・イラン双方の交渉再開声明の文言の最終調整を行った。そして8月3日，英・イラン両政府は，ハリマンが整えた交渉開始声明を相互に発し，ようやく第2回直接交渉の開始が正式に決定したのである[65]。第2回直接交渉は，ハリマンの巧妙かつ強力な外交手腕と行動力，そしてその背後にある米国政府の介入なしには実現しなかった。米国政府は，いっそう大きく隔たっていくように見えたイランと英国の利益の調和を図るべく，両国を強引に交渉の席に着かせたのである。

ハリマンのもともとの任務は当事者間の直接交渉を実現することであったから，米国政府にはここでハリマンを帰国させるという選択肢もあった。英・イラン間の直接交渉に立ち会うことには，交渉の過程で何れかの立場を支持することを迫られ，結果的に紛争解決に向けた米国の影響力を減じることになるリスクが伴った。イラン側が，ハリマンは英国から譲歩を引き出しイランの苦境を救ってくれるとの過剰な期待を抱いているように見えたことも，懸念材料であった。しかし，第1回直接交渉の轍を踏むことなく，交渉を成功裡に進めるためには，ハリマンの威信と影響力は欠かせないと考えられた。英・イラン両国政府もハリマンの残留を希望していた。結局，米国政府は，リスクを承知で，ハリマンをイランに残留させることを決定する[66]。みずからの残留決定後，ハリマンは国務省に，「最も薄手の淡褐色のスーツ」，常用の鎮痛剤，そして「ヴァイスロイ」銘柄のシガレット3カートンをテヘランに空輸するよう依頼した。シガレットについては，次週以降，週に2カートンずつ送付するよう依頼されていた。明らかにハリマン

20/7 ; U.S. Embassy in London, #604, #610 and #612, July 30, 1951, DSCF 888.2553/7-3051.

[65] U.S. Embassy in London to DOS, #584, July 30, 1951, DSCF 888.2553/7-3051 ; U.S. Embassy in Tehran to DOS, #458, July 31, 1951, DSCF 888.2553/7-3151 ; U.S. Embassy in London to DOS, #648, August 1, 1951, DSCF 888.2553/8-151 ; U.S. Embassy in Tehran to DOS, #464, August 1, 1951, DSCF 888.2553/8-151 ; U.S. Embassy in Tehran to DOS, #483, August 3, 1951, DSCF 888.2553/8-351.

[66] Memorandum by C. V. Ferguson, "Further American Activity in Resolving the Iranian Oil Controversy," August 2, 1951, in DSCF 888.2553 file (unnumbered) ; G. McGhee to D. Acheson, "Desirability of Mr. Harriman's Remaining in Iran until the Conclusion of the Negotiations He Has Arranged," August 3, 1951, in DSCF 888.2553 file (unnumbered) ; U.S. Embassy in Tehran to DOS, #763, August 3, 1951, DSCF 888.2553/8-351.

は長丁場の交渉を覚悟していた[67]。

8月4日にテヘランに到着したストークス (Richard Stokes) 王璽尚書を団長とする英国政府の交渉団は，13日に8項目よりなる提案をイラン側に提起した。その骨子は以下のとおりである。

①イランにおける AIOC の施設は NIOC に譲渡され，NIOC は石油生産に伴うコスト負担によって賠償を支払う。

②イラン石油を海外で販売することを目的とする「石油購入組織 (Purchasing Organization)」を設立する。

③石油購入組織は NIOC との間に25年間程度の石油売買契約を締結する。この売買契約において，NIOC は，取引する石油から生じる実質的な利益が NIOC と石油購入組織の間で等しくなるような値引き価格で，石油購入組織に石油を販売することとする。

④NIOC は，石油購入組織の利益を損なわぬことを条件に，石油購入組織が購入しない石油を販売することが出来る。

⑤石油購入組織は，NIOC との合意のもとに，イラン石油の生産および精製を行う操業代行組織を設立する。操業代行組織は，NIOC の権威の下に運営され，その経営陣にはイラン人が参加する[68]。

8項目提案は，第1回直接交渉時の AIOC 提案とは異なり，AIOC の後継組織を石油購入組織と操業代行組織に分割し，国有化に伴う賠償に言及するなど，イラン側に配慮した工夫がなされていた。さらに，詳しくは後述するが，これらの後継組織を AIOC の完全子会社とはせず，複数の石油会社の合弁による国際企業体とする可能性が，ハリマンを含む米・英・イランの関係者の間ではすでに語られていた。このことまで織り込んで考えるならば，8項目提案は少なくとも潜在的には第1回直接交渉時の AIOC 提案とは随分異なる内実を備えていたと言える。一方，やや婉曲的な表現になっていたとはいえ，利益折半原則の適用については前回提案と何ら変わるところはなかった。しかし，ハリマンを含む米国の政策決

---

[67] U.S. Embassy in Tehran to DOS, #502, August 2, 1951, DSCF 888.2553/8-451.

[68] Proposals Submitted to the Persian Government by the Lord Privy Seal, August 13, 1951, Royal Institute of International Affairs, *Documents on International Affairs*（以下 RIIA, *Documents*）, *1951*: 502-504; Memorandum from Berry to Acheson, "Latest Development in the Iranian Situation for Discussion with the President," August 13, 1951, in DSCF 888.2553 file.

定者たちは，イラン政府が 7 月 23 日の閣議決定を経て国有化施行法を断念し，他国より大きな割合の石油収入を得られないことを受け入れたと理解していたから，この問題はすでにクリアされたと考えていたに違いない。

　しかし，提案の提出直後から，イラン側は批判的な反応を示した。モサッデクは，明示的に国有化施行法に言及することこそなかったものの，NIOC が経営上の実権を握って石油産業を運営し，海外の顧客に直接石油を販売するという，国有化施行法で想定されていた枠組みへのこだわりを見せ，また巨大な石油購入組織への強い嫌悪感を示した。また，提案の提出と前後して，イラン政府の石油政策担当者カーゼム・ハシービー（Kāẓem Ḥasībī）の弁として，イラン政府は国有化施行法に準拠した政策を遂行していくとの記事が主要日刊紙に掲載された。このような報道が，イラン側交渉団の態度を硬化させる方向に働いたのは間違いなかった。事実，イラン政府内では，モサッデクの腹心で国有化施行法の厳格な施行を主張していたホセイン・ファーテミーら強硬派が政策決定の主導権を握っていた。ハリマンの前では非公式に 8 項目提案を評価するイラン側の関係者も，それを公式の場で表明することは無かった[69]。ハリマンは，ストークスとともに，8 項目提案をたたき台として交渉を継続すべく，モサッデクやイラン側交渉団に働きかけ，さらにシャーにも交渉継続に向けて影響力を行使するよう依頼した。しかし，モサッデクらがハリマンの説得に応じる様子はなかった[70]。

　8 月 18 日にイラン政府が 8 項目提案に対して示した回答は，きわめて厳しい内容となった。8 項目提案は，石油購入組織と NIOC の間で利益折半を実現しようとしているが，これは「通常の商行為」に反するゆえに，イラン政府は受け入れられない。石油購入組織はイラン石油を「独占に近い」立場で購入することとなり，イランが石油購入組織以外の購入者に販売する石油も同組織との契約よりもイラン側に有利な条件で販売することが出来ない。そして操業代行組織は，「旧 AIOC を異なる外観で復活」させるものであり，これは「石油産業の国有化

---

[69] U.S. Embassy in Tehran to DOS, #601, August 13, 1951, DSCF 888.2553/8-1351；Despatch from U. S. Embassy in Tehran, #195, August 13, 1951, DSCF 888.2553/8-1351；U.S. Embassy in Tehran to DOS, #633, August 14, 1951, DSCF 888.2553/8-1451；Memorandum, untitled and author unknown, 2:30 p.m. August 14, in DSCF 888.2553 file (unnumbered).

[70] U.S. Embassy in Tehran to DOS, #640, August 14, 1951, DSCF 888.2553/8-1451；U.S. Embassy in Tehran to DOS, #663, August 16, 1951, *FRUS, 1952-1954*, 10：137-139；U.S. Embassy in Tehran to DOS, #675, August 17, 1951, *FRUS, 1952-1954*, 10：139-140；U.S. Embassy in Tehran to DOS, #704, August 18, 1951, DSCF 888.2553/8-1851.

の原則に反する」ゆえに受け入れられない。イラン政府は，これらの諸点を英国側が再考するならば交渉を継続するとの姿勢を示した。しかし，イラン側の批判は 8 項目提案の骨格部分にまで及んでいた[71]。

　ハリマンは，なおもイラン側に柔軟な姿勢で交渉を継続するよう求めたが，その姿勢には変化が現れていた。ハリマンは，英国の 8 項目提案が直接交渉開始前に英・イラン双方が合意した交渉の条件に合致しているとの判断を示す一方で，イラン側は 8 項目提案を「深読み」するばかりか，他の産油国よりもイランが高率の石油収入を獲得することは出来ないとの交渉開始前の了解事項を反故にしようとしていると批判した。その上でハリマンは，これまでの交渉では語ったことのない側面から，イラン側の姿勢を論難した。利益折半原則に基づかぬ価格でイランの石油を購入しようとする者は現れないであろう。そして石油収入を得られぬイランは，AIOC に賠償を行うことが出来ない。迅速かつ適切な賠償を伴わぬ接収行為は，国有化ではなく法的な正当性を持ち得ぬ「没収行為（confiscation）」である。これまで中立の立場で交渉に臨んできたハリマンは，明確に英国の立場を支持し始めていた。そして，ハリマン自身がどれほど意識していたかは定かではないが，彼はボイコットを所与のものと捉え，その圧力を利用してイラン側に妥協を求め始めていた。しかし，かかるハリマンの姿勢の変化は，協調的石油秩序にイランを包摂するという米国の目標の変化を意味するものではなかった。ハリマンは，英国の 8 項目提案は協調的石油秩序に合致し，逆にイラン側の立場は協調的石油秩序の枠組みから逸脱していると判断したゆえに，明確にイラン側の譲歩を求め始めたのであった。それゆえハリマンは，イラン側に圧力を加えながらも，テヘラン到着以来，彼がモサッデクを含むイラン側関係者に語ってきたことを，繰り返し語り続けていた。8 項目提案をもとに新たな合意を形成できれば，イランは「可能な限り最大の石油収入」を獲得して「迅速に国家の経済的潜在力を開発し，イラン国民の健康と福祉を向上」させることが出来る。これこそが「イランがその願望を実現する」経路ではないか。このように問いかけて，ハリマンはイラン側に 8 項目提案への回答を再考し，交渉を継続するよう求めたのである[72]。

---

[71] Persian Reply Rejecting the Proposal, August 18, 1951, in RIIA, *Documents, 1951*: 504-506.
[72] U.S. Embassy in Tehran to DOS, #705, August 19, 1951, *FRUS, 1952-1954*, 10: 140-142；U.S. Embassy in Tehran to DOS, #709, August 19, 1951, ibid., 142-144.

これに対してイラン側交渉団は，ハリマンへの反論を文書で示した。「イランのような小国は，大国の様々な口実によってみずからの諸権利を継続的に無視されてきた」。それゆえハリマンが「深読み」と批判したイラン側の態度は，国権の回復を目指す闘争においては不可欠のものである。このように述べた上で，利益折半原則については，イラン側は次のような批判を展開した。

> イランにおいて達成されるあらゆるものは，我々［イラン］の失われた諸権利を回復するための国民的闘争の最終的な果実として結実させねばならない。それゆえ，この国民的闘争の結果，我々が刈り取らねばならぬ果実は，他の産油国が特定の西洋の政府との協定の結果として獲得したものと類似したものではないであろう[73]。

利益折半方式がもたらす巨大な石油収入をイランと西側世界の共通の利益の基盤と捉える米国と，利益折半原則を乗り越えた地点に「失われた諸権利」を回復した目標地点を定め，それに向けた「国民的闘争」を決意しているイランの間には，架橋し難いギャップが顕在化していた。

以上のようなイラン側の反駁を受けた後の21日夜，ハリマンはモサッデクに公開状を送付した。それは，数日前に彼が語ったことの繰り返しであった。ハリマンは，米国政府が「イラン石油の輸出継続が，イランと英国の国民経済のみならず，自由世界の経済にとって有する重要性」を認識しつつ，イランの「国民的願望」と「英国のインタレスト」を両立させるために努力を重ねてきたことを強調した上で，「イラン国民の福祉と繁栄」のために「石油産業から最大の収入を確保」するために，8項目提案を再考するよう求めた。その上でハリマンは，「迅速，適切，かつ有効な賠償」を伴わぬ接収行為を米国政府が国有化ではなく違法な没収行為と見做すとの立場を改めて示した。つまり，ハリマンは，利益折半方式の下で経済的に繁栄するイランと，西側世界から国有化の正当性を承認されることなくボイコットの下で呻吟するイランという二者択一を，モサッデクとイラン国民に迫っていた[74]。ハリマンは，イランが求めるような国有化のあり方を，イランと西側世界の共通の利益の基盤たり得ぬものと断じ，明確にこれを斥

---

[73] A Short Reply Given by the Head of the Iranian Delegation to the Statements Made by His Excellency Averell Harriman on the Subject of the Anglo-Iranian Oil Controversy at a Session of the Saheb-Gheranieh Conference on 19th August, DSCF 888.2553/8-1951.
[74] U.S. Embassy in Tehran to DOS, #734, August 21, 1951, DSCF 888.2553/8-2151.

けたのである。

　米国政府やハリマンの期待に反して，第 2 回直接交渉はあっけない終わりを迎える。8 月 22 日にモサッデクがストークスに示した対案は，NIOC が個人ベースで外国人技術者を雇用して石油産業を運営し，ペルシャ湾の国際価格（すなわち公示価格に基づいて石油利益の 100 ％ を獲得する形）で石油輸出を行い，その石油収入から AIOC に賠償を行う，との内容であり，8 項目提案を全く無視するばかりか，実質的には国有化施行法よりも原理的な国有化を目指すものであった。しかもモサッデクは，8 項目提案自体をマジュレスに上程して採決を行う姿勢を見せたため，ストークスは同提案を取り下げざるを得なかった[75]。ストークスが帰国した翌日の 24 日，モサッデクはハリマンとの会談で若干の譲歩を示したが，石油価格については「イランの世論」が公示価格からの値引きを許さないとして譲歩を拒否した。「この世論を創り出したのは，貴公とその無知な取り巻きたちではないか」。ハリマンが 1 か月以上にわたるイラン滞在の最後にモサッデクに遺した言葉であった[76]。事実上の当事者として紛争解決に乗り出しながら，イランのナショナリストたちを説得できなかったことは，紛争における米国の 2 つ目の外交的敗北であった。

　かかる失敗にもかかわらず，米国の政策決定者たちは協調的石油秩序へのコミットメントをむしろ強めていた。ハリマン・ミッション終盤の 8 月 23 日，国務省は世界中の産油国の在外公館に，石油問題に関する米国政府の基本的立場を示す訓令を送付した。訓令は，利益折半方式を導入した産油国が莫大な石油収入を獲得している実例を示しながら，米国の外交官たちに，利益折半原則の公平性をアピールし，また産油国政府に巨大な石油収入を建設的に活用するよう慫慂することを求めていた[77]。つまり訓令の内容は，ハリマンがモサッデクらに語ったことの引き写しであった。いまや利益折半原則は，サウジアラビアの個別的な成功例，イランにおいて実現されるべき目標にとどまらず，産油国と石油消費国の共通の利益の基盤を提供する枠組みとして，米国政府の全面的な承認を得るに至っていた。

---

[75] Letter of Reply from Reply from Prime Minister Mosadeq [sic], August 22, 1951, in DSCF 888.2553 file (unnumbered); U.S. Embassy in Tehran to DOS, #736, August 22, 1951, FRUS, 1952-1954, 10: 144-145; British Embassy in Tehran to FO, #237, August 27, 1951, BDFA, 5-B, 1: 228-231.

[76] U.S. Embassy in Tehran to DOS, #786, August 24, 1951, DSCF 888.2553/8-2451.

[77] DOS to Certain Diplomatic Posts, August 23, 1951, FRUS, 1951, 5: 328-329.

3）モサッデクの訪米

　イランを巡る米英の共同戦線は長くは続かなかった。アトリー政権は，ハリマンの派遣決定に伴って封印してきた対イラン強硬策を解禁する決意を固め，米国政府にも同調を求めた。8月23日，アトリーはトルーマンに親書を送り，イラン国内の「狂信的」分子を屈伏させることを目指して米英の連携を強化すべきであると主張した。アトリーへの返信の内容を巡って，米国政府内では様々な意見が提起されたが，英国と一体化することによってハリマンの派遣で構築されたイランのナショナリストたちとの対話のチャネルを閉ざすことが紛争解決につながるわけではないとの認識では，政権内にコンセンサスがあった。結局，アトリーへの返書は行わぬという，やや異例の方針が決定されたが，このことは英国の強硬方針への米国政府の無言の不承認を意味していた[78]。

　この結果，英国政府は，単独でイランに対する圧力を強化した。アトリー政権は，9月4日の閣議で，イランが保有するポンドのドルへの交換を優遇する措置の停止などの対イラン経済制裁を決定した。翌5日には，AIOC が，イラン石油を購入しようとする者に対しては自社の利益を守るための対抗措置を取るとの方針を発表した[79]。イラン政府はこれに対抗する姿勢を示した。モサッデクは，英国政府に対して，2週間以内に交渉を再開しなければ AIOC の英国人従業員を国外退去させるとの方針を発表した。モサッデクは，第2回直接交渉の最終盤に自身が語っていた内容の提案に15日間の期限を付した書簡を英国側に伝達するようハリマンに依頼したが，ハリマンは状況を悪化させる行為には荷担できないとして伝達を拒否し，特に AIOC 従業員の国外退去処分についてモサッデクに再考を促した。モサッデクは，ハリマンの意見を容れ，最後通牒に当たる部分を削除した上で，20日に英国政府に非公式に提案を送付した[80]。米国政府は，モサッデ

---

[78] Text of Message from Mr. Attlee to President Truman, August 23, 1951, DSCF 888.2553/8-2351； U.S. Embassy in London to DOS, #1099, August 28, 1951, DSCF 888.2553/8-2851； DOS to San Francisco, Telac 4 and 5, September 1, *FRUS, 1952-1954*, 10：156-159； DOS to San Francisco, Telac 6, September 2, 1951, DSCF 888.2553/9-251； DOS to San Francisco, Actel 3, September 2, 1951, DSCF 888.2553/9-251.

[79] C.P.(51)241, "Persia：Sterling Control Order," September 3, 1951, CAB129/47/16； C.M.(51)58th Conclusions, September 4, 1951, CAB128/20/8； Despatch from U.S. Embassy in London, #1240, September 6, 1951, DSCF 888.2553/9-651； U.S. Embassy in Tehran to DOS, #1017, September 14, 1951, DSCF 888.2553/9-1451.

[80] Despatch from U.S. Embassy in Tehran, #333, September 10, 1951, DSCF 888.2553/9-1051； DOS to U.S. Embassy in Tehran, #587, September 14, 1951, DSCF 888.2553/9-1451； DOS to U.S. Embassy

クの提案が交渉の基礎とはなり難いことを認めつつ，英国政府に交渉の再開を進言した。英国が提案を拒否すれば，イラン国民の反英感情を強め，モサッデクの立場を強めるのみならず，将来的にモサッデク政権が交代した後にも紛争解決を困難にしかねない，というのが米国政府の主張であった[81]。

しかし，総選挙を目前に控え，保守党から対イラン政策を糾弾されていたアトリー政権には，もはやモサッデクと交渉するという選択肢は無かった。モサッデクからの非公式提案のわずか2日後の22日，シェパード（Francis M. Shepherd）駐イラン英大使はイラン側提案の形式的不備と新たな内容の不在を理由に，これを突き返した。これを受けて25日，イラン政府はAIOCの英国人従業員に1週間以内に国外退去するよう命じた[82]。27日，アトリー政権は，長時間にわたる閣議でイラン問題を検討した。いまやアトリー政権は，軍事行動を真剣に考慮していた。アーバーダーンを確保するための軍事作戦は，12時間以内に発動可能な状態にあった。しかし，軍事行動には，いくつものハードルがあった。米国政府は一貫して軍事行動に強く反対しており，英国政府の法律家も国連安保理決議に基づかぬ軍事行動は国際法違反になるとの見解を示していた。しかも軍事行動は，AIOCの英国人従業員の生命を危険にさらす可能性があった。閣内には「自衛権」の行使と位置づけることにより軍事行動に訴えるべきであるとの強硬意見も存在したが，「この種の問題で合衆国と決裂することは出来ない」と主張するアトリーらの慎重論が勝利した。しかし一方で，みずからの法的な正当性すらアピールすることなくイラン側の一方的な措置に屈伏することは中東のみならず全世界における英国の地位に有害であるとの見解が閣内では支配的であった。それゆえ英国政府は，ICJの暫定保全勧告の履行を求めてイランを国連安保理に提訴することを決定した。ソ連の拒否権行使の可能性を含め，安保理で英国の決議案が葬られることを危ぶむ声もあったが，いわば軍事行動を断念する埋め合わせとして，イランを公然と断罪する方途が選択されたのである。

長期的な観点から見て重要であったのは，27日の閣議で，英国政府がモサッデクとの紛争解決を事実上断念し，イランに「より理性的（reasonable）」な政権

---

in Tehran, #594, September 15, 1951, DSCF 888.2553/9-1551; U.S. Embassy in Tehran to DOS, #1086 and #1091, September 20, 1951, DSCF 888.2553/9-2051.
[81] DOS to U.S. Embassy in London, #1622, September 22, 1951, DSCF 888.2553/9-2051.
[82] Letter from F.M. Shepherd to Hossein Ala, September 22, 1951, *BDFA*, 5-B, 1: 249; U.S. Embassy in Tehran to DOS, #1159, September 25, 1951, DSCF 888.2553/9-2551.

を誕生させることを目指して，シャーへの働きかけなどを行っていく方針が決定されたことであった[83]。じつは，すでにそのような活動は始まっていた。8月末頃，テヘランの英大使館にはシャーがモサッデク解任を考慮しているとの情報がもたらされ，英大使館では後任首相候補の検討が行われていた。9月17日夕刻，シェパード大使はシャーとの会談で，後継首相候補として，アフマド・カワームと，カージャール朝下で首相を務めパフラヴィ朝創建に奔走した親英政治家の頭目サイイド・ズィヤーウッディーン・タバータバーイー（Sayyid Ẓiyā'uddīn Ṭabāṭabāī）の名を挙げ，決断を迫った。しかしシャーは，これらの候補に満足せず，モサッデク解任は危険であるとして動こうとしなかった[84]。9月27日の英閣議では，後継候補の実名こそ示されなかったものの，このようなシャーへの働きかけが報告され，実質的に了承された。つまり，9月末，労働党政権末期の時点で，英国政府はモサッデク政権の打倒を目指す路線を選択していたのである[85]。

英国政府の強硬姿勢は，米英間に溝を作ることとなった。米国政府は，モサッデクとの紛争解決への希望を後退させつつも，それを断念していなかった。そして英国と最も異なっていたのは，米国の政策決定者たちが，モサッデクが体現するイランのナショナリズムの力を評価し，仮にモサッデクが下野したとしても，イランのナショナリズムと西側世界の間に利益の一致を実現するような形でしか紛争を解決することは出来ないと確信していたことであった。このような観点から見れば，シャーに働きかけてモサッデクを解任するという英国の方針は，紛争解決に資さぬばかりか，不要にイラン政治を不安定化させかねぬ危険な政策で

---

[83] C.M.(51)60th Conclusions, September 27, 1951, CAB128/20/10；C.P.(51) 257, "The Oil Dispute with Persia," September 26, 1951, CAB129/47/32.

[84] Minutes by R.C. Zaehner, "Interview with Monsieur Perron," August 27, 1951, in FO248/1514/G10101/268/51；British Embassy in Tehran to FO, #1266, September 1, 1951, in FO248/1514/G10101/274/51；British Embassy in Tehran to FO, #255, September 18, 1951, BDFA, 5-B, 1：246-248；Minutes by R.C. Zaehner, September 21, 1951, in FO248/1514/G10101/358/51. 様々なイラン人政治家との接触等を通じての首相候補の物色自体は，英大使館の実務レヴェルでは，恒常的に行われていた。ちなみに，5月末には，英大使館員が次期首相となるファズロッラー・ザーヘディー（Faẓlollah Zāhedī）に接触しているが，その言動を信頼できぬ人物として報告されている。Memorandum, "Conversation with General Zahidi," May 31, 1951, in FO248/1514/G10101/208/51.

[85] 英国人退去命令が出される前にシャーにモサッデクを解任させる工作は，おそらく首相・外相レヴェルで承認されていた。同時期に英国政府内では，モサッデク後継政府との間で交渉する石油協定についての検討も進んでいた。Roger Makins to Attlee, P.M./R.M./51/95 and P.M./R.M./51/97, September 26, 1951, in FO800/653.

あった。それゆえ米国政府は，紛争解決に直結せずとも，合理的な提案をもとにイラン側との対話を継続することが重要であると主張した。かかるプロセスを継続することによって，いつの日かイランのナショナリストたちも米英の紛争解決案の合理性を理解するようになる，というのが，米国の政策決定者たちの信念であった[86]。それゆえ，イランにおける AIOC 最後の日々，英国人従業員の退去命令を覆すべく奔走していたのは駐イラン大使に着任した直後のロイ・ヘンダーソン大使をはじめとする米国側であり，シェパード英大使は時にシャーを当惑させるような言葉遣いでイラン側に抗議と威嚇のメッセージを送付するのみであった[87]。10月1日，英外務省は，国連安保理へのイラン提訴により英国政府はイランにおける地位の回復を目指していると断った上で，AIOC の英国人従業員のイランからの撤退を発表した。イランへの報復措置として，AIOC からイラン政府へのあらゆる支払いは9月末をもって全面的に停止された。2日，英国の各紙は，「中東のダンケルク」を黒枠付きで報じ，あるいは英国外交の「暗黒の日」を嘆いた。10月4日，イランに最後まで残留していた AIOC の英国人従業員たちは，軍事作戦に備えてアーバーダーン沖合に派遣されていた英海軍の巡洋艦モーリシャス号に搭乗し，イランを去った[88]。

　このような状況の下，米国は国連安保理でのイラン問題の討議に対応しなければならなかった。米国の政策決定者たちは，安保理提訴は西側世界内部の紛争をソ連も含む国際社会にさらけ出すという点で軍事行動と同質の問題を含むと認識しており，しかも ICJ 勧告を楯にイランを断罪しようとする英国の姿勢は紛争解決を遠のかせるだけであると考えていた。事実，安保理提訴を機に，イラン国内では政府から距離を取ってきたヴェテラン政治家たちまでもがモサッデクを支持する動きを見せていた。ソ連が国際世論を味方につける形で決議案に拒否権を行使すれば，それは英国のみならず西側陣営の外交的敗北となりかねない。それゆえ，安保理討議を巡る米国の方針は，出来る限り無害な決議案を通過させるとい

---

[86] DOS to U.S. Embassy in London, #1740, September 28, 1951, *FRUS, 1952-1954*, 10: 180-183 ; DOS to U.S. Embassy in London, #1816, October 3, 1951, DSCF 888.2553/10-351.

[87] DOS to U.S. Embassy in Tehran, #656, September 26, 1951, *FRUS, 1952-1954*, 10: 169-170 ; U.S. Embassy in Tehran to DOS, #1204 and #1208, September 28, 1951, DSCF 888.2553/9-2851 ; U.S. Embassy in Tehran to DOS, #1209, September 29, 1951, DSCF 888.2553/9-2951.

[88] U.S. Embassy in London to DOS, #1584, October 1, 1951, DSCF 888.2553 ; U.S. Embassy in London to DOS, #1607, October 2, 1951, DSCF 888.2553/10-251 ; Despatch from U.S. Embassy in London, #1567, October 2, 1951, 888.2553-AIOC/10-251.

う，いわばマイナスの影響を最小限にとどめようとするきわめて消極的なものとなった[89]。10月中旬に行われた安保理の討議は，イラン側に有利に進んだ。ソ連は英国が提出した決議案に反対し，中国，インド，エクアドルなども英国に批判的であった。結局，フランスが英国の逃げ道として提案した，ICJの最終判決まで討議を延期するとの動議が10月19日に採択され，安保理における討議は終了した[90]。

しかし，英国による安保理へのイラン提訴は，思いがけぬ副産物をもたらしていた。安保理での討議に参加するために，モサッデク自身が訪米したのである。トルーマン政権内では，モサッデクとの直接交渉によっても事態を転換させることは困難であるとの悲観論も強かった[91]。しかし，アチソンやマッギーら，対イラン政策の策定に従事してきた要人たちは，死に体のアトリー政権の桎梏から逃れてモサッデクと直接交渉するメリットは十分にあるとの判断に至り，トルーマンもかかる判断を支持した。米国政府は，安保理において英国を支持することを交換条件に，「正直な仲介者」としてモサッデクと交渉を行うことへの英国政府からの同意を取り付けた[92]。

10月7日に米国に到着してから安保理における討議をはさんで11月中旬に離

---

[89] Memorandum of Conversation, "Iran: Security Council Case," September 29, 1951, DSCF 888.2553/9-2951; U.S. Embassy in Tehran to DOS, #1230, October 1, 1951, DSCF 888.2553/10-151; U.S.U.N. New York to DOS, #405, October 3, 1951, DSCF 888.2553/10-351; Memorandum from Berry to the Acting Secretary, "Recent Developments in the Iranian Case," October 4, 1951, DSCF 888.2553/10-451; McGhee to Acheson, "Summary of Developments Regarding Iran for Your Conversation with the President," October 8, 1951, DSCF 888.2553/10-851; U.S. Embassy in London to DOS, #1765, October 10, 1951, DSCF 888.2553/10-1051; U.S. Embassy in Tehran to DOS, #1478, October 22, 1951, DSCF 888.2553/10-2251.

[90] Elm, *Oil, Power, and Principle*, chap. 11.

[91] McGhee, *Envoy*, 388-393; Dean G. Acheson, *Present at the Creation: My Years in the State Department* (New York: Norton, 1969), 503-504. グレイディ大使は，退任に至るまで国務省本省にモサッデクとの交渉の継続を求め続けていたが，第2回直接交渉の終了後のシェパード英大使との私的会話ではモサッデクとの紛争解決に悲観的な見方を漏らしている。ただし，グレイディは，英国政府がモサッデク解任に動き始めたのに対して，米国はシャーの介入等による政権交代によっては問題を解決するとは考えておらず，イラン人の考え方が変化するのを待つべきであると考えていると説明している。Minutes, "Interview with Dr. Grady," August 30, 1951, in FO248/1514/G10101/317/51.

[92] Memorandum, "Brief Resume Iranian Situation," October 6, 1951, DSCF 888.2553/10-651; Memorandum of Secretary's Conversation with the President, October 10, 1951, *FRUS, 1952-1954*, 10: 222-224; U.S. Embassy in London to DOS, #1808, October 12, 1951, DSCF 888.2553/10-1251.

米するまでの間に，モサッデクはトルーマンやアチソンを含む米国の要人と会談した。しかし，飛び抜けて長い時間をモサッデクと過ごしたのはマッギーであった。モサッデクとマッギーの対話は，計80時間あまりに及んだ。米国の中東政策の事実上の責任者と中東のナショナリスト指導者が，かくも長時間にわたって対話を行うのはきわめて異例であったが，モサッデクとマッギーの対話が真に異例であったのは，その内容の率直さにあった。みずからが石油産業の出身であるマッギーは，様々な実例を交えて国際石油産業の実情を説明した。これらの実情を踏まえ，マッギーは，イランが利益折半よりも有利な条件で大規模な石油輸出を行うことは出来ぬであろう理由を改めて丁寧に説明するとともに，きわめて率直に，米国政府は国際石油産業の構造を攪乱するような紛争解決策を支持することは出来ないと明言した。同時にマッギーは，利益折半原則を導入することが，イランと西側世界全体の利益をともに増進させるとの見方をとりわけ強調した。利益折半原則に基づくなら，イランの石油収入は従来の3倍以上の年2億ドル規模となる。これは必ずやイランの経済的発展に大きく貢献するであろう，とマッギーは力説した。

　マッギーの議論はこれまでハリマンらが繰り返してきた議論と重複する内容を多く含んでいたものの，数多くの会談録からは，マッギーがこれらの論点を，レトリックとしてではなく，理想の未来像として内在化した上で真摯に語っていた様子が伝わってくる[93]。協調的石油秩序は，いまや動的・開放的な石油秩序構想が挫折した後に残った次善の方策ではなかった。それは，経済的繁栄へと歩み始めていた西側世界の一部として中東産油国を確実に統合し，中東産油国さらには中東地域に経済的繁栄の富をシステマティックに移転する実体的な枠組みであった。それは，ちょうど同じ頃にマッギーを含むNEAの政策決定者たちが構想していたMEC，およびMEC構想の展開とともに徐々に結晶化しつつあった西側統合政策とパラレルな関係にあった。西側統合政策が中東諸国を対等なパート

---

[93] Memorandum of Conversation (at the New York Hospital), October 9, 1951 (afternoon), DSCF 888.2553/10-951 ; Memorandum of Conversation (at the New York Hospital), October 11, 1951, DSCF 888.2553/10-1151 ; Memorandum of Conversation (at Ritz Tower Apartment), October 14, 1951, DSCF 888.2553/10-1451 ; Memorandum of Conversation, "Iran : Conversation at Ritz Tower Apartment," October 17, 1951, DSCF 888.2553/10-1751 ; Memorandum of Conversation (at Walter Reed Hospital), October 24, 1951, DSCF 888.2553/10-2451 ; Memorandum of Conversation (at Hotel Shoreham, Washington D.C.), October 29, 1951, DSCF 888.2553/10-2951 ; Memorandum of Conversation (at Hotel Shoreham, Washington D.C.), October 30, 1951, DSCF 888.2553/10-3051.

ナーとして西側陣営に政治的・軍事的に統合しようとしていたのと同様に，協調的石油秩序は石油とそれが生み出す富を媒介に中東産油国と西側消費国の間に経済的パートナーシップを構築する枠組みと位置づけられていた。西側統合政策と協調的石油秩序は，直接的な連関は持たなかったものの，ともに西側陣営と中東諸国の間に共通のインタレストの基盤を創出し，かかる共通のインタレストの基盤の上に水平的パートナーシップを構築する枠組みとして，米国の中東政策の両輪となりつつあった。マッギーがモサッデクに語る言葉の端々に滲み出る，イランと西側世界のインタレストの共通性への並々ならぬ信念は，如上の中東政策全体を反映するものであったに違いない。

　このようなマッギーに対して，モサッデクもまた，これまで米国の関係者に語ったことがないほど明瞭にみずからの立場を語った。とりわけモサッデクが強調したのは，石油問題は経済問題ではなく，国権回復の問題であるということであった。モサッデクが，石油産業の運営方法，そして何よりも石油価格の問題で硬直的ともいえる立場を示してきたのは，それらをバーゲニングの対象ではなく，イランの主権回復に直結する問題と捉えていたからであった。このことを端的に物語るのは，モサッデクが，安価に石油を大量に販売するくらいならば，イランが望む高い価格で少量販売し，販売できない石油は地下に眠らせておけばよいとの見解を一貫して示したことであった。もちろんモサッデクも，石油輸出の再開を望み，石油収入が拡大することは望ましいと考えていた。しかしそれはあくまでイランが国権を回復した結果でなければならず，石油収入を拡大するために主権の一部を放棄することは許されないというのが，モサッデクの一貫した主張であった。モサッデクは，石油を媒介とするイランと西側世界のインタレストの共通性を原理的に否定したわけではなかった。イランの獲得できる石油収入を公示価格の50％に固定し，その販売先を実質的に制限し，石油産業の運営を引き続き外国籍企業に委ねることを求める，協調的石油秩序のあり方がイランの主権に抵触する，すなわちイランのインタレストと相容れないと，モサッデクは主張したのである[94]。

---

[94] Memorandum of Conversation (at the New York Hospital), October 11, 1951, DSCF 888.2553/10-1151; Memorandum of Conversation (at Mr. McGhee's Farm, Middleburg, Virginia), October 25, 1951, DSCF 888.2553/10-2551; Memorandum of Conversation, November 15, 1951, DSCF 888.2553/11-1551; Memorandum of Conversation, November 15 evening, 1951, DSCF 888.2553/11-1551; Funkhouser to Berry, "McGhee-Mosaddeq Meeting November 17," November 19, 1951,

モサッデクは間違いなく原則の人であったが、第2回直接交渉の前後にも見せたように、具体的な問題に関しては、時に言を左右し、思いがけぬ発言をすることがあった[95]。マッギーとの対話の過程でモサッデクは、アーバーダーンの石油精製施設を国有化の対象から除外し、その所有権を外国籍企業に委ねてもよいとの譲歩を行った[96]。マッギーらは、この驚くべき譲歩に交渉の突破口を見出した。米国の政策決定者たちは、イラン側が求めているような、NIOCがイランの石油産業を直接運営する形態は現実的ではないと考えていた。彼らがAIOCの撤退に反対していた理由の一端は、高度な専門性を有する外国人技術者、さらに言えばメジャーズの構成員が組織的に運営しなければ、大規模で複雑なイランの石油産業を効率的に運営できないと考えていたからであった。しかし、アーバーダーンの精油施設をAIOCと同程度の能力を有する外国籍企業に委ねることが認められるならば、イランの石油産業の運営の問題や賠償問題の解決ははるかに容易になる。これに石油を巡る様々な商慣行を組み合わせることにより、モサッデクにも受け入れられるような解決案を作成できるかもしれないと、マッギーらは考えたのである。

　では、この「外国籍企業」はどのような存在であるべきなのか。じつは第2回直接交渉の前後から、米英の政策決定者たちの間では、漠然とした形ながら、

　DSCF 888.2553-AIOC/11-1951.

[95] ハイスの研究は、とりわけ英国側の膨大な史料を駆使した実証的な研究であるが、モサッデクの言動に関する解釈と議論には看過し得ぬ矛盾が見られる。ハイスは、①モサッデクがイランの石油産業の運営に関する権利の回復を最重視していたことを正確に指摘しているものの、同時に、②モサッデクは国内政治上の制約から国有化政策について譲歩できなくなっていたと論じ、さらに③1951年後半から1952年前半にかけて保守的な反モサッデク勢力が伸張していたことを重視する。論理的に①と②の議論は矛盾を含む。また、シャーを含む保守的な反モサッデク勢力は英国との妥協を求めていたのであるから、②と③の議論はイラン国内政治の分析において矛盾を含む。Mary Ann Heiss, *Empire and Nationhood : The United States, Great Britain, and Iranian Oil, 1950-1954* (New York : Columbia U.P., 1997), chaps. 4 and 5. そしてハイスは、モサッデクがみずからの国内政治上の地位やイラン国内政治状況の変動にかかわりなく、石油産業に対するイランの主権を全面的に回復することを石油輸出の再開よりも一貫して重視していたことを見落としている。たとえば、マッギーとの交渉でモサッデクが安価に石油を販売するくらいなら石油資源を眠らせておいた方が良いと主張したことをハイスはバーゲニングと捉えるが、皮相的な解釈と言わざるを得ない。ibid., 100-103.

[96] Memorandum of Conversation, October 9, 1951, *FRUS, 1952-1954*, 10 : 213-218 ; Memorandum from McGhee to Acheson, "Your Discussion with Dr. Mosadeq at Luncheon Today on Iranian Oil Question," October 23, 1951, DSCF 888.2553/10-2351 ; Memorandum of Conversation, November 3, 1951, DSCF 888.2553/11-351.

AIOCの完全復活に代えて，複数の石油会社よりなる企業体にイランの石油産業の運営を委ねる可能性が語られ始めていた。管見の限り，新たな国際企業体にイランの石油産業を運営させるというアイディアが米国政府内で語られた最初の事例としては，7月16日付の国務省PPS作成の文書に，イラン側が受け入れ可能であれば英国籍企業も参加する形で新たな国際企業体を組織する，との記述を見出すことが出来る。しかし本文書は，ハリマン・ミッションが失敗した場合に米国政府が追求しうる紛争解決方針を考察した，いわば思考実験のようなものであり，したがってハリマンらが同文書を閲覧した，あるいは同文書をもとに国際企業体の構想が具体的に検討された形跡はない[97]。先述のように，ハリマン・ミッション時の米国政府のメイン・シナリオは，ファンクハウザー・メモが記していたように，AIOCの利益折半方式への移行であった。

　しかるにハリマンは，イラン滞在中，シェル社やAIOCの子会社によって構成される，しかし米国系企業は参加しない，国際企業体を新たに組織して紛争解決に活用する可能性に言及し，国務省もそれを容認する姿勢を示していた。このようなハリマンの構想は，公に語られる性質のものではなかったにせよ，機密事項でもなかった。ハリマンは，7月23日のイランの閣議決定を受けてイラン側の交渉者たちに国際企業体を紛争解決に活用する可能性を語っているのをはじめ，イラン滞在中，イラン側関係者との対話の中で国際企業体の可能性にしばしば言及していた[98]。同じ頃，ワシントンでは，この情報を聞きつけた英・仏大使館の担当者たちが国務省に問い合わせを行ったが，その際に国務省側も国際企業体の可能性を否定しなかった[99]。また，第2回直接交渉を英国政府に決断させるためにハリマンがロンドンを訪れた際，随行したレヴィは英財務省に新たな国際企業体を組織して紛争解決を図る可能性を説明した。レヴィの発言は，英閣議で不快感を交えながら報告されている[100]。第2回直接交渉時に，モサッデクが英国の8項目提案中の石油購入組織に難色を示した際も，ハリマンは石油購入組織を

---

[97] Hooker to Policy Planning Staff, "Possible Triangular Deal for Settlement of Iranian Oil Situation," July 16, 1951, DSCF 888.2553/7-1651.

[98] U.S. Embassy in Tehran to DOS, #276, July 19, 1951, DSCF 888.2553/7-1951; U.S. Embassy in Tehran to DOS, #340, July 24, 1951, *FRUS, 1952-1954*, 10: 112.

[99] Memorandum of Conversation, "Iranian Situation," July 24, 1951, DSCF 888.2553/7-2451; Memorandum of Conversation, "Iranian Oil Developments and Recent U.S.-U.K. Oil Discussions," July 26, 1951, DSCF 888.2553/7-2651.

[100] C.M.(51)56th Conclusions, July 30, 1951, CAB128/20/6.

AIOC も含む企業連合とすることで対処する可能性に言及している[101]。ハリマンの国際企業体構想は，米国政府内での具体的な検討を経た案ではなく，中東で一般的であった合弁会社形式をイランにも導入するという程度の漠然としたアイディアであった。しかし，何らかの国際企業体によるイランの石油産業の運営というオプションが存在すること，そして米国政府がそれを排除していないことは，間違いなく米・英・イランの関係者の間で共通認識となりつつあったのである。

AIOC のイラン撤退とモサッデクの訪米決定を経て，多国籍企業体の構想はより現実味を増していった。国務省は，今や AIOC の完全復活は不可能になったと考えるようになり，かかる前提のもとに，「オランダ籍」の企業がイランの石油産業の運営に当たることを骨子とする紛争解決の素案を作成して，10月初めに英国側に提示していた。言うまでもなく，この「オランダ籍」企業とはシェル社であった。シェル社に白羽の矢が立ったのは，英国とイランの双方に受け入れられる可能性が高く，かつイランの石油産業の運営を遂行する技術と能力を有すると考えられたからであった。イランを巡る米英関係はかつてないほど険悪な状態であったにもかかわらず，少なくとも英外務省の官僚レヴェルでは，このシェル活用案は好意的に受け止められた[102]。また，この米国案との関連は明らかではないが，同じ10月初旬，英外務省内では，AIOC を含む新たな企業体にイランの石油産業の運営を委ねる形での紛争解決を容認する方向で議論が行われていた[103]。モサッデク訪米を前に，シェル社によるイラン石油産業の運営再開というアイディアは，水面下では紛争解決の有力なオプションと考えられるようになっていた[104]。

アーバーダーン精油施設を外国籍企業に委ねるというモサッデクの提案は，国際企業体によるイラン石油産業の運営という紛争解決オプションを前景化させた。モサッデクはマッギーらとの対話の中で，イランの石油産業の運営方法として，NIOC のもとにオランダ人の技術責任者（technical director）を置くこと，そして NIOC がオランダ籍企業と技術契約を締結することを容認する姿勢を示した[105]。

---

[101] U.S. Embassy in Tehran to DOS, #601, August 13, 1951, DSCF 888.2553/8-1351.

[102] Memorandum of Conversation between Gifford, Penfield, Palmer, and Ferguson, October 9, 1951, DSCF 888.2553/10-951.

[103] U.S. Embassy in London to DOS, #1698, October 5, 1951, DSCF 888.2553/10-551；U.S. Embassy in London to DOS, #1702, October 6, 1951, DSCF 888.2553/10-651.

[104] Memorandum, "Brief Resume Iranian Situation," October 6, 1951, DSCF 888.2553/10-651；DOS to U.S. Embassy in Tehran, #801, October 12, 1951, DSCF 888.2553/10-1251.

かかるモサッデクの立場を元に，国務省は新たな紛争解決案を作成した。国務省案は，アーバーダーンの精油施設をAIOCからオランダ籍企業に売却した上で，この蘭籍企業にアーバーダーン精油施設を含むイラン国内の石油産業の運営を委ねることを骨子としていた。さらに，長期販売協定等の形でAIOCがNIOCの石油を購入できるようになれば，AIOCがNIOCから購入した原油をアーバーダーン精油施設を運営する蘭籍企業に販売する形を作ることが出来る。この複雑な取引関係の中で，蘭籍企業がAIOCに支払う原油代金，イランが蘭籍企業に支払う技術委託料，イランが蘭籍企業から徴収する所得税などを複雑に組み合わせることで，実質的な利益折半を実現できると，国務省は判断した。国務省案は，原油生産部門（いわゆる上流部門）と精製・流通部門（下流部門）の間で柔軟に利益を移転しうる，そして複雑な相互依存的メカニズムを持つ，メジャーズの特性を最大限に活用した解決案であった。国務省は，英国政府から同案への大筋の同意を取り付け次第，ただちにモサッデクと具体的な解決案作成に向けた交渉を開始する心積もりであった[106]。

10月末，米国政府は，発足直後の保守党チャーチル政権に国務省案を打診した。しかるに，労働党政権の対イラン外交を軟弱であると批判していた保守党は，政権獲得後も対イラン強硬姿勢を保持し，必要とあらば労働党政権時代に米英間で形成されていた非公式な対イラン政策に関する合意を覆すことも辞さぬ姿勢を示した[107]。保守党政権は，イランにおいて英国がナショナリズムに屈伏することを意味するような石油協定を結べば，それが中東全域における英国の地位に悪影響を与えると考えていた。それゆえ，チャーチル政権は，英国勢力をイランに完全復活させることを目指し，「悪い協定」によって「中東における英国の地位」を危険にさらすよりも「何もしないリスク」を選択する，すなわち，労働党政権が開始していたイラン石油のボイコットや対イラン経済制裁を継続して，モサッデク政権の譲歩あるいは同政権の崩壊を待つ方針を採用した。イランへの懲罰的な姿勢をあらわにする保守党政権は，イランに利益折半方式を適用することを目

---

[105] Memorandum of Conversation (at Ritz Tower Apartment), October 14, 1951, DSCF 888.2553/10-1451.
[106] DOS to U.S. Embassy in London, #2256, October 30, 1951, *FRUS, 1952-1954*, 10：249-255；DOS to U.S. Embassy in Paris, Telac 1, November 2, 1951, DSCF 888.2553/11-251.
[107] Acheson, *Present at the Creation*, 510-511；Anthony Eden, *Full Circle* (London：Cassell, 1960), 198-202.

標とすることにすら難色を示した。かかる保守党政権から見れば，英国勢力の排除を前提とする国務省案は論外であった[108]。

　11月5日，パリでアチソンと会談した新外相のイーデンは，モサッデク政権に圧力を加え続けてその崩壊を待ち，しかる後に出現するであろうより友好的な政権と石油問題を解決すればよいと主張し，かかる方針への米国の同調を求めた。アチソンは，これに真っ向から反対した。石油収入を喪失した状態でイランを放置すれば，政府と軍が崩壊し，混乱の中でトゥーデ党の影響力が拡大する。政治的，経済的な混乱の後にモサッデク政権が倒壊すれば，イランは共産化する可能性が高い。かかる事態を招来しかねない英国政府の対イラン政策を支持する余地はない，というのがアチソンの言い分であった[109]。11月8日，英国政府は国務省案を拒否する旨，米国側に回答するとともに，新政権の紛争解決の原則を示した。イランは国有化によってAIOCに与えた全損害を賠償する義務があり，一方的な接収行為を行ったイランは契約を尊重している産油国と同等の待遇を与えられるべきではない。そして，英国政府は自国民の排除を前提とする紛争解決には応じない，というのが保守党政権の対イラン政策の原則であった[110]。かかる根本的な相違がある以上，米英間で対イラン政策を摺り合わせることは不可能であった。米英両国は，暫定的な石油輸出再開に向けてイラン紛争に関与する姿勢を示していた世界銀行（International Bank for Reconstruction and Development）の活動を支援する方針で合意した以外，イラン問題では何ら合意を形成できなかった[111]。

　英国政府が国務省案を拒否したことによって，当面紛争を解決する見通しは失われたが，マッギーとモサッデクはその後も対話を継続した。さらなる意見交換を重ねることで，紛争解決への展望をいくばくかでも開いておきたいというのが米国側の思惑であった。そのような対話の途上で，マッギーは米・英・蘭の石油会社よりなる合弁企業がイランの石油産業を運営する可能性に言及した。米国政

---

[108] Minutes of Meeting Held on November 2, 1951, 3:30-5:30 P.M. at the British Treasury, DSCF 888.2553/11-251 ; U.S. Embassy in Paris to DOS, Actel 8, November 7, 1951, DSCF 888.2553/11-751.

[109] U.S. Embassy in Paris to DOS, Actel 4, November 5, 1951, DSCF 888.2553/11-551.

[110] U.S. Embassy in Paris to DOS, #2743, November 9, 1951, *FRUS, 1952-1954*, 10 : 272-274 ; C.C. (51)5th Conclusions, November 8, 1951, CAB128/23/5, PRO.

[111] U.S. Embassy in Paris to DOS, #2853, November 14, 1951, DSCF 888.2553/11-1451 ; Memorandum of Conversation (at Shoreham Hotel, Washington D.C.), November 15, 1951 ; U.S. Embassy in London to DOS, #2576, December 3, 1951, DSCF 888.2553/12-351.

第 4 章　イラン石油国有化紛争と協調的石油秩序　251

府の高官がイランへの米国企業の参入の可能性に言及したのは，確認できる限り
これが初めてである。しかしモサッデクは，英国系企業の復活は絶対に認めない
という頑なな態度を示し，英国企業を含む解決案に関心を示さなかった[112]。一方
モサッデクは，米国の政府または企業をイランに参入させ，米・イラン間で石油
取引を行うことを求めた。これに対してマッギーは，米英関係への考慮から，そ
のような選択肢があり得ないことを率直に説明した[113]。依然として石油価格の問
題は平行線をたどっていた。モサッデクも彼に随行した石油問題担当者のハシー
ビーも，イランが石油価格を設定する自由を強調し，その結果として石油の輸出
量が減少してもかまわないとの原則的立場を繰り返していた[114]。モサッデクと
マッギーの間に出現したかに見えた紛争解決の展望も霧消してしまったかのよう
であった。

　じつのところ，紛争両当事国を共通のインタレストの領野に導くことで紛争を
解決し得るという米国政府の前提は動揺し始めていた。マッギーとモサッデクの
最後の会談となった 11 月 17 日の会談で，マッギーはモサッデクに「イランが得
られる最良の条件は何か」を考えるべきであると述べ，モサッデクが現在の姿勢
を維持する限りは「年に 2 億ドルの石油収入を獲得する豊かな国家」を実現する
ことは出来ないとして，英国企業の部分的復活を受け入れ，石油価格問題でも譲
歩するよう求めた。これに対してモサッデクは，みずからの政治信条を語った。
みずからの人生は「政治的自由」を獲得するための戦いであった。ゆえに，政治
的自由が尊重されていない「米国と対立するブロック」に与することはあり得な
い。しかし，このことと石油問題は別である。自分は「良心にかけて」マッギー
が求めるような譲歩は出来ない。イランは，みずからの望む価格で石油を輸出し，
その収入から AIOC に賠償を行う。もしマッギーらが主張するように，イランの
言い値で石油を購入する者が現れないのであれば，その時点で価格を再考すれば
よい。つまりモサッデクは，「政治的自由」という点で価値観を共有する西側世

---

[112] Memorandum of Conversation, November 15, Evening, 1951, DSCF 888.2553/11-1551.

[113] Memorandum of Conversation, November 8, 1951, DSCF 888.2553/11-951; Memorandum of Conversation, November 15, 1951, DSCF 888.2553/11-1551; Memorandum of Conversation, November 15, Evening, 1951, DSCF 888.2553/11-1551.

[114] Memorandum of Conversation with Dr. Mosaddegh and Mr. Hassibi Saturday Morning, November 17, 1951, as Reported to Mr. Linder by Mr. Nitze, November 19, 1951, DSCF 888.2553/11-1751; Top Secret Memorandum, starting with "The following specific points were made:" undated, in DSCF 888.2553 file (unnumbered).

界が，イランの「政治的自由」の発露である国有化の象徴たる石油価格の問題で理解を示そうとせぬことに異議を唱えたのであった。これは，利益折半原則に基づく協調的石油秩序が，巨大な石油収入を媒介に産油国と消費国，すなわち西側世界全体の共通の利益を実現するというテーゼへの最も根源的な批判であった。そして根源的であるがゆえに，米国の政策決定者たちはモサッデクの批判を受け入れることは出来なかった。ファンクハウザーは，同日の会談記録の末尾に，「米国側はイラン側の宿命論的な姿勢にフラストレーションを覚えた」と書き記した[115]。

4　ぎこちない同盟

1)「無責任なナショナリズム」

　マッギーとモサッデクの交渉を通じて国務省が作成した解決案を英国政府が拒否したことは，英保守党政権とトルーマン政権のイランを巡る軋轢の序章に過ぎなかった。不満を託ちつつも大筋で米国側の方針に従う姿勢を示した労働党政権とは異なり，保守党政権は米国の方針を拒否することを厭わなかった。英保守党政権の登場と前後して米英間の懸案として新たに浮上したのは，米国からイランへの援助の問題であった。イランが石油収入を獲得できぬ状況が当面継続しそうになったことで，米国政府は，早晩イランが財政危機に陥り，政府機能の麻痺と社会的混乱を経て，共産化に向かうリスクが高まったと判断するようになった。かかる事態を避けるために，米国政府はイランに何らかの形で財政援助を提供する必要があると考えるようになったのである。これに対して英国政府は，イランへの経済的圧力を加え続けてモサッデク政権の瓦解を待つ方針を採用し，したがって米国からの財政援助には反対であった[116]。

　米英の立場の違いは，イランのナショナリズムに対する認識の相違に発してい

---

[115] Memorandum of Conversation, November 17, 1951, DSCF 888.2553/11-1751; Memorandum by Funkhouser, "McGhee-Mosadeq Meeting November 17," November 19, 1951, DSCF 888.2553/11-1951.

[116] DOS to U.S. Embassy in Paris, Telac 13, November 8, 1951, *FRUS, 1952-1954*, 10: 267-268; U.S. Embassy in Paris to DOS, #2862, November 14, 1951, ibid., 281-283; Memorandum of Conversation, "Iranian Problem," November 21, 1951, DSCF 888.2553/11-2151.

る部分が大きかった。石油収入の途絶に伴う財政危機がやがてイラン共産化をもたらすとの単線的な見方は，米国の政策決定者たちの多くに共有されていた。たとえば，テヘランの米大使館は，政治的・経済的に追い詰められたモサッデクがトゥーデ党との妥協あるいはソ連への援助要請を迫られることになるという，アチソンを含む国務省本省とはやや異なるシナリオを懸念していたものの，財政危機がイラン共産化の引き金になるとの見立てでは，ワシントンの見方とほぼ一致していた。米国の政策決定者たちは，モサッデクに代表されるイランのナショナリズムが親ソ的あるいは容共的であるとは考えていなかったが，ナショナリストたちの意図にかかわりなく，その行動が結果的にソ連やトゥーデ党を利することになると懸念していた。

一方で，石油紛争を解決するためにはモサッデク政権が交代するのが望ましいと考え始めていたヘンダーソン大使も含め，米国の政策決定者たちは，英国が画策していたようなモサッデク打倒を目指す政治工作には反対であった。前述のように，彼らは，モサッデクが代表するナショナリズムが将来にわたってイラン政治における重要なファクターであり続けると考えており，したがって石油問題の解決を受け入れるような政権を人為的に作り出しても，問題の本質的な解決にはなり得ないと考えていた。紛争勃発当初から，米国政府の最大の関心はイランを西側世界にとどめることであった。そして，紛争の継続中に，中東全域を西側陣営に統合することを目標とする西側統合政策はいっそう明確な形を取り始めていた。それゆえ，モサッデクとの石油紛争解決の見通しと無関係に，米国の政策決定者たちは，これまでよりもいっそうイランのナショナリズムを西側陣営のパートナーに取り込むことを目標として意識するようになっていた。かかる立場から見れば，石油問題を解決するためにイランのナショナリズムとの決定的な対立を辞さぬ英国政府の方針は本末転倒であった[117]。

じつのところ，英国政府も，米国側が考えるほどにイラン共産化のリスクを過小評価していたわけではなかった。とりわけテヘランの英大使館は，財政悪化が

---

[117] British Embassy in Tehran to FO, #1630, November 7, 1951, in FO248/1514/G10101/433/51 ; FO to British Embassy in Tehran, #1710, December 4, 1951, in FO248/1514/G10101/483/51 ; Memorandum of a Meeting of Foreign Ministers, January 9, 1952, *FRUS, 1952-1954*, 10 : 311-320 ; British Embassy in Washington to FO, #68 Saving, January 18, 1952, in FO371/98684/EP15314/2 ; FO to British Embassy in Tehran, #92, January 24, 1952, in FO248/1531/G10105/46 ; Minutes by G. Middleton, February 13, 1952, in FO248/1531/G10105/65.

イランの政治的不安定を助長するリスクに警鐘を鳴らし，トゥーデ党の影響力拡大の兆候に敏感に反応していた。しかし，英国政府のメイン・シナリオは，イラン財政の悪化とモサッデク政権の弱体化が，モサッデクの下で沈黙を強いられている親英・親西側勢力を活性化および結束させ，かかる勢力がモサッデク政権を打倒する動きを加速するというものであった。労働党政権末期に始まっていた，イランにおける親英・親西側勢力の復権を目指す政治工作は，保守党政権の下でも反モサッデクの保守派指導者たちとの接触や助言という形で継続していた。テヘランの英大使館は，カワームをモサッデク後継の本命と見定め，その再登板に期待をかけるようになっていた。経済的圧力によってモサッデク政権を瓦解させ，親英・親西側政権を出現させるというシナリオを抱く英国政府から見れば，米国からイランへの財政援助は，かかるシナリオに水を差すものであった。英国政府の方針は，イランのナショナリズムを一過性の現象と見做し，したがってそれが将来にわたってイランにおける恒常的な政治的ファクターとなることはないとの認識を前提としていた。米英の対イラン政策の相違は，イランのナショナリズムやイラン政治のダイナミクスに関する基本的な認識の相違に淵源を有した[118]。

マッギーが駐トルコ大使に転出した後に国務省内で対イラン政策の策定を主導することとなった国務省PPS室長のニッツェは，1952年2月のイランに関する米英協議で，このような米英の立場の違いを平易な言葉で表現した。

>ナショナリズムを支援するのに限度があることは，我々にもはっきり分かっていました。我々は，**無責任なナショナリズム**と**責任あるナショナリズム**の間には大きな違いがあると感じていました。後者は，現実的な国際的な枠組みを維持し，他国への然るべき協力を行いながら，国内問題においてみずからを建設的な方向に向けるでしょう。ナショナリズムを責任ある方向に導く，あるいは仕向ける技術を見出すことが出来ずにいる点にこそ，我々が入り込んでしまっている現実的な困難が存在しているのです[119]。（強調引用者）

---

[118] George H. Middleton to G.W. Furlonge, November 19, 1951, in FO248/1514/G10101/453/51 ; British Embassy in Tehran to FO, #1706, December 4, 1951, in FO248/1514/G10101/486/51 ; British Embassy in Tehran to FO, #107 and #108, January 26, 1952, in FO371/98684/EP15314/10 ; Minutes by A.D.M. Ross, January 29. 1952, in FO371/98684/EP15314/19. 1952年1月時点で，シェパード駐イラン英大使は，ザーヘディーのような軍人による「権威主義的体制樹立のためのクーデタ（an authoritarian coup d'état）」の可能性にも言及している。

[119] Memorandum of Conversation at Foreign Office, London, February 16, 1952, 3:00 P.M., DSCF

ここで注目すべきは，ニッツェが「無責任なナショナリズム」に否定的な評価を下しつつ，それを打倒しようとするのではなく，それを「責任あるナショナリズム」に「導く，あるいは仕向ける」ことを目指していることである。ナショナリズムは，たとえ啓蒙や矯正の対象であっても，潜在的な同盟者と位置づけられるべきである。ナショナリズムが中東における巨大な政治潮流となろうとしているときに，それを敵視する余地はない。「無責任な」ナショナリズムを「責任ある」ナショナリズムへと「導く，あるいは仕向ける」という方針もまた，かかる信念から導かれた方針であった。そして，ナショナリズムを中東における持続的な政治勢力あるいは政治潮流と見做し，それと対決するのではなく，それを西側陣営の友として取り込むことを重要な政策課題と位置づける姿勢は，この時期の米国の中東政策——西側統合政策と協調的石油秩序の構築——に共通する特徴であった。

　この米英協議の席で，ニッツェはこれまでとは大きく異なる新たな紛争解決の試案を英国側に提起した。国務省内で作成された，この新たな紛争解決案は，イラン石油のボイコットを停止した上で，石油産業の運営を完全にイラン人に委ね，イランに自由に石油を販売させる，つまり，モサッデクが主張する通りにやらせてみるというドラスティックな内容であった。この新たなアプローチを提案したのは，経済問題担当国務副次官補のハロルド・リンダー（Harold F. Linder）であった。リンダー案の要点は，イラン人に失敗を経験させることにあった。リンダーは，モサッデクを「デマゴーグ」と呼び，国有化政策に全く共感を示さぬ点で，イランのナショナリズムとの対話を重視してきたマッギーらとは異質な立場にあった。しかし，リンダー案の前提は，マッギーを含む米国の政策決定者たちの多くが共有する想定に基づいていた。それは，イラン人だけでは石油産業を効率的には運営できず，またイラン側が望む価格，すなわち公示価格の75％の価格ではイラン石油を大量に購入しようとする者は現れないとの想定である。つまり，イラン側が求めている環境を実現したとしても，石油生産コストが嵩み，輸出量も伸び悩むため，イランはほとんど石油から利益を上げることが出来ないというのが，米国政府内の共通認識であった。マッギーがこのことを言葉で理解させようとしたのに対して，リンダーは実際に失敗を経験しなければイランはこの

ことを理解できないと論じたのである[120]。かくもドラスティックなリンダー案は，モサッデクを説得するというアプローチがひとつの限界に逢着する中で，「無責任なナショナリズム」を「責任あるナショナリズム」に「導く，あるいは仕向ける」ための新たな「技術」の候補として，採用されたのであった。

　リンダー案は，内容的には，市場的メカニズムの導入を想定する動的・開放的な石油秩序構想の系譜に属していた。すでに見たように，ニッツェは，1947年のアラムコ再編に際して，動的・開放的な石油秩序を追求する立場から，静的・排他的な石油秩序を批判した中心人物であった。しかし皮肉なことに，ニッツェを含む政策決定者たちがリンダー案を通じて実現しようとしていたのは，静的・排他的な石油秩序構想を祖型とする協調的石油秩序であった。国務省内でかつて動的・開放的な石油秩序を支持したニッツェのような人物も，中東産油国がその時点で獲得できる最良の条件は利益折半であると確信し，したがって動的な市場的メカニズムを導入したとしても中東産油国は最終的に利益折半方式を選好するであろうと考えるようになっていた。それゆえ，英外務省との協議においてニッツェは，イラン人をして「イランとAIOCの相互依存および基本的な利害の相互性に気づかせる」方策としてリンダー案を提起したのである。

　しかし，英外務省はリンダー案に強い拒否反応を示した。リンダー案の内容では，イランがAIOCに然るべき規模の賠償を行うことは望み得ず，かような状況が容認されるならば英国の海外投資全般が脅かされることとなる。悪しき協定を急ぐよりも，経済的圧力を加え続けてイラン側の譲歩を待つべきである，というのが英国政府の立場であった。英国の頑強な抵抗を前に，ニッツェはまもなくリンダー案を断念する[121]。しかし，リンダー案は，もし実行に移されていたならば，米国政府が想定していなかった形でイラン紛争の解決をもたらした可能性が高い。紛争全体を通じて米英間で取り上げられた様々な紛争解決案の中で，リンダー案は動的・開放的な石油秩序を下敷きにした唯一の解決案であった。マッギーとの一連の会談における発言から明らかなように，モサッデクの理想は動的・開放的

---

[120] Memorandum, "Notes re H.F. Linder's Recent Visit to Iran," undated, DSCF 888.2553/12-1451.

[121] Memorandum of Conversation, "Iran," February 16, 1952, Morning Session, DSCF 888.2553/2-1652 ; Memorandum of Conversation, "Iran : Economic Aspects," February 20, 1952, Morning Session, DSCF 888.2553-AIOC/2-2052 ; P.O.(o)(52)6, "Talks with State Department Officials," February 16, 1952, in CAB134/1147 ; B.A.B. Burrows to B.J. Bowker, February 28, 1952, in FO371/95685/EP15314/44.

な石油秩序と親和性が高かった。おそらくモサッデクは，リンダー案を受け入れ，その結果たとえイランの石油輸出が低水準にとどまり続けたとしても，それを国有化の理想の実現として肯定的に受け入れたであろう。皮肉なことに，かかるシナリオの現実性を認識していたのは，むしろ英国政府の方であった。米国の政策決定者たちは，モサッデクが国有化の帰結として石油収入の縮小を甘受する可能性を想定し得ぬほどに，利益折半がもたらす巨大な石油収入の力を信じ，協調的石油秩序の実現にコミットしていたのである。

2月下旬に英国政府がリンダー案を拒否し，その後3月末までに世銀とイランとの交渉も行き詰まったことで，石油国有化紛争の開始以来ほぼ初めて，イランとの間に紛争解決に向けた交渉が不在という状況が出現した。それまでは直接交渉なしにイランのナショナリズムとの共通のインタレストの基盤は構築できないと主張してきた米国政府が，ここで初めてイランとの直接交渉を当面見合わせるという選択を行ったのである。そればかりか，米国政府は，実質的に英国政府の主張を容れる形で，イランに対する緊急財政援助を当面見合わせ，それを石油国有化紛争の解決とリンクさせる方針を採用した[122]。

米国の政策決定者たちの認識には，微妙ながら確実に変化が生じていた。彼らは，イランへの経済的圧力が，モサッデクの姿勢を改めさせるために有効かもしれないと考え始めていた。緊急財政援助を行えば，モサッデクへの圧力を減ずるのみならず，米国がモサッデクの方針を支持しているという誤ったメッセージを送ることになる可能性があり，シャーを含むイラン国内の穏健な親西側勢力を弱体化させることになりかねない[123]。そればかりではない。前年春の石油紛争勃発以来，3月末に行き詰まりを迎えた世銀による紛争解決努力に至るまで，米国政府が陰に陽に紛争解決に向けて奔走したにもかかわらず，モサッデクはみずからの立場や主張を変えようとしなかった。米国政府がいわば前のめりに紛争解決を追求した結果，イラン人の間に「紛争の解決が合衆国にとって死活的な関心事であり，合衆国の指導の下にある西側陣営が最終的にはイランの主張する条件での［紛争］解決に同意しなければならぬほどイラン石油は重要であるとの印象」が

---

[122] Memorandum of Conversation, "Iran: Political Aspect," February 19 Afternoon Session, DSCF 888.2553AIOC/2-1952 ; Memorandum by A. D. M. Ross, "Persian Oil," February 26, 1952, in FO371/98685/EP15314/46.
[123] DOS to U.S. Embassy in Tehran, #1485, January 22, 1952, FRUS, 1952-1954, 10 : 336-338 ; DOS to U.S. Embassy in Tehran, #1648, February 9, 1952, ibid., 348-349.

拡がり，イラン側は「非妥協的な姿勢を維持しうる」と考えるようになっている。米国が再び紛争解決に向けて動いても，「イラン政府の姿勢を根本的に改めさせることは出来ず，逆にモサッデクとの紛争解決の希望を引き延ばすことによって，このような［モサッデク政権の］姿勢を攻撃しようとする穏健な勢力の努力を挫く」ことになりうる。むしろ米国はイランに「冷淡な」姿勢を示し，イラン政府に様々な圧力を作用せしめ，もってイラン政府を「穏健な姿勢」に導くべきである[124]。1952年春から初夏にかけて，米国の政策決定者たちは以上のような認識を強め，米国の対イラン政策の基調は，説得から圧力へと移行していった。リンダー案がイランに失敗を経験させることで「無責任なナショナリズム」を矯正しようとしたのと同様に，ボイコットの経済的圧力もまた「無責任なナショナリズム」を矯正する「技術」たりうるかもしれないと，米国の政策決定者たちは考えるようになっていったのである。

　以上のように，1952年前半，米国政府は事実上，イランに経済的圧力を加える英国政府の方針に同調していった。しかし，問題を複雑にしたのは，このことがイランを巡る米英関係の改善にほとんどつながらなかったことである。とりわけ米英が鋭く対立したのは，相互安全保障法（Mutual Security Act）に基づく米国のイランへの軍事援助協定の延長問題においてであった。イランとの協定は1952年1月に期限満了を迎えていたが，モサッデクは協定延長の際に必要とされる標準的な交換公文が軍事同盟に当たるとして難色を示した。消極的中立主義とも評される，外部からのあらゆる干渉を排除しようとするモサッデクの対外政策においては，米国すらも例外ではなかった。これに慌てたのは，むしろ米国側であった。援助協定が切れてしまえば，イランに滞在していた軍事顧問団は出国を余儀なくされ，米国内で行われていたイラン軍人の教育プログラム等も停止してしまう。つまり，米国とイランを結びつけ，イランを西側陣営にとどめていた重要な紐帯が途切れてしまうからである。イランを西側陣営にとどめることを最大の目標とする米国にとって，かかる事態は受け入れ難いものであった。それゆえ米国政府は，さしあたり正規の交換公文なしに軍事顧問団の滞在を可能にする緊急避難的な措置を取り，1952年4月になってようやくモサッデクとの間に変則的な文言の交換公文を交わすに至った[125]。米国政府は，英国側に事前に相談も

---

[124] Memorandum from Berry to Matthews, "Iran," March 27, 1952, DSCF 888.2553/3-2752.
[125] U.S. Embassy in Tehran to DOS, #2199, December 14, 1951, *FRUS, 1952-1954*, 10 : 291-295 ;

通告もすることなく，軍事援助協定の延長に踏み切った。米国政府が変則的な文言の交換公文を容認してまで軍事援助協定を延長したことに，イーデンは強い不快感を示した。英国政府は，米英共同の外観が崩れ，結果的にモサッデク政権への政治的・経済的な圧力が減じることを由々しき事態と捉えたのである[126]。

　5月中旬にテヘランの米英両国大使館が作成したイラン情勢に関する共同分析を巡る意見交換の場でも，米英の見方は鋭く対立した。1952年初夏のイランでは，第16期マジュレスが解散された後，第17期マジュレス選挙が通常通り緩慢に進行中であり，マジュレス不在の状況で内政上の表立った動きは乏しかった。このような中で作成された共同分析は，イランの国内政治と対外政策が辿り得る様々な可能性に言及していた。換言するなら，同文書は，メイン・シナリオと呼び得るような明確な予測を提起するものではなく，読み手の立場によって如何ようにも解釈できる曖昧さをはらんでいた[127]。英外務省は，共同分析がイランの財政破綻や中央政府の崩壊は当面起こりそうにないと指摘した点を重視するとともに，穏健な国民戦線勢力を含む政権あるいは反モサッデクの保守派政権が出現する可能性を指摘した箇所に期待を示した。さらにテヘランの英大使館は，共同分析が期待するような穏健な政権が出現すれば「人工的に煽り立てられた反英感情は迅速に消散する」との独自の分析をロンドンに送信していた。また，共同分析はモサッデクがソ連やトゥーデ党に支援を求める可能性に言及していたが，英外務省は独自の情報に基づいてそのような可能性は低いと断じた。要するに英外務省は，イランに経済的圧力を加え続ける現行の戦術の正しさを追認するものとして共同分析を捉えていたのである[128]。

　このような楽観的な解釈を示す英国側に対して，ニッツェ，リンダー，ラウントリーら米国側は，正反対の悲観的な結論を導いていた。共同分析に示されたいくつかの可能性は，何れも不確実性と深刻なリスクを含んでいる。共同分析は，

DOS to U.S. Embassy in Tehran, #1274, December 21, 1951, ibid., 295-298；Burton Berry to Acheson, January 8, 1952, ibid., 305-311；U.S. Embassy in Tehran to DOS, #2640, January 15, 1952, ibid., 323-327；U.S. Embassy in Tehran to DOS, #4024, April 19, 1952, ibid., 371-375；DOS to U.S. Embassy in London, #5535, April 29, 1952, ibid., 379-381.

[126] FO to British Embassy in Washington, #1765, April 28, 1952, *BDFA*, 5-B, 3：98.
[127] British Embassy in Tehran to FO, #22 Saving, May 9, 1952, in FO371/98689/EP15314/131.
[128] British Embassy in Tehran to FO, #25 Saving, May 12, 1952, in FO371/98689/EP15314/130；Minutes by D.A. Logan, May 19, in FO371/98689/EP15314/131. 6月中旬の英閣議では，イーデンがイランの経済情勢の悪化を報告し，モサッデク政権が「数週間以内に」倒壊するとの見通しを示している。C.C.(52)60th Conclusions, June 17, 1952, CAB128/25/10.

モサッデクが依然として権威と権力を保持していることを示しているが，彼が政治的混乱を惹起することなく財政危機を乗り切れるか否かはきわめて不透明である。しかも，モサッデクに残されている財政的手段は危険なインフレを惹き起こす可能性が高いものばかりで，仮に財政破綻が起こらずともインフレに伴う経済的混乱がトゥーデ党を利することになるであろう。西側陣営は石油紛争の解決のみならずイランの政治的・経済的安定を追求すべきであり，「如何なる政治勢力も状況を掌握できぬような」状況の出現をこそ最も恐れるべきである，とニッツェは論じた。これに対して英国側は，米国側の懸念に理解を示さず，ただモサッデクに圧力を加える政策の継続を主張し続けた。結局，共同分析を巡る米英協議の議論は平行線をたどった。ニッツェは「米英の相違は，それぞれの最終目標の相違に発しているのかもしれない」と強烈な不満を表明した上で，次の発言で議論を締めくくった。「もし単にモサッデクを除くことが目標ならば，事態がそれに向かっている証拠はある。［しかし］もし西側にとって好ましいイラン情勢を実現することが目標ならば……楽観主義の余地はほとんどない」[129]。

　イランを巡る米英対立の根本にあったのは，中東のナショナリズムに対する基本的な認識やスタンスの相違であった[130]。米国の政策決定者たちは，英国が主導する対イラン経済制裁を容認しながらも，中東のナショナリズムに対する英国の認識や政策が中東と西側世界全体の関係を脅かしていると考えていた。彼らは，中東における政治的問題の核心は「ナショナリズムの興隆と中立主義の拡大」にあると理解し，中立主義的ナショナリズムが拡大し続ければ，中東が「中国の例」と同様に，共産主義の静かな浸透によって西側世界から「失われる」ことになるとの危機感を強めていた。同時に彼らは，「英仏の正当なインタレスト」を支持し，とりわけ「合衆国の軍事力への要求を軽減する」場合にはそれを維持すべきであるとも考えていた。つまるところ，「(a) NEA 地域内の如何なる重要な

---

[129] Memorandum of Conversation, "The Iranian Situation," May 15, 1952, DSCF 888.2553/5-1552.
[130] ハイスの研究は，イランを含む中東のナショナリズムに対する米英の認識の相違や，かかる問題を巡る米英の論争にほとんど関心を払っていない。それゆえハイスは，1951年後半から1952年前半にかけて，米英間で対イラン政策を巡る激しい議論が行われていたことを軽視し，米国が実質的に英国のイラン石油ボイコットに同調していったことをもって，また米国の政策決定者たちがモサッデクへの失望を語る断片的な発言等を拾うことによって，米英の立場が接近していたと論じる。Heiss, *Empire and Nationhood*, 106, 118, 125, 128. かかる観点から判断するならば，第1回直接交渉前後から米英間には基本的な対立がなかったことになる。しかし，イラン紛争を巡って1953年春まで継続した米英間の軋轢を軽視する視点が，イラン紛争を分析する上で適切なものとは思われない。

部分をも自由世界から喪失することなく，米国が対ソ政策において英・仏への支援を継続すること，(b) ……NATO における我々の最強の同盟国たる英・仏の［中東］各地における正当な地位を損なうことなく，NEA 地域において興隆しつつあるナショナリズムからの支持および友好関係を確保すること」，これら 2 つの「しばしば両立し難いように見える」目標を両立させることが，中東において西側陣営全体が直面している地域的課題であった。しかるに，米国の政策決定者たちの見るところ，英国はかかる地域的課題を認識せず，その言動には，中東のナショナリスト勢力との間に共通のインタレストの基盤を構築し，かかる基盤の上に協調関係を構築せんとする意識や姿勢があまりに希薄であった。その結果，中東のナショナリスト勢力が米国をも含む西側陣営全体を敵視する傾向が助長されているとの危機感を，米国の政策決定者たちは抱いていたのである。かかる状況を打開するためには，米国は「19 世紀的帝国主義に……暗黙の支持すら与える余裕はない」。英国は「抑圧的な政治・経済・社会政策によってこの地域における彼らの地位を維持しうる望みはほとんどない」ことを理解するのみならず，西側陣営と中東のナショナリスト勢力の間に共通のインタレストの基盤を構築することを目指す米国のリーダーシップに従うべきである，と米国の政策決定者たちは考え始めていた[131]。

2) 7月暴動と米英共同提案

　マジュレス選挙後の 7 月中旬，モサッデクは，これまで慣例的にシャーが行使してきた陸軍大臣の指名権を要求し，シャーがこれを認めなかったために，16 日に首相を辞任した。この機会を捉え，シャーはカワームを首相に指名した。カワーム首相の誕生に米英両国は直接的には関与していなかったようだが，前年秋以来，テヘランの英大使館がカワームを後継候補の軸として反モサッデク勢力の糾合を図ってきたことを考えれば，それは英国の対イラン政策の勝利と言えぬこともなかった。しかし，それは儚い勝利であった。7 月 20-21 日，イラン南部の油田地帯およびテヘランを含む主要都市では，カワームの打倒とモサッデクの復位を要求する大規模な示威行動やストライキが発生した。「7 月暴動」あるいは

---

[131] Harold B. Hoskins to H. Byroade, "Re-Appraisal of US Policies in the Near East," April 7, 1952, *FRUS, 1952-1954*, 9：204-213；Harold B. Hoskins to H. Byroade, "Re-Appraisal of US Policies in the NEA Area," July 25, 1952, ibid., 256-262.

イラン暦の日付から「ティール月 30 日（Sī Tīr）事件」とも呼ばれる大衆的な抗議行動を前に，カワームは内閣すら組織することなく首相を辞任することを余儀なくされた。いまやシャーは再度モサッデクを首相に指名せざるを得なかった。しかも，モサッデクが劇的に首相に返り咲いた直後，ICJ はイランの石油国有化問題に関するみずからの管轄権を否定する，すなわち国有化を国家主権の正当な行使であるとするイラン側の主張を全面的に支持する最終判決を下した。新たに組織した内閣でモサッデクが陸軍大臣を兼務し，さらにマジュレスから 6 か月間の行財政に関する非常大権を獲得したことは，彼の声望と権威が新たな頂点に達したことを物語っていた[132]。

一連の事態に米英両国は翻弄された。米英両国は，カワームに十全な支持を与えるようシャーに働きかけ，カワームとの石油紛争解決に向けて動き始めていた。カワームは 19 日にテヘランの米大使館に緊急財政援助を要請したが，すでにその時点で国務省は，カワームが石油紛争を解決する姿勢を示すことのみを条件に 1000 万から 2000 万ドル規模の緊急財政援助を行う準備を開始しており，英外務省もそれを大筋で認めていた。それゆえ，カワーム首班の流産とモサッデクの復活は米英両国にとって大きな痛手であった。反カワーム運動において，トゥーデ党が相当の動員力を示したことも，米国政府の大きな懸念材料となった[133]。これ以降，米国政府はモサッデクをイランの共産化を防止する「最後の砦」と位置づけ，これまで以上に，石油紛争の解決よりもイランの財政的・政治的安定の維持を優先する姿勢を強めていった[134]。

---

[132] Abrahamian, *Iran between Two Revolutions*, 270-279; Azimi, *Iran*, 288-338; Katouzian, *Musaddiq*, 119-136; Elm, *Oil, Power and Principle*, 234-247. モサッデク辞任後，英外務省はテヘランの英大使館に，英国政府が期待する後継首相候補を具体的にシャーに示すことなきよう，訓令を発している。FO to British Embassy in Tehran, #436, July 17, 1952, *BDFA*, 5-B, 3 : 127.

[133] U.S. Embassy in London to DOS, #359, July 19, 1952, DSCF 888.2553/7-1952; Henry A. Byroade to Acheson, "Iran," July 19, 1952, DSCF 888.2553/7-1952; British Embassy in Tehran to FO, #244, July 30, 1952, *BDFA*, 5-B, 3 : 133-136. British Embassy in Washington to FO, #1378, July 18, 1952, in FO371/98690/EP15314/171; FO to British Embassy in Washington, #2871, July 19, 1952, in FO371/98690/EP15314/171; British Embassy in Tehran to FO, #491, July 19, 1952, in FO371/98690/EP15314/172; British Embassy in Washington to FO, #1380, July 19, 1952, in FO371/98690/EP15314/173.

[134] U.S. Embassy in Tehran to DOS, #387, July 25, 1952, DSCF 888.2553/7-2552; DOS to U.S. Embassy in Tehran, #585, July 26, 1952, *FRUS, 1952-1954*, 10 : 415-416; British Embassy in Washington to FO, #1428, July 26, 1952, in FO371/98691/EP15314/182; U.S. Embassy in Tehran to DOS, #417, July 27, 1952, DSCF 888.2553/7-2752; DOS to U.S. Embassy in Tehran, #1081,

第4章　イラン石油国有化紛争と協調的石油秩序　　263

　モサッデク返り咲きの直後，英国政府は意気阻喪した。英外務省内では，シャーの威信と影響力が凋落し，もはやモサッデクに代わりうる政治家が見当たらなくなったイラン国内政治状況への落胆が表明され，モサッデクへの譲歩やむなしとの見方が優勢になった[135]。しかし，それと踵を接して，状況を転換する唯一の方途としてクーデタを組織する可能性が語られ始めた。そして，クーデタ計画の浮上と並行するかのように，英国政府はモサッデク政権への譲歩に慎重な姿勢に回帰していった。モサッデクの復位後，政治的野心を有する元軍人として英国側に知られていたファズロッラー・ザーヘディー（Fazlollah Zāhedī）が，テヘランの英大使館との接触を開始していた。英国側の記録によると，ワシントンの英大使館は，ザーヘディーの実名は伏せつつ，バイロード（Henry A. Byroade）NEA担当国務次官補らにクーデタの可能性を打診し，バイロードはそれに前向きな反応を示したという。さらにイーデンは，イランへの譲歩を求める米国政府の主張を拒否する論拠として，クーデタの可能性をザーヘディーの実名入りで英閣議に報告している。イーデンは，駐英米公使ホームズ（Julius C. Holmes）にも，エジプトのナジーブのような人物がイランにも出現するかもしれず，そうなれば米英がモサッデクを支える意味は失われると語っている[136]。この段階で，翌年8月に実行に移されることになるザーヘディー政権の樹立を目指すクーデタが英国政府のメイン・シナリオになっていたとまでは即断しがたい。しかし，モサッデク政権を支えるしかないと判断していた米国政府と，おぼろげながらもモサッデク政権を打倒する新たな方途を見出しつつあった英国政府の間で，対イラン政策を巡る軋轢が継続するのは避けられなかった。

　モサッデクの復活後，トルーマン政権内で対イラン政策を主導したのはアチソン国務長官であった。アチソンは，イランの共産化を防ぐためには米英がモサッデク政権を支援するしかないと確信していた。7月末，彼はイーデンに対イラン

　　October 31, 1952, *FRUS, 1952-1954*, 10：508-510.
[135] Draft Memorandum, "Persia," undated, in FO371/98691/EP15314/184 ; U.S. Embassy in London to DOS, #428, July 23, 1952, DSCF 888.2553/7-2352.
[136] Memorandum by A.D.M. Ross, July 25, 1952, in FO371/98691/EP15314/184 ; British Embassy in Tehran to FO, #531, July 27, 1952, in FO371/98691/EP15314/186 ; British Embassy in Tehran to FO, #531, July 27, 1952, in FO371/98691/EP15314/186 ; British Embassy in Tehran to FO, #533 and #534, July 28, 1952, in FO371/98691/EP15314/189 ; British Embassy in Washington to FO, #1448, July 29, 1952, in FO371/98691/EP15314/195 ; FO to British Embassy in Washington, #939, August 6, 1952, *BDFA*, 5-B, 3：137-138 ; Confidential Annex to C.C.(52)76th Conclusions, Minute 1, August 7, 1952, CAB128/40/3.

米英共同提案の原案を送付した。米英は，無条件にイランに1000万ドルの財政援助を提供するとともに，イラン国内に貯蔵されている石油をAIOCなどに引き取らせる。しかる後に，国有化に伴うAIOCへの賠償額の決定を何らかの中立的機関に委ね，長期的な石油輸出の枠組みについてイラン側と交渉する，というのがアチソン案の骨子であった。アチソン案の狙いは，石油輸出を無条件に再開することでイランの財政的安定を回復しようとする点にあった[137]。

これに対してイーデンは，イランの国民戦線内部に不和の兆しがあること，そしてイラン軍がシャーへの忠誠を維持しており，「将軍たち」の中に反モサッデク勢力が存在していることを指摘し，拙速にモサッデク政権の支援に動くべきではないと主張した。その上でイーデンは，アチソン案への対案を提示した。イーデン案では，英・イラン間で賠償額の決定方法に合意することが財政援助と石油輸出再開の条件とされたのみならず，イランのAIOCへの賠償は，国有化直前に存在した「司法的状況」を尊重し，AIOCが利権協定の満了までに獲得できたであろう利益も賠償の対象に包含しなければならないとの原則が明記されていた。じつのところ，チャーチル政権にはイランの石油輸出を再開させる気は毛頭無かった。しかし，もしアチソン案を拒否すれば，米国が単独でイランに財政援助を行う可能性があった。米国の単独行動を抑制し，「時間を稼ぐ」ために，イーデンはイラン側が決して受け入れぬような対案を提起したのであった[138]。

当然，米国側はイーデンの対案に激しく反発した。米国側から見れば，イランの共産化につながりかねぬ現状を事実上放置することになるような提案は論外であった[139]。しかし，英国政府は米国側に反論の隙を与えなかった。英国政府は，対イラン共同提案の問題を突如として首脳レヴェルの案件に引き上げたのである。チャーチルは，トルーマンにモサッデクを支援せぬよう強く要求するメッセージを送付した。トルーマンは米英が共同ではなく個別的にイランに提案を行うとの対案を示したが，チャーチルは大戦中のローズヴェルト大統領との協調を引き合

---

[137] Memorandum of Conversation by Acheson, *FRUS, 1952-1954*, 10 : 428 ; DOS to U.S. Embassy in London, #276, July 31, 1952, ibid., 429-430 ; Memorandum of Conversation, "Iran," July 31, 1952, DSCF 888.2553/7-3152.

[138] C.C.(52)76th Conclusions, August 7, 1952, CAB128/25/26 ; British Embassy to the DOS, August 9, 1952, *FRUS, 1952-1954*, 10 : 433-437.

[139] Preliminary NEA Comments on Mr. Eden's Message to Secretary Acheson, August 9, 1952, DSCF 888.2553/8-952 ; Memorandum of Conversation, "Message from Mr. Eden to Mr. Acheson Regarding Iran," August 11, 1952, DSCF 888.2553/8-1152.

いに出して，米国の単独行動に強く反対する姿勢を示した。ここで米国側の抵抗は腰砕けとなる。結果的に，8月末にイランに送付された米英共同提案は，イランが「国有化直前の全当事者の法的地位」をもとに賠償額を決定することを前提に賠償問題をICJに付託することを条件に，イランの石油輸出，英国の経済制裁の緩和，米国政府からの1000万ドルの無償財政援助を実施するという，イーデン案に沿う内容となった[140]。

米英共同提案は，米国の英国に対する外交的敗北であった。米国にとって英国は最も重要な同盟国であり，英国にとってイラン問題は米国にとってのそれよりも明らかに重要性が上であった。そして，英国が主張する賠償の原則は，みずからも多くの対外直接投資を有する米国も否定し難い内容であった。チャーチルとイーデンは，かかる事情を理解した上で，イラン問題で米国の手足を縛ることに成功したのである。じつのところ英国政府が懸念していたのは，イランの動向以上に，米国政府が英国から離れて独自の対イラン政策を追求し始める可能性であった[141]。

モサッデクは米英共同提案に強く反発した。彼は，9月下旬に米英に逆提案を行うとともに，それへの回答如何によっては英国との外交関係を断絶するとの立場を示した。これを受けてイラン問題を討議した英閣議は，イランとの断交に怯むことなく，賠償の原則も含めて共同提案の立場を堅持する方針を決定するとともに，米国政府に英国との共同戦線を維持するよう圧力を加え続けるとのチャーチルとイーデンが示した方針を承認した。ここでも英国政府が懸念していたのは，むしろ米国が英国から離反する可能性であった[142]。10月末に英・イラン間の国

---

[140] 米英間の一連のやりとりは，*FRUS, 1952-1954*, 10：445-458，共同提案全文は，ibid., 462-463 を，それぞれ参照。

[141] モサッデク政権打倒に向けた非合法介入については，第6章で別途検討する。米国政府の内部文書によると，英国の情報機関が米国側のカウンターパートに非合法介入を打診したのは，1952年11-12月であるという。そうであるとすれば，英・イラン断交前後までに英国政府内では非合法介入がメイン・シナリオになっていたと想定するのが妥当であろう。Clandestine Service History by Donald N. Wilber, "Overthrow of Premier Mossadeq of Iran, November 1952-August 1953," March 1954, available at http://www.gwu.edu/~nsarchiv/NSAEBB/NSAEBB28/#documents（accessed on December 30, 2012）。なお，10月中旬にテヘランの英大使館は，保守派から国民戦線離反勢力まで幅広い支持を獲得しつつあるとして，ザーヘディーが後継首相候補として浮上したことを報告し，このことは閣議でも紹介されている。C.(52)341, "Persia：Internal Political Situation," October 17, 1952, CAB129/55/41.

[142] C.C.(52)79th Conclusions, September 11, 1952, CAB128/25/29；C.C.(52)82nd Conclusions, September 30, 1952, CAB128/25/32. モサッデクの逆提案は，Acheson to Truman, September 26, 1952,

交が断絶するまでの1か月あまり,イランを巡る米英関係は,前年夏のイラン石油のボイコット発動時に似た様相を呈することとなった。当事者であるはずの英国政府は,イランとの断交を懸念することなく,米国に対してみずからの対イラン強硬姿勢への同調を求めた。それに対して,米国政府は英・イラン断交を回避すべく,ぎりぎりまで英国とイランの双方に妥協を求めて働きかけを続けたのである[143]。

この間,米国の政策決定者たちの英国に対する不満は目に見えて増大した。早くも8月上旬,それまでイランを含む中東政策を事実上アチソンに委ねていたトルーマンは,バイロード国務次官補に中東問題に関するブリーフィングを求めるとともに,とりわけイランについては必要に応じて英国を切り捨てて米国が単独で行動しなければならなくなるであろうとの見解を示した[144]。米英共同提案の直後,ヘンダーソン駐イラン大使は,共同提案が紛争解決に貢献しないのみならず,イラン共産化の危険を増大させ,中東全域における西側陣営の地位を悪化させるとの強い危機感を表明した。その上でヘンダーソンは,共同提案に基づく交渉を早々に切り上げ,賠償問題についてイランと英国の相互の要求を総額一括（lump sum）方式で解消するような新たな交渉の枠組みを米国が独自に提案することを献策した[145]。

10-11月に米国政府内で作成された情報分析は,現状を放置すれば,イランが緩慢に危機に陥っていくという不気味な近未来図を提示した。これらの情報分析は,モサッデクがイラン国内の様々な勢力から広範な支持を確保し続けていることを指摘し,その帰結として,翌1953年を通じて,議会による不信任あるいは軍事クーデタ等によってモサッデク政権が倒壊する可能性も,トゥーデ党が権力

FRUS, 1952-1954, 10: 476-479.
[143] 米英共同提案に対するモサッデクの逆提案を巡る米・英・イラン間の一連のやりとりは,FRUS, 1952-1954, 10: 479-488, 490-498 を参照。英・イラン間の断交回避努力については,U.S. Embassy in Tehran to DOS, #1591, October 18, 1952, ibid., 498-499; U.S. Embassy in London to DOS, #2281, October 19, 1952, DSCF 888.2553/10-1952; U.S. Embassy in Tehran to DOS, #1614, October 20, 1952, DSCF 888.2553/10-2052; DOS to U.S. Embassy in Tehran, #977, October 20, 1952, DSCF 888.2553/10-2052; U.S. Embassy in London to DOS, #2284, October 20, 1952, DSCF 888.2553/10-2052; U.S. Embassy in London to DOS, #2327, October 21, 1952, DSCF 888.2553/10-2152. イラン政府は英国との断交を10月22日に発表し,英大使館員は11月1日までにイランを出国した。
[144] Memorandum of Conversation with the President, August 8, 1952, FRUS, 1952-1954, 9: 262-266.
[145] U.S. Embassy in Tehran to DOS, #906, August 28, 1952, DSCF 888.2553/8-2852; U.S. Embassy in Tehran to DOS, #916, August 29, 1952, DSCF 888.2553/8-2952.

を獲得する可能性も低いと分析していた。しかし，それは決してイラン情勢を楽観できるということを意味してはいなかった。イラン政府は国有資産の中央銀行への売却や国内機関からの借り入れ等の措置により，国内のインフレや財政的混乱を最小限に抑えていたため，米国政府が恐れていたイラン経済・財政の混乱は発生していなかった。しかし情報分析は，1953年にはイラン政府のこれらの便法も限界に達し，イラン経済・財政の混乱が本格化すると予想するとともに，トゥーデ党がかかる経済的混乱に乗じて影響力を拡大する可能性が高いと指摘していた。一方，もし近い将来にイランで政権交代が起こる場合，権力を握ると予想されていたのはカーシャーニー師であったが，これはモサッデク政権の存続よりも危険なシナリオであった。狂信的な排外主義者である同師のもとでは石油紛争の解決を全く望めなくなるばかりか，同師はモサッデクほど広範な支持を獲得できぬため，イランの政治情勢は流動化し，結果的にトゥーデ党の勢力伸張につながると予想されたからである[146]。つまり，これらの情報分析は，モサッデクとの早期の紛争解決が必要であるとのトルーマンやアチソンの確信を裏書きする内容だったのである。

英・イラン断交後の11月に米国の対イラン政策の新たなガイドラインとして採用されたNSC 136/1は，政策決定者たちの危機感を強く反映するものとなった。米国のイランにおける目標は，引き続き，同国の共産化を防ぐこと，そしてそのナショナリズムを「建設的な方向に導く」こととされたが，それを実現するために米国が果たさねばならぬ責任は確実に大きくなっているとの認識が明言された。すなわちNSC 136/1は，「不要に英国の正当なインタレストを犠牲にし，あるいは米英関係を損なうこと無」きよう配慮するとの但し書きを付しつつも，「連合王国がこの地域における安定を単独で保障する能力をもはや備えていないことは明白」であると断言し，「合衆国が……必要と考える如何なる行動についても英国の拒否権を容認しない」との強い決意を示したのである[147]。

---

[146] SE 33, "Prospects for Survival of Mosaddeq Regime in Iran," October 14, 1952, in PSF box 186, HSTL ; NIE 75, "Probable Developments in Iran through 1953," November 13, 1952, in the same folder.
[147] Minute of the Discussion at the 125th Meeting of the NSC, November 19, 1952, *FRUS, 1952-1954*, 10 : 510-513 ; NSC 136/1, "United States Policy Regarding the Present Situation in Iran," November 20, 1952, ibid., 525-534.

3) 最後の外交努力

　米英共同提案を巡るイランとのやりとりが暗礁に乗り上げた10月上旬，アチソンはイランに提起すべき新たな提案の草案を国務省内に提示した。このアチソンの草案が，トルーマン政権最末期の1953年1月に米国が単独でイラン側に提示する「パッケージ提案」の出発点であった。アチソン草案は，この時点におけるトルーマン政権のイラン紛争解決の理想像，そして英国の桎梏を免れることが出来れば，米国政府がイランのナショナリズムとの協調関係を築くためにどこまで踏み込む用意があったのかを示していた。その要点は以下の3点にまとめることが出来る。

> ①英国とイランが双方に対して行っていた賠償要求を，それぞれの原則論によって算定することなく，「総額一括」方式で解決する。
> ②イランを財政的困難から救うため，将来イランから輸出される石油の代金先払いという形で，米国政府からイラン政府に1億ドルを提供する。
> ③イランからの大規模な石油輸出を再開するため，AIOCと米国系メジャーズがともに参加する国際的性格の石油輸出会社を組織する[148]。

　アチソン草案は，英国とイランの双方に歩み寄りを求めることを基調としてきたこれまでのトルーマン政権のスタンスから大きく踏み出し，米国政府が1億ドルという巨大な経済的報償を活用しつつ，しかも米国系メジャーズを動員する形で，独自に紛争解決を目指す方向性を明確にした点で，画期的であった。

　アチソン案はほぼそのまま英国政府に提示されたが，英国政府は「国際機関による公平な賠償額決定の原則」を譲ることは出来ないと主張し，とりわけアチソン案の①に強く反対する姿勢を示した[149]。かかる英国政府の姿勢には，2つの意図が込められていた。これまでも一貫して英国政府は，利権協定の法的正当性に

---

[148] Memorandum of Conversation, "Iran," October 8, 1952, DSCF 888.2553/10-852; Memorandum from Paul Nitze to Acheson, "Outline of Points You May Wish to Make at 3:00 O'clock Meeting," October 8, 1952, DSCF 888.2553/10-852; DOS to U.S. Embassy in Tehran, #913, October 14, 1952; DOS to U.S. Embassy in Tehran, #940, October 15, 1952, *FRUS, 1952-1954*, 10: 488-492.

[149] DOS to U.S. Embassy in Tehran, #889, October 10, 1952, *FRUS, 1952-1954*, 10: 488-490; U.S. Embassy in London to DOS, #2160, October 13, 1952, ibid., 493-494; U.S. Embassy in London to DOS, #2281, October 19, 1952, DSCF 888.2553/10-1952; U.S. Embassy in London to DOS, #2284, October 20, 1952, DSCF 888.2553/10-2052; U.S. Embassy in London to DOS, #2288, October 20, 1952, *FRUS, 1952-1954*, 10: 499-501; U.S. Embassy in London to DOS, #2327, October 21, 1952, DSCF 888.2553/10-2152.

疑問符を付すような如何なる解決案にも強い抵抗感を示してきた。法的な正当性を強調する姿勢は，中東を含む世界的な英国の影響力の依って立つ基盤を防衛するために譲り難いインタレストであった。さらに，石油利権の正当性および正当な賠償の原則は，米国をみずからと同じ立場に引き込む外交カードであった。ここに英国政府の2つめの意図が込められていた。英国政府は，モサッデク政権との紛争解決の可能性はないとの前提に立ち，圧力を加え続けてイランの屈伏を待つ戦術を貫徹しようとしていた。米国側も容易に無視することは出来ない賠償問題で原則を貫くことで，英国政府はモサッデク政権との問題解決を急ごうとする米国政府の行動を抑制しようとしたのである。

　英国政府は，従来にもまして時間稼ぎの姿勢を強めていた。11月の米国の大統領選挙では，選挙戦を通じて民主党政権の対外政策を受動的と批判し，より「大胆な」対ソ政策を採用しなければ世界中で西側陣営が劣勢に陥っていくと主張していた共和党のアイゼンハワーが当選した[150]。英国政府は，次期共和党政権においてはイラン問題を巡る英米協調が可能になると信じつつ，残すところ任期2か月あまりのトルーマン政権が英国のインタレストを損なうような対イラン政策を実行に移すのを阻止することを，事実上の目標に据えていた[151]。それゆえ，英国政府がアチソン案の対案として示した解決案は，中立の第三者による賠償額決定の原則にイラン側が応じることを，その他のあらゆる問題に関するイラン側との交渉の条件とすることを求めていた[152]。英チャーチル政権と米トルーマン政権の対イラン政策を巡る緊張は，これまでになく高まっていた。

　しかしながら，英国側の慎重姿勢をよそに，トルーマン政権は，アチソン案に基づく新たな紛争解決イニシアティヴを追求する方針を決定していく。大統領選挙直後の11月7日，トルーマンは，アチソン案に盛り込まれていた石油輸出会社への米国系メジャーズの協力を取り付けるため，防衛生産法を発動することにより，米国系石油会社の石油輸出会社への参加を国家安全保障上必要な「自発的

---

[150] John F. Dulles, "A Policy of Boldness," *Life*, May 19, 1952, 146-160. なお，この記事の挿絵には，モサッデクがすでに西側陣営から脱落しつつあることを示唆する表現が織り込まれている。

[151] C.C.(52)89th Conclusions, October 23, 1952, CAB128/25/39；C.(52)354, "United States Ideas for a Settlement of the Oil Dispute," October 23, 1952, CAB129/56/4；C.C.(52)102nd Conclusions, December 4, 1952, CAB128/25/52.

[152] U.S. Embassy in London to DOS, #2327, October 22, 1952, DSCF 888.2553/10-2152；U.S. Embassy in London to DOS, #2422, October 24, 1952, *FRUS, 1952-1954*, 10：504-508；U.S. Embassy in London to DOS, #2844, November 18, 1952, *FRUS, 1952-1954*, 10：522-525.

協定」として位置づけること，すなわち石油輸出会社への米国企業の参加を反トラスト法違反に問わぬことを決定した[153]。

この決定は，トルーマン政権が，メジャーズが産油国と消費国の共通の利益を媒介するエージェントとして機能する排他的で静的な協調的石油秩序を改めて承認するという意味を有した。ちょうどこの時，米国政府内では，司法省が米国の主要石油会社を反トラスト法違反で刑事訴追する準備を進めていた。米国企業の反トラスト法違反を監視する連邦取引委員会（Federal Trade Commission）は，1952年夏に『国際石油カルテル』と題した大部の報告書を連邦議会に提出し，その中で第二次世界大戦前のメジャーズの市場分割協定のみならず，中東における合弁の現地石油生産会社，すなわちサウジアラビアのアラムコやイラクのIPCなどをも，反トラスト法が禁じる「排他的共同行為」に当たると断じていた。この報告書に基づき，司法省は米国系メジャーズを反トラスト法違反の廉で刑事訴追する手続きを進めていたのである[154]。司法省が米国系石油会社を反トラスト法違反で訴追することと，イランにおける新たな石油輸出会社に米国系メジャーズの参加を求めることが矛盾することは，アチソン案が提起された直後から米国政府内では明確に認識されていた。司法省は，アチソン案は「政府の祝福を受けたカルテル」にほかならず，メジャーズに防衛生産法に基づく免責を与えれば「反トラスト訴訟を維持するのは困難」になるとして，同案そのものに強い難色を示していた[155]。11月7日のトルーマンの決定は，司法省からの横槍を退けてアチソン案に軍配を上げることで，協調的石油秩序に基づく紛争解決の方針を再確認するものであった。

一方，石油産業の側でも協調的石油秩序を動揺させかねない事態が進行していた。1952年後半，世界的なタンカー需給が徐々に緩和し，独立系石油会社がイラン石油を購入しようとする動きが活発化していたのである。早くも6月には，イタリアの石油会社がイラン原油の輸出を試み，同社がチャーターしたタンカーが英当局によってアデン港に入港させられ，積み荷のイラン産原油を差し押さえられるという事件が発生していた。翌1953年にイランから日本への石油輸入に成功する出光興産が本格的に動き始めるのも1952年秋口のことである[156]。つま

[153] Acheson to Truman, November 7, 1952, *FRUS, 1952-1954*, 10：518-519.
[154] FTC, *International Petroleum Cartel*.
[155] Memorandum of Conversation, "Iran," October 9, 1952, DSCF 888.2553/10-852.
[156] British Embassy in Tehran to FO, #156, July 8, 1952, *BDFA*, 5-B, 3：122；U.S. Embassy in London

り，イランでなしくずし的に動的で開放的な石油秩序が出現する可能性が浮上し始めていたのである。

これは，イランにとどまる問題ではなかった。イラン紛争の継続中に，イラクやクウェイトの石油利権が利益折半方式に移行し，利益折半原則は新たな国際基準の地位をほぼ確立していた。協調的石油秩序は，追求すべき理想から防衛すべき現実へと転じつつあったのである。また，アチソン以下，国務省の政策決定者たちは，独立系石油会社の小規模取引はイラン問題の根本的な解決にはつながらないと判断していた。財政および経済の崩壊に伴うイラン共産化の可能性を封じるためには，大規模で安定した石油収入を保証しうるメジャーズの参加が不可欠であると，彼らは考えていたのである。彼らがメジャーズにこだわったのには，もうひとつ理由があった。この時期までにイラン石油の欠損は，クウェイトをはじめとする産油国の増産によってほぼ補填されており，イラン石油の大規模な輸出再開には，他の産油国の生産調整が必要になりそうであった。かかるグローバルな生産調整を行い得る存在は，メジャーズをおいて他になかった。すなわち，司法省がまさに問題視しているようなカルテル的な石油の生産調整能力が，イラン石油を国際市場に復活させるためには必要であると判断されたのである[157]。（独立系石油会社のイラン進出問題に関する米国政府の姿勢および出光興産のイラン進出については，章末の補論を参照されたい。）

11月7日のトルーマンの決定を受け，国務省は11月下旬からメジャーズとの個別的な接触を開始し，12月上旬にはアチソンも出席して米国系メジャーズ全5社の代表との2度にわたる協議の機会を設けた。アチソンは，米国政府の方針を次のように説明した。イランの共産化を防止するためには同国からの石油輸出を再開させることが不可欠であり，英国とイランの双方を紛争解決に向けて動かすには，米国側がイラン石油輸出を実行する態勢を整えねばならない。「メジャーズとAIOC以外に，大量のイラン石油を輸送するのに十分なタンカーを所有して

---

to DOS, #5709, June 14, 1952, DSCF 888.2553/6-1452；読売新聞戦後史班編『日章丸事件』（冬樹社，1981年），80-81，95-99頁；出光興産株式会社『ペルシャ湾上の日章丸――出光とイラン石油』（出光興産株式会社，1978年），61-80頁．

[157] DOS to U.S. Embassy in Tokyo, #392, June 4, 1952, DSCF 888.2553/6-452；Memorandum of Conversation, "Iranian Situation," September 19, 1952, DSCF 888.2553/9-1952；Memorandum of Conversation, "Iran," October 9, 1952, DSCF 888.2553/10-852；Acheson to Lovett, November 4, 1952, *FRUS, 1952-1954*, 10：510-513；U.S. Embassy in London to DOS, #3288, December 11, 1952, *FRUS, 1952-1954*, 10：546-548.

いる者はいない。英国に［米国側提案を］受け入れるよう圧力を加えるために，もしAIOCにその気がないのであれば［米国系］メジャーズがイラン石油を輸出する意思を有することを示さなければならない」。これに対して石油会社側は，概して慎重姿勢を持しながらも，新たな解決スキームに英国政府からの全面的な同意を得ること，国有化に対する正当な賠償という原則を崩さぬこと，そして利益折半原則を逸脱せぬこと，以上3点を条件として，協力する姿勢を示した。これに加えて石油会社側は，イランの新スキームに参加することに伴う法的問題に言及することで，司法省が進めている国際石油カルテル裁判への懸念も間接的に表明した。これに対して国務省側は，大統領がイラン問題に関する石油会社間の協議を反トラスト法違反に問わぬ方針を決定し，むしろ石油会社間の協議を望んでいることを説明するとともに，イラン紛争の解決においては利益折半の枠組みおよび正当な賠償の原則を保持するとの方針を示した。これらは，メジャーズ側から見れば，さしあたり満足できる回答だったはずである。一方，国務省から見れば，英国政府との合意という石油会社側の条件は桎梏と感じられたに違いないが，その英国政府を動かすためにも米国系メジャーズからの協力を確保することが必要であった。国務省と米国系メジャーズは，各々の立場から相手方との協調が可能であることを確認し，ここにアチソン案に基づく新たなイラン紛争解決案の策定に向けた米国側の態勢が整ったのである[158]。

　この会合の直後，ニッツェがロンドンに飛び，新たな対イラン提案に関する英国側との協議が本格化した。ニッツェは，米国系メジャーズの協力を取り付けたことに言及しつつ，アチソン案に沿った解決方針を改めて英国側に提示した。米国側は，明らかに米国系メジャーズの姿勢に配慮して，賠償問題を仲裁で解決することを基本としながらも，イラン側がそれを拒否した場合には総額一括法式を試みる方針であった。これに対して英国側は，改めて閣議決定まで行って，総額一括方式の賠償は絶対に認められないとの立場を示した[159]。しかし，総額一括方

---

[158] Memoranda of Conversation between Nitze and Holman, Follis, Harding and Rogers, "Iran," November 21, 1952, DSCF 888.2553/11-2152; Memorandum of Conversation, "Iranian Oil Problem," November 29, 1952, DSCF 888.2553/11-2952; Memorandum of Meeting with Oil Company Representatives, December 4, 1952, DSCF 888.2553/12-452; Minutes of Meeting Held in Secretary's Office Tuesday December 9, 1952, 3:30 P.M., December 9, 1952, DSCF 888.2553/12-952.

[159] DOS to U.S. Embassy in London, #3510, November 22, 1952, *FRUS, 1952-1954*, 10: 534-538; U.S. Embassy in London to DOS, #3288, December 11, 1952, ibid., 546-548; British Embassy in Paris

式への英国の抵抗は，米国の新たな提案の障害とはならなかった。米国側には意外であったに違いないが，モサッデクは総額一括方式に関心を示さなかった。モサッデクは，むしろ明確な原則に依拠した賠償額の算定を強く望んだ。12月末，モサッデクは，英国で実施された何れかの国有化法に基づいて賠償額を算出する方式を受け入れるとともに，賠償額の算定をICJ判事等で構成される委員会に委ねることに同意する姿勢を示した。またモサッデクは，ヘンダーソンからの問いに答える形で，イランからの大規模な石油輸出の再開を希望するとも発言した[160]。

このようなモサッデクの発言を受け，任期3週間あまりを残すのみとなっていたトルーマン政権は英国側への圧力を強めた。米国の新たな解決案の目玉は，将来輸出される石油代金の先払い金として提示する，1億ドルというイランのかつての年間石油収入を上回るような大金であった。米国の政策決定者たちは，舞台裏では，1億ドルをイラン側から賠償への同意を「買い取る」ための「エサ」と呼んで憚らなかった。新たな解決案では，イランは賠償額の算出方法にさえ同意すれば，1億ドルを獲得し，しかもAIOCを復活させることなく大規模な石油輸出を再開させることが出来るとされていた。米国の政策決定者たちは，モサッデクすらかくも寛大で大仕掛けの解決スキームを拒否することはあり得ないとの信念に基づいて，いわばイランが「エサ」に食いつきさえすれば「無責任なナショナリズム」を自動的に矯正できるような仕掛けを作り出そうとしていたのである。それは米国政府が初めて英国の桎梏を逃れ，しかも米国の経済力を紛争解決のために全面的に動員する解決案であった。それゆえ，米国の政策決定者たちは，トルーマン政権の時間切れを見越して米国案の様々な難点をあげつらう英国政府に，かつてなく強硬な姿勢で臨んだ[161]。

---

to DOS, #3475, December 14, 1952, ibid., 548–550 ; British Embassy in Paris to DOS, #3494, December 16, 1952, ibid., 550–551 ; DOS to U.S. Embassy in Tehran, #1497, December 19, 1952 ; Nitze to Acheson, December 22, 1952, ibid., 556–557 ; C.C.(52)107th Conclusions, December 22, 1952, CAB128/25/57 ; U.S. Embassy in London to DOS, #3529, December 24, 1952, DSCF 888.2553/12–2452.

[160] U.S. Embassy in Tehran to DOS, #2425, December 26, 1952, DSCF 888.2553/12–2652 ; U.S. Embassy in Tehran to DOS, #2485, December 31, 1952, *FRUS, 1952–1954*, 10 : 565–569 ; U.S. Embassy in Tehran to DOS, #2608, January 8, 1953, DSCF 888.2553/1–853.

[161] DOS to U.S. Embassy in London, #4273, December 29, 1952, *FRUS, 1952–1954*, 10 : 558–561 ; DOS to U.S. Embassy in London, #4291, December 30, 1952, ibid., 562 ; U.S. Embassy in London to DOS, #3645, January 4, 1953, DSCF 888.2553/1–453 ; U.S. Embassy in London to DOS, #3662, January 5, 1953, DSCF 888.2553/1–553.

しかし，そのような「エサ」がモサッデクにとって魅力的であるとの想定を疑わせるに足る情報は，すでにもたらされていた。12月末のヘンダーソンとの会談で，モサッデクは米国の新たな解決案において賠償と石油輸出を切り離すことを求めた。つまりモサッデクは，これまでと同様に，イランが AIOC への賠償を行った上で自由に石油を生産し輸出する姿を思い描いていた。それゆえ彼は，賠償と石油輸出を一体として捉えるべきであると主張するヘンダーソンに，「米国政府はイランの将来の福祉について過剰に懸念しているようだ」との感想を吐露した[162]。このモサッデクの発言を受け，国務省 NEA のヤーネガン（John D. Jernegan）は，「我々［米国］が，モサッデク以上にイランの経済的福祉に関心を示すのは，不自然で不合理」であるとして，賠償問題と石油輸出を切り離すことを容認すべきとの見解を示した。しかし，ヤーネガンへの支持は広がらなかった。米国の新たな解決案は，イランからの賠償の支払いによって実質的な利益折半を実現する仕組みを想定していた。「契約の神聖」原則を維持するためには石油輸出によって賠償の支払いが保証される枠組みを作る必要があるとの見解が国務省の大勢であり，この点については米英間でも意見は一致していたからである[163]。

1953年の年明け早々，バイロード国務次官補がロンドンに飛び，対イラン提案を巡る大詰めの米英交渉が行われた。英国政府は，賠償額決定の算定基準および米国政府からイランへの1億ドル支払いの条件について，米国案に難色を示し，交渉は紛糾した。明らかな交渉遅延戦術に苛立つアチソンは，1月12日，英国からの同意が得られぬ場合にも米国政府は単独でイランに提案を行う意向であると英国政府に通告した。この事実上の最後通牒を受けて，ようやく英国側は柔軟姿勢を示すようになった[164]。米英間で何とか妥協が成立し，パッケージ提案とし

---

[162] U.S. Embassy in Tehran to DOS, #2485, December 31, 1952, *FRUS, 1952-1954*, 10 : 565-569.

[163] John D. Jernegan to Acheson, "Mosadegh's Latest Position on Iranian Oil Agreement," January 2, 1953, DSCF 888.2553/1-253 ; U.S. Embassy in London to DOS, #3611, January 1, 1953, in *FRUS, 1952-1954*, 10 : 570-574 ; U.S. Embassy in London to DOS, #3662, January 5, 1953, DSCF 888.2553/1-553 ; U.S. Embassy in London to DOS, #3694 and #3696, January 6, 1953, *FRUS, 1952-1954*, 10 : 582-585, 585-589.

[164] Memorandum by J.D. Jernegan, "Current Status of Iranian Oil Problem," January 8, 1953, DSCF 888.2553/1-853 ; U.S. Embassy in London to DOS, #3737, January 8, 1953, *FRUS, 1952-1954*, 10 : 591-593 ; U.S. Embassy in London to DOS, 3745, January 9, 1953, DSCF 888.2553/1-953 ; DOS to U.S. Embassy in London, #4557, January 9, 1953, DSCF 888.2553/1-953 ; DOS to U.S. Embassy in Tehran, #4570, January 9, 1953, *FRUS, 1952-1954*, 10 : 598-600 ; DOS to U.S. Embassy in Tehran, #4599, January 10, 1953, *FRUS, 1952-1954*, 10 : 600-602 ; DOS to U.S. Embassy in Tehran, #4607, January 12, 1953, *FRUS, 1952-1954*, 10 : 605-606.

第4章　イラン石油国有化紛争と協調的石油秩序

て知られる紛争解決案がイラン側に提示されたのは，トルーマン政権の任期が残り1週間を切る1953年1月15日であった。パッケージ提案は，以下の内容を有した。

①AIOCへの賠償額決定のために，ICJ判事等によって構成される賠償額裁定機関（tribunal）を設立する。同機関は，AIOCが指定する英国の何れかの国有化法の原則に従って，イランの石油国有化諸法によってAIOCが同国において喪失した事業（enterprise）に対する賠償額を決定する。
②上記①へのイランの同意を条件に，米国政府の防衛物資調達局（Defense Materials Procurement Agency：以下DMPA）は，イランからの石油購入代金の先払いとして1億ドルを数次に分割してNIOCに支払う。
③DMPAのエージェントとして国際的性格を有する会社を組織し，同社はNIOCと商業的石油販売協定に関する交渉を早急に開始する。
④石油価格は国際価格の35％引きとする。イランは石油代金の25％を将来の賠償のためにプールする[165]。

ヘンダーソン大使は，パッケージ提案をモサッデクに手交する際，イランが獲得できる「相当大きな利益」を強調した。しかし，モサッデクがそれに心動かされた様子は無かった。7時間にも及んだパッケージ提案手交に際してのヘンダーソンとの会談中，モサッデクは，賠償に関する部分を中心に，多くの文言について内容の明確化を求め，あるいは批判を加えた[166]。2日後にモサッデクがヘンダーソンに手交した対案は，技術的な細部に関する数多くの修正提案を含むものの，パッケージ提案の根本を否定するものではなかった。ヘンダーソン大使と国務省本省はともに，パッケージ提案の修正により交渉妥結の可能性は十分にあると判断した[167]。18日夕刻，国務省はパッケージ提案の修正案を作成して，英国政府に同調を求めた。しかし，任期残り2日を切ったトルーマン政権に英国政府は冷

---

[165] U.S. Embassy in London to DOS, #3840, #3841, #3842, and #3843, *FRUS, 1952-1954*, 10：609-617. 厳密には，DMPAの支出額は，1.33億ドルとされた。ただし，そのうち25％は賠償に充てられることとなるので，米国からイランに移転される金額は正味で1億ドルとなるのである。
[166] U.S. Embassy in Tehran to DOS, #2741, January 16, 1953, DSCF 888.2553/1-1653；U.S. Embassy in Tehran to DOS, #2754, January 17, 1953, *FRUS, 1952-1954*, 10：621-627.
[167] U.S. Embassy in Tehran to DOS, #2761, #2762 and #2763, January 17, 1953, *FRUS, 1952-1954*, 10：627-635；DOS to U.S. Embassy in London, #4770, #4775, #4776, and #4777, January 18, 1953, DSCF 888.2553/1-1853.

淡であった。パッケージ提案は英国の閣議でも承認された最終案である上，モサッデクの修正案は賠償問題や石油輸出再開問題について抜け道を用意しようとする「悪意」に貫かれている，というのが，英国側の言い分であった。結局，国務省が作成した修正案はイラン側に提起されることなく，トルーマン政権は時間切れを迎えた[168]。

　1月20日に成立したアイゼンハワー政権は，前政権の対イラン政策を引き継ぐ姿勢を見せた。バイロード国務次官補をはじめ，トルーマン政権で中東政策を策定していたNEAのチームにはほとんど変化がなかった。当初は多岐にわたっていたパッケージ提案に対するモサッデクの修正要求は，イランは賠償の負担を永遠に負い続けることは出来ないとする論点に次第に集約されていった。米国の政策決定者たちは，このようなモサッデクの主張に理解を示し，賠償の終了年限を最大20年程度と明示する形でパッケージ提案の修正に応じるべきであると考えるようになった。ただし，いまや彼らはただひたすらにモサッデクとの紛争解決に邁進しようとしていたのではなかった。パッケージ提案の修正版を作成すべきであるとの彼らの動機の中には，理を尽くした提案を残すことで，米国の正当性を主張できる形で交渉を終了させたいという思惑が働き始めていた。米国の政策決定者たちの紛争解決への期待感は急速に低下していた。これは，政権交代の結果ではなく，米国の政策決定者たちの無力感の表れであった。パッケージ提案は，米国が英国の制約を受けることなくモサッデクに提供できるものをほぼすべて盛り込んだ解決案であった。しかるにモサッデクは，1億ドルという「エサ」に全く動じることなく，なお1951年の国有化施行法を遵守して国有化政策を貫徹しようとしていた。米国の政策決定者たちは，すでにモサッデクに語るべき言葉も，提示すべき新たな「エサ」も持たず，「無責任なナショナリズム」を矯正する新たな仕掛けにも思い至らなかった。つまり彼らは，イランのナショナリズムと西側世界との共通のインタレストの基盤を構築するという目標に向けた方途をもはや見出せなくなりつつあったのである[169]。

[168] U.S. Embassy in London to DOS, #3935 and #3936, January 18, 1953, *FRUS, 1952-1954*, 10：638-642；U.S. Embassy in London to DOS, #3979, January 20, 1953, DSCF 888.2553/1-2053.
[169] U.S. Embassy in Tehran to DOS, #2803 and #2804, January 19, 1953, DSCF 888.2553/1-1953；U.S. Embassy in Tehran to DOS, #2934, January 28, 1953, *FRUS, 1952-1954*, 10：631-655；DOS to U.S. Embassy in London, #5076, January 30, 1953, *FRUS, 1952-1954*, 10：656-659；U.S. Embassy in Tehran to DOS, #2978, February 1, 1953, DSCF 888.2553/2-153；DOS to U.S. Embassy in London, #5294, February 10, 1953, *FRUS, 1952-1954*, 10：662-664.

第 4 章　イラン石油国有化紛争と協調的石油秩序　　277

　英国政府は，パッケージ提案の内容の修正を求める米国側の姿勢を「譲歩の坂を転がり落ちる」如きものと評し，表現上の微細な修正以外には応じない姿勢を示した[170]。しかし，米国側が賠償の支払年限を 20 年とする修正案を提示し，同案に基づく提案をパッケージ提案の最終修正とする方針を示すと，英国側もようやく重い腰を上げた[171]。2 月 20 日，ヘンダーソンはモサッデクに賠償の支払年限を 20 年とするなどの修正を施した改訂パッケージ提案を手交した。モサッデクはヘンダーソンに謝意を示したものの，賠償額の決定方法に変化がないことなどに落胆を示し，おそらくイラン政府は改訂パッケージ提案も受け入れることは出来ぬであろうと語った。英国に対して同案を最終提案とすることを約していた以上，さらなる文言の修正は難しかった。しかしそれ以上に，これまで交渉の最前線にあってわずかな交渉の突破口をも見逃そうとしなかったヘンダーソンをはじめ，トルーマン政権以来イラン紛争の解決に携わってきた政策決定者たちは，少なくともパッケージ提案に基づく交渉をこれ以上引き延ばしても紛争解決の可能性はないと判断するに至っていた。モサッデクが改訂パッケージ提案を正式に拒否するのは 3 月 18 日であるが，2 月末までに，前年秋のアチソン案を起点とする米国政府の紛争解決努力は実質的に終了したのである[172]。

　興味深いことに，3 月初めの時点で，アイゼンハワー政権上層部，すなわち政権交代によってワシントン入りした面々は，パッケージ提案前のトルーマン政権と似たような認識を抱いていた。彼らもまた，モサッデクをイランの共産化を防止する最後の砦と捉えた上で，モサッデクとの紛争解決努力を継続する必要があ

---

[170] DOS to U.S. Embassy in Tehran, #1851 and #1852, January 26, 1953, DSCF 888.2553/1-2653 ; DOS to U. S. Embassy in London, #4941, January 26, 1953, *FRUS, 1952-1954*, 10 : 647-651 ; Memorandum of Conversation, "Department's Comments on British Draft Compensation Agreement," January 27, 1953, DSCF 888.2553/1-2753.

[171] DOS to U.S. Embassy in London, #5147 and #5148, February 3, 1953, DSCF 888.2553/2-353 ; DOS to U.S. Embassy in London, #5360, February 12, 1953, DSCF 888.2553/2-1153 ; DOS to U.S. Embassy in Tehran, #2139, February 18, 1953, in *FRUS, 1952-1954*, 10 : 668-669 ; DOS to U.S. Embassy in Tehran, #2140, February 18, 1953, DSCF 888.2553/2-1853 ; DOS to U.S. Embassy in Tehran, #2145, February 19, 1953, *FRUS, 1952-1954*, 10 : 669-670.

[172] U.S. Embassy in Tehran to DOS, #3296, February 20, 1953, DSCF 888.2553/2-2053 ; U.S. Embassy in Tehran to DOS, #3304, February 20, 1953, *FRUS, 1952-1954*, 10 : 670-674 ; U.S. Embassy in Tehran to DOS, #3355, February 23, 1953, *FRUS, 1952-1954*, 10 : 677-678 ; DOS to U.S. Embassy in Tehran, #2195, February 25, 1953, DSCF 888.2553/2-2153 ; DOS to U.S. Embassy in Tehran, #2240, February 27, 1953, *FRUS, 1952-1954*, 10 : 684 ; Memorandum by J. H. Stutesman, "Ambassador Henderson's Recommended Course of Action to Be Followed Should Mosadeq Reject Recent Proposals," March 5, 1953, DSCF 888.2553/3-553.

り，英国がそれを妨害するのを許すべきではないと考えていた。イラン国内の政治情勢の変化は，彼らのそのような認識を強めることはあれ，弱めることはなかった。1952年7月に民衆的な支持の下に首相に返り咲いた時が，モサッデクの権威の頂点であった。1952年秋以降，国民戦線は分裂的傾向を強めていた。モサッデクが農地改革を含む世俗的な改革を進めようとしたのに対して，宗教勢力を含む保守的勢力は反発した。さらに，モサッデクがマジュレスから付与されていた行財政に関する大権の延長を1953年初めに要請すると，国民戦線の中道派や左派から離反者が続出した。これら国民戦線から離反した指導者の中には，退役軍人や軍の不満分子とともに，シャーを奉じる反モサッデク勢力に投ずる者もあった。2月下旬，シャーとモサッデクの対立は決定的となった。2月28日にはシャーも関与したクーデタ未遂事件が起こり，事件後にはテヘランで大規模な親シャー・反モサッデク暴動が発生した。野党勢力の妨害によってマジュレスは機能不全に陥り，4月にはモサッデク周辺へのテロ計画が発覚するなど，イランの政治情勢は混迷を深めていくこととなる[173]。

　3月4日のNSC第135回会合で，ジョン・フォスター・ダレス（John Foster Dulles）国務長官はイラン情勢と米国の政策の現状について説明した。ダレスは，モサッデク政権が倒れた後にはイランが共産化に向かう可能性が高いとの分析を示した上で，かかる事態を防ぐための米国の方策としてイラン石油の購入やモサッデク政権への援助がありうると説明した。しかし同時にダレスは，これらのオプションを採用することは米英関係の決定的な悪化につながる可能性が高く，イラン問題を巡る米英関係の悪化に伴い「世界と他の地域で我々が被ると予想される損失は，イランにおける如何なる利益よりも重大になりそうである」とも指摘した。このダレスの発言を受けて，アイゼンハワーを含む会合の参加者たちの多くは，英国の中東政策への不信感を語り，米国が英国を切り捨てて独自の紛争解決を模索する必要があるとの意見に傾いた。ダレスが描き出した，米国が英国とイランの板挟みとなっているという図式，そして英国を切り捨てて米国が独自の政策を進めることが出来ればイラン問題は解決に向けて前進するという考え方は，トルーマン政権期と変わるところがなかったのである[174]。

---

[173] Abrahamian, *Iran between Two Revolutions*, 272-273 ; Richard W. Cottam, *Nationalism in Iran*, updated through 1978 (Pittsburgh : University of Pittsburgh Press, 1979), 276-282 ; Farhad Diba, *Mohammad Mossadegh : A Political Biography* (London : Croom Helm, 1986), 137-142, 154-174 ; Katouzian, *Musaddiq*, 163-176 ; Azm, *Iran*, 309-338.

このように，独自の対イラン政策を求める声が政権上層部でむしろ強まってすらいたにもかかわらず，アイゼンハワー政権が，英国を切り捨てて独自の政策を遂行することはなかった。アイゼンハワー政権が実質的に英国に同調していった理由のひとつは，前政権期と同様，米英関係全般への配慮であった。上記のNSC会合の直後にワシントンで行われた米英外相会談の席で，イーデンは，米国がイランに援助を提供し，あるいは石油問題でイランに譲歩を示すことは，英国内できわめて激しい反発を招くとして，ダレスに強く自制を求めた[175]。3月11日に開催されたNSC第136回会合においても，前回会合と同様に，米国独自の行動によってイラン紛争の解決を図るべきであるとの意見が提起されたが，ダレスはより慎重な姿勢を示すようになっていた。「米国はこの［中東］地域において，何とかして英国のシニア・パートナーとなり，その［シニア・パートナーとしての］文脈で行動していかねばならない」。しかし，英国は中東各地で「威信をひどく傷つけられている」。それゆえ米国は「彼らの手を縛ることは出来ない」。つまりダレスは全般的な米英関係を維持するためにイランにおいて英国に配慮するのもやむを得ないと語ったのであるが，その発言には，イランで独自行動を取れぬことへのフラストレーションがなお滲み出ていた。

しかし，アイゼンハワー政権がイランで独自行動を自制した理由はそれだけではなかった。このNSC会合で，ひとり異質な発言をした人物がいた。アイゼンハワーその人である。彼は，仮に米国が英国の桎梏を脱して独自の行動を起こしたとしても，モサッデクとの交渉は成功しないのではないかとの強い疑念を表明した。そして，仮にモサッデクとの協定が成立したとしても，その協定は「それが書きつけられた紙ほどの価値も無いかもしれない」と言い放ったのである[176]。このアイゼンハワーの発言は，米国の独自行動によってイラン紛争の解決を模索しようとしていたNSC会合に突如として響き渡った強烈な不協和音であり，石油国有化紛争の勃発以来米国の政策決定者たちが共有してきた前提を全面的に否定するものであった。アイゼンハワーの発言には，イランのナショナリズムを啓蒙し善導するという姿勢が微塵も感じられなかった。ナショナリズムは，打倒すべきあるいは打倒しうる対象ではなく，それゆえ，それを啓蒙する「技術」を探

---

[174] Minute of the 135th Meeting of NSC, March 4, 1953, *FRUS, 1952-1954*, 10：692-701.
[175] DOS to U.S. Embassy in London, #5959, March 7, 1953, *FRUS, 1952-1954*, 10：702-703 ; Eden, *Full Circle*, 211-213.
[176] Minute of the 136th Meeting of NSC, March 11, 1953, *FRUS, 1952-1954*, 10：711-714.

し求めねばならないという信念が，これまでの米国の対イラン政策の大前提であった。ともにイランに経済的圧力を加える立場にありながら，米英間に軋轢が絶えなかったのは，英国がイランのナショナリズムを単なる現象と捉え，モサッデクを打倒すれば問題が解決するとの前提に立っていたのに対して，米国がナショナリズムを協調すべきパートナーと捉え，ナショナリズムを矯正するみずからの能力を信じていたゆえであった。アイゼンハワーの発言は，米国の政策決定者たちを捉えていたそのような前提を否定するものであり，英国と同様の前提に立脚して対イラン政策を遂行する方向性を明確に示すものであった。いまやトップダウン式に，イランのナショナリズムがモサッデクの下で「責任あるナショナリズム」へと変貌する可能性を否定する認識が米国政府内に拡がり始めたのである。

　しかし，かかる認識は，米国の政策決定者たちにトップダウン式に強制されたというわけではなかった。先述のように，パッケージ提案を巡る交渉が暗礁に乗り上げていた1953年春，トルーマン政権期以来イラン紛争の解決に携わってきた実務レヴェルの政策担当者たちもまた，モサッデクとの紛争解決を図る方途を見失っていた。実務レヴェルに漂っていた無力感と上記のアイゼンハワーの発言は協和音を奏でた。いわば米国政府の対イラン政策は，1953年春，モサッデクへの期待の変化とともに，転調したのである。そしてこの新たな調性は，英国の対イラン政策の調性と親和的であった。

　以後，モサッデクとの紛争解決を求める声は，米国政府内からほとんど聞かれなくなる。5月にダレスが中東諸国を歴訪した際，その旅程表にイランは無かった。米国の政策決定者たちは，もはや石油国有化紛争の存在を忘れてしまったかの如くイランへの関心を低下させ，イランに経済的圧力を加え続ける英国の政策への懸念も語られなくなった。この不気味な静穏の背後で，米英両国政府はモサッデク政権を打倒するためのクーデタの準備を進めていた。米国のイランへの非合法介入については，アイゼンハワー政権の中東政策の策定および展開の文脈を踏まえた上で，第6章で論じるが，ここでは，米国政府がモサッデク政権打倒を決意するのは，大統領のみならず，米国の政策決定者たちの多くがモサッデクとの間に共通のインタレストの基盤を構築することは不可能であるとの認識に至った後のことであったことを確認しておけばよい。そのような意味で，米国が非合法介入によってモサッデク政権を打倒する方針へと転換する要因として，米

国の政権交代を重視する先行研究の見方は，やや一面的であると言わざるを得ない[177]。

5　新たな常態への復帰

1）コンソーシアム前史

1953年8月，モサッデク政権の打倒後に米英両国の支援の下に成立したザーヘディー政権は，イラン石油の生産および輸出を行うために組織された国際石油コンソーシアムと1954年8月に新たな石油協定を締結し，その2か月後，イラン石油はボイコット開始以来3年3か月ぶりに本格的に国際市場に復帰した。コンソーシアムには，8大メジャーズのすべてが参加し，その参加比率は，AIOCより社名変更したブリティッシュ・ペトロリアム（British Petroleum：以下BP）社が40％，米国系メジャーズ5社がそれぞれ8％ずつ計40％，シェル社が14％，CFPが6％であった[178]。イランの新石油協定は，利益折半方式をイランに導入し，これをもって中東のすべての石油利権協定は利益折半原則に立脚することとなった。したがって，イランの新石油協定は，イランを協調的石油秩序の枠組みに取り込むという米国の政策決定者たちが追求してきた目標の到達点であり，中東における協調的石油秩序の画竜点睛であった。

　国際石油コンソーシアムは，モサッデク政権倒壊後の関係者間の交渉によって組織されていくことになるが，その前提となる緩やかな合意は，紛争継続中の米・英・イラン間の様々な接触を通じて徐々に形成されていた。前述のように，

---

[177] Gasiorowski, *U.S. Foreign Policy and the Shah*, 82-83；Bill, *The Eagle and the Lion*, 86-90. 米国の政権交代がモサッデク打倒を目指す非合法介入計画を加速したとの見方は，英国側で計画を進める立場にあった工作員ウッドハウス（C.M. Woodhouse）の回顧録の記述に影響を受けていると考えられる。C.M. Woodhouse, *Something Ventured* (London：Granada Publishing, 1982), 116-125. なお，公開された政府文書からは実証できぬが，モサッデク打倒クーデタの中心人物となったCIAのカーミット・ローズヴェルトの回顧録によると，ヘンダーソンやバイロードら，トルーマン政権以来の政策担当者たちもクーデタ計画に同意している。Kermit Roosevelt, *Countercoup：The Struggle for the Control of Iran* (New York：McGraw-Hill, 1979), 17-19（カーミット・ルーズベルト著，小西昭之訳『CIAの逆襲──ドキュメント「パーレビ復権」イラン1953年』毎日新聞社，1980年，37-39頁）.
[178] 1955年，米国系メジャーズ5社は，それぞれコンソーシアム株式の1％ずつを放出し，放出された計5％分は米国の独立系石油会社12社が新たに組織した合弁企業イリコン（Iricon Corporation）に譲渡されることとなった。

第2回直接交渉時にハリマンがイランからの石油輸出のための国際企業体を組織する可能性に言及し，1951年10-11月のマッギー・モサッデク協議においてシェル社をイランとAIOCの間に介在させる解決案が構想されたことなどから，国際企業体が紛争解決のひとつの有力なオプションであることは，1951年末までに，米・英・イランの関係者の共通認識になっていた。

　この間，国務省は，イラン紛争の解決に米国企業を活用することには消極的であった。しかし，1951年末から1952年初めにかけて，イランからの石油輸出の暫定的な枠組みを探る世銀とイランとの交渉において，モサッデクが英国人技術者のイラン復帰に強く抵抗した頃から，事情は変化し始める。2月中旬，英外務省は国務省に「国際的組織で働く国際的労働者」という概念を導入することで世銀の交渉を側面支援することを提案した。3月にニッツェは，米国系メジャーズ3社の代表者を国務省に招き，英外務省提案への協力を求めた。米国系メジャーズは，米国政府が石油会社に正式な要請を行うこと，そして既存の国際石油秩序を混乱させぬこと，以上2点を条件に，技術者の派遣に応じる姿勢を示した[179]。国務省はこれ以降，イランへの米国人や米国系企業の参入を排除せぬ方向に転じていった。

　1952年前半は，イランを巡る米英間の方針の隔たりが拡大した時期であったが，紛争解決後のイラン石油産業の運営スキームについての緩やかな合意が米英間に形成された時期でもあった。1951年11月の米英外相会談でアチソンがイーデンにAIOCの完全復活は不可能であるとの見通しを示した後，米英間ではイランへのAIOC完全復帰の是非が懸案のひとつとなった。この問題が解消に向かうのは，1952年6月末にイーデンがイランへの英国勢力の完全復活を断念する立場を示して以降である。これと前後して，米英両国は，紛争解決後にAIOCをイラン石油の主要な購入者として復活させること，イランの石油産業の運営をイラン政府から運営上の実権を委任され米国系メジャーズも人員を派遣する「操業代行機関」に委ねること，そして紛争解決後のイランへの緊急財政援助は米国政府が提供することなどに暫定的に合意した[180]。これらの暫定合意は，「7月暴動」

---

[179] Memorandum of Conversation, "Iran: Economic Aspects," February 20, Morning Session, DSCF 888.2553AIOC/2-2052; Memorandum of Conversation, "Possibility of American Oil Companies Seconding [sic] Technical Personnel to IBRD in Connection with Their Operation in Iran," March 12, 1952, DSCF 888.2553/3-1252.

[180] DOS to U. S. Embassy in Tehran, #2835, June 11, 1952, FRUS, 1952-1954, 10: 393-395;

後のモサッデクの返り咲きにより棚上げされてしまうものの，たとえばザーヘディー政権成立後に米国政府が総額7000万ドルあまりの緊急援助を迅速に行っていることを考えれば，米英間の漠然とした了解事項としては存続していたと考えるべきであろう。

　パッケージ提案は，米国系メジャーズのイラン参入を実現する上で不可欠の法的な環境整備の契機となった。11月7日にイラン紛争の解決に米国系メジャーズを活用する基本方針を大統領が決定した後も，トルーマン政権内では，国際石油カルテル裁判への対応を巡る議論が続いた。司法省がメジャーズを反トラスト法違反で刑事訴追することを主張したのに対して，国務省などはかかる司法措置が対外政策に与える悪影響を強調し，訴追に反対した。結局，任期最末期の1953年1月9日に開催されたNSC会合において，トルーマンは，石油会社を産油国に「福祉と経済成長」をもたらす米国の「外交の道具」と位置づける国務・国防・内務省の見解を承認し，同裁判を刑事訴訟から民事訴訟に格下げすることを決定した。のちにアイゼンハワー政権は，国際石油コンソーシアムへの参加は反トラスト法違反を構成しないとの司法長官からの言質を与えることによって，同組織への米国系メジャーズの参加を実現することとなるが，それは実質的には前政権の決定を追認するものに過ぎなかった[181]。

　以上のように，モサッデク政権が打倒されるまでに，関係者の間では，メジャーズによって構成される国際企業体が中心的な役割を担う形でイランの石油輸出を再開するとの緩やかな共通理解が形成されていた。しかしそれにもかかわらず，国際石油コンソーシアムの結成およびイランとの新協定の締結までには，モサッデク政権の崩壊後1年以上が費やされることとなったのである。

　　Memorandum of Conversation, June 24, 1952, ibid., 400-403 ; Memorandum of Conversation, June 28, 1952, ibid., 406-408 ; Memorandum of Conversation, "The Iranian Situation," June 3, 1952, DSCF 888.2553/6-452.

[181] NSC 138/1, "Security and International Issues Arising from the Current Situation in Petroleum," January 6, 1953, *FRUS, 1952-1954*, 9 : 637-648 ; Memorandum from Charles E. Bohlen to Acheson, January 9, ibid., 655-656 ; U.S. Senate, Subcommittee on Multinational Corporations of the Committee on Foreign Relations, *The International Petroleum Cartel, the Iranian Consortium and U.S. National Security* (Washington, D.C. : U.S.G.P.O, 1974), 34, 50-56, 59-77 ; Burton I. Kaufman, *The Oil Cartel Case : A Documentary Study of Antitrust Activity in the Cold War Era* (Westport : Greenwood Press, 1978), chaps. 2, 5, and 6. 民事訴訟として細々と継続した国際石油カルテル裁判は，1960年代になってから，中東における合弁の石油生産会社の構成や運営に何ら影響を与えぬ，無害な同意判決という形で幕を閉じることになる。

2) コンソーシアムの結成

　ザーヘディー政権下のイランは，米国が思い描くような紛争解決策，すなわち協調的石油秩序を容易に受け入れられる状況にはなかった。モサッデク政権の崩壊前にモサッデクから離反していた国民戦線の有力者たちは，石油問題に関してはモサッデクと同様の原則的な立場を維持しており，イラン政府にも国民の間にも国有化施行法を撤回すべきとの主張は見当たらなかった[182]。シャーやザーヘディーもまた，国有化を断行したイランが他の中東産油国よりも有利な条件を獲得するのは当然であると考えていた。彼らは，2月20日の改訂パッケージ提案を交渉の出発点と捉え，いまやイランが西側世界に協力的な姿勢を示している以上，同提案よりも有利な条件で新たな石油協定を獲得するべきであると主張した。モサッデクのように原理的な国有化に殉じることはなかったとはいえ，彼らもまたイランの主権回復を目指す，あるいはイラン自身の国益を最大限に追求しようとするナショナリストであることに変わりはなかった[183]。

　米国政府は，イラン紛争の解決に専門的に従事する担当者として，ハーバート・フーヴァー2世（Herbert Hoover Jr.）をダレス国務長官の特別顧問に任命した。フーヴァーは，2年前のハリマンの足跡をたどることとなる。10月にテヘランを訪問したフーヴァーは，イラン政府の関係者たちに米国政府の大まかな紛争解決方針を説明した。フーヴァーは，過去数か月間に世界的な石油需給が急速に緩和し，改訂パッケージ提案が提起された頃以上にイランを取り巻く環境は厳しくなっていると指摘し，同案を交渉の出発点とすることを拒否した。その上でフーヴァーは，イラン石油を国際市場に復活させるには「7大国際メジャーズ」を含む国際企業体との間で，他の中東産油国と商業的に競争できる条件で協定を締結するしかないと説き，ザーヘディー政権が求めていた生産と輸出を分離した協定は「相当に困難」であるとの見通しを示した。フーヴァーの説明は，当然ながら

---

[182] DOS to U.S. Embassy in Tehran, #612, August 25, 1953, DSCF 888.2553/8-2553 ; U.S. Embassy in Tehran to DOS, #708, September 20, 1953, DSCF 888.2553/9-2053 ; U.S. Embassy in Tehran to DOS, #978, October 26, 1953, DSCF 888.2553/10-2653 ; U.S. Embassy in Tehran to DOS, #987, October 28, 1953, DSCF 888.2553/10-2853 ; U.S. Embassy in Tehran to DOS, #998, October 29, 1953, DSCF 888.2553/10-2953. U.S. Embassy in Tehran to DOS, #1015, October 31, 1953, DSCF 888.2553/10-3153 ;

[183] U.S. Embassy in Tehran to DOS, #877, October 11, 1953, DSCF 888.2553/10-1153 ; U.S. Embassy in Tehran to DOS, #958, October 22, 1953, DSCF 888.2553/10-2253 ; U.S. Embassy in Tehran to DOS, #996, October 29, 1953, *FRUS, 1952-1954*, 10 : 815-819.

イランを取り巻く新たな状況を踏まえたものであったが，その論旨は 2 年あまり前のハリマンの説明と基本的には大きく異ならなかった。つまりフーヴァーは，いまや中東の石油生産のスタンダードとなっていた協調的石油秩序の諸条件を受け入れること，より具体的にはサウジアラビアやイラクと同様の条件を受け入れることが，イランにとっての最大の利益になると説いたのである[184]。

ザーヘディー政権は，かつてモサッデクが行ったように米国の方針を全面的に拒否することはなかったものの，唯々諾々とそれを受け入れたわけでもなかった。ロンドンに向かうフーヴァーにイラン外相エンテザーム（'Abdollah Entezām）が託した 11 月 1 日付の覚書は，「大規模な国際的石油会社の集団」と交渉を開始する姿勢を示してはいたものの，AIOC──国有化法に従い引き続き「旧石油会社」と呼称されていた──が「植民地主義的目標」を抱きつつイランを搾取してきたことを糾弾し，国際企業体への AIOC および英国系企業の参加比率を過半数未満とすることを要求していた。また，エンテザーム覚書は，NIOC が国際企業体に石油を販売するという形態，すなわちイランの国有化諸法で想定されていた形態で新たな石油協定を締結する方針を示し，石油の生産と輸出を一体として国際企業体に委ねるべきであるとするフーヴァーの立場を事実上拒否していた[185]。

一方，英国側も強硬な姿勢に転じつつあった。英国政府は，パッケージ提案の策定段階では，同提案中にある国際企業体への AIOC への参加は「最大で過半数に至らぬ」レヴェルとすることに同意していた[186]。しかるに，1953 年秋までに，英国政府は，AIOC が将来に獲得できたであろう利益を含む「正当な賠償」をイラン側に要求する基本的立場を維持しながら，みずからのバーゲニング・ポジションを強化する思惑を込めて，AIOC の全面復活を要求する立場に回帰していた。かかる強硬姿勢への転換には，ウィリアム・フレイザー（William Fraser）AIOC 会長の意向が強く反映されていたと考えられる[187]。何れにせよ，このよう

---

[184] U.S. Embassy in Tehran to DOS, #948, #949, and #958, October 22, 1953, DSCF 888.2553/10-2253.
[185] U.S. Embassy in Tehran to DOS, #1022, November 2, 1953, DSCF 888.2553/11-253.
[186] C.C.(53)1st Conclusions, January 6, 1953, CAB128/26/1； U.S. Embassy in London to DOS, #3694, January 6, 1953, *FRUS, 1952-1954*, 10： 580-585.
[187] DOS to U.S. Embassy in Tehran, #754, September 11, 1953, DSCF 888.2553/9-1153； U.S. Embassy in London to DOS, #1965, November 5, 1953, DSCF 888.2553/11-553； U.S. Embassy in London to DOS, #1969, November 6, 1953, DSCF 888.2553/11-653； U.S. Embassy in London to DOS, #2002, November 7, 1953, DSCF 888.2553/11-753； U.S. Embassy in London to DOS, #2322, November 27, 1953, DSCF 888.2553/11-2753.

な英国側の姿勢は，米国の政策決定者たちには到底受け入れられなかった。協調的石油秩序の枠内で，しかしイランのナショナリズムの願望に最大限配慮した寛大な協定により，イランの政治的・経済的な安定を実現することが，米国政府の目標であった。それゆえ国務省は，国際企業体へのAIOCの参加比率は25％未満とすべきであり，また，国際企業体がAIOC利権を実質的に引き継ぐ以上，AIOCへの賠償は国際企業体に参加する石油会社間で完結させ，イランにその負担を負わせるべきではないと考えていた[188]。このような米国の立場から見ると，エンテザーム外相の11月1日付覚書は，英国から現実的な譲歩を引き出すためにむしろ有用であった。フーヴァーは，渋る英国政府にエンテザーム覚書を交渉の出発点として半ば強引に受領させるとともに，国際企業体への英国企業の参加を過半数未満とすべきとのイラン側の主張を支持する姿勢を示したのである[189]。

　ここで英国政府は巧みな一手を打った。エンテザーム覚書に対する回答に当たる覚書の中で，英国政府は，石油紛争の解決に先行して早急に外交関係を回復することをイラン政府に提案したのである。英国政府は，国交回復問題を石油問題の交渉カードとされることを嫌い，またみずからが直接交渉に加われぬ形で石油問題の交渉が米国主導で進むことを恐れていた[190]。イラン指導部は，石油紛争を解決せぬままに英国との国交を回復することがナショナリスト勢力からの批判を惹起することを恐れ，石油問題の解決後に国交を回復することを想定していた。一方，米国政府は，条件さえ整えば速やかに英・イラン関係を正常化すべきとの立場であった。それゆえ国務省は，今度は英国側の立場を利用してイラン側に圧力を加えた。ヘンダーソンは，国交回復なしに石油問題を解決する見通しを得られぬ以上イランは国交回復に踏み切るしかないとして，シャーやザーヘディーに決断を迫った[191]。米国からの外交的圧力はてきめんに効果を現し，まもなくイラ

---

[188] DOS to U.S. Embassy in Tehran, #853, September 23, 1953, *FRUS, 1952-1954*, 10: 802-804.

[189] U.S. Embassy in London to DOS, #1945, November 5, 1953, DSCF 888.2553/11-553; U.S. Embassy in London to DOS, #1968, November 6, 1953, DSCF 888.2553/11-653; DOS to U.S. Embassy in Tehran, #1153, November 9, 1953, DSCF 888.2553/11-953

[190] Minute of a Discussion with Mr. Hoover, November 4, 1953, *BDFA*, 5-B, 5: 218-220; U.S. Embassy in London to DOS, #1969, November 6, 1953, *FRUS, 1952-1954*, 10: 824-825; U.S. Embassy in London to DOS, #2099, November 14, 1953, *FRUS, 1952-1954*, 10: 835-836.

[191] Memorandum by C.T. Gandy, October 13, 1953, *BDFA*, 5-B, 5: 213; U.S. Embassy in Tehran to DOS, #1076, November 10, 1953, DSCF 888.2553/11-1053; U.S. Embassy in Tehran to DOS, #1085, November 11, 1953, DSCF 888.2553/11-1153; U.S. Embassy in Tehran to DOS, #1087, November 12, 1953, DSCF 888.2553/11-1253.

ン政府は英国との国交回復を決断した。その後，早くも 12 月上旬に英・イラン間の外交関係は回復し，英公使としてデニス・ライト（Denis A. H. Wright）が早々にテヘランに到着することとなる[192]。

英・イランの国交回復と前後して，イランへの AIOC の復活問題については，米国がイランを活用しつつ英国に加えていた圧力が効果を現し始めていた。11 月末，再度ロンドンを訪れたフーヴァーに対して，イーデン外相は，ライト公使が AIOC の完全復活は不可能であると判断した場合には，イランの石油産業の運営と石油輸出を AIOC も参加する国際企業体に委ねてもよいとの柔軟な姿勢を示した。この頃，英国政府と AIOC は，かかる国際企業体すなわちコンソーシアムの結成において英国が主導権を獲得することに目標を切り替え，それに向けて布石を打ち始めていたのである[193]。12 月上旬，AIOC のフレイザー会長は，米国系メジャーズ 5 社，シェル社，CFP の 7 社のトップに書簡を送付し，イラン石油問題の解決に関する予備的な協議のためにロンドンを訪問するよう要請した。これを受けた米国系メジャーズは，国務省および司法省からの承認を求めた。アイゼンハワー政権は，閣議でこれを了承するとともに，司法省の希望を容れて，ロンドン会議にフーヴァーを出席させることに同意した[194]。

ロンドン会議に先だって，米英政府間では，メジャーズがコンソーシアムの構成のみならずコンソーシアムが将来イラン政府と交渉する石油協定の内容まで協議することが了解されていた。このことはすなわち，米英両国政府が，協調的石油秩序のエージェントたるメジャーズにイランの石油問題を基本的に委ねることで合意したことを意味した。米英両国政府は，この後も様々な形でイランの石油問題に関与していくが，交渉の本筋はイラン・コンソーシアム間に置かれることとなったのである。石油利権等の交渉が産油国政府と石油会社の間で行われることは，いわば常態である。米英両国の合意は，イランをかかる常態に復帰させる

---

[192] Joint Communiqué for resumption of Diplomatic Relations by Her Majesty's Government and the Persian Government, December 5, 1953, *BDFA*, 5-B, 5：236.

[193] U.S. Embassy in London to DOS, #2340, November 30, 1953, *FRUS, 1952-1954*, 10：844-846；U. S. Embassy in London to DOS, #2399, December 3, 1953, DSCF 888.2553/12-353；DOS to U.S. Embassy in London, #2957, December 4, 1953, DSCF 888.2553/12-353；U.S. Embassy in London to DOS, #2444, December 5, 1953, DSCF 888.2553/12-553；DOS to U.S. Embassy in Tehran, #1309, December 9, 1953, DSCF 888.2553/12-953.

[194] W. Fraser to Brewster Jennings, attached to O. T. Foster (Socony-Vacuum Oil Company) to H. Phleger, December 4, 1953, DSCF 888.2553/12-453；Memoranda by Herman Phleger, "Iranian Oil," December 7 and 8, 1953, DSCF 888.2553/12-753.

最初の一歩であった[195]。

　12月14-17日にロンドンで開催された8大メジャーズの会合は，コンソーシアムの結成に向けた予備的な会合であったにもかかわらず，きわめて重要な決定を行った。すなわち，きたるべきイランとの新石油協定においては，イランの石油産業の効率的な運営を保障する必要があること，そして他の産油国の国有化を抑止するためにイランに他国よりも有利な条件を与えてはならないことが，全メジャーズ間で合意されたのである。コンソーシアムの構成や，国有化に伴う賠償の問題は，継続協議とされた。フーヴァーを含む米英両国政府からの参加者は，かかるメジャーズの議論および合意を黙認した。米英両国政府は，イランとコンソーシアムの石油協定の内容を基本的にメジャーズの決定に委ねたのである[196]。ちょうどこの頃，アジア歴訪の一環としてイランを訪れたニクソン（Richard M. Nixon）副大統領やヘンダーソン大使に，イラン側は新たな石油協定の交渉に向けて米国政府の支援を要請していた。しかしこれらに対する米国側の反応は，表面的には友好的ではあったが，何ら具体的な支援を約束するものではなかった[197]。

　アイゼンハワー政権の対イラン政策にも変化が現れ始めていた。1953年12月30日に開催されたNSC第178回会合では，対イラン政策の遂行において英国から独立した行動を追求すべきであるとの一部参加者の見解は退けられ，英国との協調のもとに石油問題の解決を図っていく方針が採用された。この同じ会合で，メジャーズのコンソーシアムへの参加を反トラスト法から除外するための措置を講じていく方針も確認されている。イランの石油国有化のほぼ直後から始まった，米国が英国から距離を取りつつイランに働きかけ，さらには石油価格や石油産業の運営にまで踏み込んで紛争解決を模索する外交は，終わりを迎えようとしていた。そのような，いわば非常事態の外交に代わるものとして展望され始めていた新たな対イラン政策においては，中東政策全般と同様に米英協調が基本とされた。イランはメジャーズとの合意の下に安定的な石油収入を獲得し，その石油収入を基盤に親西側的な政治的安定を実現していくことになるであろう。そして米国は，英国と協調してイランの西側陣営への統合を進めていくことになるであろう。イランにおける新たな常態とは，イランを協調的石油秩序と西側統合政策の枠組み

[195] U.S. Embassy in London to DOS, #2579, December 12, 1953, DSCF 888.2553/12-1253.
[196] U.S. Embassy in London to DOS, #2678 and #2679, December 18, 1953, DSCF 888.2553/12-1853.
[197] U.S. Embassy in Tehran to DOS, #1352, December 18, 1953, DSCF 888.2553/12-1853 ; U.S. Embassy in Tehran to DOS, #1354, December 19, 1953, DSCF 888.2553/12-1953.

に取り込むことにほかならなかった。新たな対イラン政策文書 NSC 5402 は，「米国が必要と考える行動に対する英国の拒否権を容認しない」というような NSC 136/1 の文言を部分的に引き継いではいたものの，今やそれらはあくまでも原則として記されているにすぎなかった[198]。

3）コンソーシアムとイランのナショナリズム

テヘランに着任したライト英公使は，早くも 1 月初旬に，イラン内政上 AIOC の完全復活は不可能な情勢であるが，イラン政府は AIOC を含む国際企業体による国有化紛争の解決を受け入れる用意がある，との報告を本国に送付した。これを受けて英国政府は，AIOC の完全復活を断念し，コンソーシアムによるイラン紛争の解決を正式に容認した[199]。この決定を受けて，コンソーシアムを巡る交渉が本格化する。しかし，その過程は米国政府の予想を超えて多難を極め，結果的に米国政府は，交渉の背後にとどまりながらも，当初想定していた以上に頻繁かつ強力に交渉過程に介入することを余儀なくされた。

メジャーズ間のコンソーシアムの構成を巡る具体的な交渉は 1954 年 2 月から本格化した。しかし，米国政府の予想を超えて交渉は難航した。その原因は，コンソーシアムへの参加比率および賠償に関する AIOC の姿勢であった。AIOC は，12 月のロンドン会議の時点から，50％の参加比率を求めるとともに，他のコンソーシアム参加企業とイランの双方から賠償を徴する姿勢を示した。米国政府は，イラン側に受け入れられぬであろう要求に固執する AIOC に強い苛立ちを示し，米国系メジャーズのコンソーシアム参加取りやめを示唆するほどであった。AIOC は，とりわけ賠償問題では徹底的に自社の利益を追求する姿勢を崩さず，そのためには時に英国政府やメジャーズ内の同盟者であるはずのシェル社をも差し置いて独断で行動した。AIOC があまりにも近視眼的に自社の利益追求に走ることでコンソーシアムの枠組みのみならず米英関係すらも脅かされかねないと懸

---

[198] Memorandum of Discussion at the 178th Meeting of NSC, December 30, 1953, *FRUS, 1952-1954*, 10: 858-864; NSC 5402, "United States Policy toward Iran," January 2, 1954, ibid., 865-889. 1 月末に司法長官は米国系石油会社のコンソーシアム参加は反トラスト法違反を構成しないとの判断を正式に大統領に伝達し，このことは石油会社側にも通知された。Stanley N. Barnes (Assistant Attorney General) to H. Phleger, January 27, 1954, DSCF 888.2553/1-2754; W.B. Smith to F.W. Abrams (Standard Oil Co. of New Jersey), January 28, 1954, DSCF 888.2553/1-2854.
[199] C.C.(54)1st Conclusions, January 7, 1954, CAB128/27/1; C.C.(54)2nd Conclusions, January 12, 1954, CAB128/27/2.

念したイーデンが，直接フレイザー会長に「連合王国の中東におけるインタレスト」を考慮するよう苦言を呈する場面すら見られた[200]。この結果，石油会社間の交渉は，AIOC 対その他のメジャーズという対立図式の下に進み，さらにそれは AIOC 対米英両国政府という性質すら帯びることになった。

すべての関係者からの圧力の結果，AIOC は最終的に譲歩し，4 月上旬にようやく石油会社間の交渉が妥結した。コンソーシアムへの参加比率は，AIOC と米国系 5 社の合計とを各々 40％ として均衡させる一方で，AIOC の 40％ に英蘭系のシェルの 14％ を加えると英国系の参加比率が過半数を超えるという形となった。また AIOC がイランから受け取る賠償は，同社がイランに全面譲渡するケルマーンシャー州の小規模油田と精油施設およびイラン国内の流通施設を対象として 1 億ポンドを上限とすること，AIOC の拠点であるフーゼスターン州の施設および利権に対する賠償はコンソーシアムに参加する石油会社のみが負担することが合意された[201]。

4 月中旬から開始されたコンソーシアムとイラン政府の交渉は，さらに難航することとなる。交渉の出発点は，4 月 14 日と 26 日の覚書でコンソーシアムがイラン政府に示した提案であった。その要点は次のとおりである。

① コンソーシアムは，石油の探査・生産・精製など石油生産の基幹的活動 (basic operations) について「排他的権限 (exclusive rights)」を保持する。コンソーシアムは，イランにおける諸施設をその所有者である NIOC から「賃借 (lease)」する。

② コンソーシアムは，これらの基幹的活動を，英国に登記された，生産および精製に携わる子会社を通じて実行する。

③ 原油販売から生じる利益について利益折半方式を導入する。イランへの支払いは，従量制の代金とイラン政府への所得税を併用し，英ポンドで行う。

④ NIOC は，石油労働者の住居や，道路の管理，保健・衛生・教育などの非基幹的活動 (non-basic operations) に従事する。

---

[200] C.M.E.(54)11th Meeting, February 26, 1954, in CAB134/1084；C.M.E.(54)12th Meeting, March 3, 1954, in CAB134/1084；C. C.(54)20th Conclusions, March 17, 1954, CAB128/27/20, PRO；Bamberg, *The History of the British Petroleum Company*, 497–504.

[201] O.M.E.(54)24, Memorandum of Understanding on Basis for the Settlement with Anglo-Iranian, April 10, 1954, CAB134/1085.

コンソーシアムの提案は他の中東産油国の利権協定に比べてイラン側に不利な内容ではなかった。子会社の帳簿をイラン政府に全面的に開示し，イラン人を経営陣に参加させる意向を示した点など，コンソーシアム側の提案には他の中東産油国がいまだ獲得していなかった権利を提案する側面も存在したのである[202]。

しかしながら，アリー・アミーニー（'Alī Amīnī）財務相を代表とするイラン側交渉団は，コンソーシアム側の提案に難色を示した。アミーニーは，石油価格の問題を含め，広範な批判を展開したが，とりわけ彼が一貫して批判したのは，コンソーシアム子会社の国籍問題，そして石油産業の運営に対するコンソーシアムの「排他的権限」であった。コンソーシアムが施設を「賃借」し「基幹的活動」に「排他的権限」を行使するということは，コンソーシアムがかつて AIOC が保持していた権限をそのまま引き継ぐということであり，まさに国有化が名目のみに終わることを意味した。かかる方針は，12 月のロンドン会議で逸早く合意されたイラン石油産業の効率的な運営という原則を反映していたが，それはイラン側には耐え難いものであった。それゆえアミーニーは，上記①に代えて，コンソーシアムと NIOC の「共同操業（joint operation）」を求め，最悪でもコンソーシアムは NIOC の「代行者（agency）」として石油産業の運営に携わるべきであると主張した。アミーニーの論拠は，イランが国有化を実行したという事実であった。それゆえ彼は，かつてのモサッデクを髣髴させる言い回しで，新たな石油協定は国有化施行法に合致しなければならず，新たな利権付与に当たるような協定を受け入れることは出来ないと，繰り返し語ったのである[203]。

かかる主張を展開したのはアミーニーのみではなかった。シャーや親米保守派のホセイン・アラー宮内相もまた，国有化の実績を踏まえていないとして，コン

---

[202] U.S. Embassy in Tehran to DOS, #2134, April 15, 1954, DSCF 888.2553/4-1554 ; U.S. Embassy in Tehran to DOS, #2206, April 26, 1954, DSCF 888.2553/4-2654 ; U.S. Embassy in Tehran to DOS, #2217, April 27, 1954, DSCF 888.2553/4-2754.U.S. Embassy in Tehran to DOS, #2228, April 29, 1954, DSCF 888.2553/4-2954. 興味深いことに，強力な経営権をコンソーシアム内で主張していたのは，米国系メジャーズとシェルであった。これら新規参入組は，イランに参入せずとも十分な原油を確保できる立場にあったため，イランにおいて自由に生産調整を行えるシステムを望んだのであろう。

[203] U.S. Embassy in Tehran to DOS, #2138, April 15, 1954, DSCF 888.2553/4-1554 ; U.S. Embassy in Tehran to DOS, #2228, April 29, 1954, DSCF 888.2553/4-2954 ; U.S. Embassy in Tehran to DOS, #2235, April 30, 1954, DSCF 888.2553/4-3054 ; U.S. Embassy in Tehran to DOS, #2287, May 8, 1954, *FRUS, 1952-1954*, 10 : 987-994. 他にも，賠償，利益折半方式の導入方法，石油代金の支払通貨など多くの論点があった。

ソーシアム提案を批判した。ザーヘディーは，国内政治的にシャーと微妙な対立関係に陥りつつあったものの，国有化の実績を踏まえた石油協定を追求する点では同一歩調を取った。彼らのうち誰が，モサッデクの国有化の精神を継承していたか，あるいは単にイランの世論に追従していたのかを問うことは，さほど意味をなさない。シャーがコンソーシアム側の姿勢にナショナリスティックな激情を爆発させることもあれば，国民戦線に近い改革主義的なテクノクラートであったアミーニーがイラン国民に受け入れられる外観を整えることの重要性を説くこともあったからである。彼らは皆，モサッデクによって石油国有化というテーゼを刻印されたイランのナショナリズムの中で行動していた。彼らは，かかるナショナリズムを内在化しつつ，同時にナショナリズムから制約を受けながら，忍耐強くコンソーシアムとの条件闘争を戦おうとする点で，基本的に同じ立場に立っていた[204]。

　米国政府は，イラン政府の立場に理解と共感を示し，きたるべきコンソーシアム協定を長期的に安定させるためには，イラン政府の要求に最大限の配慮を行うべきであると考えていた。テヘランで交渉を見守っていたフーヴァーとヘンダーソンは，コンソーシアムに「賃借」型の形態を改めさせ，イラン側が求める「代行者」型の協定を受け入れさせること，またイラン石油の生産と精製を行うコンソーシアムの子会社をイラン側に受け入れられやすいオランダ籍等とすることなどを進言し，国務省本省もこれらの提案を全面的に支持する方針を示した[205]。

　5月中旬にイラン・コンソーシアム間の交渉がいったん中断し，コンソーシアム側が親会社のメジャーズと交渉方針の再検討を行うこととなった機会を捉え，米国政府は，コンソーシアム側の提案をイラン側に受け入れやすく修正させるべく，様々な働きかけを行った。5月下旬，ジョージ・ハンフリー（George M. Humphrey）財務長官やロバート・アンダーソン（Robert B. Anderson）国防次官からの説得を受け，米国系メジャーズ5社は「代行者」型の形式を有する協定を目

---

[204] U.S. Embassy in Tehran to DOS, #2210, April 26, 1954, DSCF 888.2553/4-2654 ; U.S. Embassy in Tehran to DOS, #2273, May 5, 1954, DSCF 888.2553/5-554 ; U.S. Embassy in Tehran to DOS, #2265, May 4, 1954, DSCF 888.2553/5-454 ; U.S. Embassy in Tehran to DOS, #2297, May 10, 1954, DSCF 888.2553/5-1054 ; U.S. Embassy in Tehran to DOS, #2347, May 17, 1954, *FRUS, 1952-1954*, 10 : 999-1001 ; U. S. Embassy in Tehran to DOS, #2421, May 29, 1954, DSCF 888.2553/5-2954.

[205] U. S. Embassy in Tehran to DOS, #2288, May 8, 1954, *FRUS, 1952-1954*, 10 : 994-998 ; Memorandum from Jernegan to Murphy, "Iranian Oil Consortium," May 15, DSCF 888.2553/5-1554.

指すこと，そして子会社の登記国をオランダ等とするよう努めることに同意した。ただしその際にメジャーズ側は，石油産業の運営に関する「排他的権限」を実質的に手放すわけではなく，「代行者」型協定でもそれを実現できるとの見通しのもとにそれを受け入れるとの立場を示した。米国の政策決定者たちは，アミーニーらがNIOCにより実質的な権限を付与するような修正を求めていることを理解していたが，この問題でメジャーズにこれ以上の譲歩を求めることは不可能であると判断し，メジャーズの立場を容認した[206]。

同じ頃，米国政府は，英国政府に対してもコンソーシアム子会社の登記国を英国以外とする可能性を検討するよう求めていた。新たな石油協定を長期的に安定させるためには，イラン側に英国籍の子会社を押し付けるような協定は避けるべきであるというのが，米国の政策決定者たちの判断であった[207]。しかし，英国政府にとっては，イランにおけるAIOCの独占を喪失した後に，後継組織であるコンソーシアムの本拠地としての地位まで喪失することは容認できなかった。そこで英国政府は，イラン石油の生産・精製を行う会社の持株会社を英国に登記し，生産・精製会社はイランに登記するという対案を提起した[208]。しかし，米国系メジャーズは，生産・精製会社をイランに登記することは悪しき前例となるとしてこれに頑強に反対し，生産・精製会社をオランダに登記することを主張した。米国政府は，米国系メジャーズを支持してイランへの登記には反対したが，最終的にはイラン側に受け入れられるかぎり会社の登記地にはこだわらぬ姿勢をとった。結局この問題は，メジャーズ間の交渉に委ねられることとなった[209]。

米英政府関係者もしばしば関与する形で進行したメジャーズ間の協議は，様々な曲折を経つつ，6月中旬にようやく合意に達し，イラン側に提起する修正提案が作成された。メジャーズ側にはなお躊躇が見られたが，修正提案では，コンソーシアムがNIOCの「代行者」の形態をとりつつ，基幹的活動におけるコン

---

[206] Memorandum of Conversation, "Iranian Oil Negotiations," May 21, 1954, DSCF 888.2553/5-2154 ; DOS to U.S. Embassy in London, #6297, May 24, 1954, *FRUS, 1952-1954*, 10 : 1007-1008 ; U.S. Embassy in London to DOS, #5616, June 9, 1954, DSCF 888.2553/6-954.

[207] U.S. Embassy in London to DOS, #5166, May 18, 1954, DSCF 888.2553/5-1854 ; U.S. Embassy in Tehran to DOS, #2432, May 29, 1954, *FRUS, 1952-1954*, 10 : 1016-1017.

[208] DOS to U.S. Embassy in Tehran, #2330, May 28, 1954, DSCF 888.2553/5-2854 ; U.S. Embassy in London to DOS, #5401, May 28, 1954, DSCF 888.2553/5-2854.

[209] U.S. Embassy in London to DOS, 35441, June 1, 1954, DSCF 888.2553/6-154 ; DOS to U.S. Embassy in London, #6507, June 2, 1954, DSCF 888.2553/6-254 ; DOS to U.S. Embassy in London, #6507, June 4, 1954, DSCF 888.2553/6-454.

ソーシアム側の権限を具体的に列挙することで，原提案にあった「排他的権限」を実質的に確保する方針が取られた。メジャーズの法律家たちからは，「代行者」が依頼主すなわち NIOC の干渉を排除する「排他的権限」を有するというのは法的に通用している「代行者」の概念に反するとの至極まっとうな批判が提起されたが，かかる批判は無視された。コンソーシアムが実質的には「排他的権限」を保持する「賃借」契約を，きわめて特殊に定義された「代行者」概念で粉飾するというのが，メジャーズの決定であった[210]。イランの石油生産・精製のための子会社の登記国については，土壇場で AIOC がオランダ籍とすることに同意するという，予想外の展開によって決着した[211]。これにより，コンソーシアムの修正提案は，英国籍の持株会社の下にオランダ籍の石油生産会社と石油精製会社を組織し，それらが石油生産などの基幹的活動について実質的に排他的な権限を保持しつつ，形式上は NIOC の「代行者」としてイランの石油産業を運営するという内容となった[212]。

　6月22日にテヘランで再開されたイラン政府との協議において，コンソーシアム側は修正提案をアミーニーに提示した。アミーニーは，もはやその根幹部分に異を唱えることは無く，ただ持株会社を英国籍とすることについて公表せぬことを求めたのみであった[213]。この時点で，新たな石油協定に向けた最大のハードルはクリアされたと言ってよい。しかし，イラン・コンソーシアム間交渉にはなお，石油価格，石油輸出の規模，協定の有効期間などの問題が残されており，また英・イラン政府間では賠償問題および石油代金として支払われるポンドのドルへの交換などのテクニカルな問題を巡る交渉も並行して行われていた。7月中旬に，これらに関する具体的な文言や数字を含む詰めの交渉が本格化すると，アミーニーはメジャーズの関係者や英国政府の担当者たちを大いに苛立たせるほどの詳細なバーゲニングに打って出た。たとえば，英・イラン間の賠償問題につい

---

[210] U.S. Embassy in London to DOS, #5559, June 7, 1954, DSCF 888.2553/6-754; U.S. Embassy in London to DOS, #5616, June 9, 1954, DSCF 888.2553/6-954.

[211] U.S. Embassy in London to DOS, #5640, June 10, 1954, DSCF 888.2553/6-1054.

[212] U.S. Embassy in London to DOS, #5750, June 15, 1954, *FRUS, 1952-1954*, 10: 1028-1029; Kennedy to J.F. Dulles, "Status Report on Iran Oil Negotiations," June 16, 1954, DSCF 888.2553/6-1654; Note on Organization, Nationality and Functions of Companies, June 23, 1954, DSCF 888.2553/6-2354.

[213] U.S. Embassy in Tehran to DOS, #2575, June 23, 1954, *FRUS, 1952-1954*, 10: 1031-1033; U.S. Embassy in Tehran to DOS, #2611, June 30, 1954, ibid., 1033-1034; U.S. Embassy in Tehran to DOS, #2581, June 24, 1954, DSCF 888.2553/6-2454.

ては，相互の要求を相殺する総額一括方式で賠償額を決定するという基本的枠組みが合意された後，交渉はイランが英国（AIOC）に実際に支払う金額と支払期間を決定する段階に突入した。ここでアミーニーは，最初に総額 1000 万ポンドという金額を提示し，まもなく 2000 万ドルへの引き上げに応じる姿勢を示した。これに対して英国側が 3000 万ポンドを 12 年分割という案を提示すると，アミーニーは 2500 万ポンドを 10 年分割とする対案を示した。最終的に賠償交渉はアミーニーが提示した数字で決着した。このような具体的で詳細なバーゲニングが，多くの分野で同時並行的に繰り広げられたのである。

興味深いことに，フーヴァーら米国の政策決定者たちは，このようなアミーニーの交渉姿勢を高く評価していた。イランとメジャーズは，すでに共通の利益の基盤を構築するという基本的方針を共有している。そうであるならば，相互のバーゲニングはかかる基盤をより強固なものとする効果を持ち，かかる過程を経てこそ，新たな石油秩序は協調的な性格をいっそう強めることが出来る，というのが米国政府の捉え方であった[214]。しかし，それがあまりにも楽観的な捉え方であったことは，まもなく新石油協定の批准過程から明らかになる。

イラン政府とコンソーシアムおよび英国政府の代表は，8 月 5 日に石油協定と賠償協定の基本合意に達し，9 月 19-20 日にイラン政府とコンソーシアム参加石油会社の間で新たな石油協定の本協定が調印された。ザーヘディー政権は，新石油協定をイラン議会に上程したが，議会での審議は，上下両院各 18 名の議員よりなる両院特別委員会が協定本体を逐条審議し，上下両院の本会議では同協定の批准を認める内容の政府提案の単一条項法案のみを審議するという変則的な形を取った。ザーヘディー政権が新石油協定の批准を確実にするために選択した議会戦術であった。しかもザーヘディー政権は，新協定に批判的な在野の人物の拘禁や新聞の発禁処分にまで訴え，シャーは上下両院議員に新協定を批准するよう強力な政治的圧力を加えた。これは異様な光景に見えなくもない。1954 年初めに実施されたマジュレス選挙では政府当局の徹底的な選挙干渉が行われ，その結果

---

[214] U.S. Embassy in Tehran to DOS, #35, July 6, 1954, *FRUS, 1952-1954*, 10 : 1038-1039 ; U.S. Embassy in Tehran to DOS, #89, July 13, 1954, DSCF 888.2553/7-1354 ; U.S. Embassy in Tehran to DOS, #120, July 16, 1954, DSCF 888.2553/7-1654. 賠償交渉については，U.S. Embassy in Tehran to DOS, #181, July 24, 1954, DSCF 888.2553/7-2454 ; U.S. Embassy in London to DOS, #549, July 30, 1954, *FRUS, 1952-1954*, 10 : 1042-1043 ; U.S. Embassy in Tehran to DOS, #241, July 31, 1954, *FRUS, 1952-1954*, 10 : 1043. その他の交渉過程については，ハイスの研究がひととおり言及している。Heiss, *Empire and Nationhood*, 209-219.

出現した第18期マジュレスは，伝統的保守派およびシャーやザーヘディーの支持者でほぼ固められていた。この第18期マジュレスともともと保守的な上院の何れにおいても，新協定を間違いなく支持しそうな勢力が絶対的な多数を占めていた[215]。

しかしながら，シャーとザーヘディー政権の深謀遠慮は過剰ではなかった。たとえば，両院特別委員会では新協定の石油輸出量に関する条項に強い疑念と批判が提起された。この時，アミーニーのみならずテヘランの米英大使館も，同委員会が新協定の批准拒否を勧告する可能性を深刻に懸念し，これを回避するために米国政府は当該条項の意図と内容をイラン側に明確化するような文書を作成するよう急遽メジャーズに要請しなければならなかった。結局，両院特別委員会は新協定の批准を上下両院に勧告した。しかるに，マジュレス本会議においても，ごく少数ながら，新協定に対する堂々たる批判を展開する議員が現れた。このような事態が出現するたびに，イランと米国の関係者たちは，1951年春の事態，すなわち絶対的な少数派であったモサッデク率いる国民戦線が世論の支持を背景に保守派で占められていたマジュレスと上院を衝き動かし，国有化諸法を通過させた事態を想起した[216]。

結果的には10月末に，マジュレスは賛成133反対5棄権1，上院は賛成41反対4棄権3という圧倒的多数で新石油協定批准法案を可決し，新石油協定はシャーの署名を得て発効した[217]。しかし，これ以降もイランでは石油問題はきわめてセンシティヴな政治問題であり続けることとなる。このことを裏書きするエピソードがある。モサッデク政権末期にイラン石油の輸出に成功していた出光興産は，モサッデク政権と締結した契約に基づいてザーヘディー政権成立後もイラン石油の輸入を継続し，契約延長を希望していた。ザーヘディー政権は，米英両国政府からの圧力にもかかわらず，コンソーシアムとの交渉中も，出光興産およ

---

[215] Elm, *Oil, Power, and Principles*, 324-328 ; Gasiorowski, *U.S. Foreign Policy and the Shah*, 85-89. U.S. Embassy in Tehran to DOS, #926, October 21, 1954, DSCF 888.2553/10-2154.

[216] U.S. Embassy in Tehran to DOS, #785, October 1, 1954, DSCF 888.2553/10-154 ; U.S. Embassy in London to DOS, #1739, October 5, 1954, DSCF 888.2553/10-554 ; U.S. Embassy in Tehran to DOS, #814, October 6, 1954, DSCF 888.2553/10-654 ; U.S. Embassy in Tehran to DOS, #823, October 7, 1954, DSCF 888.2553/10-754 ; U.S. Embassy in Tehran to DOS, #845, October 11, 1954, DSCF 888.2553/10-1154.

[217] U.S. Embassy in Tehran to DOS, #926, October 21, 1954, DSCF 888.2553/10-2154 ; U.S. Embassy in Tehran to DOS, #962, October 28, 1954, DSCF 888.2553/10-2854.

びイタリアの小規模業者2社との契約延長の交渉を継続していた。これらの契約はたとえ成立したとしても合計で10年間に300万トンあまりの輸出契約に過ぎず，輸出再開初年度だけで1500万トン規模の輸出を計画していたコンソーシアムに代わるものではあり得なかった。それでもイラン政府はコンソーシアムに対する外交的圧力として，これらの交渉を最大限利用しようとしたのである[218]。

　新石油協定の成立によって，出光興産はモサッデク政権期に獲得していた公示価格からの値引きの恩恵を受けられなくなり，結果的にイランからの撤退を余儀なくされることとなる。その際に出光の関係者は新協定の内容を研究したが，それが「どうしてもわけの分からない論理構成」になっていることを発見し，出光・AIOC間の民事裁判（いわゆる「日章丸事件」の裁判）で来日経験もあるNIOC法律顧問のフアード・ロウハーニー（Fu'ād Rouḥānī）に教えを乞うた。するとロウハーニーは新協定について次のように述べ，出光側関係者を驚かせたという。

> 実は，われわれはもう負けたんだ。イランの石油の実質は，国有化以前の形に戻っているんだ。われわれとしては名前を取って実を捨てた。これが現状なんです[219]。

モサッデク時代からNIOCに出仕しコンソーシアムとの新石油協定の交渉にも関与したロウハーニーは，国有化の栄光と挫折を目の当たりにした生き証人であった。政府側の当事者であるロウハーニーが新石油協定を明確に敗北と位置づけていたことは，イラン政府内外の石油問題の専門家たちの新協定への認識を物語るものであろう。

　じつのところ，新石油協定を批判する言論が封殺される中で，イランの公的な空間で新協定への最も率直な批判を語ったのは，誰あろう，新協定の生みの親であるアミーニー財務相であった。彼はマジュレスに新石油協定の承認を求める演説で，次のように述べた。

---

[218] ザーヘディー政権がモサッデク期の国有化の成果を維持しようとしていたことを示すもうひとつの痕跡は，出光興産およびイタリアの独立系業者2社との長期輸出契約の交渉を継続していたことである。U.S. Embassy in Tehran to DOS, #2324, May 13, 1954, DSCF 888.2553/5-1354 ; U.S. Embassy in Tehran to DOS, #2336, May 15, 1954, DSCF 888.2553/5-1554 ; U.S. Embassy in Tehran to DOS, #2444, June 1, 1954, DSCF 888.2553/6-154 ; O.M.E.(54)31st Meeting, May 14, 1954, in CAB134/1084 ; O.M.E.(54)36th Meeting, July 16, 1954, in CAB134/1084.
[219] 読売新聞戦後史班編『日章丸事件』，368-370頁。

私が提案している解決案は，イラン国民の願望を完全に反映しているわけではなく，それゆえ理想的な解決案ではないことを，はっきりと申し上げます。しかし，そのような理想的な解決は，我々が大国の支援を受ける強力な企業連合（powerful trusts）と競争しつつ世界中に我々の石油を販売できるような技術的・物質的・経済的な能力を有するようになって……初めて実現できるものであることを申し添えねばなりません。

このように述べた上でアミーニーは，コンソーシアム協定が，石油価格や石油産業の運営および国有化に伴う賠償など，あらゆる面で現時点において獲得できる最良の条件を備えていることを強調した。さらに注目すべきは，アミーニーがモサッデク時代の国有化政策に対して示した評価，および国有化と新協定の関係に関する彼の認識である。アミーニーは，「石油産業の国有化は，それに伴う物質的な損失にもかかわらず，偉大なる前進の一歩」であり，国有化によって「利権保有者としてのAIOC，そしてそのイランに対する政治的支配は死に絶えました」と宣言した。しかし同時にアミーニーは，「メジャーズに半分譲歩することなく，石油の販売を実現することは出来ません。我々は3年間にわたり，これとは異なる［メジャーズに全く譲歩しない］方法を試みましたが，何も得られませんでした」と，モサッデク時代を総括した。その上でアミーニーは，「我々の［国有化］闘争の成果を保持するためには，我々は建設的な精神を持って責任に直面しなければならないのです」（強調引用者）と述べて，コンソーシアム協定を国有化の「精神」を継承する成果として擁護するとともに，「我々は現実的な姿勢を取り，迷妄の下に行動することをやめねばなりません」と述べてモサッデク時代の原理主義的な国有化政策を退けたのである[220]。

西側世界の国際関係や経済的制度の枠組みの中で現実的な利益を追求せんとするアミーニーは，米国の政策決定者たちが探し求めていた「責任ある」「建設的な」ナショナリズムを体現していた。イランの「建設的な」ナショナリストたちは，イランと西側世界の共通の利益を基本的に受け入れた。しかし彼らは，協調

---

[220] U.S. Embassy in Tehran to DOS, #734, September 25, 1954, DSCF 888.2553/9-2554 ; Despatch from U.S. Embassy in Tehran, #186, October 2, 1954, DSCF 888.2553/10-254. アミーニーの演説は，政府に批判的な勢力からも高く評価され，新聞にも掲載されたようであるが，一般の反応は評価と批判が入り交じったものだったようである。U.S. Embassy in Tehran to DOS, #711, September 21, 1954, *FRUS, 1952-1954*, 10 : 1053-1054.

的石油秩序が永続すると考えていたのではなかった。アミーニーは，新石油協定を，イランが「強力な企業連合」すなわちメジャーズの排他的な連合体に伍する力を蓄え，国有化の理想に近づくための戦術的後退と位置づけていた。「建設的な」ナショナリストは，米国が想像する以上にしたたかで，抜け目なく新たな機会を窺っていた。イランを協調的石油秩序に組み込むことを選択したのは，かかるしたたかなナショナリストたちであった。

　イランの石油産業の運営権と石油価格の決定権をメジャーズが全面的に掌握した新石油協定は，米英両国政府とメジャーズにとっては完全な勝利と言える内容を有した。モサッデク政権打倒直後の段階では，ヘンダーソンらは，このような内容を有する協定がイラン側に受け入れられるとは考えていなかった。仮にそのような協定を一時的に押し付けることが出来たとしても，石油問題はイラン人の内奥に「燃え続ける」こととなり，最終的には「新たな利権の取り消しを叫ぶ反西側的政権が権力を握る」ことになるであろう，とヘンダーソンは警告していたのである[221]。この予想は半分正しく，半分誤っていた。アミーニーやロウハーニーの言葉に見られるように，石油問題はイラン人の内奥に「燃え続ける」こととなった。しかし，協調的石油秩序に異議を申し立て，それを変質させていくことになるのは，「反西側政権」ではなく，新石油協定を受け入れた，シャーをも含む「責任ある」「建設的な」ナショナリストたちにほかならなかった。

補論――動的な石油秩序に開かれた窓と出光興産のイラン進出

　本論で明らかにしたように，イラン石油国有化紛争の全期間を通じて米国政府は一貫して協調的石油秩序にイランを取り込むことを目標に据えており，リンダー案も含め，動的・開放的な石油秩序の構想が米国政府のイラン紛争解決のメイン・シナリオに据えられることはなかった。しかしながら，1952年末以降，米国の政策の中には，イランに動的・開放的な石油秩序が一定の条件の下で出現することを容認する側面が見られるのである。その位置づけを確認しておくことは，協調的石油秩序の実現が米国政府のメイン・シナリオであったことを確認す

---

[221] U.S. Embassy in Tehran to DOS, #749, September 25, 1953, DSCF 888.2553/9-2553.

るためにも，そして，第 IV 部で分析する 1950 年代半ば以降の米国の石油政策の展開を考察する上でも無意味ではない。

AIOC と英国政府がメジャーズの協力の下にイラン石油のボイコットを発動した後，国務省は，イラン石油を購入しようとする独立系石油業者などからの問い合わせに対して，かかる行為はイラン紛争の解決に有害であるとの見解を示すことによって，それらを抑制していた。英国政府による司法的措置の警告や，国務省の否定的反応が，イラン石油の潜在的購入者に対する抑止力として機能していたことは間違いない。しかるに，イラン石油のボイコットを存続させていた最も基本的な条件は，世界的なタンカー不足であった。それゆえ，1952 年後半にタンカーの輸送能力に余裕が生じ始めると，米国内外の独立系業者のイラン参入を求める動きがいっそう活発化し，イラン石油のボイコットが破られる現実的な可能性が視野に入ってきたのである[222]。1952 年 11 月の米国の情報分析は，米国政府が強く制止しない限り独立系業者はイラン石油の購入に踏み切るであろうこと，そして，そのような独立系業者がもたらす石油収入はイランの経済・財政を大きく好転させることはないものの，モサッデク政権の政治的威信を高めることになるであろうことを予想していた[223]。

かかる状況下の 1952 年 12 月 6 日，国務省は，イラン石油を購入しようとする独立系業者等からの問い合わせの増加への対応という名目で，イラン石油の購入に関する公式見解を発表した。公式見解は，「法的な諸問題を内包する［イラン石油の］輸出は，［イランと AIOC との紛争という］大きな問題の全体的解決には有害」であると国務省が見做しているとの，これまで同省が個別的な問い合わせに回答してきた内容に準じる立場を表明するとともに，同省が「イラン石油の大規模な輸出」再開を「全体的解決」の必要条件と見做していると言及することで，米国政府がメジャーズの関与によるイラン紛争の解決を展望していることを強く示唆した。しかし同時に公式見解は，イラン石油を購入しようとする個人や団体が「法的リスク」を負うことを指摘した上で，イラン石油購入の最終的な決定は

---

[222] Memorandum of Conversation, "Possibility of American Oil Companies Seconding [sic] Technical Personnel to IBRD in Connection with Their Operation in Iran," March 12, 1952, DSCF 888.2553/3-1252 ; Memorandum of Conversation, "The Iranian Situation," September 19, 1952, DSCF 888.2553/9-1952 ; DOS to U.S. Embassy in London, #5294, February 10, 1953, *FRUS, 1952-1954*, 10 : 662-664.

[223] NIE 75, "Probable Developments in Iran through 1953," November 13, 1952, in PSF box 186, HSTL.

当事者「各々の判断」に委ねるとの立場を示した[224]。単純化するならば，国務省は，ボイコットの継続を支持する姿勢を示しながら，みずからがイラン石油のボイコットを強制する立場にはないことを公式に表明したことになる。

　国務省は，イランおよび英国政府に対しては公式見解が従来の政策を変更するものではないとの立場を取ったものの，米国系メジャーズに対しては公式見解が実質的な政策変更であることを認めている。つまり国務省は，イラン石油のボイコットを追認する立場から静かに後退し始めたのである[225]。公式見解が発表されたのは，ちょうど国務省がパッケージ提案として結実する米国の解決案への米国系メジャーズの協力を仰いでいた時期に相当する。おそらく国務省は，動的な石油秩序の可能性を垣間見せることによって，米国系メジャーズにパッケージ提案を受け入れさせるべく間接的な圧力を加えようとしたのであろう。

　このような国務省の姿勢の変化は，イランが石油をダンピング価格で輸出する可能性が浮上したことで，新たな意味を持ち始めた。確認できる限りでモサッデクがイラン石油のダンピングの可能性を具体的に口にし始めるのは，1953年2月になってからである[226]。しかし，1952年末までに，米国の政策決定者たちはイランが石油のダンピング輸出を行う可能性が存在することを認識していた。そして興味深いことに，彼らはイランによる石油のダンピングに必ずしも否定的ではなかった。NEAのヤーネガンは，この問題を検討する興味深いメモを残している。これまで石油価格を巡って米英両国とイランの間で折合いがつかなかったのは，イラン側が利益折半よりも好条件，すなわち高価で石油を販売しようとしたからであった。しかるに，イランが安価に，すなわち利益折半よりも不利な条件で石油輸出を再開するならば，そのようなイランに倣おうとする産油国は出現しないであろう。むしろ，安価なイラン石油に市場を奪われるような事態が生じれば，中東の産油国はイランに利益折半を受け入れるよう圧力を加えるかもしれない。また，イランのダンピングにより西側消費国は安価な石油を獲得できるこ

---

[224] Department of State, *Bulletin*, December 15, 1952 : 946 ; DOS to U.S Embassy in Tehran, #1371, December 6, 1952, DSCF 888.2553/12-652.

[225] Minutes of Meeting Held in Secretary's Office Tuesday December 9, 1952, 3:30 P.M., December 9, 1952, DSCF 888.2553/12-952. 12月6日の国務省声明の最初の原案は，11月4日にアチソンよりイーデンに示され，直後にイーデンは若干の修正を求めつつもアチソンの原案を基本的に了承している。DOS to U.S. Embassy in London, #3139, November 4, DSCF 888.2553/11-452 ; Eden to Acheson, November 8, 1952, DSCF 888.2553/11-852.

[226] U.S. Embassy in Tehran to DOS, #3184, February 14, 1953, *FRUS, 1952-1954*, 10 : 665-667.

とになり，この点でも米国政府がイランによるダンピングを制止する必要は無い，というのがヤーネガンの議論であった[227]。

ヤーネガンの議論は，利益折半原則に基づく協調的石油秩序を攪乱しない範囲内，すなわちイランの取り分が利益折半を下回る水準にとどまる限りにおいてという条件付きで，イランと買い手の間で石油価格を決定する動的で開放的な石油秩序が出現することを容認するものであった。そして，かかるヤーネガンの議論は，イランのダンピングを容認することがイランとメジャーズの間で利益折半方式の石油輸出協定を実現するという米国政府の一貫した目標を実現するための障害とはならぬとの国務省の認識の表れであったと考えられる。それゆえであろう，管見の限り，国務省内にヤーネガンの議論に対する否定的な見解は見られない。実際にモサッデクが石油のダンピング輸出の方針を明確にした後，米国政府はダンピングが紛争解決に資さぬとの否定的な見解をイラン側に示しつつも，それに反対するところまでは踏み込もうとしなかった[228]。これはちょうどパッケージ提案を巡る交渉が行き詰まり，米国政府が新たな紛争解決案を構想し得ぬ段階に突入する時期でもあった。モサッデクとの紛争解決を構想し得ぬ状況の下，米国の政策決定者たちは，それが米国の目標を損なうことはないとの見通しの下に，イランのダンピング輸出を実質的に容認する姿勢を取ったのである。

かくして塞がれずに残されることとなった動的・開放的な石油秩序に向かう経路に，敢えて身を投じ，成功を収めた数少ない事例が出光興産であった[229]。1953年4月に同社のタンカー日章丸がイラン産のガソリン・軽油を日本に陸揚げしようとしたとき，英国政府は，日本の外務省に抗議するとともに，国務省に日本政

---

[227] Memorandum from Jernegan to Acheson, "Mossadegh's Latest Position on Iranian Oil Agreement," January 2, 1953, DSCF 888.2553/1-253.

[228] DOS to U.S. Embassy in London, #5294, February 10, 1953, *FRUS, 1952-1954*, 10 : 662-664 ; U.S. Embassy in Tehran to DOS, #3752, March 18, 1953, ibid., 716-719 ; U.S. Embassy in Tehran to DOS, #4472, May 20, 1953, ibid., 727-728 ; U.S. Embassy in Tehran to DOS, #4524, May 25, 1953, ibid., 728-729.

[229] 出光興産のイラン石油輸入に関して，米国がそれを間接的に促進する役割を果たしたことは間違いない。12月6日の国務省声明が，出光興産が自社のタンカー日章丸をイランに派遣する大きな契機となったようである。また，日章丸にかけられる保険は東京海上火災保険会社が引き受けたが，英国の保険会社はイラン石油の購入にかかわる再保険を引き受けぬ申し合わせを行っており，さらに英国側に情報が漏れる可能性もあったため，東京海上は日章丸の保険をロンドンの再保険市場に出せなかった。しかし，米国の保険会社はイラン石油の輸入を問題視せぬ立場を取っていたため，東京海上は米国の保険会社と再保険契約を結んだという。読売新聞戦後史班編『日章丸事件』，144-147, 173-177頁。

府に圧力を加えるよう求めた。これに対して，日本の外務省は日本の行政当局が日章丸の積み荷を差し押さえる法的根拠は存在しないと回答し，国務省はイラン石油購入の是非は当事者の決定事項であるとの12月6日声明を根拠に日本政府に申し入れを行うことを拒否した[230]。AIOC が出光興産に対して起こした民事訴訟では，5月末に東京地裁で出光側が全面勝訴した。上級審の判断が出るまで未確定の一審判決ではあったが，AIOC の司法措置すらもイラン石油の輸入の障害とは必ずしもなり得ぬことが証明されたことになる。結果的に出光興産は，以後2年あまりの間に約80万キロリットルの石油製品をイランから輸入することとなった[231]。

しかし，出光興産を除けば，イラン石油の購入に乗り出したのはイタリア企業のみであり，世界市場に安価なイラン石油があふれ返るような事態は発生しなかった。かかる事態は，ある程度予想されていたはずである。イラン石油のダンピングに神経を尖らせていた英国政府の分析によると，1953年までに世界の石油市場は供給過剰状態になっており，イラン石油の大きな市場は残されていなかった。しかも，ボイコットに協力しているメジャーズの息のかかった輸送・販売ルートにイラン産石油が乗る可能性はなかったから，そのアウトプットにはおのずと限界があった。中長期的に世界的な需要が拡大する中で安価なイラン石油がシェアを拡大する可能性は残されているものの，当面はボイコットを概ね維持できる，というのが英国政府の読みであった[232]。前出の情報分析を想起するならば，米国政府も同様の見通しを持っていたことはほぼ間違いない。

かかる見通しに立ち，米国政府は，イランを協調的石油秩序に包摂するまでの暫定的措置として，動的・開放的な石油秩序につながる経路を敢えて塞がずに残していたものと考えられる。それゆえ，本論で述べたように，ザーヘディー政権の下でコンソーシアムとの交渉が進展し始めると，米国政府はイランと出光興産との協定延長に明確に反対する姿勢を取るようになる。協調的石油秩序は，動的・開放的な石油秩序と相容れない。コンソーシアムを通じてイランが協調的石

---

[230] British Embassy in Tokyo to FO, #463, April 25, 1953, *BDFA*, 5-B, 5：176 ; DOS to FO, April 29, ibid., 176.
[231] 読売新聞戦後史班編『日章丸事件』，308-311，385-386頁。東京地裁判決に先立ち，AIOC がイラン石油を輸入したイタリア企業に対して起こした民事訴訟でも，ヴェニスの裁判所はイタリア企業勝訴の判決を下している。
[232] FO to British Embassy in Washington, #482, April 22, 1953, *BDFA*, 5-B, 5：170-174.

油秩序に包摂される目処が立つと，米国政府は動的・開放的な石油秩序につながる経路を，たとえ小さくとも潜在的な攪乱要因と捉えるようになり，それを塞ぐ政策に転じたのである。

第Ⅱ部

西側統合政策の展開

第II部においては，1953年から1955年夏までの米国の西側統合政策の展開を追う。

1950年代の米国の中東政策を扱う先行研究においては，トルーマン政権期に米国が中東全域を西側陣営に統合することを目標とする地域的政策，すなわち西側統合政策を構想するようになっていたことは十分に認識されておらず，その結果，それがアイゼンハワー政権に継承されたことも当然ながら認識されてこなかった。すなわち，先行研究においては，アイゼンハワー政権が中東全域を対象とするMEC / MEDO構想を放棄し，当時「北層（northern tier）」と呼ばれた中東北部に政策の重心を移したとする説明が一般的であり，「北層」に対する政策とエジプトを中心とする中東南部に対する政策との関連も十分に考察されてきたとは言い難い[1]。

アイゼンハワー政権が，外交戦術および地域的政策プログラムに修正を施しながらも，西側統合政策の基本的な前提と目標をトルーマン政権から継承したことを実証することが，第5章の課題である。続く第6-8章では，所謂「北層」構想とされるものがアイゼンハワー政権の西側統合政策の一部分に過ぎなかったこと，換言するならば，同政権が引き続き中東全域を対象とする地域的プログラムの下に中東の南北に等しく関心を払い続けていたことに留意しつつ，1953-54年の西側統合政策の具体的な展開を追う。

アイゼンハワー政権の西側統合政策は，1954年末から1955年前半にかけて一段の変容を経験する。南部において英・エジプト紛争が解決された後，アラブ・

---

[1] 「北層」における最も重要な展開であるバグダード条約を扱う諸研究は，「MEC / MEDO構想から北層へ」という図式でほぼ一致している。Behçet Kemal Yeşilbulsa, *The Baghdad Pact: Anglo-American Defence Policies in the Middle East, 1950-1959* (London: Frank Cass, 2005); Persson, *Great Britain, the United States, and the Security of the Middle East*. イェシルブルサの研究は，とりわけバグダード条約の成立後については，同条約の発展に関心を集中させている。ペルソンは，北層と中東南部の両者に関心を向けているが，米国の政策がバグダード条約とアラブ・イスラエル紛争解決を目指す「アルファ計画」との間の二者択一に陥ったが如き解釈を示しており，中東全域を対象とする地域的政策の存在にまで関心が及んでいない。一方，「アルファ計画」に関する諸研究は，それと北層の関係を十分に考慮していない。Hahn, *The United States, Great Britain, and Egypt*, chap. 9; Shimon Shamir, "The Collapse of Project Alpha," in Louis and Owen, eds., *Suez 1956*, 73-100.

イスラエル紛争の解決を目指す具体的なプランとして「アルファ計画（Project Alpha)」が浮上するとともに，北部においてバグダード条約が締結されるからである。この時期を通じて，米国は英国との緊密な連携の下，アルファ計画とバグダード条約を西側統合政策の両輪として追求していくこととなる。しかしながら，西側統合政策には新たに重大な障害が発生し始めていた。それは中東域内，殊にアラブ世界内部の政治的分極化である。エジプトがバグダード条約を批判しアラブ世界内に親エジプト・反イラク連合を構築する動きを見せたのに対して，中東の親西側諸国はエジプトに対抗する親西側諸国のブロックを構築することを目指し始めた。第9-10章では，米英両国が，かかる域内政治の分極化に抗して西側統合政策の目標を追求しようとした，その具体的なプロセスを分析する。

第 5 章
アイゼンハワー政権と西側統合政策

1 「ニュールック」の射程

　1953 年 1 月 20 日に成立したアイゼンハワー政権は，20 年ぶりに誕生した共和党政権であった。大統領選挙の年である 1952 年，共和党の対外政策スポークスマンであり，アイゼンハワー政権で国務長官に就任することになるジョン・フォスター・ダレスは，トルーマン政権の「封じ込め」政策を米国の主導権喪失につながる受動的で危険な政策と批判し，それに代えて共産主義勢力に対する積極的な「巻き返し」を試みることで国際政治における米国の主導権回復を図るべきであると訴えていた[1]。かかるダレスの主張は，選挙を意識した党派的な議論という性質を帯びつつも，完全に選挙向けのレトリックというわけではなかった。ダレスは，ソ連の核戦力の増大に伴って，米国が強大な核戦力を背景に外交的リスクを取る余地が失われていく可能性を真剣に憂慮していた。そしてかかる懸念を抱いていたのはダレスのみではなかった。それゆえ，政権発足直後，アイゼンハワー政権の最上層部では，米国が核の優位を保持しているうちに海南島やアルバニアなどで象徴的な「巻き返し」を試みることによって西側陣営に「勝利の趨勢」を創出すべきであるとの議論が提起されることとなった。しかし，アイゼンハワー自身は，「巻き返し」政策に強く否定的であった。アイゼンハワーは，新政権の対外政策の大綱というべき「ニュールック（New Look）」政策の策定過程で，米国の核の優位の毀損を外交的危機と捉える議論を政策決定過程から巧みに排除することにより，対外政策の基本的スタンスを「封じ込め」に定位していった。結果的に，「ニュールック」が 9 月に NSC で正式に決定されるまでに，「巻

---

[1] John Foster Dulles, "A Policy of Boldness," *Life*, May 19, 1952 : 146-148, 151-152, 154-158.

き返し」オプションは退けられ，新政権の対外政策の基本線は「封じ込め」に再定位されることとなったのである[2]。

「ニュールック」については，ギャディスの古典的な研究がある[3]。ギャディスは次のように「ニュールック」を歴史的に位置づける。1947-48年にトルーマン政権が対ソ「封じ込め」を打ち出して以来，米国の対外政策の基本線は「封じ込め」に定位され続けた。しかし，目標と手段の関係という観点から分析すれば，「封じ込め」の内実は大きく振幅した。1947-50年のトルーマン政権は，米国の資源の有限性を強く意識し，米国の安全保障上不可欠と考えられた西欧と日本に集中的に資源を投下した。これに対して，朝鮮戦争勃発後にNSC 68を採用した後のトルーマン政権においては，世界のあらゆる地域を米国の安全保障上等しく重要であると考える傾向が強まった結果，資源の有限性への認識が後退し，財政規律が弛緩した。財政規律を強く意識するアイゼンハワー大統領の主導の下に形成された「ニュールック」は，通常戦力に比べて相対的にコストの低い核戦力への依存を強化することにより，米国の資源を浪費することなく「封じ込め」を維持することを目指した。事実，トルーマン政権最末期の1953会計年度に504億ドルに達していた連邦政府の国防関連支出（軍人恩給を除く）は，アイゼンハワー政権初期の1955会計年度には406億ドルまで減少する。政権第二期においては，弾道ミサイルの開発や配備のためのコスト増大等により国防関連支出は漸増していくものの，アイゼンハワー政権期を通じてそれが500億ドルを突破することはなかった[4]。ギャディスは，資源の有限性という観点から手段を限定することにより「封じ込め」を長期的な基盤に立脚させた戦略として，「ニュールック」を高く評価するのである。

筆者は，以上のようなギャディスの「ニュールック」に関する分析を基本的に

---

[2] Toru Onozawa, "The Search for an American Way of Nuclear Peace: The Eisenhower Administration Confronts Mutual Atomic Plenty," *Japanese Journal of American Studies*, no. 20 (2009), 27-46.「封じ込め」の再定位については，下記も参照。Robert Bowie and Richard H. Immerman, *Waging Peace: How Eisenhower Shaped an Enduring Cold War Strategy* (Oxford: Oxford U.P., 1998), chap. 8.

[3] Gaddis, *Strategies of Containment*, chaps. 5 and 6.

[4] *Historical Statistics of the United States, Millennial Edition*, vol. 5, 367. アイゼンハワーは，弾道ミサイルの開発についてはふんだんな予算の投入を容認したものの，実際の配備においては，第1世代ミサイルを抑制して第2世代ミサイルの重点化を指示するなど，支出抑制への意志を貫いた。Peter J. Roman, *Eisenhower and the Missile Gap* (Ithaca: Cornell U.P., 1995), chaps. 3 and 4.

妥当なものと考えている[5]。しかし，ギャディスの「ニュールック」分析の枠組みは，アイゼンハワー政権が個々の国や地域に対する米国の政策をどのように変化させたのかを考察する際にそのまま適用できるものではないことには注意する必要がある。そもそもギャディスは，対ソ戦略を軸とする米国の対外政策の全体的な枠組みの変化を分析しているのであって，個々の国や地域に対する米国の政策の変化を具体的に分析しているわけではない。また，ギャディスは，「ニュールック」の採用により，米国の「封じ込め」政策が，再び目標と手段の関連に配慮する枠組みに回帰したと理解する一方で，「ニュールック」を朝鮮戦争以前のトルーマン政権の「封じ込め」政策への回帰と捉えるわけではない。とりわけ注意すべきは，政権移行に際して，世界のあらゆる地域を米国の安全保障上等しく重要であるとするトルーマン政権の基本的な前提をアイゼンハワー政権が踏襲したことが，いわば周知の歴史的事実として，ギャディスの議論においては等閑に付されていることである。したがって，ギャディスの議論をもって，共和党政権への移行や「ニュールック」の採用により個々の国や地域に対する米国の政策が大きく変化したと前提することは出来ないのである。

「ニュールック」の軍事的側面における大きな特徴であった核兵器への依存の強化についても，それに伴う変化の射程を正確に捉える必要がある。まず，アイゼンハワー政権において核兵器への依存がことさらに強化されたという図式的理解を強調しすぎるべきではない。核兵器の大増産態勢の構築はトルーマン政権においてすでに着手されており，その際に米軍上層部は核兵器の戦術的使用をも視野に入れていた。また，これに関連して，アイゼンハワー政権が核兵器への依存強化によって縮減しようとしたのが，あくまでも米国の通常戦力であったことを確認しておく必要がある。アイゼンハワー政権は，米軍の兵員数を実際に削減したものの，米国が削減した通常戦力は同盟国の負担によって補われるべきであるとする基本的な考え方をとっていた。つまり，核兵器の大量配備によっても西側

---

[5] ただし，ギャディスを含むその後の研究が，アイゼンハワーの戦略観や先見性をことさらに高く評価している点については，大いに疑問がある。Onozawa, "The Search for an American Way of Nuclear Peace" 参照。筆者の立場は，「ニュールック」の財政的側面に分析を集中するスナイダーの研究や，アイゼンハワー政権の核戦略を批判するブランズの研究に近い。Glenn H. Snyder, "The 'New Look' of 1953," in Warner R. Schilling et al., *Strategy, Politics, and Defense Budgets* (New York : Columbia U. P., 1962), 385-456 ; H. W. Brands, "The Age of Vulnerability : Eisenhower and the National Insecurity State," *American Historical Review*, vol. 94, no. 4 (Oct. 1989) : 963-989.

陣営全体として通常戦力の大幅な縮減が可能になると考えていたわけではなかったのである。中東の全面戦争プランについては，核兵器の問題を含め，第7章第2節で改めて検討するが，ここでは，中東における軍事プランの発展もまたトルーマン政権期の議論の延長上に展開したこと，そして核兵器への依存強化が，中東においてはむしろ米国の軍事的役割の拡大という方向に作用したことのみを指摘しておく。

最後に，アイゼンハワー政権が公式の戦略ドクトリンとして打ち出した「大量報復（massive retaliation）」戦略について一言しなければならない。「大量報復」戦略は，あらゆる種類の侵略行為，すなわち通常戦力による小規模な侵略に対しても，米国が核兵器による「大量報復」を行う可能性を留保することを骨子とした。圧倒的な優位にあると信じられていたソ連の通常戦力に核戦力で非対称的に対応する姿勢を維持することで，米国は将来にわたってソ連の侵略を抑止するとともに同盟国の信頼を維持することが出来るというのが，「大量報復」戦略の背後にある計算であった。かかる戦略ドクトリンのコロラリーとして，アイゼンハワーは「限定戦争（limited war）」の可能性を繰り返し否定していた。ここでいう「限定戦争」は，大規模な通常戦力の長期的な投入を必要とする東西陣営間の戦争を含意しており，そこには朝鮮戦争のイメージが強く投影されていた。アイゼンハワーは，朝鮮戦争のような事態に際しても核報復を発動する姿勢を示すことで，北朝鮮の侵略のような事態を抑止できるとして，「限定戦争」に必要とされるような米国の通常戦力の縮小を断行していったのである[6]。

しかし，アイゼンハワー政権は，ソ連軍との直接的交戦を含まず，そして多くの場合短期間で終了するであろう「局地的戦争（local war）」を否定したわけではなかった。ここでいう「局地的戦争」は，「軍事介入」という語でイメージされるものに近い。米国の中東における局地的戦争プランの発展については，第13章第4節で検討するが，予備的に結論を示しておくならば，「局地的戦争」を是とする姿勢は，トルーマン政権末期以降，むしろ連続的に強まっていた。この点でも政権移行に伴う変化を強調することには慎重であらねばならないのである。

アイゼンハワー政権が打ち出した「ニュールック」や「大量報復」戦略が，前

---

[6] John L. Gaddis, *We Now Know : Rethinking Cold War History* (Oxford : Oxford U.P., 1997), 230-234 ; Campbell Craig, *Destroying the Village : Eisenhower and Thermonuclear War* (New York : Columbia U.P., 1998), chap. 4.

政権とは異なる新機軸であったことは間違いないが，それらが個々の国や地域に対する米国の政策に及ぼした影響は自明ではない。以下に見ていくように，アイゼンハワー政権はトルーマン政権の中東政策の最も基本的な前提と目標，すなわち西側統合政策を継承していくことになるが，このことは「ニュールック」への転換と何ら矛盾するものではなかったのである。

2 アイゼンハワー政権と中東政策

1) 政権交代直後の状況

　アイゼンハワー政権は，成立直後の1953年2月から，トルーマン政権期の中東政策文書 NSC 129/1 の見直しに着手した[7]。第2章で見たように，NSC 129/1 は，米国の中東政策を西側統合政策に定位した政策文書であった。政権交代後の最初期の検討作業において，現行政策の問題点や政策見直しの方向性等について，大統領や国務長官など政権上層部からの具体的な指示を確認することは出来ない。このことの意味は，中東以外の政策分野に関するアイゼンハワー政権最初期の動きと比較することで確認しておく必要があろう。たとえば，ダレス国務長官は，政権成立直後の1月末から2月初旬にかけて西欧諸国を歴訪し，西欧諸国首脳に米新政権が欧州防衛共同体（EDC）の設立を引き続き強く支持していることを明確に伝達するとともに，EDC条約の批准に向けた行動を促している。対西欧政策については，アイゼンハワー政権は前政権の政策を基本的に継承する姿勢を政権成立直後から明示していたわけである[8]。一方，最終的に「ニュールック」に結実していく，基本的安全保障政策（basic national security policy）の改定については，早くも2月中旬の NSC 会合において大統領自身が前政権の方針を抜本的に見直す方針を打ち出している[9]。このように，アイゼンハワー政権は，前政権から政策を継承する部分とそうではない部分を，政権成立直後から明瞭に区別していた。中東政策について修正方針が示されなかったことは，アイゼンハワー政権

---

[7] Editorial Note, *FRUS, 1952-1954*, 9: 375-376.

[8] Memorandum of Discussion at the 131st Meeting of the NSC, February 11, 1953, *FRUS, 1952-1954*, 5: 1579-1580.

[9] Memorandum of Discussion at the 131st Meeting of the NSC, February 11, 1953, *FRUS, 1952-1954*, 2: 236-237.

第5章　アイゼンハワー政権と西側統合政策　313

上層部が，それをただちに抜本的に見直す必要性を感じていなかった，あるいは見直しの方向性について明確な意図を持ち合わせていなかったことを，強く示唆しているのである。

　じつのところ，アイゼンハワー政権は，就任直後から，中東にかかわる個別的な政策について判断を迫られていた。第4章で見たように，イランとの間ではパッケージ提案を巡る交渉がまさに緒に就いたところであった。2月中旬には，チャーチル英首相が，大統領宛の書簡で，前政権最末期の対エジプト政策を巡る米英合意に言及しつつ，スエズ基地問題に関する米英共同提案を作成する作業を早急に進めるよう求めた[10]。同書簡への対応を協議したNSCでは，ダレスが英・エジプト双方の姿勢に楽観的な見方を示したのに対して，アイゼンハワーは英国がエジプト問題について米国を自陣に引き込もうとしているのではないかとの疑念を表明し，結局，前政権の英国側との合意を基本的に踏襲する以上には踏み込まぬことが決定された[11]。翌月に開催された米英外相会談では，アイゼンハワーの懸念が正鵠を射ていたことが明らかになる。イーデンは，英国政府はトルーマン政権末期の米英合意を正式に承認したわけではないとして，望ましくない協定を結ぶよりは現状を維持することを選ぶとする英国政府の対エジプト政策方針を説明し，ダレスに同調を求めた。これに対してダレスは，前政権末期の米英合意に盛られていた柔軟な対エジプト交渉姿勢を維持するよう強く求め，英国側の要請を事実上拒否した。結果的に米英外相会談は，エジプト問題については，当面，英・エジプト間の二国間交渉を継続し，それが失敗した場合に米国はより柔軟な提案を行う可能性を留保するという形で決着した[12]。アイゼンハワー政権は，対エジプト政策方針の変更を求める英国政府の主張を退け，前政権の政策を基本的に踏襲したことになる。

　一方，NSCの中東政策文書の検討作業への直接的な指示としては確認できぬものの，アイゼンハワーらは政権成立直後から，前政権のアラブ・イスラエル紛争に対する政策に強い不満を表明していた。アイゼンハワーとダレスはともに，

---

[10] Letter from Churchill to Eisenhower, February 18, 1953, *FRUS, 1952-1954*, 2：1989-1991.
[11] Memorandum of Discussion at the 133rd Meeting of the NSC, February 24, 1953, *FRUS, 1952-1954*, 2：1997-2000.
[12] U.S. Delegation Minutes of the Second Anglo-American Meeting, March 6, 1953, *FRUS, 1952-1954*, 6：907-917；Memorandum by the Secretary of State of a Meeting at the White House on March 6, 1953 at noon, ibid., 918-919.

アラブ・イスラエル紛争の解決が MEDO を有効に機能させるための必要条件であるとの認識を示し，英・エジプト紛争の解決後にアラブ・イスラエル紛争解決に取り組むべきであるとの見解を早くから英国側にも伝達していた。このことと関連して，アイゼンハワー政権上層部は，過剰にイスラエルを優遇したとして前政権を批判し，新政権はアラブ諸国とイスラエルに等距離で臨む決意を示していた。したがって，アイゼンハワー政権のアラブ・イスラエル等距離外交とは，実質的には米国の中東政策を親アラブの方向に修正することを意味していた[13]。アイゼンハワー政権上層部がアラブ・イスラエル紛争の解決を中東地域を西側陣営に統合するための必要条件として位置づけたことは，同政権の西側統合政策の展開に大きな意味を持つこととなる。

　NSC の中東政策見直し作業は，まずは文書の原案作成を担当する国務省および NSC 企画委員会（Planning Board）という実務者レヴェルで進められた[14]。国務省内で問題となったのは，トルーマン政権期と同様に，英国に対するスタンスであった。中東政策文書の原案作成を担当する近東・南アジア・アフリカ局（NEA）は，米英両国のインタレストが基本的に一致していることを承認しつつも，中東諸国で高まる反英感情が米国にも波及することを恐れ，米国が英国に拘

---

[13] Memorandum of Conversation by the Secretary of State, March 4, 1953, *FRUS, 1952-1954*, 9 : 2008 ; DOS to the U.S. Embassy in London., #5956, March 7, 1953, ibid., 2009-2010. アイゼンハワー政権の等距離姿勢表明後，イスラエル側は様々なレヴェルで政権に働きかけを行い，関係の疎遠化回避に努めた。Isaac Alteras, *Eisenhower and Israel : U.S.-Israeli Relations, 1953-1960* (Gainesville : University Press of Florida, 1993), 37-51.

[14] アイゼンハワーは，対外政策や安全保障政策の立案および政権内の意思統一を図る場として NSC を重視し，1953 年 3 月に NSC の機能強化を目指す機構改革を行った。NSC 企画委員会は，そのような文脈で，NSC 上級スタッフ（Senior Staff）を改組したものである。NSC 企画委員会は，国家安全保障担当大統領特別補佐官（Special Assistant to the President for National Security Affairs）を議長として，国務省，国防省，JCS，CIA などの次官補レヴェルの代表で構成され，NSC 文書の作成に当たった。NSC 文書は，多くの場合，企画委員会に参加する何れかの省庁が原案を起案し，それを NSC 企画委員会が検討および修正した上で，大統領を議長とする NSC 本体の検討に付された。本書で言及する中東政策文書は，すべて国務省が起案している。また，NSC の機構改革では，心理戦略委員会（Psychological Strategy Board）が活動調整委員会（Operations Coordinating Board：以下 OCB）に改組された。OCB は，国務次官，国防副長官，CIA 長官，国家安全保障担当大統領特別補佐官などで構成され，週に 1 度の会合で，NSC で決定された政策の進捗状況の検討などを行った。Memorandum for the President by the Special Assistant to the President for National Security Affairs, March 16, 1953, *FRUS, 1952-1954*, 2, part 1 : 245-257. アイゼンハワー政権の最初の国家安全保障担当大統領特別補佐官カトラー（Robert Cutler）によると，同政権第一期には NSC 企画委員会は週に 3 回，第二期には週 2 回の会合を持ち，会合は 3-4 時間に及ぶこともあったという。Robert Cutler, *No Time for Rest* (New York : Little, Brown and Company, 1965), 310-313.

束されることなく独自の政策を追求する余地を拡大するような文言を主張した。それに対して，欧州局（EUR）は，米英間の「根本的インタレスト」の一致を強調するとともに，英国の地位や影響力の急速な低下が中東に政治的な「真空状態」を作り出す危険性を指摘し，可能な限り英国の立場を支援する政策方針を主張した。しかし，EUR もまた，「安定し，自立し，親西側的な近東を創出するという長期的な目標を全面的に支持」していたのであり，「近東において英国への無条件の支持を与えるべきであると主張していたわけではな」かった[15]。NEA と EUR は，米国が英国と中東のナショナリスト勢力の板挟み状態に陥っているとの認識を共有し，かかるディレンマを克服することを中東政策の大きなテーマと捉える点で同じ立場に立っていた。エジプトやイランあるいは MEDO を巡る個別的な政策を含め，NEA と EUR の間の意見対立は，本質的な対立というよりも，程度や重点の置き方を巡る見解の相違であった。そして，かかる論争は，まさに前政権から引き継がれたものであった。

　7月に NSC 155/1 として採用されることとなるアイゼンハワー政権の中東地域政策 NSC 文書の最初の草案は，確認できる限りで，国務省から NSC 企画委員会に提出された3月17日付草案である[16]。3月17日付草案は，NSC 129/1 の叙述を全面的に刷新し，最終的に NSC 155/1 にまで引き継がれていくことになる文言をすでに多く含んでいた。それにもかかわらず，内容的に見るならば，同草案に示された中東への認識および地域的な政策目標は，NSC 129/1 のそれと大きく変わるところはなかった。中東地域において米国が直面している最大の問題は，「当該地域の政治的・経済的・社会的条件に根差す全般的な不安定」，および「反西側的ナショナリズム」の高まりと，それに伴う米国を含む「西側の威信と地位の失墜」にある。「これら地域全体に及ぶ不安定の顕在化は，自由世界の安全保障上の脅威」である。これらの認識を踏まえ，中東諸国の不安定と「アラブ世論における反米的潮流」を克服し，共産主義勢力による内部からの転覆や外部からの侵略に対抗できる強力な親西側的政府を実現することが，中東における全般的

---

[15] Memorandum from Bonbright to Byroade, "Revision of NSC 129 : United States Objectives and Policies with Respect to the Near East," February 25, 1953, in "Near and Middle East (NSC 155)" folder, Lot61 D167 ; Memorandum from Foster to Bowie, "The British Position in the Middle East : Intelligence Report No. 5980, October 2, 1952," June 1, 1953, in the same folder.

[16] Statement of Policy Proposed by the National Security Council on "United States Objectives and Policies with Respect to the Near East," March 17, 1953, in "Near and Middle East (NSC 155)" folder, Lot61 D167.

目標とされた。

　3月17日付草案は，かかる目標を実現するための政策方針として，従来の政策に2点ほど修正を加えていた。ひとつは，中東域内および中東諸国と西側諸国との間の紛争を解決することの重要性が従来以上に強調されたことである。具体的には，英・エジプト紛争に加え，アラブ・イスラエル紛争も解決すべき優先課題に含まれるようになった。前政権期にもアラブ・イスラエル紛争解決の必要性は指摘されていたものの，それが優先的に解決すべき課題と位置づけられたことは，新政権における変化であり，ここには間違いなく政権上層部の意向が反映されていた。もうひとつは，軍事・経済援助を従来以上に広範かつ積極的に活用する方針が打ち出されたことである。全般的には「西側インタレストを損なうことが最も少なく，安定した非共産主義指導層を実現する可能性が最も高い経路に政治的変化の過程を導くために」，より個別的には，国内治安の改善や防衛力の改善，MEDO の実現，アラブ・イスラエル紛争の解決など，多様な目標を追求するために，従来以上に柔軟に援助を活用する方針が打ち出されたのである。かかる方針の淵源は，政権上層部からの指示ではなく，1953年2月頃の国務省内部の政策検討作業に見出すことが出来る。言うまでもなく，軍事・経済援助はトルーマン政権期においてもすでに中東諸国に提供されていたが，それを従来以上に多様な目的を実現するために柔軟に活用するとの方針は，3月17日付草案に現れた新たな要素であった[17]。

　一方，3月17日付草案からは，NSC 129/1 において強調されていた中東「全域」という明示的な文言がほぼ姿を消していたが，このことが政策の変更を意図したものであったとは考え難い。前政権からの継続性は，同草案中の MEDO に関する記述から窺うことが出来る。米国は，「全中東諸国（*the* Middle East states：強調引用者）の政治的方針に影響を与えるとともに，当該地域の安定を増進し防衛を強化する手段として，MEDO，あるいはそれが不可能な場合には他の形態の集団防衛組織を設立する努力を継続する」。中東全域を西側陣営に統合するとい

---

[17] Memorandum by E. Gullion, "United States Policies and Programs in the Middle East and South Asia," February 25, 1953, in "Near and Middle East 1953" folder, Lot64 D563. 同文書では，早くもパキスタンの軍事力への大きな期待をも見出すことが出来る。また，トルーマン政権末期に米国から有償軍事援助の提供を打診されたイラクは，まさにこの時期に米国からの援助に関心を示し始めていた。U.S. Ambassador in Baghdad to DOS, #1158, March 22, 1953, *FRUS, 1952-1954*, 9: 354-355.

う目標は、3月17日付草案にも確実に継承されており、かかる地域的目標は引き続き MEDO に投影される形で語られ続けていたのである。しかし一方で、前政権末期の状況に拍車をかけて、MEDO の具体的なイメージは拡散し続けていた。3月17日付草案において MEDO は、一方で、その参加諸国に「主権国家として平等に参加している意識を抱かせる」ことによって中東諸国をパートナーとして西側陣営に政治的に取り込む手段と見做されていたが、他方では、短期的には中東防衛のための軍事プランを策定するための組織として、そして将来的には中東諸国に「地上防衛（land defense）の主要部分を……負担」させるために活用する枠組みとして位置づけられていた。これらのイメージは、相互に矛盾するものではなかったが、政策としての具体性を著しく欠いていた。まず地域全体を西側陣営に政治的に統合し、しかる後に域内諸国の軍事力を強化するという NATO モデルが、MEDO に込められた様々な構想を結びつけているという状況もまた、前政権から引き継がれていたのである。

　これに関連して注目されるのは、1953年春に国務省がこれまでとは全く異なる経路で MEDO を設立する可能性を考慮していたことである。それは、1950年にアラブ連盟諸国が締結した集団防衛・経済協力条約（通称 Arab League Collective Security Pact：以下、アラブ連盟防衛条約）を活用する形で MEDO を設立し、アラブ諸国の参加に期待するという、イラク首相ヌーリー・サイードが2月に提起したアイディアが元になっていた[18]。アラブ連盟防衛条約は、アラブ連盟加盟諸国を原加盟国としつつも、アラブ連盟とは別個の国連憲章第51条に基づく集団防衛組織という体裁を取っていた[19]。アラブ連盟防衛条約は1952年末までにようやく6か国（シリア、エジプト、ヨルダン、イラク、サウジアラビア、レバノン）が批准を終えた状態にあったが、条約に盛られていたようなアラブ諸国間の軍事協力や軍事機構の創設はなお実現していなかった。国務省は、アラブ連盟防衛条約において設立を予定されていた常設軍事委員会の軍事プランニング機能が MEDO 構想と重なり合うことに着目して、同条約を修正する形でアラブ連盟諸国が参加する MEDO を設立できると考えたのである。しかし、仮にアラブ連盟防衛条約を基盤とする MEDO が実現したとしても、非アラブ国家であるトルコ、

---

[18] DOS to U.S. Embassy in Baghdad, #892, March 6, 1953, *FRUS, 1952-1954*, 9: 350-352.
[19] Treaty of Joint Defence and Economic Cooperation among the States of the Arab League, April 13, 1950, Muhammad Khalil, ed., *The Arab States and the Arab League : A Documentary Record*, vol. 2, *International Affairs* (Beirut : Khayats, 1962), 101-105.

イラン、イスラエルを取り込むという別の課題が残る。そもそも、名指しはされていなかったものの、アラブ連盟防衛条約は事実上イスラエルを仮想敵国とする条約であり、修正の上とはいえそれを活用することは米国をアラブ・イスラエル紛争に巻き込むリスクをもはらんでいた。国務省は、これらの問題点やリスクを認識した上でなお、アラブ諸国を西側陣営と政治的に結びつけるメリットを選び、かかる奇抜なアイディアを真剣に考慮していたのである[20]。

このような国務省の姿勢は、もともとのMEDO構想が如何に実現困難な状況に陥っていたのか、しかしそれにもかかわらず米国の政策決定者たちが如何に強く中東諸国を西側陣営に統合するという地域的目標にコミットし続けていたのかということ、すなわち西側統合政策の目標と現実の間に生じたギャップを物語っていた。3月17日付草案に見られるように、西側統合政策の目標は引き続きMEDO構想に仮託されて語られていたが、MEDO構想はもはや具体的な政策プログラムとしての凝集力を失いつつあった。アラブ連盟防衛条約活用案は、かかる空隙を埋めようとする苦肉の策であった。結局、アラブ連盟防衛条約活用案が実際に追求されることはなく、そのことによって西側統合政策の目標を追求する具体的な方途は再び失われた。米国の政策決定者たちは、MEC／MEDO構想を触媒として形成されてきた西側統合政策を追求するために、MEDO構想に代わる政策プログラムを必要としていたのである。

2) ダレスの中東歴訪

アイゼンハワー政権上層部が政権発足直後に中東政策の改定方針を示さなかった理由のひとつは、5月にダレス国務長官の中東歴訪が予定されていたためであった。ダレスが中東の現場で得るであろう情報や感触をもとに、中東政策を修正するというのが、ダレス自身を含む政権上層部の思惑であったと考えられる。

5月9日から29日までの3週間あまりをかけて、ダレスは、バイロードNEA担当国務次官補らを伴い、エジプト、イスラエル、ヨルダン、シリア、レバノン、イラク、サウジアラビア、インド、パキスタン、トルコ、ギリシャ、リビアを歴訪した。米国の現職閣僚が、これほど多くの中東諸国を歴訪するのは初めてのこ

---

[20] Memorandum from Byroade to Matthews, "An Alternative Approach to Middle East Defense Arrangements," May 7, 1953, in "Near and Middle East 1953" folder, Lot64 D563 ; Telegram from the Department of State to Certain Diplomatic Missions, May 1, 1953, *FRUS, 1952-1954*, 9 : 364-371.

第5章　アイゼンハワー政権と西側統合政策　319

とである。ダレスは，出発前の時点での最新版であったNSC中東政策文書の5月4日付草案を携行していた。3月17日付草案以降，数次にわたる修正や補筆が繰り返された結果，5月4日付草案は，それぞれの政策課題にかかわる現状分析を含む32ページに及ぶ政策文書となっていたが，その論旨は3月17日草案からほとんど変化していなかった[21]。NSC中東政策文書の作成作業はここでいったん中断され，さらなる修正はダレスの中東歴訪の結果を待つこととされた[22]。

ダレスに最も強い印象を与え，そして米国の中東政策に恐らく最も大きな影響を与えたのは，最初の訪問地カイロにおけるエジプト指導部との意見交換であった。ナジーブ首相，次いで革命指導評議会（RCC）の代表としてダレスとの会談に臨んだナセルは，何よりもまず英軍のスエズ基地からの完全撤退を強く求めた。さらに両者は，有事の際のスエズ基地の再使用権の付与および将来的な中東防衛プランニングへのエジプトの参加には柔軟な姿勢を示したものの，エジプト国内世論を理由に，スエズ基地問題の解決後にも英国が参加するMEDOに参加するのは困難であるとの見通しを示した。如何なる理由であれ外国軍の駐留を容認するような政府はエジプトで存続することが出来ないと，彼らはともに力説した[23]。エジプト政府上層部の，英国の影響力を完全に排除せんとする決意の強固さ，そして外国軍の駐留に対する拒否感の強さは，ダレスの事前の予想を大きく上回るものであった。イーデン訪米時に明らかになった英国の強硬姿勢をエジプト政府要人たちが語るエジプト国民に深く根づいた反英感情と重ね合わせるとき，ダレスとカイロの米大使館スタッフは何らかの軍事衝突が発生する可能性すら排除できないとの結論に至った[24]。彼らの脳裏には，英・エジプト関係を決定的に悪化させる契機となった，1952年1月のカイロ炎上事件が去来していたに違いない。

しかしダレスは，いたずらに悲観的になることなく，次なる外交戦術を構想し始めていた。ダレスは，「既存のMEDO構想」をエジプトが受け入れる余地はないとの判断に大きく傾いていたが，一方でダレスの見るところ，英軍撤退後のス

---

[21] NSC Staff Study on "United States Objectives and Policies with Respect to the Near East," May 4, 1953, in "Near and Middle East (NSC 155)" folder, Lot61 D167.
[22] Memorandum from Cutler to Dulles, May 6, 1953, *FRUS, 1952-1954*, 9 : 376-377.
[23] Memorandum of Conversation Prepared in the U.S. Embassy in Cairo, May 11, 1953, *FRUS, 1952-1954*, 9 : 8-18 ; Memorandum of Conversation Prepared in U.S. Embassy in Cairo, May 12, 1953, ibid., 19-25.
[24] U.S. Embassy in Cairo to DOS, #2421, May 13, 1953, *FRUS, 1952-1954*, 9 : 25-26.

エズ基地の保守方法については紛争当事国間に妥協の余地があった。カイロから国務省本省に宛てた電文で，ダレスは「既成の防衛枠組みをエジプト人に押し付けようとする試みは完全に失敗するであろう」と断じ，その理由を次のように説明している。

> もともと MEC は，英国の司令部を国際的司令部に替えることでスエズ基地問題を解決しようとする見え透いた企てであった。この試みは失敗した。それ以降我々は，この当初の目論見を忘却し，……［MEC / MEDO］構想自体［の修正］に没頭してきた。我々は地域防衛の枠組み作りに向けて引き続き努力すべきであるが，政治的に受け入れ不可能な特定の構想を近い将来に［エジプトに］押し付けようとすることには意味がない。さらに，我々が早急に動くことが出来れば，別の手段によってスエズ基地に関する協定を実現することが出来ると信じている。（強調引用者）

当初の MEC 構想の出現過程についてのダレスの認識は正確ではないが，さしたる問題ではない。ここでダレスが語っているのは，米国政府がエジプトの MEDO 構想への忌避感をあまりにも軽視してきたことへの反省であり，かかる反省に立って，既存の MEDO 構想を断念した上でスエズ基地問題の解決に取り組むという新たな方針であった。これと同時に注目すべきは，ダレスが「地域的防衛の枠組み作り」を推進することを当然の前提として語り，「既成の防衛枠組み」を「押し付ける」のとは異なる形でそれを実現するという構想を抱き始めていることである。すなわちダレスは，MEC / MEDO 構想に仮託されていた地域的目標を断念することなく，スエズ基地問題の解決から切り離した形で，それを実現するための新たな政策プログラムを検討すべきであると考え始めていたのである[25]。

次いで，イスラエルと国境を接するアラブ諸国の訪問を終えた段階で，ダレスはアラブ・イスラエル紛争に関する暫定的な見解を本省に書き送った。近い将来に，アラブ・イスラエル紛争を解決できる見通しはない。それゆえ，当面はアラブ諸国の指導者たちが合意できる限定的な分野ごとに段階的に緊張を緩和していくしかない。これは悲観的な見通しではあったが，ダレスは，むしろここに新た

---

[25] U.S. Embassy in Cairo to DOS, #2423, May 13, 1953, *FRUS, 1952-1954*, 9 : 26-28（引用は p. 27）.

な外交戦術を着想しつつあった。アラブ・イスラエル紛争を個別的かつ段階的にしか解決できないとするならば，

> すべてのアラブ諸国に同様のアプローチを行う必要はない。このことから，イスラエルおよび西側とアラブ世界との関係改善のリーダーシップを担いうる可能性が最も高いのはエジプトであるとの確信に，我々は立ち至ったのである。

ダレスは，シリアの独裁者シーシャクリーにも一定の期待を寄せたものの，シリアとハーシム王家を戴くイラクおよびヨルダンとの関係が良好とは言い難いこと，そして「シーシャクリーのような独裁者がいつまで存続し，あるいは生存できるか定かではない」ことから，エジプトほどの期待は出来ないと評価していた[26]。

もともと，米国政府はアラブ世界における最も影響力の大きな国としてエジプトを重視し，自由将校団の革命政権を反共的な改革者として高く評価していた[27]。ダレスが最初の訪問国としてエジプトを選んだことはかかる評価の表れであり，エジプト政府指導部との会談でダレスが表明した革命政権への賛辞には，外交儀礼以上の意味が込められていたと見てよい。しかも，上記の引用から窺われるように，エジプト以外のアラブ諸国を訪問した後，ダレスは従来の評価をさらに一歩進め，エジプトを積極的に活用することによってアラブ・イスラエル紛争解決の突破口にしうるとのイメージを抱き始めていた。それは，まずエジプト・イスラエル間で和平を先行させ，他のアラブ諸国をそれに追随させるという，いわばエジプトを筆頭とする雁行型の紛争解決イメージである。旅の途上でダレスがこの問題にこれ以上深入りすることはなかったが，この雁行型イメージは，アイゼンハワー政権の西側統合政策のあり方に大きな意味を持つこととなる。

中東歴訪の後半で，ダレスは地域的政策に関するもうひとつの構想を膨らませていくことになる。それは MEDO に代わる新たな枠組みの可能性である。ダレスは，旅程の後半に訪問した，イラク，パキスタン，トルコでは，多くの親西側的な指導者たちと意見交換することが出来た。アラブ諸国の最後に訪れたイラクでの会談は，ダレスにとってそれほど刺激的なものではなかったに違いない。し

---

[26] U.S. Embassy in Baghdad to DOS, #1373, May 17, 1953, *FRUS, 1952-1954*, 9: 87-89.
[27] たとえば，5月4日付中東政策文書草案の関連箇所を参照。NSC Staff Study on "United States Objectives and Policies with Respect to the Near East," May 4, 1953, pp. 12-13, in "Near and Middle East (NSC 155)" folder, Lot61 D167.

かし，イラク建国にも携わった政治的実力者にして当時は国防相を務めていたヌーリー・サイードは，イラクの反共・反ソ的な立場を強調するとともに，中東防衛への協力姿勢を示した。彼は，すでに空文化していたサーダバード条約[28]を引き合いに出しつつ，中東北方の防衛を強化する必要性を訴えた。ダレスはヌーリーの提案には特段の反応を示さなかったものの，後にトルコ首脳との会談では，イラク指導部の親西側的な姿勢に高い評価を示している[29]。

パキスタンの指導者たちは，ダレスに強烈な印象を与えた。パキスタン政府首脳は，カシミールを巡るインドとの紛争を抱えていたにもかかわらず，それに拘泥する姿勢は見せず，むしろソ連の脅威を語り，西側陣営の一員として中東地域の防衛に積極的に協力する姿勢を示した[30]。これは，ダレスにとっては予想外の収穫であった。ダレスは，帰国前から，将来的に中東防衛の枠組みにパキスタンを参加させることを考慮し始め，さらにはそのような枠組みが実現する前にでもパキスタンへの支援を強化していくべきとの所見をワシントンに打電した[31]。

旅程の終わり近くに訪問したトルコでは，ダレスはその指導者たちがきわめて強固な親西側的立場を持っていることに意を強くした。トルコのNATO加盟を主導したメンデレス首相は，中東防衛のためにトルコ軍をさらに強化する方針を示すとともに，スエズ基地問題では英国の立場を強く支持した。ダレスとメンデレスは，現行のMEDO構想には実現の可能性がないとの認識でも一致した。しかし，ダレスは一点だけメンデレスの発言に強い留保を示している。メンデレスは，中東防衛へのアラブ諸国の参加を断念して，トルコを中東の防衛機構の基軸とすべきであると主張した。これに対してダレスは，トルコが果たすであろう重要な役割を認めつつも，アラブ諸国を中東防衛の枠組みから除外することには明確に反対する姿勢を示した。

イラクのような北方のアラブ諸国は［ソ連や共産主義に対する］危機意識を

---

[28] 1937年7月8日に，トルコ，イラク，イラン，アフガニスタンの間で締結された相互防衛条約。

[29] Memorandum of Conversation Prepared in U. S. Embassy in Baghdad, May 18, 1953, *FRUS, 1952-1954*, 9：90-94.

[30] Memorandum of Conversation Prepared in U. S. Embassy in Karachi, May 23, 1953, *FRUS, 1952-1954*, 9：121-124；Memorandum of Conversation by Lieutenant Colonel Stephen J. Meade, May 23, 1953, ibid., 131-134.

[31] Secretary of State to DOS, #802, Istanbul, May 26, 1953, *FRUS, 1952-1954*, 9：147.

持っている。正規の MEDO のような組織は樹立せずとも，我々が直面している［ソ連という］大きな脅威に対抗する意志と姿勢を有する特定のアラブ諸国には何らかの支援（some encouragement）を提供するのが望ましいのではないか[32]。

なお漠然とした形ながら，ダレスは，アラブ諸国を排除せず，そしておそらく MEDO 構想よりも緩やかな形で，中東の組織化を進めることを構想し始めていた。一方で，やや先回りすることとなるが，ダレスとメンデレスの間には，1955年以降に顕在化することになる中東の組織化を巡る米国とトルコのスタンスの相違が早くも出現していた。上記のダレスとメンデレスのやりとりの核心は，メンデレスが現に親西側的である諸国の組織化を主張したのに対して，ダレスがかかる排他的な組織化のあり方に反対したことにあった。もちろん，この段階では現実には中東諸国の組織化は全く進んでいなかったので，かかる立場の相違はなお観念的なレヴェルにとどまっていた。しかし，親西側諸国のみで組織化を完結しようとするメンデレスの排他的なイメージと，より緩やかな組織化を指向するダレスの開放的なイメージの間に相違が存在したことは，記憶にとどめておいてよい。

旅程の後半で会談した親西側的な指導者たちに対して，ダレスは，MEDO に代わる地域的防衛組織を構築する経路について，漠然としたイメージを語り始めていた。「如何に友好的で善意に基づくものであろうとも，域外の国々が提示する［地域的組織についての］青写真を［中東］地域諸国がそのまま受け入れることを期待することは出来ない」。「かかる［地域防衛］組織は，地域に根差したものでなければならない」。地域防衛組織が「成功するためには，それは域内諸国の強固な支持を獲得しておらねばならず，［そして］地域諸国は，各々の単独行動によるよりも連帯して集団的に行動することを通じて軍事力（strength）を獲得する方が，［それぞれの］最大限の国益を実現できると考えるようにならねばならない」。西欧諸国は，まさにそのような認識に立って NATO を実現した。中東でも同様に域内諸国がイニシアティヴをとるべきである[33]。このようにダレスは，中

---

[32] Memorandum of Conversation by the Counselor of Embassy in Ankara, May 26, 1953, *FRUS, 1952-1954*, 9: 137-147（引用は p. 144）.
[33] Memorandum of Conversation by the Counselor in Karachi, May 24, 1953, *FRUS, 1952-1954*, 9: 134-136.

東諸国の「内発的な (indigenous)」組織化を重視する姿勢を示し始めていた。MEC / MEDO に NATO のイメージが投影されていたことはこれまでに確認してきたが，その一方で，MEC / MEDO は，域外大国が構想を練り，それを中東諸国に提案する形で設立されることが想定されていた点では，NATO とは随分異なる構想であったことも間違いなかった。ダレスはいまや，中東の地域的組織もまた NATO のような内発的な発展経路を経なければ，恐らく実現しようがないし，実現したとしても強固な政治的基盤を獲得することは出来ないとの結論に至りつつあったのである。

3) 中東歴訪の総括

帰国直後の 6 月 1 日，ダレスは中東歴訪の結果を NSC に報告した。しかしながら，ダレスの NSC 報告は，彼が中東歴訪の途上で本省に送付していた報告や見解とは，矛盾するとまでは言えぬものの，いくぶん趣を異にするものとなった。

ダレスは，エジプト指導部がスエズ基地問題で強硬な姿勢を崩しておらず，さらにスエズ基地問題が解決されたとしても「エジプトの政治的・経済的な安定を実現するという大きな問題は，今後数年間は継続するであろう」ことを指摘した上で，「中東の軍事的防衛の基礎を打ち立てる上でエジプトを基軸国 (the key country) と位置づける我々の前提を捨て去るべきである」と論じた。これと対置されたのが，中東防衛に積極姿勢を示したトルコとパキスタン，さらに反ソ・反共の姿勢を明確にしたイラクとシリアであった。これらの諸国が中東の北部に位置していたことから，ダレスはこれらを「北層」諸国と呼んだ。ダレスは，中東を南北に分割して議論を展開した。北層諸国では，西側陣営との連携を求める気運が高まっているのに対して，エジプトを含む「より南の諸国は，それらを信頼できる同盟国へと転化しうる展望を示すような国際的環境を欠いている」。それゆえ，「MEDO の中心としてエジプトから事を始める従来の計画」よりも，「北層諸国による強力な防衛協定」を目指す方が現実的である，とダレスは新たな政策方針を説明した。地理的に明らかに北層に含まれるイランで石油国有化紛争が膠着状態にあることは明らかに大きな問題であった。しかし，ダレスは「もし我々がイランを救うことが出来れば」，北層で地域的な防衛協定を実現する展望がひらけてくる，と論じた。以上のようなダレスの方針に異議を唱える者はなかった。その結果，同日の NSC 決定では，「エジプトを基軸とする MEDO 構想

は現時点のプランニングの現実的な基礎ではなく，いまや米国は，パキスタン，イラン，イラク，シリア，トルコを含む北層を基礎とする地域防衛の構築に集中すべきである，との国務長官の報告」を，実質的に了承することとなった[34]。

　同日，ダレスは「近東に関する報告」と題する演説を，ラジオ・テレビ向けに行った。旅程に沿って訪問国から得られた情報や印象を列挙していく形を取ったこの演説は，スエズ基地を巡る英国とエジプトの紛争について英軍が撤退する原則には当事国双方が合意していると言及したこと，また，米国がイスラエル建国を支持したことによってアラブ世界において批判の的となっていると明言した上でイスラエルの譲歩によってアラブ・イスラエル紛争が打開されることに期待する姿勢を示したことなど，米国高官の演説としては異例ともいえるほど踏み込んだ内容を有した。そしてこの演説の末尾近くでダレスは，アラブ連盟諸国の多くがイスラエルや英仏との対立に関心を奪われ，ソ連や共産主義の脅威に関心を示していない状況では，「MEDOのような組織は近い将来に実現しそうになく，将来の可能性にとどまる (a Middle East Defense Organization is a future rather than an immediate possibility)」との認識を示した。その上でダレスは，中東の「集団安全保障システム」は「地域の内部から (from within)」成長しなければならず，かかるシステムは，ソ連に近く，それゆえソ連の脅威を認識している「北層」諸国から出現する可能性が高い，とのやや漠然とした展望を示すとともに，米国政府は「自由な諸国民」の側に立って防衛力を強化しようとする中東諸国を支援するとの方針を語ったのである[35]。

　たしかに，6月1日のダレスのNSC報告およびラジオ・テレビ向け演説は，エジプトを中心とするMEDOを事実上断念する方針を示すとともに，「北層」の組織化への期待を示す内容であった。多くの先行研究は，ダレスのこれらの発言に基づいて，アイゼンハワー政権が北層諸国のみを組織化の対象とするようになったと理解している[36]。しかしながら，先行研究の分析は，ダレスが中東歴訪

---

[34] Memorandum of Discussion at the 147th Meeting of the National Security Council, June 1, 1953, *FRUS, 1952-1954*, 9：379-386.

[35] Address by Secretary Dulles, "Report on the Near East," June 1, 1953, in Department of State, *Bulletin* (June 15, 1953), 831-835.

[36] Brian Holden Reid, "The 'Northern Tier' and the Baghdad Pact," in John W. Young, ed., *The Foreign Policy of Churchill's Peacetime Administration 1951-1955* (Leicester：Leicester U. P., 1988), 159-179（特に pp. 163 and 171）；Ashton, *Eisenhower, Macmillan and the Problem of Nasser*, 39-40；Yeşilbulsa, *The Baghdad Pact*, 15-20. 上記の諸研究は代表的なものであり，アイゼン

中に語り，あるいは考察したことの少なからぬ部分が，6月1日のNSC報告や演説から抜け落ちていることを見逃している。限られた時間で結論を導くことを求められるNSC会合における報告が議論を単純化していることは容易に想像できるが，とりわけ6月1日のダレスのNSC報告は，その後の一般向けの演説で語られたことと内容的に大差がない。かかる報告が新政権の地域的政策の全貌を語っているとは到底考えられない。ダレスの中東歴訪前後で米国の地域的政策に変更が加えられたことは確かであるが，変更がどのような範囲で行われ，どのような性質を有したのかを正確に把握するためには，6月1日のダレスの諸発言のみならず，中東歴訪中の彼の言動，そして6月1日以降の政策形成過程を仔細に検討することが必要なのである。

先述のように，ダレスは，中東歴訪中にMEDOを断念する方針を打ち出しながらも，「地域的防衛の枠組み作り」を引き続き推進する姿勢を示していた。問わねばならないひとつめの問題は，所謂「北層」構想と「地域的防衛の枠組み作り」がイコールであったのか否かという点である。6月1日のダレスの諸発言から抜け落ちているもうひとつの重要な要素は，地域的政策におけるエジプトの位置づけである。中東歴訪中のダレスは，ナジーブとナセルがMEDOを拒否する姿勢を示した後にも，アラブ世界におけるエジプトの重要性を疑うことはなく，それゆえにこそ，スエズ基地問題の解決は可能であると確信し，エジプトを筆頭とする雁行型のアラブ・イスラエル和平まで構想していた。6月1日にダレスがこれらに言及しなかったのは彼の変心を意味するものであったのか，そしてエジプトを中心とする中東の南部はアイゼンハワー政権の地域的政策において如何に位置づけられたのか。これが，問われるべきもうひとつの問題である。

これらの問題を考察する上でひとつの手掛かりとなるのは，「ダレス長官中東歴訪の総括」（以下，「総括」）と題された，国務省PPS作成の文書である。同文書の作成経緯は定かではないが，PPS室長に就任したばかりのロバート・ボウィ（Robert R. Bowie）が，6月1日にダレスがNSCで帰国報告を行った前後に，中東

ハワー政権において米国の中東政策の重点が北層に移行したとの図式は，他の多くの研究でも前提とされている。英国側を主たる分析対象とする諸研究は，米国の政策について明示的にかかる図式を示していないものが多いが，米国の中東政策を北層中心と見做す前提に立っている。W. Scott Lucas, *Divided We Stand ; Britain, the US and the Suez Crisis* (London : Hodder & Stoughton, 1991), 25-27 ; Devereux, *The Formation of British Defence Policy toward the Middle East*, 154-157.

政策に関するNSC文書を作成する準備作業の一環として作成したものと推測される[37]。ボウィは，文字どおりダレスの右腕として，国務省で重きをなす重要人物である。そのボウィがダレスの中東歴訪をどのように総括したのか確認しておくことは，その後の政策形成過程を検討する上でも有益である[38]。

「総括」は，NSC会合へのダレスの報告の要約にとどまらず，それらをより広範な政策課題と関連づけて整理している点に特徴があった。中東地域全般に関する最大の問題は，「国内的発展と地域的防衛力の条件である政治的安定」の欠如，そして中東諸国民をして「目前の諸問題へと関心を向けさせ，ソ連の脅威という基本的問題を軽視させる革命的精神」の高揚にある。エジプトのスエズ基地問題，アラブ・イスラエル紛争，イラン石油国有化紛争などの紛争が，「強力な排外主義」と「西側世界への不信」の原因となっている。以上のように現状を整理した上で，同文書は「我々は……特定の見返りを求めることなく，全体的状況の改善に努めなければならない」（強調引用者）と主張した。これらの表現の背後には，中東地域を一体と捉え，その全体を西側陣営に統合するという地域的な前提や目標が透けて見える。さらに「総括」は，ダレスがNSC報告ではあまり触れなかった英国との関係にも言及している。英国は，中東における威信を急速に喪失し，その理由の一端が米国の姿勢にあると考えている。しかしながら，英国の衰勢は，「我々がそれを食い止めようと努力しているにもかかわらず」発生しているのであり，「米英間に生じている国際的なパワーの変化」を反映している以上，避け難いものでもある。この点について米国は，「NATOの同盟関係の維持とソ連の支配を免れている小さからぬ地域の保持の二者択一を迫られる立場に追い込まれることを避ける」よう行動しなければならない。以上の分析は，ダレスの中東歴訪から得られた認識というよりも，トルーマン政権期のそれを引き継ぐものであった。ボウィは「ニュールック」の形成過程においても重要な役割を果たす，

---

[37] Memorandum on "Conclusion on Trip (Sec. Dulles' Trip to Middle East : May 11-May 29, 1953)," Prepared by RRB (Robert R. Bowie), June 1, 1953, in "Near and Middle East 1953" folder, Lot64 D563.

[38] アイゼンハワー政権の基本的安全保障政策である「ニュールック」の基本方針を定めた文書NSC162/2の作成過程においても，ボウィは，政権内の議論の混乱を収拾して，新政策の基本を「封じ込め」に定位するという，決定的に重要な役割を果たしている。Onozawa, "The Search for an American Way of Nuclear Peace," 27-46 ; Robert R. Bowie and Richard H. Immerman, *Waging Peace : How Eisenhower Shaped an Enduring Cold War Strategy* (Oxford : Oxford U.P., 1998), 139-141.

いわば新政権の政策刷新を象徴するような人物であるが、かかるボウィにおいても、中東の現状認識や問題の立て方について、前政権からの継続性が色濃く見られることには注目してよい。

　一方で、「総括」は、当然ながら、ダレスの中東歴訪を踏まえた新たな分析と政策方針も打ち出していた。最も重要な点は、中東の南北において政治状況に大きな差異が生じているとの認識であった。「アラブ諸国は現時点では複数の西側諸国が参加する防衛協定に正式に参加しようとしないであろうし、このことはソ連の脅威に敏感な北層諸国との間に危険な疎隔を生ぜしめている」。その上で「総括」は、中東の南北それぞれについての政策方針を示すが、その内容は、ダレスのNSC報告とは趣を異にしていた。北層地域について、「総括」は、「同［北層］地域諸国はもはや英国とフランスを真の大国とは感じていないゆえに、合衆国の行動如何が決定的に重要になるであろう」との分析を示した。しかし、そこには北層の組織化を優先するという記述はない。一方、中東南部について、「総括」は、アラブ・イスラエル紛争を解決あるいは緩和する必要性を強調するのみならず、米国がアラブ諸国とイスラエルに対して「真の公平」（強調原文）の原則に立ちつつ、イスラエルの存在を所与の現実としてアラブ諸国に受け入れさせ、「段階的に」緊張緩和に努めねばならない、との方針を示していた。6月1日のNSC会合においてダレスがアラブ・イスラエル和平について踏み込んだ説明を行っていなかったのとは対照的に、「総括」においては、アイゼンハワーやダレスが政権発足以来しばしば語っていたアラブ・イスラエル等距離外交の方針が言及されるとともに、アラブ・イスラエル紛争がエジプトやイランの紛争と同列に重要な解決すべき課題として位置づけられているのである。このことは、「総括」の方が、6月1日のダレスの諸発言以上に、ダレスやアイゼンハワーの意向を踏まえた文書であったことを強く示唆している。そして、ダレスの中東歴訪後にNSCの中東政策文書案に生じた変化を先取りして示していたのは、「総括」の方であった。

3　西側統合政策の継承

1) NSC 155/1 の成立

　ダレスの帰国後に作成された最初の NSC 中東政策文書案は，NSC 企画委員会が作成した 6 月 10 日付の案である[39]。この 6 月 10 日案が，アイゼンハワー政権の最初の中東政策 NSC 文書，NSC 155/1 の直接の祖先となる。

　6 月 10 日案において，先行する 3 月 17 日付草案や 5 月 4 日付草案から最も大きく変化したのは，MEDO 問題を含む中東防衛に関する記述であった。6 月 10 日案の第 5 段落は，次のような認識を記していた。

> 5. 西側陣営諸国（the West）が参加あるいは連携する近東諸国の組織は，同地域の安全保障と安定を恐らく向上させるであろう。しかし，英国・フランスと近東諸国の間の継続中の紛争や対立が解決され，イスラエル問題に起因するアラブ世界の強力な感情が少なくとも緩和するまでは，正規の防衛組織を通じてアラブ世界全体との協力を実現する可能性は低いと考えられる。

さらに「地域防衛」を扱う第 16 段落 b 項は，次のような方針を示していた。

> b. 合衆国は……西側諸国が参加（あるいは連携）し，同地域の政治的方向に影響を与え，国内の安定を増進し，防衛を強化するよう構想された組織に［中東］地域諸国を参加させる主導的な役割を担う。ただし，現時点でそのような組織の政治的基盤は存在していないため，［組織の設立に］先行してそれ［政治的基盤の構築］を実現しなければならないことを認識する。（強調引用者）

　これらの記述からは，MEDO 構想が否定されたのではなく将来に先送りされたこと，言い換えるならば，MEDO が中東地域を西側陣営に統合するための手段ではなく将来的に実現されるべき目標として位置づけ直されていることを読み取ることが出来る。そして，かかる方針転換は，ダレスがエジプト政府上層部との会談の後に示していた方針や，メンデレスとの会談の際に語っていた内容とも合

---

[39] Statement of Policy on "United States Objectives and Policies with Respect to the Near East," June 10, 1953, in "Near and Middle East (NSC 155)" folder, Lot61 D167.

致する。米国は,将来的にMEDOを実現することを期して,当面はそのための「政治的基盤」の構築に努力を傾注するというのが,6月10日草案の述べるところであった。この「政治的基盤」の構築が,具体的には,スエズ基地問題やイラン石油国有化紛争の解決,そしてアラブ・イスラエル紛争の緩和または解決を指すことは,上記の第5段落からも明らかである。

6月10日案では,とりわけアラブ・イスラエル紛争に関する記述が増加した。「アラブ諸国とイスラエルの間の緊張を早期に緩和して,最終的な和平を実現しうるような条件を創出すべく,政治的・経済的・心理的手段によって,我々の影響力を行使する」との方針,そして,政権上層部が政権発足当初から機会あるごとに語っていた,イスラエルをアラブ諸国よりも優遇しないとの方針が,NSC文書案に初めて登場した。文書案本体に付属するスタッフ・スタディにおいては,「今日に至るまで,アメリカのイスラエルとのパートナーシップは,合衆国が［イスラエルに］大量の援助と支援を与えながら［イスラエルから］ほぼ全く見返りを得られないという,不均衡な（lopsided）関係であった」との強烈な不満が表明され,今後は米国が,イスラエルの政策を改めさせるために「相当の影響力を行使」するとともに,「イスラエルの支持如何にかかわらず,アラブ諸国に軍事援助を提供する」との方針が明記された。また,スタッフ・スタディ第30段落には,次のような記述が見える。

> 30. 将来出現するであろう［中東の］防衛組織に全アラブ諸国およびイスラエルを参加させることが,我々の最終目標でなければならない。しかしながら,［アラブ・イスラエル間の］和平が存在せぬ状況においては,アラブ諸国は,イスラエルも［防衛組織の］加盟国となることを予想すれば,［防衛組織に］参加しようとしないという政治的現実を,認識しなければならない。

つまり,アラブ・イスラエル紛争の解決は,それ自体が目的なのではなく,将来的に「全アラブ諸国」とイスラエルが参加するMEDOのような地域的機構を創出するための「政治的基盤」の整備と明確に位置づけられていたのである。以上を整理するならば,6月10日草案は,中東南部において,まず英・エジプト紛争を解決し,次いでアラブ・イスラエル紛争を緩和あるいは解決し,しかる後にアラブ諸国とイスラエルがともに参加するMEDOを実現するという構想を打ち出していたことになる。

一方，6月1日NSC会合におけるダレス発言から想像されるような，エジプトから北層への関心の移行と呼びうる変化は，6月10日案には見られない。そもそも「北層」という表現すら，同案には現れないのである。ダレスの「北層」発言に対応するのは，「地域防衛」を扱う第16段落の以下の2つの下位段落のみである。

　　e. 自国を防衛する決意と西側陣営と協力する意志を信頼できる形で表明する国には，より正式なコミットメントを付与することを考慮する。

　　f. 米国の安全保障インタレストを増進し米国への信頼感を向上させるため，政治的安定と国内治安を改善し親西側的体制の維持に資するような現地勢力を支援するため，そして最終的に地域防衛を向上させるために，限定的な軍事援助を提供する。ソ連の脅威を最も切実に認識し，地理的にソ連の侵略経路に位置する国を選択する形で，我々は，この種の援助を提供する重要国（key states）を特定しなければならない。この点で，トルコ，イラク，シリア，イラン，パキスタンには，特段の考慮を払うべきである。

「ソ連の脅威を最も切実に認識し，地理的にソ連の侵略経路に位置する国」というのが，実質的に「北層」諸国に当たるが，同諸国のみに組織化の対象を限定するような記述は全く見られない。「自国を防衛する決意と西側陣営と協力する意志を信頼できる形で表明する国」には，南北の分け隔てなく，「より正式なコミットメントを付与」する可能性が開かれていた。「北層」諸国には，早期の軍事援助を提供する可能性が特記されていたものの，じつのところ，北層諸国は軍事援助においてすら特権的な地位を付与されていたわけではなかった。たとえば，6月10日案付属のスタッフ・スタディにおいては，スエズ基地問題の解決に資すると判断される場合には，エジプトにも軍事援助を提供する方針が明記されていた。北層諸国がエジプトなど中東南部と異なっていたのは，同諸国がすでに親西側的な指導者の下にあり，同盟の「政治的基盤」が整いつつあると判断されていた点であった。それゆえ，北層においては，軍事援助の提供や西側陣営への統合に向けた組織化を先行させることが展望されていたのである。しかしこのことは，MEDOのような中東全域を包含する防衛組織を実現するという最終目標を排除するものではなかった。

以上を総括するなら，6月10日案は，西側統合政策の目標を維持したままで，それを実現するための政策プログラムおよび外交戦術に修正を加えることを眼目としていたと理解することが出来る。6月10日案は，中東を親西側的な北部と，アラブ諸国およびイスラエルよりなる南部に分け，北部と南部でそれぞれの政治情勢に見合うと考えられた政策プログラムを遂行する方針を打ち出した。同盟の「政治的基盤」が出現しつつある北部においては，軍事援助を活用しつつ，何らかの形で組織化を開始する。一方，かかる「政治的基盤」を欠く南部においては，英・エジプト紛争およびアラブ・イスラエル紛争の解決を通じて，まず同盟の「政治的基盤」の構築に集中する。そしてこれら南北の動きは，最終的には中東全域を包含するMEDOのような組織，すなわち中東版NATOに結実するであろう。エジプトに受け入れられそうもない，そして政策プログラムとしての凝集力をすでに失っていたMEDO構想を放棄し，中東の政治的現実に即した形に西側統合政策のプログラムを再編することが，6月10日案，そして同案に明らかに大きな影響を及ぼしたダレスの意図であった。

これに関連して指摘しておくべきは，6月10日案においても，ダレスの構想においても，中東の南北の境界は必ずしも明確ではなかったことである。アラブ・イスラエル紛争が中東南部の問題と位置づけられていることからは全アラブ諸国が中東南部に含まれていたように考えられるが，たとえば前述の6月10日案第16段落f項ではイラクとシリアが中東北部に分類されている。かかる曖昧さを6月10日案の起草者やダレスが問題視していた形跡はない。中東を南北に分ける考え方は多分に便宜的なものであり，そのような意味でも，米国の関心が「北層」に傾注されたということはなかった。新たな中東政策のポイントは，同盟の「政治的基盤」を有している諸国とそうではない諸国を分けて，それぞれに適切な政策を遂行しようとする柔軟性に存した。

6月10日案は，NSC企画委員会による修正を経て，政策文書案NSC 155として7月9日のNSC会合に提出され，同会合で若干の文言の修正を施された上で，アイゼンハワー政権の最初の中東政策文書NSC 155/1として承認された[40]。これ

---

[40] NSC 155, "United States Objectives and Policies with Respect to the Near East," June 17, 1953, in "Near and Middle East (NSC 155)" folder, Lot61 D167. NSC155は，政策を列挙した本文と，より詳細な分析を提示するスタッフ・スタディに分かれたが，後者は6月10日案をほぼそのまま引き継いでいる。一方，前者は，引き続き英国の主張への配慮を求める国務省EURの主張を容れる形で，6月10日案の文言に若干の修正が加えられたが，表現上の修正にとど

までに検討した諸点について，6月10日案の内容はほとんど修正を受けることなく，アイゼンハワー政権で最初のNSC中東政策文書として承認されることとなったのである[41]。

以上の経過を俯瞰するなら，トルーマン政権期からの継続性を特徴とする3月17日付草案，その方針を大きく変更することなく記述を拡張した5月4日付草案に継承されていた地域的目標は，ダレスの中東歴訪を踏まえた6月10日案を経てNSC 155/1にまで継承されていたと見るのが妥当である。アイゼンハワー政権が，西側統合政策の目標や前提を継承しつつ，それを実現するための戦術や政策プログラムに修正を加えたことは，7月9日のNSC会合における大統領と国務長官の発言からも読み取ることが出来る。ダレスは，戦術的側面に議論を集中した。MEDOは「あまりに複雑で，あまりにNATOに類似しており，実現しないであろうことは明らかである。それに代わる［MEDOほど］正式でも壮大でもない構想が必要である」。ダレスは，「北層」諸国への期待感を示しつつ，「現時点では，この［北層］地域諸国との個別的な二国間の枠組みの方が，NATOをモデルとする枠組みよりも好ましい」と指摘するとともに，スエズ基地問題については「アラブ連盟やMEDO」のような多国間の枠組みを活用することは考慮せず，二国間交渉によって解決を目指すとの方針を語った。「要するに，新たな政策は，より控えめで，より現実的で，より結果に結びつきやすいものである」。しかし，これらの戦術変更の前提として，地域的目標は確実に前政権から継承されていた。そのことをアイゼンハワーは，彼独特の平易な表現で語った。「我々は，MEDO構想を我々の思考から完全に消し去ってはならない。将来，その可能性が開けてきたときに，それ［MEDO］を再検討すべきである」[42]。

中東全域を西側陣営に統合するという地域的目標は，いわば当然の前提としてアイゼンハワー政権の政策決定者たちに広く共有されていた。たとえば，1953

まり，政策の実質を大きく変更する性質のものではなかった。Memorandum from Byroade to Secretary of State, July 7, 1953, in the same folder.

[41] NSC 155/1, "United States Objectives and Policies with Respect to the Near East," July 14, 1953, *FRUS, 1952-1954*, 9: 399-406. 6月10日案から訳出した箇所で大きな変更を受けたのは，同草案第16段落e項に当たるNSC155/1の第16段落f項である。当該箇所は，下記のように変更されたが，それも政策の実質的な変更というよりも手続上の変更と見るのが適当である。
  f. 同地域における防衛枠組みに関して，より正式なコミットメント［を付与すること］が望ましいと考えられる場合には，適宜，提案をNSCの検討に付す。

[42] Memorandum of Discussion at the 153rd Meeting of the NSC, July 9, 1953, *FRUS, 1952-1954*, 9: 394-398.

年夏から秋にかけて「ニュールック」が基本的安全保障政策としてNSCレヴェルで政策化されていく途上で作成された中東地域に関する現状分析と政策の要約においては，「中東を，揺るぎなきほどに，そして紛うことなく西側陣営の側に身を置くまでに，軍事的にも経済的にも強化」することが目標として語られ，米国の個別的な政策は，中東に西側陣営の「政治的・経済的・軍事的により強固な地位（a position of greater political, economic, and military strength）」を確立することを目指して策定および遂行されねばならない，と簡明に述べられている[43]。かかる政策方針の中に，政権交代に伴う大きな変化を見出すのは難しい。

さらに，米国政府内では，統合参謀本部（JCS）および国防省が，MEC / MEDOに準じる組織の必要性を引き続き強く訴えていた。中東を対象とする軍事プランニングは，すでにNATOの枠組みで，CINCSOUTHの統括の下，米・英・土の制服組の間での非公式な意見交換や調整という形で進行しつつあった。しかしJCSは，「軍事的観点から」，将来的に，MEC / MEDO構想で想定されていたような，中東諸国の軍事力を統合して運用する多国間の軍事同盟が必要になるとの立場を崩さなかった[44]。一方，軍事援助を所管する官庁として，国防省は新たな中東政策を二段階よりなるものと理解していた。現状は第一段階で，中東防衛への地域諸国の参加に向けた「好ましい趨勢（favorable climate）」の醸成に努める段階である。この「好ましい趨勢」は，NSC 155/1で言うところの「政治的基盤」と読み替えて差し支えなかろう。第一段階の軍事援助は，西側陣営の軍事プランニング等への中東諸国の参加を促す上で「好ましい政治的・軍事的環境」を創出することを目標として，二国間ベースで提供される。この段階の軍事援助は，対象国の国内治安の改善や，将来の本格的な軍事力整備のための基盤づくりに貢献すべきものとされていたが，実質的には西側陣営との連携強化，すなわち西側統合政策への協力に対する報償として機能することが期待されていた。第二段階においては，中東全域において親西側的な政治潮流が優勢となり，多くの中東諸国が西側陣営の軍事プランニングに参加している状況が想定されていた。この段階に至って初めて，中東に対する軍事援助は，地域的な軍事計画に沿って各

---

[43] Memorandum by F. Wilkins, "How to Create a Position of Strength in the Middle East," September 17, 1953, in "Review of Basic National Security Policy, Preview to NSC 162, Aug-Sep., 1953" folder, Lot64 D563.

[44] Memorandum from F.F. Everest (for the JCS) to the Secretary of Defense, "Defense Arrangement for the Middle East," August 11, 1953, in "Near and Middle East, 1953" folder, Lot64 D563.

国の軍事力を強化することを目指す段階に到達するであろう[45]。そして国務省とJCSが，かかる第二段階において，中東にもNATOのような多国間組織が結成されていることを想定していたことは間違いない。

　以上のように，アイゼンハワー政権は，中東全域を西側陣営に統合するという地域的政策の目標をトルーマン政権から継承していた。政権交代に伴って変化したのは，それを実現するための政策プログラムと外交戦術であった。図式的に整理するなら，アイゼンハワー政権は，北部と南部に時間差を設ける政策プログラムを展開しようとしていた。すでに同盟の「政治的基盤」が構築される途上にある北部においては，組織化を通じて西側陣営との統合強化が目指されるであろう。一方，南部では，当面はかかる政策の前段階として，英・エジプト紛争とアラブ・イスラエル紛争を解決することにより，「政治的基盤」を構築することが課題となるであろう。北部と南部の何れにおいても，当面は二国間の軍事援助が報償として活用されることとなるであろう。そして，かかる段階を経て，いずれ南部は北部に追いつき，すでに北部で進行しているであろう組織化に，全アラブ諸国とイスラエルも参加していくことになるであろう。その結果出現するのは，その全域が西側陣営に統合された中東であり，それを制度的に支える枠組みたる中東版NATOである。

　アイゼンハワー政権の西側統合政策は遠大なプロジェクトであった。しかし，以下に見ていくように，1950年代中葉，米国の政策決定者たちは，間違いなく，かかるプロジェクトの実現を目指して中東政策を展開していくこととなるのである。

2）英国政府の反応

　アイゼンハワー政権の成立からNSC 155/1の承認に至るまでの間，新政権の地域的政策について，米国側から英国側への説明が行われた形跡は無い。その結果，英国政府は，新政権上層部の発言や，ダレスの中東歴訪を，期待と不安の入り交じった想いで眺めることとなった[46]。MEDOの棚上げ方針を明確にした6月1日

---

[45] Memorandum from Secretary of Defense to Secretary of State, August 17, 1953, *FRUS, 1952-1954*, 9：408-409.
[46] 1953年4月初旬，メイキンズは，ダレスの中東歴訪完了まで米新政権の中東政策が確定することは無いとしながら，その方向性を予想している。メイキンズは，アイゼンハワーとスミス（Walter Bedell Smith）国務次官という将官が政権入りすることによって，英国の中東

のダレスの帰国報告演説も，英国側への事前通知なしに行われた。メイキンズ (Roger Makins) 駐米英大使は，演説をラジオ放送で聞き，演説中で「帝国主義」などの語が使用されていたことから，「演説の全般的な調子は，残念ながら，我々の立場を改善するのに資することにはならぬであろう」との感想を本国に報告した[47]。

確認できる限りでは，米国政府の新たな中東政策が英国側に初めて説明されたのは，ダレス演説から2週間以上経過した，6月17日のヤーネガンNEA担当国務副次官補とビーリー (Harold Beeley) 駐米英大使館参事官との会談においてであった。会談でヤーネガンは，アイゼンハワー政権が，「アラブ諸国の政治的状況」に鑑みて，MEDO構想を推進することは不可能な情勢にあり，同構想は「当面の間，棚上げとせざるを得ない」との判断に至ったと説明した。続けてヤーネガンは，新政権の新たな中東政策として，米国が当面，「防衛問題について西側と最も積極的に協力しようとしている諸国と，個別的に」関係を強化していく方針であること，同時に，英国およびトルコとの軍レヴェルの中東軍事プランニング作業を推進していく方針であることを説明した。これに対してビーリーは，MEDOの棚上げには英外務省も同意するであろうとの見通しを示すとともに，軍事プランニングを巡る米英の協力関係の継続を歓迎する姿勢を示した[48]。

かかる米国側からの説明を受けた後，対応を検討した英国政府は，米・土との軍事プランニングが継続される限り，MEDOの棚上げは，英国の中東政策に大きな支障を及ぼすことは無いとの判断に至った。この問題について，英参謀本部 (COS) は次のように論じている。MEDOを通じて英国が追求しようとしていた目標は，(a) エジプトを含むアラブ諸国が中東防衛に参加する枠組みを提供すること，(b) 米国の中東防衛へのコミットメントを獲得すること，(c) 同盟国間の

における軍事的必要に関する米国側の理解を深める方向に働くのではないかとの期待を示しつつも，新政権が米国内外のユダヤ人の政治的影響を排して親アラブ的な政策を追求しようとしていることを指摘した。その上で，新政権の下でも米国はアラブ側の要求と英国との全般的同盟関係および英国の中東における軍事的プレゼンスとを両立させられぬというディレンマから逃れることは出来ないであろう，とのきわめて冷徹な分析を示した。Roger Makins to Anthony Eden, April 3, 1953, in FO371/102731/JE10345/6G.

[47] British Embassy in Washington to FO, #1173, June 2, 1953, in FO371/104257/E10345/22. しかし興味深いことに，メイキンズは，ダレス演説中の個別的な論点については「ほぼ異論はない」と本省に報告している。

[48] Memorandum of Conversation by Jernegan, "American and British Attitudes on Middle East Defense," June 17, 1953, *FRUS, 1952-1954*, 9: 389-390.

中東防衛に関する軍事プランニングを推進すること，の3点であった。しかし，(a) および (b) については，MEDO 構想の存否にかかわらず，当面は実現できそうにない。それゆえ，(c) が MEDO 設立如何とかかわり無く推進されるのであれば，MEDO の棚上げは英国の中東政策に支障を来たさない，というのが COS の結論であった[49]。英国政府は，MEC 構想の最初期からその軍事的機能を重視してきたが，MEDO 構想の棚上げに際してもかかる姿勢に変化はなかった。一方，後に見るように，英国政府は米国と共同で中東防衛のための軍事プランニングを行うことに強い執着を見せていくことになる。英国政府は，MEDO なきあと，上記 (b) および (c) を追求する手段として，米英共同の軍事プランニングを重視するようになったのである[50]。

NSC 155/1 の承認後，7月中旬に行われた米英外相会談(イーデンの病気療養中に外相を兼務していたチャーチルが6月下旬に発作で倒れたため，英国側は枢密院議長ソールズベリ卿(Robert Arthur James Gascoyne-Cecil, Fifth Marquess of Salisbury)が外相代理を務めていた)において，ダレスは，エジプト問題を巡る議論——第6章第4節で再び取り上げるように，少なくとも表向きは米英間に激しい衝突があった——の途上で，米国の地域的政策を平易な言葉で語っている。ここでダレスは，中東の防衛組織は「エジプトに基盤をおくのか，(トルコ，パキスタン，あるいはイランという) イスラム中核諸国 (a Moslem nucleus) に基盤をおくのか，後者の方が好ましいとは思うが，何れでも構わない」(括弧書き原文)とした上で，「地域的な防衛組織を構築することが，引き続き我々［米国］の目標であるが，それは大文字の組織名を持たぬ MEDO のような組織 (a MEDO without the capital letters)」となるであろうと語った。つまりダレスは，中東諸国の組織化の起点としてエジプトよりも「北層」に期待する姿勢を示しつつも，将来的に MEDO のような「地域的な防衛組織」を構築する目標を引き続き追求する方針を明言しているのである[51]。同じ時期，アイゼンハワーも，ソールズベリ卿との会談で，「すべての中東諸国を自由世界の側に糾合したいとの希望を，きわめて概括的に語っ

---

[49] DEFE 5/46, COS(53)287, "Middle East Defence Organisation," June 19, 1953, *BDEE*, B4-3: 64-66.

[50] DEFE 4/63, COS 79(53)4, June 23, 1953, "Middle East Defence Organisation," *BDEE*, B4-3: 66-67.

[51] Minutes of the Second Meeting of the Foreign Ministers of the U.S. and U.K., Washington, July 14, 1953, *FRUS, 1952-1954*, 5: 1675-1686 (引用は p. 1684)。

た」[52]。ソールズベリ卿を含む英国の政策決定者たちは，ダレスが6月1日のラジオ・テレビ演説で「北層」への関心を強調していたことを当然記憶していたであろうし，前述のヤーネガン・ビーリー会談の情報から，米国政府が「北層」に関心を移したと判断していたとしてもおかしくはない。それにもかかわらず，7月中旬にダレスとアイゼンハワーが，再び中東全域を西側陣営に統合するという目標を相次いで語ったことに，英国側が疑問や違和感を抱いた形跡はない[53]。

英国側が，アイゼンハワー政権が西側統合政策を継承したことに違和感を感じなかったのは，ひとことで言えば，それがもはや当然の前提として受け止められていたからであろう。1953年夏の時点で，英国政府にとって中東を巡る米英関係の最も緊要なる焦点はエジプトにあった。当時，英国政府は，8月に予定されていたスエズ基地を巡る英・エジプト間の直接交渉の再開までに，米国政府から英国の立場への支持を確保し，出来る限り英米が一枚岩であるかのような外観を演出しつつ，エジプトとの交渉に臨むことを目指していた。7月の米英外相会談においても，中東を巡る協議においても，エジプト問題が他を圧倒する比重を占めた[54]。米英両国がエジプト問題に多くの関心を割いている折に，英国の政策決定者たちが，米国政府の関心が「北層」に移行したと誤解する余地は無かったはずである。

そして，もし仮に英国政府がかくの如く米国の中東政策を誤解していたとするなら，米英間には新たな波風が立っていた可能性が高い。第2章末で見たように，1953年夏の時点で英国の中東軍事戦略はレヴァント＝イラク戦略に移行し，英国政府は北層からエジプトに至る広範な中東諸国からの協力を確保する必要があると考えるようになっていた。英国政府は，レヴァント＝イラク戦略を実現するために，米国の西側統合政策と大きく重なり合う中東政策を採用し始めていたのである。したがって，もし仮に英国政府が，米国が中東全域を対象とする地域的機構を断念して「北層」のみを対象とする地域的機構を目指し始めたと理解して

---

[52] British Embassy in Washington to FO, #1517, July 15, 1953, in FO371/102732/JE10345/22.

[53] 14日の会談に関するソールズベリ卿から外務省への報告，および後日作成されたと思われる英国側の詳細な会談記録には，何れもダレスの発言は残されていない。British Embassy in Washington to FO, #1516, July 15, 1953, in FO371/102732/JE10345/21 ; United Kingdom Record of Anglo-American Conversations Held in the State Department, Washington, July 14, 1953, at 10:30 A.M., in FO371/102732/JE10345/28.

[54] Minutes by Roger Allen, April 11, 1953, in FO371/102731/JE10345/6G ; FO to British Embassy in Washington, #2780, July 13, 1953, in FO371/102731/JE10345/15G.

いたならば，そのことを何の抵抗も無く容認できたとは考え難い[55]。つまり，将来的に中東全域を対象とする MEC／MEDO のような組織の樹立を目指すというアイゼンハワーやダレスの発言は，いわば当然の方針表明として英国側に受け入れられた可能性が高いのである。おそらくアイゼンハワーやダレスにとって，西側統合政策の目標を継承することはごく自然なことであったし，英国政府としても，それは改めて確認する必要のない半ば自明の前提であったというのが実情であろう。

次章以降で見ていくように，「北層」諸国を巡る米国の政策は，しばしば英国側の疑心暗鬼を惹き起こすこととなる。1953年から翌54年初めにかけては，トルーマン政権期の対イラン政策を巡るような激しい対立ではないにせよ，中東の様々な問題を巡って米英間に少なからぬ軋轢が生じた時期であった。それにもかかわらずこれらの軋轢が何れも深刻化することなく解消に向かっていく理由のひとつは，中東全域を西側陣営に統合するという西側統合政策の目標について米英間に緩やかなコンセンサスが存在していたことに求めることが出来ると考えられるのである。

3）西側統合政策の理論的位置づけ

トルーマン政権からアイゼンハワー政権に西側統合政策が継承されたことを，理論的には如何に捉えるべきであろうか。実証的なアメリカ外交史研究においては，どちらかといえば政策の継続性よりも変化や断絶に多くの関心を払う傾向があり，とりわけ政権をまたいでの政策的継続性を叙述する適切な分析概念が構築されてきたとは言い難い状況にある。

ここで思い当たるのは，政権交代によって変化せず，政権を超えて受け継がれる一連の政策方針を「国益（national interest）」と呼ぶことを提唱した，政治学者スティーヴン・クラズナー（Stephen D. Krasner）の研究である[56]。本書の描く西側

---

[55] DEFE 5/47, COS(53)316, "Middle East Defence Organisation," July 1, 1953, PRO；DEFE 5/47, COS(53)330, July 9, 1953, "Israel and Middle East Defence : Discussions with the Americans," July 9, 1953, PRO.

[56] Stephen D. Krasner, *Defending the National Interest : Raw Materials Investments and U.S. Foreign Policy* (Princeton : Princeton U.P., 1978), 31-34, 43-45, 329-330. クラズナーの研究は，米国の天然資源に関する対外政策をケーススタディとして，社会に対する国家の行動の自律性を実証し，国家を社会に従属するものと捉えるマルクス主義国家論と多元主義国家論に批判を加えるものである。本書を含む実証的な外交史研究においては，政策決定者が社会から一定程

統合政策は，政権を超えて受け継がれる政策方針という属性がクラズナーの「国益」概念に一致する。しかしながら，米国の中東政策には，中東石油の安定供給の維持，および中東へのソ連・共産主義の影響力の拡大阻止というような，NSC政策文書に明示的に書き込まれるレヴェルの，いわば基幹的な「国益」と呼び得るものが存在していた。これらの基幹的な「国益」と西側統合政策をともに「国益」として位置づけることは，いたずらに議論を混乱させることにつながるであろう。

本書は，理論的なモデルを構築することを目的とする研究ではないから，理論的な厳密性よりも，歴史的事実に即して米国の中東政策の展開をよりよく把握するための枠組みとして，西側統合政策を捉えることとしよう。西側統合政策は，政権交代を経ても変化しない点でクラズナーの「国益」概念と共通する属性を有するが，それは「国益」そのものというよりも，基幹的な「国益」を具体的な政策へと翻訳する媒介物であり，具体的な政策の内容や形態に外枠を定めるものであった。敢えて抽象的に表現するなら，西側統合政策は，中東を対象とする政策の総和ではなく，それらの内包であったと述べることも許されよう。

西側統合政策の核には中東全域を西側陣営に統合するという目標が存在した。また，西側統合政策の内容には，かかる目標を西側陣営と中東諸国との間の対等なパートナーシップ，すなわち何らかの同盟関係として実現すべきであるとする，目標実現の形態が含まれた。さらに，西側統合政策の前提には，ナショナリスト勢力を含む中東諸国民と西側世界との間には共通のインタレストの基盤が少なくとも潜在的に存在し，それゆえかかる共通のインタレストの基盤を構築することが可能であるとの，米国の政策決定者たちの前提や信念が存在していた。平易な言い方をするならば，西側統合政策とは，トルーマン政権からアイゼンハワー政権へと引き継がれた，米国の政策決定者たちが抱く中東の理想像であるとともに，彼らがかかる理想を実現すべく政策を策定し遂行する際の思考や行動の様式であった。

以上のように西側統合政策を捉えるとき，MEC／MEDO構想が放棄されたにもかかわらず，西側統合政策がトルーマン政権からアイゼンハワー政権に継承されたという，本書の議論は了解され得るであろう。以下に見ていくように，西側

度の自律性を保持しつつ対外政策を形成していくことは，いわば所与の前提である。

統合政策の具体的な政策プログラムは，中東の政治情勢の変化に伴って，これ以降も変容していく。しかしそれにもかかわらず，如上の地域的目標や前提，そして未来の中東の理想像が存続する限り，西側統合政策は，その命脈を保つこととなるのである。

第6章

西側統合政策の展開（1）
――1953-54年――

1 イラン――非合法介入と西側統合政策

1）モサッデク政権打倒クーデタと西側統合政策

　1953年8月15-19日，2度にわたって実行されたクーデタにより，モサッデク政権は崩壊した。このモサッデクを打倒したクーデタが，米国の中央情報局（Central Intelligence Agency：以下 CIA）と英国の秘密情報部（Secret Intelligence Service：SIS，通称は MI6）の主導により実行されたことは周知の事実である。米英の非合法介入の実行過程は，まず介入計画の当事者たちの回顧録によって知られるところとなり，その後，断片的ながら介入計画を総括した CIA の公文書が公開されたことで，その大略が明らかになっている[1]。先述のように，英国政府は

---

[1] 本節の叙述は，この問題に関して最も信頼されているガシオロウスキの研究を適宜参照している。Gasiorowski, *U.S. Foreign Policy and the Shah*, 74-84. この秘密工作に関して利用できる一次史料はきわめて限られるが，ジョージ・ワシントン大学のナショナル・セキュリティ・アーカイヴズが機密解除に成功した，1954年3月作成の CIA による総括文書が最もまとまったものである。Clandestine Service History, "Overthrow of Premier Mossadeq [*sic*] of Iran, November 1952-August 1953,"（以下 Overthrow History）available at http://www.gwu.edu/~nsarchiv/NSAEBB/NSAEBB28/#documents (accessed on December 30, 2012). 本文書の作成者であるドナルド・N・ウィルバー（Donald N. Wilber）は，秘密工作の計画策定段階から参加したインサイダーであり，その点で本文書はきわめて重要な一次史料である。しかし，ウィルバーは秘密工作が実行された1953年8月15-19日にかけてイラン現地に滞在していたわけではなく，さらにこの期間にはテヘランの CIA 拠点からワシントンや情報の中継基地が置かれていたキプロスのニコシアへの連絡がほとんど行われなかったことは本文書中にも記されている。これらの事情を勘案すれば，8月15-19日に関する本文書の劇的な叙述は，テヘランで秘密工作を指揮したカーミット・ローズヴェルトらの記憶に基づいて作成されたと考えられ，その点のバイアスは意識しつつ利用する必要がある。事実，8月15-19日に関する本文書の記述は，後年ローズヴェルトが発表した回顧録と内容的にきわめて類似している。Kermit Roosevelt, *Countercoup : The Struggle for the Control of Iran* (McGraw-Hill, 1979). 英国側の情報機関で計画に関与したクリストファー・ウッドハウスも回顧録で本秘密工作に言及している。Woodhouse, *Something Ventured*.

第 6 章　西側統合政策の展開 (1)　343

1951 年秋にはモサッデク政権の打倒を画策し始めていたので，英国が非合法介入という手段を採用していった事情にそれほど疑問はない。しかしながら，アイゼンハワー政権が，何を理由に，そして何故この時期に非合法介入を決意し，実行したのか，先行研究では必ずしも十分には考察されていない。本書の執筆時点ではアイゼンハワー政権上層部が非合法介入を決断した過程を記す一次史料の存在は確認されていないため，一定の推測を交えざるを得ないが，以下では，様々な状況証拠を考量することにより，アイゼンハワー政権が，石油国有化紛争を解決するためというよりも，西側統合政策の一環としてモサッデク政権の打倒を決意した可能性が高いことを論証する。

　米国側でモサッデク政権打倒のための秘密工作を主導した CIA の工作員カーミット・ローズヴェルト（Kermit Roosevelt）らの回顧録によると，米英の情報機関の内部では，遅くとも 1952 年末頃から，秘密工作でモサッデク政権を打倒する可能性が語られ始めていた。しかし，トルーマン政権は，退任直前にパッケージ提案にこぎ着けた執念からも窺われるように，最後までモサッデクとの紛争解決の可能性を信じ続けていた。米英の情報機関も，かかるトルーマン政権の姿勢を察して，同政権に介入計画を持ちかけることはなかったようである[2]。これに対して，第 4 章で見たように，アイゼンハワー政権の成立後，米国政府内では，政権上層部と国務省の実務レヴェルの双方でモサッデクとの紛争解決への期待感が急速に後退した。アイゼンハワー政権のモサッデクへの不信感は，5 月のダレスの中東歴訪に際してあからさまにイランが訪問対象から除外されたことで内外に示されることになった[3]。

　K・ローズヴェルトの回顧録等によると，アイゼンハワー政権上層部は，政権発足後の早い時期から，秘密工作によるモサッデク政権打倒を有力なオプションと考えていた。1953 年 2 月初め，ダレス国務長官と弟のアレン・ダレス（Allen Welsh Dulles：以下本書では，CIA 長官については「アレン・ダレス」と表記し，国務長官については「ダレス」とのみ表記する）CIA 長官を含む政権上層部の会合で，モサッデク政権打倒を目的とする介入計画の策定を進める方針が決定されたという[4]。一方，モサッデク政権崩壊後に作成された CIA の内部文書によると，ウォ

---

[2] Woodhouse, *Something Ventured*, 117-124；Roosevelt, *Countercoup*, 107-116.
[3] U.S. Embassy in Tehran to DOS, #4524, May 25, 1953, *FRUS, 1952-1954*, 10：728-729.
[4] Roosevelt, *Countercoup*, 119-124；Woodhouse, *Something Ventured*, 123-124.

ルター・ベデル・スミス（Walter Bedell Smith）国務次官が秘密工作の検討を承認したのは4月初めとされている[5]。5月から6月にかけて米英の情報機関は秘密工作の計画策定を進めた。モサッデク後の首班をザーヘディーとすることを含め，両情報機関が合意した秘密工作の概要が米・英両国政府に送付されたのは，6月14日であった[6]。米英両国政府が，介入計画を承認した日付については，情報源によって若干の開きがある。K・ローズヴェルトの回顧録では，6月25日にダレス兄弟や国務省関係者も交えて国務省で開催された会合で，計画が最終的に承認されたとされている[7]。一方，前記のCIA内部文書によると，政府レヴェルで計画が正式に承認されたのは，英国側（首相，外相ら）が7月1日，米国側（大統領，国務長官ら）が7月11日であった[8]。

CIA内部文書の記述は，米英の情報機関による計画策定スケジュールがアイゼンハワー政権上層部の最終的な計画承認のタイミングを決定づけたという筋立てになっている。しかし，アイゼンハワーらは，もし必要であると考えれば，計画をさらに加速することが出来たはずである。もし石油国有化紛争を解決することがモサッデク政権打倒の主目的であったならば，パッケージ提案を起点とする交渉が終了した3月以降，アイゼンハワーらが介入を決断する環境は整っていた。一方，これとは逆に，アイゼンハワーらは介入の決断を遅らせることも出来た。第4章の補論で論じたように，イランへの非メジャーズ系石油会社の進出は差し迫った問題とは考えられていなかった。またアイゼンハワー政権は，石油収入の途絶によってイランが政治的・経済的に混乱し，かかる混乱が結果的にソ連やトゥーデ党を利することになるという，トルーマン政権が抱いていた危機感を肯んじなかった。ダレスは，中東歴訪から帰国後のNSC報告で，イラン経済は基本的に農業に立脚しているので，石油収入が途絶した状況でも当面は問題なく機能するとの見通しを示している[9]。つまり，石油紛争を解決する必要性も，イラ

---

[5] Overthrow History, pp. 2-3.

[6] Overthrow History, pp. 5-15 ; Appendices A and B to Overthrow History.

[7] Roosevelt, *Countercoup*, 1-19. この時点で，国務省内で計画を知っていたのは，ダレス国務長官，スミス国務次官，マシューズ（Harrison Freeman Matthews）国務副次官，バイロード国務次官補，ヤーネガン国務副次官補，ラムトン・ベリー（James Lampton Berry）PPS室員のみであった。Overthrow History, p. 16.

[8] Overthrow History, p. 18.

[9] Memorandum of Discussion at the 147th Meeting of the National Security Council, June 1, 1953, *FRUS, 1952-1954*, 9 : 382.

ン国内の政治的・経済的不安定化への不安も，6月末から7月前半という時期にアイゼンハワー政権が非合法介入を決意したことを説明する要因としては，やや説得力に欠けるのである。

　これに対して，6月末から7月前半という時期は，アイゼンハワー政権の最初の中東政策NSC文書であるNSC 155/1の承認に至る最終段階とまさに符合する。もしCIA内部文書が記すように，大統領と国務長官の介入計画への最終承認が7月11日であったとするならば，それはNSC 155/1承認のわずか2日後ということになる。さらに，かかる観点からを眺めると，NSC 155/1に添付されたスタッフ・スタディに刮目すべき一節を見出すことが出来る。同文書は，中東諸国の組織化を開始する対象国に言及するくだりで，「ソ連の脅威を最も深刻に認識し，ソ連の侵略が発生した際にその経路に存在」する，「トルコ，イラク，シリア，イラン，およびパキスタンには特段の考慮を要する」と記した後に，括弧書きで「かかる分類は，イラン情勢の改善の必要性に特段の関心を要請するものである」との但し書きをわざわざ付しているのである[10]。中東歴訪後のNSCへの報告で，ダレスが，「もし我々がイランを救うことが出来れば」，北層諸国の組織化を前進される可能性が高まると言及していたことは，前章に記した。イラン情勢が，西側統合政策を進める上での障害と認識されていたことは間違いない。

　以上の考察から導かれるのは，次のような推測である。モサッデク政権を打倒する秘密工作は，政権交代後の早い時期からひとつの有力な政策オプションとして認識されていたが，1953年春の段階では，アイゼンハワー政権上層部は，それを速やかに実行に移す必要があるとは必ずしも考えていなかった。米英の情報機関による介入計画の策定が承認された後，アイゼンハワー政権がその作業を特段に急がせた形跡はない。しかし，ダレスの中東歴訪を経て，トルコからパキスタンに至る東西の線，すなわち「北層」の重要性が従来以上に意識されるようになる中で，イランは巨大なミッシング・リンクとして認識されるようになっていった。そして，NSC 155/1が承認され，「北層」地域を起点に親西側諸国の組織化を開始するとの方針が確定したのに伴い，「イラン情勢の改善」は焦眉の課題として浮上し，アイゼンハワー政権上層部は，モサッデク政権を打倒する非合

---

[10] Staff Study on "United States Objectives and Policies with Respect to the Near East," attached to NSC 155/1, July 14, 1953, para. 29, in *Documents of the National Security Council*, 6th Supplement, microfilm (Bethesda : University Publication of America, 1993).

法介入を決断したのである。

　ガシオロウスキらは、イランにおける CIA のクーデタが、秘密工作を重視する「ニュールック」の「重要なテスト・ケース」と位置づけられ、1954 年のグァテマラにおける非合法介入の先例となったと指摘している[11]。しかし、これは明らかに秘密工作の成功を受けた事後的な評価であって、何故この時期にかかる決定が行われ、非合法介入が実行に移されるに至ったのかを説明するものではなかろう。実際の政策形成の文脈に即するならば、西側統合政策の文脈から非合法介入が決断された側面が強かったと考えられる。それゆえ、モサッデク政権を打倒した後、米国の対イラン政策は、同国を西側陣営に強固に統合することを明確な目標として遂行されていくこととなるのである。

2) 西側統合政策の光と陰

　1953 年 8 月 19 日、米英の情報機関が組織したクーデタでモサッデク政権は打倒され、米英の計画通りにザーヘディー政権が成立した。秘密工作の実行に先立って、米国政府は英国政府から、クーデタ後に成立するイランの新政権に米国政府が財政援助を提供すること、そして英国政府はイランの新政権と迅速に石油問題を解決するよう努めること、以上 2 点への同意を取り付けていた。実際に、アイゼンハワー政権は、1953 年末までに緊急経済援助 4500 万ドルを含む計 7000 万ドルあまりの援助をザーヘディー政権に提供し、同政権の強化を図った[12]。また、クーデタ後に、米国政府が石油問題の早期解決を目指して積極的に動いたことは、第 4 章で見たとおりである。

　米国政府はザーヘディー政権を「穏健なナショナリスト政権」と評価し、支援を惜しまぬ姿勢を示した。ザーヘディー政権は、かかる米国の支持を背景に、発足直後に戒厳令を布告し、強圧的な手段によって反対派を沈黙させていった。最も厳しい弾圧が加えられたのは、トゥーデ党であった。ザーヘディー政権は、成立直後より、同党の幹部や党員を大量に逮捕した。翌 1954 年夏にはイラン軍内

---

[11] Gasiorowski, *U.S. Foreign Policy and the Shah*, 82-83 ; Stephen G. Rabe, *Eisenhower and Latin America : The Foreign Policy of Anticommunism* (Chapel Hill : University of North Carolina Press, 1988), 54-55. イランのクーデタが、その後のグァテマラにおける CIA の準軍事的介入の重要な先例となったことは、当事者の回顧録や先行研究でも指摘されている。Roosevelt, *Countercoup*, 208-210.

[12] Memorandum of Discussion at the 160th Meeting of the NSC, August 27, 1953, *FRUS, 1952-1954*, 10 : 771-775 ; Overthrow History, pp. 16-17 ; Appendix C to the Overthrow History.

の大規模なトゥーデ党ネットワークが摘発されたことで同党は壊滅状態となり，イラン政治における影響力をほぼ喪失することになる。同時にザーヘディー政権は，国民戦線を非合法化し，モサッデク派のバザール勢力や学生運動を弾圧するとともに，モサッデクを支持していたイラン南部のカシュカーイー族を武装解除して弱体化させた。しかしながら，ザーヘディー政権の国民戦線に対する締めつけはトゥーデ党に対するものより概して寛大であったため，国民戦線は地下活動を継続し，1960年代初頭に復活を遂げることになる。とはいえ，ザーヘディー政権の強権的な政策によって，少なくとも表面上は，イランの反政府あるいは反体制勢力は，1954年には政治の表舞台から姿を消すこととなったのである[13]。

モサッデク政権を打倒した直後，米国政府内には，イランを政治的に安定させるには長期間を要するとの悲観的な観測が存在した[14]。それゆえ，ザーヘディー政権が，短期間のうちにトゥーデ党をはじめとする反西側的あるいは中立主義的な反政府勢力を沈黙させたことを，米国の政策決定者たちは高く評価した[15]。そして，かかるザーヘディーへの肯定的な評価は，イランを遠からず北層の組織化の対象とし得るとの期待感につながっていった。1953年10月，NSCのイラン政策文書の改定が議論され始めると，国務省NEAは，「もし我々がこの機会を活用し，イランをして非共産世界と積極的に協力せしむるよう計算された施策を実施すれば，我々はヨーロッパから南アジアに至る線上の危険な空隙を埋められるかもしれない」として，イランにおける政策目標を，「ソ連に支配されぬ，独立した主権国家」としてイランを存続させるという従来の防御的なものから，「自由世界の非共産主義諸国と積極的に協調する，安定した強力な国家」の実現を目指すとの積極的な内容に改めるべきであると主張した[16]。

1954年1月に採用された対イラン政策文書NSC 5402においては，NEAが主張する積極的なイラン強化方針が大筋で認められることとなった。NSC 5402は，

---

[13] Gasiorowski, *U.S. Foreign Policy and the Shah*, 85-92 ; Ramazani, *Iran's Foreign Policy*, 260-262 ; Bill, *The Eagle and the Lion*, 98-102.
[14] Memorandum from Byroade to Bowie, "Iran," August 21, 1953, *FRUS, 1952-1954*, 10 : 760-761.
[15] Progress report on NSC 5402, "United States Policy toward Iran," October 13, 1954, in "Iran (NSC 175 and 5402)" folder, Lot61 D167.
[16] Memoramdum from Byroade to Bowie, "Review of NSC 136/1. 'United States Policy regarding the Present Situation in Iran,' Dated November 20, 1952," October 15, 1953, in "Iran (NSC 175 and 5402)" folder, Lot61 D167 ; Memorandum from Fraser Wilkins to Bowie, "Review of NSC 136/1 re Iran," October 21, 1953, in the same folder.

「シャーと［ザーヘディー］首相が合衆国に助言と援助を求めている」姿勢を高く評価しつつ，米国の政策によって，イランをして「自由世界との積極的な協力」に向かわしめ，「ヨーロッパから南アジアに至る線上の脆弱な地点を強化する」可能性が高まったとの見方を示した。さらに同文書は，「(a) 早期の石油問題の解決，(b) シャーおよび広範な国民の支持を受ける西側に友好的な政府の存続，(c) イラン軍の能力の漸進的強化，［以上3点］を前提とすれば，イランは，おそらく1, 2年の後には，地域的な安全保障協定（regional security arrangements）の方向に積極的に前進しようとするであろう」との展望を示した。言うまでもなく，「ヨーロッパから南アジアに至る線上」という表現は，広くは中東全域を，狭義には中東の北層地域を意味した。NSC 5402は，米国の対イラン政策を，西側統合政策の中に改めて明確に位置づけるとともに，ザーヘディー政権を「広範な国民の支持を受ける西側に友好的な政府」と強引に位置づけることによって，その強権的な統治を黙認する姿勢を示したのである。

　NSC 5402においては，アイゼンハワー政権が当面の目標とした，北層を起点とする「地域的な安全保障協定」の内容も，おぼろげながら浮かび上がっていた。同文書に付属したスタッフ・スタディでは，「トルコ，イラク，パキスタン」が中東防衛に貢献できる潜在的能力を有していることが指摘され，特にトルコとパキスタンがイランとイラクを先導する形で地域的防衛についての協力関係を発展させるのが望ましいとの展望が示されている。次節で検討するように，当時すでにトルコ・パキスタン間で防衛協力協定を締結する動きが進んでおり，アイゼンハワー政権は，その枠組みにイランとイラクが参加することを期待し始めていた。しかし，アイゼンハワー政権は，みずから表に出て地域的安全保障協定のプランを打ち出す，あるいはその実現に向けた外交交渉を主導する意図を持たなかった。MEC / MEDO構想の反省に立ち，米国政府は，少なくとも外観上は域内諸国のイニシアティヴを重視し，米国自身は背後にとどまって軍事・経済援助を柔軟かつ積極的に活用することで中東諸国の行動に間接的な影響を及ぼすという形で，域内諸国の組織化を進めようとしていた。イランについても，かかる方針が適用された。NSC 5402は，軍事援助は「軍事的な要因とは別に政治的にも大きな重要性」を有するとの認識を明記し，米国が好ましいと考える方向にイランが行動すれば，その報償として軍事援助を提供し，逆の場合には軍事援助を抑制するという手法を用いることで，イランの行動に影響を与える方針を明確化したのであ

る[17]。

　この間，出版物の検閲強化や1954年初頭のマジュレス選挙の不正操作など，シャーとザーヘディー政権の抑圧的な政治手法に対する懸念が，米国政府内になかったわけではなかった[18]。しかし，親米的・親西側的な政治潮流を強化するという地域的目標に照らしてイランの政治状況が目覚ましい改善を見せる中で，少なくとも当面，イランの抑圧的政治体制への懸念が米国の対イラン政策の方向に影響を与えることはなかった。米国の政策決定者たちの間では，国民の生活水準の改善や政治的・経済的権力の集中など，イランが抱える多くの課題をシャーやザーヘディーらイラン指導部が十分に認識しており，経済・技術援助を含む米国の長期的な関与によって，イランは統治を改善し，繁栄と政治的安定を実現できるとする楽観的な見方が支配的であった[19]。

　西側統合政策は，中東諸国に抑圧的な政治体制を構築することを目標としていたわけではない。しかし，域内の多くの国々で政治的に覚醒した国民が中立主義的あるいは反西側的なナショナリズムに大きく傾倒していた中東を西側陣営に統合する方途として，かかる国民世論を抑圧する政治体制は，積極的に奨励されるものではなかったにせよ，容認されることとなった。中東を西欧と同質の同盟地域に変容させようとする西側統合政策は，中東諸国において西欧諸国とは異質な政治体制を容認せざるを得ないというアポリアを内包していた。かかるアポリアに最初に直面したイランにおいて，米国政府はさしあたり親米・親西側路線を取る抑圧的政治体制を容認する姿勢を示したのである。

2　トルコ・パキスタン協定

1）新たな枠組みと新たな外交戦術

　6月1日のダレス演説等を通じてアイゼンハワー政権がMEDOを棚上げする

---

[17] NSC 5402, "United States Policy toward Iran," January 2, 1954, *FRUS, 1952-1954*, 10 : 865-889.
[18] NIE 102, "Probable Development in Iran through 1954," November 16, 1953, *FRUS, 1952-1954*, 10 : 836-837 ; Telegram from the U.S. Embassy in Iran to the Department of State, #1141, November 19, 1953, ibid., 840-842 ; Telegram from the U.S. Embassy in Iran to the Department of State, #1581, January 18, 1954, ibid., 899.
[19] Progress Report on United States Policy toward Iran by the Operations Coordinating Board, April 15, 1954, in "Iran (NSC 175 and 5402)" folder, Lot61 D167.

方針を示した後も,トルコは中東防衛のための何らかの組織を早期に設立することに積極的な姿勢を崩さなかった。トルコ政府は,米・英・仏・土というNATO加盟国で早急に中東防衛組織を立ち上げ,他の中東諸国の参加を待つという戦術を主張した。これに対して国務省は,トルコの積極姿勢を評価しつつも,トルコの方針は「戦術的」に問題があるとして,それに反対した。米国政府は,中東諸国の協力を得られそうにない,いわばMEDOの残り香の濃厚な組織には,もはや興味を示さなかった[20]。しかし一方で,MEDOをご破算にした上で,新たに中東の地域的組織の創出を目指そうとするとき,そして中東地域諸国の自発的イニシアティヴによって事を進めようとするとき,トルコがその結節点となることは,米国の政策決定者たちにとって自明の前提であったと考えられる。

　トルコに加えて,地域的組織の新たな候補として浮上したのは,中東歴訪中のダレスに強烈な印象を与えたパキスタンであった。当時パキスタンは,グラーム・ムハンマド（Ghulām Muḥammad）総督のもとで中央集権化に着手したところであったが,それを主導した軍と官僚は,米国との連携強化を模索していた。アイゼンハワー政権は,かかるパキスタンの動向を歓迎し,6月にはパキスタンが求める食糧援助に応じていた[21]。中東防衛へのパキスタンの参加というアイディアは,同国と米国の急速な接近という文脈の中で浮上したのである。9月にパキスタン陸軍参謀長アイユーブ・ハーン（Muḥammad Ayūb Khān）がトルコと米国を相次いで訪問したのを契機に,トルコとパキスタンの関係者たちは,両国間で何らかの防衛協定を締結する可能性を具体的に語り始めた。そしてこれと並行して,パキスタンは,米国からの軍事援助を中東における防衛組織に参加するための事実上の条件とする立場を非公式に示し始めた[22]。

　以上のようなトルコとパキスタンの動向は,NSC 155/1承認後にアイゼンハワー政権内で継続していた,中東諸国の組織化の具体的な進め方を巡る議論を加速させることとなった。11月までに,国務省とJCSは,トルコ,パキスタン,イラン,イラクの全てあるいは一部が,軍事プランニングなどを行うための防衛

---

[20] U.S. Embassy in Ankara to DOS, #1454, June 2, 1953, DSCF 780.5/6-253 ; Telegram from the Department of State to the U.S. Embassy in Ankara, #1477, June 18, 1953, DSCF 780.5/6-1053.

[21] Robert J. McMahon, *Cold War on the Periphery : The United States, India, and Pakistan* (New York : Columbia U.P., 1994), 158-166.

[22] U.S. Embassy in Ankara to DOS, #291, September 17, 1953, *FRUS, 1952-1954*, 9 : 418 ; Nolting to Nash, October 2, 1953, ibid., 420-421.

協定を締結することを奨励し，それを後押しするために米国からの軍事援助を活用するという方針を固めた。そして当面の軍事援助は，これら諸国の指導者たちを地域的な防衛協力へと誘うための政治的な援助とすること，すなわち軍事援助を報償として活用することが，改めて確認された[23]。

次に問題となったのは，具体的な目標として，最初から4か国の多国間協定を目指すか，当面はトルコとパキスタンの二国間協定を目指すかという点であった。しかし，まもなく米国政府内の検討作業は，外交の展開に追い越されていく。11月，おそらくパキスタンからの情報リークによって，米国がパキスタンへの軍事援助を検討していることが公知となり，米国が援助を撤回するのは困難な状況が出現し始めた[24]。11月末にグラーム・ムハンマドは，トルコ大統領ジェラル・バヤルとの間で，少なくとも二国間の防衛協定を締結する方針で非公式な合意に達した[25]。12月初めに極東・南アジアを歴訪したニクソンと会談したグラーム・ムハンマドは，トルコとの防衛協定を調印する意向を確認するとともに，協定締結に先行して米国政府が対パキスタン軍事援助を決定するよう求めた[26]。

このように，パキスタンとトルコが協定締結に向けて歩みを進めたのに対して，イランでは新たな石油協定も妥結しておらず，加えてシャーは，イランの軍事力が強化されるまでは新たな軍事協定を検討することは出来ないとの立場を示し始めていた。かかるシャーの立場は，明らかに米国から軍事援助の増額を引き出すことを目指す戦術であったが，何れにせよ，イランを含む協定を実現できるよう

---

[23] Jernegan to Henderson, November 9, 1953, *FRUS, 1952-1954*, 9 : 424-428 ; Smith to Wilson, November 12, 1953, ibid., 428-430 ; Memorandum by the JCS to the Secretary of Defense, November 14, 1953, ibid., 430-432.

[24] マクマーンの研究でも指摘されているように，米国の対パ援助の情報をリークしたのは，ほぼ間違いなくパキスタンである。本文で後述するように，英国政府は米国の対パ援助に消極的であったが，おそらくパキスタンはこのことを察知あるいは予想して，米国との援助を巡る交渉について，英国側に直接通知していなかった。パキスタンによる情報リークは，英国政府や米国政府内の親印派などの機先を制する目的があったのだろう。Minute by J.N. Cable of FO, November 10, 1953, in FO371/106935/FY1192/28 ; Minute by J.N. Cable of FO, November 17, 1953, in FO371/106936/FY1192/39.

[25] U.S. Embassy in Ankara to DOS, #557, November 30, 1953, *FRUS, 1952-1954*, 9 : 433-434.

[26] Memorandum of Conversation by the Ambassador in Pakistan, December 7, 1953, *FRUS, 1952-1954*, 11 : 1831-1832 ; U.S. Embassy in Karachi to DOS, #421, December 9, 1953, ibid., 1833-1835. ちなみにパキスタン訪問前にニクソンはインドを訪問し，バンガロールでは熱狂的な歓迎を受けた。ニクソンとネールらインド指導層との会談では，米印間の懸案が具体的に解決されることはなかったものの，ニクソンの訪印は両国関係を改善する方向に作用したと国務省は判断していた。U.S. Embassy in New Delhi to DOS, December 4, 1953, ibid., 1730-1731.

な環境が出現するのを待てば，トルコとパキスタンの間に生じた連携の機運を削ぐことは間違いなかった。一方，後述するように，すでにこの頃までにイラクへの軍事援助提供の可能性も検討されつつあったが，同国もまた，トルコやパキスタンとの交渉をすぐにも開始できるという状況にはなかった。それゆえアイゼンハワー政権は，将来的にイランとイラク，さらにはエジプトまで拡大する「深度のある支援体制（support in depth）」を構築することを視野に入れつつ，当面はその出発点となり得るようなトルコとパキスタンの二国間協定を実現することを目指す方針を決定したのである[27]。

　米国の政策決定者たちは，パキスタンを西側陣営に引き入れる政策にはインドとの関係悪化というリスクが伴うことを認識していた。国務省は，10月という比較的早い段階から，パキスタンに軍事援助を行う場合には，それを域内紛争，すなわちインドに対して使用しないことをパキスタンに明確に宣明させる必要があり，さらにインドに対しては米国の対パキスタン政策への理解を求める外交的なフォローが必要になると考えていた[28]。しかし，如何なる対応を行ったとしても，対パキスタン援助によって少なくとも一時的に米印関係が悪化することは避けられそうになかった。他方，米国が対パ援助を自制したとしてもインドの中立主義的立場が変更される可能性は皆無であり，結果的に対パ援助の自制から得られる外交的な利益はほとんどないとも考えられていた。11月初旬に対パ援助の可能性が公知となり，インドがそれを批判し始めて以降，米国政府内では，インドの圧力に屈するべきではないとの意見がむしろ強まった。中立主義的なインドに屈することは，パキスタンの親米的な指導部を弱体化させるのみならず，米国の国際的な威信をも傷つけることになると考えられたからである。その後も，米国の政策決定サークル内には，対印関係への配慮からパキスタンへの接近に慎重な意見が残存した。しかし，ダレスやバイロードら国務省の中東政策の中心人物や国防省は，中立主義的な大国との曖昧な関係よりも西側統合政策の目標に向けた第一歩を踏み出すことの方がはるかに重要であると判断し，彼らの意見が対印配慮を説く慎重論を凌駕したのである[29]。

---

[27] U.S. Embassy in Ankara to DOS, #566, December 2, 1953, *FRUS, 1952-1954*, 9: 435-436; U.S. Embassy in Tehran to DOS, #1229, December 3, 1953, ibid., 436-438.

[28] U.S. Embassy in London to DOS, #1560, October 12, 1953, DSCF 780.5/10-1253; DOS to the U.S. Embassy in London, #1959, October 13, 1953, DSCF 780.5/10-1253.

[29] SE-55, "The Probable Repercussions of a US Decision to Grant or Deny Military Aid to Pakistan,"

インドとの関係悪化というリスクは，この問題を巡る米英関係にも影を落とすことになった。じつのところ，対パ援助問題では，米英間の意思疎通の悪さが目立った。国務省が英外務省に対パ援助の可能性について最初に打診したのは10月9日であり，それは政策決定過程全体から見れば必ずしも遅かったわけではない。しかし，それはアイユーブ・ハーンの訪米直前であり，米国側は1週間以内に英国政府の立場を回答するよう求めた。英国側としては，英連邦内の重要問題について，半ば既成事実を突きつけられる形となったのである。米国にとってインドは冷戦の二元論的世界観を受け入れない厄介な地域大国であったが，英国にとってのインドは，多くの懸案を抱えつつも，なお英連邦における重要なパートナーであった。英国政府は，将来的にパキスタンを軍事的に強化し中東防衛に活用することには賛成であったが，それ以前にカシミール問題を中心とする印パ対立を解決あるいは緩和する必要があると考えていた。したがって，英国政府は，この時点での米国からパキスタンへの軍事援助には基本的に反対の立場であった。それにもかかわらず英外務省は，きわめて消極的な姿勢を示唆しつつも，米国の対パ軍事援助に反対しない旨，国務省に回答する。英国政府は，この問題で英・パキスタン関係および米英関係を悪化させるべきではないと判断するとともに，米国の対パ軍事援助において海外調達（offshore procurement）方式を活用させることによってパキスタン軍の装備品を引き続き英国から供給する枠組みを維持し，パキスタンへの影響力の低下を最小限にとどめようとしたのである[30]。

　驚くべきことに，英国政府は，軍事援助を報償として活用しつつ中東諸国の組織化を促進するという，米国が対パ援助に込めていた政策的意図を全くと言ってよいほど理解していなかった[31]。米国側の文書からは，英国側にみずからの意図を秘匿しようとする意図は見出せない。たとえば，ダレスやバイロードは，対パ援助に抗議するインドに対して，「北層」諸国を強化する政策の一環として対パ

January 15, 1954, *FRUS, 1952-1954*, 11：1839-1845；British Embassy in Washington to FO, #2245, October 16, 1953, in FO371/106935/FY1192/13；McMahon, *Cold War on the Periphery*, 167-173.

[30] FO to British Embassy in Washington, #4043, October 13, 1953, in FO371/106935/FY1192/8；FO to British Embassy in Washington, #4117, October 16, 1953, in FO371/106935/FY1192/10；Extract from C.O.S. (53)116th Meeting Held on October 15, 1953, in FO371/106935/FY1192/15. 英国のインド観については，Minute by J.E. Cable, December 2, 1953, in FO371/106936/FY1192/57.

[31] U.K. High Commissioner in Pakistan to Commonwealth Relations Office, #1658, November 26, 1953, in FO371/106936/FY1192/49；Briefing Paper by W.D. Allen, "U.S. Military Aid to Pakistan," December 3, 1953, in FO371/106936/FY1192/54.

援助を正当化し，かかる立場を英国側にも伝達している[32]。しかし同時に，英国との緊密な意思疎通を図ろうとする姿勢が後退していたことも事実であった。米国側は，トルコとパキスタンに交渉の主導権を委ね，両国との情報交換や調整は行ったが，英国側の同意は織り込み済みであるかのごとく振る舞った。一方，トルコとパキスタンは，英国との率直な意見交換を避けようとしているようであった。おそらく両国は，米国との関係強化に，英国からの横槍が入ることを可能な限り回避しようとしたのであろう[33]。つまり，米国，トルコ，パキスタンがそれぞれの思惑から三者間の交渉を優先した結果，英国は実質的に軍事援助交渉の局外に置かれる形になってしまったのである。

　12月上旬にバミューダで開催された米英仏首脳会談の際，イーデンは対パ援助政策に込められた意図を改めてダレスに問うた。これに対してダレスは，対パ援助が「トルコとペルシャを含む地域防衛プランの一環」であることを説明するとともに，対パ援助に反対するインドの主張は隣国パキスタンに中立主義を強いることを意味するゆえに受け入れることは出来ないと述べて，イーデンに理解を求めた。イーデンは，米国からの援助が，印パ関係のみならず，パキスタン・アフガニスタン関係にも問題が生じさせるかもしれないとコメントするのみで，それ以上の説明を求めることはなかった。バミューダ会談の主たる議題は西側世界全般としての対ソ政策およびNATOなど西欧問題であり，中東問題で正規の議題に挙げられていたのはエジプト問題だけであった。対パ援助問題に割かれた時間は，おそらく数分程度だったであろう。しかし，時間的制約という要因を差し引いても，ここには典型的な意思疎通の失敗があったと言わざるを得ない[34]。その結果，英国政府は，12月半ばになっても，対パ援助に込められた米国の政策的意図を測りかね，おもに対印関係への考慮から米国に慎重な行動を求め続けることになったのである[35]。

---

[32] British Embassy in Washington to FO, #2531, November 17, 1953, in FO371/106936/FY1192/44 ; Memorandum by R.W.D. Fowler, "U.S. Military Aid to Pakistan," in FO371/106936/FY1192/44.

[33] Memorandum by Selwyn Lloyd, December 10, 1953, in FO371/106937/FY1192/69 ; U.K. High Commissioner in Pakistan to Commonwealth Relations Office, December 14, 1953, in FO371/106937/FY1192/78.

[34] Record of Conversation between the Secretary of State and Mr. Dulles on December 7 [1953], in FO371/106937/FY1192/76 ; Dulles-Eden Meetings, Bermuda, December 6 and 7, 1953, *FRUS, 1952-1954*, 5 : 1807-1808.

[35] Note for Record by Gilbert Laithwaite, December 4, 1953, in FO371/106937/FY1192/90 ; Minute by J.E. Cable, December 15, 1953, in FO371/106937/FY1192/78.

この間にも，米国政府内では，対パ援助に向けた準備が進行していた。12月24日までに国務省は，まずトルコが主導する形で同国とパキスタンの二国間協定に向けた交渉を開始し，二国間協定を支援する形で米国がパキスタンへの軍事援助を実施するという，協定締結に至る外交シナリオの大枠をまとめた。同時に国務省は，トルコ・パキスタン間の二国間協定は，他の中東諸国に参加の門戸を開く一方，米国を含む西側陣営諸国は協定に参加すべきではないとの結論に達した。対パ軍事援助が二国間協定への事実上の報償として提供される以上，米国が果たす実質的な役割は大きかった。しかしそれにもかかわらず，米国の政策決定者たちは，中東諸国のイニシアティヴにより，中東諸国のみによる地域的組織化を進めるという形式を重視した。彼らは，トルコ・パキスタン協定を，中東諸国の組織化に向けた新たな外交戦術のテスト・ケースとするとともに，新たなる組織化の起点とすることを目論見始めていたのである[36]。

国務省は12月末に，英国，トルコ，パキスタン各政府に如上の方針を非公式に提示し，1月半ばまでにトルコ・パキスタン両国はこれを受け入れた[37]。これを受けて，国務省はトルコ政府との間で，トルコ・パキスタン協定の調印に至るまでの外交シナリオの詳細を詰めていった。トルコ・パキスタン間の事前交渉および二国間協定締結方針の発表に引き続いて，パキスタンは米国に軍事援助の提供を要請する。米国がこれに前向きな回答を行った後に，トルコとパキスタンは協定を締結する，というのが，米国がトルコとともに練り上げたシナリオであった[38]。

国務省は，トルコとパキスタンの交渉があくまでも両国のイニシアティヴとして行われる外観を保ちつつ，米国からパキスタンへの援助が地域的な防衛協力に積極的な国への報償であるとのメッセージを明確に発信できるようなシナリオを作成することに腐心した。いわば，舞台上に現れるアクターはトルコとパキスタンであるが，舞台上には現れない脚本家にしてスポンサーでもある米国の意図もまた観客に伝わらねばならなかった。そのような舞台の魅力に惹きつけられた中東の観客の中から，自発的に舞台に上ってくる，すなわち西側陣営との連携を求

---

[36] DOS to U.S. Embassy in Ankara, #686, December 24, 1953, *FRUS, 1952-1954*, 9: 439-441; Memorandum of Conversation by the Secretary of State, January 5, 1954, ibid., 443-444.

[37] U.S. Embassy in Karachi to DOS, #484, December 31, 1953, *FRUS, 1952-1954*, 9: 442-443; U.S. Embassy in Ankara to DOS, ibid., 448-450.

[38] DOS to U.S. Embassy in Ankara, #773, January 16, 1954, *FRUS, 1952-1954*, 9: 454-457.

める新たなアクターが出現することを，米国の政策決定者たちは期待していたのである[39]。

2）米英間の軋轢とトルコ・パキスタン協定の締結

　12月末に国務省よりトルコ・パキスタン協定締結に至る外交シナリオの通知を受けた英外務省の反応は，パキスタンやトルコ政府とは対照的な，動揺と反発の入り交じったものであった。英国政府は，この時点でもなお米国がトルコ・パキスタン協定を推進しようとする意図を測りかねていた。イーデンは，北層における組織化の「速度にいささかの懸念」を表明したが，実際には，この控えめな表現には相当に強い不快感が込められていた。英外務省は，トルコ・パキスタン協定は「中東防衛を大きく向上させるものではないであろう」との「暫定的な感想」をワシントンの英大使館に送信した[40]。実際には，英外務省内にも，ダレスらは北層諸国の組織化の方針をこれまでに説明しているとして，米国の方針を擁護する指摘があった[41]。一方，米国側でも，トルコ・パキスタン協定が，英国の中東における地位や，英国が中東において担うべき軍事的な「主たる責任」との関連を十分に勘案していないのではないかという疑問が提起されていた[42]。

　何れにせよ，英国政府がトルコ・パキスタン協定への備えを欠いていたことは間違いない。英国側は，まず米国側の真意を問い質すところから始めねばならなかった[43]。1月6日に国務省で行われた米英協議では，国務省のヤーネガンが，米国側の基本構想を改めて説明した。トルコ・パキスタン協定の軍事的意味に懐

---

[39] DOS to U.S. Embassy in Baghdad, January 5, 1954, DSCF 780.5/1-554 ; DOS to U.S. Embassy in Beirut, March 20, 1954, *FRUS, 1952-1954*, 9 : 488-489.

[40] Memorandum for Kirkpatrick, December 31, 1953, in FO371/106937/FY1192/94 ; British Embassy in Washington to FO, #2793, December 29, 1953, in FO371/106937/FY1192/94 ; FO to British Embassy in Washington, #8, January 1, 1953, in FO371/106937/FY1192/94.

[41] W.D. Allen to I. Kirkpatrick, January 5, 1954, in FO371/112314/DY1192/28. 対パ援助とトルコ・パキスタン協定を巡る米英間の意思疎通の失敗は，ロンドンの外務省本省とワシントンの英大使館の間の意思疎通の悪さにも，部分的に起因していた可能性がある。本省が示した米国への不快の念に対して，駐米大使館からは，米国側は「北層」構想について英国にその意図を十分に説明してきたとする反論が寄せられた。かかる駐米大使館の見方は，アイゼンハワー政権側の見方と大きく重なるものであった。D.J.C. Crawley to R.W.D. Fowler, January 4, 1954, in FO371/106937/FY1192/94.

[42] Memorandum from Palmer and Foster to Merchant, "Proposed Turkish-Pakistan Defense Arrangement," January 12, 1954, DSCF 780.5/1-1254.

[43] FO to British Embassy in Washington, #48, January 5, 1954, in FO371/112314/DY1192/6.

疑的な英国側に対して，ヤーネガンは，トルコ・パキスタン間の二国間協定に将来的にイラクとイランを参加させることによって，それを軍事的に意味のあるものに発展させられるとの見解を示すとともに，イラクは近い将来に，またイランも2年以内には参加する態勢が整うであろうとの見通しを示した。さらにヤーネガンは，北層諸国の地域的組織はイラク以外のアラブ諸国にも好ましい影響を及ぼすであろうとの展望を示した。また，新たな協定に米英の何れもが参加すべきではないとの米国政府の判断については，ヤーネガンは，トルコ以外の中東諸国にとってはその方が参加が容易になるばかりか，むしろ将来的には，米英の軍事顧問の派遣などを糸口として中東諸国の側から米英に正式な加盟を要請してくるのではないか，との楽観的な見通しを語った。以上のようなヤーネガンの説明は，やや楽観的に過ぎるとはいえ，アイゼンハワー政権がトルコ・パキスタン協定に込めていた思惑を正確に描写していた。すなわち，アイゼンハワー政権は，トルコ・パキスタン協定が最終的には中東全域を西側世界に統合する地域的枠組みの最初の一歩となることを期待していたのである。英国側は，本省からの訓令通り，米国側の認識を聴取するのみで，コメント等は差し挟まなかったが，米国側の説明に納得したというにはなお程遠かった。ヤーネガン自身が，英国側は「全面的に満足したようではなかった」と観察していたし，事実，ワシントンの英大使館は米国側の説明を「やや表層的」と冷淡に評するコメントを付して，協議の内容をロンドンに報告したのである[44]。

　かかる英国政府の懐疑的な姿勢にもかかわらず，1954年1月，アイゼンハワー政権は，トルコ・パキスタン協定の実現に向けた一連の外交プロセスを早急に開始する方針を最終的に決定した。この決定を主導したのはダレスであった。ダレスは，対印関係上の懸念や英国の消極姿勢よりも，すでに動き始めている中東の組織化を優先すべきであると論じ，アイゼンハワー政権の方針を最終的に確定させる上で決定的な役割を果たした[45]。そして，当事者であるトルコとパキス

---

[44] Memorandum of Conversation by Jernegan, January 6, 1954, *FRUS, 1952-1954*, 9: 444-446; British Embassy in Washington to FO, #25, January 6, 1954, in FO371/112314/DY1192/14. 1月初めには，英外務省は，トルコが英国の抱く懸念に理解を示し，国務省の構想にブレーキをかけるのではないかと期待した。たしかにトルコ政府内には，アフガニスタンやインドとの関係悪化への懸念から，パキスタンとの急速な関係強化に慎重な意見があったようである。しかしながら，このような慎重意見は，パキスタンとの協定への流れを押しとどめるほど強力ではなかった。British Embassy in Ankara to FO, #1, January 2, 1954, in FO371/112314/DY1192/4; British Embassy in Ankara to FO, #18, January 11, 1954, in FO371/112314/DY1192/27.

タンが前進の意志を示し，さらに米国が両国の連携を後押しする方針を固める中，英国政府はトルコ・パキスタン協定を受け入れるしかない状況に追い込まれることになったのである[46]。

　1月中旬以降，英国政府は，まもなく実現するであろうトルコ・パキスタン協定に出来る限りみずからの意向を反映させることを目指す方向に舵を切っていった。軍部と外務省を中心とする英国政府内の検討作業では，当初は米国が英国との十分な事前の協議を経ずに事を進めたことへの苛立ちが表明されたものの，次第に米国の構想が英国の基本的なインタレストにも合致するものであるとの認識が強まっていった。英国の政策決定者たちは，米国の中東への関与の拡大は英国政府が一貫して追求してきた目標であることを想起し，またトルコ・パキスタン協定が「中東全域の防衛」の改善という長期的目標の実現に向けた第一歩となりうると理解するようになっていったのである。同時に彼らは，かかる長期的目標にトルコ・パキスタン協定を結びつけるためには2つの条件が必要であると結論した。ひとつは，トルコ・パキスタン協定を将来的にイラクとヨルダンに拡大すること，そしてもうひとつは，将来的に同協定に英国が参加することである。明らかに，この2つの条件は密接に関連していた。言うまでもなく，イラクとヨルダンは英国との間に二国間条約を締結していた国である。中東の軍事的防衛に必要な軍事力や施設を中東に有しているのは英国のみであり，「それに代わるものはない」。それゆえ英国が参加せぬ限り，中東における防衛組織は「有効な」ものとはなり得ない，との判断で，英国の政策決定者たちは一致した。つまり彼らは，英国の非公式帝国を，米国が実質的に主導する「北層」を起点とする中東の地域的組織に結びつけることにより，みずからが「主たる責任」を担う中東における軍事的状況を改善し，そしておそらくは中東におけるみずからの影響力を維持することをも目論見始めていたのである。かかる構想はなおきわめて漠然とした状態にあったものの，英国政府が新たな地域的組織を通じてイラクおよびヨル

---

[45] Memorandum of Conversation by Byroade, January 14, 1954, *FRUS, 1952-1954*, 9: 453-454; Memorandum by Commonwealth Relations Office, "United States Military Aid to Pakistan and Pakistan-Turkish Defence Planning," January 16, 1954, FO371/112315/DY1192/36.

[46] Minute for the Secretary of State, "United States Military Aid for Pakistan," January 4, 1954, in FO371/112314/DY1192/4; British Embassy in Washington to FO, #365, January 23, 1954, in FO371/112314/DY1192/31; Memorandum from Selwyn Lloyd to the Prime Minister, "Timing of United States Military Aid to Pakistan and Its Association with Middle East Affairs," January 28, 1954, in FO371/112316/DY1192/57.

ダンとの二国間条約の改定を実現する可能性をかすかに捉え始めていたことは間違いない。換言するならば，英国政府は，それがみずからの非公式帝国と両立し，さらにはそれを維持するのに有用であると判断するようになるにつれて，北層諸国の組織化に肯定的な評価を下すようになったのである[47]。

英国政府の見方の変化に伴って，トルコ・パキスタン協定を巡る米英間の軋轢も解消に向かっていった。1月24日，イーデンとダレスは，滞在先のベルリンで一連の問題について意見交換を行った。まずダレスは，インドの中立主義に譲歩する形で政策を変更すべきではないとして，改めてパキスタンへの軍事援助を実施する決意を示した。さらにダレスは，トルコとパキスタンにイランとイラクを加えた北層諸国を組織化することによって，ソ連に対する「何らかの抑止力」を実現することが出来るとの見通しを示し，かかる北層諸国の連合は「ロシアの本格的な攻撃に耐えるには不十分であるが，これは欧州を含むあらゆる地域に当てはまることだ」と言い添えた。ダレスは，NATOを通じて西欧が西側陣営に強固に統合されたイメージを中東に投影していた。当時，欧州防衛共同体にかかわる深刻な問題を抱えていたとはいえ，紙上の条約から出発したNATOが，徐々に軍事機構を整え，その過程で西欧諸国の士気を高め，西側陣営としての統合の強化に大きく貢献していたことは間違いなかった。ダレスは，かかる展開を中東に再現するための出発点としてトルコ・パキスタン協定を位置づけることによって，イーデンに理解を求めたのである。

これに対してイーデンは，トルコ・パキスタン協定は「有害ではない（do no harm）」との消極的な肯定の立場を示しつつ，「地上戦力および航空戦力に関して，我々（英国）の戦力は，同地域において無視できる要素ではない」と指摘して，中東の地域的協定に英国が参加する必要があるとの見方を示唆した。さらにイーデンは「イラクとトルコの連携強化に期待する」と発言し，トルコ・パキスタン協定をイラクに拡大する可能性にも言及した[48]。イーデンはなおトルコ・パキスタン協定を積極的に支持する姿勢は見せなかったものの，そのやや散漫な発言を上記の英国政府内の認識と重ね合わせるならば，英国の政策決定者たちがトル

---

[47] Minute for Secretary of State at Berlin, "United States Military Aid to Pakistan and Middle East Defence," January 15, 1954, in FO371/112315/DY1192/34； J.P.(54)13(FINAL), "Proposed Association of Military Aid to Pakistan with Middle East Defence," January 13, 1954, in FO371/112315/DY1192/41； Extract from C.O.S.(54)6th Meeting, January 15, 1954, in FO371/112315/DY1192/41.
[48] U.K. Delegation in Berlin to FO, #7, January 24, 1954, in FO371/112315/DY1192/47.

コ・パキスタン協定をみずからの中東におけるプレゼンスを補完し得るものと捉え始めていた様子を看取することが出来る。

　2月4日，ダレスとイーデンはベルリンで中東問題を再度協議した。ダレスが，トルコ・パキスタン間の交渉が進展していることを説明したのに対して，イーデンは，それがソ連を刺激する可能性に懸念を示しつつも，トルコ・パキスタン協定を支持する立場を確認した。さらに，後述するように，この時期には米国からイラクへの軍事援助の是非が米英間の懸案となっていたが，この問題に関連してダレスはイラクを中東における「現時点で唯一の安定要因」として高く評価しつつ，米英間で中東諸国への武器供給に関する調整を進めることを提案し，イーデンもそれを基本的に受け入れる姿勢を示した[49]。さらに，2月17日にもダレスとイーデンはこれらの問題について意見交換を行っている。この会談においても，ダレスがトルコとパキスタンにイラクとイランを加えた4国が米国からの「示唆に基づいて」「自発的な」連携を強めつつある情勢に期待感を示したのに対して，イーデンもそれに同意する姿勢を示した[50]。

　この段階においては，トルコ・パキスタン協定，さらにはそれを将来的に発展させる方向性について，米英間に共通の理解と呼び得るような明確な合意が出現していたとは言い難い。しかし，米国政府が英国との合意形成に意を用いるようになり（その背景は次節で説明する），英国政府が米国主導の北層諸国の組織化に潜在的なメリットを見出すようになったことで，意思疎通の不全から英国側が米国への不信感を募らせるという状況は解消しつつあった。

　一方で，米英間には中東諸国の組織化の戦術あるいは優先順位を巡る立場の相違が出現し始めていた。英国政府が中東の地域的組織を軍事的な実体を伴う組織とすることを目指し，かかる文脈から早期に英国が参加することの必要性を強く意識するようになり始めていたのに対して，米国政府は政治的な観点から中東諸国のみによる組織化を優先し，少なくとも当面は米英は背後にとどまってそれを支援する役割に徹するべきであると判断していた。第2章で見たように，MEC / MEDO 構想の頃から，軍事的な実体にこだわる英国と，中東諸国との政治的連携を重視する米国の間には，中東の組織化を巡る見解の相違が見られた。1954年初めには，MEC / MEDO 時代以来の米英間の立場の相違が再び頭をもたげ始

---

[49] U.K. Delegation in Berlin to FO, #86, February 4, 1954, in FO371/110820/V1193/22.
[50] DOS to U.S. Embassy in Ankara, #912, February 18, 1954, DSCF 780.5/2-1854.

めてもいたのである。

 とはいえ，米英の立場の接近が曖昧なものであったのと同様に，中東の地域的組織への英国の参加の是非を巡る米英の立場の相違も，先鋭な意見対立というには程遠い状況であった。新たな組織化のプロセスは，ようやく緒に就いたばかりであった。英国政府は，中東の防衛組織を有効たらしめるためには自国の参加が不可欠であるとの立場を崩さなかったが，さしあたりそれを将来的課題として先送りすることに同意していた[51]。一方，英国側の文書には，2月後半にバイロード国務次官補がメイキンズ駐米大使に，個人的な見解と断りながらも，英国が「将来的には……中東の地域的防衛機構と緊密に連携すると想定するのが合理的」であるとの見解を示したとの記録がある[52]。中東版NATOの実現を最終的な目標に掲げる米国の政策決定者たちも，将来的に英国が中東の地域的組織に参加することに原理的に反対していたわけではなかったというのが実情であろう。

 1954年初頭の時点では，英国政府よりもトルコ政府の方が，米国政府の意図をはるかに正確に理解し，それを共有していた。英外務省は，トルコ政府に対しても，イーデンがダレスに伝えたのと同様に，トルコ・パキスタン協定を基本的に支持するものの，英国が参加せぬ中東の防衛機構は軍事的に有効なものたり得ないとの認識を伝達した。しかるにトルコ政府は，英国のコメントを歓迎する儀礼的な姿勢を示しつつも，それに拘束されることはないとの立場を明言し，実質的に英国の主張を黙殺した[53]。これとは対照的に，米土間にはきわめて緊密な提携関係が出現していた。トルコ政府は，米国が提示したトルコ・パキスタン協定および米国の対パ援助の実現に向けた外交シナリオなどに建設的な対案で応え，米国側もトルコの献策を積極的に受け入れた[54]。トルコ・パキスタン協定の名称に「防衛」の文言を加えぬという方針，また同協定の拡大を見据えたイラクやイランへのアプローチ方法等については，トルコ側が示した方針を米国が受け入れ

---

[51] FO to U.K. Delegation in Berlin, #97, February 4, 1954, in FO371/110820/V1193/28.
[52] British Embassy in Washington to FO, #321, February 24, 1954, in FO371/110031/EP1193/3. 国務省文書の中に，この会談に関する記録を発見することは出来なかった。
[53] British Embassy in Ankara to FO, #40, January 23, 1954, in FO371/112315/DY1192/45；FO to U.K. Delegation in Berlin, #97, February 4, 1954, in FO371/112316/DY1192/62；British Embassy in Ankara to FO, #76, February 10, 1954, in FO371/112316/DY1192/71；U.S. Embassy in Ankara to DOS, #759, January 25, 1954, *FRUS, 1952-1954*, 9：462-463.
[54] The U.S. Embassy in Turkey to DOS, #702, January 11, 1954, *FRUS, 1952-1954*, 9：448-450；DOS to U.S. Embassy in Ankara, #773, January 16, 1954, ibid., 454-457.

たのである[55]。1月末までに，米土間では，トルコ・パキスタン協定に至る詳細な外交シナリオについての合意が成立し，それに沿う形で2月初めにトルコ・パキスタン間の非公式交渉を起点とする一連の外交スケジュールが始動した[56]。

外交スケジュールは，ほぼ米・トルコ間の事前の合意通りにスムーズに進行した[57]。2月19日，トルコ・パキスタン両国が協定締結の意図を共同で表明し，国務省はそれを歓迎する声明を発表した。これと前後してパキスタンは米国に軍事援助の提供を正式に要請し，25日にはアイゼンハワーがパキスタンに対する軍事援助を実施する方針を発表した[58]。トルコ政府が作成した二国間協定案へのパキスタン政府の回答が遅れたことにより予定外の遅延が生じたものの，パキスタン政府の修正案は表現の細部にかかわるものであったため，トルコ政府はそれを全面的に受け入れた[59]。「友好的協力のためのトルコ・パキスタン協定」という正式名称を持つ新たな二国間協定は，4月2日にカラチで調印された。前文と7条よりなるその内容は，国際問題に関する対話の促進や技術情報の交換を柱とする，正式名称と同様にきわめてシンプルかつ緩やかなものであった。第4条c項には，国連憲章第51条への言及があるものの，締約国の義務はなく，ただ外部

---

[55] U.S. Embassy in Ankara to DOS, #755, January 23, 1954, DSCF 780.5/1-2354; U.S. Embassy in Ankara to DOS, #756, January 23, 1954, DSCF 780.5/1-2354; U.S. Embassy in Ankara to DOS, #747, January 21, 1954, *FRUS, 1952-1954*, 9: 458-459; U.S. Embassy in Ankara to DOS, #816, January 26, 1954, *FRUS, 1952-1954*, 9: 463-465.

[56] Memorandum from Walter B. Smith to the President, "Turkish-Pakistan Security Pact and Military Aid to Pakistan," January 27, 1954, DSCF 780.5/1-2754; U.S. Embassy in Ankara to DOS, #770, January 27, 1954, *FRUS, 1952-1954*, 9: 470-471; Acting Secretary of State to the Secretary of State at Berlin, Tedul 4, January 27, 1954, *FRUS, 1952-1954*, 9: 473-474.

[57] ただし，2月上旬に米・パキスタン間では，水面下で摩擦が生じた。1954年に入ってからの外交的な準備作業が米・トルコ間で集中的に行われ，その内容の一部がパキスタン側への連絡以前に報道されたため，パキスタン政府上層部は具体的な政策決定過程から疎外されているという意識を強め，米国側に強い不快感を示したのである。Despatch from Karachi, 485, February 6, 1954, DSCF 780.5/2-654. もっとも，このような軋轢も，トルコ・パキスタン間の直接交渉が進むにつれて解消し，直接的に大きな問題となることはなかった。Despatch from U.S. Embassy in Karachi, 510, February 13, 1954, DSCF 780.5/2-1354. ただし，本文に記述したように，トルコ政府が作成した協定案へのパキスタン側の対応が遅れた背景には，以上の経緯が何らかの形で関係していたかもしれない。

[58] Joint Statement on Co-Operation between Turkey and Pakistan, February 19, 1954, in RIIA, *Documents on International Affairs, 1954* (London: Oxford U.P., 1957), 177-178; DOS to U.S. Embassy in Karachi, #679, February 18, 1954, DSCF 780.5/2-1854; Department of State, *Bulletin*, March 15, 1954, 400-401.

[59] U.S. Embassy in Karachi to DOS, #762, March 22, 1954, DSCF 780.5/3-2254; U.S. Embassy in Ankara to DOS, #1008, March 24, 1954, DSCF 780.5/3-2454.

からの侵略に際して両国間で「協力の方法および程度について検討し決定する」ことが定められたのみであった[60]。

このように，トルコ・パキスタン協定は，防衛協定としては非常に緩やかなものであったが，米国の政策担当者たちはそれをきわめて高く評価した。それは，トルコ・パキスタン協定が，中東諸国が自発的に親西側的な組織化を開始したという既成事実を打ち立てたからである。換言するなら，米国の政策決定者たちにとって，トルコ・パキスタン協定の価値は，協定そのものというよりも，その発展可能性にあった。加えて，かかる中東諸国間の組織化のプロセスにおいて，米国が背後にとどまりつつ，軍事援助を活用してその環境整備に貢献するという戦術が上手く機能したことにも，米国の政策決定者たちは自信を深めていた。それゆえ，トルコ・パキスタン協定は，その締結以前から，同様の手法によって周辺国に拡大することが企図されていた。その最初の候補はイラクであった。

3　対イラク軍事援助

1）米英関係の悪化と北層の組織化

パキスタンとは異なり，イラクはダレスの訪問時にも特段に彼の関心を惹いたわけではなかった。イラクでは，大戦後に始まった相対的な政治的自由の時代が継続しており，反英的あるいは中立主義的な政治的見解が新聞等に現れることも珍しくなかった[61]。しかし，エジプトとは異なり，アブドゥル゠イラーフ皇太子やヌーリー・サイードら親英的・親西側的指導部が健在であったイラクは，米国の政策文書の中では，ほぼ必ず親西側的な「北層」諸国のリストに名を連ねていた。イラク政府は，慎重ながら MEC / MEDO への関心を一貫して持続させており，1953 年 3 月には，英国に加えて米国からも軍事援助を受けることによって

---

[60] Turco-Pakistani Agreement for Friendly Co-Operation, April 2, 1954 : in RIIA, *Documents, 1954* : 185–186.

[61] たとえば 1953 年 6 月には，左翼的な法曹関係者 90 名以上の連名で，MEC に加盟せぬことを求める請願書が国王や首相宛に提出されている。Despatch from U.S. Embassy in Baghdad, #926, June 8, 1953, DSCF 780.5/6-853. また，少し後のこととなるが，トルコ・パキスタン協定へのイラクの参加が取り沙汰されると，野党勢力（このときは国民民主党と独立党）が首相に参加反対の覚書を提出している。Despatch from U.S. Embassy in Baghdad, #598, February 24, 1954, DSCF 780.5/2-2454.

自国軍を強化するとの構想を米国側に打診し始めていた[62]。これに対して米国側は，地域的防衛組織の創設は「主として同地域諸国の責任」で行われるべきであるとの立場を示しつつ，それとの関連を示唆しながら，対イラク軍事援助に前向きな姿勢を示していた[63]。

　米国側が対イラク軍事援助の実施に向けて具体的に動き始めるのは，同年秋以降である。8月下旬，バグダードの米大使館は，イランのクーデタがイラク指導部にポジティヴな影響を与えたとして，かかるモメンタムを維持するために迅速に援助を決断するようワシントンに求めた。これは，NSC 155/1 の承認を受け，米国政府内で軍事援助を政治的に活用することによって中東諸国の組織化を推進する方針が打ち出され，そして対パキスタン軍事援助の可能性が検討され始めた時期ともちょうど重なった。その結果，米国の対イラク軍事援助構想は，北層諸国の組織化を推進するプロセスの一環として，具体化していくこととなったのである[64]。

　しかしながら，米国からの対イラク援助にはクリアしなければならない課題が存在した。それは，1930年条約のもとでイラクに対する軍事援助を一手に引き受け，イラク軍の装備や訓練および教育に排他的な影響力を行使してきた英国との関係である。米国側は，対イラク援助の可能性が浮上して以来，英国との政策調整を行った上で援助を実施することを基本方針としていたが，英国政府は早くから米国がイラクにおける英国の地位を奪おうとしているのではないかとの警戒感を抱いていた。これは全く故なき懸念というわけではなかった。バグダードの米大使館などでは，米国からの援助を出来る限り英国の既存の援助から切り離し，米国の独自性を際立たせるような形で実施すべきであるとの声が上がっていたからである[65]。結果的に，このような声が優勢になることはなく，米国は英国からの援助を補完する形で対イラク援助を実施するとの方針を決定し，英国政府との

---

[62] U.S. Embassy in Baghdad to DOS, #1158, March 22, 1953, *FRUS, 1952-1954*, 9：2344-2346；U.S. Charge in Baghdad to DOS, #1180, March 26, 1953, ibid., 2346-2347.

[63] U.S. Embassy in Baghdad to DOS, #1452, June 11, 1953, DSCF 780.5/6-1153；DOS to U.S. Embassy in Baghdad, #1185, June 16, 1953, DSCF 780.5/6-1153.

[64] U.S. Embassy in Baghdad to DOS, #127, August 24, 1953, *FRUS, 1952-1954*, 9：2355；Memorandum of Conversation by the Second Secretary of the U.S. Embassy in Baghdad, September 3, 1953, ibid., 2356-2360.

[65] DOS to British Embassy, July 1, 1953, *FRUS, 1952-1954*, 9：2350-2352；U.S. Embassy in Baghdad to DOS, #127, August 24, 1953, ibid., 2355；Memorandum of Conversation by the Second Secretary of the U.S. Embassy in Baghdad, September 3, 1953, ibid., 2356-2360.

第 6 章　西側統合政策の展開 (1)　365

事前交渉を行うこととなった[66]。1953 年末にアイゼンハワー政権がイラクの参加を待つことなくトルコとパキスタンの二国間協定を先行させる方針を決定したのは，イラク側の態度が定まっていなかったことに加えて，対イラク軍事援助を巡る英国との調整がなお完了していなかったためでもあった[67]。

　12 月に始まった対イラク援助を巡る米英交渉は難航した。その原因は，英国の米国に対する不信感にあった。そもそも英国政府は，基本的に米国の対イラク軍事援助を歓迎していなかった。英国の政策決定者たちの目には，米国はイラク防衛の義務を負うことなく，政治的影響力のみを拡大しようとしているように映っていた。英国は，引き続き中東における軍事的な責任を担い続けており，1930 年条約のもとで確保してきたイラクにおける軍事援助や軍事訓練に関する排他的な地位を失うわけにはいかない。そして，同条約の期限満了が数年後に迫る状況の下で，イラクにおける英国の地位が弱体化すれば，同条約の改定や更新も覚束なくなる，と英国政府は考えていた。それゆえ英国政府は，米国からの対イラク援助を渋々容認しつつも，イラク軍将兵の米国内での教育や，イラク空軍への機材の供給などは拒否する姿勢を崩さなかった[68]。

　このような米国に対する不信感あるいは不快感は，中東にかかわる他の諸問題との相乗効果で悪化した。先述のように，12 月末まで英国政府は，米国の対パキスタン援助がトルコ・パキスタン協定と結びついていることを認識しておらず，英外務省は米国に裏切られたとの想いを強めていた。加えて，次節で見るように，1953 年後半には対エジプト援助の是非を巡って米英は激しい応酬を行っており，さらには 1952 年からくすぶり続けていたアラビア半島東部のブライミ・オアシスを巡るサウジアラビアと湾岸首長国の間の領土紛争でも米英は潜在的な緊張関

---

[66] DOS to U.S. Embassy in Baghdad, #302, November 25, 1953, *FRUS, 1952-1954*, 9: 2361-2362; U.S. Embassy in Baghdad to DOS, #315, November 28, 1953, ibid., 2362-2363.

[67] Memorandum of Conversation, "Plans for Middle Eastern Defense Arrangements," January 9, 1954, DSCF 780.5/1-954. 駐米トルコ大使と NEA のヤーネガンの会談で，トルコ大使がイラク政府は地域的防衛協定を支持するであろうがイラク国民は反対するであろうとの見通しを示したのに対し，ヤーネガンはイラクの政治情勢の「微妙さ」への理解を示している。イラクの政治状況がこの時期にとりわけ不安定化していたわけではなかったものの，米国側がイラクの防衛協定への早期加盟にこだわらなかった背景には，ポーツマス条約や MEC／MEDO への反発に表れたイラク国内に伏流する反西側的政治潮流への警戒もあった。

[68] U.K. Embassy in Baghdad to FO, #2, January 2, 1954, in FO371/110819/V1193/3; Minute by P.S. Falla, January 6, 1954, in FO371/110819/V1193/2; FO to U.K. Embassy in Washington, #183, January 13, 1954, FO371/110819/V1193/8; Minutes by P.L.V. Mallet, January 18, 1954, in FO371/110819/V1193/13.

係にあった[69]。イランのコンソーシアムへの AIOC の参加比率を巡っても，米英の綱引きが続いていた。すなわち 1953 年末から翌 54 年初めにかけての時期は，ロンドンの英外務省本省や COS の米国の中東政策に対する不信感が鬱積し，中東を巡る米英関係に大きな軋みが生じた時期だったのである[70]。

　英国政府内では，米国をして中東における英国の地位を尊重せしむるよう，何らかの申し入れを行うべきであるとの声が高まった。しかし同時に，このことで米英関係全般を悪化させるような事態も避けねばならなかった。そこで英国の政策決定者たちは，英国の立場を国務省よりも理解しているように思われた米軍部に，懸念と不満を伝達することにしたのである。1954 年 1 月中旬，ワシントンの英大使館には，JCS に次のような内容の申し入れを行うよう訓令が送達された。米国の中東政策は，一方で英国に中東における軍事的責任を押し付けながら，同時に中東における英国の地位を弱体化させるという矛盾をはらんでいる。スエズ基地問題で英国に譲歩を求める米国の姿勢はエジプトに米英の立場の相違に付け込む隙を与え，サウジアラビアに対する米国の寛大な姿勢はペルシャ湾岸における英国の地位を危うくし，米国の対イラク軍事援助はイラクが英国との二国間条約を延長しようとする意欲を減退させる方向に働く。米国の現行政策は，米英共通のインタレストとして両国が了解しているはずの英国の中東におけるプレゼンスを尊重していない。したがって，米国の政治的政策と軍事的政策の矛盾を解消するとともに，米英両国の中東政策を一致させることが急務である[71]。

　しかるに，かかる訓令を受け取ったワシントン駐在の英国政府関係者たちは違

---

[69] マスカット゠オマーンとアブ・ダビ首長国の境界にあるブライミ・オアシスは，1952 年にサウジアラビアに占領された。その結果，ブライミ帰属問題は，湾岸首長国と保護条約を結ぶ英国とサウジアラビアへの配慮を優先する米国との間の外交的懸案となっていた。ブライミ問題については，第 11 章で後述する。

[70] Brief for Berlin Conference, "United States Policy in the Middle East," January 15, 1954, in FO371/110819/V1193/12.

[71] Minute by Kirkpatrick, January 9, 1954, in FO371/110819/V1193/6 ; Ministry of Defence to the British Joint Service Mission, Washington, COS(W)387, January 12, 1954, in FO371/110819/V1193/6. 英国側の文書によると，米空軍は，戦時および平時において，英国の管理下にあったキプロスおよびバハレーンの空軍基地，ヨルダンのマフラク空軍基地を，米軍の爆撃機および戦闘機の基地として使用する計画を持っていたとされるが，これら英国の基地を使用する計画は，米空軍内，それも実務者レヴェルの計画にとどまっていたようである。のちに英国政府内では，戦時に米国が中東で使用する施設について正式な外交ルートで協議することを求める声が上がることになる。William F. Dickson to I. Kirkpatrick, March 1, 1954, in FO371/110820/V1193/36. しかし，JCS レヴェルの米軍関係史料では，これらを確認することは出来なかった。

和感を抱いた。メイキンズ駐米大使，そして米軍部への申し入れの任務を与えられたワシントン駐在武官のエリオット（William Elliot）英空軍中将は，ともに訓令をそのまま実行に移すことに難色を示した。米英関係全般に悪影響を与える可能性もさることながら，彼らは明らかにロンドンが感じているほど深刻な矛盾や対立を見出していなかった[72]。訓令から2週間以上経過した1月27日，ラドフォード（Arthur W. Radford）JCS議長に接触したエリオットは，彼自身とメイキンズの感触が誤っていなかったことを確認することになる。エリオットは，訓令の内容を希釈した上で，英国側の不満をラドフォードに伝達した。しかしラドフォードは，エリオットが何を言わんとしているのか，理解することすら出来なかったのである。ラドフォードから連絡を受けたスミス国務次官は，4日後にメイキンズ大使と会談した。スミスは，米英間に中東を巡る「目標」の違いは存在しないとメイキンズに請け合うとともに，同席したバイロード国務次官補に，中東諸国への援助を巡って英国との競合が発生せぬよう注意を払うよう口頭で指示した[73]。まなじりを決して米国に政策の転換を迫ろうとしたロンドンの政策決定者たちは，肩透かしを食らうことになったのである。明らかに，米国の政策決定者たちは，英国側が米国に不信を募らせていることを認識していなかったし，英国側の批判は身に覚えのないことであると感じていた。米国の政策や行動に英国政府を苛立たせる側面があったことは確かであるにせよ，米国政府は中東における英国の地位や影響力を弱体化させることを望んでいなかった。つまり，1954年初頭の米英間の軋轢は，目標やインタレストの相違からではなく，意思疎通の不十分さから生じたものだったのである。

　しかし，エリオットの申し入れは無駄ではなかった。これ以降，米国政府は中東政策について英国側との意思疎通に注意を払うようになり，米英間の軋轢は解

---

[72] British Joint Service Mission, Washington, to Ministry of Defence, ELL 723, January 15, FO371/110819/V1193/6. ちょうど同じ時期にワシントンに送付された対イラク援助を巡る米英交渉に関する訓令に対しても，メイキンズは，米国の要請を拒否するとの本省の方針は無用に米英関係を悪化させることになるのみであるとして，疑念を表明している。U.K. Embassy in Washington to FO, #101, January 14, 1954, in FO371/110819/V1193/10. これに対してイーデンは，米国がみずからコミットメントを与えることなく，しかも「ひも無し」で援助を提供する方針には同意できないとして，改めて対米強硬姿勢を維持する方針を指示した。FO to British Embassy in Washington, January 14, 1954, in FO371/110819/V1193/10.

[73] British Joint Service Mission, Washington, to Ministry of Defence, ELL 731, January 27, in FO371/110819/V1193/18；U.K. Embassy in Washington to FO, #207, February 1, in FO371/110819/V1193/21.

消に向かっていくからである。前節で見たように，ベルリン滞在中にダレスとイーデンは中東問題について意見交換を重ね，その際にダレスは従来以上に丁寧に，米国の中東諸国の組織化の構想や，対イラク軍事援助の意義を説明し，イーデンは——必ずしも快くというわけではなかったものの——米国側の方針に理解を示した[74]。2月9日には，バイロードがメイキンズ英大使に，国務省も米軍部もイラクにおける英国の地位を脅かすような行動を取るつもりはないと改めて言明した上で，対イラク援助に関する米英の覚書案を提示した。これは，前年末に米国が英国に送付していた最初の協定案の修正案であり，英国側が難色を示していた，イラク軍将兵の米国内における教育と訓練，およびイラク空軍への援助について，それを実施する原則を維持しつつも，当面はその規模を小規模にとどめる方針を示すことで，英国側に歩み寄る姿勢を示していた[75]。

米国側の修正案の提示以前から，英COSは米国への譲歩やむなしとの姿勢に傾いていたが，バイロードの説明，そして米国の修正案提示によって，最後まで難色を示していた英外務省も，米国との妥協に踏み切った[76]。以上のような曲折を経て，2月26日，米英間で対イラク軍事援助に関する覚書がようやく合意された。覚書では，米国からの援助は，英国からの援助を「補完」するものと位置づけられ，イラク政府が「援助の内容について引き続き主として連合王国政府の意向を尊重する（look to）」よう配慮することとされた。また，軍事援助の実施に伴い，相互防衛援助法の規定に従って米国がイラクに派遣することとなる軍事援助顧問団（Military Assistance Advisory Group：以下MAAG）は，イラクに駐留する英国の軍当局との間に緊密な連携を維持し情報を交換することが約された[77]。

覚書の骨格は1953年末の最初の米国案を維持しており，2月9日に米国側が示した修正案も原則に関しては米国の主張を貫徹するものであった。すなわち，英国政府は，覚書の内容が大きく変化した故にではなく，米国側への不信感を払

---

[74] U.K. Delegation in Berlin to FO, #86, February 4, 1954, in FO371/110820/V1193/22.

[75] British Embassy in Washington to FO, #244, February 9, 1954, in FO371/110820/V1193/25；British Embassy in Washington to FO, #245-247, February 9, 1954, in FO371/110820/V1193/35. 1953年末の最初の米国案については，British Embassy in Washington to FO, #2816, December 31, 1953, in FO371/110819/V1193/2.

[76] Minute by J. E. Powell-Jones, February 15, 1954, in FO371/110820/V1193/29；FO to British Embassy in Washington, #728, February 24, 1954, in FO371/110820/V1193/29.

[77] Memorandum of Understanding between the Governments of the United States and the United Kingdom, Initialed at Washington, February 26, 1954, *FRUS, 1952-1954*, 9：2371-2374.

拭し得た故に，歩み寄りを見せたのである。このことは，1953年末から54年初めの中東を巡る米英間の軋轢が，おもに意思疎通の不全に伴うものであったことを物語っている。そして，英国の政策決定者たちは，米国が軍事援助を活用して北層諸国の組織化を推進しているという見取り図を把握するようになるにつれて，むしろ米国との協調という枠組みの中で，英国の目標の実現を目指す方向に舵を切っていった[78]。米国の対イラク軍事援助とトルコ・パキスタン協定を巡る米英間の軋轢が同時並行的に解消に向かったのは偶然ではなかった。中東を巡る米英関係は，相互の意思疎通を密にすることを通じて，再びインタレストの共通性に立脚した協力関係という基本線に回帰する方向に向かったのである。

2) 米・イラク交渉

米英交渉と並行して，アイゼンハワー政権は対イラク軍事援助の実施に向けた準備を進めていた。1月初旬，ベリー（Burton Y. Berry）駐イラク米大使よりムハンマド・ジャマーリー（Muḥammad Fāḍil al-Jamālī）首相に，軍事援助を提供する方針が非公式に伝達された。その際にベリー大使は，援助の提供を地域的組織へのイラクの参加と直接リンクさせることは慎重に避けつつも，米国政府が軍事援助の提供によって中東諸国による自発的な組織化を促進する方針であることを説明した[79]。ダレスらは，中東の防衛組織にイラクが早期に参加することを半ば当然視していた[80]。米国が背後にとどまり続け，あくまでも中東諸国が自発的に組織化を推進するという形態を維持するために，アイゼンハワー政権は，イラク側か

---

[78] Minute by W.D. Allen, January 16, 1954, in FO371/110819/V1193/17.
[79] DOS to U.S. Embassy in Baghdad, #374, January 5, 1954, *FRUS, 1952-1954*, 9: 2263-2264; U.S. Embassy in Baghdad to DOS, #398, January 8, 1954, ibid., 2364-2365. ジャマーリーはイラク指導層の内部にあったが，ヌーリーに代表される，イラク建国期以来のスンナ派の親英エリート層とは異なる背景を有した。ジャマーリーは，シーア派の中産階級出身で，ベイルートのアメリカン大学およびニューヨークのコロンビア大学で教育を受け，教育や外交の分野で活躍した典型的なテクノクラートであり，妻はアメリカ人であった。バグダードの米大使館が，首相就任前後を通じて彼と頻繁に接触したのは，彼のこのようなバックグラウンドによるところも大きいであろう。
[80] Memorandum, "Turkish-Pakistani Defence Arrangements," undated, in FO371/112316/DY1192/66. 日付や作成者のない同メモは，匿名のNEA職員と英外務省職員の会話の記録であり，その内容から1954年1月後半に作成されたものと推定される。興味深いことに，この会話の中で匿名のNEA職員は，「イスラエルと国境を接する国」の参加は，イスラエルを刺激することを避けるために見送るべきであるとの考えを示している。これは，バグダード条約の成立後に米国政府が採用する立場の前駆的形態と考えることが出来るであろう。

ら親西側的な防衛組織に参加するとの言質を得る前にイラクに軍事援助を実施する方針を伝達するという，ある種の賭けに出たのである。

　1月中旬には，米国政府内の実務レヴェルで，国防省の勧告をもとに対イラク軍事援助を1000万ドル規模とする方針が合意された。これは，対パキスタン援助として予定されていた2000万ドル，スエズ基地問題解決後にエジプトに提示することが計画されていた2500万ドルなどに比べると少額ではあったが，それでも相互防衛援助法で認められる中東向け支出額が総額3000万ドルから8000万ドルに大幅に拡大されることを織り込んだ上での思い切った金額であった[81]。1月末までに，対イラク援助は大統領の承認も得，米国側の準備は整った。しかし，この正式決定が直接イラク側に伝達されることはなかった。ちょうど始まろうとしていたトルコ・パキスタン協定締結に向けた外交スケジュールの中で，トルコ政府からイラク政府に新たな地域的組織への事実上の参加要請が行われることとされていたからである[82]。2月17日，かねての予定通り，トルコ政府はイラク政府にパキスタンとの交渉経過を通知し，イラクに交渉への参加を呼びかけた[83]。先述のように，すでに1月にジャマーリー首相には米国から援助を提供する意向が非公式に伝達されていたので，ここでようやく米国からの軍事援助と地域的防衛組織への参加が結びつけられたことになる。かかる迂遠な外交的手順には，中東諸国のイニシアティヴによって組織化を推進するという原則へのアイゼンハワー政権の執着が表れていた。

　しかし，アイゼンハワー政権の思惑は裏目に出ることとなる。ジャマーリー自身は，親米的な政治家であり，トルコ・パキスタン協定を肯定的に評価していたが，イラク国内およびアラブ世界の政治情勢がジャマーリー政権のトルコ・パキスタン協定への参加を許さなかった。早くもトルコ・パキスタン協定の締結以前から，イラクの野党勢力や学生の間からは同協定を批判する声が上がり始めていた。米国側から見ればこの上なく皮肉な展開であったが，ジャマーリーは米国からの軍事援助への議会や国民からの批判を回避するために，トルコ・パキスタン協定への参加に慎重な姿勢を示さざるを得ないと判断した[84]。しかも，4月初め

---

[81] Memorandum from Frank C. Nash to Secretary of Defense, January 5, 1954, DSCF 780.5/1-454；Memorandum from Walter B. Smith to Harold Stassen, January 15, 1954, *FRUS, 1952-1954*, 9：2366-2367.

[82] DOS to U.S. Embassy in Baghdad, #406, January 28, 1954, *FRUS, 1952-1954*, 9：474-475.

[83] U.S. Embassy in Baghdad to DOS, #461, February 17, 1954, *FRUS, 1952-1954*, 9：486-487.

にはアラブ連盟が，エジプトの主張を受け入れる形で，アラブ諸国のトルコ・パキスタン協定への参加に反対する声明を発した。イラク政府は，アラブ世界からの孤立を回避するためにも，同協定への加盟を考慮していないとの立場を取ることを余儀なくされたのである[85]。

トルコ・パキスタン協定が締結された4月初旬，イラクの実力者ヌーリー・サイードはベリー米大使に，みずからや皇太子がトルコ・パキスタン協定を高く評価し，イラクの参加に前向きであることを明言しつつ，アラブ諸国の世論がそれを支持せぬ状況ではイラクの参加は難しいとの認識を示した。興味深いことに，この時にヌーリーは，イラクの参加を実現するには「パレスチナ問題について中東の世論が沈静化」する必要があると語り，「中東和平とトルコ・パキスタン協定は相補的」であるとの認識を示した[86]。つまりヌーリーは，アラブ世界が反イスラエルという大義への忠誠を要求される限り，イラクを含む親西側的アラブ諸国もかかる大義を乗り越える形で西側陣営と連携することは困難であり続けるという構造を看破したのである。アラブ・イスラエル和平と親西側的防衛組織の形成を一体と捉える立場をヌーリーが一貫して取り続けるわけではないものの，このアラブ世界で最も親西側的な指導者が両者の連関を強く意識するようになっていた事実は注目に値する。かかるヌーリーの認識は，アラブ・イスラエル紛争の解決を西側統合政策の目標を実現するための必要条件と位置づけるアイゼンハ

---

[84] J.Y. Mackenzie to Eden, February 24, 1954, in FO371/110787/V1073/7 ; J. Troutbeck to Falla, March 17, 1954, in FO371/110787/V1073/17 ; State Department Policy Information Statement for USIA (NEA-84), March 17, 1954, in FO371/110821/V1193/52.

[85] Podeh, *The Quest for Hegemony*, 65-68. ポデーによると，エジプトがかかる主張をしたのは，アラブ諸国がイラクの例に倣ってトルコ・パキスタン協定に参加するのを防ぐことによって，アラブ世界の主導権がイラクに移ることを未然に防止するため，そしてスエズ基地に関する英国との交渉でエジプトが不利な立場に陥ることを防ぐためであった。

[86] U.S. Embassy in Baghdad to DOS, #590, April 5, 1954, *FRUS, 1952-1954*, 9 : 491-492. この時，ヌーリーはトルコ・パキスタン協定を，集団的自衛権を定めた国連憲章第51条に依拠する形に改めるべきであるとの見方を示している。後述するように，ヌーリーは8月に首相に返り咲いた後，同条に基づく多国間協定に英国を参加させるという形で英・イラク条約の更新を実現するというアイディアを示すことになる。一方，かかるヌーリーの見解について，トルコ側は，イスラエルを標的とする「アラブ・ムスリム軍事同盟」を目指すものとして不快感を示している。U.S. Embassy in Ankara to DOS, #1064, April 7, 1954, DSCF 780.5/4-754. さらにヌーリーは，トルコ・パキスタン協定へのイラクの参加にアラブ諸国の理解を得るために，サウジアラビアに働きかけを行うとともに，エジプト情勢が安定した時点でカイロを訪問する意向，さらにアンカラやテヘランも訪問する希望も示している。U.S. Embassy in Baghdad to DOS, #591, April 5, 1954, DSCF 780.5/4-554.

ワー政権の認識と大きく重なり合うものであり，そのような意味で米国政府の西側統合政策が，中東域内の問題を的確に把握していたことをはしなくも証明することになったからである。

　何れにせよ，イラク側の失速によって，国務省はディレンマを抱えることになった。イラク政府が地域的協定に参加することなく軍事援助を受け取ることになれば，軍事援助を事実上の報償として地域諸国の組織化を促進するという外交戦術の枠組みが崩れることになる。一方で，イラクにトルコ・パキスタン協定への参加を求める明示的な圧力を加えることになれば，中東諸国の自発的イニシアティヴで組織化を推進するという戦術的な枠組みが損なわれることになる。しかも，イラク側に行動を強いることで，反米的あるいは反西側的な国民感情が強まるリスクも否定できなかった。「ポーツマス条約調印後の事態の再現」は，何としても避けねばならなかった[87]。

　対イラク軍事援助に関する交渉の中断もやむなしとの判断に傾いていた国務省に方針の再考を迫ったのは，バグダードの米大使館であった。バグダードの米大使館は，イラクの親西側的指導部を高く評価し，中東における米国の在外公館の中でも，中東諸国の組織化に最も積極的であった。退任直前のベリー大使は，国務省本省に，仮にイラクがトルコ・パキスタン協定に参加できずとも，イラク政府を信頼して軍事援助の実施を決断するよう，強く進言した[88]。その一方でベリー大使はジャマーリー首相に，本省からの訓令で許されていた範囲から一歩踏み出す形で，米国政府の意図を包み隠さず語り，決断を促した。米国はイラクに対する軍事援助とトルコ・パキスタン協定を明示的には結びつけてこなかったが，実際には，米国の軍事援助は「外部からの侵略に対する地域的防衛への関心，およびそのような［外部からの侵略に対する］危険を理解している他の諸国と協力する意志を，イラクが明確に表明すること（recognition）を織り込んでいる」。このように米国側の真意を打ち明けた上で，ベリー大使は，アラブ連盟の場でイラクがトルコ・パキスタン協定への加盟を考慮していないとの立場を取ったことに米国政府が懸念を抱いていることを説明し，ジャマーリーにトルコおよびパキスタ

---

[87] DOS to U.S. Embassy in Baghdad, #566, April 8, 1954, *FRUS, 1952-1954*, 9：2375-2377； DOS to U.S. Embassy in Baghdad, #577, April 15, 1954, ibid., 2377-2378.

[88] Memorandum from Richard H. Sanger to Max Bishop (OCB), "Assessment of Action Taken in NEA Area on PSB D-22," March 3, 1954, in "Middle East(1)" folder, OCB Central Files, box 77, WHONSC, DDEL.

ンとの交渉を速やかに開始するよう求めた。これに対してジャマーリー首相は，トルコ・パキスタン協定への支持を改めて表明したが，イラクの加盟にはなお時間を要するとの立場を崩さなかった[89]。

　結局，国務省は，ベリー大使に衝き動かされる形で，トルコ・パキスタン協定へのイラクの参加を待たずにイラクとの軍事援助協定を締結することを決断するに至った。ただし，イラクのみに無条件に援助を提供することになれば，軍事援助を報償として地域諸国の組織化を推進するという米国の戦術に綻びが生じてしまう。そこで，イラクとの軍事援助協定の前文には，「当該援助は……その性質，時期，援助額を，同地域における国際情勢の展開と関連づけることとなろう」との新たな一文が挿入されることになった。この抽象的な一文は，米国が中東諸国の組織化の表には出ることなく，対イラク援助を同国の地域的防衛組織への参加と関連づけるための苦肉の策であった[90]。結局，米・イラク間の軍事援助協定は，地域的防衛組織に参加するとのイラクからの明確な言質を得ることなく，4月21日に締結された[91]。

　協定締結直前のベリー大使の行動は，米国が地域的組織化の背後にとどまり続けるという戦術的な枠組みからの小さな逸脱であったし，地域的防衛組織への参加の保障を得られぬままに軍事援助を提供せざるを得なくなったことは，トルコ・パキスタン協定の成功モデルの限界を示すものであった。それにもかかわらず，米国の政策決定者たちは，トルコ・パキスタン協定および対パキスタン援助と並んで，対イラク軍事援助を中東諸国の組織化に向けた成果と評価した。軍事援助問題を議論する過程で，イラク指導部が改めて親西側の旗幟を鮮明にしたことは，それなりの収穫であった。それゆえ米国の政策決定者たちは，イラクが近い将来に何らかの形で親西側的な地域的組織に参加することを確実視し，その形

---

[89] U.S. Embassy in Baghdad to DOS, #624, April 18, 1954, *FRUS, 1952-1954*, 9：2380-2381. 当時イラクでは，洪水が発生しており，首相の交代も間近であると考えられていた。少なくとも，これらの不確定要因が解消されるまでは，アラブ連盟の決議の直後であったことも相俟って，地域的防衛組織への参加問題に取り組める状況ではなかったという事情もあった。

[90] DOS to U.S. Embassy in Baghdad, #588, April 19, 1954, *FRUS, 1952-1954*, 9：2381-2383.

[91] British Embassy in Baghdad to Anthony Eden, #97, April 28, 1954, in FO371/110821/V1193/59. なお，対イラク援助に関する米英合意の締結以降，英外務省は，米国からの対イラク援助を早期に受け入れるよう，イラク側への働きかけも行っていた。British Embassy in Baghdad to Anthony Eden, #65, March 10, 1954, in FO371/110821/V1193/45. しかし，協定締結直前の米国政府の逡巡やその背後にあったディレンマについては，英国側は理解しかねていた。British Embassy in Baghdad to FO, #284, April 22, 1954, in FO371/110821/V1193/51.

態やタイミングをイラク側に委ねることは戦術的な小さな例外に過ぎないと考えることが出来たのである[92]。

4　スエズ基地交渉と対エジプト援助問題

1）トルーマン政権からアイゼンハワー政権へ

　スエズ基地を巡るエジプトと英国の紛争は，政権交代の前後を通じて米国政府が中東で最も大きな関心を示した問題であった。スエズ基地からの英軍の撤退を定めた1954年10月の英・エジプト協定の締結に至るまでの英・エジプト間交渉，および同交渉への米国の関与については，多くの先行研究がすでに論じているが，これらの研究の多くは米国政府が「北層」への関心を増大させたのと同時にエジプトへの関心を持続させ，むしろ増大させていった過程を必ずしも十分に描いていない[93]。すでに第5章で確認したように，スエズ基地問題の解決は，中東南部における西側統合政策の第一段階としてきわめて重要な位置づけを与えられていた。トルーマン政権からアイゼンハワー政権にかけて米国が一貫してエジプトに重大な関心を示したのは，アラブ世界の中心国にして地域的大国たるエジプトの位置が然らしめた側面もさることながら，西側統合政策の継続性から導かれた側面が強かったのである。以下本節では，これまで断片的に触れてきた内容も含め，英・エジプト紛争に対する米国の政策を通覧し，むしろアイゼンハワー政権期に米国のエジプト問題への関与が増大していることを確認する。

　1952年7月の革命で誕生したエジプト革命政権を，トルーマン政権は期待感を抱きつつ眺めていた。そのひとつめの理由は，穏健な改革主義的ナショナリストとしての革命政権への期待であった。革命を主導した自由将校団は，ファルー

---

[92] Summary Record of the Conference of US Chiefs of Mission in the NEA Area Held at Istanbul, May 11-14, 1954, in "Near East(1)" folder, OCB Central files, box 77, WHONSC, DDEL ; Progress Report on NSC 155/1, "United States Objectives and Policies with Respect to the Near East," July 16, 1954, in "Near East(4)" folder, OCB Central files, box 77, WHONSC, DDEL.

[93] 最も重要な先行研究は次の2点である。Hahn, *The United States, Great Britain and Egypt*, chap. 8 ; Wm. Roger Louis, "The Tragedy of the Anglo-Egyptian Settlement of 1954," in Louis and Owen, ed., *Suez 1956*, 43-71. 他の先行研究は，前記2編の枠組みに近い議論を展開している。Lucas, *Divided We Stand*, 24-32 ; Devereux, *The Formation of British Defence Policy*, 121-141 ; 佐々木『イギリス帝国とスエズ戦争』，90-105頁。

ク国王を退位させたものの,立憲君主制を存続させる姿勢を示し,政府の首班にもヴェテラン政治家のマーヒルを据えるなど,穏健な改革を指向するスタンスを示した。自由将校団指導部を前身とする革命指導評議会 (RCC) は,まもなくマーヒルの保守的な姿勢に不満を募らせ,マーヒルに代えて自由将校団の名目的な指導者であったナジーブを首相に据えたが,ナジーブ政権のもとでもエジプト革命政権の穏健な改革を指向する基本的なスタンスに変化はなかった。米国政府がエジプト革命政権を評価したもうひとつの理由は,その少なくとも潜在的に親西側的なスタンスにあった。ナジーブら革命政権上層部は,米国大使キャフェリー (Jefferson Caffery) に,英国とのスエズ基地問題の解決後には,MEDOへの参加可能性も含めて,西側陣営に協力する意向を内々に示していた[94]。第2章で見たように,折しも1952年半ばには,米国の政策決定者たちは,中東のナショナリズムを西側陣営に取り込むことを米国の地域的政策の課題として強く意識するようになっていた。ナショナリストとしての正統性を有する改革主義的な親西側政権こそ,米国の政策決定者たちが待望していた,中東における新たなリーダーシップであった。それゆえトルーマン政権は,早くも8月にはエジプト革命政権を支持する方針を固めていった[95]。

　トルーマン政権がエジプト革命政権への支援のために最も有効な手段と考えたのは,米国からの援助であった。エジプト政府は,西側への協力姿勢を示す際に,かかる協力への事実上の見返りとして軍事・経済援助を提供するよう希望した[96]。エジプト側の西側への協力姿勢には曖昧さが付きまとったが,トルーマン政権は,革命政権の動向を見極めるというよりも,むしろ早急に軍事・経済援助などの形で支援姿勢を明確に示すことでナジーブ政権を取り込むことを目指した[97]。そして,エジプトとの協調関係の構築は,同国との二国間関係の文脈以上に,より広く中東を西側陣営に取り込むためのステップとして明確に意識されていた。トルーマン政権が対エジプト軍事援助の実施に向けて本格的に動き始めるきっかけとなった,マシューズ (H. Freeman Matthews) 国務次官からロヴェット国防長官

---

[94] U.S. Embassy in Cairo to DOS, #730, September 18, 1952, *FRUS, 1952-1954*, 9: 1860-1861; U.S. Embassy in Cairo to DOS, #1167, November 11, 1952, ibid., 1877-1878.

[95] DOS to the U.S. Embassy in London, #811, August 4, 1953, *FRUS, 1952-1954*, 9: 1847-1848; Byroade to the Secretary of State, "Reaffirmation of September 3 Statement on Egypt," September 8, 1952, ibid., 1854-1855.

[96] 上記註94参照。

[97] DOS to U.S. Embassy in Cairo, September 30, 1952, *FRUS, 1952-1954*, 9: 1863-1865.

への11月21日付のメモは、「英・エジプト紛争の満足できる解決により全アラブ諸国（the Arab States）のMEDOへの参加が可能になり、それを起点として近東全般の情勢がより好ましいものに転ずるかもしれない」との展望を示した[98]。それゆえ最末期のトルーマン政権は、スエズ基地問題解決の有無にかかわりなく、500万から1000万ドル規模の無償援助を含む軍事援助をエジプトに提供する方針であった。1000万ドルという額は軍事援助としては小規模で、想定された援助品目も戦車などの重装備は含んでいなかったが、これはエジプト側に「心理的な影響」を与えるための暫定的な援助と考えられていたからである[99]。

しかし、イランの場合と同様、英国政府は対エジプト援助についてもトルーマン政権の独自行動を制止した。英国の軍事戦略がレヴァント＝イラク戦略に移行したことを受け、1952年11月頃までには、イーデン外相や英軍部はエジプトからの英軍の全面撤退を原則的に受け入れる姿勢に転じ、エジプトとの紛争解決に動こうとしていたが、チャーチル首相は米国の政権交代後に問題を持ち越そうとしていた[100]。しかも、エジプト問題についてチャーチルよりもはるかに柔軟な姿勢を示していたイーデンすら、対エジプト軍事援助は英国の役割であり、米国は経済援助を担うべきであるとして、米国からの軍事援助には強く否定的であった[101]。1953年1月、英国政府は、スエズ基地問題に関する英・エジプト交渉開始以前に米国から軍事援助を提供することに反対する立場を明確にした[102]。トルーマン政権最末期に行われたエジプト問題に関する米英実務者協議では、スエズ基地から英軍戦闘部隊を全面撤退させる一方で、有事の際に英軍が同基地を再使用しうる状態を維持するために平時において英国人の保守要員を残すという枠組みで紛争解決を目指す方針が合意されたが、軍事援助を実施するタイミングについては英国側が譲らず、米英間に意見の隔たりが残された[103]。結局、トルーマ

---

[98] Memorandum from H. Freeman Matthews (for the Secretary of State) to Robert Lovett, November 21, 1952, *FRUS, 1952-1954*, 9: 1889-1892.

[99] Memorandum from Stabler to Byroade, November 28, 1952, *FRUS, 1952-1954*, 9: 1898-1900; Memorandum from Acheson to Lovett, December 12, 1952, ibid., 1910-1912.

[100] C.A.E. Shuckburgh to J. Bowker, November 14, 1952, *BDEE*, B4-2: 495-496.

[101] Memorandum by the Special Assistant to the Secretary of State, November 27, 1952, *FRUS, 1952-1954*, 9: 1898; U.S. Embassy in Cairo to DOS, #1352, December 3, 1952, ibid., 1903-1904.

[102] U.S. Embassy in London to DOS, #3643, January 3, 1952, *FRUS, 1952-1954*, 9: 1949-1950. CAB129/58, C(53)17, Revised, January 14, 1953, *BDEE*, B4-2: 536-548.

[103] U.S. Embassy in Cairo to DOS, #1552, January 2, 1952, *FRUS, 1952-1954*, 9: 1937-1938; U.S. Embassy in London to DOS to DOS, #3642, January 3, 1953, ibid., 1946-1947.

ンは，エジプトに対する経済援助および小規模の武器売却は裁可したものの，政権に残された時間が少ないことを理由に，無償軍事援助の可否決定はアイゼンハワー政権に委ねることとした[104]。英国は，エジプト革命政権との協調関係の構築を最優先しようとするトルーマン政権を抑制することに成功したのである。

しかしながら，エジプト問題について，アイゼンハワー政権がより親英的立場を取るであろうとのチャーチルの期待は，当を得たものではなかった。国務省は，英・エジプト間のスエズ基地交渉と米国からの軍事援助をリンクさせるべきとの英国側の主張に従うことを潔しとせず，トルーマン政権最末期の1月19日，1100万ドルを上限とする有償軍事援助に向けた準備作業を継続することを決定しており，これに加えて，新政権の発足後も，エジプト空軍兵士への訓練などを内容とする無償軍事援助を早期に実施すべきであると主張し続けた。国務省は，英国との紛争解決後に中東防衛に協力するとのナジーブらのメッセージを重視し，ナジーブ政権との関係強化を進める姿勢を維持していた[105]。国務長官に就任したダレスを含め，新政権の上層部はかかる国務省の方針を基本的に支持する一方，エジプトに対して米英の連帯を強化しようとするチャーチルの姿勢には警戒感を示した[106]。トルーマン政権最末期のエジプトに関する米英合意を変更しようとする英国側の提案をアイゼンハワー政権が拒否したことは，第5章冒頭で指摘したとおりである。

チャーチルが，対エジプト強硬姿勢を追求していた理由の一端は，英国の国内政治状況にあった。1953年2月には，エジプト革命後に進行していたスーダンの処遇を巡る英・エジプト間の交渉が妥結し，スーダンの独立を承認する形で英・エジプト間の協定が成立した[107]。1946年にシドキー=ベヴィン条約を挫折

---

[104] Editorial Note, *FRUS, 1952-1954*, 9 : 1907 ; Memorandum of Conversation by the Secretary of State, January 7, 1953, ibid., 1954-1955 ; DOS to U.S. Embassy in Cairo, #1434, January 17, 1953, ibid., 1964-1965.

[105] DOS to U.S. Embassy in London, #4805, January 19, 1953, *FRUS, 1952-1954*, 9 : 1967-1968 ; Secretary of State to the Director for Mutual Security, February 19, 1953, ibid., 1991-1992.

[106] 2月18日にチャーチルは，対エジプト交渉に際して米国の軍人をカイロに派遣することを求めたが，アイゼンハワーは24日のNSC会合でチャーチルの真意に強い疑念を表明し，米軍人の派遣は拒否することとなった。一方，1月にトルーマン政権が英国政府との間に形成した対エジプト政策合意は踏襲することも同時に決定されている。Churchill to Eisenhower, February 18, 1953, *FRUS, 1952-1954*, 9 : 1989-1990 ; Memorandum of Discussion at the 133rd Meeting of the NSC, February 24, 1953, ibid., 1997-2000 ; Eisenhower to Churchill, February 24, 1953, *DDEP*, 14 : 53-54.

[107] スーダンを巡る英・エジプト合意が比較的容易に成立したのは，エジプト革命政権が，概

させた直接的な原因が除去されたことは，英・エジプト関係の改善に向けた大きな前進であった。しかももともとスーダンの独立に反対していたのがエジプト側であった事情に鑑みるならば，スーダン協定は英国側の一方的な譲歩というわけではなかった。それにもかかわらず，与党保守党内の「スエズ・グループ」と呼ばれる，帝国の維持を強硬に主張する勢力は，スーダン協定を英国の敗北と捉え，スエズ基地からの撤退への反発を強めていたのである[108]。

しかしながら，チャーチル政権が対エジプト強硬路線に米国政府を引き込もうとしていた理由はそれだけではなかった。英国政府内では，エジプトとの交渉に積極的なイーデンも含め，エジプトに圧力を加えることによって，英国側に少しでも有利な条件でスエズ基地問題の解決を図るべきであるとの意見が大勢であった。それゆえ英国政府が最も懸念していたのは，米国が交渉途上でエジプト側に有利な案を支持する姿勢を示す，あるいは交渉の妥結前に米国がエジプトに援助を提供するなどしてエジプトに対する圧力が緩和される可能性であった。それゆえ英国政府は，エジプトとの直接交渉再開直前の3月下旬，米国政府に対して，エジプトへの新規の援助を控えるとともに，直接交渉において英国の立場を全面的に支持するよう求めた。しかし，米国側はこれを拒否した。アイゼンハワー政権は，前政権以上にみずからの行動の自由を維持することにこだわるとともに，英国と同一視されることへの警戒感を示し，その結果，英国の立場への全面的な同調を頑なに拒んだのである[109]。かかる米国側の姿勢に，英国の政策決定者たちは不満を強めていった。英国の政策決定サークル内では，米国政府がエジプト側の主張を鵜呑みにしている，あるいはナジーブ政権の歓心を買うために過剰に宥和的な姿勢を示しているとの批判が，しばしば噴出した[110]。

  してスーダン問題には大きな関心を示さなかったからであった。James Jankowski, *Nasser's Egypt, Arab Nationalism, and the United Arab Republic* (Boulder : Lynne Rienner Publishers, 2002), 42-45.
[108] U.S. Embassy in London to DOS, #4688, February 20, 1953, ibid., 1994 ; U.S. Embassy in London to DOS, #4995, March 9, 1953, *FRUS, 1952-1954*, 9 : 2013-2014 ; Guy Laron, *Origins of the Suez Crisis : Postwar Development Diplomacy and the Struggle over Third World Industrialization, 1945-1956* (Baltimore : Johns Hopkins U.P., 2013), 66-67.
[109] FO to U.K. Embassy in the U.S., #1333, March 21, 1953, *BDEE*, B4-3 : 24-25 ; U.K. Embassy in Washington to FO, #636, March 23, 1953, *BDEE*, B4-3 : 25-26 ; DOS to U.S. Embassy in Cairo, #1883, March 24, 1953, *FRUS, 1952-1954*, 9 : 2032-2034.
[110] Minutes by R. Allen, J. Bowker and W. Strang, March 23-24, 1953, *BDEE*, B4-3 : 27-28 ; Minutes of Conversation between the Secretary of State and the U.S. Ambassador on 21st March, 1953, JE 1192/109G, in PREM11/392 ; Shuckburgh to Churchill, PM/MS/53/53, April 21, 1953, in PREM11/

第 6 章　西側統合政策の展開（1）　379

　3 月 28 日，英国政府はエジプト政府にスエズ基地問題に関する交渉開始を打診した。英国側の提案は，(a) スエズ基地の保守および戦時における再使用，(b) エジプトの防空態勢，(c) エジプトからの英軍の段階的撤退，(d) エジプトの MEDO への参加，(e) 対エジプト軍事・経済援助，という 5 分野を交渉対象とするという交渉の枠組みに関するものであり，具体的な解決の内容には踏み込んでいなかった[111]。これを起点として，4 月には正式な交渉開始に向けた英・エジプト間の予備交渉が開始された。

　エジプト側との予備交渉と並行して，英国側はきたる本交渉において米国からの全面的な支持を獲得すべく，チャーチルやイーデンからアイゼンハワーへの積極的な働きかけを続けた。チャーチルはアイゼンハワー宛の書簡において，英国は多大の財政負担を負いながらエジプトにおいて西側陣営の一員としての軍事的責任を果たしているとの認識を強調し，「もし貴公の助言者たちが，我々［英国］が［エジプトにおける］全ての義務を放棄するのが好ましいと本当に考えているのであれば，そのように言ってもらうのは大歓迎」であると言い放ったが，その一方で「英語話者世界 (the English-speaking world) の団結」という感情的な表現に訴えて英国の立場への全面的な支持を求めた[112]。これに対してアイゼンハワーは，エジプト側が交渉への米国の参加を望んでいないことを指摘するとともに，英国がナジーブの国内政治上の立場に配慮する必要を説き，米英が共同でエジプトに対峙する硬直的な戦術の危険性を説いた[113]。アイゼンハワー政権内では，前政権から引き継がれた，エジプトに対する小規模の有償軍事援助の準備作業も引き続き進行していた。米国が提供した兵器が英国兵に向けられかねぬとの英国側の懸念に配慮して，殺傷能力の高い兵器は除外されたが，米国側は対エジプト有償軍事援助を断念するつもりはなかった[114]。アイゼンハワー政権は，ナジーブ政権との関係強化を引き続き重視するとともに，英・エジプト紛争を解決するためには，英国からのさらなる譲歩が必要になる可能性が高いと見ていた。

　当初，順調に進むかに見えた英・エジプト間の予備交渉は，4 月末に突如とし

392.
[111] U.K. Embassy in Cairo to FO, #571, March 28, 1953, in PREM11/392.
[112] Eden to Eisenhower, April 1, 1953, *FRUS, 1952-1954*, 9：2040-2041；Churchill to Eisenhower, April 5, 1953, ibid., 2042-2043.
[113] Eisenhower to Churchill, April 7, 1953, *DDEP*, 14：138-139.
[114] U.S. Embassy in London to DOS, #5929, May 5, 1953, *FRUS, 1952-1954*, 9：2055-2056；DOS to U.S. Embassy in London, #5966, May 5, 1953, ibid., 2057-2058.

てエジプト側が本交渉の開始前にスエズ基地問題の解決の原則について合意することを求め，英国側がこれに難色を示したことから，5月初めに停止することとなった[115]。エジプト側の姿勢の硬化の原因は，エジプト国内政治にあった。ナジーブは自由将校団の中では唯一の将官であり，国民的人気もあったが，もともとは佐官級の中堅将校が主導する自由将校団に権威を持たせるための表看板として迎え入れられた人物であった。しかし，首相に就任したナジーブは，みずからの政治的権力の強化を目論見，RCCを権力基盤とするナセルと対立するようになっていた。対立が亢進する中で，ナジーブは都市中間層にその中心を持つ反英ナショナリストの支持獲得に動きつつあった[116]。この頃からエジプト側は，国内政治を理由に，スエズ基地問題の解決後であってもMEDOへの参加は革命政権の「自殺行為」になるとの見方を示すようになった。かかるエジプト側の変化の結果，ナジーブ政権との関係強化を最も熱心に進めてきた国務省すら，エジプトにおける「中立主義」の影響力拡大にいくばくかの懸念を示すようになった[117]。ダレスは，中東歴訪に旅立つ前日，前政権末から続いていた対エジプト有償軍事援助に向けた政府内の準備作業をいったん停止するよう指示した[118]。

　このように，ダレスがカイロに到着したとき，エジプトを巡る米国の立場は微妙な転換点に差しかかっていた。ナジーブは，英国との予備交渉におけるエジプト側の立場の正当性を主張するとともに，エジプト世論の反英感情や「同盟や協定（pacts and agreements）」への嫌悪感について語り，MEDOへの参加は当面不可能であると主張した。これに対してダレスは，米国政府が，英軍をエジプトから全面撤退させるとともに有事におけるスエズ基地の再使用権を確保するという枠組みでスエズ基地問題を解決すべきであるとの考え方で英国政府と一致していること，そして当事者間交渉による紛争解決を強く望んでいることを，改めて説明した。エジプト政府の中立主義への傾斜は，改革主義的ナショナリストたるエジプト革命政権への米国の政策決定者たちの期待を消失させるには程遠かった。先述のように，ダレスがエジプト政府指導部との会談後にエジプトを先頭とする雁

---

[115] U.K. Embassy in Cairo to FO, #721, April 30, 1953, *BDEE*, B4-3: 46-47; FO to British Embassy in Cairo, #891, April 30, 1953, ibid., 47-48.
[116] Laron, *Origins of the Suez Crisis*, 67-70.
[117] DOS to U.S. Embassy in Cairo, #2106, April 30, 1953, *FRUS, 1952-1954*, 9: 363-364; Memorandum of Conversation, May 4, 1953, ibid., 373-375.
[118] DOS to U.S. Embassy in London, #7292, May 8, 1953, *FRUS, 1952-1954*, 9: 2060-2061.

行型のアラブ・イスラエル和平を構想するようになったことは，米国の政策決定者たちのエジプト革命政権への期待感が持続していたことを物語っている。

しかしながら，ダレスのカイロ訪問は，その後の米・エジプト関係の重要な転機となった。ひとつには，すでに見たように，ダレスはエジプト指導部との対話を通じて，MEDO構想は不可能であると確信するようになった。とりわけ重要であったのはナセルの姿勢であった。ナジーブがナセルとの権力闘争の過程で排外主義的ナショナリズムに訴える傾向を強めた結果，ナセルは革命政権内で英国との交渉によるスエズ基地問題の解決に最も熱心な人物，そして米国からの軍事援助の早期実現を最も強く要請する人物となっていた。それゆえ，米国の政策決定者たちは，ナジーブに代わってナセルへの期待を高めつつあった。カイロ訪問を経てダレスがMEDO棚上げを決断したのは，親西側的なナセルすらMEDOに否定的な姿勢を示したことが大きかったと考えられる[119]。

そしてもうひとつは，ダレスがナジーブとの会談において，スエズ基地問題の解決までは米国からの軍事・経済援助を実施することは出来ないとの立場を初めて明確に打ち出したことである[120]。とはいえ，援助の先送りは，エジプトの対英強硬姿勢を改めさせる圧力として決定されたわけではなかった。予備交渉の停止以来，ナジーブの扇動もあって，エジプトでは反英感情が新たな高まりを見せていた。かかる状況下では，小規模の有償軍事援助であれ，武器供給を行うには政治情勢が不安定すぎると判断されたのである[121]。また，より副次的な要因ではあったが，英・エジプト関係が悪化の方向にあるときにエジプトに援助を提供することは，米英関係を決定的に悪化させかねないとの懸念も国務省は抱いていた[122]。何れにせよ，有償軍事援助の凍結は，ある種の緊急避難的な措置として決定されたのである。

しかしその後，米国政府内では，有償軍事援助を含む米国の対エジプト軍事援

---

[119] U.S. Embassy in Cairo to DOS, #2162, March 30, 1953, *FRUS, 1952-1954*, 9：2039-2040. 6月にエジプトが共和政に移行した後の新政府において，ナジーブが首相と大統領を兼任する一方で，それまでおもにRCCを通じて非公式に権力を行使していたナセルが副首相兼内相に就任して公式に権力を行使できる立場に立ったとき，国務省は安堵の念をもってこれを迎えた。U. S. Embassy in Cairo to DOS, #2618, June 22, 1953, ibid., 2104.

[120] Memorandum of Conversation, ST D-1/1, "Egypt," May 11, 1953, *FRUS, 1952-1954*, 9：8-18 ; U.S. Embassy in Cairo to DOS, #2417, May 12, 1953, ibid., 2065-2069.

[121] U.S. Embassy in Cairo to DOS, #2424, May 13, 1953, *FRUS, 1952-1954*, 9:2071 ; Memorandum of Discussion at the 145th Meeting of the NSC, May 20, 1953, ibid., 2074-2076.

[122] Memorandum from Bonbright to Raynor, May 9, 1953, *FRUS, 1952-1954*, 9：2063-2064.

助は，英・エジプト交渉において活用すべきカードと位置づけられていった。5月の予備交渉決裂以降，アイゼンハワー政権は，それまでにもましてエジプトのナショナリズムの強力さを強く認識するようになり，スエズ基地問題の解決のためには，「地域的な防衛組織を設立する活動を延期」するとともに，英国側にいっそう柔軟な姿勢を求める必要があるとの確信を強めていった。仮にエジプトとの合意なしに英軍がスエズ基地に駐留し続けることが出来たとしても，そのことは「地域に残存する西側への好意を根絶やしにしてしまう」であろう。かかる事態を防ぐためには，何としても交渉による紛争解決が必要である。そして，エジプト革命政権が国民から受けているナショナリスティックな圧力を考慮すれば，エジプトではなく英国こそが柔軟姿勢を示す必要がある，と米国政府は判断した[123]。それゆえ米国政府は，英軍撤退後のスエズ基地の保守をエジプトに大幅に委ねるなど，1953年1月に米英が合意したスエズ基地問題の解決方針よりも英国政府がもう一段の譲歩を決断する必要があるとして，英国側に方針の再考を求めた[124]。この過程で，国務省は，米国からの対エジプト援助の可能性を，きたる英・エジプト交渉において英国からの譲歩を引き出すためのカードとして温存すべきであると考えるようになっていった。この結果，副首相兼内相に就任していたナセルがキャフェリー米大使に，有償軍事援助手続きの再開を要請するとともに，小火器等よりなる有償軍事援助のみならず，「軍の士気を高めるため」に，「戦車や装甲車」などの「華々しい品目（showy items）」の援助が必要であると訴えた時，キャフェリーも有償軍事援助の手続き再開を具申したにもかかわらず，国務省はそれを認めるわけにはいかぬと判断したのである[125]。

　一方，米国政府は，エジプト側に具体的な譲歩を求めたわけではなかったものの，エジプト側にも英国との柔軟な交渉姿勢を維持することを期待していた。その結果，米国からの援助は，エジプト側に提示する報償として明示的に位置づけられたわけではなかったものの，実質的には，それに近い位置づけをも与えられていった。NSC 155/1のスタッフ・スタディは，米国政府が対エジプト援助に与えた，かかる微妙な位置づけを物語っている。

---

[123] DOS to U.S. Embassy in Cairo, #7865, June 10, 1953, *FRUS, 1952-1954*, 9 : 2090-2091.
[124] DOS to U.S. Embassy in Cairo, #17, July 4, 1953, *FRUS, 1952-1954*, 9 : 2108-2109.
[125] U.S. Embassy in Cairo to DOS, #2651, June 29, 1953, *FRUS, 1952-1954*, 9 : 2104-2105 ; DOS to U.S. Embassy in Cairo, #5, July 2, 1953, ibid., 2107.

21. エジプトのアラブ世界における地位に鑑み，合衆国の安全保障インタレストに合致する形でスエズ［基地］問題が解決された場合に，合衆国はより大規模な援助をエジプトに提供する用意を持つべきである。かかる援助は，(a) 西側陣営との協力の下に地域的防衛の枠組み（area defense arrangements）においてエジプトが重要な役割を果たす能力を向上させること，(b) 近東における西側陣営の安全保障インタレストを維持するのに貢献するような形でエジプトの経済と安全保障を強化すること，を目標として提供されるべきである[126]。

米国の政策決定者たちがエジプトを西側統合政策のきわめて重要な潜在的パートナーとして位置づけ続けていたからこそ，対エジプト援助には，「地域的防衛の枠組み」においてエジプトが「重要な役割を果たす能力を向上させる」というきわめて積極的な役割が与えられていた。たとえば，米国がパッケージ提案でイランに提示した1億ドルは石油国有化紛争を解決するという目的のために提示された「エサ」であったし，トルコ・パキスタン協定締結時に米国がパキスタンに提供した軍事援助も報償の域を出るものではなかった。それに対して，対エジプト援助は，スエズ基地問題の解決に対する報償という意味をも帯びていたにせよ，単なる報償にとどまらず，エジプトを西側統合政策のパートナーとして育成し，さらにはその軍事力を強化することまでをも視野に入れる，例外的なほど積極的な位置づけを与えられていた。つまり，エジプトは中東南部に位置しながら，潜在的には北層諸国以上に西側統合政策の積極的な協力者となることが期待されていたのであり，対エジプト援助を当面見合わせるとの方針への転換は，米国政府のエジプトへの関心の低下や地域的政策におけるエジプトの位置づけの変化，あるいは英国の立場への同調を意味したわけでは全くなかったのである。

一方，5月に病気のために現場を離れたイーデンに代わってチャーチルが外相を兼務したことで，英国の対エジプト政策はむしろ強硬姿勢への傾斜を強めていた。チャーチルは，1月の米英合意に固執し，それ以上に譲歩するよりは，交渉を拒否してエジプトに圧力を加え続けるべきであると主張するとともに，米国側にもきわめて強い調子で英国の立場への同調を求め続けていた[127]。しかしアイゼ

---

[126] Staff Study on "United States Objectives and Policies with Respect to the Near East," attached to NSC 155/1, July 14, 1953, para. 21, in *Documents of the National Security Council*, 6th Supplement, microfilm (Bethesda : University Publication of America, 1993).

ンハワー政権は，スエズ基地問題の解決方針については，エジプトよりも英国が譲歩する必要があるとの姿勢を崩さなかった[128]。エジプトに期待し，実質的にはエジプト側に近い立場から英国に圧力を加え続けていたアイゼンハワー政権が，エジプト革命政権が米国に最も期待していた軍事援助の先送りを決定したことは，外交的駆け引きの過程での決定とは言え，大いなる皮肉であった。

2）穏健派支援の外交

7月に入ると，エジプトを巡る外交的な膠着は，解消に向かっていく。英国側では，6月下旬にチャーチルが脳卒中に襲われ（公式には職務を継続），外相代行に就任したソールズベリ卿が英国の対エジプト政策を事実上主導することとなった。ソールズベリ卿は，明示的に英国政府の対エジプト方針の変更を行うことなく，しかしチャーチルの強硬姿勢の下では沈黙しがちであったエジプトとの交渉再開を求める意見を汲み上げる形で，実質的に直接交渉再開の方針を固めていくことになる[129]。そして，その過程では，ニュアンスに富む外交が繰り広げられることとなった。

7月中旬にワシントンで開催された米英仏3か国首脳会談の一環として開催された米英外相会談の際，ソールズベリ卿は従来の英国案に小規模な修正のみを施した対エジプト交渉案を提示し，改めて米国側に同調を求めた[130]。一方，米国政府は，驚くべき隠し球を用意していた。外相会談を通じて英・エジプト直接交渉の再開に道筋をつけるべく，米国政府は，英国からの事前の合意を取り付けることなく，エジプト側に新規の提案をまとめるよう求めていたのである。米国側からの働きかけに応える形で，エジプト政府は英軍撤退後のスエズ基地の保守等について英国側の立場に譲歩する内容を含む新たな解決案を作成して米国側に送付していた。これは，ナセルが英国との交渉再開に慎重なRCCを説き伏せて，了

---

[127] Note by R.M.A. Hankey of a Meeting with Churchill, May 22, 1953, *BDEE*, B4-3 : 53-54； Memorandum by General B. Robertson to Churchill, June 1953 (date unspecified), ibid., 56-59； Churchill to Eisenhower, June 15, 1953, *FRUS, 1952-1954*, 9 : 2094-2096.

[128] Eisenhower to Churchill, July 6, 1953, *FRUS, 1952-1954*, 9 : 2110-2111.

[129] CAB129/61, C(53)190, July 4, 1953, *BDEE*, B4-3 : 75-78； CAB128/26/2, CC 39(53)3, July 6, 1953, ibid., 81-83.

[130] Minutes of the First Meeting of the Foreign Ministers of the U.S. and the U.K., July 11, 1953, *FRUS, 1952-1954*, 5 : 1631-1640； DOS to U.S. Embassy in London, #203, July 12, 1953, *FRUS, 1952-1954*, 9 : 2117-2119.

解を取り付けた案であった[131]。ダレスは，このエジプト案そのものの受け入れをソールズベリ卿に求めたわけではなかったが，直接交渉の出発点として同案を肯定的に評価する立場を示した。英国側が，なお1月の米英合意の線から大きく譲歩しようとせぬ姿勢を示したとき，ダレスは憤懣を爆発させた。米国政府は，英国が「かつてアラブ諸国に対して採用していた古いタイプの強硬政策に立ち戻っている」との印象を抱いており，かかる硬直的な政策に成功の見込みはないと考えている，として，ダレスは英国側の姿勢を厳しく批判した[132]。ソールズベリ卿は，英国の方針を硬直的と批判するダレスの「退屈な講義」は「耐え難い」ものであったと本国に報告している。英外務省は，米国政府が英国側に事前通知なくエジプト側に提案の作成を求めていたことに憤激し，かかる米国の外交戦術を「きわめて有害（most unhelpful）」と評価した。ロンドンの政策決定者たちは，ダレスへの不快感を隠そうとしなかった[133]。

7月の米英外相会談においてエジプトを巡る米英関係が険悪な状態に陥ったことには，多くの先行研究が言及している。しかし，現実に進行していた事態はもっと複雑であった。一見したところでは険悪化したエジプトを巡る米英関係には，もうひとつ別の層が存在していた。ソールズベリ卿を招いてのホワイトハウスでの昼食会の席上，ダレスはアイゼンハワーに英国政府の「政治的苦境」を説明し，ソールズベリ卿を擁護した。ソールズベリ卿も，ワシントン滞在中からエジプトを巡る米英協議の結果は「記録に記されているものよりはるかに良いものであるかもしれない」と本国への報告のニュアンスを変化させ，帰国後の閣議でも，米国は英国の提案を支持こそしなかったものの，「その背後に存在する原則を承認することに同意した」との認識を披露した[134]。これに関連して注目すべきは，国務省が，英国の「保守党陣笠議員」などの挑発的な言動を英・エジプト交渉を頓挫させる「最大のリスク」と位置づけ，ソールズベリ卿らとの「率直な議

---

[131] U.S. Embassy in Cairo to DOS, #35, July 10, 1953, *FRUS, 1952–1954*, 9: 2113–2114; U.S. Embassy in Cairo to DOS, #43, July 10, 1953, ibid., 2115.

[132] Minutes of the Second Meeting of the Foreign Ministers of the U.S. and the U.K., July 14, 1953, *FRUS, 1952–1954*, 5: 1675–1686; DOS to U.S. Embassy in London, #252, July 15, 1953, *FRUS, 1952–1954*, 9: 2119.

[133] FO to British Embassy in the U.S., #2780, July 13, 1953, in PREM11/485; CAB128/26/2, CC 42(53) 2, July 13, 1953, *BDEE*, B4-3: 88–89; British Embassy in Washington to FO, #1516, July 15, 1953, *BDEE*, B4-3: 89–90.

[134] British Embassy in Washington to FO, #1517, July 15, 1953, in PREM11/485; Excerpts of C.C.(53) 44th Conclusions, Minute 4, in PREM11/485.

論」が英国政府の柔軟姿勢をもたらすことに期待を示していたことである[135]。ソールズベリ卿のポジティヴな感想や国務省の認識を重ね合わせるとき，ダレスがソールズベリ卿を含む英国政府内の直接交渉推進派を後押しすることを目標に行動していた様子が浮かび上がってくる。米英交渉の場で滅多に見られぬほど強い調子でダレスが批判した対象は，じつはソールズベリ卿や，英国政府の対エジプト交渉代表であり交渉に積極的であったロバートソン（Brian Robertson）将軍ではなく，彼らの手を縛ることになりかねない英国政府内の対エジプト強硬派であったと考えられるのである。

　同時に米国政府は，ナセルらエジプト政府内の交渉推進派の立場をも強化しようとしていた。米英外相会談に先立って米国がエジプト側から新たな解決案を引き出していたことはすでに述べたが，エジプト側は同案を送付するのに合わせて，共和国初代大統領に就任していたナジーブからアイゼンハワーへの親書を送付し，その中で，英国との協定をエジプト国民に納得させるためにも，スエズ基地問題の解決と「同時」に米国が軍事援助を提供するという「具体的な約束」を得る必要があると主張した。4日後の7月15日に送付された返書の中でアイゼンハワーは，エジプト側が求めるスエズ基地の再使用条件や英・エジプト協定の有効期間は米国自身の「安全保障インタレストに悪影響を与える」との見解を示すと同時に，基地問題の「全般的解決の一環として」軍事・経済援助を行うとの「明確な約束」を確認した[136]。アイゼンハワーの返書は，ダレスの対英姿勢同様，硬軟を織り交ぜることで，交渉推進派のナセルに有利な内容となっている。すなわち，直接交渉による紛争解決が実現すれば軍事・経済援助を獲得できるとのメッセージは，反英ナショナリズムに接近するナジーブを牽制しつつ，親米派にして対英交渉推進派のナセルの立場を強化することを目指すものであったと考えられるのである。

　以上のように，一見するところ，米国政府は英・エジプトの中間に立って双方に柔軟な姿勢を呼びかけていただけのように見えるが，その実，英・エジプト双方の内部の交渉推進派の立場を強化し，強硬派を抑制することを目指す巧妙な外交を展開していたと理解することが出来る。そして，表向きは激しい批判の応酬

---

[135] DOS to the U.S. Embassy in Cairo, #66, July 15, 1953, *FRUS, 1952-1954*, 9：2120-2121；DOS to U.S. Embassy in London, #291, July 18, 1953, ibid., 2123-2124.
[136] U.S. Embassy in Cairo to DOS, #44, July 11, 1953, *FRUS, 1952-1954*, 9：2115-2117；DOS to U.S. Embassy in Cairo, #69, July 15, 1953, ibid., 2121-2122.

に終わったように見える7月の米英外相会談を境に,米英両国は,英・エジプト間の溝が狭まりつつあることを認識し,米英がともに目標としてきた内容に近い形,すなわち英軍を全面撤退させる一方で有事の際にスエズ基地を再使用する権利を確保する内容で英・エジプト間合意を実現し得るとの展望を見出し始めた。いまや英・エジプト間の対立点は,スエズ基地再使用の条件,英軍撤退後の基地保守要員の地位,英・エジプト協定の有効期間など,技術的な問題に限定されつつあったのである[137]。

英・エジプト間の直接交渉の再開も,背後で米国がお膳立てすることとなる。7月25日,エジプトのファウズィ(Maḥmūd Fawzī)外相と会談したキャフェリー米大使は,英国側が交渉を望んでいるとの見方を示し,ファウズィから英国側交渉担当者と会談することへの同意を取り付けた。米国側に既成事実を突きつけられる形となったカイロの英大使館は,「直接交渉への招待に相当するものを拒否することは礼を欠くこととなる」との口実のもと,3日後の28日にファウズィと会談し,直接交渉の再開で合意した。英国政府は,公式にはエジプトが米国に提出していた解決案を交渉の基礎とはしないとの立場を取ったが,28日の会談では同案にも言及があり,きたる直接交渉では,基地保守要員の地位,基地再使用の条件,協定の有効期間を主要な議題とすることが当事者間で確認された[138]。この結果,8月2日には,ロバートソンら英国側代表とナセルらエジプト側代表の間で直接交渉が再開されるに至ったのである[139]。先行研究で描かれている以上に,直接交渉再開に向けて米国が果たした役割は大きかった。キャフェリーは,英・エジプト双方を直接接触せざるを得ぬ状況に追い込むことによって,ダレスやアイゼンハワーが行ったのと同様に,英・エジプト双方の交渉推進派を支援し,彼らが動きやすい環境を出現させる上で重要な役割を担ったのである。

1953年8月に再開された英・エジプト直接交渉は,これ以降も短い中断と再開を繰り返し,妥結に向けての歩みは緩慢であった。翌1954年7月末に英国とエジプトが基本合意に至るまでには,なお1年あまりの曲折があるが,スエズ基

---

[137] British Embassy in Washington to FO, #1468, July 11, 1953, in PREM11/485; FO to British Embassy in Washington, #2780, #2781 and #2787, July 13, 1953, in PREM11/485; DOS to U.S. Embassy in London, #252, July 15, 1953, *FRUS, 1952-1954*, 9:2119-2120.

[138] British Embassy in Cairo to FO, #1101, July 27, 1953, in PREM11/485; U.K. Embassy in Cairo to FO, #1112, July 28, 1953, in PREM11/485.

[139] U.S. Embassy in Cairo to DOS, #160, August 2, 1953, *FRUS, 1952-1954*, 9:2125-2126.

地問題の個別的争点を巡る英・エジプト間の具体的な交渉過程は先行研究ですでに言及されているので，ここで時系列に沿って詳述する必要はなかろう[140]。以下では，ここまでの議論を踏まえた上で，英・エジプト合意に至るまでの交渉過程について，本書の問題関心に従って，3点のみ指摘しておく。

　まず最初に指摘すべき基本的な事実は，1953年夏にアイゼンハワー政権がNSC 155/1 を承認し，新たな中東政策を確定させた前後で，米国政府がエジプトを重視する姿勢に変化は見られなかったということである。換言すれば，アイゼンハワー政権初期の中東政策において「北層」への関心の増大が見られたことはすでに見たとおりであるが，それは「北層」への関心の移動ではなかった。アイゼンハワー政権は外交的駆け引きの中で有償軍事援助を先送りする決定を下したものの，それはむしろ英・エジプト紛争への米国の関与の増大を意味した。実際，1953年夏の英・エジプト直接交渉再開に至る過程に見られるように，米国政府はエジプト問題への外交的な関与を増大させた。つまり，アイゼンハワー政権は，中東の北部と南部の両方において米国の関与を増大させたのである。前章で確認したように，アイゼンハワー政権は，中東の北部と南部で異なる外交戦術をとりつつ，最終的に中東全域を西側陣営に統合するという，新たな西側統合政策のプログラムを構想していた。そして，かかるプログラムは，確実に実行に移されていたのである。

　これに関連する2点目として，スエズ基地問題を巡る米・英・エジプト関係の構造がある。アイゼンハワー政権は，対エジプト政策については，前政権以上に英国から独立したスタンスを取った。すなわち，米国政府は，英・エジプト間の直接交渉の開始前後を通じて，公式には英国とエジプトの何れの立場をも全面的に支持することなく両者の中間に立ちながら，双方に交渉の促進と妥協を求めるスタンスを貫き，さらにその背後では，英国とエジプト双方の交渉推進派との緊密な連携を保ち，両政府内における交渉推進派を可能な限り支援しようとしたのである。1953年後半にイーデンとチャーチルが相次いで職務に復帰して以降，英国政府内では，交渉による紛争解決に積極的なイーデンら多数派と，エジプトとの合意なしにスエズ基地を占拠し続けようとするチャーチルら少数の強硬派の意見対立が断続的に発生した。そのような中で，しばしばイーデンは英国政府の

---

[140] Hahn, *The United States, Great Britain, and Egypt*, 171-178 ; Louis, "The Tragedy," 62-71.

第 6 章　西側統合政策の展開 (1)　389

内情を米国側に非公式に伝達して彼ら交渉推進派への支持を求め，ダレスら米国側がこれに応えてイーデンら交渉推進派の立場に支持を表明するというパターンが出現した。両者の連携は，チャーチルを含む英国内の強硬派を事実上の標的にしていた点で，外務大臣と国務長官という公的な立場を超えた非公式な性質を帯びた[141]。

　米国がイーデンら交渉推進派を支援することは，西側統合政策の目標にも適うものであった。イーデンがエジプトとの交渉によるスエズ基地問題の解決を主張した際に英国政府内で展開した議論は，米国の西側統合政策と強い親和性を有した。イーデンは，スエズ基地問題を交渉によって解決することは，エジプトとの二国間関係のみならず，ひろく中東地域における英国のプレゼンスの将来を大きく左右すると主張した。「エジプト問題は，その他のアラブ諸国と我々との間の関係から切り離して考察することは出来ない。[エジプト問題の]満足できる解決は，これら[アラブ]諸国との関係を改善し，我々が将来同諸国において必要とする戦略的要件に関する交渉により好ましい環境を創出するであろう」。英国の中東政策は，レヴァント＝イラク戦略の採用以降，地域諸国との間に幅広い協調的関係の構築を目指すことを基本線とするようになっており，イーデンの主張はかかる英国の中東政策の基本線から対エジプト政策を導き出そうとするものであった[142]。イーデンは米国との協調のためにエジプトとの交渉を主張したのではなかったが，中東諸国との協調関係を追求する英国の中東政策の基本線が米国の西側統合政策と強い親和性を有することは間違いなかった。そのような意味で，米国政府と英国の対エジプト交渉推進派との連携は，大括りで捉えるならば，西側統合政策を共通のインタレストと捉える勢力の連携であった。

　米国政府からの支援は，英国政府内で交渉推進派が勝利するのに貢献した。その最も劇的な例は，1954 年 3 月後半の一連の動きの中に見出すことが出来る。1954 年初め，チャーチルら対エジプト強硬派は，エジプトとの新たな協定を締結することなく 1936 年条約が失効する 1956 年以降も無条約状態で英軍をスエズ基地に駐留させる可能性を探っていた[143]。これに対してイーデンら交渉推進派は，

---

[141] イーデンとダレスの非公式な連携については，たとえば以下の史料を参照。Secretary of State to DOS, Secto 20, October 17, 1953, *FRUS, 1952-1954*, 9: 2144-2146 ; U.S. Embassy in Paris to DOS, December 16, 1953, ibid., 2174-2175.
[142] C(54)6, Memorandum by the Secretary of State for Foreign Affairs, "Middle East Policy," January 7, 1954, in PREM11/701.

3月に基地の再使用条件などについて新たな譲歩を盛り込んだ解決案を作成し，同案をもとにエジプトとの直接交渉を前進させようとした[144]。英国政府内の意見対立が先鋭化する中で，米国政府は，カイロの米大使館およびCIAの拠点を通じてナセルとの非公式な連絡を密にしていた。これらの接触を通じて米国政府はナセルが英国との交渉による紛争解決を望んでいることを確認し，かかる情報を英国側に伝達した。前述のイーデンらが作成した解決案には，これら米国経由の情報が反映されていた[145]。

　チャーチルら強硬派の抵抗に窮したイーデンは，3月18日，エジプトとの交渉について米国政府の見解を求める方針をチャーチルに報告した上で，同日深夜にオルドリッチ（Winthrop W. Aldrich）駐英米大使と会談し，みずからが主導して作成した新提案への米国政府の支持を強く求めた[146]。米国側の反応は素早かった。国務省の主導で，米国政府は，イーデンの新提案を基本的に支持するとともに，英・エジプト交渉の具体的な内容や戦術等について英国政府との協議を希望するとの方針を迅速に決定した。実質的にイーデンからオルドリッチへの打診の翌日に当たる20日，ダレスはイーデンに彼の新提案を支持するメッセージを送付した。22日の英国の閣議では，エジプト問題に関する討議の冒頭にイーデンがダレスからの回答を紹介し，米国政府とともにエジプトとの直接交渉による紛争解決を追求する方針を提案した。チャーチルはエジプトとの交渉を打ち切った上で英軍の駐留を継続させる方針にこだわりを見せたものの，閣議はイーデンの方針を採用したのである[147]。

　チャーチルらの強硬論が完全に否定されたわけではなかったものの，この閣議決定を境に，英国政府内ではエジプトとの交渉に反対する声はほぼ聞かれなくな

---

[143] C.C.(54)10th Conclusions, Minute 1, Confidential Annex, March 15, 1954, in PREM11/701 ; C.I.G.S.(John Harding) to the Prime Minister, March 17, 1954, in PREM11/701.

[144] C(54)99, Memorandum by the Secretary of State for Foreign Affairs, "Egypt : Defence Negotiations," March 13, 1954, in PREM11/701.

[145] British Embassy in Washington to FO, #414, March 9, 1954, in PREM11/701, PRO ; British Embassy in Cairo to FO, #346, March 11, 1954, in PREM11/701 ; British Embassy in Washington to FO, #486, March 23, 1954, in PREM11/701. これらの英国側史料には，イランでモサッデク政権打倒工作の中心となったK・ローズヴェルトの名前も登場する。

[146] Eden to Churchill, P.M./54/49, March 18, 1954, in PREM11/701 ; U.S. Embassy in London to DOS, #3991, March 17, 1954, *FRUS, 1952-1954*, 9 : 2230-2232 ; U.S. Embassy in London to DOS, #4008, March 17, 1954, *FRUS, 1952-1954*, 9 : 2233-2234.

[147] C.C.(54)21st Conclusion, Minute 2, March 22, 1954, in PREM11/701.

る。一方，後述するように，ちょうどこの時期，エジプト政府内ではナジーブとナセルの権力闘争が頂点を迎えていた。米国政府は，英・エジプト両国でスエズ基地問題が政治的争点となる中で，イーデンとナセルという両国の交渉推進派を結びつけ，直接交渉による紛争解決に道筋をつける，きわめて重要な役割を果たしたのである。

　しかしながら，米英間でエジプトを巡るインタレストに齟齬がなかったわけではなかった。これが第3の論点である。米国政府は，エジプト革命政権を基本的に高く評価し，それとの協調的関係を構築することを強く望んだ。エジプト政府との協調関係を前進させた方が，むしろスエズ基地問題の解決も容易になるというのが，米国側に共通した見方であった。それに対して英国政府は，革命の前後を通じてエジプトへの根強い不信感や警戒感を持続させ，エジプトから譲歩を引き出すために米国政府のエジプトへの接近を抑制しようとした[148]。そのことが最も顕著に表れたのは，対エジプト援助の問題であった。アイゼンハワー政権は，1953年10月から11月にかけて，2700万ドル規模の経済援助をスエズ基地問題の解決と無関係にエジプトに提供しようとする動きを見せた。同時期に米連邦議会が対イスラエル経済援助を決定したことを受け，アイゼンハワー政権は，アラブ・イスラエル間の等距離外交を標榜する立場から，対イスラエル援助に見合う規模の援助をエジプトに提供することが必要であると判断したのである。米国の政策決定者たちは，かかる援助はエジプトとの協調的関係を促進することになるのみならず，スエズ基地問題に関する譲歩をエジプト側から引き出す可能性をも高めると考えていた[149]。

　これに対して英国政府は，理由の如何にかかわらず，スエズ基地問題の解決以前にエジプトに大規模な援助を提供することには強硬に反対した。エジプトとの交渉による紛争解決を追求し，エジプトとの紛争解決が他のアラブ諸国との協調関係をも促進すると考えていたイーデンらも，こと援助問題に関してはチャーチルら強硬派と足並みを揃えた[150]。イーデンら交渉推進派が米国の対エジプト援助

---

[148] Stevenson to Eden, "Egypt : Annual Review for 1953," January 18, 1954, *BDFA*, 5-G, 4 : 176-178.
[149] DOS to U.S. Embassy in Cairo, #439, October 17, 1953, *FRUS, 1952-1954*, 9 : 2146-2147 ; DOS to U.S. Embassy in Cairo, #519, November 6, 1953, ibid., 2157-2158 ; Memorandum from Byroade to Dulles, "Economic Aid to Egypt," November 12, 1953, ibid., 2160-2162.
[150] From Bermuda (U.K. Delegation) to FO, #181, December 9, 1953, in PREM11/699 ; FO to the U.K. Embassy in Washington, #5356, December 21, 1953, PREM11/699.

に反対したのには，英国国内で米国がエジプト問題について英国の立場を十分に支持していないとの批判が強まり，米国からの援助を容認することが政治的に困難になっているという事情もあった[151]。米国政府としても，英国政府が一丸となって反対する，しかもイーデンら交渉推進派の英国政府内における立場を弱めかねない，経済援助を実施するのは困難であると判断せざるを得なかった。結局1954年1月末，米国政府は経済援助の提供もスエズ基地問題の解決まで延期するとの方針を固め，ごく目立たぬ形でナセルに通知することになる。経済援助もまた，軍事援助と同様に，米国側の当初の意図とは異なる形で，スエズ基地問題解決をエジプト側に促すための実質的な報償であるかの如き位置づけを与えられることとなってしまったのである[152]。

　米国政府が経済援助の提供を踏みとどまった原因としては，エジプトの指導者たちの中立主義に傾斜する発言の増加も挙げられる。たしかに国務省内にも，経済援助の提供がかかる潮流に棹さすかの印象を与えることは好ましくないとの見方は存在していた[153]。しかし，その頻度が増していたとはいえ，エジプト政府および要人の中立主義的な発言は，経済援助の可能性が具体化した1953年秋以前にもすでに報告されていた。したがって，それが経済援助延期の決定的要因になったとは考えにくい。アイゼンハワー政権が経済援助を先送りした最大の原因は，やはり英国政府からの反発や英国内の世論の動向に求めざるを得ない[154]。英国は，スエズ基地問題の解決以上にエジプト革命政権との協調関係構築を優先し

---

[151] U.S. Embassy in London to DOS, #2030, November 10, 1953, *FRUS, 1952-1954*, 9: 2159-2160; Memorandum of Conversation, December 22, 1953, ibid., 2181-2182; Conversation between the Secretary of State and the U.S. Ambassador, "Proposed United States Economic Aid to Egypt," November 17, 1953, in PREM11/699.

[152] DOS to U.S. Embassy in Cairo, #820, January 22, 1954, *FRUS, 1952-1954*, 9: 2207-2208; British Embassy in Cairo to FO, #117, January 27, 1954, in PREM11/701.

[153] British Embassy in Cairo to FO, #4, January 2, 1954, in PREM11/699; U.S. Embassy in Cairo to DOS, #749, January 6, 1954, *FRUS, 1952-1954*, 9: 2190-2191; Memorandum from Hart to Jernegan, January 7, 1954, *FRUS, 1952-1954*, 9: 2191-2192.

[154] 米国政府が対エジプト経済援助に消極的になった直接的なきっかけは，1953年12月30日付『ニューヨーク・タイムズ』紙に掲載された，同援助の可能性を報じるロンドン発の記事であった。記事は，米国がエジプト問題について英国を十分に支持していないことを批判的に説明しており，英国側のリークに基づくものであった可能性が高いが，リークの証拠は発見出来なかった。何れにせよ，この記事によって，米国政府は対エジプト援助を内密に進めることが出来なくなり，英国に対しても強い姿勢で臨むのがより困難になった。DOS to U.S. Embassy in Cairo, #713, December 31, 1953, *FRUS, 1952-1954*, 9: 2189-2190; British Embassy in Washington to FO, #2811, December 30, in PREM11/699.

ようとしていた米国政府の障害となった。この点では，米英間の齟齬は，対エジプト交渉の戦術的なレヴェルにとどまらず，インタレストの衝突というレヴェルにまで達していたのである[155]。

3）スエズ基地問題の解決

英国とエジプトの双方において，交渉妥結への障害が取り除かれていくのは，1954年春のことであった。エジプトでは，2月から4月にかけてナジーブとナセルの権力闘争が頂点を迎えていた。この権力闘争については，米国政府の対エジプト政策やナセルへの評価とも関係するので，少しく詳しく検討する[156]。

1953年を通じてエジプト革命政権の権力基盤は安定したものではなく，しかもRCCは自由将校団の隊付将校の政治化を抑制するという難しい課題にも対処しなければならなかった。このような中で，みずからの権力を強化しようとするナジーブとナセルを筆頭とするRCCとの対立が明確化していった。両者の権力闘争は，2月24日にナセルが率いるRCCがナジーブを大統領および首相から事実上解任したことで表面化した[157]。しかるに，エジプト国民のみならず，軍の内部にも，根強いナジーブ支持勢力が存在していた。軍を中心とする親ナジーブ勢力がRCCの決定に強く抵抗する姿勢を示したため，結局ナセルはナジーブに復職を要請せざるを得なかった[158]。じつのところ，ナセルらは，みずからの権力基盤を過信し，ナジーブへの軍や国民の支持の高さを見誤っていた[159]。このことは，

---

[155] 1954年4月から6月にかけて，英・エジプト交渉進展の展望が開ける中で，国務省は再度，対エジプト経済援助の可能性を検討する。これはおもに，米国の会計年度が6月末に終了することを見越しての動きであり，ダレスは英国の意に反してまで援助の実施を強行する意図を持たなかった。英国政府は，スエズ基地問題解決以前の援助提供に反対する姿勢を崩していなかったため，6月末には，米国からの経済援助はスエズ基地問題の解決後とすることが改めて確認されるに至る。Dulles to DOS, Secto 4, April 22, 1954, *FRUS, 1952-1954*, 9：2263-2264；British Embassy in Paris to FO, #243, April 22, 1954, in PREM11/702；British Embassy in Paris to FO, #255, April 23, 1954, in PREM11/702；DOS to U.S. Embassy in Cairo, June 28, 1954, *FRUS, 1952-1954*, 9：2277-2278.

[156] 英国とエジプトの双方における国内政治情勢と，交渉の最終段階については，Gordon, *Nasser's Blessed Movement*, chaps. 6 and 7；Hahn, *The United States, Great Britain, and Egypt*, 171-178；Laron, *Origins of the Suez Crisis*, 67-71.

[157] U.S. Embassy in Cairo to DOS, #954, February 25, 1954, *FRUS, 1952-1954*, 9：2221-2222.

[158] U.S. Embassy in Cairo to DOS, #986, February 27, 1954, *FRUS, 1952-1954*, 9：2223-2224；U.S. Embassy in Cairo to DOS, #954, February 25, 1954, ibid., 2221-2222.

[159] U.S. Embassy in Cairo to DOS, #1002, February 28, 1954, DSCF 774.00/2-2854；U.S. Embassy in Cairo, #1022, March 2, 1954, DSCF 774.00/3-254；Vatikiotis, *The History of Modern Egypt*,

ナジーブの復帰後にさらに明らかになる。カイロでは，旧王宮にナジーブ支持を叫ぶ群衆がつめかけ，ナジーブの復帰を祝うのみならず，ナセルや反ナジーブの急先鋒であったサラーハ・サーリム（Ṣalāḥ Sālim）国民指導相らを痛罵し，彼らの辞任を要求した。そして，そのような群衆の中には，ムスリム同胞団のみならず，ワフド党や共産党の支持者など，革命政権のもとで抑圧されていた政治勢力が含まれていた[160]。3月5日と25日にエジプト政府は，憲法制定議会選挙の実施，戒厳令の停止，政党結成の解禁など，大幅な政治的自由化の方針を発表したが，それはナジーブを権力の座に引き戻した勢力への譲歩にほかならなかった[161]。駐エジプト米大使キャフェリーは，かかる事態の推移に懸念を強めていた。ナジーブが国民からの支持を獲得すべく民主化を推し進めれば，キャフェリーがしばしば「非神聖同盟（unholy alliance）」と呼んだ，ムスリム同胞団と共産党など左派勢力の連合が，いわばナジーブを隠れ蓑にして選挙を通じて影響力を拡大する余地が生じると考えられたからである[162]。そして，これらの勢力が「帝国主義」批判によって支持を獲得しようとし，結果的に交渉によるスエズ基地問題の解決を困難にする可能性も否定できなかった。それゆえ，米国政府は，スエズ基地問題が国内政治の焦点となる前に交渉を妥結させるべきであるとして，英国政府への圧力を強めたのである[163]。

一方，この間にもナセルは，ナジーブに反撃する意向を国務省関係者に漏らし

384-385.

[160] U.S. Embassy in Cairo to DOS, #996 and #1001, February 28, 1954, DSCF 774.00/2-2854 ; Despatch from the U.S. Consulate General in Alexandria, #77, March 3, 1954, DSCF 774.00/3-354. 2月末の政治的混乱の中でRCCの立場を代弁し，したがってナジーブとの政治闘争の前面に立ったのはサーリムであり，ナセルではなかった。Despatch from the U.S. Embassy in Cairo to DOS, #2066, February 27, 1954, DSCF 774.00/2-2754. また，ムスリム同胞団は，同団への政治的弾圧の張本人はナセルであると認識し，ナセルの「政治的抹殺」を当面の目標とする姿勢を示していた。Despatch from the U. S. Embassy in Cairo, #2180, "Ikhwan Tactics and Thinking Concerning the Present Situation," March 13, 1954, DSCF 774.00/3-1354.

[161] U.S. Embassy in Cairo to DOS, 1053, March 6, 1954, DSCF 774.00/3-654 ; U.S. Embassy in Cairo to DOS, #1167, March 25, 1954, DSCF 774.00/3-2554.

[162] U.S. Embassy in Cairo to DOS, #1045, March 5, 1954, DSCF 774.00/3-554 ; Memorandum from Burdett to Hamilton, "Current Development in Egypt and Sudan," March 11, 1954, DSCF 774.00/3-1154 ; Despatch from the U.S. Embassy in Cairo, #2290, "Egyptian Internal Situation Unsettled," March 25, 1954, DSCF 774.00/3-2554 ; U.S. Embassy in Cairo to DOS, #1168, March 26, 1954, DSCF 774.00/3-2654.

[163] U.S. Embassy in Cairo to DOS, #1075, March 10, 1954, *FRUS, 1952-1954*, 9 : 2226-2227 ; DOS to U.S. Embassy in London, #4699, March 12, 1954, ibid., 2229.

ていた[164]。3月27日から，カイロやアレキサンドリアでは，運輸や繊維業界の労働組合が，政府の民主化方針に反対するとともに，RCCによる国家指導の継続を求めるデモやストライキを行った。軍の内部でも，RCCを支持する将校たちが民主化方針に反対する決定を行った[165]。このような状況下の29日，RCCは，「政治的に腐敗した指導者の復活」を防ぎ，革命の目的を達成するためと称して，5日と25日の自由化の布告の実施を延期し，当面RCCが主導する統治形態を継続することを発表した[166]。RCCの反ナジーブ闘争を主導したのはナセルであった。ナセルは，自由化や民主化の流れを押しとどめ，RCCによる権威主義的な統治を温存することで，ムスリム同胞団，ワフド党，共産党などの伸張を抑え，それによってナジーブの支持基盤を弱体化させることに成功したのである。キャフェリー大使は，労働組合を巧みに動員し，しかも軍を表に出すことなく，軍内部の支持も取り付けて「法と秩序」を回復した，ナセルの政治手腕に感服した[167]。キャフェリーの結論は明快であった。「ナセルは，英国との協定を成し遂げられるだけの強靭さと胆力を持つ，エジプトで唯一の人物である」[168]。キャフェリーの評価に対して，国務省本省は特段のコメントを残していない。しかし，以後の米国の政策決定者たちのナセルへの信頼を考えあわせるならば，キャフェリーの評価がワシントンでも受け入れられていたのは間違いない。

　4月中旬，ナセルは首相の地位を獲得し，エジプト政府の実権を掌握した。ナジーブは大統領の地位にとどまったものの，政府内における政治的発言力をほぼ喪失した[169]。RCCは，ナッハースを筆頭とする王政時代以来の政治家たちの公職追放を布告するとともに，出版への締め付けを強めた。いまやエジプトの全国紙は何れもRCCに好意的な3紙のみとなり，革命政権に対し得る組織力を有する団体はムスリム同胞団のみとなった。しかし，依然としてRCCやナセルに

---

[164] Despatch from U.S. Embassy in Cairo, #2262, "Conversation between Lt. Colonel Abd Al Nasir and Mr. Parker T. Hart," March 23, 1954, *FRUS, 1952-1954*, 9: 2242-2244.
[165] U.S. Embassy in Cairo to DOS, #1187, #1188, #1189, and #1195, March 27-28, 1954, *FRUS, 1952-1954*, 9: 2247-2250; U.S. Consulate General in Alexandria, #96, March 29, 1954, DSCF 774.00/3-2954; U.S. Embassy in Cairo to DOS, #1241, April 3, 1954, DSCF 774.00/4-354.
[166] Despatch from U.S. Embassy in Cairo, #2322, "Full Communique Postponing March 5 and 25 Decisions," March 30, 1954, DSCF 774.00/3-3054.
[167] U.S. Embassy in Cairo to DOS, #1213 and #1215, March 30, 1954, *FRUS, 1952-1954*, 9: 2252-2253.
[168] U.S. Embassy in Cairo to DOS, #1218, March 31, 1954, DSCF 774.00/3-3154.
[169] Ralph Stevenson to Anthony Eden, "Review of the Activities of the Moslem Brotherhood from July 23, 1952 to January 12, 1954," March 24, 1954, *BDFA*, 5-G, 4: 40-48.

対するエジプト国民の支持は十分に安定したものとは言い難かった。ナジーブはなお大衆的人気を保持しており，まもなくナセルに批判的な立場を明確化していくムスリム同胞団は都市中下層を中心に分厚い支持を誇っていた。とはいえ首相就任以降のナセルは，ナジーブに対する政治的優位を確保し，それ以前に比べれば安定した立場から，英国との交渉に臨むことが出来るようになったのである[170]。

ちょうど同じ頃，英国政府内でも，イーデンが主導するエジプトとの交渉による紛争解決を追求する路線がコンセンサスとなっていく。ナセルの権力確立以降，英国の政策決定者たちは，なお慎重な姿勢を持しながらも，エジプト革命体制は当面倒壊しそうな状況になく，基本的に親西側的・反共的であって，ナセルが最良の交渉相手である，との米国側の判断を共有するようになっていった[171]。加えて，チャーチルもまた，英国の財政負担軽減や水爆の実用化に伴う軍事的環境の変化などを論拠として，スエズ基地からの撤退を支持するようになっていく。さらにチャーチルは，6月21日付のアイゼンハワー宛電文の中で，スエズ基地問題の解決後に，NATOや東南アジア条約機構（SEATO）と並ぶ中東地域の地域的防衛機構を構築する可能性にまで言及した。チャーチルの地域的防衛機構への言及は，やや唐突ではあったが，かつてイーデンがエジプトとの合意は他のアラブ諸国との協調的関係構築の必要条件であると論じていたことを想起するならば，チャーチルもまた，少なくともエジプトとの交渉を正当化する論拠として，かかる地域的政策の論理を援用するまでになっていたと理解することが出来よう[172]。

何れにせよ，1954年初夏までには，英・エジプト両国政府が，交渉によるスエズ基地問題解決を目指す方針でようやく固まった。このことを米国の外交の成果と理解するのは行き過ぎであるとしても，米国が英・エジプト両国の交渉推進派をそれぞれ強化しつつ，両者を結び付けるべく行動してきたこと，そして米国の外交が交渉推進派の勝利に少なからず貢献したことは間違いない。

---

[170] Despatch from the U.S. Embassy in Cairo, #2485, "Former Ministers Deprived of Political Rights," April 16, 1954, DSCF 774.00/4-1654；Despatch from the U.S. Embassy in Cairo, #77, "Regime's Attitude towards the Muslim Brotherhood," July 12, 1954, DSCF 774.00/7-1254；Gordon, *Nasser's Blessed Movement*, 137-143.

[171] British Embassy in Cairo to FO, #471 and #472, April 5, 1954, in PREM11/702；U.S. Embassy in London to DOS, #4342, April 2, 1954, *FRUS, 1952-1954*, 9：2254-2256；Dulles to DOS, Secto 8, April 13, 1954, *FRUS, 1952-1954*, 9：2261-2262.

[172] C.C.(54)42nd Conclusions, Minute 1, June 21, 1954, in PREM11/702；Churchill to Eisenhower, June 21, 1954, *FRUS, 1952-1954*, 9：2275-2276.

第 6 章　西側統合政策の展開 (1)

　英・エジプト交渉が妥結に至るまでには，なお数か月の時間を要した。平時におけるスエズ基地の管理体制を巡る問題で交渉が難航したのに加え，インドシナ情勢の緊迫や欧州防衛共同体問題を巡る紛争など，エジプト以上に切迫した諸問題に米英首脳が関心を集中せざるを得なかったことも，交渉遅延の原因であった。英国とエジプトが，スエズ基地の将来に関する基本合意（Heads of Agreement）にようやく調印したのは，1954 年 7 月 27 日のことである[173]。正式な協定の締結までには，さらに 3 か月近くにわたる細部を詰めるための交渉が必要とされたが，7 月の基本合意の調印をもって，英・エジプト間の長年の懸案であったスエズ基地問題は，事実上の解決を見たと言ってよい。

　10 月 19 日に最終的に調印されたスエズ基地に関する英・エジプト協定では，スエズ基地に駐留していた英軍は 20 か月以内に全面撤退し，スエズ基地は平時にはエジプトが管理することとされたが，アラブ連盟諸国およびトルコへの外部からの攻撃に際しては英国が基地を再使用することが認められた。協定の有効期間は 7 年間とされ，同協定をもって 1936 年の英・エジプト条約は正式に廃棄された[174]。スエズ基地問題の解決は，米英両国政府にとっては，中東を巡る最大の個別的案件が解決されたことを意味していた。そして米国の政策決定者たちは，英・エジプト紛争の解決を，中東全域を西側陣営に統合するという地域的目標の実現に向けた，きわめて大きく重要なステップと捉えたのである。

　しかしながらエジプト国内では，英国との協定は歓呼をもって迎えられたわけではなかった。2-4 月の政治危機の後，エジプトの共産主義諸政党は，英軍の無条件撤退要求を強めるとともに，ムスリム同胞団にも連携を呼びかけていた。政治危機の際には RCC の権力掌握を黙認した同胞団も，強権的姿勢を強める革命政権を批判する立場に移行しつつあった。英・エジプト協定へのエジプトの一般国民の反応を把握するのには困難が伴うが，英国との合意を受けてカイロで開催された催しの様子から，その断片を窺うことが出来る。7 月 28 日に開催された祝賀集会には，3 月末にナセル支持の立場からデモを行ったのと同様の労働組合が参加したが，参加者の「圧倒的多数」は金で雇われた上エジプト出身者たちであった。それでも，主会場に集まった群衆は 3 千人あまりに過ぎず，「カイロ市

---

[173] Heads of Agreement, Anglo-Egyptian Defence Negotiations regarding the Suez Canal Base, July 27, 1954, in PREM11/702.
[174] Anglo-Egyptian Agreement Regarding the Suez Canal Base, October 19, 1954, in RIIA, *Documents, 1954*: 248-254.

民は……道端で傍観するのみであった」[175]。本協定調印直後の10月20日に開催された集会では，参加者は「4，5千人」に増えたが，そこに参加していたのは動員された大量の学童と労働者たちであった。そこに「自発的参加の徴候は存在せ」ず，カイロの「一般市民（people）」の参加はほとんど見られなかった。一方で，橋梁や英大使館など，要地を警備する警官は増員されていた。3月末以来の強権的統治と厳重な整備によって，政府が協定に反対するデモなどの発生を何とか押さえ込んでいるというのがこの頃のエジプト国内政治の実情であった[176]。断片的な情報ではあるが，英・エジプト協定への支持あるいは関心がきわめて低かったことは明らかである。そして，ここに見られるようなカイロ市民の反応は，ナセルを中心とするエジプト政府がなお大衆的な支持基盤を獲得するには程遠い状況にあったことを物語っている。

---

[175] Despatch from U.S. Embassy in Cairo, #164, "Evacuation Celebration—July 28," July 28, 1954, DSCF 774.00/7-2854.

[176] Despatch from U.S. Embassy in Cairo, #765, "Demonstrators Cheer Nasir Following Signing of Agreement," October 22, 1954, DSCF 774.00/10-2254.

第 7 章

西側統合政策の確認と定着

1　NSC 5428 の策定

1）国務省の議論

　1954 年 7 月，アイゼンハワー政権は新たな中東政策文書 NSC 5428 を承認する。以後 3 年以上にわたって米国の中東政策の基本文書として存続することとなる NSC 5428 は，前年に策定されていた中東政策文書 NSC 155/1 を内容的に引き継ぎ拡充したものであった。しかし，その策定過程において，中東全域を西側陣営に統合することを目指す西側統合政策の目標がより明示的に語られ，中東の北部と南部における政策プログラムの連関と調整の必要性が政策課題として議論の俎上に上ったことには注目してよい。トルーマン政権の西側統合政策の目標をアイゼンハワー政権が継承したことは第 5 章で論証したが，1953 年の米国の中東政策の実践においては，中東の北部と南部が切り分けられていたこともまた事実であった。しかし，トルコ・パキスタン協定により中東諸国の組織化に向けた有望な起点が出現し，英・エジプト紛争とイラン石油国有化紛争という懸案が解決に向かう中で，米国の政策決定者たちは，改めて中東全体を俯瞰して西側統合政策の目標を再確認し，その実現に向けた政策プログラムを再構成したのである。

　新たな中東政策文書に向けた最初の動きとして確認できるのは，1954 年 4 月 10 日付のダレスからバイロード国務次官補へのアラブ・イスラエル紛争についての包括的な再検討を命じる指示である[1]。ダレスがどのような意図からかかる指示を行ったのか記録には残されていないが，それが中東における様々な情勢の

---

[1] Memorandum from Byroade to Bowie, "Supplement and Amendment to NSC 155/1 'US Objective and Policies with Respect to the Near East'," June 1, 1954, in "Near East (NSC 5428)" folder, Lot61 D167.

変化を見越したものであったことは間違いない。4月は，米国の視点から見れば，中東情勢のひとつの潮目であった。4月上旬までには，英国政府内でエジプトとの交渉推進を主張するイーデンらの路線が勝利を収め，エジプトではナセルのナジーブに対する政治的優位がほぼ明らかになっていた。同月中にはトルコ・パキスタン協定と対イラク軍事援助協定が相次いで締結される。イラン政府と国際石油コンソーシアムの交渉もまさに始まろうとしていた。つまりダレスは，中東情勢全般の好転を見越した上で，米国が次に取り組むべき重要な課題としてアラブ・イスラエル紛争に狙いを定めていたに違いない。

　一方，5月初旬に国務省の情報調査室（Office of Intelligence Research）が提出した，中東諸国の組織化の可能性に関する分析は，ポジティヴとは言い難い展望を示した。情報調査室は，トルコ・パキスタン協定を地域防衛の向上に向けた第一歩として評価するとともに，米国がパキスタンにおいて用いた，明示的な「ひも」をつけずに軍事援助を提供することによって組織化を推進する手法を，他の中東諸国にも応用しうる手法として評価した。しかるに情報調査室は，トルコ・パキスタン協定のような緩やかな協定すら，それを中東全域に拡大するためには多くの障害が残されていると指摘した。イランは，アフガニスタンと並んで，自国を防衛し得るほどの軍事力を獲得できぬ限り地域的組織には参加しないであろうと予想された。また，興味深いことに，情報調査室は，英・エジプト紛争が解決され，軍事援助が提供されれば，エジプトはトルコ・パキスタン協定の目的を支持するであろうと分析する一方で，むしろイラクでは同協定への反発が強まっており，同国の参加は疑問であると指摘した。東アラブ地域の二大国であるエジプトとイラクがともに地域的機構に参加するのであれば，他のアラブ諸国も追随することを期待できる。しかし，何れか一方のみが参加する場合には，アラブ内の対立が亢進し，その結果，他のアラブ諸国の参加は予断を許さぬ状況に陥る，というのが情報調査室の見立てであった。以上のような個別的な分析を踏まえ，情報調査室は，英・エジプト紛争，英・イラン紛争，アラブ・イスラエル紛争などの諸問題を巡る「西側と中東［諸国］の政治的目標に関する根本的な対立が縮小せぬ限り」，トルコ・パキスタン協定よりも強力な内容を有する中東全域を包含する地域的機構を実現する見通しは改善しないであろうとの展望を示したのである[2]。

　しかしながら，情報調査室の分析で注目すべきは，そのネガティヴな結論より

第 7 章　西側統合政策の確認と定着　401

も，それが分析したテーマそのものである。ここで検討されているのは，「北層」の組織化ではなく，まぎれもなく中東全域の組織化の可能性である。同分析は，米国の政策決定者たちが中東全域の組織化という西側統合政策の目標を明瞭に意識しつつ，かかる目標の達成に至るまでの道筋を具体的に考察し始めていたことを物語っている。そして，アイゼンハワー政権の中東政策の再検討作業においては，中東全域の組織化の問題と，アラブ・イスラエル紛争の問題が，主要なトピックとして議論されることになる。

　これらの問題は，1954 年 5 月半ばにイスタンブールで開催された中東駐在外交官会議の主要議題となった。イスタンブール会議では，バイロード国務次官補が議長を務め，中東およびその周辺諸国に駐在する米国の大使や公使，および駐英大使館の書記官ら計 15 名あまりが参加した。同会議では，出席者たちが各任地国の政治情勢や対外政策に関する詳細な説明を行った後に，ダレスから検討を求められていたアラブ・イスラエル紛争にかかわる諸問題，および中東諸国の組織化にかかわる諸問題が「長時間にわたって」話し合われた[3]。

　地域的機構についての会議の結論は，ヘンダーソン駐イラン大使が中心となり，ベリー駐イラク大使とルイス・ジョーンズ駐エジプト大使館参事官（キャフェリー大使の代理出席）が補佐する形で，報告書にまとめられた[4]。報告書は，曖昧さを含みながらも，中東全域を対象とする地域的機構を漸進的に積み上げる方式で構築する壮大なプログラムを描き出していた。報告書は，その冒頭で，「全中東諸国（*the* countries of the Middle East）が強力な地域的安全保障機構（a strong regional security structure）を樹立することが合衆国の利益に適う」（強調引用者）ことを，「詳述する必要のない」所与の前提としていることを明確に述べた上で，かかる地域的機構は，まずトルコとパキスタンにイランとイラクを加えた「北層」の組織化から出発し，しかる後に「サウジアラビア，エジプト，リビア，シ

---

[2] OIR Contribution to NIE 30-54: Middle East Defense, May 3, 1954, *FRUS, 1952-1954*, 9: 503-504.

[3] Summary Record of the Conference of US Chiefs of Mission in the NEA Area Held at Istanbul, May 11-14, 1954, in "Near East #1" folder, OCB Central Files, WHONSC, DDEL.

[4] 以下 3 段落の叙述は，次の文書に依拠している。Annex A to Summary Record of Conference [of] Chiefs of Mission, NEA Area, Istanbul, "Conference Conclusions on Regional Security in the Middle East," May 14, 1954, and Annex C, "Conference Statement on Middle East Defense Commenting on OIR Contribution to NIE 30-54, May 3, 1954," undated, in "Near East #1" folder, OCB Central Files, WHONSC, DDEL.

リア，レバノン，およびヨルダン」へと拡大を目指すべきであると結論した。報告書は，中東全域を包含する地域的機構の構築を改めて米国の地域的政策の目標とすることを勧告したのである。

一方で報告書は，拙速な組織化を戒めた。米国政府は，組織化を推進するために軍事援助を提示しつつ当該諸国に働きかけを行うべきであるが，参加を強制すべきではない。それは，「西側が主導していることが過度に強調されたゆえに失敗した側面が大きい」MEC / MEDO の轍を踏むことを避けんとするゆえである。報告書が構想するアプローチは段階的であった。イスタンブールに集った外交官たちは，まず北層4か国の組織化を完了することを当面の課題と位置づけていたが，トルコとパキスタンに加えてイラクとイランを組織化するにも一定の時間を要すると予想していた。また，北層4か国の組織化が完了するまでは，イラク以南のアラブ諸国の地域的機構への参加を「促進も制止もしない」のが望ましく，それゆえこれらアラブ諸国への軍事援助の提供は当面は差し控えるべきであると主張した。報告書は，レバノン，シリア，ヨルダンについては，比較的容易に地域的機構に参加すると予想していたが，とりわけエジプトについては細心の注意が必要であると指摘した。エジプトは，自国が主導できぬような地域的組織には否定的な姿勢を取り，それゆえ「北層」の組織化にも否定的に反応するであろうと予想されたからである。しかし，このことはエジプトの切り捨てを意味するわけではなかった。「経済・軍事援助によってエジプトを強化し，エジプトを西側陣営（on the side of the West）に強固に組み込み，エジプトを当該地域の防衛に何らかの形で組み込む米国のプログラムを，『北層』構想が損なわぬようにすること」が重要であり，そのためには米国は然るべき機会にエジプトに対して「『北層』構想がエジプトの重要性を減じるものではない」ことを伝達すべきである，と報告書は論じた。

ごく単純化するならば，地域的機構に関する報告書は，トルコ・パキスタン協定を実現した外交的手法によって漸進的に MEC / MEDO を設立することを提唱していた。しかしそこには，一点だけ MEC / MEDO とは異なる点があった。報告書は，この新たな地域的機構に米英両国あるいは何れかが参加することを，明示的に否定はしなかったものの，その構築に向けた具体的な外交プロセスの中に組み込んでもいなかった。一方で報告書は，地域的機構を育成する過程で米英両国が緊密に協力する必要性を強調していた。それは，英・エジプト紛争やイラン

石油国有化紛争を早期に解決するためのみならず，英国がイラクやヨルダンとの「条約上の特別な地位」に執着を示すと予想されたためであった。しかしながら報告書は，英国の「条約上の特別な地位」と地域的機構の関係を考察するところまで踏み込んでいなかった。イスタンブールに集った外交官たちが，英国の中東におけるプレゼンスを可能な限り維持するという，これまでの米国の中東政策の基本方針を覆そうとしていた徴候は全くない。しかし，意図的か否かは明らかではないが，新たな中東の地域的機構と英国の「条約上の特別な地位」との関係について，イスタンブール会議は明確な方針を打ち出さなかったのである。

地域的機構に関するイスタンブール会議の報告書は，イスラエルを将来にわたって中東の地域的防衛機構から排除する方針を示していた。この問題については，これまでも米国の方針に，少なくとも表面上の揺らぎがあった。先述のように，MEC / MEDO にイスラエルが参加することは想定されていなかったが，NSC 155/1 のスタッフ・スタディは，将来的に全アラブ諸国とともにイスラエルをも包含する地域的組織を最終的な目標に据えていた。イスタンブール会議は，NSC 155/1 が掲げた目標ではなく，MEC / MEDO 構想と同様の方針を勧告したことになる。このことは，もうひとつの主要議題であったアラブ・イスラエル紛争に関するイスタンブール会議の結論と関連していた。

アラブ・イスラエル紛争の問題については，駐レバノン大使ヘア（Raymond A. Hare）と駐イスラエル公使ラッセル（Francis H. Russell）が報告書を作成した。アラブ・イスラエル紛争に関する報告書は，前掲の地域的機構に関する報告書よりも短く簡潔なものであった。報告書は，イスラエルが不可避的に米国や英国と結びつけて捉えられている限り，ソ連がアラブ諸国との関係を強め，結果的に西側世界が中東を「喪失」する危険が常に存在していることを指摘し，アラブ・イスラエル紛争を米国の中東におけるインタレストの脅威と明確に認定した。しかしながら，イスタンブール会議は，短期的にアラブ・イスラエル紛争の包括的解決を目指すことは「非現実的」であると断じた上で，米国は紛争の包括的解決よりも緊張緩和に向けた「暫定的な措置」を検討すべきであると結論していた。そして，報告書は，アラブ・イスラエル双方の不安を和らげ，双方の軍事力使用を抑止するための具体的措置として，侵略国への政府間援助の停止，米国との通商停止（embargo），直接・間接の米国からの資金移動の禁止，英・仏との協力のもとに実施する海上封鎖措置等の計画を立案することを勧告したのである。報告書

に具体的記述は無いものの，おそらくイスタンブールに集った外交官たちは，米国がかかる計画を何らかの形で公にすることによってアラブ・イスラエル間の戦争再発を抑止することを考えていたのであろう。しかしながら，かかる抑止策は，アラブ・イスラエル紛争をむしろ固定化し，アラブ・イスラエル間には敵対関係が残存することになる。それゆえイスタンブール会議は，イスラエルを隔離する形で中東における地域的防衛機構を発展させる方針を示すことになったのである[5]。

　結論を先回りして述べておくならば，アラブ・イスラエル紛争の解決を不可能と断じるイスタンブール会議の結論は，おそらくダレスが4月10日にバイロードにこの問題の検討を指示した際に期待していた回答ではなかった。政権発足後の早い時期からダレスがアラブ・イスラエル紛争を解決する必要性を語り，そして1954年後半に実際にそれに取り組んでいくこと，そしてNSC 155/1の後継文書となるNSC 5428がアラブ・イスラエル紛争の包括的な解決を目指す方針を打ち出していくことを考えあわせるなら，ダレスがバイロードと中東駐在外交官たちに期待していたのは，包括的和平に向けた提言であったに違いない。換言するなら，ダレスは，NSC 155/1のスタッフ・スタディに記されていたイスラエルをも含む中東全域の組織化を地域的目標として捉えていた可能性が高いのである。それゆえ，おそらくダレスは，アラブ・イスラエル間の軍事衝突の抑止策に集中するイスタンブール会議の結論に満足しなかったに違いない。

　何れにせよ，イスタンブール会議後，国務省NEAは，北層を起点とする地域的機構の育成とアラブ・イスラエル紛争への関与の拡大という2つの経路から，中東全域を包含する地域的機構の実現を目指すべきであるとの結論に至った。「米国の地域的目標は，2つの課題への同時並行的な段階的アプローチによって，最も達成に近づくことが出来る」というのが，新たな中東政策に向けたNEAの提言であった[6]。イスタンブール会議は，MEDOの「棚上げ」によりやや見えにくくなっていた西側統合政策を，米国の政策決定者たちが再び明示的に語り始める契機となった。すでに確認したように，アイゼンハワー政権はトルーマン政権

---

[5] Annex B to Summary Record of Conference [of] Chiefs of Mission, NEA Area, Istanbul, "Conference Conclusions on the Danger of Arab-Israeli Tensions and Recommended Line of US Approach,," May 14, 1954, in "Near East #1" folder, OCB Central Files, WHONSC, DDEL.

[6] Memorandum from Fraser Wilkins to Schwartz (PPS), "Proposed Change in NSC 155/1 Relating to U.S. policy in the Near East," May 24, 1954, in "Near East (NSC 5428)" folder, Lot61 D167.

の西側統合政策の目標を継承していたので，西側統合政策に断絶があったわけではない。しかし，西側統合政策が再び米国の中東政策の明示的な統合原理として浮上したことは，やはり大きな変化であった。

2）NSC 5428 の策定過程

6月に入ると，新たな中東政策文書の作成が開始された。原案の作成は国務省NEA が担当した。NEA 原案は，NSC 155/1 の文言をほぼそのまま残しつつ，地域的防衛組織の構築に向けたより積極的な取り組みを加筆したものであった。それに加えて NEA は，NSC 文書の付属文書（attachment）としてアラブ・イスラエル紛争に関する政策文書を新規に作成した。後者において NEA は，アラブ・イスラエル間の戦争を抑止するための施策として，米国からの援助停止や経済制裁などイスタンブール会議の報告書に列記された様々なオプションに加えて，「侵略国が獲得した領土を放棄させるために英国および可能な範囲でその他の諸国と協力して軍事力を行使する」ことを計画し，これらの制裁措置をアラブ諸国とイスラエルに通知することを提案した[7]。国務省内では，NSC 文書本文の NEA 原案に目立った批判はなく，同案がほぼそのまま国務省案となった。一方，アラブ・イスラエル問題の付属文書案については，国務省内の検討作業を通じて，両勢力間に戦闘が勃発した際には国連の承認が得られぬ場合にも国連憲章第51条の規定に従って軍事力の行使を含む制裁を米国単独でも実行する，などとする修正が加えられた[8]。全体として見るとき，NEA 原案および国務省案は，NSC 155/1 の路線を踏襲しつつ，西側統合政策の目標に向けて米国の中東への関与をいっそう強化する方針を打ち出していた[9]。

地域的防衛組織の構築に向けた積極姿勢は，国務省を超えてアイゼンハワー政権内で広く共有されるようになっていた。省庁横断的に作成される情報分析，国家情報評価（National Intelligence Estimate：以下 NIE）30-54 は，かような政権内の

---

[7] Memorandum from Wilkins to Bowie, "Supplement and Amendment to NSC 155/1, 'US Objectives and Policies with Respect to the Near East'," June 8, 1954, in "Near East (NSC 5428)" folder, Lot61 D167.

[8] Memorandum from Byroade to Bowie, "Supplement and Amendment to NSC 155/1, 'US Objectives and Policies with Respect to the Near East'," June 16, 1954, in "Near East (NSC 5428)" folder, Lot61 D167.

[9] Draft Statement of Policy, "U.S. Objectives and Policies with Respect to the Near East," June 29, 1954, in "Near East (NSC 5428)" folder, Lot61 D167.

雰囲気を反映していた。NIE 30-54 の現状分析は，地域的防衛組織の将来に悲観的展望を示した国務省情報調査室のそれと，基本的に大きく変わらなかった。中東諸国の組織化の第一段階，すなわち中東諸国を親西側的な緩やかな枠組みに包摂していく段階すら，スムーズには進行しないであろう。イランは，なお石油国有化紛争の最終解決に至っておらず，国内に強力な反西側的勢力を抱えている。エジプトはスエズ基地問題を抱え，しかもみずからが主導できぬ国際組織への参加には消極的であろう。エジプトが消極的な姿勢を続ければ，イラクはトルコ・パキスタン協定への参加を躊躇するであろうし，仮にかかる状況の下でイラクが参加すれば，トルコ・パキスタン協定を巡りアラブ世界内部に対立が生じるかもしれない。

このようなポジティヴとは言い難い現状分析にもかかわらず，NIE 30-54 は，長期的観点から中東における地域的防衛組織の価値と見通しに積極的な評価を下した。トルコ・パキスタン協定のような内容の地域的協定および米国からの当面の軍事援助の役割は，「軍事的ではなく，主として政治的・心理的」なものであり，「かかる緩やかな組織それ自体は，当該地域の軍事的脆弱性を改善するものとはならぬであろう」。しかし，「米国が［中東諸国に］あまりにも早急に，そしてあまりにも多くのコミットメントを求めれば，それは防衛協力に向けた全般的な進展にとって有害なものとなりかねない」。むしろ，トルコ・パキスタン協定のような組織化の初期の段階において，それに参加する中東諸国は，ソ連の脅威を認識し，西側諸国との協力関係のみならず域内諸国間の協力関係をも強化し，さらに中東各国内で親西側的な勢力が強化されるという重要な変化が生じるであろう。このように述べた上で NIE 30-54 は，イスタンブールの中東駐在外交官会議も踏み込まなかった問題にも簡単に言及していた。「域内対立から生じる深刻な政治的障害および［中東防衛への］西側の参加に対する不信を，まず最初に除去する必要がある」ものの，「地域的防衛組織の創設は，最終的には米英が何らかの形で直接参加する正規の防衛組織の樹立を容易にするであろう」。かかる展望は，大略，1952 年後半の MEDO 構想とほとんど変わるところがない[10]。アイゼンハワー政権は，その名称はともかく，中東版 NATO の実現を従来以上に明確に地域的目標として共有しつつあったと考えて間違いない。

---

[10] NIE 30-54, "Prospects for Creation of a Middle East Defense Grouping and Probable Consequences of Such a Development," June 22, 1954, *FRUS, 1952-1954*, 9 : 516-520.

一方，アラブ・イスラエル紛争に関する付属文書を巡っては，国防省・JCSを中心に，国務省案への批判が提起された。JCSは，アラブ・イスラエル紛争に軍事的に介入する兵力を米国は持たないとして，アラブ・イスラエル間の戦争の再発に際して軍事力を使用するとの決定を事前に行うことに強く反対するとともに，アラブ・イスラエル戦争の抑止には経済的手段で十分であると主張した。これに対して国務省は，軍事的に介入する用意を示すことにより抑止効果が大きく向上し，結果的には実際に米国が軍事力を行使する必要が生じる可能性は減少すると主張したが，JCSは強硬な反対姿勢を崩さなかった[11]。

　新たな中東政策文書案は，7月22日のNSC第207回会合で検討された。この時点までにアラブ・イスラエル紛争に関する付属文書の文言を巡る意見対立は解消せず，当該箇所には2つの文案が併記されていた。国務省・CIA等の支持する案は，アラブ・イスラエル間の戦争勃発に際して，侵略国への援助の停止，資金移動および通商の禁止から，経済封鎖，軍事行動に至る一連の措置を実行する方針を明記していたのに対して，国防省・JCS等の案は，経済封鎖と軍事行動に至る前に英国など関係諸国と協議するとの方針を示すことによって，それらの措置を発動することをNSCの政策として明記することを回避しようとしていた[12]。しかるに，22日のNSC会合では，予想外の形で議論が進行する[13]。ダレスが，国防省・JCS案を支持したのである。ダレスは，両案の間の相違は文面ほど大きくはないと指摘した。実際に戦争が勃発する前に軍事行動に訴えることを決定するのは現実的ではなく，軍事行動を起こす際には議会の同意も必要になる。「アラブ諸国とイスラエルが軍事力に訴えた場合には，合衆国は事態をきわめて深刻なものと受け止め，平和を維持するために軍事力の使用すら考慮するであろう，とこれら諸国に伝達することこそが，我々の政策の本質」であり，そのために軍事力の使用まで事前に決定しておく必要はない，というのがダレスの主張であった。アイゼンハワーもダレスの主張を全面的に支持したことで，この問題は，JCS・国防省案を採用する形で決着がついた。

---

[11] Memorandum from Byroade to the Secretary of State, "Consideration by the NSC of Supplement and Amendments to NSC 155/1," July 19, 1954, in "Near East (NSC 5428)" folder, Lot61 D167.

[12] Draft Policy Statement, "United States Objectives and Policies with Respect to the Near East," July 6, 1954, in "Near East (NSC 5428)" folder, Lot61 D167.

[13] 以下，7月22日のNSC会合についての叙述は，Memorandum on Discussion at the 207th Meeting of the NSC, Thursday, July 22, 1954, AWF, DDEL.

念のために付言しておけば、ダレスがこのような立場を取ったのは、連邦議会の動向への懸念からではなかった。6月段階で、バイロード国務次官補は、上院共和党院内総務のウィリアム・ノウランド（William F. Knowland：カリフォルニア州）や民主党のウォルター・ジョージ（Walter F. George：ジョージア州）上院議員らに接触し、国務省案を説明していた。それに対する両上院議員の反応は、事前に立法府への十分な説明があれば、議会はおそらくアラブ・イスラエル間の戦争勃発に際して米軍を投入することに強く反対することはないであろう、というものであった[14]。7月22日のNSC会合においても、当のダレスが、アラブ諸国とイスラエルへの等距離の対応を標榜するアイゼンハワー政権のスタンスを、「ニューヨークやマサチューセッツなどユダヤ人人口の大きい州選出の議員」を除いて、連邦議会が概ね評価しており、前政権期よりもイスラエルを抑制すべきであると考える議員が数多く存在するとの感触を得ていると報告している。中東政策についてNSC等で発言することがほとんどなかったニクソン副大統領も、共和党は「ユダヤ人票」を「必要とせず、如何に努力しようともそれを獲得することも出来ない」ゆえに、「現政権はそれが正しいと考える行動を取るべきである」と発言している。さらに、立法府は行政府の対外政策を追認する姿勢を強める過程にあった。去る1954年1月には、大統領の条約締結権を大きく制限する条項を憲法修正として盛り込もうとする、いわゆるブリッカー修正（Bricker Amendment）を連邦議会は否決していた。また、翌1955年1月に連邦議会は、台湾防衛のために軍事力の行使を含む措置を取る権限を大統領に事前に付与する、いわゆる台湾決議を圧倒的多数で可決することになる。したがって、ダレスらが連邦議会への配慮からアラブ・イスラエル紛争付属文書の国務省案を退けたとは考え難いのである。

ダレスがJCS・国防省案を支持したのは、おそらくアラブ・イスラエル紛争に関する付属文書の中で、もはや当該箇所がそれほど重要ではなくなっていたからであった。7月22日のNSC会合においてNSC 5428の付属文書として採用された「アラブ・イスラエル問題に関する補遺」は、イスタンブール中東駐在外交官会議が提起した方針から大きく踏み出す内容を有していた。「補遺」は、アラブ・イスラエル間の戦争の再発を抑止するために米国が取るべき措置として、戦

---

[14] Memorandum from Byroade to the Secretary of State, June 23, 1954, in "Near East (NSC 5428)" folder, Lot61 D167.

闘再開の際に米国は侵略国への援助停止と通商および資金移動の禁止措置を発動し、さらにそれらの効果が不十分な場合には、経済封鎖と軍事介入を関係国と協議すること、そしてかかる方針を適宜アラブ諸国とイスラエルに通知することを挙げていた。しかし、これらの抑止策は、「補遺」の最も重要な論点ではなかった。「補遺」は、「アラブ・イスラエル間の現在の緊張を緩和し、アラブ諸国とイスラエルの間の最終的な明確な和平を促進する」(強調引用者)ことを米国の目標に掲げていたのである。そして、それを実現するための具体的な行動方針として、「アラブ・イスラエル国境の画定のために米国の影響力を行使」し、国境画定に際しては「イスラエル側の譲歩」が必要になる可能性があるとの見通しを記していた。これは、アラブ・イスラエル紛争の解決を困難と見做すイスタンブール会議の結論とは根本的に異なる政策方針であった。これらの内容が、何時どのような経緯で盛り込まれることになったのかは定かではない。しかし、すでに指摘したように、ダレスが一貫してアラブ・イスラエル紛争を西側統合政策の障害と認識していたこと、そして7月22日のNSC会合でダレスが国務省案を否定したことなどを考えあわせるならば、抑止策に集中する国務省実務レヴェルの議論そのものにダレスが不満を抱き、トップダウン式に「補遺」の内容を抜本的に修正した可能性が高いと考えられる。

そしてきわめて重要なことに、「補遺」は、アラブ・イスラエル紛争の解決と中東の地域的防衛組織の発展の間に相関関係が存在することを明確に指摘していた。「補遺」には、次のような記述がある。

> 8. アラブ・イスラエル問題［解決へ］の進展は、ソ連の侵略に対する防衛のための内発的な (indigenous) 集団安全保障取り決めに当該地域諸国が参加しようとする意思に大きく影響するであろう。［アラブ・イスラエル紛争解決と］同時並行的に地域的取り決めを進展させることは、最終的には……アラブ諸国が圧倒的な関心をイスラエルに向けている状況を緩和することになるであろう。

つまり、アラブ・イスラエル紛争の解決は、アラブ諸国の地域的防衛組織への参加の帰趨を大きく左右する重要なファクターとして位置づけられていた。換言するなら、アラブ・イスラエル紛争の解決が、西側統合政策プログラムの中に初めて明示的に組み入れられたのである[15]。

一方，中東全域の組織化を目指す方針については，イスタンブール会議の報告を基調とする方針に全く異論は提起されなかった。これに関連して，7月22日のNSC会合では，きわめて興味深いやりとりがあった。アイゼンハワーは，中東諸国の組織化に関するNSC 5428の文言に満足の意を示した上で，ひとつ確認したいことがある，とダレスに水を向けた。「合衆国が所謂『北層』諸国に主たる関心を向けていると，それ［北層］以外の諸国が知ったら，これらの［北層以外の］諸国が，ただ状況を座視して，みずからの防衛努力を緩和する［ようになる］という現実的な危険があるのではないか」。これでは「深度ある防衛（defense in depth）」は実現できない，との懸念を大統領は示したのである。これに対してダレスは，次のように回答した。「『北層』という語がはらむ危険性についての大統領の懸念は理解できる。おそらくそれ［「北層」という語］は使わぬ方が良いのだろう」。NSC会合の司会者であるカトラー（Robert Cutler）国家安全保障担当大統領補佐官は，すかさず「『北層』という語を考案したのはダレス長官自身ではないか」とたたみかけた。NSC会合の議事録によると，これらのやりとりの間に座は和んでいたという。「北層」構想なる概念を打ち出したのは，ダレスにほかならなかった。そのことを記憶していた参加者たちは──おそらくダレス自身を含め──ささやかな笑いを禁じ得なかったのであろう。

しかし，この小さなエピソードには，アイゼンハワー政策の中東政策の本質がはしなくも表れていた。ひとことで言えば，「北層」構想なる独立した構想は存在しなかったのである。「北層」は，最終的に中東全域に拡大していく地域的組織の起点に過ぎなかった。NSC 155/1の策定段階においても，西側統合政策の目標は前政権から引き継がれていたが，NSC 5428が策定された1954年夏には，それ以前よりもいっそう明瞭に中東全域を西側陣営に統合することを展望する地域的なパースペクティヴが強調されるようになったのである。米国の政策決定者たちは，「北層」と中東南部を，ともに最終的に西側陣営に統合すべき対象として等しく重要な地域と理解していた。それゆえ，「北層」の組織化に向けた動き，そして後述するアラブ・イスラエル紛争解決に向けた努力は，より大きな西側統合政策の目標に向けた地域的政策プログラムの一部として理解しなければならな

---

[15] Supplementary Statement of Policy on the Arab-Israel Problem, Attached to NSC 5428, "United States Objectives and Policies with respect to the Near East," July 23, 1954, in "Near East (NSC 5428)" folder, Lot61 D167.

いのである。7月22日のNSC会合で承認された新たな中東政策文書NSC 5428は，先行文書NSC 155/1から構成と文言の多くを引き継いでおり，その叙述のみからは，米国政府内における西側統合政策の顕在化，そしてそれをもたらした米国の政策決定者たちの熱気は感じ難い[16]。しかし，以上のような作成経緯をあわせて考慮するならば，NSC 5428こそは，トルーマン政権以来，曲折を経ながらも米国の政策決定者たちが育んできた西側統合政策プログラムのひとつの到達点にほかならなかった。

NSC 5428では，まず北層地域4か国による地域的組織の創設を推進し，しかるのちにそれをエジプトを含むアラブ諸国に拡大していく方針が打ち出された。かかる過程において，地域的組織の「内発的性質（indigenous nature）」を損なうことなく，中東諸国の親西側的な政治的指向を強化するという「政治的・心理的」な目標を重視すべきことが，繰り返し強調された。それゆえ，イランとイラクを含む諸国の地域的組織への参加は，圧力や強制によるものではなく，中東諸国の側が参加を望ましいと考えるような政治環境を創出することによって行われるべきであるとされた。その際に，軍事援助が重要な役割を果たすであろうことは明らかであった。もっとも，中東諸国に充当できる軍事援助の総額は当面きわめて限られたものとなると予想されたため，北層諸国とエジプトを優先し，それ以外のアラブ諸国には，地域防衛への協力やアラブ・イスラエル紛争の状況などを勘案しつつ，選択的に軍事援助を供与するものとされた。かかる留保は付されたものの，ひとことで言えば，NSC 5428は，トルコ・パキスタン協定で採用された戦術を漸進的に中東諸国に適用することにより，親西側的な地域的組織を中東全域に拡大することを中東政策の目標に定めていた。

NSC 5428では，かかる中東の地域的組織が「地域の安定を向上させ安全を強化」したのちに，「地域の政治情勢から，それが可能になった段階で」，米国もま

---

[16] 以下，NSC 5428に関する叙述は，オリジナルの文書およびそれに付随するスタッフ・スタディに拠った。NSC 5428, "United States Objectives and Policies with Respect to the Near East," and NSC Staff Study Attached Thereto, July 23, 1954, in "Near East (NSC 5428)" folder, Lot61 D167. 同文書はほぼ全文が*FRUS*にも収録されているが，「米国の目標に資する秘密工作を実行する」との第13-1段落のみが，おそらく出版時に機密解除されていなかったことから，掲載されていない。同文は，地域や国を対象とするこの時期のNSC文書の多くに付された標準的な政策方針であり，中東が特別である，あるいはNSC 5428を境に秘密工作が強化されたということはない。Memorandum from Dorsey to Byroade, "Supplement and Amendments to NSC 155/1," July 8, 1954, in the same folder.

たかかる組織へのみずからの参加を検討することとされていた。その時期や目標が具体的に示されたわけではなかったが、北層から始まる中東諸国の組織化が南部にまで到達するには相当の時間を要することは明らかであったから、米国の政策決定者たちは、米国自身が中東の地域的組織に参加すべきか否か判断を迫られるのは、年単位の将来のことになると想定していたに違いない。

　そこで問題となるのは、中東の地域的組織への自国の早期参加を主張していた英国との関係であったはずである。しかしながら、NSC 5428 の承認に至る過程で、この問題について踏み込んだ検討が行われた形跡は無い。もちろん、NSC 5428 には、中東を巡る米英関係について、いくつかの重要な政策方針が示されていた。最も重要であったのは、「当面、トルコの参加を除いて、正式に西側大国（Western Powers）や西側防衛組織と正式な連関をもたぬ内発的な運動（an indigenous movement）」として北層の組織化を完成させるとの米国の方針について、英国と秘密裏に協議する方針が示されたことであった。ここには、北層 4 か国（トルコ、パキスタン、イラク、イラン）の組織化が完了するまで、米英がかかる地域的組織に参加しない方針が含意されてはいる。しかし、それは明確かつ強固な方針とは言い難く、英・イラク二国間条約と地域的組織との関係も等閑に付されていた。NSC 5428 には英国およびトルコと中東の軍事的防衛についての協議を秘密裏に進める方針も示されているが、これは NSC 155/1 の方針を引き継いだものに過ぎなかった。つまり、NSC 5428 は、中東諸国の「内発的」組織化と英国の中東における非公式帝国の関係という、きわめて重要かつ具体的な問題について、明確な方針を打ち出したとは言い難い文章であった。

　NSC 5428 付属のスタッフ・スタディでは、中東を巡る米英関係の問題がある程度詳細に言及されている。中東諸国で英国が政治的な攻撃対象となり、その地位が低下していくのに伴って、米国の役割は拡大しつつある。しかし一方で、英国は、トルコを除けば、中東域内で「唯一の有力な軍事力」を保持しており、スエズ基地からの撤退後も、その基本的な構図に変化は無い。「英国は、この［冷戦］期間に必要とされる局地的な軍事行動を近東において実行するのに十分な軍事力を、おそらく維持している」。それゆえ、英国がイラクとヨルダンとの間に維持している二国間条約は「近東における西側の地位にとっての資産」であり、「同地域において西側の安全保障インタレストを維持するのに貢献する英国の能力は縮小されるべきではない」。「連合王国が引き続き現状で可能な限りの大きな

責任を引き受けることは，合衆国の安全保障インタレストに適う」のである。一方で，西側諸国は「19世紀的な方法」で中東における西側のインタレストを防衛することは出来ない。西側諸国は，中東諸国の「願望」に応え，中東諸国が西側との協調をみずからの「基本的インタレストに合致する」と捉えるように行動しなければならない。「このことは，我々と連合王国の関係における最も深刻な問題を提起する」。英国と中東諸国の中間に立たんとする米国の姿勢に，「英国は憤慨を強め」，米国の「政策は同地域における彼ら［英国］の威信の喪失を事実上促進している」と考えている。しかし，中東と西側世界の疎隔の拡大を食い止めるためには，米国は中東諸国と英国の間に生じる対立に関与し，「限られた術策の余地」の中で個別的にその解決を図っていくしかない。

　以上のようなスタッフ・スタディの議論は，一見するところ，中東を巡る米英関係への深刻な懸念を表明しているように見える。しかし，ここで述べられていることは，トルーマン政権期以来，政策決定サークルで語られてきたことのコラージュに過ぎない。米国が英国と中東諸国の中間に立ってディレンマに苛まれているとの認識が偽りであったわけではない。しかしそれは，いわば中東における定常状態と意識されていたに違いない。そうであればこそ，イスタンブールの中東駐在外交官会議でも，その後のNSC文書の策定過程でも，中東を巡る米英関係は，とりたてて検討されるべき課題とは意識されなかったのであろう。中東諸国との協調的関係を築きながら中東における西側陣営の資産である英国の軍事的プレゼンスを維持することを容易に可能にするような，いわば魔法のフォーミュラが存在するわけではないことを，米国の政策決定者たちは経験を通じて学んでいたに違いない。一方で，NSC 5428が承認された1954年夏には，米国の関与により，英・エジプト紛争とイラン石油国有化紛争の解決が指呼の間に迫っており，米国の政策決定者たちは英国と中東諸国の間の対立解消に自信を強めていた。1953年後半から1954年初頭に発生したような中東を巡る米英関係の悪化も，英国とエジプトおよびイランとの紛争が解決に向かい，米英間の意思疎通も改善されたことで，ほぼ解消されていた。米国の政策決定者たちは，中東諸国と英国の対立を媒介するみずからの能力への自信を背景に，今後も英国との緊密な意思疎通と柔軟かつ繊細な外交的術策によって，西側統合政策の中に英国を組み込むことは十分に可能であると判断していたのである。

2　米英の中東軍事戦略の変容

1）北層軍事戦略と英国版の西側統合政策

　米英両国の中東政策および中東を巡る米英関係には，程度の差はあれ，米英各々の軍事戦略が重要な意味を有した。以下，本節では，1952年後半から1950年代中葉に至る時期の米英両国の中東を対象とする軍事戦略の発展過程をまとめて考察する。

　1952年末，英国政府は，レヴァント＝イラク戦略と呼ばれる，イラク北部の防衛に重点を置く軍事戦略を採用した。しかし，従来のエジプト中心の戦略からイラク中心の新戦略への移行が一足飛びに実現したわけではなかった。レヴァント＝イラク戦略は，スエズ基地からの英軍の撤退を視野に入れたものではあったが，1953年時点においては，全面戦争時の中東を対象とする英国の軍事プランでは，イラク前線への補給拠点は依然としてエジプトに置かれており，イラク前線でソ連軍の進撃を遅延させた後には内環地域に後退することが想定されていた[17]。エジプトに代わる補給拠点としては，イラクやヨルダンへの軍事物資の事前配備に加え，地中海沿岸の港湾およびヨルダンからレヴァント地域を経てイラク北東部へ至る補給線を確保する必要があると考えられていたが，これらを実現するためには，シリア，レバノン等との新たな協定が必要であった[18]。いわば，1953年段階の英国の中東軍事戦略は，北方に軸足を移しつつあるものの，なおエジプトにも少なからず重心を残した状態にあった。英軍部内では，レヴァント＝イラク戦略は，外環防衛戦略ではなく，「前進版『内環』防衛戦略（forward con-

---

[17] COS(53)132, "Defence of the Middle East," March 6, 1953, in DEFE 5/45, PRO ; Note by the COS, "Strategic Importance of the Middle East," November 26, 1953, in FO371/110826/V1195/11.

[18] DEFE 4/57, COS 157(52)4, "Review of Middle East Strategy," November 14, 1952, *BDEE*, B4-2：496-502. イラク北東部への補給ルートについては，英国側の史料でも記述内容に揺れがある。前記史料では，①ヨルダンから北東方向にパイプライン沿いの道路を通じてモースルへ，②ヨルダンからアレッポを経由し鉄道でモースルへ，という2つの経路が示されているが，1954年1月の史料では，①イスケンデルン〜アレッポ〜モースルのルート，②ホムスからパルミラ経由のルート，③ヨルダンからバグダードのルート，が考慮されている。Extract from COS(54)6th Meeting, January 15, 1954, in FO371/110826/V1195/3. また，同年8月の史料では，レヴァント・地中海経由の補給路に代えて，イラク南部バスラからのペルシャ湾経由の補給路が有力視されている。G.H.Q. Middle East Land Force to the Ministry of Defence, 956/CCL, in FO371/110827/V1195/35.

cept of "inner ring" strategy)」と位置づけられ，その「前進」を確実にすることが当面の課題と捉えられていたのである[19]。

このような中途半端な状況が解消され，英国の軍事戦略が中東北部へと重心を完全に移していくのは，1954年であった。スエズ基地からの全面撤退方針が確定していくことが，かかる変化をもたらす大きな要因であったことは言うまでもないが，英国の軍事戦略の変化は，エジプトの喪失というマイナス方向の変化への対応という以上の積極的な内容を有した。注目すべきは，トルコとの軍事的協力関係の進展であった。1953年の5月にトルコのイズミール，12月にアンカラで，英・米・トルコの現地司令官レヴェルの軍人による協議が行われた[20]。これらの協議では，レヴァント=イラク戦略の実現に向けた情報交換などが行われた模様であり，このような協議が進展したこと自体が，レヴァント=イラク戦略の実現に向けた大きな前進であった[21]。

しかし，英国の中東軍事戦略が純然たる外環防衛戦略に移行していく大きなきっかけとなったのは，トルコ南東部，シリア・イラクとの国境に近い町マルディーンに軍事施設を設置するとのトルコ側からの提案であった。イラク国境に程近いマルディーンに軍事物資を事前配備しておけば，イラク北部に展開する英軍やイラク軍を短時間で戦闘態勢に置くことが出来るようになる。さらに，シリア北部のアレッポとイラク北部のモースルを結ぶ鉄道の北側に位置するマルディーンは，レヴァント=イラク戦略の成否に大きくかかわるこの鉄道輸送を確実なものとするためにも好都合であった[22]。そして，これらの軍事的メリットに

---

[19] H.S. Stephanson to Viscount Hood, January 4, 1954, in FO371/110826/V1195/5.

[20] MELF/TGS(53)-1, Report on Emerald Green II Conference by Head of MELF Delegation, December 17, 1953, in FO371/110826/V1195/5. 正確には，イズミール会議は米・英・土によるNATOレヴェルの会合であるのに対して，アンカラ会議は英・土二国間の会合で，米国はNATOの代表としてオブザーバー参加していた。両会議は，英国側の史料では「エメラルド・グリーン（EMERALD GREEN）」のコードネームで呼ばれている。イズミール会合については，米英の史料でともにその成果に関する肯定的な言及があるものの，会合記録自体は発見できなかった。しかし，以下の史料から，イズミール会合についても，レヴァント=イラク戦略に関連して，イラク北部の防衛問題が検討されたことを確認できる。H.S. Stephanson to Viscount Hood, January 4, 1954, in FO371/110826/V1195/5; H.S. Stephanson to R.D. Scott Fox, January 14, 1954, in FO371/110826/V1195/6. 米軍部のイズミール会合への言及は，たとえば，Memorandum by the Chief of Staff, U.S. Air Force for the JCS, "Defense Arrangements for the Middle East," August 10, 1953, in CCS381, EMMEA(11-19-47), Section 15, RG218, NARA.

[21] JCS 1887/68, "Defense Arrangements for the Middle East," August 11, 1953, in CCS381, EMMEA (11-19-47), Section 15, RG218, NARA.

[22] G.H.Q. Middle East Land Force to the Ministry of Defence, IZ 664, January 24, 1954, in FO371/

加えて，マルディーンに軍事施設を設置することには，大きな政治的メリットがあると期待された。トルコ南東部に英国が主として運用する軍事施設を構築するならば，英国がレヴァント＝イラク戦略の実現に本腰を入れていることの証左となり，トルコのみならずイラクに対しても強力な政治的メッセージとなりうると考えられたのである。1954年初めは，トルコ・パキスタン協定や米国の対イラク援助を巡って，米英関係が悪化するのみならず，英国とトルコやイラクとの間でも不信感が強まった時期であったことも考えあわせるならば，英国がマルディーン構想に積極姿勢を示すことの政治的な意味は大きかった[23]。以上のような軍事的および政治的考慮から，英国政府は1954年2月にマルディーンにおける軍事施設の建設に向けたトルコとの交渉推進を決定する[24]。米国が背後で舞台回しを行う北層諸国の組織化を追認する立場に置かれていた英国は，軍事的な地歩の強化という，米国とは異なる経路を通じて，北層地域への関与の強化に乗り出したのである[25]。

このような中，英国の外交官や軍人たちは，1930年条約の期限が1957年に迫っていたイラクへの関心を新たにしていた。レヴァント＝イラク戦略実現の鍵となる，英空軍の駐留権と軍事物資の事前配備を実現することが，イラクとの条約改定の際に追求すべき基本的な目標として設定された。彼らは，マルディーンにおける拠点の設置などを通じてレヴァント＝イラク戦略の実現に向けた態勢を整備し，英国がイラクを防衛する意志と能力を具体的な形で示すことによって，アラブ世界で唯一，西側諸国と対ソ脅威認識を共有すると考えられていたイラクとの新たな協力関係を構築することが出来ると期待するようになった。さらに彼らは，イラクとの間にかかる協力関係が実現すれば，ヨルダンを含む「他のすべての中東諸国が我々の意向に同意する可能性が高まるであろう」という楽観的な観測まで語り始めていた[26]。かかる楽観的観測は，アンカラやバグダードの英大使館にも共有されていた。中東北部における英国の新たな軍事的プレゼンスとし

110826/V1195/6.

[23] David Scott Fox to Viscount Hood, December 16, 1953, in FO371/104238/E1197/83 ; R.W. McLeod to R. Allen, January 13, 1954, in FO371/110826/V1195/2.

[24] P.S. Falla to R.D.J. Scott Fox, February 9, 1954, in FO371/110826/V1195/10.

[25] Memorandum on "Mardin," Attached to Letter from P.S. Falla to R.D.J. Scott-Fox, March 20, 1954, in FO371/110826/V1195/15.

[26] Confidential Annex to COS(54)19th Meeting Held on Friday, February 19, 1954, in FO371/110826/V1195/13.

てマルディーンが英国の意志と能力を示す象徴的な機能を果たすとともに，レヴァント＝イラク戦略の実現への展望を強め，かかる展望がイラクを含む中東諸国の英国に対する姿勢を好意的なものに転化していく。このような好循環への期待感が，英国政府内では広く共有されるようになっていたのである[27]。

そして，かかる期待感の高まりと踵を接して，英国の中東軍事戦略は完全に北層地域へと移行していった。1954年5月に中東駐留英軍司令官に送達された中東軍事戦略の概略を示す訓令は，可能な限り中東の北東部でソ連の侵略を食い止めるとのレヴァント＝イラク戦略採用以来の基本的な戦略コンセプトに立脚していた。同訓令には，その防衛線を「可能であればイランからイラクに至る峠道」に置くとの表現が初めて現れるとともに，「連合軍の戦略爆撃」がソ連の進軍を遅延させることを考慮すれば，かかる防衛線を維持しうる可能性を「過小評価すべきではない」との展望が示されていた。一方で，同訓令では，従来のレヴァント＝イラク戦略に盛り込まれていた，内環への防衛線後退に関する言及が消失していた。同訓令をもって，英国の中東軍事戦略は，イラン・イラク国境付近でソ連の進撃を食い止め，戦時にもかかる防衛線以南の中東地域を保持する戦略，すなわち外環防衛と呼びうる戦略へと最終的に移行したのである。中東駐留軍司令官には，この新たな戦略を完遂するために必要とされる，軍の駐屯地や軍事物資の事前配備拠点などを具体的に検討するよう，指示が送達された。スエズ基地を補給基地として使用する可能性は残されていたが，もはやそれはせいぜい補助的なオプションとしての役割を与えられたに過ぎなかった[28]。本書では，この北層諸国のみで完結することを想定した英国の軍事戦略を，レヴァント＝イラク戦略と区別して，「北層軍事戦略」と呼ぶこととする。

しかしながら，軍事戦略の重点が北層地域にシフトしたことによって，英国政府がエジプトを中心とする中東南部への関心を失ったわけではなかった。1954年夏にスエズ基地を巡るエジプトとの紛争が実質的に解決したことによって，英国の政策決定者たちは，他のアラブ諸国との関係も大きく改善されると期待する

---

[27] R.W.J. Hooper to P.S. Falla, February 24, 1954, in FO371/110826/V1195/14 ; David Scott Fox to P.S. Falla, February 27, 1954, in FO371/110826/V1195/15. 1954年春の時点では，イラクにおける軍事物資の事前配備は，英・イラク間の正式な協議対象にはなっていなかったが，駐イラク英軍司令官からイラク軍司令官には，モースルとキルクークに事前配備が必要になるとの見通しがすでに伝達されていたようである。

[28] COS(54)149, "Directive for the Commander-in-Chief, Middle East," May 11, 1954, in FO371/110826/V1195/25.

ようになった。エジプトとの関係改善は，北層軍事戦略の実現に必要とされた，もともと親英的なイラクとヨルダンにおける軍事物資の事前配備のみならず，エジプトの影響を多分に受けるシリアやレバノンの輸送施設の使用権や上空通過権の獲得にも道を開くと考えられたのである。もしこれらが実現するならば，北層からエジプトに至る中東全域において，新たな軍事的協力の枠組みのもとに，英国の全般的な影響力が再構築されることになる。英国政府内では，かかる楽観的な展望に立って，エジプトを含むアラブ諸国にまでトルコ・パキスタン協定を拡大する可能性，そして「MEDO スキームを再生する」可能性すらしばしば語られるようになったのである[29]。

　もちろん，このことは，英国が中東における様々な課題を軽視するようになったことを意味するわけではなかった。英国政府は，依然として，トルコ・パキスタン協定が軍事同盟としてはあまりにも内容的に弱体であると評価し，さらに中東の地域的組織を軍事的に有効たらしめるためには英国自身がそれに参加することが不可欠であると信じていた。しかも，エジプトからの撤退によって，中東に駐留する英軍の規模が縮小され，その戦闘能力が低下することは避け難かった。表 2 は，エジプト撤退後の中東および周辺地域における英軍の配置変更計画である。本書が中東として扱う地域における平時の英軍のプレゼンスは，ほとんどが空軍であり，それすらも大規模なものとは言い難かった。中東駐留英軍司令官は，ソ連との全面戦争時には英本国，アフリカの英領植民地，南アフリカからの増援を期待していた。しかし，ロンドンの国防省は，全面戦争時に中東への増援を期待できるのは，マルタからの特殊部隊 1 個旅団（Commando Brigade）と南アフリカからの機甲師団（Armoured Division）に限られるという，「冷厳なる現実」に直面していた[30]。さらに，中東全体を包含する協調的な秩序を構築するためには，アラブ・イスラエル紛争を解決することが必要であるとの新たな問題意識も語られるようになっていた。英軍がスエズ基地から完全撤退することによってエジプト・イスラエル国境が不安定化する可能性が浮上し，アラブ・イスラエル関係の悪化は北層軍事戦略の実現に必要なアラブ諸国からの協力の調達を困難にすると

---

[29] Minutes by J.E. Powell-Jones, June 25, 1954, in FO371/110827/V1195/32 ; Extract from COS(54) 100th Meeting Held on September 22, 1954, in FO371/110827/V1195/40.

[30] G.H.Q., Middle East Land Forces to the Ministry of Defence, 967/CCL, September 8, 1954, in FO371/110827/V1195/38 ; The Ministry of Defence to G.H.Q., Middle East Land Forces, COS(ME)90, October 21, 1954, in FO371/110827/V1195/42.

考えられるようになったからである[31]。

しかし，数多くの克服すべき課題にもかかわらず，1954年半ばには，英国の政策決定者や軍人たちは，英米両国も参加する形でトルコ・イラクからエジプトに至る広範な地域を対象とする地域的組織を構築することが必要かつ可能であるとの判断に至り，その

表2　スエズ基地撤退後の中東における英軍再配置計画（1954年12月）

駐留地/駐留国	戦力（括弧内は内訳や原表記など）
キプロス	中東軍司令部（Middle East Headquarters） 1個歩兵旅団（lorried infantry brigade） 3個飛行中隊（1個攻撃偵察／2個輸送）
リビア	1個機甲旅団（1個機甲連隊分欠損）
ヨルダン	1個機甲連隊 1個飛行中隊（昼間戦闘機／地上攻撃機）
イラク	3個飛行中隊（昼間戦闘機／地上攻撃機）
アデン	1個飛行中隊（昼間戦闘機／地上攻撃機）

出所）Memorandum by Levant Department of FO, "Middle East Defence," December 9, 1954, in FO371/110827/V1195/46 を基に筆者作成。

実現に向けて再び歩み始めようとしていた。かかる政策は，英国版の西側統合政策と呼び得る内容を有した。軍事的必要性という経路から，英国政府は米国の西側統合政策と大きく重なり合う地域的政策に到達したのである。そして英国の政策決定者や軍人たちは，かかる地域的政策が，米国の目標や方針とも大きく重なり合うことを正確に理解していた[32]。図式的にひとことで要約するならば，北層軍事戦略が英国版の西側統合政策を導いたのである。

2）米国の中東軍事戦略検討作業と米英軍事協議問題

トルーマン政権末期の1952年秋，JCSは，国務省からの度重なる働きかけを受けて，ようやく中東の軍事戦略に関する独自の検討作業に着手した。10月，レヴァント＝イラク戦略に移行しつつあった英COSは，JCSに中東軍事戦略に関する協議の開催を申し入れた。しかし，それまで中東軍事戦略に関する独自の検討を行っていなかったJCSは，英国側との協議に臨める状態にはなかった。1953年2月，JCSはCOSに，米国側の準備が整い次第，改めて英国側に中東軍事戦略に関する包括的な協議を申し入れると回答した[33]。先述のように，1953年には2度にわたって米・英・土の現地指令官レヴェルの協議がトルコで開催され

---

[31] Minutes by P.S. Falla, August 18, 1954, in FO371/110827/V1195/37; Extract from COS(54)89th Meeting Held on August 11, 1954, in FO371/110827/V1195/37.
[32] Memorandum, "Middle East Defence," December 9, 1954, in FO371/110827/V1195/46.
[33] JCS 1887/64, "U.S.-U.K. Coordination in Middle East Defense Planning," February 6, 1953, in CCS 381 EMMEA(11-19-47), Sec. 14, RG218, NARA.

たが，これらの会合においては，おもに情報交換が行われ，特定の軍事戦略の適否の検討までは議論が進まなかった模様である。最終的に，中東軍事戦略を巡る包括的な米英軍部間の協議は，1955年2月の米・英・土3か国軍事協議（第9章第3節で後述）として実現することになるが，そこに至るまでにはCOSの最初の申し入れから2年以上が経過することになるのである。

　米軍部内の中東軍事戦略に関する検討作業は，JCSの下部組織である統合戦略計画委員会（Joint Strategic Plans Committee：以下JSPC）によって行われ，その検討結果は，1953年10月に，JCS1887/70という大部の文書にまとめられてJCSに提出された[34]。JCS1887/70の主たる課題は，ソ連が全面戦争を開始した後にコーカサス地方から南下して中東を席巻することを目指すという想定のもとに，1956年時点で実現を目指すべき軍事戦略を考察することであった。JSPCは，3つの案を検討した。第1案は，イラン北西部を起点にエルブルズ山脈の北側に防衛線を構築する案である。これは，イラン北部でソ連軍の南下を食い止めることにより，トルコとイランを含む中東のほぼ全域を戦時にも確保することを目指す，きわめて野心的なコンセプトであった。第2案は，トルコ・イラン・シリア国境付近からイラン国土を南東方向に走るザグロス山脈に沿ってペルシャ湾岸のブーシェヘル付近まで延びる防衛線を維持する戦略である。これは，従来の外環防衛戦略にほぼ相当する案であった。第3案は，イラク北部のモースル・キルクーク地域，同中部のバグダード周辺，イラン南西部のアフワーズからイラク南東部のバスラ周辺に至る地域の計3箇所に西側の軍事拠点を構築し，これらの軍事拠点から陸・空軍戦力を機動的に運用することによって，ザグロス山脈の山道を越えて南下するソ連軍を撃破するというコンセプトであった。ソ連の進撃をザグロス山脈付近で食い止めることを想定する点で，第3案は第2案のヴァリエーションであったが，第2案がザグロス山脈の主要山道にあらかじめ軍を配置する，いわば静的な防衛を構想するのに対して，第3案はおもにイラク国内の防衛拠点からザグロス山脈方面に機動的戦力を差し向ける柔軟で動的なコンセプトである点に相違があった。この第3案は，「前進版内環防衛戦略」と呼ばれていた英国のレヴァント＝イラク戦略に近い内容を有した。英国側がみずからの中東軍事戦略を

---

[33] JCS 1887/64, "U.S.-U.K. Coordination in Middle East Defense Planning," February 6, 1953, in CCS 381 EMMEA(11-19-47), Sec. 14, RG218, NARA.

[34] 以下，2段落の叙述は，Enclosure "A" of JCS 1887/70, "Defense of the Middle East," October 13, 1953, in CCS 381, EMMEA(11-19-47), Sec. 16, RG218, NARA.

米国側に正式に伝達した記録を発見することは出来ないが，様々なレヴェルにおける米英軍部間の緊密な接触を考えるなら，米軍部が英国の中東軍事戦略について全く情報を有していなかったとも考えにくい。第3案は，英国の現行の中東軍事戦略の是非を検討するために設けられたオプションであったと考えて大過なかろう。

　以上の3案は，それぞれに長所と短所を有していた。第1案は，中東のほぼ全域を防衛し，軍事的な要衝とされていたトルコ東部をも完全に防衛できるメリットがあった。しかし，開戦後短時間のうちに陸軍10個師団を防衛線に展開させる必要があり，航空機も1600機あまりが必要とされる上に，ソ連国境に近いゆえに兵站上はソ連に有利であると考えられた。また，石油国有化紛争がなお最終的な解決に至っていないイランとの間に，かかる軍事戦略を実行するための合意を事前に形成するのには困難が伴うと考えられた。イランとの間に合意が必要であることは，第2案でも同様であった。しかし，第2案に必要とされる軍事力は，開戦時に陸軍4個師団，航空機は1100機あまりであり，第1案よりも大幅に少なかった。しかも第2案には，西側連合国がザグロス山脈を天然の要害として活用できる一方で，ソ連に兵站上困難な戦いを強いることが出来るというメリットもあった。第3案でも，西側連合国は同様の地理的優位を享受し得た。第3案には，さらなる利点があった。同案に必要とされる軍事力は，開戦時点では陸軍2個師団，航空機は第2案と同程度であり，しかも，仮にソ連軍がザグロス山脈付近に到着する前に十分な軍事態勢を構築できていなくとも柔軟に対応を変更できるというメリットがあった。さらに，第3案では，西側連合国の主要拠点はイラクに置かれるゆえに，イランとの事前の調整が不要になると考えられた。第3案の問題点は，戦時に中東石油の西側世界への供給を継続する可能性がほぼ失われることと，モースル・キルクーク地域への兵站に困難が伴うことであった[35]。す

---

[35] これら3案の分析は，ほぼ純粋に軍事的なレヴェルに集中しており，それぞれのもとで中東石油を利用しうる可能性が検討されていたわけではない。しかし，3案とは別に，JSPCは全面戦争時に中東の石油生産拠点の少なくとも1箇所から石油輸出を継続できるような軍事戦略の可能性についても検討していた。この石油生産拠点防衛に関する検討結果から，第3案のもとでは中東石油を利用できなくなるとの結論に至る論理を辿ることが可能である。石油生産拠点防衛に関する検討作業で検討対象となったのは，①キルクーク（イラク北部），②アーバーダーン（イラン南部），③クウェイト，④ダーラン・バハレーン・カタル地域（ペルシャ湾南岸）の4地域であり，米軍部は③を最良，④を次善のオプションとの結論を下した。①と②はともに防衛に必要とされる戦力が相対的に大きいのに加えて，①はパイプラインの安全確保が困難，②は精油施設の操業継続が困難であると判断されたためである。

でに見たように，後者の問題を解決すべく，英国政府はマルディーンへの軍事物資の事前配備に向けて動き始めていた。マルディーンに軍事拠点を構築することの重要性は，この米国側の分析からも窺うことが出来る。

　JSPC は，以上 3 案のうち，第 1 案のみを却下した。第 1 案却下の理由は明示されていないが，必要とされる戦力が突出して大きく，軍事戦略としての難度が高いこと，そして実現に至るまでの政治的ハードルも高いと考えられたことが理由であったことは間違いない。一方，JSPC は，残る 2 案は，実現までにそれぞれに課題を残しているものの，何れも実現可能であると判断し，第 2 案を最良の，第 3 案を次善の選択肢とする評価を下した。このような第 2 案と第 3 案への評価は，軍事戦略としての優劣の評価ではなかったと考えられる。JSPC の検討作業は，検討時点でおよそ 3 年後に当たる 1956 年までに実現すべき目標を検討するためのものであり，第 2 案と第 3 案を見比べたとき，より高い目標が第 2 案であることは間違いなかった。何れの案も実現可能であると判断された以上，JSPC としては，より高い目標である第 2 案の実現を最良の成果として目指すべきであるとの結論に至ったものと考えられる。

　JCS1887/70 に関連して，リッジウェイ（Matthew B. Ridgway）陸軍参謀長は，「米国が，特定の国家の領域を防衛することを要請されるような，中東における政治的目標を有しているのか」考察すべきであるとのコメントを寄せた。JCS1887/70 は，ほぼ純粋に軍事的な分析であり，西側陣営が政治的には中東のどの部分を防衛することを要請されているのか，あるいは中東において必要とされる戦力をどの国が負担するのかというような，政治的レヴェルの分析を欠いていた。リッジウェイは，このことを問題視したのである[36]。かつて 1950-51 年には，当時のコリンズ陸軍参謀長は，米国は中東を軍事的に防衛する能力を持たぬゆえに中東に政治的にコミットすべきではないと主張した。それに対して当時のマッギー国務次官補は，米国が中東への政治的関与を強め，中東を西側陣営に統合するためには，たとえ実際に軍事力を備えていなくとも，米国はあたかも中東

しかるに，第 3 案が実現した場合に確実に保持される産油地域は，①と②のみであった。したがって，中東地域の防衛戦略として第 3 案が実現できたとしても，石油輸出の継続は困難であると判断されたのである。Enclosure "B" of JCS 1887/70, "Defense of the Middle East," October 13, 1953, in CCS 381, EMMEA(11-19-47), Sec. 16, RG218, NARA.

[36] JCS 1887/71, Memorandum by the Chief of Staff, U.S. Army, "Middle East Defense," October 14, 1953, CCS 381, EMMEA(11-19-47), Sec. 17, RG218, NARA.

を防衛できるかのごとく振る舞うべきであると主張し，米軍部とりわけ陸軍と対立した。リッジウェイの発想は，前任者のコリンズよりもマッギーに近かった。リッジウェイの問題提起は，多分に曖昧さを含んでいたものの，米軍部が政治的目標に合わせて軍事戦略を構築するという発想——1949年にNATOが結成されたのに伴って西欧の大陸部分に防衛線を構築することを目標とする「オフタックル」が採用されることになった際に働いたメカニズム——を中東地域にも適用する姿勢を獲得しつつあったことを示している。わずか2年あまりの間の陸軍を含む米軍部の姿勢の変化には目を瞠るものがあった。そして議論を先回りするならば，さらにこの先の2年あまりの内に米軍部の姿勢はさらに変化し，中東の軍事戦略を実現するための同盟国を確保するために米国の政治的コミットメントを拡大すべきである——すなわちバグダード条約に加盟すべきである——と主張する地点にまで到達することになる。1953年のリッジウェイの立場は，軍事的能力の限界から政治的コミットメントを抑制することを主張する立場から，軍事的目標を実現するために政治的コミットメントを拡大することを求める立場へと米軍部が大きく転換していく，ちょうど中間点に位置していた。

　JCS1887/70は，中東地域を管轄範囲に含む米海軍東大西洋・地中海司令官（CINCNELM）の検討に付された。1954年1月にCINCNELMから寄せられた回答は，必ずしも肯定的ではなかった。CINCNELMは，JCS1887/70の第2案，すなわちザグロス山脈線を防衛線とする軍事戦略を望ましいと評価したが，そのために必要とされる中東現地の戦力が不十分であると指摘した。そして，ザグロス山脈線防衛戦略の代替案として，英国のレヴァント＝イラク戦略に，産油地帯であるダーラン・バハレーン・カタル地域の防衛を組み合わせる新たな案を提示したのである[37]。JSPCも，ザグロス山脈線防衛戦略を実現するための十分な戦力を西側陣営が保持していないことを，認めざるを得なかった。しかるに，5月までにJCSは，そのための戦力が不十分であるとのCINCNELMからの警告をも踏まえた上で，JCS1887/70の勧告通り，ザグロス山脈線防衛戦略を西側の中東軍事戦略の目標とすべきであると結論したのである。きわめて重要なことに，JCSはザグロス山脈線防衛戦略を採用するに当たり，「現地諸国の地上戦力を活用し

---

[37] 筆者が調査を行った時点では，CINCNELMの回答文書自体は機密解除されておらず，JCSの公式史の叙述に依拠せざるを得ない。Robert J. Watson, *History of the Joint Chiefs of Staff*, vol. 5: *The Joint Chiefs of Staff and National Policy, 1953-1954* (Washington, D.C.: U.S.G.P.O., 1986), 339.

てザグロス山脈線の地上防衛を遂行できるような地域的な防衛組織の発展を奨励」すべきであるとの決定を併せて行った[38]。いまや米軍部は，独自の軍事的な検討作業を経て，中東の地域的防衛組織の必要性を改めて強く認識していた。換言するならば，米軍部は，英国政府と同様の経路を辿って，すなわち軍事的必要という経路から，西側統合政策の必要性を再確認することとなったのである。

　以上のような独自の検討結果を踏まえ，1954年6月21日，JCSは英COSに中東軍事戦略に関する協議の開催を申し入れた。1952年10月のCOSの中東軍事戦略協議の申し入れから，すでに1年半あまりが経過していたことになる。JCSは，協議を2段階に分け，第1段階の米・英・土の3か国間協議でザグロス山脈線防衛戦略のコンセプトおよびそれに必要とされる戦力を検討し，しかる後に第2段階の米英二国間協議で「前進版『内環』防衛」について検討することを提案した。つまり，第1段階では外環防衛戦略を，第2段階では英国の現行戦略を検討するというのが，JCSの提案であった[39]。ここで，「北層軍事戦略」ではなく「前進版『内環』防衛」という表現を使用したのには理由がある。管見の限り，1954年春の北層軍事戦略の採用以降も，英国政府はみずからの中東軍事戦略の修正について，米国側に通知していなかった。それゆえJCSは，この時点における英国の現行の中東軍事戦略は，北層軍事戦略採用以前のまま，すなわち内環に重心を残すレヴァント＝イラク戦略であると理解していたのである。

　米国との中東軍事戦略協議を希求していたはずの英国政府がみずからの最新の中東戦略を米国側に通知していなかったのは，北層軍事戦略に付随する英国版の西側統合政策と米国の西側統合政策の間に存在する齟齬が原因であったと考えられる。米国は，当面は米英が表に出ぬ形で，しかも緩やかな政治的連携という形で中東諸国の組織化を進める方針を取っており，イラクやイラン（後述）にトルコ・パキスタン協定参加を慫慂する際にも，その原則に従って行動していた。それに対して，英国政府は，北層軍事戦略の採用前後を通じて，中東の地域的組織にみずから参加する必要があるとする立場を堅持していた。北層軍事戦略の採用により，英国が自国軍を駐留させる，あるいは軍事物資を事前配備するための協

---

[38] Watson, *HJCS, 1953-1954*, 339-340.
[39] C.O.S.(54)212, Copy of Memorandum Dated 21st June from the Secretary, United States Joint Chiefs of Staff, to the Secretary, Chiefs of Staff Committee, June 25, 1954, in FO371/110822/V1193/29 ; Memorandum from Jernegan to Murphy, "The US-UK Military Conversations Regarding Middle East Defense," August 4, 1954, DSCF 780.5/8-454.

定を，北層諸国を含む中東諸国との間に締結する必要性はむしろ高まっていた。つまり英国の西側統合政策は，英国みずからが中東の地域的防衛組織に直接参加あるいは関与することを重要な要素として含んでいた。この点が米英の西側統合政策の最大の相違であり，英国の政策決定者や軍人たちは，そのことを認識していたがゆえに，米国側に北層軍事戦略を通知することを躊躇していたものと考えられる。

　このことを最も鋭敏に感じ取っていたのはイーデンであった。イーデンは，北層軍事戦略が採用される直前の 1954 年 4 月，中東の軍事問題をダレスと協議することを省内で提案した。イーデンは，英国が中東諸国との正規の軍事協定を追求するに至った事情を説明し，当面は西側諸国が背後にとどまり続けるべきであるとする米国側に戦術転換を求めようとしたのであろう。しかし，英外務省の下僚たちがイーデンを制止した。この時点ではエジプトとの交渉の最終的な帰趨はなお定まっていなかったゆえに，アラブ諸国の地域的防衛組織に対するスタンスに大きな影響を与えるに違いないエジプトとの交渉を優先すべきである，というのが理由のひとつであった。もうひとつの理由は，仮に英国側が方針変更を求めたとしても，米国政府が中東の地域的組織への英米など西側諸国の参加に賛成するとは考えられなかったことであった。不用意に英国側の方針を打診すれば，逆に米国側を刺激することとなり，その結果，米国政府は，英国が望まぬような形，すなわち英国との二国間条約と両立せぬような形でイラクをトルコ・パキスタン協定に参加させようとするのではないか，との懸念を英外務省は抱いていたのである[40]。

　先述のように，アイゼンハワー政権成立以降の米国の中東政策は，英国側の意向を十分に顧慮せぬばかりか，英国に責任のみを押し付けて，その前提となるべき英国の中東における地位や影響力を掘り崩すという矛盾をはらんでいるとの不信感や不安感が，英国政府内には伏在していた[41]。トルコ・パキスタン協定や対イラク軍事援助などを巡る個別的問題では，米英間の軋轢は比較的短期間の内に解消に向かったものの，英国の政策担当者たちの米国の中東政策に対する不信感や不安感が霧消したわけではなかった。1954 年半ばに至っても，ロンドンの外務省本省や中東に駐留する英国の外交官の中には，米国が中東に「帝国」を構築

---

[40] Memorandum by Roger Allen, "Middle East Defence," April 20, 1954, in FO371/110826/V1195/24.
[41] Minutes by P.S. Falla and I. Kirkpatrick, January 9, 1954, FO371/110819/V1193/6.

しようとしているのではないかと訝る声すら存在したのである[42]。イーデンのイニシアティヴを阻むことになったのは，つまるところ英国政府内に伏流する米国に対する不信感や不安感であった。

　しかしながら，英国側の対米不信感のみを過度に重視するだけでは，中東を巡る米英関係の本質を見誤ることになりかねない。かかる不信感は，むしろ米英間の意思疎通の必要性を強調する意見につながっていくことの方が多かったからである。6月に英外務省内で作成されたメモは，4月にイーデンのダレスへの打診を制止したのとまさに同じ理由から，米英の緊密な意思疎通の必要性を強調した。同メモは次のように論じた。ダレスは，米国が英仏の「植民地主義的」立場を支持していると見られることで，アラブ諸国民の反発を買い，アラブ諸国がソ連に接近することを恐れている。しかし，「連合王国と合衆国の中東における全般的目標は同一である。それは同地域の自衛力を高めるべく，同地域の繁栄と安定と自衛能力を強化し，もって同地域をしてソ連の拡張に対する有効な防壁たらしめることにある」。問題は，「米国政府が，この目標に向けて連合王国および英連邦が実際に行い，あるいは行いうる貢献を，ややもすれば軽視する」点にある。「トルコ・パキスタン協定は最終的には中東防衛に有益な貢献をなしうると，我々は考えている。その成否は，同条約と西側諸国の協調，そして同条約へのイラクさらにイランの参加に大きく懸かっているが，現時点では前者に関する条項すら存在していない」。しかし，かように様々な問題があるからこそ，早期に米国との相互理解を構築する必要がある，と6月の外務省メモは論じた。具体的には，北層軍事戦略の実現のために，イラクおよびヨルダンとの現行の二国間条約で英軍の駐留が認められている諸施設のみならず，新たな軍事施設が必要になる可能性すらあることを，早期に米国側に理解させる必要がある，というのが同メモの主張であった[43]。

　英国の政策決定者たちは，しばしば米国への不信感や不快感を抱きつつも，中東における米英の基本的なインタレストや目標の共通性を疑うことは，ほとんどなかった。しかし，中東諸国との条約関係を有し，実際に自国軍を中東に駐留させている英国は，とりわけみずからの軍事的地位が損なわれる可能性にはきわめ

---

[42] J. Trautbeck to C.A.E. Shuckburgh, June 2, 1954, in FO371/110822/V1193/74 ; Minutes by P.S. Falla, June 18, 1954, in FO371/110822/V1193/74.

[43] Memorandum, "Washington Talks : Middle East Defence," undated (drafted some time between 22 and 25 June, 1954), in FO371/110828/V1196/3.

て敏感にならざるを得なかった。英国側の対米不信には，単なる感情論では済ませられない側面が確実に存在したのである。NSC 5428 の策定過程で見たように，米国側は中東諸国の「内発的」な組織化という原則と英国の中東におけるプレゼンスの間の緊張関係を認識しつつも，それをケース・バイ・ケースで処理できる技術的な問題と捉える傾向が強かったが，英国政府から見れば，この問題は北層軍事戦略の成否にかかわる，そして中東と西側陣営の将来の関係を大きく左右する，まさに原則の問題であった。それゆえ，英国政府は，中東の軍事戦略については，米国政府とのとりわけ緊密な意思疎通と共通理解が必要であると考えていたのである。

そのような英国政府にとって，遅ればせながら JCS が中東軍事戦略に関する協議を申し入れてきたことは，朗報であった。しかしながら英国政府は，まず何よりも米国との二国間で合意を形成することを最重視した。それゆえ英 COS は，トルコも含めた 3 か国協議を先行させるとの米国側の提案に対して，7 月中旬に JCS に送付した回答において，トルコを含む同盟諸国にも知られぬよう極秘裏に，まず米英二国間の協議を先行して実施することを逆提案した[44]。しかし，JCS は 3 か国の枠組みをきわめて重視していた[45]。じつのところ，JCS は早くも 1953 年段階で，中東軍事戦略を検討する際にはトルコも交えた 3 か国協議が必要であるとの判断を半ば固めていた形跡がある[46]。トルコの軍事力への期待，イズミールおよびアンカラでの米・英・土協議の実績，そしてトルコ・パキスタン協定の実現に至る米土協力などが，米軍部の考慮の背後にはあったと考えられる。興味深いことに，JCS から非公式に意見を求められた国務省は，米英二国間協議を先行させる方が望ましいとの見解を伝えたが，JCS が 3 か国協議を強く主張したために，それに反対はしないという立場を取ったようである[47]。何れにせよ，9 月初

---

[44] COS(54)76th Meeting Held on Wednesday, June 30, 1954, in FO371/110822/V1193/79 ; Minutes by P.S. Falla, July 6, 1954, in FO371/110822/V1193/80 ; Minutes by J.F. Brewis, July 15, 1954, in FO371/110822/V1193/82. COS から JCS への正式な書簡は，7 月 17 日に送達された。Ministry of Defence to British Joint Service Mission, Washington, BJ 217, July 16, 1954, in FO371/110822/V1193/82.

[45] British Joint Service Mission, Washington to Ministry of Defence, JW 92, June 28, 1954, in FO371/110822/V1193/79.

[46] Memorandum from Edwin H.J. Carns (for the JCS) to the CINCNELM, SM-1765-53, November 2, 1953, in CCS 381, ENNEA(11-19-47)Sec. 16, RG218, NARA ; JCS 1887/72, Memorandum by CNO, "Defense of the Middle East," October 29, 1953, in CCS 381, ENNEA(11-19-47), Sec. 17, RG218, NARA.

めの JCS から COS への回答は，トルコも含めた 3 か国協議を先行させるという，原提案の立場を繰り返すものであった[48]。英国政府は，協議の枠組みを巡る問題を紛糾させることでせっかく訪れた米国との軍事戦略摺り合わせの機会を損なうことを危惧したものの，なお米英二国間で強固な合意を作ることを最優先すべきであるとの考え方を捨てることは出来なかった。そこで英国政府は，米国への譲歩案として，3 か国協議に先行して英 COS と CINCNELM の間で非公式協議を行うことを提案した。しかし，この譲歩案に対しても，ラドフォード JCS 議長の反応はきわめて冷淡であった[49]。ここに至って英国政府は，トルコも含めた 3 か国協議を先行させるとする米国側の主張を受け入れることを決定した。米英協調の維持が最優先であり，そのためには，これ以上入り口で揉めることは得策ではないとの政治的判断であった[50]。10 月 8 日に 3 か国協議を受け入れるとの英国からの覚書がラドフォードに手交され[51]，11 月 19 日に JCS がそれを正式に受け入れたことで，米・英・土 3 か国による中東軍事戦略協議を実施することがようやく決定した[52]。

　以上のように，JCS の COS への協議の申し入れから協議実施の決定に至るまで 5 か月あまりを要した最大の原因は，米英二国間協議の実施にこだわった英国

---

[47] Memorandum from Jernegan to Murphy, "Military Conversations on the Defense of the Middle East," August 6, 1954, DSCF 780.5/8-654.
[48] COS(54)289, September 1, 1954, in FO371/110823/V1193/73.
[49] Extract from COS(54)94th Meeting Held on September 6, 1954, in FO371/110823/V1193/93 ; Ministry of Defence to British Joint Service Mission, Washington, DEF 1800, September 8, 1954, in FO371/110823/V1193/93 ; British Joint Service Mission in Washington to Ministry of Defence, JW 133, in FO371/110823/V1193/93.
[50] Minutes by P.S. Falla, September 22, 1954, in FO371/110823/V1193/94 ; Roger Makins to C.A.E. Shuckburgh, September 28, 1954, in FO371/110823/V1193/99 ; Minutes by P.S. Falla, September 30, 1954, in FO371/110823/V1193/101. 皮肉なことに，9 月中旬には JCS 内で，英国の主張に譲歩して，COS と CINCNELM の非公式協議に応じるべきであるとの主張が見られたが，まもなく撤回されたようである。JCS の文書にはカーニー海軍作戦部長が 9 月 10 日に英 COS と接触したとの記述があり，その接触がこの非公式協議容認論の取り下げに関連しているようだが，カーニーの報告書等は米英何れの文書中にも発見できなかった。JCS 1887/90, "Coordination of Middle East Planning," September 9, 1954, in CCS381, EMMEA(11-19-47), Sec. 18, RG218.
[51] Ministry of Defence to British Joint Service Mission, Washington, COS(W)413, October 7, 1954, in FO371/110823/V1193/103 ; British Joint Service Mission, Washington to Ministry of Defence, JW 151, October 8, 1954, in FO371/110823/V1193/103.
[52] British Joint Service Mission, Washington to Ministry of Defence, JW 181, November 19, 1954, in FO371/110824/V1193/113.

政府の姿勢にあった[53]。皮肉にも，きわめて緊密な米英の相互理解を追求せんとする英国側の姿勢が，米英の合意を遅延させる原因となったのである。関係者間の日程調整や協議の準備等のため，実際にロンドンで3か国協議が開催されるまでにはなお3か月を要することになるが，この間にも英国政府は米国側が3か国協議の後に予定されていた二国間協議を回避しようとしているのではないかとの疑心暗鬼に駆られることになる[54]。英国の政策決定者たちの米国に対する不信感は，より緊密な米英協調を追求せんとする姿勢と表裏一体だった。英国政府は，文民と軍人が一体となって，臆病ともいえるほどに細心の注意を払って，北層軍事戦略を軸とする英国の中東政策への米国側の同意を獲得しようとしていたのである。

3）米国の核戦略と中東

先述のように，1952年以降，米軍部は徐々に中東への関心を高め，1955年以降は米国の中東への関与の拡大を主張していくこととなる。かかる米軍部の中東への関心の高まりの背景には，米国の中東における軍事的役割が実質的に拡大していった事情があると考えられる。1950年代中葉に米国が中東で軍事的役割を果たす，つまり中東において米軍が行動する可能性には2つの経路があった。ひとつは，全面戦争に拡大する可能性のない局地的戦争，平易に言い換えるなら，「軍事介入」に訴える可能性である。この経路については，第13章第3節で検討する。本項で検討するのは，もうひとつの経路，すなわちソ連との全面戦争時に米軍が中東戦域で活動する可能性である。「統合戦略戦力プラン（Joint Strategic Capabilities Plan：以下 JSCP）」と呼ばれる，JCS がソ連との全面戦争時に発動する

---

[53] 史料から明確な因果関係を見出すことは出来ないが，米英が中東軍事戦略協議の開催に合意するまでに長時間を要した間接的な原因は，中東外部の外交問題にもあったと推測される。1954年は，5月上旬に開会したインドシナを巡るジュネーヴ会議から，欧州防衛共同体構想の挫折を経て，西ドイツの完全独立と NATO 加盟などを定めたパリ諸協定が10月下旬に調印されるまで，重大かつ緊急性の高い外交課題が目白押しであった。これらに比べると，中東の軍事戦略問題は，より中長期的な課題であり，緊急性も低かった。Kaplan, *NATO and the United States*, 60-64.

[54] Minutes by P.S. Falla, December 20, 1954, in FO371/110824/V1193/123; H. Lovegraove to P.S. Falla, January 4, 1955, in FO371/110824/V1193/123. JCS が提示した協議スケジュールに米英二国間協議についての言及が皆無だったことに英国政府は強い不安を抱いた。実際には JCS は，米英間のやりとりに関する情報が何らかの形でトルコ側に伝わる可能性への配慮から米英二国間協議に言及しなかっただけであり，英国側の懸念は杞憂に過ぎなかったことになる。

ために作成していた米軍の正規の全面戦争プランにおいては，1949年の「オフタックル」以降一貫して，中東に米軍を派遣することは計画されていなかった。それにもかかわらず，実際には，1950年代半ばまでに，米国は核兵器を使用する軍事行動を担うという形で全面戦争時に中東戦域において一定の役割を担うことが想定されるようになったと考えられるのである。そして米国がかかる役割を担っていく過程は，米軍部の中東への関心の高まりと概ねパラレルな関係にあったと理解することが出来る。1950年代以降のJSCPが機密解除されていないことに端的に表れているように，核兵器関係の米軍の文書は機密解除が進んでおらず，断片的な情報や状況証拠に基づく多くの推測を交えざるを得ないが，本項では，1950年代中葉までの時期を対象に，全面戦争時の中東における米国の軍事的役割が実質的に拡大していく過程を素描する。

　まず前提として，中東における米国の軍事態勢を確認しておこう。トルーマン政権末期の時点で，中東に常駐していた米軍の戦闘部隊は，中東軍（Middle East Force：以下MEF）と名付けられた，バハレーンに配備された駆逐艦を中心とする小規模な艦隊のみであった[55]。米国はサウジアラビアとの間でダーラン空軍基地使用協定（1945-62年）を締結していたが，米空軍が常駐していたわけではない。これに加えて，米国の軍事援助の受給国（1954年時点では，トルコ，イラン，サウジアラビア，パキスタン，イラク）は，様々な名称の下に米国の軍事使節団を受け入れていたが，これらは戦闘部隊ではなかった[56]。中東に隣接する地中海地域には米第6艦隊があった。同艦隊とMEFは，ともにCINCNELMに帰属したが[57]，

---

[55] Palmer, *Guardians of the Gulf*, 46-49. かかる状況が劇的に変化するのは，イラン・イスラーム革命後のことである。カーター（James Earl Carter）政権末期に，おもに中東を対象とする緊急展開部隊（Rapid Deployment Force）が設立され，それを発展的に解消する形で米中央軍（U.S. Central Command：CENTCOM）が設立された。もっとも，その本部がフロリダに置かれたことからも窺われるように，これらが直ちに中東における米軍のプレゼンス拡大につながったわけではなかった。イラン・イラク戦争のさなかの所謂「タンカー戦争」の過程でペルシャ湾における米海軍のプレゼンスが拡大し，1990-91年の湾岸危機を経てクウェイトからペルシャ湾南岸一帯における米軍地上部隊の駐留が常態化したことを通じて，米国は初めて中東に大規模な軍事力を常駐させることになる。拙稿「米・中東関係──パクス・アメリカーナの蜃気楼」，五十嵐武士編著『アメリカ外交と21世紀の世界──冷戦史の背景と地域的多様性をふまえて』（昭和堂，2006年），142-145頁。

[56] イランの場合，米国の相互防衛援助法（Mutual Security Act）の規定に基づく軍事援助顧問団（Military Assistance Advisory Group：MAAG）のほか，ARMISH，GENMISHと呼ばれる軍事訓練使節を受け入れていた。サウジアラビアの場合は，米軍訓練使節団（United States Military Training Mission）という特有の名称を与えられた軍事訓練使節が駐留していた。

[57] 1950年代後半には，CINCNELMが中東地域米軍司令官（Commander in Chief, Specified Com-

第6艦隊はNATO南翼防衛を主たる任務としており，基本的には全面戦争時に中東で活用することは想定されていなかった。したがって，1950年代を通じて，中東地域で米国が恒常的に使用できる軍事力はペルシャ湾の小規模艦隊のみであり，仮に中東で軍事行動を行う場合には，NATO地域に駐留する米軍など，中東域外から戦力を導入する必要があったのである。

周知のように，1950年代以降，米ソの核戦力は量的に急速に拡大した。超小型から超大型まで様々な種類の核兵器が開発・配備され，弾道ミサイルに代表される多様な運搬手段が開発された結果，大規模な通常戦力が前線をはさんで睨み合うという第二次世界大戦までの全面戦争のイメージは大きく変化した。かかる展開が核時代の黎明期から正確に予想されていたと想定することは，歴史的事実に反する[58]。しかしながら，1950年代前半以降，全面戦争時に大量かつ多様な核兵器の使用が想定されるようになるにつれて，第二次世界大戦型の全面戦争のイメージが急速に色褪せていったことは間違いない。すなわち，軍事プランに核兵器使用の想定が具体的に組み込まれるようになる以前から，大量の核兵器によって将来の戦争が一変するとの想定が出現し，そのことが各国の軍事的な資源配分や軍事力の内容にも影響を与えるようになっていたのである。

このような観点から注目されるのは，英国政府の1952年版「防衛政策と世界戦略」ペーパーを巡って米英両軍部間で行われたやりとりである[59]。第2章で見

---

mand, Middle East：CINCSPECOMME）という地位を兼任した。本文で後述する中東戦域プランの中にはCINCSPECOMMEの立場で作成されたものが多いが，実質的にはCINCNELMが作成したものであるため，煩雑を避けるために記述をCINCNELMで統一した。

[58] 特に冷戦終結後の米国における研究では，米国の指導者や政策決定者たちが健全な戦略概念に依拠することによって，核時代の展開を正確に予想し，熱戦を勃発させることなく冷戦を終焉に導いた，と論じる傾向が強い。そのような議論への反論は，拙稿を参照。Toru Onozawa, "The Search for an American Way of Nuclear Peace：The Eisenhower Administration Confronts Mutual Atomic Plenty," *The Japanese Journal of American Studies*, no. 20 (2009), 27-46.

[59] 英国の1952年版世界戦略を巡る米英関係の基本的構図については，ジョンストンの論考の解釈を参考にしている。Andrew M. Johnston, "Mr. Slessor Goes to Washington：The Influence of the British Global Strategy Paper on the Eisenhower's New Look," *Diplomatic History*, vol. 22, no. 3 (Summer 1998), 361-398. 同論考も指摘するように，米国の核戦力の拡大によって通常戦力の縮小が可能になるとの論理について，米国はある種のダブルスタンダードを持ち込んでいた。それは，欧州における大規模な米軍の駐留は一時的な措置であり，将来的にはそれを大幅に縮小すべきであるとの考え方が，アイゼンハワーをはじめとする米国の指導的人物の間に存在したためである。周知のように，アイゼンハワー政権は，核兵器の依存強化によって米国自身の通常戦力を縮小する方針を明確に打ち出す一方で，欧州駐留米軍の縮小を可能にするためにも，欧州のNATO同盟諸国に対しては通常戦力拡充を求め続けた。それゆえ，大規模な通常戦力の拡大を打ち出した1952年2月のリスボン北大西洋理事会で合意された

たように，英保守党政権は，大規模な通常戦力を維持するための財政負担を縮小することを主たる目的に，核兵器への依存を強化する軍事戦略を採用した。英国政府は，かかる方針転換への米国側の理解を求めるべく，1952年7月末に英空軍参謀長ジョン・シュレッサー（John Slessor）を米国に派遣した。英国の新戦略に対する米国政府の反応は，一面においてはきわめて冷淡であった。特に核兵器の戦術的使用の拡大によって通常戦力を抑制し得るとする英国側の考え方に，米国政府は明確に否定的な反応を示した。米国政府は，英国のような方針が西欧諸国に広がることを未然に防ぐべく，9月の北大西洋理事会向けに，核兵器の導入によって通常戦力の必要量が減少するという想定は「希望的観測」に過ぎないとする公式見解をまとめた。

　しかし，米軍部は将来的に核兵器の役割，とりわけ戦術的使用が拡大するという見通し自体を否定したわけではなかった。シュレッサーと会談したブラッドリーJCS議長は，英国が想定しているような戦術的使用を可能にするだけの量の核兵器が調達されるのは1955年以降となることを指摘したが，核の戦術的使用の拡大そのものを否定したわけではなかった[60]。これを受けてシュレッサーは，核兵器の戦術的使用を前提としてNATOで必要とされる通常戦力のレヴェルを当時NATOの欧州連合国最高司令官（SACEUR）であったリッジウェイに検討させることを提案し，JCSもこれを受け入れた。JCSは，リッジウェイに，「戦術空軍・空母艦載機部隊，核砲弾，ロケット・誘導ミサイル部隊，および特定目標の攻撃を目的とする戦略空軍部隊」の使用を前提として，1956年のNATO通常戦力整備目標の検討を行うよう指示した。リッジウェイ自身が核兵器の導入によって通常戦力の重要性や必要量が低下するという考え方に否定的な人物であったこともあり，リッジウェイの検討作業が米国やNATOの軍事戦略の変更に直結することはなかった[61]。しかし，以上の一連の動きからは，米英両国の軍上層部がすでに1952年の段階で，1950年代中葉には大量の核兵器が軍事プランに組

通常戦力整備目標（1954年時点で，現有戦力約46陸軍師団，動員開始後30日に約98師団）は，1953年12月時点で微増（1956年時点で，同47師団，約104師団）し，1954年末に核の大量報復ドクトリンであるMC-48が採用された後も微減（1957年時点で，同約44師団，99師団）するにとどまった。Watson, *HJCS, 1953–1954*, chaps. 13–14（特にpp. 282, 287, 300, and 318）。

[60] Letter from Carns for JCS to Matthew Ridgway, CJCS/72960, August 1, 1952, in CCS092, Great Britain(4-19-50), Sec. 2, RG218, NARA.

[61] Poole, *HJCS, 1950–1952*, 309–310.

み込まれるであろうこと，それによって戦争のありようが大きく変化するであろうことを想定し始めていたことを読み取ることが出来る。

シュレッサーが米国を訪問した時点で，核兵器の戦術的使用は机上の空論ではなく，その実現に向けた準備はすでに始まっていた。1952年1月に，トルーマン政権は，核兵器生産施設の大幅拡充を決定していた。その際に国防省とJCSは，施設拡充を推進する論拠として大量の核兵器を戦術的に使用する可能性を提示し，国務省もそれを支持する姿勢を示した[62]。すなわち，実際に軍事プランや軍事ドクトリンが変化するのにはるかに先行する形で，米国政府は核の戦術的使用を想定に入れた上で核兵器生産施設の拡充に着手していたのである。したがって，将来的に核の大量使用に伴って戦争の形態が大きく変化するであろうことは，1952年以降，米国の政策決定者や軍人たちが，たとえ漠然とした形であろうとも，確実に想定し得たことであった。実際に，米国の核兵器保有数は，1950年代を通じて飛躍的に増大した。1952年には約1千発であった米国の核兵器は，1955年には3千発，そして1960年には2万発に達することになる[63]。中東地域を対象とする軍事プランニングもまた，以上のような軍事的環境や軍事的思考の変化の影響を当然受けながら展開したのである。

前述のように，核兵器にかかわる米国側史料の公開はきわめて限定されていることもあり，どの時点から米軍のプランニングにおいて中東地域で米軍が核兵器を使用することが想定されるようになったのかを正確に確認することは出来ない。入手できる断片的な史料からは，1956年12月に作成が指示された全面戦争時の正規の中東戦域プラン（ME-EDP 1-57）に「核兵器アネックス」というセクションが含まれていたことを確認できるので，遅くとも1956年中には，全面戦争時に中東地域で核兵器を使用することが想定されるようになったことを確認できる[64]。ME-EDP 1-57は，正規の全面戦争プランであるJSCPに準拠する正規の戦

---

[62] Richard G. Hewlett and Oscar E. Anderson Jr., *Atomic Shield : A History of the United States Atomic Energy Commission*, vol. 2, *1947/1952*（Berkeley : University of California Press, 1990）, 576-578.

[63] Robert S. Norris and Hans M. Kristensen, "Global Nuclear Stockpiles, 1945-2006," *Bulletin of the Atomic Scientists*, vol. 62, no. 4（July/August, 2006）, 64-66.

[64] J.C.S. 2268/12, Briefing Sheet for the Chairman, JCS, on a Report by the JSPC Being Processed in Accordance with J.C.S. Policy Memorandum No. 97, "Annex 'F' (Atomic) to Middle East Emergency Defense Plan 1-57(U)（Redesignated ME-EDP 1-58），" undated, in CCS381(3-14-49), Sec. 7, RG218, NARA.「核兵器アネックス」を含むME-EDP 1-57自体は，管見の限り未公開である。「核兵器アネックス」では，使用する核兵器の種類，標的，爆発高度などを特定することが求められていたが，ME-EDP 1-57の「核兵器アネックス」はそれらについての

域プランであった。しかるに，1957年時点でも JSCP は全面戦争時に中東戦域に米軍を派遣することを想定していなかった。この点では，「オフタックル」以来の方針が継続されていたのである[65]。正規の全面戦争プランにおいては，域外から中東における軍事作戦のために投入される米軍の核戦力運用部隊は，米本土や英国に配備されていた米戦略空軍（SAC）とされていた。「核兵器アネックス」を含む ME-EDP 1-57 は機密解除されていないので，その内容は推測するしかないが，SAC の攻撃対象には，コーカサスなど中東に隣接するソ連領内の戦略拠点のみならず，中東域内の戦略的要衝なども含まれていた可能性が高いと考えられる[66]。

　しかし，米軍の中東戦域における核兵器の使用計画は，それだけではなかった。じつは全面戦争時の中東戦域の軍事プランとしては，正規プランの JSCP に連なるものだけではなく，中東戦域を担当する CINCNELM が独自に作成していた非正規のプランも存在していたのである。つまり CINCNELM は，正規の全面戦争プラン，CINCNELM 独自作成の非正規全面戦争プラン，そして第13章で検討する局地戦争プランという，少なくとも3種類の戦争プランを作成していたことになる。非正規の全面戦争プランが作成されるようになった経緯は詳らかではないが，米軍中央における正規全面戦争プランの策定の遅れがその主たる原因であったに違いない。JSCP は，本来は毎年定期的に更新されることとされていたが，1950年代半ばには，陸・海・空軍の対立などから，更新の遅れが常態化していた[67]。現場の司令官レヴェルでは，中央での正規プランの決定を待たずに各戦域

情報が不備であったため，JCS は「プランニング目的のため」暫定的に承認している。

[65] Memorandum for the Commander in Chief, U.S. Naval Forces, Eastern Atlantic and Mediterranean, "CINCSPECOMME Operation Plan No. 219-57(U)," SM-874-57, December 11, 1957, in CCS381 (3-14-49), Sec. 6, RG218, NARA.

[66] 筆者の知る限り，1949-50年版 JSCP である「オフタックル」以降の JSCP は公開されていない。このことは，1950年代以降の JSCP が，冷戦後の今日でも公開できぬような何らかの内容を含んでいることを強く示唆している。ここからは，あくまでも筆者の推測である。軍事プランの公開・非公開のひとつの判断基準は，同盟国や友好国への核攻撃の有無にあると想像される。「オフタックル」など，公開されている軍事プランは，何れも核攻撃の標的が東側陣営内に限られている点で共通する。また，局地戦争プランである OPLAN 215-58（後出）なども，核兵器の使用に全く言及がないために，全文が公開対象とされたのであろう。逆に言えば，1950年以降の JSCP は，何らかの形で同盟国や友好国への核攻撃を想定しているゆえに，なお非公開状態にあると推測される。もしかかる推測が正しいとすれば，同盟国や友好国に核攻撃の標的が設定された時期は，1951年頃までさかのぼる可能性がある。そして，未公開の ME-EDP 1-57 においても，ソ連領内のみならず，中東の何れかの地点への核攻撃が計画されていた可能性は高い。

ごとに非正規の軍事プランの策定を進めざるを得なかったのであろう。

1957年には，上記の正規中東戦域プラン（ME-EDP 1-57）と併存する形で，CINCNELMが独自に作成した非正規の全面戦争時の中東戦域プラン（OPLAN 219-57）が存在していたことを確認できる[68]。そして，瞠目すべきことに，この非正規プランOPLAN 219-57においては，全面戦争開戦前に「きわめて限定的な地上発射型の核戦力」を中東に配備しておくこと，そして開戦後に米軍が中東戦域で核兵器を戦術的に使用することが想定されていたのである[69]。かかるプランは，全面戦争時に中東に米軍を派遣することを想定していなかった正規プランJSCPの方針から明らかに逸脱している。それにもかかわらず，驚くべきことに，JCSはCINCNELMによる独自のプランニング遂行を高く評価した。さらに驚くべきことに，JCSは，あくまでも「プランニング目的のため」の想定という条件付きながら，「米軍の小規模な核使用能力保有戦力による戦術的な核攻撃支援」を非正規プランに盛り込むことを認め，さらに，かかる戦術的な核攻撃のために中東以外の地域に割り当てられた戦力を「交代で活用する形で（on a rotational basis）」中東に投入することを非正規プランに盛り込むことを容認したのである[70]。JCSは，中央でのプランニングの遅れを補うものとして現場司令官によるプランニングを高く評価し，現場の柔軟性を最大限に尊重していたと考えられる。しかも，そのように作成される非正規プランにおいては，正規プランのJSCPから逸脱する形で，中東地域に戦術核攻撃を行うための米軍を投入することが，「プランニング目的のため」という条件付きとはいえ，承認されていたのである。正規プランと非正規プランの何れが重要であったかは明らかではないが，陸・海・空軍の政治的妥協の産物となりつつあったJSCPに準拠する正規プランよりも，CINCNELMが現場の分析に基づいて作成する非正規プランの方が現実的なプランとして重きをなした可能性は大いにある。

---

[67] Watson, *HJCS, 1953–1954*, chap. 4.
[68] Memorandum by the Chief of Staff, U.S. Air Force for the JCS on CINCSPECOMME Operation Plan 219-57(Draft)(U), CSAFM 242-57, October 10, 1957, in CCS381(3-14-49), Sec. 4, RG218, NARA.
[69] Memorandum from CINCNELM as CINCSPECOMME, "CINCSPECOMME OPLAN 219-57 (Draft)," FF5-3/J6/A16-12, September 27, 1957, in CCS381(3-14-49), Sec. 3, RG218, NARA.
[70] Memorandum for the Commander in Chief, U.S. Naval Forces, Eastern Atlantic and Mediterranean, "CINCSPECOMME Operation Plan No. 219-57(U)," SM-874-57, December 11, 1957, in CCS381 (3-14-49), Sec. 6, RG218, NARA.

米軍による核攻撃は，どの段階で中東戦域プランに組み込まれたのであろうか。その起点を特定するのは困難である。先述のように，英国の中東軍事戦略がレヴァント＝イラク戦略から北層軍事戦略に移行した際，1954年5月にCOSが発した訓令では「連合軍の戦略爆撃」がソ連の進軍を遅延させるとの見通しが言及されていた。ここで言及されているのは，ほぼ間違いなくSACによる戦略爆撃である。また，1955年2月に開催されることになる米・英・土3か国軍事協議に先立つ1954年末，米国代表として同協議に参加するCINCNELMは，全面戦争時におけるSACの作戦計画と予想される軍事的効果について，3か国協議でSACの代表に直接ブリーフさせることをJCSに具申した。しかしながらJCSは，米国の原子力法の規定上，かかる情報提供は不可能であるとの判断からCINCNELMの提案を却下したため，ブリーフィングは実現しなかったものと思われる[71]。これらの断片的な情報から判断するなら，遅くとも1954年には全面戦争時にSACが中東戦域に直接関係する形で戦略爆撃を実行することが計画されていたことは間違いない。

　一方，OPLAN 219-57で想定されたような，他地域の戦力を「交代で活用する形」での核兵器の戦術的使用が中東の戦域プランに盛り込まれたのは，明らかにそれよりも後のことである。域外の戦術核を中東戦域で使用することを計画する場合，地理的な近接性，そしてCINCNELMの管轄範囲から考えて，欧州派遣米軍の戦術核が想定されていた可能性が高い。先行研究によれば，米国の「核爆弾」が西欧に導入され始めたのは，最も早い英国に1954年9-11月，次いで西ドイツに1955年3-5月である[72]。この間の1954年12月に，NATO軍事委員会は，核の「大量報復」を対ソ戦争プランの基軸に据える戦略ドクトリンを明示した文書であるMC 48を採用している[73]。したがって，CINCNELMが欧州派遣米軍の戦術核を中東軍事戦略実現のために流用することを想定できるようになるのが，

---

[71] CINCNELM to CNO, #1993, December 28, 1954, in CCS 381, EMMEA(11-19-47), Sec. 19, RG218, NARA ; JCS 1887/94, "Middle East Defense Studies," January 5, 1954, in CCS 381, EMMEA(11-19-47), Sec. 19, RG218, NARA.

[72] Robert S. Norris, William M. Arkin and William Burr, "Where They Were?" and "Appendix B : Deployments by Country, 1951-1977," *Bulletin of the Atomic Scientists*, vol. 55, no. 6 (November/December, 1999), 26-35, 66-67.

[73] M.C. 48 (FINAL), "The Most Effective Pattern of NATO Military Strength for the Next Few Years," November 22, 1954, National Security Archives, *U.S. Nuclear History : Nuclear arms and Politics in the Missile Age, 1955-1968* (microfiche), #945 ; Trachtenberg, *A Constructed Peace*, 156-166 ; Watson, *HJCS, 1953-1954*, 304-306, 311-313, 316-320.

1954 年末よりさかのぼることはあり得ないことになる。

　一方，きわめて断片的な情報ではあるが，1955 年 8 月 11 日，米英二国間で行われていた政治・軍事協議の最終日に，米国側は，なお検討が「ごく予備的な段階」にあると断りつつ，「中東に小規模の核兵器運搬能力を提供する」可能性を検討していることを英国側に伝達している[74]。同様に断片的な情報ながら，1956 年 8 月に時の NEA 担当国務次官補のジョージ・アレン（George V. Allen）が，「明白な共産勢力の侵略（overt communist aggression）」に際しては米国が中東で核兵器を使用するとの方針で国防省と合意していたことを示す文書がある[75]。前記のように，1956 年 8 月時点では全面戦争時に SAC が戦略爆撃を行うことはプランニングにすでに組み込まれていたと考えられるので，この国務・国防省の合意は核兵器の戦術的使用に関するものであった可能性が高い。これら 2 つの断片的記録から判断するならば，米国が中東において核兵器の戦術的使用を想定するようになったのは，1955 年 8 月から 1956 年 8 月の間の何れかの時点ということになる。

　以上の議論を，時系列的に整理するならば，次のような状況が浮かび上がる。1952 年段階で，核兵器製造施設の拡充により，米軍が将来的に大量の戦術核を保有するようになり，それによって戦争の様態が大きく変化することが想定されるようになっていた。同年後半に，JCS は中東軍事戦略の本格的な検討に初めて着手した。1952-53 年には，英国政府が核兵器への依存強化方針を打ち出し，アイゼンハワー政権もまたニュールック戦略を通じて核兵器への依存を強化する方針を採用する。1954 年には英国の中東軍事戦略が北層軍事戦略に移行し，JCS もザグロス山脈線防衛戦略を承認する。この頃までには，米軍は全面戦争時に SAC の戦略爆撃により中東戦域の軍事作戦を支援する方針を正規の軍事プランに盛り込んでいた。さらに，NATO が大量報復戦略を採用し，西欧への米国の戦術核の配備が進むにつれ，1955-56 年には米軍部は中東戦域で欧州駐留米軍が戦術的に核兵器を使用することを想定するようになっていく。JSCP レヴェルの

---

[74] Memorandum of Conversation, "Middle East Defense," August 11, 1955, DSCF 780.5/8-1155, and Talking Paper for Meeting with the British Ambassador on Middle East Defense, undated, attached thereto.

[75] Memorandum for Files by W. Tapley Bennett, May 29, 1957, DSCF 780.5/5-2957. 本文書は，中東における核兵器の使用条件を「明白な共産勢力の侵略」から「明白なソ連の侵略」に改める，すなわちソ連の影響力が拡大していると考えられていたシリアなどによる侵略に対しては核兵器を使用しない方針について，1957 年 5 月末に国務省と国防省が合意したことを記録している。

正規プランでは全面戦争時に中東に米軍を増派しないという「オフタックル」以来の想定が基本的に維持されていたにもかかわらず，遅くとも1956年夏までに，米軍は全面戦争時に他地域に割り当てられた米軍戦力を「交代で活用する形で」中東で戦術的に核兵器を使用する方針に実質的に転じていったと考えられるのである[76]。

　もちろん，米軍部の中東への関心は，全面戦争時の核攻撃の問題に限られたわけではない。しかし，米国の中東への関与が拡大した時期が，核兵器の開発および配備が最も急速に進行した時代と重なったことが，米軍部の中東への関心のあり方に影響を与えたこともまた間違いないと思われる。歴史的に見て興味深いのは，中東においては核兵器が「手段と目的の間のギャップ」を埋める効果を有した側面があったと考えられることである。第2章で確認したように，朝鮮戦争の勃発後にNSC 68が採用されて米国の軍事支出は急増したが，このことは中東における軍事的な「手段」の拡大にはつながらなかった。1950-51年の国務省とJCSの対立の淵源もここにあった。一方，本項で見たように，核兵器の大量配備と核兵器の戦術的使用を拡大する方針は，米国が中東において活用できる軍事的「手段」を拡大する方向に作用した。そして，かかる「手段」の拡大は，米軍部をして「目的」の拡大へと向かわしめるための必要条件として作用した。「手段」の拡大は「目的」の拡大に自動的につながったわけではなく，事実，1950年代中葉以降も米軍部は中東における米国の軍事的責任を拡大することに慎重な姿勢を維持していくことになる。しかし一方で，後に見るように，1950年代半ば以降，JCSは米国の中東への関与の拡大に積極的な姿勢を一貫して取り続けることになる。かかる変化をもたらした，間接的ながらきわめて大きな要因は，核兵器に求めることが出来ると考えられるのである。

---

[76] 1957年末時点で，JSCPレヴェルで全面戦争時に中東戦域に投入されることが計画されていた米軍戦力は，なお基本的にSACに限られた。しかしながら，この頃までにはJCSは全面戦争時に中東で米軍を活用することに原理的に反対することはなくなっていた。JCSは，バグダード条約が発展して米国もそれに正規加盟したあかつきに，全面戦争時に中東に米軍を派遣する態勢を整え，CINCNELMに代えて中東戦域を担当する司令部を設置する可能性を検討していた。JCS 1887/424, "Military Planning for the Middle East," December 20, 1957, DDRS, CK3100424927.

第8章

西側統合政策の展開（2）
——1954年後半——

1 ヌーリー・サイードと英・イラク条約改定問題

1）ヌーリーの再登板とサルサンク会談

　1954年の前半には，ポーツマス条約の挫折以来，事実上の棚上げ状態となっていた英・イラク条約の更新問題が，英国政府内で活発に議論されるようになった。英・エジプト交渉が進展するにつれて，イラク側が条約改定問題を英国側に持ち出すのは時間の問題であると考えられるようになった。エジプトからの英軍の撤退に伴う中東駐留英軍の再編，および北層軍事戦略の実現のためには，イラクとの軍事的協力関係が従来にもまして重要になっていた。これら様々な要因が複合し，英国の政策決定者たちは，1957年に条約期限満了を迎える英・イラク条約の改定に早急に取り組む必要があると考えるようになったのである。彼らは，その前途を楽観していたわけではなかった。委任統治時代の遺産である英・イラク条約は，イラクでは依然としてきわめて不人気であり，現行条約の枠組みを維持したままで条約を更新することは到底不可能であった[1]。

　そのような中，トルコのマルディーンを全面戦争時の補給基地として活用できる見通しが立ったことで北層軍事戦略を実現する可能性が高まったことは，イラクの協力を取り付ける上で好材料であると考えられた。英国の政策決定者たちは，北層軍事戦略によって全面戦争時にイラクを防衛し得る見通しが高まったことを梃子に，イラク政府の協力を取り付け，イラク国民にも受け入れられるような形で，ハッバーニヤとシュアイバの空軍基地を引き続き英空軍が利用できるような枠組みを構築することが出来るのではないかとの期待を抱き始めた[2]。イラクと

---

[1] Minute by P.S. Falla, January 6, 1954, in FO371/111002/VQ1054/2 ; Memorandum from Eden to Churchill, PM/54/4, in FO371/111002/VQ1054/2.

の新たな条約では，両空軍基地をイラクに返還した上で，軍事物資を事前配備するとともに英国の保守要員を常駐させることで両基地を常時使用可能な状態に保ち，さらに英空軍部隊が両基地を「不定期に使用」あるいは「常態的に飛来 (regular visit)」する，という基本的な枠組みの実現を目指す方針が，英国政府内では固まっていった。英国政府の理想は，両基地に合わせて英空軍1個飛行大隊を常駐させることにあったが，イラク側に新条約を受け入れやすくするように，常駐ではなく，「常態的に飛来」という表現が用いられたのである[3]。

　1954年6月2日，英閣議は，かかる枠組みを実現することを目標にイラク政府との交渉を開始することを決定した[4]。英国政府は米国側に通知や相談することなくイラクとの条約改定問題を検討してきたが，閣議では「然るべき時に」イラクとの交渉を米国側に通知することも併せて決定された。逆に言えば，当面は米国側に通知せずに英・イラク間で条約改定交渉を進める方針が決定されたのである。明らかに英国政府は，イラクとの合意が既成事実化するまでは，あくまでも英・イラク間で事を進める腹積もりであった。英外務省内には，米国の対イラク軍事援助によって同国における英国の地位が脅かされているとする考え方が残存しており，そのような事情も反映する形で，米国の機先を制して条約問題を解決すべきであるとの主張が優勢であった[5]。それゆえ英国政府は，米国が進める北層諸国の組織化とは切り離した形で，英・イラク条約の改定を進める方針を選択したのである。

　しかしながら，イラク側は即座に交渉を開始できる状態にはなかった。4月に

---

[2] Memorandum by P.S. Falla, "Middle East Defence," January 18, 1954, in FO371/111002/VQ1054/3 ; Extract from COS(54)22nd Meeting Held on March 3, 1954, in FO371/111002/VQ1054/10.

[3] Memorandum by Falla, "Military Requirements in Iraq," March 16, 1954, in FO371/111002/VQ1054/11 ; Extract from COS(54)30th Meeting Held on March 17, 1954, in FO371/111002/VQ1054/11 ; Memorandum by the Secretary of State for Foreign Affairs (Draft Cabinet Paper), "Future Defence Arrangements with Iraq," undated, in FO371/111002/VQ1054/13.

[4] C(54)181, Memorandum by the Secretary of State for Foreign Affairs, "Future Defence Arrangements with Iraq," May 31, 1954, CAB129/68.31 ; C.C.(54)37th Conclusion, June 2, 1954, CAB128/27/37. なお，英国政府は，核兵器の発達は北層軍事戦略の実現可能性を高め，イラク領土がソ連に蹂躙される可能性を低める方向に働く，との見方に立っていた。それゆえ，ソ連軍がイラン・イラク国境からイラク国内に進出するのを防ぐために，緒戦から英空軍をイラクの空軍基地から運用することが北層軍事戦略の成功に不可欠である，という論理をイラク側に受け入れさせることが可能かつ必要になると，英国政府内では考えられていた。Annex to Memorandum from COS to the Prime Minister, "Strategic Requirements in Iraq," in FO371/111003/VQ1054/21.

[5] Extract from COS(54)40th Meeting, April 7, 1954, in FO371/111002/VQ1054/14.

ジャマーリー政権が退陣し，選挙管理内閣の下で6月に議会選挙が実施されたが，首班指名は難航した。それゆえ，英国側が最初に条約改定交渉を打診したのは，アブドゥル＝イラーフ皇太子であった。おそらくこの時に初めて，北層軍事戦略がイラク側に説明されたものと思われる。アブドゥル＝イラーフは，現行条約の更新という形にこだわらず，イラク国民に受け入れられる形式を柔軟に検討した上で英国との協力関係を構築すべきであるとの立場を示したが，具体的な交渉については慎重であった。彼は，選挙でその支持勢力が議会内の最大勢力となったヌーリー・サイードを首班とし，幅広い勢力を結集した反共連立内閣を組織することを構想していたが，英国との交渉はかかる新政権が国内の支持を確保してから開始すべきであると主張したのである[6]。

以上のようなアブドゥル＝イラーフの主張を受け，英外務省は加療のためにちょうどロンドンに滞在していたヌーリーに接触した。ヌーリーは，首班を受諾する意向であったが，議会選挙の結果には満足しておらず，より強力な政権を樹立するために再選挙を行う心積もりであった。しかし，それ以上に重要であったのは，ヌーリーが，英国側の構想とは全く異なる経路で英国との条約関係を再構築しようとしていたことであった。ヌーリーは，まずイラクとパキスタンの間で，新たな条約の基礎となる二国間協定を調印し，後の段階でその協定に英国を参加させる形で，英・イラク条約に代わる新たな軍事協力の枠組みを構築するという構想を，英国側に披瀝したのである。ヌーリーは，この新たな多国間協定にシリアとレバノンを参加させることを構想していたが，エジプトについては協力を得るのは難しいとの見方を示した[7]。ヌーリーの構想はなお漠然としていたが，イラクを中心とする多国間協定の枠組みを活用して実質的に英・イラク条約を更新するというアイディアが具体的に語られたのは，おそらくこれが初めてであった[8]。

8月4日に7度目の首相就任を果たしたヌーリー・サイードは，国民に不人気

---

[6] FO to British Embassy in Baghdad, #595, June 12, in FO371/111003/VQ1054/21 ; British Embassy in Baghdad to FO, #370, June 15, 1954, in FO371/111003/VQ1054/21 ; British Embassy in Baghdad to FO, #21 Saving, June 21, 1954, in FO371/111003/VQ1054/24.
[7] Memorandum by C. E. Shuckburgh, July 16, 1954, in FO371/110788/V1043/51 ; B.W.J. Hooper to FO, July 20, 1954, in FO371/110788/V1043/51.
[8] ヌーリーは，トルコ・パキスタン協定の締結直前にパキスタンを訪問し，パキスタンの軍事力に感銘を受けるとともに，イラクとパキスタンの間で国連憲章51条に基づく協定を締結する可能性に言及している。Despatch from the U.S. Embassy in Baghdad to DOS, #749, April 27, 1954, DSCF 780.5/4-2754.

な英・イラク条約の改定をみずからの使命と位置づけていた。ヌーリーは，英・イラク条約の廃棄，集団的自衛権を謳う国連憲章第 51 条に基づく他国との協調，「近隣諸国」との関係強化およびアラブ諸国との協力関係の増進，という外交政策方針を，国王宛て公式書簡という形で表明した。英外務省内には，イラク・パキスタン条約の拡大という形で英・イラク条約を更新することへの批判的な意見もあったものの，ヌーリーが条約改定に積極的な姿勢を示したことを英国側は概ね高く評価していた。それゆえ英国政府は，当面，ヌーリーの動向を静観することにしたのである[9]。

　ヌーリーは，英・イラク条約の改定に向けて，まずイラク国内の環境整備を進めていった。彼は，国内の言論への取り締まりを強めるとともに，より強固な政権基盤を構築することを目指して議会を解散した。9 月の再選挙で自派を大量に議会に送り込むことに成功すると，ヌーリーはみずからの政党である立憲連合党を含む全政党を解散させ，強権的な支配体制を確立した。一方でヌーリーは，開発委員会（Development Board）の主導のもとに，石油収入の 70 % を灌漑などの大規模なインフラ投資に振り向けることを決定するなど，国家主導の経済開発を推進する方針を掲げた。1946 年以降継続していたイラクにおける政治的自由の時代は終焉を迎え，強権的な上からの経済開発の時代が始まったのである[10]。

　9 月の議会再選挙に先立って，ヌーリーの条約改定構想を大きく前進させるかに思われるひとつの事件が発生した。8 月中旬，イラク北部のサルサンクで，ヌーリーはエジプトの国民指導相サーリムと会談を持った。この会談で両者は，空文化していたアラブ連盟防衛条約（ALCSP）を国連憲章第 51 条に基づく集団防衛条約に改変し，同条約にトルコとパキスタンのみならず米英など西側陣営諸国を参加させるというスキームに合意し，かかるスキームを米英両国に打診する方針で一致したのである[11]。これは，ヌーリーが英国側にもたらした情報である。サルサンク会談については，正式な合意文書が作成されなかったこともあり，不可解な部分が残る。しかし同地に滞在中にサーリムがヌーリーの情報と矛盾せぬ内容を記者会見で語っていることからも，ヌーリーが語ったようなおおまかな合意が成立したことは間違いなかろう[12]。ヌーリーが，拒否されるのを覚悟の上で

---

[9] Minute by Powell-Jones, July 26, 1954, in FO371/110788/V1043/51; Minutes by Falla and Kirkpatrick, August 10, 1954, in FO371/111003/VQ1054/34.

[10] Tripp, *A History of Iraq*, 136-140; Dawisha, *Iraq*, 134-135.

[11] British Embassy in Baghdad to FO, #477, August 20, 1954, in FO371/110791/V1076/3.

アラブ連盟防衛条約の改変という方式を提案したのに対して，サーリムが予想外の賛意を示した，というのがサルサンク会談のあらましであったようである[13]。

ヌーリーにとって，サルサンク合意は望外の大収穫であった。イラク政府内では，ヌーリーも参加する特別委員会において，英・イラク条約の改定問題が検討されていた。同委員会は，まず英国とエジプトが集団防衛体制を構築し，その枠組みにイラクが参加するという形態が最も望ましいと結論していた[14]。ヌーリー自身も，エジプトが英・イラク条約改定を容認しないであろうと予想しており，それゆえに，イラクとパキスタンとの二国間協定に英国を参加させるというオプションを検討していたのである[15]。したがってサルサンク合意は，ヌーリーを含むイラクの指導層から見れば，願ってもない最善の形で英・イラク条約改定の機会を提供するものと映ったのである。

サルサンク合意への評価は，英米間で大きく異なっていた。英国の政策決定者たちは，サルサンク合意に快哉を叫んだ。サルサンク合意がそのまま実現するならば，英・イラク条約の改定が実現するのみならず，アラブ諸国全体を周辺の非アラブ諸国とともに親西側的な枠組みに包摂する展望が開けてくる。サルサンク合意は，「アラブ連盟の北部と南部の分断を解消」し，「アジアの組織が率先して共同防衛のためにひとつあるいは複数の西側諸国に参加を呼びかける最初の事例」となりうる。ちょうどスエズ基地に関する英・エジプト合意が成立した直後でもあった。英国の政策決定者たちは，北層軍事戦略の実現のために必要とされる地域防衛機構の実現がまさに指呼の間にあるとの想いから，サルサンク合意に大いなる期待を寄せたのである[16]。

---

[12] British Embassy in Baghdad to FO, 1194/4/54, August 21, 1954, in FO371/110791/V1076/2 ; British Embassy in Baghdad to FO, #496, September 1, 1954, in FO371/110791/V1076/7.

[13] 後述するようにヌーリーは9月にカイロを訪問するが，同地でスティーヴンソン英大使に，サーリムの方がナセルよりも中東全般の情勢を理解していると評価している。サルサンクで，サーリムがヌーリーの見方を受け入れたことの傍証と言えよう。British Embassy in Cairo to FO, #1296, September 16, 1954, in FO371/110791/V1076/22.

[14] British Embassy in Bagdad to FO, #797, December 16, 1954, in FO371/111003/VQ1054/45 ; Minute by J.F. Brewis, December 23, 1954, in FO371/111003/VQ1054/46. ちなみに，英国とエジプトが集団防衛に合意できぬ場合は，イラクと英・米両国の間で国連憲章第51条に基づく取り決めを行う，あるいは英・イラク条約に代えて英・イラク間で公文を交換する，という形態が構想されていた。これらの可能性がそのまま試みられることはなかったが，ヌーリーの様々なオプションは同委員会の結論から導かれたものだったようである。

[15] Minute by Powell-Jones, July 26, 1954, in FO371/110788/V1043/52.

[16] Minute by P.S. Falla, August 25, 1954, in FO371/110791/V1076/1 ; Shuckburgh to Kirkpatrick,

これとは対照的に、米国の政策担当者たちのサルサンク合意への評価は、概して慎重あるいは否定的であった。バグダードの米大使館は、ジャマーリーや英大使館からの情報として、ヌーリーが国連憲章第51条に則る形でイラク・パキスタン協定を締結し、それに英国が参加する形で英・イラク条約を事実上更新することを目指しているとの情報は得ていたが、首相就任後のヌーリーとの直接の接触はなく、その真意を測りかねていた[17]。それゆえ、サルサンク合意に関する情報は、米国側でも驚きをもって迎えられた。ヌーリーは、米国側にサルサンク合意の内容を伝達するに当たり、サーリムとの合意内容のみならず、改定アラブ連盟防衛条約に英国も参加させることによって、英・イラク条約を更新する意向も伝達している。イラクを含む中東の多国間条約への英国の参加を通じて英・イラク条約を事実上延長するというアイディアがイラク指導部から米国側に伝達されたのは、確認できる限り、これが初めてであった[18]。

　バグダードの米大使館は、サルサンク合意に様々な問題があることを認めつつも、合意が秘める可能性に期待感を示し、国務省に前向きな対応を求めた。サルサンク合意は、イラクのみならずエジプトをも西側と連携させる機会を提供する可能性があり、合意内容が実現すれば中東の防衛機構は米国が追求してきた「内発的」な性質を有することになる。また、米国がアラブ連盟防衛条約に参加することになれば、アラブ・イスラエル紛争についても米国はアラブ諸国に影響力を行使することが出来るかもしれない。そして仮にサルサンク合意が失敗に帰しても、米国はトルコ・パキスタン協定を後援する立場に回帰できる[19]。つまり、バグダードの米大使館は、英国政府とほぼ同じ論拠から、多国間協定の枠組みで英・イラク条約を改定するという構想も含め、サルサンク合意を評価したのである。

　しかし、米国政府内では、このような評価は例外であった。カイロの米大使館は、第一報を受けた直後から、エジプトとイラクの間に誤解が生じている可能性を指摘し、国務省本省もまずは慎重に情報を収集する方針を取った[20]。アンカラ

August 24, 1954, in FO371/110791/V1076/3 ; FO to the British Embassy in Baghdad, #675, August 31, 1954, in FO371/110791/V1076/4 ; British Embassy in Baghdad to FO, #497, September 1, 1954, in FO371/110791/V1076/8.

[17] U.S. Embassy in Baghdad to DOS, #86, August 17, 1954, DSCF 674.87/8-1754.

[18] U.S. Army Mission in Baghdad to the Department of Army, BD116, August 23, 1954, DSCF 780.5/8-2354 ; U.S. Embassy in Baghdad to DOS, #105, August 22, 1954, *FRUS, 1952-1954*, 9 : 541-543.

[19] U.S. Embassy in Baghdad to DOS, #110, August 23, 1954, *FRUS, 1952-1954*, 9 : 544-545.

の米大使館は，サルサンク合意に強い警戒感を示した。同合意は，中東における西側のパートナーにして同地域の安定の礎石となり得るトルコを除外している。アラブ連盟の加盟国を結びつけているのは反イスラエル感情のみであり，そのようなネガティヴな性質を基礎に持つ組織を西側が支持することは出来ない，というのが，その理由であった[21]。

しかし，サルサンク合意に最も強い拒否反応を示したのはダレスであった。ダレスは，イラクはトルコ・パキスタン協定に参加すべきであり，米国の対イラク軍事援助はかかる展開を期待して実行されたものであると指摘した上で，イラクがサルサンク合意の方向に進む場合には軍事援助についても再考せざるを得ないとの強い拒否感を示した。ダレスがかくも否定的な評価を示したのは，アラブ連盟防衛条約を改変する方式では，シリアやレバノンなど，イスラエルに隣接するアラブ諸国をも最初から中東の地域的組織に参加させることになることを懸念したためであった[22]。NSC 5428 にも示されていたように，米国政府は，イラクのみならずエジプトをも中東の親西側的組織に参加させることを望んでいたが，それ以外のアラブ諸国の参加は時期尚早であると考えていた[23]。イスラエルに隣接するアラブ諸国を当面は中東諸国の組織化から除外するとのダレスの考え方は，イスラエルに対する配慮ではなく，イスラエルへの警戒感に発していた。国務省は，イスラエルが周辺アラブ諸国に対して軍事的優位を維持することを目標としていると判断しており，それゆえ米国からの軍事援助によってアラブ諸国の軍事力が向上する前にイスラエルが「予防戦争」に訴える可能性があるとの警戒感を抱いていた。イスラエルと隣接していないイラクへの軍事援助ですら，イスラエルを刺激するのではないかと，米国の政策決定者たちは神経を尖らせていた。サルサンク合意が実現してイスラエルと隣接するアラブ諸国が中東の地域的組織に参加することとなれば，これまでの経緯を踏まえるなら，米国にはこれら諸国に軍事援助を提供する道義的義務が生じるが，それはイスラエルの予防戦争のリスクを否応なく高めることになる[24]。それゆえダレスは，サルサンク合意に強く否

---

[20] U.S. Embassy in Cairo, #244, August 23, 1954, DSCF 674.87/8-2354; DOS to U.S. Embassy in Cairo, #330, August 27, 1954, *FRUS, 1952-1954*, 9: 545-546.
[21] U.S. Embassy in Ankara to DOS, #226, August 25, DSCF 780.5/8-2554.
[22] Memorandum by John Foster Dulles for Byroade, August 23, 1954, DSCF 780.5/8-2354.
[23] DOS to the U.S. Embassy in Beirut, #1445, June 19, 1954, DSCF 780.5/5-2154 [*sic*].
[24] Memorandum from Jernegan to Dulles, "Possible Assurances to Israel," August 30, 1954, DDRS, CK3100489314.

定的な反応を示したのである。

　しかし，米国政府内および米英間のサルサンク合意への評価の相違が調整されることはなかった。そのような間もなく，サルサンク合意は蜃気楼のごとく霧消してしまうからである[25]。8月末，エジプトに帰国したサーリムとナセルの間の確執が伝えられるようになった[26]。サーリムが率いていたイラク訪問団はエジプト外務省や軍の要人なども参加する大規模なものであり，サーリムはイラクとの関係改善を求めるメッセージを託されるとともに，防衛問題についてイラク側と交渉する一定の権限を与えられていた[27]。しかるに，サーリムは中東防衛問題に関してヌーリーとの合意を取り結ぶ権限まで与えられていたわけではなかった。つまり，サルサンク合意は，サーリムの越権行為だったのである。サルサンク合意の全貌を知ったナセルは，サーリムの解任まで検討したようだが，結局サーリムを一時休職扱いとすることで，サルサンク合意を事実上否定する姿勢を明確化した[28]。サルサンク合意が否定されたことによって，短期間のうちにアラブ諸国を一括して西側との協調的な枠組みに取り込むことが出来るという楽観的な期待はひとまず消え去ったのである。

　しかし，この一件をもって，将来的にエジプトも含めた中東全域を包含する協調的組織を構築する希望が断たれたわけではなかった。サルサンク合意が否定された後も，ヌーリーは依然として同合意で謳われたようなアラブ連盟防衛条約と西側諸国の連携という枠組みが最も望ましいとの見解を示していた。しかし，いまやエジプトがそれに否定的な姿勢を示したことから，彼は次善の策として，サルサンク以前に彼が目指していたパキスタンとの二国間協定に進むのもやむを得ないと考えるようになっていった[29]。サルサンクで合意されていたとおり，9月中旬にヌーリーは慌ただしくエジプトを訪問し，ナセルと会談した。この会談でヌーリーは，改めてサルサンクで合意されたようなアラブ連盟防衛条約の改変に

---

[25] バグダードの米大使館の献策を容れ，米国がヌーリーにサルサンク合意への否定的な見方を伝達することはなかった。U.S. Embassy in Baghdad to DOS, #134, September 3, 1954, DSCF 780.5/9-354 ; DOS to the U.S. Embassy in Baghdad, #126, September 6, 1954, DSCF 780.5/9-354.
[26] British Embassy in Cairo to FO, #1118, August 27, 1954, in FO371/110791/V1076/4 ; British Embassy in Cairo to FO, #1139, August 30, 1954, in FO371/110791/V1076/5.
[27] U.S. Embassy in Cairo to DOS, #184, August 10, 1954, DSCF 674.87/8-1054.
[28] Hooper to Eden, August 27, 1954, in FO371/110791/V1076/9 ; British Embassy in Cairo to FO, #1234, September 10 , 1954, in FO371/110791/V1076/13.
[29] Troutbeck to Eden, September 11, 1954, in FO371/110791/V1076/26.

よって西側諸国との協調の枠組みを構築する可能性をナセルに打診するとともに，もしエジプトがそれに同意できぬ場合，イラクはトルコ，イラン，パキスタン等との取り決めによって自国の安全保障を向上させる措置を取らざるを得ないとの立場を明言した。これに対するナセルの反応は，煮えきらぬものであったが，決して敵対的ではなかった。ヌーリーによると，ナセルは，エジプトの国内政治情勢は，英・エジプト間の最終合意を目前に控え，新たに中東防衛に向けた協定を締結できる状況にないとの認識を示すとともに，かかる環境が整うまでには2年程度の時間が必要であるとの見通しを語った。同時にナセルは，イラクとパキスタンの二国間協定は，イラク以外のアラブ諸国が中東の組織化の局外に置かれることになるゆえに支持できないとの立場を示した。すなわちナセルは，たしかにサルサンク合意，アラブ連盟防衛条約の改変，そしてイラク・パキスタン協定の何れにも難色を示したものの，その姿勢は，エジプト自身やイラクの西側陣営との連携を原理的に否定するというには程遠く，むしろ将来的にはエジプトも中東諸国の地域的組織に参加し，西側陣営との協力関係を強化することを望んでいるとの印象を与えるものであった[30]。

後日カイロの米大使館が「ナセルに近い筋」に確認したところによると，ヌーリーとの会談で，ナセルは，イラクの防衛態勢の改善はエジプトの利益にもなり，当面エジプトが地域防衛に向けた表立った動きを取れぬ以上，ヌーリーを制止する必要はないとの判断から，イラクが「他の北層諸国と協調して何らかの防衛取り決めを締結することに『青信号』を示した」のである[31]。おそらく，このようなナセルの姿勢は，ヌーリーをさほど失望させなかったはずである。ヌーリーはエジプト訪問前に，エジプト政府は国内政治を掌握するのにいましばらくの時間を必要とするであろうとの見方を示していた[32]。カイロでのナセルの発言は，ヌーリーにしてみれば，彼自身の状況判断の正しさを再確認させるものであったに違いない。

---

[30] British Embassy in Cairo to FO, #1296, September 16, 1954, in FO371/110791/V1076/22 ; British Embassy in Cairo to FO, #201 Saving, September 20, 1954, in FO371/110791/V1076/33 ; U.S. Embassy in Cairo to DOS, #358, September 16, 1954, *FRUS, 1952-1954*, 9 : 548-549.
[31] U.S. Embassy in Cairo to DOS, #397, September 23, 1954, DSCF 674.87/9-2354.
[32] U.S. Embassy in Baghdad to DOS, #143, September 7, 1954, DSCF 780.5/9-754.

2）イラク・トルコ協定の可能性の浮上

　ヌーリーはカイロから直接ロンドンへ飛んだ。ヌーリーは，セルウィン・ロイド（Selwyn Lloyd）外務副大臣らとの会談で，カイロでのナセルとの会談内容を説明するとともに，もはやイラクはエジプトの国内政治情勢の安定を待つことは出来ず，トルコ，シリア，イラン，パキスタンのうちの何れかとの間に防衛協定を締結するとの方針を示した。ヌーリーは，これらの何れかとまず二国間で締結する協定を他国の参加に開いておき，そこに英国を参加させることによって英・イラク条約を実質的に更新するという，彼が首相就任前にロンドンで語っていた構想を確認した。北層諸国と英米の参加する多国間協定を実現し，各加盟国がNATOに準ずる権利・義務関係の下に他国の軍事施設を使用できるようにするというのが，ヌーリーの中東組織化のイメージであった[33]。

　ヌーリーの訪英と前後して，英国とイラクの二国間で条約改定を交渉するという6月の英国の閣議決定は，棚上げにされていった[34]。英国政府は，イラクを含む中東の多国間協定に加入する形で英・イラク条約を更新するとのヌーリーの方針を事実上受け入れたのである。段階的な多国間条約方式を取ればイラク議会の批准というプロセスを経ずに英国との軍事的協力関係を継続させられる，とヌーリーは説明していた。すなわちヌーリーは，多国間協定の基礎となるべき北層の何れかの国との間に締結する二国間協定についてはイラク議会に批准を求めるが，英国を含む後に参加する国については改めて議会の批准を求めないという戦術を構想していたのである。これは「あまり民主的ではない」が「巧妙な」手法であると，英国側は評価していた[35]。かくして，1954年の10月を境に，英国政府は，イラクにおける英国の軍事的権利を確保する手段として，イラクを含む多国間協定を活用することをメイン・シナリオに据えたのである。この時点では，何れの国と最初の二国間協定を締結すべきか，ヌーリーは明確な方針を定めていなかった。しかし英国政府は，そのことに不安を抱くことはなく，むしろ期待感を抱きつつ，ヌーリーの中東諸国との折衝を静観する姿勢を取ったのである[36]。

---

[33] Falla to Troutbeck, September 24, 1954, in FO371/110791/V1076/36.

[34] Memorandum by Falla, "Defence Arrangements with Iraq," September 13, 1954, in FO371/111003/VQ1054/38.

[35] Memorandum by Falla, "Middle East Defence," October 1, 1954, in FO371/110791/V1076/45； Memorandum by Falla, "Nuri Said's Plans for Middle East Defence," October 2, 1954, in FO371/110788/V1073/57； Memorandum by Shuckburgh, October 4, 1954, in FO371/110788/V1073/57.

[36] Troutbeck to Shuckburgh, September 17, 1954, in FO371/110791/V1076/38； FO to British Embassy

英国政府はかかる方針を慎重に米国側に伝達した。英外務省は、ロイドとヌーリーの会談内容を米国側に伝達する際、ヌーリーが多国間協定に英国を参加させる形で英・イラク条約の更新を実現しようとしていることを説明したものの、英外務省としての方針は未決定であると説明した[37]。10月初旬には、英外務省は、エジプトに翻意の徴候がないゆえに少なくとも当面は中東の組織化にアラブ連盟防衛条約を活用することが困難になったとの認識を米国側に伝えるとともに、イラクが北層諸国の何れかと締結するであろう多国間協定に英国を参加させるというヌーリーの方針を英国政府が「概ね好意的」に捉えていると説明した[38]。トルコ・パキスタン協定や米国の対イラク軍事援助以来、英国政府は、北層の組織化に直接関与せぬスタンスを取ってきた。しかし、ヌーリーが北層の組織化に積極姿勢を示すとともに、多国間協定方式によって英・イラク条約の改定を実現する方針を定めたのに伴い、英国政府も明確に北層の組織化を支持する姿勢を示すに至ったのである。

　国務省は、英国政府の方針を了承するのみならず、英・イラク条約の改定を柔軟に支持する姿勢を示した。国務省は、もしイラクがトルコ、イラン、パキスタンの何れとも協定を締結しなければ「深く失望」するであろうとの認識を示すとともに、英国がイラクとの二国間条約の失効を数年後に控え、「英・イラク関係を合理化する (rationalizing) という課題」に直面していることへの理解を示したのである[39]。一方で、この時期に国務省は駐米イラク大使を通じてトルコ・パキスタン協定へのイラクの参加を改めて慫慂している[40]。明らかに国務省は、中東の組織化の形態にはこだわっておらず、また中東の「内発的な」組織化と英国の中東におけるプレゼンスは矛盾しないものと考えていた。英外務省が北層の組織化に期待する姿勢を示し、国務省が北層の多国間条約の枠組みで英・イラク条約の更新を実現することに理解を示したことで、米英間に残存していた北層の組織化やイラクを巡る軋轢はほぼ完全に解消した。いまや米英両国は、ヌーリーがトルコ・パキスタン協定に次ぐ組織化のステップに踏み出すことを、ともに期待感

---

in Baghdad, #778, October 1, 1954, in FO371/110791/V1076/41 ; Minute by P.S. Falla, October 5, 1954, in FO371/110791/V1076/43 ; FO to British Embassy in Baghdad, #789, October 6, 1954, in FO371/110791/V1076/43.

[37] Despatch from U.S. Embassy in London, #876, September 28, 1954, DSCF 780.5/9-2854.

[38] U.S. Embassy in London to DOS, #1724, October 5, 1954, DSCF 780.5/9-3054.

[39] DOS to U.S. Embassy in Ankara, #430, October 7, 1954, DSCF 780.5/9-3054.

[40] DOS to U.S. Embassy in Baghdad, #198, October 13, 1954, DSCF 780.5/10-1354.

をもって眺めるようになったのである。

　ヌーリーは，ロンドンからイスタンブールに飛び，10月中旬の10日間を同地で過ごした[41]。メンデレス首相以下，トルコ政府はヌーリーの来訪を待ちかねていたに違いない。トルコ政府は，トルコ・パキスタン協定の成立後，同協定へのイラクおよびイランの加盟を強く望み，パキスタン政府とも連携しつつ，イラク・イラン両国への圧力を強めようとしていた[42]。ヌーリー政権成立前の7月，トルコ政府は，米国が対イラク軍事援助を決定した後もイラクがトルコ・パキスタン協定に加盟する動きを見せぬことにしびれを切らせ，イラク政府に圧力を加えて加盟を迫ろうとした。このとき，イラクの国内政治情勢は流動的で，議会にはトルコ・パキスタン協定に強硬に反対する勢力も存在していたため，米英両国政府はヌーリー政権の成立までイラクへのアプローチを控えるようトルコ側に申し入れ，トルコはそれを受け入れたという経緯があった[43]。また，サルサンク会談を巡る混乱のさなかの9月上旬にトルコを訪問したアブドゥル＝イラーフ皇太子に，メンデレス首相は，アラブ諸国のみの防衛組織を目指すことの無益さを説くとともに，中東の防衛組織にはトルコとイラクの参加が不可欠であると力説し，トルコとイラクの二国間協定を締結する可能性を打診した。トルコ・イラクの二国間協定という枠組みが具体的な可能性として浮上したのは，おそらくこの時が初めてであったが，アブドゥル＝イラーフからの具体的な反応はなかった[44]。中東諸国の組織化に向けたトルコの積極姿勢には，米英両国も期待していた。トルコ・パキスタン協定の実現に際して見られたトルコと米国の協調関係は持続していた。さらにトルコは，全面戦争時にイラク北部を防衛するという軍事的観点から，イラクに英空軍が駐留し続けることを強く望んでいた[45]。トルコは，中東諸国の「内発的」組織化を進めようとする米国，そして北層軍事戦略の実現を目指す英国の何れからも，中東諸国組織化の先導役として行動することを期待され，みずからもそのような役割を進んで引き受ける姿勢を示していたのである。

[41] British Embassy in Ankara to FO, #492, October 19, 1954, in FO371/110788/V1073/60.
[42] U.S. Embassy in Ankara to DOS, #1334, June 15, 1954, DSCF 780.5/6-1554.
[43] U.S. Embassy in Baghdad to DOS, #22, July 10, 1954, DSCF 780.5/7-1054；DOS to U.S. Embassy in Ankara, #76, July 20, 1954, DSCF 780.5/7-1054；Memorandum by J.F. Brewis, "Iraqi Accession to Turko-Pakistan Pact," July 12, 1954, in FO371/110787/V1073/45；British Embassy in Ankara to FO, #330, July 15, 1954, in FO371/110788/V1073/49.
[44] British Consulate General in Istanbul to FO, #323, September 14, 1954, in FO371/110791/V1076/20.
[45] British Embassy in Ankara to FO, #160, October 6, 1954, in FO371/110788/V1073/54.

しかるに，当のヌーリーは，トルコとの二国間協定には慎重であった[46]。もともとヌーリーが，トルコではなくパキスタンとの二国間協定から多国間協定を開始しようとしていたのは，彼が心の内に根深いトルコへの不信感を抱いていたからであった[47]。ヌーリーがあからさまにトルコに対する不信を語ることは少なかったものの，第一次世界大戦期に英国とともにオスマン朝と戦ってイラクの独立を勝ち取った第一世代のアラブ・ナショナリストという彼の経歴を考えれば，ヌーリーの反トルコ感情はさほど不自然ではなかった。何れにせよ，ヌーリーは，トルコとの二国間協定締結を前提に同国に乗り込んだわけではなかった。

それにもかかわらず，ヌーリーとメンデレスの会談はきわめて稔り多いものとなった。両者は，「トルコとイラクは中東に実効性のある防衛システムを構築するという目標を共有」し，その目標に向けて協力していくことに合意した。さらに注目すべきは，その具体的な内容であった。両国は，「もし可能であれば，すべてのアラブ諸国にイランとパキスタンを加えた組織」を目指すべきであるが，「もしこれが不可能な場合には，トルコ，イラク，イラン，パキスタン，そして望むらくはシリアよりなる北部の組織化（a northern grouping）」を目標とすること，そして何れの場合にも「連合王国および合衆国との緊密な連携」を実現すること，以上が具体的な目標として合意されたのである。しかも，ヌーリーとメンデレスは，エジプトへの配慮も示した。ヌーリーとメンデレスの協議では，エジプト問題について多くの時間が割かれたが，そこでヌーリーは，ナセルが20か月程度は中東の防衛取り決めに参加できぬとの立場を示す一方でその間にイラクを含む北層諸国が組織化を進めることには反対していない，との認識を示した。それに基づいて両首脳は，「トルコとイラクは，両国が目指している組織へのエジプトの加盟，あるいは後の段階での加盟を視野に入れた協定起草作業へのエジプトの参加を実現すべく，最大限努力することに合意」した。つまり，ヌーリーとメンデレスは，エジプトを含む中東の主要国と米・英が参加する新たな地域的防衛組織の創設を目指すことに合意したのである[48]。

ただし，ヌーリーとメンデレスは，かかる目標の達成に向けた具体的な枠組みについてまでは合意できなかった。メンデレスは，おそらくイラクが参加に消極

---

[46] U.S. Embassy in Baghdad to DOS, #368, October 1, 1954, DSCF 780.5/9-3054.
[47] Minute by Powell-Jones, July 26, 1954, in FO371/110788/V1073/52.
[48] British Embassy in Ankara to FO, #500, October 21, FO371/110788/V1073/63；British Embassy in Ankara to FO, #511, October 25, FO371/110788/V1073/66.

的な姿勢を示してきたことへの配慮から，トルコ・パキスタン協定へのイラクの加盟を強く求めることはなかった。一方，ヌーリーは，イラクとパキスタンの二国間協定を起点とするとの自説を展開したが，メンデレスの反対にあって，それを断念する姿勢を示した[49]。おそらくヌーリーは，トルコとエジプトが名指しで反対するパキスタンとの協定はあまりにもリスクが大きいとの判断に至ったのであろう[50]。一方，肝心のイラク・トルコ関係については，両国が全面戦争時に果たすであろう軍事的役割について意見が交換され，経済的協力関係の強化が合意されたものの，ヌーリー・メンデレス間の最終合意ではイラク・トルコ二国間協定の可能性は全く言及されなかった[51]。

　イラク・トルコ二国間協定を阻んでいた最大の要因は，先述したヌーリーのトルコに対する不信感であったと思われる。驚くべきことに，きわめて友好的かつ建設的であったメンデレスとの一連の協議を終えて帰国した後，ヌーリーはトルコへの不信感を漏らし，英国の外交官たちを驚愕させた[52]。結局，ヌーリーとメンデレスは，次なる具体的な動きとして，中東諸国の組織化への理解あるいは協力をエジプト政府から取り付けるために，メンデレスがカイロを訪問することに合意したものの，具体的な組織化の方針については合意に至ることが出来なかったのである[53]。

　この間，英国政府は，アラブ連盟防衛条約の改変による方式も含め，ヌーリーが選択する組織化の形態を柔軟に受け入れる姿勢を維持していた[54]。ヌーリー来

---

[49] Ibid.

[50] ヌーリーは，ロンドン滞在中にパキスタン首相に接触し，英外務省にはイラク・パキスタン協定の草案も提示しているが，イラクとパキスタンとの間に具体的な交渉が進展した形跡はない。何らかの理由でパキスタン側がイラクとの二国間協定に消極姿勢を示し，それがヌーリーのイラク・パキスタン協定断念の伏線になっていた可能性もある。Commonwealth Relations Office to U.K. High Commissioners in Canada, Australia etc., October 7, 1954, in FO371/110788/V1073/56 ; Memorandum by Falla, "Nuri Said's Plans for Middle East Defence," October 2, 1954, in FO371/110788/V1073/57.

[51] Summary of the Minutes of Several Interviews between monsieur Adnan Menderes et al. and Sayid Nuri al Said, undated, in FO371/110788/V1073/71. この文書は，おそらくイラク側から提供された，首脳会談の公式議事録である。

[52] British Embassy in Baghdad to FO, #664, October 26, 1954, in FO371/110788/V1073/67 ; Bowker to Falla, November 9, 1954, in FO371/110788/V1073/74.

[53] James Bowker to Eden, #218, October 26, 1954, in FO371/110788/V1073/68 ; Troutbeck to Falla, October 27, 1954, in FO371/110788/V1073/69 ; Troutbeck to Falla, November 2, 1954, in FO371/110788/V1073/71.

[54] Minutes by P. Mallet, September 16, 1954, in FO371/110791/V1076/20.

訪直前の 10 月初旬，トルコの対外政策決定に重きをなしたゾルル（Fatin Rüştü Zorlu）副首相から，アラブ連盟防衛条約改定により中東防衛機構を実現するとのヌーリーの主張について見解を問われた際，ボウカー（James Bowker）駐トルコ英大使は，アラブ連盟防衛条約に問題があることを認めつつも，中東の防衛組織がアラブ側の主導によるものであることを示すためにはアラブ連盟防衛条約の活用は有効であろうとの見解を示した。かかるボウカーの発言が英国政府の方針に沿うものであることを，外務省本省も事後的に承認している[55]。じつのところ，英国政府とヌーリーの間に常に緊密な連絡があったわけではないが，英国の政策決定者たちは，ヌーリーの判断に従うことが英・イラク条約改定の最も確実な途であると信じ，彼の行動を見守っていたのである。

　米国政府もまた，基本的にヌーリーを支持していた。ヌーリーは，メンデレスとの首脳会談について米国側に多くを語らなかったが，バグダードの米大使館は，イラク・トルコ二国間条約の可能性が高まったとする肯定的な評価を示すとともに，ヌーリーがイラク指導層の中でもソ連の脅威を最も強く認識している指導者であることを指摘し，ヌーリーの行動を支援すべきであると主張した[56]。一方，ヌーリーとは対照的に，メンデレスは饒舌であった。メンデレスは，エジプトを含む中東諸国への働きかけを通じて，トルコとイラク，パキスタン，イラン，シリアとの間に「今後半年の間に，とりわけ米国と英国が満足する形で中東防衛を構築することになるであろう」との，きわめて楽観的な見通しをアンカラの米大使館に披瀝した。さらにメンデレスは，イラクとの首脳会談の決定事項には含まれていなかった，アラブ・イスラエル問題についても，エルサレムの国際化や既存の休戦ラインの国境化を通じて一定の安定を実現することが出来るであろうとの見通しを語った[57]。後の視点から見れば不気味なほどに，1954 年秋のメンデレスの地域的政策の構想は，米国のそれと似通っていた。

---

[55] James Bowker to C.A.E. Shuckburgh, October 7, 1954, in FO371/110788/V1073/59；P.S. Falla to James Bowker, October 30, 1954, in FO371/110788/V1073/59.

[56] U.S. Embassy in Baghdad to DOS, #273, November 2, 1954, DSCF 780.5/11-254；U.S. Embassy in Baghdad to DOS, #276, November 2, 1954, DSCF 780.5/11-254. 米国側に首脳会談の結論について第一報をもたらしたのは，本文後述のメンデレスの情報であったが，それは会談内容について欠落がある一方で，少なくとも合意内容に含まれぬアラブ・イスラエル問題への言及を含むなど，必ずしも正確なものではなかった。米国側が首脳会談の合意事項について正確な情報を得るのは，11 月初めにイラク側より首脳会談の議事録を提供されてからである。

[57] U.S. Embassy in Ankara to DOS, #441, October 23, 1954, *FRUS, 1952-1954*, 9：554-555.

これらの情報や献策を受けた国務省は、イラクがトルコあるいはパキスタンとの間で二国間協定を締結する形で北層の組織化を進めることに期待する姿勢を示した。同時に国務省は、メンデレスがエジプト訪問の折にナセルに中東諸国の組織化への理解を求め、さらに可能であればエジプトの将来的な参加を促すことに期待感を表明するとともに、アラブ連盟防衛条約を中東の組織化の基盤とすることに反対するトルコ政府の立場を尊重する姿勢を示した。一方で国務省は、トルコが当面は中東諸国の組織化に集中し、アラブ・イスラエル紛争の解決に向けた行動を控えることを米国政府が希望していることを伝達するとともに、イスラエルに隣接するシリアを北層の組織に早期に参加させることには事実上反対する姿勢を示した[58]。

ここには、この時期の米国の西側統合政策の特徴がよく表れている。国務省が示した方針は、北層地域では中東諸国の自発的組織化を促し、中東南部では英・エジプト紛争解決後にアラブ・イスラエル紛争の解決を図るとする、NSC 5428 の方針に沿っていた。後述するように、米英間ではアラブ・イスラエル紛争解決に向けた検討作業が開始されつつあったので、国務省はトルコが同紛争に容喙することで米英の紛争解決努力が複雑化するのを避けようとしたのであろう。また、シリアを当面、中東の組織化の対象から除外することも NSC 5428 の方針に沿うものであった。シリアを組織化の対象から外す方針は、アラブ・イスラエル紛争の解決前にイスラエルに隣接するアラブ諸国に米国からの軍事援助を提供することを避けるというダレスの方針にも沿っていた。そして、一見するところ逆説的ながら、北部では組織化を、南部ではアラブ・イスラエル紛争の解決を進めるという、中東を実質的に南北に分断するかの如き米国の外交は、中東全域を西側陣営に統合するという西側統合政策の目標から構築された地域的政策プログラムであった。そして、かかるプログラムを、米国自身は表に出ることなく、出来る限り中東諸国の内発的な行動によって実現することを、米国政府は重視していた。米国政府は、中東諸国がプログラムから大きく逸脱する動きを示すとき、適宜、外交的手段によってそれを制止すればよかった。トルコ政府の組織化の努力を歓迎しつつ、シリアをその対象から外すことを希望し、またアラブ・イスラエル紛争への関与を自制するよう求めたのは、まさにそのような事例であった。

---

[58] DOS to U.S. Embassy in Ankara to DOS, #548, November 11, 1954, *FRUS, 1952-1954*, 9: 557-559.

かかる米国の政策は，トルコについては，まさに思惑通りに機能した。メンデレスは，国務省の見解に全面的に賛意を示すとともに，きたるみずからのイラク訪問時にヌーリーにトルコ・イラク二国間条約案を提示する意向を示した[59]。これに比べると，ヌーリーは依然として慎重であった。ヌーリーは，トルコとの二国間協定に前向きな姿勢を示しながらも，パキスタンとの連携というカードも捨てていないようであった。彼はまた，アラブ諸国が非アラブ諸国との軍事同盟を結ぶことに反対する姿勢を示し始めていたエジプトの言動に苛立ちを示すとともに，その動向を懸念しているようであった。ヌーリーは，イラクが非アラブ諸国と二国間協定を締結することをエジプトを含む他のアラブ諸国から批判される謂れはないとして，当面はトルコやイラクからエジプトに理解を求める働きかけを行う意向を示しつつ，場合によってはエジプトに「圧力（push）」を加える必要があるかもしれないとの見方を示し始めていた[60]。

ヌーリーの逡巡には，米英両国に対する外交的駆け引きという側面も存在した。トルコから帰国後ほどなく，11月6日のトラウトベック（John M. Troutbeck）英大使との会見において，ヌーリーは驚くべき認識を披瀝した。ヌーリーは向こう3年間のイラクの軍備拡張計画を7000万ポンド規模と試算した上で，イラクの石油収入の多くは開発委員会に割り当てられていることもあり，イラク自身が軍拡の負担を負う余力はないと主張した。その上で彼は，米国が主導する地域的防衛機構に参加するか，引き続き英国からの援助を受け英国との軍事的関係を継続するか，イラクは二者択一を迫られている，との認識を示したのである。トラウトベックは，ヌーリーがどの程度本気なのか測りかねるとしながらも，「ヌーリーほど才気あふれる物乞い（brilliant beggar）に会ったことはない」と不快の念を示した[61]。ヌーリーは，イラクが米英の中東政策のひとつの焦点となっていることを十分に意識しつつ，そのことを自国の利益のために最大限活用することを目論んだのである。

英外務省は，ヌーリーに直接反論する代わりに，米国との共同戦線を強化する形で対応した。英米が分断されることを防ぎつつ，イラクの地域的防衛組織への参加に向けたモメンタムを維持しようとしたのである。英外務省は，ヌーリーか

---

[59] U.S. Embassy in Ankara to DOS, #539, November 20, 1954, DSCF 780.5/11-1954 ; U.S. Embassy in Ankara to DOS, #541, November 22, 1954, DSCF 780.5/11-2154.
[60] Despatch from U.S. Embassy in Baghdad, #261, December 7, 1954, DSCF 780.5/12-754.
[61] British Embassy in Baghdad to FO, #701, November 6, 1954, in FO371/110824/V1193/107.

らの揺さぶりをきっかけとして，米国の対イラク軍事援助とイラクの地域的防衛組織への参加をリンクさせること，そしてイラク軍の装備を可能な限り英国製兵器によって行うことについて，米国政府の支持を改めて確認することとした[62]。11月23日，この件でメイキンズ駐米大使と会見したバイロード国務次官補は，イラクには自国の軍備拡張を負担する余力があるとの英国側の見方については留保する姿勢を示したものの，イラクにおける英国の軍事的地位を維持すること，そして対イラク援助をイラクの地域的防衛組織への参加とリンクさせることについては，全面的に同意した[63]。この結果，直後にイラクを訪問した英陸軍参謀長ハーディング（John Harding）は，米国からの全面的な支持を確保したという自信を背景に，ヌーリーやアブドゥル＝イラーフに対して，米英両国の対イラク援助は一体の事業であり，イラクの軍備は引き続き英国製の装備によるべきである，と強く主張した。加えてハーディングは，イラクが地域的防衛組織に参加することによって，援助の拡大がさらに容易になるとの見通しを示した。軍事援助を報償として中東諸国の組織化を図るという，トルコ・パキスタン協定以来，米国が採用してきた戦術は，いまや米英共通の戦術としてイラクで実行されるに至ったのである[64]。

　イラクを焦点とする米英の協力関係はさらに進展した。12月上旬，国務省は，米国の対イラク援助政策について，「英国が新たな条約のもとでイラクにおける諸施設［の使用権］を獲得することは，我々［米国］のインタレストに適う」ゆえに，イラクが自国の諸施設を「自由世界の防衛のために提供」すれば，米国政府のイラクに対する「支援の姿勢が強まるであろう」ことをイラク側に理解させるべきである，との見解を英国側に伝達した。迂遠な表現ではあるが，米国政府が，イラクと北層諸国の組織化のみならず，英・イラク条約の改定と米国からの対イラク軍事援助をリンクさせたのは，これが初めてであった[65]。この国務省の

---

[62] FO to British Embassy in Washington, #5691, November 18, in FO371/110824/V1193/107 ; FO to British Embassy in Baghdad, #960, November 22, 1954, in FO371/110824/V1193/111.

[63] British Embassy in Washington to FO, #2505, November 23, 1954, in FO371/110824/V1193/114. とはいえ，英国政府はイラクに軍事負担の拡大を求めていたわけではなかった。石油収入を国内開発に振り向ける政策は，英国側が長年イラクに求めて実現したという側面があり，国内開発の犠牲のもとに軍事負担の拡大を求めることには英国政府内にも抵抗があった。British Embassy in Baghdad to FO, #38 Saving, November 27, 1954, in FO371/110824/V1193/117.

[64] British Embassy in Baghdad to FO, #35 Saving, November 24, 1954, in FO371/110824/V1193/115 ; British Embassy in Baghdad to FO, #37 Saving, November 24, 1954, in FO371/110824/V1193/117.

[65] British Embassy in Washington to FO, #2663, December 10, 1954, in FO371/110824/V1193/120.

方針は，多国間条約方式による英・イラク条約の延長を米国が積極的に支持するとの意思表示にほかならなかった。そして，米英両国は，その前提となるイラクの北層諸国との協定の実現を焦眉の目標として改めて確認することとなったのである。やや先回りするならば，このわずか数か月後の1955年4月，英国はトルコ・イラク間で締結されたバグダード条約に加盟する形で中東の地域的防衛機構への参加と英・イラク条約の改定を果たすことになるが，英国政府は，これが米国の思惑から外れているとは考えていなかった。英国政府のかかる判断の大きな理由のひとつは，この12月の国務省の方針表明に見出すことが出来る。

3）域内の政治的分極化の萌芽

1954年末，中東の域内政治には，一筋の暗雲が差し始める。暗雲の出所は，エジプトであった。この暗雲はまもなく域内政治を覆い尽くし，やがて米英両国の西側統合政策の帰趨にも重大な影響を与えることになる。しかし，1954年末の段階でかかる展開を予想し得た者は，その中心にいたナセルも含めて，おそらく誰もいなかった。

北層の組織化，殊にかかる組織へのイラクの参加に対するエジプトの姿勢には，ヌーリーのみならず，米英の政策決定者たちも，関心を払っていた。しかし，それは懸念と呼ぶべきものではなかった。9月のヌーリーとの会談の際にナセルは北層の地域的組織へのイラクの参加に反対せぬ姿勢を取っていたし，本章第3節で検討するように，1954年の後半に米国はエジプトとの軍事援助交渉を進めていた。ナセルは，しばしば中立主義的な発言を行うことはあったにせよ，それは英国とのスエズ基地協定を歓迎していなかったエジプト国民向けのポーズと考えられていた。したがって，ヌーリー，メンデレス，米英の政策担当者たちは，ナセルが西側諸国との連携を望んでいるという基本的な前提を疑わなかった。彼らは，ナセルが親西側的な中東の組織化を支持するか否かではなく，何時になればナセルが明確にそれを支持し，エジプト自身がそれに参加することを決断するかということに，想いを巡らせていたのである。そのような彼らにとって，10月のヌーリー・メンデレス会談で合意されたメンデレスのエジプト訪問は，中東諸国の組織化における重要なステップとなるはずであった[66]。イラクもトルコも，

---

[66] もともとトルコ・エジプト首脳会談は，メンデレス・ヌーリー会談に先立って，1954年8月下旬にトルコ側の打診にエジプトが応じる形で決定していた。9月末時点でメンデレスが

将来的にエジプトをかかる枠組みに取り込むことを重視していたからである。

しかるに11月末，ナセルはトルコ政府に対して，国内環境を整えるのに時間が必要であるとして，メンデレスの来訪を延期するよう，突如として申し入れた[67]。さらに，12月のアラブ連盟の会合では，当初の議題にはなかった中東の地域的防衛の問題が議論の俎上に上った。この論争を仕掛けたのはエジプトであった。エジプトは，アラブ諸国は非アラブ諸国との同盟関係を結ぶべきではないとの議論を展開し，イラクがパキスタンのみならずトルコとの間にも公式の同盟関係を締結することに反対するとの立場を明らかにしたのである[68]。これらは，トルコやイラクにとっては，予想外の，そして不快極まる展開であった。

エジプトからのメンデレス訪問延期要請を受け，トルコ政府は，エジプトの動向に顧慮することなくトルコ・イラク間の協定を締結する方針に舵を切った。メンデレスらは，エジプトを含むアラブ諸国との多国間の枠組みを形成する可能性が遠のいた以上，もはや待つことは出来ないとの決意を固めたのである[69]。トルコ政府は，エジプト政府のトルコ・イラク間協定への反対を，国内向けのポーズ，あるいは一時的な政策の動揺とはもはや考えていなかった。それゆえ，トルコ政府はヌーリーに対して，二国間協定締結への働きかけを強めるとともに，エジプトに対する強硬姿勢に同調するよう求めたのである[70]。さきに，1954年秋の時点ではトルコと米国の地域的政策が不気味なほどに一致していたことを指摘したが，同年末を境にトルコと米国の政策は潜在的に隔たり始めた。米国政府があくまでもエジプトを含む中東全域を西側陣営に統合することを目指したのに対して，トルコ政府は，エジプトを切り捨て，親西側諸国のみのブロックを構築すること，換言するなら，中東域内の政治的分極化を受け入れ，親西側ブロックに敵対する

米国側に説明したところによると，トルコ側はやや漠然とした両国間の友好促進以上の具体的な成果を目指していたわけではなかった。U.S. Embassy in Cairo to DOS, #241, August 23, 1954, DSCF 674.82/8-2354; U.S. Embassy in Ankara to DOS, #366, September 30, 1954, DSCF 674.82/9-3054. トルコがエジプトに会談を打診したのはサルサンク合意の情報が流れた直後であった。トルコ側としては，中東の組織化がアラブ連盟防衛条約中心に進行してみずからが周縁化されるのを防ぐ目論見もあって，エジプトに接近しようとしたのかもしれない。

[67] British Embassy in Ankara to FO, #565, November 27, 1954, in FO371/110788/V1073/80.
[68] British Embassy in Cairo to FO, #1777, December 7, 1954, in FO371/110788/V1073/84; British Embassy in Cairo to FO, #1780, December 7, 1954, in FO371/110788/V1073/84.
[69] British Embassy in Ankara to FO, #565, November 27, 1954, in FO371/110788/V1073/80; Memorandum by P.S. Falla, "Turkish Views on Middle East Defence," December 7, 1954, in FO371/110788/V1073/86.
[70] British Embassy in Ankara to FO, #2, January 3, 1955, in FO371/115484/V1073/2.

勢力を数と力で圧倒する政策に傾斜し始めたからである。もっとも，域内政治の分極化が明確化するのはいましばらく先であり，それゆえ米土間の政策の相違も当面は表面化することはなかった。しかし，その萌芽が1954年末にあったことは，確認しておいてよい。

　ここで英国政府はディレンマに陥ることになる。英外務省は，エジプトがイラク主導の中東諸国の組織化を少なくとも黙認し，将来的にそれに参加することを当然の前提としていたからである。エジプトの反発は，イラクのみが親西側的防衛機構に先行して参加することに対する「ジェラシー」であるとの見方も英国政府内には存在した[71]。しかし，如何なる理由であれ，エジプトがイラクの参加する中東の地域的組織に反対する限り，エジプトを含む中東全域を対象とする地域的組織の実現は不可能になり，さらにはアラブ世界の分裂を導く可能性があった。しかし一方で，かかる事態を避けるためにイラクによる組織化の努力を抑制すれば，英・イラク条約の更新も不可能になってしまう。そもそも，これまでの姿勢を翻してヌーリーによる組織化の動きを制止することが，可能かつ賢明であるかは，大いに疑問であった[72]。結果的に英外務省は，現行政策を継続しながら様子を見る方針を取る。すなわち英国は，これまで通り，あくまでも中東全域を包含する地域的機構の樹立を最終目標に据え，エジプトとの間の信頼関係の構築に努めつつ，北層の組織化についてはトルコおよびイラク政府に具体的な決定を委ねる方針を取ったのである[73]。

　一見するところ無責任にも見える英国政府の姿勢は，当時の状況認識を踏まえれば，それほど不自然なものではなかった。英国の政策決定者たちは，必要があれば立ち止まり，後戻りが出来ると考えていた。1955年初めの段階ですら，英国もトルコも，トルコ・イラク協定を差し迫ったものとは考えていなかった。年明けにイラク訪問を控えていたメンデレスは，ヌーリーに二国間協定調印を促す意向であったが，従来のヌーリーの慎重姿勢を考えれば，イラク滞在中に具体的な合意に至るとは考えにくかった。また当のヌーリー自身も，メンデレスの滞在中に二国間合意に至ることはないとの見通しを示していた。それゆえ英外務省

---

[71] Minute by T.E. Bromley, January 5, 1955, in FO371/115484/V1073/2.
[72] Minutes by J. F. Brewis and G.E. Millard, December 9, 1954, in FO371/110788/V1073/84；C.A.E. Shuckburgh to FO, December 24, 1954, in FO371/110788/V1073/84.
[73] FO to British Embassy in Ankara, #829, December 8, 1954, in FO371/110788/V1073/86；FO to British Embassy in Ankara, #17, January 8, 1955, in FO371/115484/V1073/2.

も，このような当事者たちの見通しを共有していた[74]。つまり，英国の政策決定者たちは，北層の組織化にエジプトの同意を得るにも，逆にエジプトとの対立を避けるために北層の組織化を再考するにも，十分な時間的余裕があると考えていたのである。

そして，後の展開から振り返れば奇妙な論理ではあるが，英国政府は，エジプトが当面は西側陣営との連携に動ける状況にはないことが，むしろエジプトにイスラエルとの和平を慫慂する良いタイミングになると考えていた。アルファ計画と名付けられた英米共同のアラブ・イスラエル和平工作については本章第4節で詳述するが，ここではとりあえず，英外務省が，ナセルをアルファ計画に巻き込むことが，北層の組織化に対する彼の批判的姿勢を緩和する方向にも作用すると想定していたことだけを確認しておけばよい[75]。もちろんこれは荒唐無稽な想定ではあったが，1954年末の時点では，当面事態を静観するという英国政府の方針を支持するひとつの論拠となったのである。

一方，米国政府もエジプトの動向に差し迫った危機感を感じていた様子はない。その理由の一端は，米国の政策担当者たちが，英国側以上に長期的な観点から中東諸国の組織化という課題に臨んでいた点にあった。本章第3節でも述べるように，秋以降，米・エジプト間の軍事援助交渉は，行き詰まりを見せていた。国務省は，エジプトでは「西側との同盟（pact）に対する国内の反発が予想以上に大き」く，同国の方針転換には時間を要すると判断するようになっていた。国務省は，エジプト政府が「西側との連携に対する国内の反対が沈静化した後に［米国との］軍事援助協定を締結する」可能性を否定してはいないことを理由に，当面エジプト国内情勢の変化を待つ姿勢に転じつつあった。国務省は，「現時点は，地域防衛に関する北層コンセプトへのエジプトの積極的支持を求めるには好ましい時期ではない」との判断から，メンデレスがエジプトに乗り込んでナセルに翻意を促すリスクを冒すよりも，むしろエジプト・トルコ間の指導者や軍人の交流等による長期的な両国の協調関係を目指す方が望ましいと考えるようになってい

---

[74] Memorandum by P.S. Falla, "Turkish Views on Middle East Defence," December 7, 1954, in FO371/110788/V1073/86 ; British Embassy in Ankara to FO, #631, December 31, 1954, in FO371/110788/V1073/93 ; British Embassy in Baghdad to FO, #9, January 5, 1955, in FO371/115484/V1073/4.

[75] British Middle East Office in Nicosia (Shuckburgh) to FO, #614, December 9, 1954, in FO 371/108485/JE11932/5 ; FO to British Embassy in Cairo, #2109, December 10, 1954, in FO 371/108485/JE11932/5.

た[76]。それゆえ国務省は，メンデレスのエジプト訪問中止に苛立つ様子はなく，むしろ，首脳会談が実現せずとも，エジプト・トルコ間の人的交流が活性化の兆しを示し始めていたことを，ある種の満足感すらもって眺めていた[77]。

　このような米国側のリラックスした姿勢の前提となっていたのは，米国の政策決定者たちのナセルへの信頼であった。彼らは，イラクの地域的組織への参加に「エジプトが以前は反対していなかった」こと，そしてアラブ連盟が西側諸国によるイラクの基地使用に原理的に反対しているわけではないことを取り上げて，イラクを含む北層の組織化に対するエジプト政府の本心は依然として「寛大で柔軟（broadminded and fluid）」であると判断していた[78]。エジプトから伝えられる情報の中には，確かにかかる判断を裏書きするかの如きものもあった。12月中旬の段階で，エジプト外務省の高官は，ヌーリーはイラク国内および周辺アラブ諸国の世論の反発を恐れて北層の組織には参加しないであろうとのエジプト政府の見通しを披瀝しつつ，もしイラクが自国防衛のために参加を決定した場合にも，エジプトがそれを攻撃する理由はないとの見解を示していた[79]。一方，ナセルの言動には，明らかに思い違いに発しているものが含まれていた。ナセルは，米国政府がトルコ・パキスタン協定へのアラブ諸国の参加を断念した，あるいはアラブ諸国のみによる中東の組織化を支持している，というような認識を語ることがあった[80]。おそらく米国の政策決定者たちは，これらの誤解を解く過程でナセルと共通の理解を構築する余地があると考えていた。何れにせよ，米国政府は，北層の組織化を巡って米国とエジプトの間にインタレストの対立が生じつつあるとは考えていなかった。後述するように，当時進行中であったアルファ計画の策定作業において，米国は英国以上にナセルへの期待感を示し，アラブ・イスラエル

---

[76] DOS Instruction to the U. S. Embassy in Ankara, CA-2594, "Proposed Meeting between Prime Minister Menderes and Egyptian Prime Minister Nasir," October 19, 1954, DSCF 674.82/10-1954.
[77] Despatch from U. S. Embassy in Cairo, #1115, "Turkey-Egyptian Rapprochement Appears Underway," December 8, 1954, DSCF 674.82/12-854.
[78] DOS to U.S. Embassy in Ankara, #732, December 31, 1954, FRUS, 1952-1954, 9 : 563-565.
[79] Despatch from U.S. Embassy in Cairo, #1206, December 20, 1954, DSCF 780.5/12-2054. エジプト外務省高官とは，同省アラブ局長のマフムード・リアド（Mahmoud Riad）なる人物である。リアドは，本文で述べたような見方を示す一方で，サルサンク合意については，ヌーリーが9月のカイロ訪問時に立場を変えた結果，同合意が実現しなかったという，事実とはずいぶん異なる理解を示している。サルサンク合意は，いわばエジプト政府上層部の不祥事であるから，外務省高官にも，その実態は伏せられていたのかもしれない。
[80] DOS to U.S. Embassy in Cairo, #1002, December 31, 1954, DSCF 780.5/12-3154.

和平の帰趨を左右するきわめて重要な役割をナセルに割り振ろうとしていた。もし米国の政策決定者たちが中東の組織化を巡ってエジプトとの間に深刻なインタレストの衝突が生じていると認識していたならば，ナセルにかかる役割が与えられることもなかったであろう。

　米国政府は，エジプトとイラクの対立を深刻に捉えることなく，そして中東全域を西側陣営に取り込む目標を見据えつつ，中東諸国の「内発的」な組織化を背後から支援するアプローチを継続しようとしていた。しかし，米国を表舞台に引きずり出そうとする動きが早くも現れていた。ヌーリーは，エジプトがアラブ連盟会合の場でイラクの地域的組織への参加に反対したことをエジプトの対外政策の明確な転換と理解し，それに対抗する決意を固めつつあった。それゆえヌーリーは，きたるエジプトとの闘争において米国を自陣に取り込むことを期し，米国に対して，イラクがトルコとの協定に調印するには同協定に米英両国が参加する必要があると主張し始めたのである[81]。米国政府は，かかるヌーリーの主張に動じなかった。米国政府は，MEDOの経験に鑑み，中東に実効性のある防衛態勢を構築するためには，その基礎が「中東諸国の真に内発的な活動（genuine indigenous effort）」によって構築されねばならないと考えており，域内諸国による組織化が進展するまでは，「同地域における米国のコミットメントを考慮する状況にはない」。国務省は，かかる米国の立場を確認した上で，引き続きヌーリーにトルコ・パキスタン協定への参加あるいは新たな北層の二国間協定の締結を促していく方針を取った[82]。ヌーリーは，この時点では，米国の参加をそれ以上強硬に求めることはなかった。しかし，ヌーリーの要求は，これ以降中東の親西側諸国から米国に加えられていく圧力，すなわちエジプトを含む中東全域を西側陣営に統合することを目指すよりも，中東域内の政治的対立において親西側諸国の側を明確に支持するよう要求する圧力の最初の例に過ぎなかった。

　1954年末，中東の域内政治はひとつの曲がり角に差しかかっていた。ここに兆した新たな域内対立は，エジプトとイラクの間のアラブ内対立に発したが，イラクの側に立つトルコの言動に見られるように，親西側諸国のみでブロックを構築しようとする性格を早くも帯び始めていた。そして，親西側ブロックを構築しようとする勢力は，英国は言うまでもなく，米国をも自陣に取り込もうとする圧

---

[81] U.S. Embassy in Baghdad to DOS, #381, December 21, 1954, *FRUS, 1952-1954*, 9 : 562-563.
[82] DOS to U.S. Embassy in Ankara, #732, December 31, 1954, *FRUS, 1952-1954*, 9 : 563-565.

力を加え始めていた。このような動きは，西側統合政策の目標に反するものであったが，1954年末の段階では，米英両国政府は何れも中東域内の政治的分極化の兆しを深刻に受け止めていなかった。それゆえ，米英両国は，それが域内対立を深刻化させる可能性を顧慮することなく，イラクとトルコの二国間協定の実現を心待ちにしていたのである。

2　トルコ・パキスタン協定とイラン

1）シャーと軍事援助

　トルコ・パキスタン協定拡大の最初の候補はイラクであったが，もうひとつの重要な候補は，言うまでもなくイランであった。しかし，イランの場合は，イラクの場合とは異なる困難が伴った。ひとつは，言うまでもなく，石油国有化紛争が最終的な解決に至っていなかったことである。もうひとつは，やや逆説的ではあるが，イラン軍の拡大および強化へのシャーの強い執着であった。モサッデクを打倒したクーデタから2か月も経たぬ1953年9月末，シャーはイラン軍の中長期的な整備方針について，米国側の意向を質した。シャーはヘンダーソン大使に，イラン軍を国内治安維持を目的とする水準にとどめるのか，それともソ連の侵略に対して一定の防衛力を有する水準にまで強化するのか，「米国政府の最高レヴェル」で検討し，さらに英国側とも政策を調整した上で回答するよう求めた。その際にシャーは次のように言い添えた。もし米英が，イラン軍を国内治安維持レヴェルの軍隊にとどめると決定するならば，イランはそれに従うしかない。しかし，共産主義者の侵略に対して自国軍が国土の一部すら防衛することが出来ないと知れば，イラン人の士気は大いに影響を受けるであろう。シャーは，「イラン人の士気」という言葉で，ヘンダーソンにモサッデクの中立主義的ナショナリズムの復活を想起させようとしたに違いない。言うまでもなく，シャーは親米的指導者であったが，米国との厳しいバーゲニングを辞さぬ指導者でもあった。いわばシャーはみずからの下で親米的イランを構築する代償として，米国からの軍事援助の大幅な拡大を要求したのである[83]。

---

[83] U.S. Embassy in Tehran to DOS, #783, September 29, 1953, *FRUS, 1952-1954*, 10：805-806.

その後，シャーは，機会を見つけてはイラン軍の整備方針に関する米国からの早期の回答を求めるとともに，周辺諸国との防衛協定の可能性にも言及するようになった。シャーは，MEC / MEDO 構想に密かな関心を有し，「北層」の組織化方針を打ち出した6月1日のダレス演説に込められたメッセージをも読み取っていたに違いなかった。ここでもシャーは，米国にとってのイランの価値を最大限につり上げようとした。シャーは，イランが一定の軍事力を保持するようになるまで，北層諸国の組織化は無意味であり，したがってイランが地域的防衛組織に参加することもないとの立場を示し，改めて米国に軍事援助の増額を迫ったのである[84]。

1954年初頭，アイゼンハワー政権は，新たなイラン政策文書 NSC 5402 を採択し，イランの軍事力を「漸進的」に強化するとともに，将来的にイランを北層の地域的枠組みに包摂することを目標として定めた。これを受けて国務省は，シャーからの問いへの回答として，イランの軍事力を「国内治安に必要とされる厳密な水準を超え」た水準まで強化すべきであるとの米国政府の「最高レヴェル」の見解，そのために米国からの軍事援助を一定程度拡大するとの方針，そして，それにもかかわらずイラン一国の軍事力強化では外部からの侵略に対抗する能力を望むことは出来ぬゆえに，イランは「地域防衛の調整について周辺諸国と手を携える」必要があるとの米国政府の認識を，伝達する方針を立てた[85]。

しかし，これには英国政府が難色を示した。英国の政策決定者たちは，イランが「中立主義の政策的伝統」から離脱して西側に与するか疑念を抱き続けていたことに加えて，イランの軍事的潜在力をきわめて低く評価していたため，イラン軍の強化は西側世界の資源の浪費であると考えていた。さらに彼らは，イランを中東の地域的組織に参加させるのは時期尚早だとも考えていた。英国の北層軍事戦略ではイランの防衛は想定されていなかった。仮にイランが中東の防衛組織に参加するならば，同国をも防衛するプランが必要とされることになりかねず，その場合には，英国の中東における軍事的負担が増大することになる可能性が高い。英国の政策決定者たちは，かかる重大な軍事的問題を等閑視し，イランの地域的組織への参加を既定路線であるかの如く位置づける米国の方針をそのまま受け入れることは出来ないと判断した。それゆえ英国政府は，事前に米英間で政策の調

---

[84] U.S. Embassy in Tehran to DOS, #1102, November 14, 1953, *FRUS, 1952-1954*, 10：831-834.
[85] DOS to U.S. Embassy in Tehran, #1751, February 19, 1954, *FRUS, 1952-1954*, 10：928-930.

整を行う必要があるとして，米国側にシャーへの方針伝達を延期するよう強く求めたのである[86]。

　米国政府は，英国側の懸念を払拭すべく，柔軟な姿勢を取った。まず，イラン軍の整備方針については，イラン経済の安定を損なわぬ範囲で推進すべきとの但し書きを加えた。そして，イランの地域的組織への参加の可能性については，それを歓迎する文言を残しつつも，シャーの姿勢を逆手に取る形で，イラン側が現時点ではそのような協定への参加を時期尚早と考えていることを米英が了解していると言及することとした[87]。じつはこれらの修正は，米軍部の懸念にも応えるものであった。JCS は，ソ連のイランへの侵攻はほぼ間違いなく全面戦争に発展すると想定しており，また先述のように，この頃までにザグロス山脈線を中東の軍事戦略の基本とする方針を固めていた。しかし，ザグロス山脈線防衛戦略の実現に向けた検討は緒に就いたばかりであり，JCS は，英国政府と同様，イランの地域的組織への参加問題は軍事的な検討を踏まえた上で慎重に決定すべきであるとの立場を取っていた[88]。米国政府は，イランの親西側的な指向を損なうことなく，しかしイランの地域的組織への参加を拙速に進めることなきよう，さらに中東で大きな軍事的責任を担う英国の方針に合致するよう，微妙な舵取りを求められたのである[89]。

　英国政府は，米国の修正案に満足した。英国政府としても，イランの軍事力を漸増させること，そして，将来的にイランを地域的組織に参加させる可能性を残しておくことに，異論はなかったからである[90]。米英の合意を受け，3月17日にヘンダーソン大使はシャーに米国政府の方針を説明した[91]。シャーが米国の回答に不満であったことは間違いない。その後もシャーは，しばしばイラン軍整備の

---

[86] Minutes by L.A.C. Fry and R. Allen, February 19-20, in FO371/110031/EP1193/1; The British Embassy in Washington to FO, #710, February 22, 1954, in FO371/110031/EP1193/1.

[87] DOS to the U.S. Embassy in Tehran, #1798, March 1, 1954, *FRUS, 1952-1954*, 10: 933-934.

[88] Memorandum for the Secretary of Defense by the JCS, "NSC 175 ――United States Policy toward Iran," December 29, 1953, in "Iran(4)" folder, Disaster File Series, box 65, WHONSC, DDEL.

[89] U.S. Embassy in Tehran to DOS, #1872, March 4, 1954, *FRUS, 1952-1954*, 10: 934-940; DOS to U.S. Embassy in Tehran, #1838, March 9, 1954, ibid., 947-949. 米英両国の駐イラン大使は緊密に連絡を取っており，イラン軍整備問題が軍事プランと結びつかざるを得ないという米国側の認識は，両国の駐イラン大使館を通じて共有されていた。Roger Stevens to R. Allen, March 5, 1954, in FO371/110031/EP1193/8.

[90] Memorandum by L.A.C. Fry, March 11, 1954, in FO371/110031/EP1193/8; Minutes by D.L. Stewart, March 22, and by L.A.C. Fry, March 24, 1954, in FO371/110031/EP1193/10.

[91] U.S. Embassy in Tehran to DOS, #1972, March 18, 1954, *FRUS, 1952-1954*, 10: 954-958.

遅れについてヘンダーソンに不平を述べ，ついにはみずから訪米することを決意するに至る[92]。しかし，当面イランを巡る外交は，石油問題の最終的な解決に集中することになった。4月にトルコ・パキスタン協定が締結され，米国からイラクへの軍事援助協定が締結される間，イランのトルコ・パキスタン協定への参加問題は，しばしの休眠状態に置かれることになったのである。

2) 米英の消極姿勢の継続

1954年の夏から秋にかけてのイランでは，イラン・コンソーシアム間の石油協定の概要が固まり，石油輸出再開の目処が立つとともに，政府が軍内のトゥーデ党員の大量摘発を行った。イランが強力な政府の下に親西側的な旗幟を鮮明にしたことを，米国の政策決定者たちは，「イラン外交における『中立主義』の伝統」からの訣別として高く評価し，イランがこの方向にさらなる前進を遂げることを期待するようになった。国務省内では，トルコ・パキスタン協定への参加等の形でイランを中東の地域的組織に取り込むべく積極的な行動を開始すべきであるとする意見が強まった。とはいえ，米国が背後にとどまるという基本戦術に変化はなかった。トルコ・パキスタン協定を実現させた戦術，すなわち軍事援助を積極的に活用することによって，イランの行動に影響を与える戦術が模索され始めたのである[93]。

しかしながら，対イラン軍事援助の増額には，思いがけぬ障害が存在した。早期に対イラン軍事援助の大幅増額を求める国務省に対して，JCS・国防省が難色を示したのである。国務省は，1955-58会計年度の対イラン軍事援助を2億3800万ドルに引き上げることを提案したが，これはJCSが計画していた6200万ドルの4倍あまりに相当した。かかる大幅な増額は，他国向けの軍事援助を圧迫することになるのみならず，イラン周辺国からの援助増額要求を惹起しかねないと，JCSは懸念した。またJCSは，国務省の提案は中東向け軍事援助の原則に違背す

---

[92] U. S. Embassy in Tehran to DOS, #2479, June 5, 1954, *FRUS, 1952-1954*, 10: 1023-1024; Memorandum from the Secretary of State to the President, July 3, 1954, ibid., 1037-1038.

[93] Memorandum from Jernegan to Bowie, "Proposed Program of Military Aid to Iran," September 18, 1954, in "Iran (NSC 175 and 5402)" folder, Lot61 D167; Memorandum from Jernegan to the Under Secretary, "Increased Military Aid for Iran," September 24, 1954, in "Iran 1954-1955" folder, Lot61 D167; Progress Report on United States Policy toward Iran by the Operations Coordinating Board, October 13, 1954, in "Iran (NSC 175 and 5402)" folder, Lot61 D167; Secretary of State to Secretary of Defense, November 8, 1954, *FRUS, 1952-1954*, 10: 1063-1066.

ると考えていた。前述のように，JCS・国防省は，軍事援助に2つの段階を想定していた。政治的な環境作りを主眼とする第1段階においては，軍事援助は当該国の行動に対する報償として提供されるのに対して，地域全体の軍事力の強化を目指す第2段階においては，軍事援助は，軍事プランに基づいて，当該国に割り当てられた軍事的役割に応じて提供されることとされていた。イランの軍事的役割や必要とされる軍事力の水準も決定していない段階で大規模な軍事援助を行うことは，かかる原則からの逸脱となり，軍事的に合理的なイラン軍の拡充にもつながらぬとして，JCS は軍事援助の大幅な増額に難色を示したのである[94]。

　英国政府もイランを中東の組織化の対象に加えることには依然として慎重であった。ヌーリーが慌ただしく中東諸国や英国を行き来している頃，シャーはイラク国王宛ての書簡で地域的組織に参加することに前向きな姿勢を表明していた[95]。しかし，英国政府はイラクを含む地域的組織へのイランの参加に慎重であった。かかる多国間協定にみずから参加することで英・イラク条約の改定を実現するというのが英国政府の方針であったが，そこにイランが参加すれば，英国はイラン防衛の責任をも負うことになる。英国の北層軍事戦略は，ザグロス山脈に防衛線を設定しており，イラン国土の大部分は防衛の対象外であった。英軍部はイランの軍事力は中東防衛に貢献する水準に遠く及ばないと評価していたので，イランが多国間協定に参加することは，当面は英国の負担のみを増大させることになると考えられたのである[96]。すでにイラク側には北層軍事戦略の概要が通知されていたので，ヌーリーも英国側の事情を理解していたと推測される。ヌーリーは，将来的に多国間協定にイランを加入させることを当然視しつつも，イラクが最初に締結する二国間協定の候補としてイランを考慮することは一度もなかった。かかるヌーリーの姿勢は，将来的に多国間協定のパートナーとなる英国への配慮から導かれたものであったと考えられる。

　10月のヌーリー・メンデレス会談を経て，イラクを含む北層の組織化の進展が展望されるようになると，当然ながらイランの参加の可能性も議論されるようになった。しかし，なおも英国政府は慎重であった。英外務省と COS は揃って，イランの参加は時期尚早であり，この問題についてはまず米英の軍レベルで協

---

[94] Memorandum from Arthur Radford to the Secretary of Defense, "MDA Program for Iran," September 24, 1954, in "Iran (NSC 175 and 5402)" folder, Lot61 D167.
[95] British Embassy in Ankara to FO, #500, October 21, 1954, in FO371/110788/V1073/63.
[96] FO to British Embassy in Tehran, #1176, October 26, 1954, in FO371/110788/V1073/58.

議すべきであると主張した。イーデンは，オルドリッチ米大使との会談で，イランの石油収入の回復まで同国の地域的組織への参加は見合わせるべきであり，「ゆっくりと進むべき」であるとの立場を明言した[97]。国務省は，石油収入回復までイランの参加を考慮しないとする英国政府の立場は行き過ぎであり賛同できないとしつつも，当面イランに参加の圧力を加えるべきではないとする英国政府の立場を支持することとなった[98]。米英両国は，それぞれの異なる事情からではあったが，地域的組織へのイランの参加を急がないという方針で足並みを揃えたのである。

　一方，親西側の立場を鮮明にしているイランのみが北層諸国の組織化から取り残される状況に，シャーは苛立ちを強めていた。12月，かかる閉塞状況を打破するとともに軍事援助拡大の糸口をつかむべく，シャーは訪米した。1949年の前回の訪米時，シャーはギリシャ・トルコ並みの軍事援助を要請して米国側に拒否されるという経験を味わっていた。米国政府は，訪米前からシャーに軍事援助問題の最終決定は訪米に間に合わぬ旨，釘を刺していた。アイゼンハワー以下，米国政府の要人たちは，北層の地域的組織へのイランの参加を検討するようシャーに促しつつ，軍事援助の増額には応じぬ姿勢を貫いた。中東を対象とする軍事プランの完成を待たねばイランの軍事的役割を確定することは出来ず，それまではシャーの求めるような最新兵器を含む軍事援助の大幅増額は不可能である。イランは，最新兵器を導入する前に，軍の練度と組織をさらに向上させる必要がある。それゆえ，イランはまずトルコ・パキスタン協定などの防衛協定に参加し，その間に将来の本格的な軍備拡張に向けた準備をするのが得策である，というのが，米国側がシャーに繰り返したロジックであった[99]。これに対してシャーは，北層の地域的組織へのイランの参加を外交カードとして最大限利用しつつ軍事援助の増額を獲得しようとする戦術をとった。シャーは，地域的組織への参加を強く望む姿勢を示しつつ，「イランの軍事力が強化されぬうちは，同盟への参加は得策ではない」として，米国からの軍事援助の増額を先行させるよう強く迫った[100]。

---

[97] U.S. Embassy in London to DOS, #2200, November 3, 1954, DSCF, 780.5/11-354.
[98] DOS to the U.S. Embassy in London, November 15, 1954, *FRUS, 1952-1954*, 9: 559-560.
[99] Memorandum from Jernegan to the Under Secretary of State, "Questions Relating to the Shah's Visit to Washington Which You May Wish to Raise in the OCB Meeting, December 8," December 6, 1954, in "Iran 1954-1955" folder, Lot61 D167.

しかし，今回もシャーの戦術は機能しなかった。米国政府は，英国との合意通り，イランの地域的組織への参加を急がぬ姿勢を取った。それに加えて，米国政府はシャーが求めるような軍事援助の増額に応じられるような予算を持たなかった。興味深いことに，アイゼンハワーは，何らかの形で対イラン軍事援助を増額することを望んでいた。しかし，皮肉なことに，大統領自身が強力に推進した軍事関連支出を抑制する政策の結果，軍事援助の総額が既存の供給計画に対してすら不足する事態が生じており，対イラン援助を増額する余地はなかった[101]。さらに，軍事援助予算が逼迫する状況の下，JCSは軍事プランニングの裏付けなしに対イラン軍事援助を増額することは出来ぬとの原則的立場に固執した[102]。

結果的にシャーは，3か月あまりの米国滞在中に具体的な成果を得ることなく帰国の途に就くこととなる。しかし，軍事援助を巡るシャーとの鞘当てにもかかわらず，アイゼンハワー政権がイランを軽視したわけでは全くなかった。西側統合政策の目標を追求する限り，イランの重要性が低下することはあり得なかった。1955年1月，国務省政策企画室長のボウィは，政権内の空気を明晰な言葉で要約した。

> イランが中東防衛において如何なる役割を果たすことを米国政府は望むのか，完全に明確な方針はまだ定まっていない。［しかし］政治的な観点から見れば，イランが積極的に自由世界と緊密に協力するとともに，「北層」を強化しあるいはその空隙を埋めるべく，積極的な役割を果たすことを奨励し，それを可能ならしめることが重要である。このことは，中東における我々の政治的ならびに防衛上の態勢を改善するのみならず，イラン国内の親西側的分子を強化するとともに，イランが危険な「中立主義」の立場へと陥ることを抑制するであろう[103]。

---

[100] Memorandum of Conversation by Murphy, December 15, 1954, *FRUS, 1952-1954*, 10 : 1074-1075 ; Acting Secretary of State to the Embassy in Iran, #1187, December 15, 1954, ibid., 1076.

[101] Memorandum from the Assistant Secretary of State for NEA to the Acting Secretary of State, "President's Interest in Additional Military Aid for Iran," January 31, 1955, *FRUS, 1955-1957*, 12 : 698-700 ; Memorandum from Nolting to the Acting Secretary of State, February 1, 1955, ibid., 700-701.

[102] Memorandum from the JCS to the Secretary of Defense, "United States Policy toward Iran——NSC 5402/1," January 7, 1955, *FRUS, 1955-1957*, 12 : 680-682.

[103] Memorandum from Bowie to Hoover, "Iran's Role in Middle East Defense," January 11, 1955, in "Near East (NSC 5428)" folder, Lot61 D167.

ボウィがこの文章を認めた数日後，アイゼンハワー政権は新たな対イラン政策文書 NSC 5504 を承認した。NSC 5504 は，具体的な政策については先行文書 NSC 5402 の方針を踏襲しつつも，記述を全面的に刷新し，先行文書よりはるかに明瞭にイランを親西側的な地域的組織に組み込む決意を表明していた。NSC 5504 は，石油収入の増大により将来的にイランが経済的繁栄と政治的安定を獲得しうるとの楽観的な見通しを基調としつつ，シャーが親米的・親西側的な旗幟を鮮明にしたことを高く評価していた。以後長きにわたって米国の政策決定者たちの懸念材料となる，シャーの抑圧的政治手法やイランの政治および行財政の問題点も列挙されていたが，親米的・親西側的なイランの発展こそが同文書のメイン・シナリオであった。「イランを自由世界の周辺諸国とのより緊密な連携に向かわせ，イランをアジアにおける負債から反共主義の資産へと転化する」ことが米国の新たな目標とされた。そして，アイゼンハワー政権のイランへの期待の高まりを反映する形で，NSC 5504 は，イランの軍事力をザグロス山脈線でソ連の進撃を食い止めるのに貢献しうる水準まで強化する方針を打ち出していた[104]。

　軍事援助や地域的組織への参加を巡り，シャーと米国政府の思惑はすれ違いを繰り返した。また，北層の中心に位置しながら米英の中東軍事戦略において全面戦争時の防衛線の外側に置かれるというその特殊な位置づけゆえに，イランとの軍事的な連携に英国政府は慎重な姿勢を崩さなかった。しかし，シャーと米英両国の軋轢は，つまるところ米英両国が期待する以上にシャーがイランの軍事力の強化に積極姿勢を示し中東の防衛協定にも関心を示したことから生じていた。ややレトリカルに表現するならば，シャーは米英両国以上に親西側的であったゆえに，米英との軋轢を経験することとなったのである。

3　エジプトと西側統合政策

1）対エジプト軍事援助の不調

　1954 年 7 月，スエズ基地に関する英・エジプト基本合意への目処が立つと，

---

[104] NSC 5504, "U.S. Policy toward Iran," January 15, 1955, *FRUS, 1955-1957*, 12 : 689-696. イランの中東防衛における軍事的役割については，まもなく開催されることになっていた，米・英・土 3 か国軍事協議の結果を踏まえて早急に決定することとされていた。3 か国協議については，次章を参照。

実際の署名に至る前から、アイゼンハワー政権は対エジプト軍事・経済援助の実施に向けて動き始めた[105]。アラブ世界を西側陣営に取り込むためにはアラブの大国エジプトの協力を確保することがきわめて重要であるとの認識は、米国の政策決定者たちの当然の前提となっており、援助の提供を通じてエジプト革命政権との協力関係を強化することは、前政権以来のいわば宿願であった[106]。7月27日に英・エジプト基本合意が調印されてまもない8月2日、米国政府はキャフェリー米大使を通じて軍事援助協定案をエジプト側に提示し、8月中旬にはアイゼンハワーが対エジプト軍事援助支出に承認を与えた[107]。つまり、英・エジプト基本合意調印のほぼ直後に、米国はすぐにでも対エジプト軍事援助を実行できる態勢を整えていたのである。

しかし、援助の実施には、いくつかの困難が伴った。ひとつは、米国が用意する援助の規模が、エジプト側の期待に及ばなかったことである。1953年後半には、米国政府内では、将来的にエジプトに提供する援助の規模は、無償軍事援助2500万ドル、経済援助2700万ドル規模とする方針が打ち出されていた。前者については米軍部が算出した数字であり、後者は対イスラエル経済援助と規模を釣り合わせるために導かれた数字であった[108]。1954年夏、エジプトとの援助を巡る交渉が開始された段階では、米国政府は無償軍事援助2000万ドル、経済援助2500万ドルを用意していた[109]。援助の規模を米国側が一方的に決定するのはエジプトに限られたことではなく、またアイゼンハワー政権が用意した対エジプト援助の規模は、イラク等への援助に比べれば大規模なものであった。しかるに、

---

[105] 本節の叙述は、次の研究を適宜参考にしている。Burns, *Economic Aid and American Policy toward Egypt*, 11-23 ; Hahn, *The United States, Great Britain and Egypt*, 182-185.

[106] Secretary of State to Secretary of Defense, July 12, 1954, *FRUS, 1952-1954*, 9 : 2281-2282 ; Byroade to Dulles, "Request for Authority to Initiate Grant Economic and Military Assistance Agreement with Egypt," July 15, 1954, ibid., 2283-2284.

[107] Despatch from U. S. Embassy in Cairo, #182, "Text of Proposed Mutual Defense Assistance Agreement Presented to Egyptian Government," August 2, 1954, DSCF 774.5-MSP/8-2554 ; DOS to U.S. Embassy in Egypt, #144, July 28, 1954, *FRUS, 1952-1954*, 9 : 2289-90 ; U.S. Embassy in Cairo to DOS, #144, August 2, 1954, ibid., 2292-2293 ; Stassen to Dulles, August 18, 1954, *FRUS, 1952-1954*, 9 : 2295-2297.

[108] DOS to the U.S. Embassy in Egypt, #439, October 19, 1953, *FRUS, 1952-1954*, 9 : 2146-2147 ; Memorandum from Byroade to Secretary of State, "Economic Aid to Egypt," November 12, 1953, ibid., 2160-2162.

[109] Memorandum by Secretary of State to President, "Economic and Military Aid to Egypt," August 6, 1954, *FRUS, 1952-1954*, 9 : 2295.

エジプト側は，軍事援助と経済援助をそれぞれ5000万ドルずつ，計1億ドル規模の援助を期待していた。米国側はそれまで将来的な援助の規模を明言したことはなく，エジプト側に過大な期待を抱かせぬよう配慮してきた。しかし，エジプト革命後の2年間，米国政府は結果的にエジプトにごく小規模な援助しか行うことが出来ず，スエズ基地問題の解決後に本格的な援助を提供するという約束を繰り返してきた。この間にエジプト側が非現実的なまでに期待を膨らませていたことは明らかであった[110]。とりわけナセルは，エジプト軍の士気向上のために戦車や航空機などのハードウェアを大規模に導入する必要があると主張していた。エジプトと西側陣営の連携を実現できる人物としてナセルに期待していた米国政府は，ナセルを失望させぬよう，細心の注意を払わねばならなかった[111]。

しかも，軍事援助の実施にはさらなる困難が付きまとった。英軍の段階的な撤退と有事の際の英国によるスエズ基地再使用権を盛る英・エジプト協定は，即時無条件の英軍撤退を要求してきた，ムスリム同胞団を含むエジプト国内の強硬な排外主義的ナショナリスト勢力には不満を残すものであった。エジプトの一般国民も英国との協定を歓迎するには程遠い状況にあったことは，すでに確認した。しかるに，米国の相互安全保障法（Mutual Security Act）では軍事援助の被援助国に米国の軍事援助顧問団（MAAG）の受け入れが義務づけられていたため，軍事援助を受け入れることになれば，小規模とはいえ軍服を着た米国の軍人がエジプトに駐留することは避けられなかった。ナセルは，西洋人の軍人を新たにエジプトに駐留させることになる米国との軍事援助協定が，英・エジプト協定への不満を抱く勢力からの批判の的となることを恐れていた。8月末，エジプト政府は，英・エジプト本協定の締結を控えて米国との軍事援助協定を締結することは国内政治上困難であるとして，当面は軍事援助を要請しないとの方針を米国側に通知した。しかしそれと同時に，エジプト側は，外相や駐米大使などあらゆるチャネルを通じて，かかる方針が軍事援助に対する原則的な反対，あるいはエジプトの親西側的な立場の変更を意味するものではなく，あくまでも国内政治上の配慮で

---

[110] U.S. Embassy in Cairo to DOS, #324, September 10, DSCF 774.5-MSP/9-1054. 1955会計年度予算はなお議会を通過していなかったが，エジプト，イラク，イスラエル，リビア等向け軍事援助予算総額は1.15億ドル規模と予想されており，エジプト側の期待は明らかに過大であった。

[111] U.S. Embassy in Cairo to DOS, #140, July 31, 1954, *FRUS, 1952-1954*, 9: 2290-2291; U.S. Embassy in Cairo to DOS, #167, August 5, 1954, ibid., 2294-2295.

あることを強調するとともに，その埋め合わせとして経済援助を積み増すよう要望した[112]。

エジプト側の軍事援助に対する慎重姿勢は，米国側にとっては予想外の蹉跌であった。それゆえ，エジプト側の希望を容れて経済援助を増額することによりエジプトとの協調関係の強化を図るべきであるとするキャフェリー大使の献策に，ワシントンは即座に応じた[113]。経済援助協定に向けた米・エジプト交渉は，さしたる障害もなく進行し，11月6日に協定が調印された[114]。米国側は軍事援助を振り替えることによって経済援助を4000万ドルに積み増したが，かかる事情はエジプト側には通知されていなかった。調印直後にエジプト政府は，4000万ドルという総額も含め，米国との経済援助協定を発表した[115]。しかし，エジプト政府がもはや米国側には別途の軍事援助を実施する予算がほとんど残っていないことを知らぬままに4000万ドルという具体的な金額を経済援助の確定額として発表してしまったことは，後の米国とエジプトの交渉に思わぬ影響を与えることとなる。

経済援助協定の締結に先立ち，英・エジプト本協定の調印直後の10月22日，ナセルの意を直接に受けた駐米エジプト大使アフマド・フサイン（Aḥmad Ḥusayn）からNEA担当国務次官補バイロードへの申し入れという形で，エジプト政府は軍事援助協定に向けた交渉の再開を申し入れた。しかし，最初から交渉には暗雲が垂れ込めていたといってよい。ナセルは，「交換公文という形式で締結される，可能な限り単純な協定」を望んだ。つまり，相互安全保障法の規定にとらわれることなく，MAAG派遣を伴わぬような形で援助を実施するよう，米国

---

[112] U. S. Embassy in Cairo to DOS, #268, August 29, 1954, *FRUS, 1952-1954*, 9 : 2297-2298 ; Memorandum of Conversation, "Military Aid to Egypt," August 30, 1954, DSCF 774.5-MSP/8-3054 ; Memorandum of Conversation, "Egyptian Decision Not to Request US Military Aid," August 31, 1954, DSCF 774.5-MSP/8-3154 ; U.S. Embassy in Cairo to DOS, #278, August 31, 1954, DSCF 774.5-MSP/8-3154.

[113] U.S. Embassy in Cairo to DOS, #271, August 30, 1954, DSCF 774.5-MSP/8-3054 ; Jernegan to the Under Secretary of State, "Effects of Egyptian Decision Not to Request US Grant Military Aid," August 30, 1954, DSCF 774.5-MSP/8-3054.

[114] U.S. Embassy in Cairo to DOS, #271, August 30, 1954, *FRUS, 1952-1954*, 9 : 2299 ; Memorandum by Radius, "Status Report Item 7(b) : Military Assistance to Egypt," September 28, 1954, ibid., 2304-2308 ; U.S. Embassy in Cairo, #620, November 6, 1954, ibid., 2314.

[115] Memorandum from Byroade to Under Secretary of State, "Your Interview with the Egyptian Ambassador...," October 12, 1954, DSCF 774.5-MSP/10-1254 ; U.S. Embassy in Cairo to DOS, #619, November 6, 1954, DSCF 774.5-MSP/11-654.

側に求めたのである[116]。9月末にカイロの米大使館員と非公式に会談した際, ナセルは, 米国との正規の軍事協定はエジプト国内では主権を侵害する「毒」と受け止められるので, 米国政府は正規の協定以外の何らかの手立てを考えるべきであると主張していた。この氏名不詳の大使館員は, 米国側の相互防衛援助法の規定を説明し, 正規の協定を回避できるという幻想を抱かぬようナセルに釘を刺した[117]。それにもかかわらず, ナセルの姿勢に変化はなく, ファウズィ外相までが, 米国側に非公式な形で迂回援助を実施するよう要請するありさまであった[118]。加えてエジプト側には, 経済援助はあくまでも序章であって, 米国からの援助の本命は軍事援助であると考えているふしがあった。匿名のエジプト外務省高官は, カイロの米大使館員に, エジプト政府が基本的に「軍事政権」であることを銘記するよう求め, 次のように述べた。「［エジプト現政権の］存続の可否は, 軍からの支持如何によって決まるであろう。軍は, 軍事力の向上のためのみならず士気を向上させるためにもアメリカの兵器を必要としている。軍は出来る限り速やかにアメリカの兵器を獲得しなければならない」(強調原文)[119]。

しかし, すでに軍事援助の大部分を経済援助に振り替えていたアイゼンハワー政権に新たに支出できる予算は無く, エジプト側が求めるような非公式ルートでの軍事援助の提供は制度的に困難であった。それでもアイゼンハワー政権は, NSCに直属する活動調整委員会 (Operations Coordinating Board：以下OCB) レヴェルで, エジプトに非公式軍事ミッションを派遣し, ナセルとの膝詰めの折衝を行うことを決定した[120]。11月中旬に数回にわたって行われたナセルとの極秘交渉にはCIAも関与しており, その詳細は必ずしも明らかではない[121]。断片的な情

---

[116] Memorandum of Conversation, "Military Assistance to Egypt," October 22, 1954, DSCF 774.5-MSP/10-2254.

[117] Despatch from the U.S. Embassy in Cairo, #545, "Nasir Re Military Aid," September 27, 1954, DSCF 774.5-MSP/9-2754.

[118] U.S. Embassy in Cairo to DOS, #673, November 16, 1954, *FRUS, 1952-1954*, 9：2317.

[119] Despatch from the U.S. Embassy in Cairo, #832, "Foreign Office Official Refers to Military Aid," November 1, 1954, DSCF 774.5-MSP/11-154； Despatch from the U.S. Embassy in Cairo, #938, "Military Aid for Egypt——Informal Foreign Office View," November 17, 1954, DSCF 774.5-MSP/11-1754.

[120] 以下, 11月のナセルとの秘密交渉の経緯は, それに参加したイヴランドの回顧録によって適宜内容を補っている。Wilbur Crane Eveland, *Ropes of Sand：America's Failure in the Middle East* (London：W.W. Norton, 1980), chap. 8.

[121] 英国側は米国側の腹案も含め, 秘密交渉が行われるとの情報をつかんでいたが, それが極秘交渉であるとは考えていなかったようである。Memorandum from Caffery to Byroade, Untitled,

報によると，米国側がナセルに提示したのは，出所不詳の300万ドルに加え，経済援助の4000万ドルのうち500万ドルを軍事援助として転用するという案であった。新規の支出が不可能であるという米国側の事情と正規の軍事援助協定を受け入れられないとするナセルの立場を両立させる，まさに隘路を穿つ奇策であった。しかるにナセルは，この案をにべもなく拒否してしまう。ナセルが語った拒否の理由は，4000万ドルを経済開発に振り向けることはすでに国民に発表されており，それを減額することは出来ない，というものであった[122]。

しかし，ナセルのこのような説明は理解に苦しむ。後述するように，ちょうどこの時期にナセルは，ムスリム同胞団の本格的な弾圧に着手し，政敵ナジーブの追い落としに成功していた。強権的支配を強めつつある軍事政権の中心人物が，たったこれだけの予算費目の付け換えを国民に説明できぬはずはない。先述のように，もともとエジプト側は5000万ドル規模の軍事援助を期待しており，しかも米国側が軍事援助の振り替えによって4000万ドルの経済援助を捻出していたことを知らなかった。つまりナセルは，交渉次第では米国の援助額をつり上げることは可能であると誤解し，800万ドルを起点にバーゲニングを行おうとしていたのではあるまいか。かかる推測が正しいとするならば，ナセルは米国政府の懐具合を完全に見誤り，とんだ戦術ミスを犯したことになる。米国側には追加の援助予算は無く，800万ドルは無理を重ねた上での最大限の金額であった。それゆえ，対エジプト軍事援助を最も熱心に進めようとしていた国務省NEAを含め，早くも11月中旬には，米国側は今次のナセルとの交渉に望みはないとの判断に急速に傾いていった[123]。最終的にナセルとの軍事援助交渉が断念されたのは11月末のようなので，記録に残されていない非公式交渉があったかもしれぬが，双方の立場が交渉開始時点から動いた形跡はない。なおもナセルは非公式な合意による大規模な軍事援助を求め続けていたが，非公式軍事ミッションとキャフェリー大使は，11月の非公式折衝をもって，アイゼンハワーが1953年7月にナジーブに送付した親書で約束していた，英・エジプト協定の成立後に軍事・経済

November 12, 1954, DSCF 774.5-MSP/11-1254.
[122] Unidentified and Untitled Memorandum Starting with "On 13 November....," November 15, 1954 (Handwritten), DSCF 774.5-MSP/11-1554.
[123] Unidentified and Untitled Memorandum (Probably Drafted by Byroade), Starting with "Believe following points...," November 16, 1954 (Handwritten), DSCF 774.5-MSP/11-1654 ; Memorandum from Gerhardt to Byroade (Pass to Admiral Davis, OSD), November 17, 1954.

援助を提供するとの誓約を果たしたと判断した。これは，将来的な軍事援助の可能性を否定するものではなかった。しかし，これ以降，米国がエジプトに提供する軍事援助は，英・エジプト協定に対する報償としてではなく，新規の事案として扱うという方針が事実上決定されたのである[124]。

しかしながら米国の政策決定者たちは，軍事援助交渉のリセットを将来に向けた前向きな決定と捉えていた。驚くべきことに，彼らは，11月の非公式折衝を通じてナセルが米国側の事情や立場を理解し，「わだかまりは全体的に除去された」と考えていたのである。加えて，翌年にはキャフェリーに代わってバイロードが駐エジプト大使として赴任することになっていた[125]。ナセルとの秘密交渉に参加したイヴランド（Wilbur C. Eveland）の回顧録によると，バイロードは，ダレスの全面的な支持を得てアラブ・イスラエル等距離外交を推進していたものの，米国内の親イスラエル勢力の批判の的となり，国務次官補を退くこととなった。しかし，元軍人という経歴がナセルと共通しており，しかもナセルとも同年代（ナセルは1918年，バイロードは1913年生）ということで，駐エジプト大使への転出が決まったという。ワシントンは，親アラブ的との定評を得たバイロードが高齢のキャフェリーとは異なる形でナセルとの信頼関係を構築することに大いに期待していたのである[126]。

2）エジプト国内政治と中立主義

しかし，このような米国側の楽観論とは裏腹に，軍事援助交渉の不調は，エジプトの対外政策全般に深刻な影響を及ぼしたと考えられる。それは，軍事援助交渉がエジプトの対外政策，殊に中東諸国の組織化に対するエジプトの姿勢に大きな影響を及ぼした様子を観察できるからである。

ナジーブ首相の時代，エジプト政府は，漠然とした形ながら，スエズ基地問題

---

[124] Memorandum to OCB Working Group on NSC 5428, "U.S. Grant Military Assistance to Egypt," December 20-21, 1954, DSCF 774.5-MSP/12-2154.

[125] Memorandum from Cairo for [Kermit] Roosevelt, November 27, 1954, DSCF 774.5-MSP/11-2754. 本文書は，イヴランドらのエジプト出国をCIAのローズヴェルトに伝達した上で，交渉の最終段階の簡単な総括を行っている。「ナセル」のスペルが，「Nasr」となっている点で，ガーハード（H. Alan Gerhardt）がバイロードに宛てた先出の11月17日文書と共通するので，作成者はガーハードと推測される。ガーハードは，非公式ミッション統括者として国防省から同ミッションに参加していた。

[126] Eveland, *Ropes of Sand*, 90-92.

の解決後に親西側的な地域的組織への参加を前向きに検討するとの姿勢を示していた。かかる方針に変化が現れるのは，ナジーブとナセルの権力闘争が進行した1954年春である。先行研究によると，ナジーブから支持基盤を奪うためにナセルもまた中立主義を標榜し，彼が実権を掌握した1954年春には，エジプト政府は中立主義路線を採用したとされる[127]。たしかに，この頃にエジプトが中立主義路線に傾斜した形跡を見出せないわけではない。エジプトのアラブ諸国向けのラジオ放送は，イラクのトルコ・パキスタン協定への参加を強く牽制し，米国との軍事援助協定に向かっていたイラク政府を悩ませていた[128]。エジプト国内向け出版物の検閲では，トルコ・パキスタン協定を是認する内容は禁止されていたし，エジプトの政府系新聞はトルコ・パキスタン協定へのエジプトの参加を明確に否定していた[129]。8月中旬，すなわち米国との最初の軍事援助交渉の只中にも，ナセルは『USニューズ・アンド・ワールドリポート』紙とのインタビューで，米・英・仏などの参加する中東防衛機構の設立，およびトルコ・パキスタン協定へのイラクの参加に反対する姿勢を示している[130]。ナセル側近のアリー・サブリー（'Alī Ṣabrī）官房長官も，9月初めの軍事援助に関する米国側との非公式の接触の際に同様の発言を残している[131]。

しかし，米国の政策決定者たちは，このような発言を必ずしもナセルの真意とは捉えなかった。むしろ彼らは，ナセルの中立主義への傾斜の原因を，エジプト政府の国内権力基盤とエジプト社会に求めた。上記のナセルのインタビューに関連して，キャフェリー大使は，ナセルは「西側大国との関係を取り結ぶ上で［エジプト］国民の姿勢が彼の政府に現時点で課している行動の自由の限界をきわめて正確に見極めている」と指摘し，「ナセル［の発言］は，彼が属している社会で広く抱かれている見解」を反映するものであると論評した。ナセルやエジプト政府の中立主義的な言動は，「今日のエジプト社会の状況」を反映するもので

---

[127] Jankowski, *Nasser's Egypt*, 56–58.
[128] U.S. Embassy in Baghdad to DOS, #542, March 18, 1954, DSCF 674.87/3-1854.
[129] U.S. Embassy in Cairo to USIA, TOUSI 90, February 90, 1954, DSCF 774.00/2-2754; Despatch from the U.S. Embassy in Cairo, #2754, "Al Gumhuriya Quotes Official Source as Saying Egypt Will Not Join Any ME Defense Organization," May 24, 1954, DSCF 774.00/5-2454.
[130] Despatch from the U.S. Embassy in Cairo, #245, "Political Confessions of Gamal Abd Al Nasir," August 13, 1954, DSCF 774.00/8-1354.
[131] Despatch from the U.S. Embassy in Cairo, #382, "Discussion with Ali Sabri Regarding Military Aid to Egypt," September 4, 1954, DSCF 774.5-MSP/9-454.

あって，ナセル自身は「西側との連携という課題については，国民を慎重に導かねばならないと（おそらく正確に）確信している」（括弧書き原文）[132]。すでに見たように，キャフェリーは，1954年春の政治危機などに際してナセルの政治手腕を高く評価し，米国のナセルへの肯定的評価の形成に大きな影響を及ぼした人物であった。そして，英・エジプト協定が国民に不人気な状況，そしてナセルが国民的支持を獲得するのに苦心する状況を目の当たりにしていたのも，キャフェリーであった。事実，前述の『USニューズ・アンド・ワールドリポート』紙とのインタビューの直後にも，ムスリム同胞団とワフド党勢力が再びナジーブを利用して復権を狙っているとの情報が流れていた[133]。8月末には同胞団と警察との間で銃撃を伴う衝突が発生し，RCCと同胞団の危うい休戦状態は終焉を迎えつつあった[134]。キャフェリーの見方に従うなら，エジプト国内情勢が悪化するほど，ナセルは国民向けに中立主義的なリップ・サービスを行わざるを得なくなる。このことを裏返して見れば，ナセルへの信頼が強ければ強いほど，ナセルの中立主義的な発言を割り引いて捉えるというメカニズムが，米国の政策決定者たちには働いていたのである。

　しかも，エジプト政府が中立主義路線を採用したとされる1954年春以降も，現実にはエジプト政府が中立主義的外交路線を一貫して追求していたとは言い難い。1954年夏から秋にかけて，すなわち米・エジプト間で軍事援助交渉が継続していた頃，エジプト政府の言動からは中立主義の色合いが大きく後退する。サルサンク合意は，まさにこのようなタイミングで発生した事件であった。サルサンク合意がサーリム国民指導相の越権行為であったことは間違いないにせよ，それは孤立したひとつのエピソードではなかった可能性が高い。サルサンク会談前後のサーリムの発言には，サルサンク合意と矛盾せぬような，つまり西側諸国や親西側的なイラクとの関係改善を指向するものが多い。ひとつは，エジプト政府は米国からの無条件の軍事援助を歓迎するとの発言である。一見するところでは，サルサンク合意と米国の軍事援助は全く関係ないように見えるが，かかる発言が

---

[132] Despatch from U.S. Embassy in Cairo, #245, "Political Confessions of Gamal Abd Al Nasir," August 13, 1954, DSCF 774.00/8-1354.

[133] Despatch from U.S. Embassy in Cairo, #278, "Opposition Elements Hope to Split Government by Backing Naguib" August 18, 1954, DSCF 774.00/8-1854.

[134] Despatch from U.S. Embassy in Cairo, #345, "Clash between Police and Muslim Brothers," August 28, 1954, DSCF 774.00/8-2854 ; U.S. Embassy in Cairo to DOS, #523, October 19, 1954, DSCF 774.00/10-1954.

サルサンク会合と同時期に行われていることは，エジプト政府のイラクへの接近がじつは米国に向けたシグナルであった可能性を強く示唆している[135]。もうひとつは，エジプト政府が新聞やラジオでトルコ・パキスタン協定および同協定へのイラクの加盟を攻撃する姿勢を改める可能性への言及である。この時，サーリムは，それまでの行きがかり上，エジプト政府には「姿勢を変更する時間が必要」であるとの弁明調の発言も行っている[136]。

また，イラクの駐エジプト大使の伝聞情報によると，サルサンク会談においてサーリムは，エジプトは明確に親西側の立場を取っているが，アラブ諸国やエジプト国内の世論から反発が予想されるゆえに西側諸国との公式な同盟関係を結ぶことは出来ず，それゆえにヌーリーが提案したアラブ連盟防衛条約改変案と米英からの軍事援助を組み合わせる方式を支持することにした，と説明したという[137]。これらのサーリムの発言は，9月にカイロでヌーリーと会談した際のナセルの発言内容とほとんど変わらない。つまり1954年夏から秋にかけて，ナセルを含むエジプト政府は，エジプト国内やアラブ世界の中立主義的な世論に慎重な配慮を示しつつも，米国との実質的な連携を求め，イラクを含む北層の組織化をも黙認する立場を取っていたと考えられるのである。ナセルが米国政府に何らかの非公式な枠組みで軍事援助を実施するよう要請したのも，米国および西側陣営との内密な連携を追求する路線の延長線上に位置づけ得る事柄であった。

そして，エジプト政府がアラブ連盟等においてイラクを含む北層の組織化に明確な反対姿勢を示し始める11-12月という時期は，米国との軍事援助交渉が不調に終わる時期と完全に符合する。すなわち，中立主義を採用するとの1954年春の決定にもかかわらず，エジプト政府の対外姿勢は1954年を通じて大きく振幅し，その振幅をもたらした最大の原因は，米国との軍事援助交渉であったと考えられるのである。ナセルを含むエジプト政府関係者たちがしばしば述べていたように，軍事援助の獲得は，RCCが軍からの支持を確保する上で，すなわち国内

---

[135] U.S. Embassy in Baghdad to DOS, #101, August 20, 1954, DSCF 674.87/8-2054.
[136] U.S. Embassy in Baghdad to DOS, #107, August 23, 1954, DSCF 674.87/8-2354. 7月27日，すなわち英・エジプト基本合意が調印された日に，早くもナセルは英国側に軍事援助の可能性を打診している。それと前後してサーリムは英国側を驚かせる程，英国に友好的な姿勢を示していた。Evelyn Shuckburgh, *Descent to Suez : Diaries 1951-56* (London : George Weidenfeld & Nicolson, 1986), 232-234.
[137] U.S. Embassy in Cairo to DOS, #258, August 26, 1954, DSCF 674.87/8-2354 ; U.S. Embassy in Cairo to DOS, #293, September 2, 1954, DSCF 674.87/9-254.

権力基盤を維持する上で，きわめて重要であった。軍事援助の獲得は以後もエジプト政府の最重要課題であり続け，このことが翌年にはエジプトのソ連への接近という劇的な展開につながることとなる。1954年11月に米国との軍事援助交渉が事実上決裂したことは，エジプトの対外政策を中立主義的な方向に向けさせるきわめて大きな契機となった可能性が高いのである。

しかるに，1954年末の軍事援助交渉の不調とナセルの中立主義的な言動への傾斜を，米国の政策決定者たちは重大な事態とは捉えなかった。皮肉なことに，彼らはナセルが親米・親西側的な価値観を有する政治的に有能な指導者であると信じていたゆえ，つまりナセルを信頼していたがゆえに，ナセルの発するメッセージを読み誤った。1954年秋以降，エジプトの政治情勢が再度緊迫したことによって，かかる傾向はむしろ強まっていた。10月27日，アレキサンドリアで英・エジプト協定調印祝賀集会に出席していたナセルは，ムスリム同胞団員より銃撃を受けた。8発放たれた銃弾は，すべてナセルを逸れた。この集会に参加していたのは，例によって動員されたナセル支持者たちであったが，それにもかかわらず，銃撃事件前にはナセルへの拍手はまばらであったという。しかるに，事件後もナセルは集会を続行し，壇上より「ジャマール［ナセルの名］死すとも，栄光と名誉と尊厳に向けて前進せよ！」と演説した。この英雄的な行動とメッセージに，集会の参加者たちは熱烈な拍手で応えた。集会の模様は録音され，エジプト全土にラジオ放送された。これを受けて，カイロでは同胞団の解散を求めるストライキが発生した[138]。ナセルは即座に，この事件をみずからの権力を強化するために活用し始めた。エジプト政府は，国家反逆罪を裁く特別法廷を設置し，ムスリム同胞団関係者を中心に700名あまりを訴追した。その過程で，ナジーブは同胞団との共謀を問われ，11月14日に大統領職を解かれることとなった[139]。

一連の事件を通じて，ナセルはナジーブとムスリム同胞団というみずからの権力への最大の脅威を取り除くことに成功したことになる。しかし，このことはナセルがエジプト国民の間に広範な支持基盤を獲得したことを意味するわけではな

---

[138] U.S. Consulate General in Alexandria to DOS, Unnumbered, October 27, 1954, DSCF 774.00/10-2754 ; U.S. Embassy in Cairo to DOS, #555, October 27, 1954, DSCF 774.00/10-2754.

[139] Despatch from U. S. Embassy in Cairo, #845, "Special Tribunal Established to Try Muslim Brotherhood Cases," November 2, 1954, DSCF 774.00/11-254 ; U.S. Embassy in Cairo to DOS, #656, November 14, 1954, DSCF 774.00/11-1454 ; Despatch from U.S. Embassy in Cairo, #922, "Further Testimony Implicating Naguib at Muslim Brotherhood Trial," November 22, 1954, DSCF 774.00/11-2254 ; Gordon, *Nasser's Blessed Movement*, chap. 10.

かった。そして，1954年末の段階でも，特別法廷への訴追者の追加が続くなど，エジプトの政治情勢が安定に向かったとは言い難かった。米国の政策決定者たちが，軍事援助協定交渉の決裂にさしたる危機感を示さず，メンデレスとの会談を延期したナセルに理解を示し，エジプト政府のイラク批判やナセルの中立主義的な言辞を聞き流したのは，まさにこの時期であった。彼らは，ナセルがかかる言動に訴えるのは苛烈な国内政治闘争を戦っているがゆえであると理解し，そして，やがて権力を確立したあかつきにはナセルは西側陣営との連携強化という本来の——彼らがナセルの本質と信じた親西側的な——立場に立ち戻ると信じていた。

　この時期の米・エジプト関係を象徴する小さな事件が年末に発生する。シリア人ジャーナリストの取材を受けたサーリムが，エジプトの対外政策に関するきわめて挑発的な発言を行い，しかも彼の所管する国民指導省がその内容を配信したのである。サーリムは，米国からの軍事援助協定の提案について，それがあたかもエジプトを従属的地位に置くことを目指す計略であったかの如く語り，その提案を拒否したことを現政権の功績と位置づけた。さらに彼は，米国からの経済援助はエジプトの対外政策に如何なる制約をも課すものではないとして，アラブ諸国のみによる集団防衛態勢の構築を主張するとともに，エジプトは如何なる条件のもとでもイスラエルとの平和共存を受け入れないと語ったのである。カイロの米大使館には，ナセルがサーリムの発言に憤り，それが「無責任で権限を逸脱したもの」であると批判しているとの情報が寄せられた。ファウズィ外相も，キャフェリーに個人的に遺憾の意を示した[140]。

　興味深いのは，これに対する国務省の反応である。国務省は，当然ながらサーリムの発言を「きわめて有害」と断じ，ナセルが少なくとも国外向けにサーリムの発言を否定することを望んだ。しかし同時に国務省は，「RCCがさらに弱体化あるいは分裂することを望まない」ゆえに，そして「現在の［エジプト政府の］危機が緩和されたとき，ナセルがみずからの立場を改善し，そしてイスラエル問題に関してエジプト国内で建設的な指導力を発揮する」ことに期待するゆえに，エジプト政府への抗議などは差し控えることとした[141]。つまり国務省は，ナセルがアラブ・イスラエル和平の実現に向けて主導権を発揮できるほどに権力基盤を

---

[140] U.S. Embassy in Cairo to DOS, #837, December 28, 1954, DSCF 774.5-MSP/12-2854 ; U.S. Embassy in Cairo to DOS, #864, December 31, 1954, DSCF 774.5-MSP/12-3154.
[141] DOS to U.S. Embassy in Cairo, #1001, December 31, 1954, DSCF 774.5-MSP/12-2954.

確立することを期待して、この一件を等閑に付すことにしたのである。ここには、ナセルを、サーリムのようないわば「無責任」なナショナリストとは異質な、西側陣営との連携を実現するために巧みな政治的指導力を発揮する指導者と位置づける無言の前提が存在している。米国の政策決定者たちは、ナセルの中に理想の同盟パートナーの姿を見、その言動の中にいわば最良の意図を読み取ろうとした。その結果彼らは、ナセルとエジプト政府が対外政策の軸足を中立主義に移し始めていることに気づかなかったのである。

4 アルファ計画の始動

1) 西側統合政策とアラブ・イスラエル問題

　米国の政策決定者たちのナセルに対する信頼および期待感は、アルファ計画と銘打たれるアラブ・イスラエル紛争の包括的和平構想にも大きな影響を及ぼした。すでに見たように、アイゼンハワー政権上層部は早くからアラブ・イスラエル紛争の解決を西側統合政策の重要な要素として位置づけ、英・エジプト紛争の解決後に取り組むべき課題として西側統合政策プログラムの中に位置づけていた。域内に深刻な政治的対立が存在する限り、地域全体を西側陣営に取り込むことは原理的に不可能であった。そして現実問題として、アラブ諸国がイスラエルを最大の脅威と捉え、共通の敵と位置づけ続ける限り、アラブ諸国と西側陣営の間にソ連・共産主義に対抗することを目指す共通の目標とインタレストの基盤を構築するのは困難であった。さらに、アラブ諸国のナショナリズムは、イスラエルへの敵意を重要な焦点としているゆえに、イスラエルと結びつけて捉えられがちであった西側世界を敵視し、中立主義に傾斜するという側面が確実に存在した。それゆえ米国の政策決定者たちは、アラブ・イスラエル間に和平を実現できれば、アラブ諸国と西側陣営の間に共通のインタレストの基盤を構築する前提が整い、反イスラエル的であると同時に反西側的・中立主義的なアラブ世界のナショナリズムの圧力を減じ、さらにはかかるナショナリズムを「建設的な」ナショナリズムに転化する展望が開けると考えていた。要するに彼らは、アラブ・イスラエル和平によって、アラブ世界と西側陣営との連携を阻んでいるきわめて大きな障害を除去する必要があると判断し、その鍵を握る人物としてナセルへの期待を高め

ていたのである。

　アラブ・イスラエル紛争解決に具体的に取り組もうとする動きが米国政府内に顕在化するのは，英・エジプト基本合意が調印されてまもない1954年8月中旬であった。8月21日，国務省は中東諸国の米大使・公使館に次のような回状電報を送付した。やや長くなるが，その冒頭2段落を訳出する。

　　エジプトおよびイランの合意を含む中東における全般的な事態の進展に鑑みて，我々は，同地域全体，殊にアラブ諸国と我々との間に，［これまでより］はるかに良好かつ内実ある相互理解を打ち立てる機会を手にしつつあるとの期待を抱いている。［エジプトやイランなど］他の長期にわたった諸問題が緩和に向かうほどに，残念ながら，アラブ・イスラエル紛争は，中東における建設的な政策の障害として，より顕著に浮かび上がっている。［アラブ・イスラエル間の］和平を容易には実現できそうにないゆえに，我々は現在，［中東］地域全体の強化を進めながら，我々の行動が域内に軍事衝突を惹起せぬような方策を探求している。

　　現時点でその可能性が高まっているように，地域防衛の取り決め（area defense arrangements）へのアラブ諸国の協力の基盤を構築できれば，将来的に，アラブ諸国とイスラエルの間に，軍事力と自信の両面で，イスラエルに不利な形での不均衡が生じる段階が到来するであろう。もし我々が何年もの時間をかけて，実質的な軍事力（real strength）を［アラブ諸国に］構築することに成功するなら，かかる事態は避け難い。我々の目標をアラブとイスラエルの軍事力を均衡させることだけに集中させるなら，それは［地域］全体の目標の挫折を意味することとなるであろう。（強調引用者）

電文は，米国の政策決定者たちがアラブ・イスラエル紛争の解決を西側統合政策の目標達成に不可欠のステップと位置づけていたことを端的に物語っている。北層を起点とする地域的組織をアラブ諸国に拡大していくに際して，米国が当該アラブ諸国に軍事援助を提供し，そしてかかる地域的組織に「実質的な軍事力」を付与する段階，すなわち軍事援助の第2段階が到来すれば，アラブ・イスラエル間の軍事バランスは決定的に崩壊することになる。電文では言及されていないものの，かかる過程でイスラエルが予防戦争に訴える可能性をダレスらが懸念していたことは，つとに指摘した通りである。それゆえ，英・エジプト間でスエズ基

地問題解決の目処が立った段階で，ワシントンは，NSC 5428 などで想定していた通りに，次なる課題としてアラブ・イスラエル紛争の解決に取り組もうとし始めたのである。

　回状電報は，アラブ・イスラエル紛争への対処方針について，国務省の素案を示した。国務省素案は，イスラエルの軍事行動を抑制することに主眼を置き，米・イスラエル間の条約あるいは米国からイスラエルへの覚書によって米国がイスラエルに安全保障の誓約を付与する (guaranteeing Israel's security) のと交換に，イスラエルからアラブ諸国への軍事行動を自制する旨の言質を取り付けることを骨子としていた。同案は，アラブ・イスラエル戦争の再発防止に力点を置く点で，イスタンブールの中東駐在外交官会議が提起した案と同様の発想に基づいていたが，以下に見るように，国務省本省が同案に強く執着していた形跡はない。国務省の意図は，議論のたたき台を提示することによって，アラブ・イスラエル紛争への具体的な対処方針について現場の意見を吸い上げることにあったように思われる[142]。

　中東諸国に駐在する米国の外交官たちは，アラブ・イスラエル問題に対処する必要性には同意したが，国務省素案には概して否定的であった。同案は，イスラエルに対する「宥和」であり，ようやくアラブ諸国の認知を獲得しつつあるアイゼンハワー政権のアラブ・イスラエルに対する「等距離」外交への信頼を損ね，結果的にアラブ諸国との関係を悪化させるであろう，との駐レバノン大使レイモンド・ヘアの見解が，彼らの反応を代表していた[143]。批判を受けた国務省は，①米国はアラブ・イスラエル間の和平を望み，両者間で和平に向けた「調整 (adjustments)」が行われるべきであると考えていること，②和平の実現如何にかかわらず，米国はソ連に対抗するために中東地域を軍事的に強化する必要があると考えていること，③米国はアラブ・イスラエル間の戦争勃発に際しては「迅速に適切な行動を取る」であろうこと，を米国の基本的立場としてイスラエル政府に通知し，しかる後にかかる内容の声明を発表するとの修正案を作成した[144]。し

---

[142] DOS to Certain Diplomatic Missions (Amman, Ankara, Baghdad, Beirut, Cairo, Damascus, Jidda, London, Paris, Tel Aviv, and Tehran), #108, August 21, 1954, *FRUS, 1952-1954*, 9：1619-1620.
[143] U.S. Embassy in Beirut to DOS, #182, August 24, 1954, *FRUS, 1952-1954*, 9：1622-1624 ; U.S. Embassy in Damascus to DOS, #96, August 30, 1954, ibid., 1634-1635.
[144] DOS to Certain Diplomatic Missions (Amman, Ankara, Baghdad, Beirut, Cairo, Damascus, Jidda, London, Paris, Tel Aviv, and Tehran), #125, September 1, 1954, *FRUS, 1952-1954*, 9：1639-1641.

かし，同案もまた，アラブ諸国からはイスラエルへの過剰な配慮と見られかねないとして，アラブ諸国駐在の米外交官には概して不評であった[145]。

ところがダレスは，10月8日の駐米イスラエル大使エバン（Abba S. Eban）との会談において，あくまでも非公式なものと断りながら，やや希釈した表現で如上の米国の基本的立場を説明した[146]。現場からの消極的な評価にもかかわらず，ダレスが米国の立場をイスラエル側に伝達したのには，伏線があった。イスラエル政府は，英軍のスエズ基地撤退に反対していた。シナイ半島の西端近くに位置したスエズ基地は，イスラエルから見れば，エジプト軍のイスラエル攻撃を抑止しうる位置にあった。逆に，英軍が撤退してスエズ基地をエジプトが管理することになれば，エジプトのイスラエル攻撃を物理的に抑制するものが失われるばかりか，エジプトはイスラエルとの国境近くに巨大な軍事拠点を持つことになる。それゆえイスラエルは，英・エジプト協定に表立って反対することは避けつつも，英軍の撤退によってイスラエルの安全保障環境は悪化すると，繰り返し米国側に訴えていた[147]。時を同じくして，米国内のユダヤ人勢力は，イスラエル政府以上に直截に，英軍のスエズ基地撤退および米国からアラブ諸国への軍事援助拡大の動きに懸念を表明し，アイゼンハワー政権への働きかけを強めていた[148]。

同時にこの頃，イスラエル側からヨルダンおよびエジプトへの小規模な越境攻撃が行われ，ガザ地区ではパレスチナ人によるイスラエルへの越境攻撃が増加するなどしたために，イスラエルと周辺アラブ諸国の間の緊張は高まりつつあった。エジプト革命以来概ね小康状態を保ち，極秘の対話の動きすら見られたエジプ

---

[145] U.S. Embassy in Baghdad to DOS, #135, September 3, 1954, *FRUS, 1952-1954*, 9 : 1645-1646 ; U.S. Embassy in Damascus to DOS, #104, September 4, 1954, ibid., 1646-1647 ; U.S. Embassy in Jidda to DOS, #101, September 6, 1954, ibid., 1650-1651.

[146] Memorandum of Conversation, "Possible U.S. Measures to Allay Israel's Apprehensions," October 8, 1954, *FRUS, 1952-1954*, 9 : 1667-1669.

[147] DOS to U.S. Embassy in Tel Aviv, #61, August 4, 1954, *FRUS, 1952-1954*, 9 : 1600-1602 ; DOS to U.S. Embassy in Tel Aviv, #72, August 7, 1954, *FRUS, 1952-1954*, 9 : 1604-1606. イスラエル政府は英国政府にも同様の認識を伝えており，9月22日付の覚書で，英・エジプト協定がイスラエルの安全保障環境を大きく悪化させることへの懸念を正式に伝達した。Conversation between the Secretary of State and the Israeli Ambassador on September 22, 1954, in FO800/811, PRO.

[148] Memorandum of Conversation, "Suggested United States Initiative Regarding Suez Blockade and Status of United States-Israel Relations," August 16, 1954, *FRUS, 1952-1954*, 9 : 1613-1614 ; Memorandum of Conversation, "American Jewish Concern over Recent Developments in Relation to Israel," August 19, 1954, ibid., 1617.

ト・イスラエル関係も，悪化の兆しを見せ始めていた[149]。米国の外交官たちは，イスラエルの周辺アラブ諸国に対する姿勢の硬化に不快感を抱いていた。同時に，イスラエルの行動を抑制するため，さらには中長期的な軍事状況を悲観したイスラエルが予防戦争に訴えるような事態を避けるためにも，イスラエルの安全保障への懸念を払拭すべく米国が何らかの行動を取らねばならないという認識が国務省内では強まっていた[150]。国務省が回状電報で示した素案においてアラブ側ではなくイスラエル側に働きかけようとしていた背景には，イスラエルの行動を抑制することが喫緊の課題になっているという事情もあったのである。それゆえダレスは，10月8日のエバンとの会談で，イスラエルに安全の保障を与える政策としてではなく，イスラエルの一方的な行動を容認しないというニュアンスを強調しつつ，それと同時にイスラエルがアラブ諸国との和平に関心があるか否かを推し量る観測気球として，米国側の立場を伝達したのである。

ダレスの行動は，直接的にはイスラエル側を硬化させる結果となった。数日後，エバンはダレスへの私信で，ダレスの発言は「我々に如何なる安心感 (reassurance) を与えるものでもないどころか，残念ながら，むしろ逆に，我々の最悪の恐怖と懸念を確認させる」ものであると評した。無論，これはエバンの個人的な感想ではなく，イスラエル政府の立場であった[151]。しかし，ダレスはこれにひるまなかった。後日ダレスは，イスラエル大使館が米国の「国内政治に容喙するという，外国政府として適切であると考えられる範囲を明らかに逸脱する行動」を取っているとして，エバンを難詰した。ダレスが問題視したのが米国内のユダヤ人の親イスラエル的政治活動であったことは言うまでもない[152]。ダレスの言動がどの程度影響したかは定かではないものの，1954年秋にはイスラエルの周辺ア

---

[149] Shimon Shamir, "The Collapse of Project Alpha," in Louis and Owen, eds., *Suez 1956*, 75-77 ; Benny Morris, *Israel's Border Wars 1949-1956 : Arab Infiltration, Israeli Retaliation, and the Countdown to the Suez War* (Oxford : Clarendon Press, 1993), 270-273 ; Alteras, *Eisenhower and Israel*, 110-113. 7月には，イスラエル国防軍の独断によるエジプト国内でのテロ工作事件（翌年，イスラエルのラヴォン国防相の引責辞任に発展したため，「ラヴォン事件」とも呼ばれる）が発生している。9月には，エジプトによるスエズ運河航行妨害を国際社会にアピールすべく，イスラエルは自国船バト＝ガリム (Bat-Galim) 号をスエズ運河に送り込み，同船は，イスラエル側の思惑通り，エジプト当局に拿捕されることとなった。

[150] U.S. Embassy in Tel Aviv to DOS, #201, August 25, 1954, *FRUS, 1952-1954*, 9 : 1627-1629.

[151] Eban to Dulles, October 8, 1954, *FRUS, 1952-1954*, 9 : 1669-1672.

[152] Memorandum of Conversation by the Secretary of State, October 16, 1954, *FRUS, 1952-1954*, 9 : 1676.

ラブ諸国への越境攻撃など，顕著な挑発的行動は見られなくなった。しかし，アラブ・イスラエル関係が安定に向かったというには程遠かった。ガザ地区では，依然として不安定な状況が続いていた。イスラエル国内では，ラヴォン（Pinhas Lavon）国防相ら対アラブ強硬派の発言力が増し，ダヴィッド・ベン＝グリオン（David Ben-Gurion）前首相よりも穏健な対アラブ姿勢を取り続けてきたモシェ・シャレット（Moshe Sharett）首相の立場は弱まる傾向にあった[153]。イスラエル側への働きかけによってアラブ・イスラエル関係の打開を目指すという国務省の構想は，いったん頓挫したのである。

しかし，西側統合政策を前進させるためには，アラブ・イスラエル紛争を放置することは許されなかった。ここで，アラブ・イスラエル紛争解決のパートナーとして浮上したのは，英国であった。イスラエルに隣接するヨルダンとの間に二国間条約に基づく軍事的プレゼンスを有する英国を，アラブ・イスラエル紛争の緩和あるいは解決の枠組みに取り込む可能性は，8月以降，米国の外交官たちからしばしば提起されていた[154]。ちょうど9月から10月にかけて，イーデン外相やロイド外務副大臣は，英国がアラブ・イスラエル間の仲介的な役割を果たすことによって，紛争解決に貢献する可能性に相次いで言及していた[155]。彼らのアラブ・イスラエル紛争解決に向けた積極姿勢の背後にあったのは，英国版の西側統合政策であった。前章でも述べたように，英国の中東軍事戦略がレヴァント＝イラク戦略さらに北層軍事戦略へと発展する過程で，英国の政策決定者たちは幅広い中東諸国との協力関係が必要であると考えるようになっていた。そして，英・エジプト合意に伴い，英国政府内では，中東に駐留する英軍の再配置問題の議論が加速するとともに，アラブ諸国全般との関係改善への期待感が高まりを見せていた。域内のアラブ諸国との協調を増進するためには，アラブ・イスラエル紛争の解決を目指さねばならぬとの認識は，英国の閣僚レヴェルでも共有されていた[156]。英国政府もまた，西側統合政策を推進する過程で，アラブ・イスラエル紛

---

[153] U.S. Embassy in Tel Aviv to DOS, #179, August 18, 1954, *FRUS, 1952-1954*, 9：1614-1616；U.S. Embassy in Tel Aviv to DOS, #212, August 30, 1954, ibid., 1635-1636；U.S. Embassy in Tel Aviv to DOS, #398, November 3, 1954, ibid., 1679-1680；Shuckburgh, *Descent to Suez*, 238.

[154] U.S. Embassy in Amman to DOS, #70, August 25, 1954, *FRUS, 1952-1954*, 9：1626-1627；U.S. Embassy in Tel Aviv to DOS, #201, August 25, 1954, ibid., 1627-1629.

[155] U.S. Embassy in Tel Aviv to DOS, #291, September 23, 1954, *FRUS, 1952-1954*, 9：1658-1659；Dulles to DOS, Dulte 25, October 2, 1954, ibid., 1662.

[156] Minutes by J.E. Powell-Jones, June 25, 1954, in FO371/110827/V1195/32；Extract from COS(54)

争を解決する必要性を強く意識するようになっていたのである。

　イーデンは意気軒昂であった。1954年，彼は，インドシナを巡るジュネーヴ会議や西ドイツのNATO加盟に道を開く一連の外交交渉で主導的な役割を果たすとともに，トリエステ問題を解決に導いたことで，外交の専門家としての名声の頂点にあった[157]。アラブ・イスラエル問題への取り組みを米国側に慫慂するに際して，イーデンは一度ならず「トリエステ」に言及した。これは，専門家チームが作成した紛争解決の原案をもとに紛争当事国との個別的交渉を進めるという紛争解決の一方式を指示していたが，それと同時にみずからの外交手腕へのイーデンの自信を反映していたことも間違いない[158]。イーデンがアラブ・イスラエル問題に言及し始めたのは，ちょうどダレス・エバン会談を経て米・イスラエル関係が最下点に達した時期と一致した。それゆえダレスは，アラブ・イスラエル紛争解決に向けた英国政府，とりわけイーデンの積極姿勢を歓迎した。11月5日，駐米英国大使メイキンズからアラブ・イスラエル問題への取り組みを正式に打診されたダレスは，そのために採用すべき「具体的な方策は分からない」ことを率直に認めつつ，米英が協調して同紛争の解決に向けて積極的な外交を進めることに全面的な賛意を示した[159]。

　このときダレスがメイキンズに，「包括的な解決に到達するためには，1，2年を要するかもしれない」と述べたことには注目してよい。アラブ・イスラエル紛争の根深さを知る21世紀の我々から見れば，かかるダレスの展望は過度に楽観的に映る。しかし，当時はイスラエルの建国から6年あまり，両大戦期間期にパレスチナで両民族間の紛争が激化した時期を起点としても30年あまりしか経過し

89th Meeting, August 16, 1954, in FO371/110827/V1195/34；Extract from COS(54)100th Meeting, September 22, 1954, in FO371/110827/V1195/40.

[157] Robert Rhodes James, *Anthony Eden* (London：Weidenfield and Nicholson, 1986), 354-355, 375-390. オーストリア＝ハンガリー領であったトリエステは，第一次世界大戦後にイタリアに併合されたが，第二次世界大戦末期にユーゴスラヴィアに占領された。1947年にイタリアの平和条約が締結されるに際して，トリエステ周辺地域は，国連安保理決議により「トリエステ自由地域（Free Territory of Trieste）」とされ，同市を含む北部を米英が，南部をユーゴスラヴィアが暫定的に統治した。同地域の帰属を巡り，1948-53年に米・英・伊・ユーゴ間で断続的に交渉が行われたものの妥協は成立しなかった。1954年の交渉を通じて，北部の一部地域を加えた南部をユーゴスラヴィア領，残る北部をイタリア領とする妥協が成立した（条約による領土確定は1975年）。

[158] FO to British Embassy in Washington, #5512, November 4, 1954, in FO371/111095/VR1079/1.

[159] Memorandum of Conversation, "Middle East," November 5, 1954, *FRUS, 1952-1954*, 9：1683-1684.

ていなかったことを想起すべきである。アラブ・イスラエル紛争は、なお新しい紛争のひとつであった。しかも、1954年は、中東、欧州、東南アジアで多くの懸案が解決された、いわば西側陣営にとっては外交の勝利の年であった。これらのことを考えあわせるならば、ダレスが示したアラブ・イスラエル紛争の解決に「1、2年を要する」との展望は、むしろ彼が中長期的な取り組みを覚悟していたことを示唆するものと理解されるべきであろう[160]。そして、かかるダレスのタイムスケールは、先に引用した国務省の回状電報にあった、中東地域の組織化および軍事的強化には「何年もの時間」を要するとの展望にも一致する。

　明らかにダレスは、中長期的な視野に立って西側統合政策のプログラムを構想していた。アラブ・イスラエル紛争の解決は、数年先、ほぼ間違いなくアイゼンハワー政権第一期の終了以降に展望されていた、西側陣営に統合された中東あるいは中東版NATOの実現に至るまでの地域的政策プログラムに不可欠のステップであった。それが解決されぬ限りは、アラブ諸国を含む中東諸国を軍事的に強化することもままならないからである。そして、米国の西側統合政策がかかる中長期的な視野を有していたことは、米国が北層諸国の組織化や対エジプト軍事援助を取り立てて急ぐ姿勢を見せず、中東諸国の側にそれらを受け入れる「内発的」な機運が熟すのを待つ姿勢に撤していた状況とも符合する。米国の西側統合政策は、MEC／MEDOが構想されていた時期よりもはるかに包括的で中長期的な視野に立つ同盟プロジェクトへと発展していた。中東域内政治の図式を根本的に変容させるであろうアラブ・イスラエル紛争解決に向けた取り組みが、その過程に位置づけられようとしていたことは、同盟プロジェクトとしての西側統合政策の包括性を物語るものであった。

2）アルファ計画の策定

　11月5日のダレス・メイキンズ会談で、米英両国政府はアラブ・イスラエル紛争の包括的な解決に向けた新たな外交努力を開始することに合意し、両政府内

---

[160] British Embassy in Washington to FO, #2380, November 5, 1954, in FO371/111095/VR1079/1. 興味深いことに、11月5日のダレス・メイキンズ会談についての英国側史料では、ダレスは紛争解決に「1、2年、あるいはそれ以上」（強調引用者）の時間を要する可能性に言及したとされている。また、同史料は、会談においてダレスが「みずからと大統領は、この問題をアメリカ国内政治から切り離すことを望んで」おり、その点でアイゼンハワー政権が「国内的にも国際的にもはるかに強力な立場にある」と発言したことも伝えているが、これらの発言記録は米国側史料にはない。

では早々に具体的な計画策定に向けた準備が開始された[161]。英国側は，外務大臣秘書官を経て外務次官補（Assistant Under Secretary of State for Foreign Affairs）に就任していたイヴリン・シャックバラ（Charles A. Evelyn Shuckburgh）を，米国側は駐イスラエル公使フランシス・ラッセル（Francis H. Russell）を，それぞれ担当者に内定した。当時，中東諸国を歴訪中であったシャックバラは，テルアヴィヴでラッセルと最初の会合を持ち，両者がアラブ・イスラエル紛争についてほぼ同様の認識を抱いていることを確認した[162]。12月中旬，北大西洋理事会に出席すべくパリを訪れていたダレスとイーデンは，アラブ・イスラエル紛争解決に向けた外交努力を開始することに正式に合意した。紛争解決に向けた外交の進め方は，英国側の提案通り，トリエステ方式を踏襲することとされた。すなわち，まず最初に米英二国間で紛争解決プランを策定し，しかる後に紛争当事国と米英が個別的な交渉を進めるという方式である。とりわけ米英交渉の段階では計画を極秘裏に進めることが重要であるとの認識でも米英両国は一致した[163]。それゆえ，和平に向けた準備活動を極秘裏に進めるために，計画には「アルファ（Alpha）」というコードネームが与えられた。米国側では，アルファの情報へのアクセスは，国務長官，同次官，同副次官（Deputy Under Secretary of State），および NEA 関係者の一部のみに制限されることとなった[164]。

米英協議のたたき台とすべく米英両国政府内でそれぞれ作成された最初の紛争

---

[161] これまでに，アラブ・イスラエル紛争解決に向けた努力が行われてこなかったわけではない。たとえばアイゼンハワー政権は，ヨルダン川水資源をイスラエルとアラブ諸国で共同開発することを通じて紛争解決の糸口を探るべく，米商業会議所会頭のジョンストン（Eric Johnston）を特使とする外交活動を展開していた。Alteras, *Eisenhower and Israel*, 117-125.

[162] Beeley to Falla, November 17, 1954, in FO371/111095/VR1079/4 ; British Embassy in Tel Aviv to FO, #338, in FO371/111095/VR1079/7 ; Shuckburgh, *Descent to Suez*, 242-243.

[163] Dulles to DOS, Dulte 4, December 17, 1954, *FRUS, 1952-1954*, 9 : 1719-1720 ; British Embassy in Paris to FO, #814, December 18, in FO371/111095/VR1079/9.

[164] Russell to Butterworth, December 21, 1954, *FRUS, 1952-1954*, 9 : 1732-1734 ; Editorial Note, ibid., 1730-1731. 米英両国は，特にイスラエルの情報網が国務省経由で情報を入手する可能性に懸念を抱いていたようである。ラッセルは，アラブ・イスラエル紛争解決の専任担当としてワシントンに呼び戻されたが，実際の任務を秘匿するために，表向きの肩書きは広報担当国務次官補特別顧問とされたほどである。しかし，米英外相会談の直後に，駐米イスラエル大使エバンが，包括的なアラブ・イスラエル和平よりもイスラエルの安全保障問題を優先するよう国務省に申し入れたことなどから，早くも情報漏洩への危機感が高まった。実際にイスラエル側がどの程度の情報を入手していたかは定かではない。Memorandum of Conversation, "United States Policy toward Arab-Israeli Relations," December 17, 1954, *FRUS, 1952-1954*, 9 : 1720-1724 ; Beeley to Falla, December 18, 1954, in FO371/111095/VR1079/12.

解決方針案は，大きく重なり合う内容を有していた。国務省が作成した11月22日付の草案[165]と英国側でシャックバラが作成した草案[166]は，アラブ諸国とイスラエルの間に国境線の確定を含めた正式な平和条約を締結させるという目標，米英間で作成した解決案を順次紛争当事国に提示しながら妥協点を探るという外交的手順，そして軍事・経済援助および和平の維持への米英のコミットメントという紛争当事国に提示する報償，以上3点で，ほぼ完全な一致を見せていた。さらに両案は，表現こそ異なるものの，アラブ・イスラエル紛争の解決と北層地域で進行中の中東諸国の組織化の連関にともに言及していた。シャックバラ案は，アラブ・イスラエル紛争は「防衛問題におけるアラブ諸国と西側の協力を阻害しており，共産主義の拡大に対抗する能力を我々から奪うほどに，我々の［アラブ諸国との］関係を蝕んでいる」ゆえに，その解決が不可欠であると指摘していた。国務省案は，イスラエルをも含む中東の軍事力を糾合する地域的な防衛組織の実現を，紛争解決の先にある最終的な目標として明確に位置づけていた。

　一方で，米英間には戦術を巡る見解の相違も存在した。国務省は，米英が解決案に合意した後に最初に接触すべきはエジプトであると考えていた。それは，エジプトが他のアラブ諸国に及ぼしうる影響力もさることながら，イスラエルに隣接するアラブ諸国の中ではエジプトが最もイスラエルへの恐怖感が薄く，しかもスエズ基地問題の解決後というタイミングゆえに米英が援助を積極的に活用することで譲歩を引き出す余地が大きいと考えられたからであった[167]。そして当然ながら，そこには米国の政策決定者たちのナセルへの期待が反映されていた。11月22日付国務省案には，米国の政策決定者たちのナセルへの期待が滲み出ていた。同案中で，固有名詞で言及されている中東の指導者はナセルのみであった。

---

[165] DOS to Certain Diplomatic and Consular Offices (Amman, Baghdad, Beirut, Cairo, Damascus, Jidda, Tel Aviv, and Jerusalem), CA-3378, "Arab-Israel Settlement," November 22, 1954, *FRUS, 1952-1954*, 9: 1695-1700. 国務省案は，中東に駐在する米大使館からの意見聴取のために作成されたもので，英国側に伝達された形跡はない。

[166] Memorandum by Shuckburgh, "Notes on Arab-Israel Dispute," and Annex Thereto, "The Elements of a Settlement," December 15, in FO371/111095/VR1079/10. シャックバラ案は，イーデンとダレスがアルファ計画を始動する方針で最終的に合意したパリでの外相会談の際に米国側に手交されている。

[167] エジプトは，古代以来，ナイル流域の政治的な一体性を継承しており，第一次世界大戦後に構築された人工的なアラブ国家とは来歴を異にする。そのような背景もあり，パレスチナ人との連帯を指向する，反イスラエル的な，したがって汎アラブ主義的な「アラブ・ナショナリズム」にエジプトが関心を示し始めたのは，1930年代後半であり，シリア等よりも遅かった。Dawisha, *Arab Nationalism*, 98-106, 120-126.

同案は，米英による解決案の作成後，「エジプトのナセル首相との，率直かつ包括的な協議」を行い，「ナセルの［解決案］受け入れ姿勢を踏まえた上で」イスラエル側との交渉に進むという青写真を描いていた。米国の政策決定者たちは，事実上，ナセルを英国に次ぐパートナーとして位置づけているに等しかった。

シャックバラ案もまた，ナセルを「世論に従うのではなくそれを導く能力を有する，勇気のある人物」と高く評価し，アラブ諸国の中ではエジプトとの交渉を最優先する方針を示していた。しかし，シャックバラ案は，米英は最初にイスラエルに接触すべきであるとの立場を取り，しかもイスラエルが和平に同意しない場合には，紛争解決努力そのものを「放棄あるいは延期せざるを得ない」と論じていた。シャックバラ案は，英・エジプト合意後のイスラエルの挑発的な動きに伴ってアラブ・イスラエル関係が急速に悪化しかねないとの危機感を強調し，また和平の実現のためには領土問題などでイスラエルが相当程度の譲歩を行う必要があるとの見通しを示していた。それゆえシャックバラ案は，イスラエルに対アラブ強硬姿勢の有害性とアラブ諸国との和平の利点を理解させることを重視し，その上でイスラエルに領土（占領地）の割譲に同意させるという筋書きになっており，イスラエルを善導するというニュアンスを強く有したのである。

このことは，米英間に和平工作のタイムスケールを巡る感覚の相違を生じさせることとなった。シャックバラ案は，和平工作においてはイスラエルの説得が最大の課題であり，それが実現すればアラブ諸国からの同意は容易に取り付けられるとの前提に立っていた。それゆえ，イスラエル説得の成否が明らかになるであろう「数か月」という時間が，同案のタイムスケールであった。これに対して国務省案は，向こう2年間で，イスラエルとエジプト，ヨルダン，レバノンとの間に和平を実現することを当面の目標に掲げていた。当然，米国の政策決定者たちは，シリア，サウジアラビア，イエメン，イラクとイスラエルとの和平も望ましいと考えていたが，それには2年以上の時間を要すると予想されていた。

このことの意味は小さくない。なぜなら，イスラエルを含む中東全域を包含する地域的防衛組織の創設という，国務省案が言及する最終目標が実現に至るのは，2年以上先，つまり米国における次回の大統領選挙の後のことと想定されていたことになるからである。国務省案は，第一期アイゼンハワー政権で，和平の骨格を作り上げ，それを次期政権が継承して拡大していくイメージを無言の前提としていた。このことは，北層から開始される中東諸国の組織化に要するタイムス

ケールとも関連していたはずである。つまり，米国の政策決定者たちは，多くのアラブ諸国がイスラエルとの和平を実現し，中東南部の諸国を組織化する環境が整うまで，およそ2年以上の時間をかけて北層の組織化を徐々に進めればよいと考えていたに違いない。米英の西側統合政策が前提とするタイムスケールの差が，米英の政策決定者たちに強く意識されていた形跡はない。それにもかかわらず，ここでタイムスケールの問題に着目するのは，ひとつには，次章以降で検討する，1955年の中東における域内政治の展開が，1954年末時点における，とりわけ米国の政策決定者たちの想定とは大きく異なるものであったことを確認するためである。そしてもうひとつは，実証的に論じるのはやや困難ではあるものの，ここに見られるような米英間のタイムスケールの差が，1955年以降地域的政策の速度感や具体的内容を巡って米英間に様々な方針の相違を生ぜしむる大きな背景をなしていたと考えられるからである。

　とはいえ，国務省案とシャックバラ案は，米英間の具体的な意見交換が行われる以前に作成されたことを考えれば，驚くほどに重なり合う内容を有していた。米国政府内では，米国側の情報分析と照合してシャックバラ案を検討する作業が行われたが，その結論は，シャックバラ案の分析はアラブ世界における共産主義の影響力を過大に評価する傾向がある点を除けば米国側の情報とほぼ一致するというものであった[168]。それゆえ，翌1955年1月21日から2月1日にかけて行われた，ラッセルとシャックバラを中心とするアルファ計画に関する最初の米英協議では，大きな意見の相違はなく，議論はきわめて建設的に進められた。一連の協議で合意された紛争解決の基本方針は多岐にわたるが，そのアウトラインを書き出せば以下のようになる。

①アラブ・イスラエル間の包括的な紛争解決を目標とする。
②おもに第一次中東戦争の結果イスラエルが占領した地域の一部をヨルダンとレバノンに割譲させることによって，恒久的国境線を確定させる。また，イスラエルにネゲブ砂漠南部の小領土をエジプトとヨルダンの直接的連絡経路として提供させ，アラブ世界の領土的連続性を回復する。米英は（場合によっては仏・土とともに）新たな国境線を国際的に保障する。

---

[168] Memorandum from Park Armstrong, Jr. to the Undersecretary, "Intelligence Comment: The Shuckburgh Memorandum, 'Arab-Israeli Dispute'," January 17, 1955, in "Alpha vol. 1" folder, Lot61 D417.

③7万5千人程度のパレスチナ難民のイスラエルへの帰還を認めさせるとともに，残るパレスチナ難民には，その不動産等についてイスラエルが賠償を行う。イスラエルからの賠償のために，西側諸国は借款供与等の援助を行う。
④エルサレムの聖地へのアクセスを国際的に管理する国連決議案を米英は提出し，同決議が可決されれば，新市街をイスラエルの，旧市街をヨルダンの領土として承認する[169]。

一連の米英協議において，米英間のほぼ唯一と言ってもよい対立点は，外交工作を進める順序であった。上記の方針から明らかなように，アルファ計画の帰趨はイスラエルから領土的譲歩を引き出せるか否かに大きくかかっていた。それゆえ英国側は，まずイスラエル側から譲歩を獲得する見通しを立ててから，アラブ諸国への接触を行うべきであると引き続き主張した。さらに英国側は，アラブ側が積極的に和平を望んでいない段階でそれを慫慂することで，アラブ諸国からの批判を受けることを恐れていた。一方で，英米双方とも，紛争解決からより大きな利益を得るのは，アラブ諸国のボイコットやエジプトによるスエズ運河の航行制限を含めて，国際的に包囲されている状況にある小国イスラエルであると疑わなかった。それゆえ英国側は，紛争解決に伴うメリットを理解できずにいるイスラエルを善導するのが先決であると主張したのである。これに対して米国側は，エジプトとの接触を先行させ，エジプトとの間に紛争解決についての大筋の合意を形成してから，イスラエルに接触すべきであると主張した。米国側は，エジプトを，事実上英国に次ぐ紛争解決のパートナーとしうると考えており，仮にイスラエルが紛争解決を拒否したとしても，その場合には紛争解決失敗の責をイスラエルに負わせることが出来ると考えていた[170]。

米英の見解の溝は，建設的な雰囲気で協議が進むうちに解消に向かった。1月

---

[169] Memorandum, "Alpha : Points of Agreement in Discussion on Arab-Israel Settlement," attached to Memorandum from Francis H. Russell to the Undersecretary, February 2, 1955, in "Alpha vol. 1" folder, Lot61 D417. 同文書は，*FRUS, 1955-1957*, 14：34-42 にも収録されているが，おそらく同史料集の刊行時には文書の一部が機密解除されていなかったために欠落がある。欠落部分のほとんどは，イスラエルとシリア・ヨルダンとの間の領土分割やエルサレムの国際的地位など，領土にかかわる内容であるが，エジプトに対する報償の候補としてアスワン・ハイ・ダム建設への援助が挙げられている箇所も欠落している。

[170] Memorandum of the Meeting Held in the DOS on January 21, 1955, in FO371/115865/VR1076/15 ; Memorandum of the Meeting Held in the DOS at 10:00 A.M. on January 24, 1955, in FO371/115865/VR1076/15.

26 日の会合において，英国側はエジプトを重視する米国側の方針に理解を示した。シャックバラは，「連合王国においては，エジプトはなおすこぶる不人気であるが，外務大臣と外務省の見解は米国の見解に近づきつつある」と英国側の状況を報告するとともに，エジプトは「アラブ世界の焦点」にして，「最も影響力のあるアラブ国家であり，将来的に (in due course) 恐らく［英国の］同盟国となるであろう」との展望を披瀝した。そして折しも，外交工作の手順に関する米英の相違を乗り越える機会がまもなく到来しようとしていた。東南アジア条約機構 (SEATO) の初会合に出席すべくバンコクに向かう途上，イーデンがカイロに立ち寄る外交日程が組まれていたのである。イーデンが，予定されていたナセルとの会談で，具体的な和平案の内容に踏み込むことなく一般的な形でアラブ・イスラエル紛争解決に向けた外交工作を開始する意向を示してナセルの反応を探るとの方針で米英両国は合意した。その後の外交手順や領土変更を含む詳細な解決方針の作成は，イーデンとの会談におけるナセルの反応を見てから決定することとされたのである[171]。

翌 27 日，検討結果について米英チームから報告を受けたダレスは，紛争解決案の内容と外交手順の両面について詳細な質問を発したが，最終的には検討結果を概ね受け入れた。この会合でダレスが強調したのは，米国の国内政治の観点から，1955 年中にアラブ・イスラエル紛争解決に道筋をつけることの重要性であった。前年の 1954 年の中間選挙で共和党は連邦議会上下両院で若干の議席を失い，両院で民主党が第一党を奪還するのを許していた。翌 1956 年の大統領選挙でアイゼンハワーが再選される保証はなく，選挙戦が本格化すれば米国内のユダヤ人はイスラエル側の譲歩への反対姿勢を強めることが予想される。かかる状況を考えれば，出来るだけ早急にナセルとの合意を形成して，紛争解決を軌道に乗せなければならない，とダレスは力説した[172]。数日後のメイキンズ駐米大使との会談でも，ダレスは大統領選挙に言及しつつ，早期に和平に向けた成果を挙げることの重要性を強調している[173]。しかしながら，かかるダレスの姿勢は，米国

---

[171] Memorandum of the Meeting Held in the DOS on January 26, 1955 at 10:00 A.M. in FO371/115865/VR1076/15.

[172] Memorandum of Conversation Prepared by the DOS, "Operation Alpha," January 27, 1955, in FO371/115865/VR1076/15.

[173] Memorandum of Conversation by Roger Makins, January 29, 1955, in FO371/115865/VR1076/20. これらの機会にダレスが提起したもうひとつの問題は，アルファ計画の米英チームがアラブ・イスラエル間の「平和条約」締結は困難と考え，休戦協定の修正という形で恒久的な国境を

側の中東政策のタイムスケールが短縮されたことを意味するものではなかった。ダレスを含め，米国の政策決定者たちは，アイゼンハワー政権の実質的なアラブ重視政策が，ようやくアラブ諸国から評価を受け始めていると感じていた。英・エジプト間のスエズ基地協定に加え，イラクがまもなくバグダード条約として知られることになるトルコとの二国間防衛条約を締結する意向を明らかにしたことは，アラブ世界を西側陣営に統合するための重要な一歩であると考えられていた[174]。ダレスが恐れていたのは，米国の国内政治要因によって，このような西側統合政策の推進力が失われる可能性であった。したがって，ダレスの関心は，1956年選挙の結果如何にかかわらず，アラブ・イスラエル紛争解決が進展する環境を創出することにあったと考えて間違いなかろう。むしろ，1956年選挙の先までも見据えた中長期的な視野を持ち得たからこそ，ダレスは1955年のうちに将来に向けた西側統合政策の基礎としてアラブ・イスラエル紛争解決の道筋をつけることにこだわったのである。

そして，そのような好機を捉えるために不可欠であると考えられたのが，ナセルの協力であった。それゆえ米英両国は，紛争解決への協力を取り付けるために，ナセルに多くの報償を提示する方針で合意した。アルファ計画を最初にナセルに打診すること自体が米英両国がナセルを重視していることの表れであること，そして米英はナセルの中東における地位の向上を支持する方針であることを適切な機会にナセルに伝達することが合意された。そして，紛争解決の度合いに応じて，米国が対エジプト軍事援助を提供し，さらに，エジプトの宿願であるアスワン・ハイ・ダム建設への援助の可能性も含めて，経済援助も増額する方針が，米英合意には盛り込まれた[175]。

アラブ・イスラエル双方に提示する経済援助，パレスチナ難民への賠償に充てる対イスラエル借款など，アルファ計画の遂行に当たり，米国の経済的負担は10億ドルにのぼり，さらにこれとは別に，米国がアラブ諸国に提供する軍事援

画定しようとしていたことであった。ダレスは，国際法的にも米国内政治の観点からも，休戦協定が定める境界線に米国が保障を与えるのは困難であると考えていたが，さしあたりアルファ計画チームによる検討結果を尊重する姿勢を示した。

[174] トルコ・イラク条約が「バグダード条約」と呼称されるのは英国の加盟以降であるが，本書では煩雑さを避けるために基本的に「バグダード条約」で記述を統一する。

[175] Memorandum, "Alpha : Points of Agreement in Discussion on Arab-Israel Settlement," attached to Memorandum from Francis H. Russell to the Undersecretary, February 2, 1955, in "Alpha vol. 1" folder, Lot61 D417.

助は，向こう5年間で2億5千万ドルにのぼると試算された[176]。2月14日，ダレスはアイゼンハワーに，アラブ・イスラエル紛争解決のために米国の中東関連支出を現行の年1億ドルから2億ドル程度に倍増する必要が生じる可能性があることを報告した。アイゼンハワーは，支出額の拡大に「当惑」を示しながらも，向こう2年間のうちにアラブ・イスラエル紛争解決を目指すことに「全力」を傾注するよう指示した[177]。アイゼンハワーが軍事支出や対外援助支出を抑制すべく努めていたことは，前述したとおりである。そのアイゼンハワーが，アルファ計画に伴う対外支出の大幅増額を容認する姿勢を示したことは，彼もまたアラブ・イスラエル紛争解決の重要性を明確に認識していたことを物語っている。

　1955年2月の段階で，米英の政策決定者たちは，アルファ計画について，楽観的とまでは言わぬまでも，十分に成算があると踏んでいた[178]。彼らがそのような展望を抱くことが出来た大きな理由は，彼らがナセルとの協調にさしたる不安を抱いていなかった点に見出すことが出来る。そこには，ナセルが西側陣営との協調を望み，そして西側からの軍事・経済援助を強く欲しているという無言の前提が存在していた。かかる前提が存在したからこそ，ダレスを含む米英の政策担当者たちは，後の視点から見ると，とんでもない思い違いを犯していた。彼らは，イラクを含む北層の組織化が，むしろナセルをイスラエルとの和平に向かわせる方向に作用すると考えていた。1954年11月の国務省案は，北層の組織化がナセルを西側との協調に向かわせると予想していた。翌年1-2月の米英協議においても，イラクとトルコがバグダード条約の締結に動き始めたことと関連して，「エジプトの視点から見れば，同国が西側との協調に遅れて参加することは不運と思われるであろう」，あるいは「トルコとの条約締結に向けた最近のイラクの動きは，エジプトを好ましい方向に駆り立てる方向に作用しうる」といった展望が語られていたのである[179]。前述のように，すでにナセルは北層の地域的組織へのイラクの参加に反対する姿勢を明確化しており，米英ともにそのことは認識してい

---

[176] Memorandum of the Meeting Held in the DOS at 3:15 P.M. on January 26, 1955, in FO371/115865/VR1076/15；Memorandum from Francis Russell to the Secretary, "Arab-Israel Settlement," February 14, 1955, in "Alpha vol. 1" folder, Lot61 D417.
[177] Memorandum for Mr. Francis Russell, February 15, 1955, in "Alpha vol. 1" folder, Lot61 D417.
[178] British Embassy in Washington to FO, #311, February 2, 1955, in FO371/115864/VR1076/10.
[179] 引用部分は，Memorandum of the Meeting held in the DOS on January 26, 1955 at 10:00 A.M., p. 1, in FO371/115865/VR1076/15，および Memorandum of Conversation Prepared by the DOS, "Operation Alpha," January 27, 1955, p. 2, in FO371/115865/VR1076/15 を参照。

たが，そのような情報を軽視させるほどに，彼らのナセルへの期待，あるいは信頼は大きかったのである。

まさにイーデンがカイロに向かおうとしていた2月中旬，英外務省は，ナセルのバグダード条約への反発に懸念を抱き始めていた。しかしそれは，ナセルの動きによってバグダード条約やアルファ計画が脅かされる可能性への危機感ではなく，ナセルがみずからの行動によってアラブ世界で孤立してしまう可能性への懸念であった。イーデンがカイロに携行したであろう文書で，シャックバラは次のようにナセルとの会談を進めることをイーデンに提案している。

> ……まず一般的な防衛問題から会話を始めるのがよいかもしれない。その目的は，ナセルにトルコ・イラク条約を客観的に眺めさせることである。ナセルはそれを止めることは出来ぬであろうし，それを好意的に迎えるのが彼にとっては賢明であろう。［イーデン］外相は間違いなく，我々のエジプトに関する意図についてナセルを安堵させるとともに，エジプトが中東問題について積極的かつ尊敬に値する役割を果たすことを我々が望んでいることを，ナセルに理解させようとするであろう。我々はエジプトが他のアラブ諸国から孤立する途を選ぶことを望んでおらず，我々がイラクとトルコに対して取る行動はエジプトの孤立を目指すものでは全くない。このように述べることで，イスラエル［との和平］問題に話を進めることが出来るであろう[180]。

さらにシャックバラは，イーデンへのブリーフィング文書で，仮にナセルが対イスラエル和平の可能性について回答を留保しても，圧力を加える必要はないとも述べていた。ナセルの「政治家としての見識（statesmanship）」に期待しつつ，スエズ基地問題を解決したのと同様の「現実主義的な精神」で紛争解決に向けた共闘を呼びかけるだけで，ナセルへのアラブ・イスラエル紛争解決に向けた最初の打診の目的は達成される，というのがシャックバラの見立てであった[181]。つまり，バグダード条約の締結によって追い詰められているのはナセルであり，英国はそのようなナセルに手を差し伸べるだけで，ナセルをイスラエルとの和平に向かわせることが出来るという楽観的な展望が，英国政府内では支配的だったのである。

---

[180] Shuckburgh to Kirkpatrick, February 16, 1955, in FO371/115865/VR1076/22.
[181] Brief for the Secretary of State's Visit to Cairo, "Prospects for a Settlement of the Arab/Israel Dispute," unddated, in FO371/115865/VR1076/22.

第 8 章　西側統合政策の展開 (2)　499

　米国の政策決定者たちは，英国の同僚たちほど楽観的ではなかった。彼らは，バグダード条約がアラブ国家間関係に「衝撃 (shake-up)」を与えていることを憂慮し，1-2月の米英協議中に示された，バグダード条約はナセルを西側との協調に向かわせる方向に作用するとの楽観的な展望を再考し始めていた。とはいえ，2月の段階では，米国の政策担当者たちは，バグダード条約がナセルとの協調関係に正負何れの影響を与えるか，なお測りかねていた。何れにせよ，アルファ計画に早期に着手する必要があるというのが，彼らの結論であった。そして彼らもまた，英国の同僚たちと同様に，イーデンのナセルとの会談を，どちらかといえば期待感を抱きながら，待ち望んでいたのである[182]。

---

[182] Memorandum from Francis H. Russell for the Secretary, "US-UK Discussions on Israel-Arab Settlement," February 4, 1955, in "Alpha vol. 1" folder, Lot61 D417 ; Memorandum of Conversation, "Operation Alpha," February 11, 1955, in the same folder.

第9章
バグダード条約の成立と西側統合政策の再編

1　アラブ内冷戦の始まり

1）トルコ・イラク共同声明

　1955年1月早々，中東の域内政治は大きく動き始めた。そのきっかけは，トルコとイラクの二国間条約が実現する可能性が突如として高まったことにあった。1月6日，かねてからの予定通り，トルコ首相メンデレスはバグダードを訪問し，イラク首相ヌーリーとの首脳会談に臨んだ。前述のように，メンデレスのイラク訪問前には，早期のトルコ・イラク協定は期待できないというのが，当事者たちも含む全ての関係者の見立てであった。じつのところ，メンデレスのバグダード到着後もヌーリーはトルコとの協定への慎重姿勢を崩さず，メンデレスも早期の進展に悲観的な見方を示していた[1]。しかるに，1月13日に発表されたトルコ・イラク共同声明において，両国は，国連憲章第51条に基づく防衛条約を「きわめて近い将来に」締結する方針を明言するとともに，「侵略に抵抗し中東の安定を増進する意志」を有する諸国にも参加を呼びかけたのである[2]。トルコ側はもともと早期の条約締結を望んでいたので，事態が急速に進展したのはヌーリーの決断によるところが大きかったはずであるが，ヌーリーが何故このようなタイミングで変心したのかは必ずしも明らかではない[3]。メンデレスも，ヌーリーの積

---

[1] British Embassy in Baghdad to FO, #9, January 5, 1955, in FO371/115484/V1073/4 ; British Embassy in Baghdad to FO, #18, January 10, 1955, in FO371/115484/V1073/6 ; British Embassy in Baghdad to FO, #25, January 12, 1955, in FO371/115484/V1073/11.

[2] British Embassy in Baghdad to FO, #31, January 13, 1955, in FO371/115484/V1073/12 ; Memorandum from the British Embassy in Baghdad, "Joint Official Communiqué," January 13, 1955, in FO371/115485/V1073/37. 共同声明は12日付となっているが，実際に発表されたのは13日である。

[3] W.J. Hooper to Eden, January 18, 1955, in FO371/115486/V1073/90. ゴールマン駐イラク米大使の

極姿勢への転換には戸惑いがあったのであろう，共同声明の発表直後，米英両国に対して，ヌーリーへの支持を伝達するとともに何らかの形で共同声明への支持を表明するよう要請した[4]。これを受けた米英両国の駐イラク大使は，本国にメンデレスの要請を受け入れるよう進言した[5]。

　しかし，事態は米英両国の予想とは異なる展開を示し始めていた。トルコ・イラク共同声明は，域内政治の緊張をにわかに高めることとなった。前年11月以来，エジプトはイラクとトルコの接近を牽制するかの如き動きを示していたが，共同声明の発表直後から，エジプトの新聞やアラブ諸国向けのラジオ放送はこれを激しく非難し始めた。さらにエジプト政府は，この問題を討議するための緊急のアラブ連盟首脳会議をカイロで開催することをアラブ諸国に呼びかけた[6]。これに対抗する形で，トルコとイラクは，シリア，レバノン，ヨルダンに，共同声明への支持を呼びかけ始めた[7]。これがエジプトとイラクを軸とする「アラブ内冷戦」の起点であった。米英両国政府は，驚きをもって事態の進展を眺めていた。トルコ・イラク共同声明が歓迎すべき事態であることは間違いなかったが，トルコとイラクが条約締結方針で合意した速度も，エジプトのイラクへの攻撃の激越さも，米英両国にとっては予想を上回るものだったからである[8]。

　　回顧録によると，ヌーリーは米英両国が地域的組織に将来参加する保証が得られていないことからトルコとの協定に躊躇していた。これに対してメンデレスは「合衆国の立場に曖昧なところはない」として，ヌーリーに協定締結を働きかけたという。なお，同書によるとバグダードでの首脳会談の後にメンデレスはカイロを訪問する意向であったが，エジプト側の「国内事情」で再びキャンセルされたという。Waldemar J. Gollman, *Iraq under General Nuri : My Recollections of Nuri al-Said, 1954-1958* (Baltimore : Johns Hopkins Press, 1964), 29-34.
[4] British Embassy in Baghdad to FO, #32, January 13, 1955, in FO371/115484/V1073/13.
[5] British Embassy in Baghdad to FO, #33, January 13, 1955, in FO371/115484/V1073/14.
[6] British Embassy in Cairo to FO, #60, January 14, 1955, in FO371/115484/V1073/17 ; British Embassy in Cairo to FO, #67, January 15, 1955, in FO371/115484/V1073/19 ; British Embassy in Cairo to FO, #71, January 15, 1955, in FO371/115484/V1073/25.
[7] British Embassy in Damascus, #17, January 15, 1955, in FO371/115484/V1073/20 ; British Embassy in Beirut, #49, January 15, 1955, in FO371/115484/V1073/21. メンデレスは，イラクからの帰路にシリアとレバノンを訪問し，共同声明への支持を呼びかけた。この段階では，シリアは否定的な姿勢を示していた。
[8] Podeh, *The Quest for Hegemony*, 100-107 ; Shuckburgh, *Descent to Suez*, 244.「アラブ内冷戦」という語は，カーの古典的著作から借用した。カーの著作はアラブ連合共和国（UAR）結成を叙述の起点とし，汎アラブ主義的なアラブ・ナショナリズム内部の闘争を分析しているが，1955-58年のエジプトとイラクの対立は，その前史たる一国主義的アラブ・ナショナリズムと汎アラブ主義的アラブ・ナショナリズムの対立という側面を有し，「アラブ内冷戦」と呼び得る内容を有したと考えられるからである。Kerr, *The Arab Cold War*.

トルコ・イラク共同声明のわずか数日前，米英の実務者レヴェルで，トルコ・イラク首脳会談を巡る非公式の意見交換が行われていた。この意見交換では，米英両国がイラクを含む北層の組織化の進展を強く望んでいることが確認されたが，それと同時に米英間に若干の見解の相違があることが明らかになった。後の展開を考えれば皮肉なことに，この段階では，英国政府の方がより強くエジプトとイラクの対立が激化する可能性への懸念を抱き，「エジプトの支持あるいは参加なくして価値ある中東防衛の取り決め（arrangement）はあり得ない」との認識を示していた[9]。当然ながら，米国政府もエジプトとイラクの対立を望んではいなかった。しかし国務省は，「もしイラクがエジプトの指導（lead）を断ち切るならば，地域防衛その他の西側の関心事に対する［中東］地域の姿勢に歓迎すべき影響を及ぼす」として，「アラブの統一戦線が崩壊することには，不利益よりも利益が大きい」とすら考えていた[10]。かかる国務省の立場を，エジプトの切り捨て，あるいはナセルとの対決路線への転換と捉えるのは，完全な誤りである。この時期，米国の政策決定者たちは，ナセルが親西側の立場にあることを疑わなかった。彼らは，かかるナセルの行動を制約しているのは反イスラエル的で中立主義的なエジプトの世論であり，その背後にある反イスラエル的な「アラブの統一戦線」だと考えていた。アラブ・イスラエル対立を固定化させるような「アラブの統一戦線」は西側統合政策が克服すべき対象であり，アルファ計画はまさにそのような発想を淵源としていた。西側統合政策に明示的に賛同するイラクの出現によって「アラブの統一戦線」が崩壊し，少なくとも一時的にエジプトが孤立するとしても，大局的に見るならば，それはアラブ世界が西側陣営に統合されていく過程の一局面としてむしろ歓迎すべきである，と米国の政策決定者たちは考えていたのである。

　それゆえ，トルコ・イラク共同声明を積極的に支持する方針を逸早く打ち出したのは，米国側であった。国務省は，中東諸国の米大使館に送付した訓令で，共同声明を「建設的」と評価し，「現実的かつ有効な防衛取り決めを実現しようとするトルコとイラクの努力を支援する」方針を示すとともに，「アラブ諸国は，

---

[9] Minute by C.E. Shuckburgh, January 11, 1955, FO371/115484/V1073/26. この米英の意見交換は，英国側が北層の組織化を十分に支持していないのではないかという米国側の疑念から行われたものであった。意見交換の内容については，U.S. Embassy in London to DOS, #3012, 1955, DSCF 780.5/1-755；U.S. Embassy in London to DOS, #3053, 1955, DSCF 780.5/1-1155.

[10] DOS to U.S. Embassy in London, #3574, January 10, 1955, DSCF 780.5/1-755.

［トルコ・イラク共同声明という］事態を自国の安全向上に資する重要なステップと捉えるべきである」との見解を示した[11]。米国政府はトルコ・イラク共同声明に関する公式声明こそ出さなかったものの，ダレスは 17 日のラジオ演説で，上記の訓令をなぞるように，共同声明を「歓迎」し，これが「中東全域における安定と安全保障の向上」につながるとの期待感を表明した[12]。ダレスは，翌 18 日の記者会見では，「トルコとパキスタンの間にある空隙」を埋めるものとして，トルコ・イラク協定を「建設的」な動きと高く評価した。このダレスの発言は，米国の高官が「トルコとパキスタン」の中間にあるイランに中東の防衛機構への参加を公式の場で呼びかける最初の機会ともなった[13]。アイゼンハワー政権は，エジプトからの批判に警戒感を抱くことなく，早期にトルコ・イラク協定を実現し，「北層」の組織化の完遂を目指す方針を明確に示したのである。

　エジプトへの対応についても，米国の方が迅速に方針を打ち出した。国務省は，米国政府が「将来的にトルコ・エジプト条約」を実現することを目指しており，そのためにも「RCC が将来引き返すのが困難になるような公式の立場を取ることを防ぐ」必要があるとの方針を，カイロ，バグダード，アンカラの米大使館に伝達した。これと同時に国務省は，エジプト政府に対しては，トルコ・イラク協定はソ連の脅威に対抗するためのもので，米国はソ連の脅威に対する認識をナセルも共有していると考えていること，また米国は同協定がナセルのしばしば強調するアラブの連帯を損なうものとは考えていないことなどを説明することによって，エジプトの自重を促したのである[14]。

　エジプトのイラクに対する激しい攻撃が始まった後も，米国の政策決定者たちは依然として，エジプト政府は基本的に親西側の立場に立っており，おもに国内政治上の理由から反イラクのポーズを取っているに過ぎないと考えていた。たしかに国務省には，かかる認識を補強するような情報が到着していた。エジプト外務省筋からは，エジプト政府のイラクに対する攻撃は国内政治的要因に発しているとする情報が寄せられていた[15]。ナセルは，米国人ジャーナリストとのインタ

---

[11] DOS to Jidda, #314, January 14, 1955, DSCF 780.5/1-1455.

[12] DOS to U.S. Embassy in Damascus, #347, January 14, 1955, DSCF 682.87/1-1455 ; DOS to U.S. Embassy in Baghdad, #406, January 14, 1955, DSCF 682.87/1-1455 ; Minute by J.E. Powell-Jones, January 18, 1955, in FO371/115484/V1073/32.

[13] British Embassy in Washington to FO, #127, January 18, 1955, in FO371/115485/V1073/47 ; DOS to U.S. Consulate in Istanbul, #639, January 21, 1955, DSCF 780.5/1-1755.

[14] DOS to U.S. Embassy in Cairo, #1100, January 14, 1955, *FRUS, 1955-1957*, 12 : 4-5.

ビューで，ヌーリーの行動は「拙速」で，新たな「不信」を産むだけであるとして，「怒りというよりは悲しみ」の感情を覚えると語った[16]。また，17日に前記の米国の立場を説明されたファウズィ外相は，エジプト政府が批判しているのは，「イラクの行動の，方法とタイミング，そして内容の一部」であり，トルコ・イラク協定がアラブ諸国を西側と協調させる上では逆効果であると考えるゆえに批判するのであって「その最終的な目的に異存はない」と，エジプト政府の立場を説明した[17]。これらの情報に基づいて，国務省は，ナセルが将来的に親西側の地域的組織に参加する意図を有していると判断するとともに，アラブ世界の一時的な分裂はナセルをかかる方向に歩ませるための圧力としてむしろ好ましいとの見方にも修正の必要はないと結論した。後の展開から見れば皮肉なことに，トルコ・イラク共同声明直後のアラブ内政治の分極化の動きを，米国政府は，むしろエジプトがイラクをはじめとする親西側的なアラブ諸国の圧力を受けて対外的にも明確に西側との連携に舵を切っていく契機になるとの期待感を抱きながら眺めていたのである[18]。

　このことを示す興味深いエピソードがある。1月下旬，カイロの米大使館参事官ジョーンズは，エジプトの著名なジャーナリストにしてナセルの側近でもあるムハンマド・ヘイカル（Muḥammad Heikal：通称は Mohamed Heikal）と会話する機会をもった。ヘイカルは，エジプトのメディアのイラクへの攻撃は，ヌーリーを政権から追い落とし，トルコ・イラク協定を挫折させることを目指すものであると，率直に認めた。おそらくヘイカル自身が，かかるメディア・キャンペーンで主導的な役割を果たしていた。これに対するジョーンズの反応は，驚くほど穏やかであった。彼は，「この地域におけるあらゆる緊張は好ましくない」と前置きした上で，イラク国民に直接行動を呼びかけるエジプト・メディアの論調は「きわめて危険」であるとして，自制を求めた。その上でジョーンズは，次のように論じた。「エジプト政府はみずからの長期的なインタレストを慎重に考慮すべきだ。エジプトは，遅かれ早かれ，みずからのインタレストに鑑みて，イラクが現

---

[15] Despatch from U.S. Embassy in Cairo, #1379, "Views of Foreign Official Concerning GOE Policy re Turkish-Iraqi Pact," January 17, 1955. この情報源は，前章でも註記したエジプト外務省アラブ局長リヤドである。
[16] U.S. Embassy in Cairo to DOS, #945, January 15, 1955, DSCF 682.87/1-1555.
[17] U.S. Embassy in Cairo to DOS, #956, January 17, 1955, DSCF 682.87/1-1755.
[18] British Embassy in Washington to FO, #168, January 21, 1955, in FO371/115486/V1073/68.

在検討しているような協定を締結しなければならないと考えるようになるかもしれないのだから」[19]。このジョーンズの発言には，当時の米国政府の立場が集約されている。米国政府は，エジプト政府を教導しようとしているかのようであった。米国の助言に従えば，エジプトは自縄自縛の迷路に迷い込まずに本来のインタレストであるはずの西側陣営との連携を最短距離で実現できるであろう。一方，助言に従わなければ，エジプトはアラブ世界から孤立する苦難の時期を経験しなければならなくなるかもしれない。米国の政策決定者たちは，エジプト政府の中立主義や汎アラブ主義的ナショナリズムへの傾斜を，その若き指導者たちの学習過程程度にしか考えていなかったのである。

　一方，トルコ・イラク共同声明に対する英国政府の反応は，米国側よりも複雑さをはらんでいた。イーデン外相は，「中東防衛のための実効性ある組織の設立に向けた第一歩」としてトルコ・イラク共同声明を歓迎するメッセージをヌーリーに伝達したが，公式のコメントを発表することは避けた。英国が共同声明を公式に支持する立場を示すのを控えたのには，いくつかの理由があった。ひとつは，トルコ・イラク協定に英国が参加できるとの明確な保証がなかったためであった。英国政府は，トルコ・イラク間の協議と並行する形で，1930年英・イラク条約に代わる軍事協力の枠組みを協議するために英・イラク間の軍事協議を開催するようイラク政府に申し入れていたが，ヌーリーはそれに応じていなかった。イーデンは，協議の開催に応じるまではトルコ・イラク協定を全面的には支持しない姿勢を示すことで，ヌーリーに圧力を加えようとしていたのである。同時にイーデンは，エジプトの動向への懸念を強めるとともに，イラク・エジプト対立が長期化した場合の他のアラブ諸国の動向を読めないという不安も抱き始めていた。イーデンは，エジプトを刺激することなく，かつアラブ諸国の動向を見極めるために，公式に共同声明を支持することを避けたのである。その一方でイーデンはヌーリーへのメッセージの中で，「中立主義の主張が反対派を刺激する以前に」トルコ・イラク協定を締結するよう促してもいる。英国政府は，いわばトルコとイラクを矢面に立たせる形で，みずからも参加するであろう地域的組織の設立を加速しようとしたのであった[20]。

---

[19] U.S. Embassy in Cairo to DOS, #1004, January 22, 1955, DSCF 682.87/1-2255. キャフェリー大使の離任後，3月にバイロードが新大使として着任するまでの間，ジョーンズは代理公使としてカイロの米大使館を預かる立場にあった。
[20] FO to British Embassy in Baghdad, #45, January 14, 1955, in FO371/115484/V1073/33;

同時に英国政府は，米国以上にナセルとの協調関係の維持に意を用いた。イーデンは，カイロの英大使館への訓令で，「エジプトの参加なくして中東防衛の枠組みが完結することはあり得ない」との認識を明言するとともに，トルコ・イラク協定へのエジプトの懸念やアラブの連帯へのエジプトの関心に配慮を示しつつ，アラブ連盟諸国がソ連の脅威に対するイラクの懸念に理解を示すよう，エジプトが影響力を行使することに期待している旨，ナセルに伝達するよう指示した[21]。17日にスティーヴンソン（Ralph C.S. Stevenson）英大使と会談したナセルは，アラブの連帯を損なっているのはイラクであり，トルコ・イラク協定は中東の強化にはつながらないとの自説を展開する一方で，みずからの反イラク姿勢を弁明した。「ヌーリーはすべてのアラブ諸国で英米の手先と見られて」いる。「エジプト世論に熱狂的に支持されているわけではない」エジプト政府としては，「ヌーリーと同様の汚名を着せられるリスクを冒すことは出来ない」というのがナセルの説明であった。さらに，スティーヴンソン大使が，エジプト政府がイラクの内政に干渉したりアラブ連盟を分裂させたりすることがないよう希望すると述べたのに対して，ナセルはそのような意図はないと請け合った[22]。スティーヴンソン大使は，外務省宛電報で，ナセルがアラブ世界の主導権を握らんとの野心を抱いている可能性は否定できないとしながらも，英・エジプト協定締結から日が浅く，ナセルがなお権力基盤を確立していないことを指摘した上で，「エジプトの世論に 1951 年の［MEC に関する］4 か国提案を想起させるような施策を承認する前に，彼［ナセル］が国内における地位を固めようとしたとしても不思議ではない」との分析を示した。その上でスティーヴンソンは，英国はきたるアラブ首脳会議の悪影響を最小化することを当面の目標とすべきであると献策した[23]。米国とは異なり，英国政府は，アラブ諸国の分裂回避を目指し，エジプトとイラクの双方に積極的に働きかける方針を取ったのである[24]。

[ ] Memorandum by J.F. Brewis, "Turko-Iraq Agreement," January 14, 1955, in FO371/115484/V1073/33. このイーデンの戦術は，ヌーリーには一定の効果を持った。イーデンのメッセージを受けたヌーリーは，英・イラク軍部の協議に「反対しない」姿勢に軟化したからである。British Embassy in Baghdad to FO, #35, January 15, 1955, in FO371/115484/V1073/18. なお，英外務省のスポークスマンは，共同声明の発表直後に，共同声明が英国の従来の政策に沿うものであり，事態を「注視する」と発言している。U.S. Embassy in London to DOS, #3095, January 14, 1955, DSCF 780.5/1-1455.

[21] FO to British Embassy in Cairo, #86, January 15, 1955, in FO371/115484/V1073/28.
[22] British Embassy in Cairo to FO, #78, January 17, 1955, in FO371/115484/V1073/30.
[23] British Embassy in Cairo to FO, #92, January 20, 1955, in FO371/115485/V1073/57.

しかしながら、英国政府の期待とは裏腹に、アラブ内の政治的分極化は急速に進行していく。ヌーリーは、エジプト側の非難は全くもって理不尽であるとして、憤りを強めていた。エジプトは英国とのスエズ基地協定を締結する以前にイラクに相談したわけではない。何故イラクだけが非難されるのか。駐イラク英大使として着任したばかりのマイケル・ライト——1947年のペンタゴン協議における英国側の実質的な責任者——と会談した際、ヌーリーは、前年9月のカイロ訪問の際、ナセルがイラクの周辺国との協定締結に反対しなかったことを指摘しつつ、エジプト側の不実を糾弾した。ヌーリーは、バグダードに駐在する米英の外交官たちに対して、米英がナセルを抑制することに期待しつつも、ナセルの姿勢如何にかかわらず、トルコとの協定締結を急ぐ決意を示した[25]。英国政府は、ヌーリーがカイロで開催されるアラブ首脳会議に出席することが、アラブ内対立の沈静化につながり、少なくともイラクの立場の正当性をアラブ世界にアピールする良い機会になるとして、ヌーリーにカイロ行きを慫慂したが、ヌーリーは、エジプトに対する不快感を表明するために、アラブ首脳会議に出席しようとしなかった[26]。さらにヌーリーは、前首相で当時は外相であったジャマーリーを、シリア、レバノン、ヨルダンに派遣して、きたるアラブ首脳会議でイラクの立場を支持するよう、働きかけを行わせた。共同声明の発表から1週間あまりの間に、トルコも側面支援するイラクの多数派工作は、予想以上の成功を収めた。基本的に親西側路線を取るレバノンとヨルダンに加え、アラブ内政治で中立の立場を取ることが多かったシリアからもイラク支持の立場を取り付けることに成功したからである[27]。

---

[24] FO to British Embassy in Baghdad, #63, January 19, 1955, FO371/115486/V1073/65. FO to British Embassy in Amman, #29, January 19, 1955, in FO371/115486/V1073/65.

[25] British Embassy in Baghdad to FO, #39, January 18, 1955, in FO371/115485/V1073/4737; British Embassy in Baghdad to FO, #62, January 26, 1955, in FO371/115487/V1073/105; U.S. Embassy in Baghdad to DOS, #456, January 17, 1955, *FRUS, 1955-1957*, 12: 7-8.

[26] British Embassy in Baghdad to FO, #46, January 20, 1955, in FO371/115485/V1073/57; FO to British embassy in Baghdad, #63, January 19, in FO371/115486/V1073/65.

[27] British Embassy in Amman to FO, #20, January 20, 1955, in FO371/115485/V1073/58; British Embassy in Damascus to FO, #31, January 20, 1955, in FO371/115486/V1073/60. 詳細は後述するが、アタースィー大統領、フーリー首相らは、シリア国家の独立以前から活躍していたアラブ・ナショナリスト第一世代であり、政治的右派に属した。フーリー政権は、トルコを含む全ての利害共有国との協調という方針への同意を議会から取り付けることでイラク支持の立場を取った。しかし当初から、アラブ内対立が進めば、左派の影響力が拡大することで、シリアの対外政策がエジプト支持方針に転化する可能性が高いと、ダマスカスの英大使館は指

親西側のイラクへの支持がアラブ世界で広がりを見せたことは，米英両国にとって基本的には好ましいことであった。しかし，とりわけ英国政府は，アラブ世界の政治的分裂を憂慮していた。英国政府は，エジプトを含むアラブ世界全体との協調的関係を構築することによって，みずからの中東における影響力を維持し，北層軍事戦略を実現し得る態勢を構築しようとしていた。そのためには，将来英国自身も参加する可能性が高いトルコ・イラク協定を，エジプトの同意，少なくとも黙認の下に実現することはきわめて重要であった。しかし，長年の同盟者であるヌーリーが強硬姿勢を崩さぬ以上，英国としてはナセルの軟化に期待するほかない状況に追い込まれた。英国政府は，エジプト側にアラブ首脳会議を早期に散会させるなど冷却期間を置くことを提案したが，エジプト政府は譲歩を拒否した。これと同時に英国政府は，エジプト政府に緩やかな圧力を加えることも辞さなかった。スティーヴンソン英大使は，「エジプト政府が自国の新聞やラジオを完全に制御していることは世界中に知られている」とエジプト外相ファウズィに詰めより，反イラク宣伝を抑制するよう求めたものの，ファウズィは逃げの姿勢に終始した[28]。スティーヴンソン大使が，ジョーンズ米参事官がヘイカルに対して示した温情的とすら言える姿勢とは対照的な強硬姿勢をも辞さなかったことは，アラブ世界の分裂に対する米英の危機感の相違を物語っていた。

2) アラブ首脳会議

1月22日にカイロで開幕したアラブ首脳会議は，基本的にイラクを支持するシリア，レバノン，ヨルダンと，エジプトおよびサウジアラビアが対立する構図で推移した。サウジアラビアは，伝統的な反ハーシム家の立場から，一貫してエジプト支持の立場をとった[29]。この間に，エジプトのメディアは，イラクのみならずトルコにも批判の矛先を向け，イスラエルと友好関係にあるトルコを通して，イラクがイスラエル側に寝返りつつあるとの中傷を浴びせるようになっていった[30]。会議では対立が亢進し，双方の決議案が次々と否決される事態に陥った。

摘していた。John Gardener to Eden, January 19, 1955, in FO371/115486/V1073/91.
[28] British Embassy in Cairo to FO, #104, January 22, 1955, in FO371/115486/V1073/73.
[29] アラブ首脳会議に関する記述は，ポデーの研究も参考にしている。Podeh, *The Quest for Hegemony*, 107-112.
[30] British Embassy in Ankara to FO, #53, January 26, 1955, in FO371/115487/V1073/104 ; British Embassy in Cairo to FO, #143, January 28, 1955, in FO371/115487/V1073/118.

当初,カイロに代表を送ることを拒否していたヌーリーは,親イラク諸国からの要請もあってジャマーリーを派遣した。しかし,ヌーリーに実質的な譲歩の意図はなく,ジャマーリーは「丁重に,しかし断固として」トルコ・イラク協定を締結する方針を説明するにとどまった[31]。これに対してナセルは,もしイラクがトルコとの協定を締結すればエジプトはアラブ連盟およびアラブ連盟防衛条約から脱退すると発言して,会議参加国にあからさまな圧力を加えた[32]。1月末までに完全に行き詰まったアラブ首脳会議は,窮余の策として,ヌーリーとの交渉に当たらせるべく,レバノン首相らを使節としてイラクに派遣することとした[33]。エジプト政府は,前述のナセルの発言内容を公式声明として発表する予定であったが,イラクへの使節派遣決定を受けて,さしあたり声明の発表を思いとどまった[34]。

アラブ内対立が深刻化する様相を示す中,米国政府は楽観的な姿勢を崩さなかった。アラブ首脳会議の展開は悲観すべきものではなかった。アラブ諸国が一致してトルコ・イラク協定を阻止するような構図は現れなかった。そして,協定に反対しているエジプトとサウジアラビアは,ともに米国とは良好な関係にあるとして,国務省は両国の反イラク姿勢を深刻な事態とは考えなかった。米国の政策決定者たちは,エジプトが「体面を保つための妥協に向けて努力」し続けていると考えていたため,米英やトルコがエジプトに圧力を加えるのは逆効果だと判断していた[35]。むしろ,米英およびトルコがエジプトに向けた友好姿勢を続けるならば,「エジプトは出来る限り名誉ある形でこの不面目な立場から撤退」しようとするであろうというのが,米国側の観測であった。それゆえ米国政府は,何れの側にも与することなく事態の推移を見守る姿勢を公式に持ちつつ,イラク政府にはトルコ・イラク協定の実現を歓迎する姿勢を確認することでその動揺を防ぎ,エジプト政府には方針を再考することを期待する姿勢を取り続けた[36]。

---

[31] British Embassy in Cairo to FO, #133, January 27, 1955, in FO371/115487/V1073/108; British Embassy in Baghdad to FO, #74, January 30, 1955, in FO371/115487/V1073/127.

[32] British Embassy in Cairo to FO, #157, January 31, 1955, in FO371/115487/V1073/134; British Embassy in Cairo to FO, #158, January 31, 1955, in FO371/115487/V1073/135.

[33] British Embassy in Cairo to FO, #154, January 30, 1955, in FO371/115487/V1073/125.

[34] U.S. Embassy in Cairo to DOS, #1077, January 31, 1955, DSCF 780.5/1-3155.

[35] U.S. Embassy in Cairo to DOS, #1013, January 23, 1955, DSCF 682.87/1-2355; U.S. Embassy in Cairo to DOS, #1043, January 27, 1955, DSCF 682.87/1-2755.

[36] DOS to U.S. Embassy in Cairo, #1204, DSCF 682.87/1-2855; DOS to U.S. Embassy in Ankara, #853, January 28, 1955, DSCF 780.5/1-2255.

すべての関係国の中で実質的に最も強硬な立場を取っていたのはトルコであった。メンデレスは、アラブ世界でエジプトへの支持が広がらぬ状況に満足を示すとともに、アラブ諸国の動向如何にかかわらずイラクとの協定締結に向かう方針を堅持していた[37]。一方でトルコ政府は、おそらく米国政府の方針を尊重する姿勢を示すために、少なくとも表面的にはエジプトに対する友好姿勢を崩さず、エジプトに救いの手を差し伸べるかのようなスタンスを示していた。米国は、アラブ内対立を一過性のものと捉え、トルコがエジプトに退路を残しておけば、それはじきに終息するとの見方を示していた。1月末にかけてアラブ首脳会議がきわめて緊迫した状況に陥っているとの情報がもたらされた後も、かかる米国の見方および方針に変化はなかった[38]。

これに対して、英国政府の見方および立場には、微妙ながら確実な、そしてきわめて重要な意味を持つことになる変化が生じ始めていた。西側統合政策の一環としてトルコ・イラク協定の実現を目指すとの点で、英国の方針は米国のそれと一致していた。しかし、いまや英国政府は、直接の当事者としてトルコ・イラク協定に深くコミットし始めていた。1月27日のライト英大使との会談で、ヌーリーは、まず最初にトルコ・イラク二国間協定を実現した後に、速やかに英米両国の参加を求め、それを周辺アラブ諸国、イラン、パキスタン、アフガニスタンまで拡大するとの構想を語った。さらに、ヌーリー・ライト会談では、非公式な意見交換ながら、トルコ・イラク協定に英国が参加することによって英・イラク二国間条約を改定する際の具体的な内容や条件にまで議論は及んだ。ヌーリーは、英国が排他的に使用しているハッバーニヤとシュアイバの空軍基地をイラクに返還させた上で英・イラクの共同運用基地とすることを提案し、英国政府がかねてから求めていた両国軍部の実務協議の開催にも同意した。英国政府にとって、トルコ・イラク協定は中東における自国の地位に具体的に直結する問題となりつつあった。つまり、エジプトの言動を含む域内政治の動向如何にかかわらず、英国政府がトルコ・イラク協定を支持する立場から後退することは考え難い状況が出現し始めていたのである[39]。このことは、英国政府がエジプトとの協調を断念したことを意味したわけではなかった。短期的にはエジプトの黙認を得る形でトル

---

[37] British Consulate General in Istanbul to FO, #13, January 22, 1955, in FO371/115486/V1073/76.

[38] U.S. Embassy in Ankara to DOS, #789, January 22, 1955, DSCF 780.5/1-2255; U.S. Embassy in Cairo to DOS, #1076, January 31, 1955, DSCF 780.5/1-3155.

[39] British Embassy in Baghdad to FO, #68, January 27, 1955, in FO371/115487/V1073/115.

コ・イラク協定を実現すること，中長期的にはエジプトも含む中東全域を包含する防衛機構を実現することが，引き続き英国政府の目標であった。それゆえ，アラブ首脳会議が行き詰まりを見せる中で，米国とは異なり，英国は再びナセルを懐柔することを真剣に考慮した。しかし，もはや英国からの働きかけで事態が好転する可能性はないとのカイロ英大使館の判断で，働きかけは見送られた[40]。

イラク政府は，トルコ・イラク協定の実現に向けて，着実に態勢を整えていった。1月29日には，ファイサル（Faysal bin Ghazzi）国王，アブドゥル＝イラーフ皇太子，ヌーリーと閣僚たち，それに歴代首相が宮廷に参集し，トルコ・イラク協定を締結する方針およびアラブ首脳会議において非妥協的姿勢を貫く方針が全会一致で決定された[41]。バグダードの英大使館は，エジプトとの対立を通じて，これまでヌーリーから距離を取ってきた中間的な立場のイラクの人士もヌーリー支持に動いている状況を伝えるとともに，「もし今を逃せば，近い将来に彼［ヌーリー］もその後継者となる者も，地域防衛政策への国民一般の黙認を得られる可能性はない」との観測を報告した[42]。

英国政府は，意に反して，イラクとエジプトの間で事実上の二者択一を迫られつつあった。そして，そのような選択を迫られたとき，英国政府は，いまやみずからの中東における地位に直結するイラクを選択せざるを得なかった。英国の政策決定者たちは，協定締結が遅延すれば，エジプトが協定自体を不可能にしてしまうような工作を行うのではないかと恐れ始めていた。1月31日，英外務省は，バグダードの英大使館への訓令で，アラブ首脳の一部が提唱しているトルコ・イラク協定締結を6か月間遅らせるという妥協案などは受け入れるべきではないとの判断を示し，早期のトルコ・イラク協定締結を最優先する方針を明確に打ち出した[43]。これと同時にカイロの英大使館に送付された訓令には，エジプトの「策謀」に警戒すべしとの一文があった[44]。英外務省は，トルコ・イラク協定の締結

---

[40] British Embassy in Cairo to FO, #145, January 28, 1955, in FO371/115487/V1073/119; FO to British Embassy in Cairo, #178, January 28, 1955, in FO371/115487/V1073/132; U.S. Embassy in London to DOS, #3362, January 31, 1955, DSCF 780.5/1-3155.
[41] British Embassy in Baghdad to FO, #74, January 30, 1955, in FO371/115487/V1073/127; U.S. Embassy in Ankara to DOS, #846, January 31, 1955, DSCF 780.5/1-3155.
[42] R.W.J. Hooper to Eden, January 26, 1955, in FO371/115487/V1073/131.
[43] British Embassy in Baghdad to FO, #73, January 29, 1955, in FO371/115487/V1073/126; FO to British Embassy in Baghdad, #125, January 31, 1955, in FO371/115487/V1073/127.
[44] FO to British Embassy in Cairo, #210, January 31, 1955, in FO371/115487/V1073/127.

を「最優先のインタレスト」と位置づけ，それを実現するに際して「アラブ諸国間関係に修復不能の亀裂」を生じさせぬことを「第二のインタレスト」と位置づけた[45]。なお英国政府はエジプトとの協調を断念したわけではなかった。英国の政策決定者たちは，エジプトを「教育」することによって，「エジプトがみずから陥った困難な苦境」から救い出す余地が残されていると考えていた[46]。しかし，彼らはいまや間違いなくエジプトよりもイラクを優先する立場に立っていた。英国の西側統合政策は，エジプトとの対決を辞さず親西側諸国のみのブロックを構築しようとするイラクおよびトルコの路線に事実上の歩み寄りを見せ，結果的に米国の西側統合政策と微妙な相違を内包し始めたのである。

一方，2月初めにバグダードを訪問したアラブ首脳会議の使節団は，様々な妥協案を提示したが，ヌーリーはこれらをすべて拒否し，トルコ・イラク協定を早期に締結する方針を曲げなかった。明らかにヌーリーは，エジプトそしてナセルとの対立を原則の対立と捉えていた。ヌーリーは，アラブ首脳会議の使節団を前に次のように語った。

> 革命勢力［revolutionary］になって2年間に過ぎぬエジプトの指導者たちが，40年間にわたってアラブの革命勢力［Arab Revolutionary］であり続けている私［ヌーリー］に講釈しようとすることも，また基盤を確立したというには程遠い［エジプト］政府が議会と堅固な制度を有する［イラク］国家を裁き，それに指図しようとすることも，ともに不遜である[47]。

ここには，みずからをアラブ・ナショナリズムの正統と位置づけるヌーリーの矜持が見える。そして，このヌーリーの発言は，一面の真実を突いていた。1888年生まれのヌーリーは，第一次世界大戦期，オスマン朝の支配に抗する「アラブの反乱」に投じた後，イラク建国に携わり，それ以来イラク国政の中心にあり続けた，いわば第一世代のアラブ・ナショナリストの代表的な人物である。ヌーリーら第一世代のアラブ・ナショナリストは，イラクという国家を得てイラク・ナショナリストとなった。彼らイラク・ナショナリストの主流にとっては，イラク国家の歩みが英国とともにあることは自明であった。そしてヌーリーにとって，

---

[45] J.C. Sterndale Bennett to C.A.E. Shuckburgh, February 2, 1955, in FO371/115489/V1073/179.
[46] C.A.E. Shuckburgh to John S. Bennett, February 15, 1955, in FO371/115489/V1073/179.
[47] British Embassy in Baghdad to FO, #86, February 3, 1955, in FO371/115488/V1073/152.

自然な同盟者である英国との緊密な協調のもとにイラク国家を国民国家として発展させることを目指す一国主義的ナショナリズムは，アラブ・ナショナリズムの正統であった。ヌーリーから見るなら，1918年生まれのナセルは，なお国内権力基盤も脆弱な軍事独裁政権の若輩の首魁に過ぎなかった。ヌーリーはみずからがその構築に深く携わったイラク国家への自負を抱きつつ，革命後も権力闘争に明け暮れ議会すら再開できずにいたエジプト政府に決然と対峙する構えであった。一方，抑圧的な政治手法によって権力を維持しているという点では，ヌーリーとナセルは大同小異であった。エジプト革命政権が農地改革などの国内改革を進めたのに対して，ヌーリーもまた開発委員会を通じて石油収入を経済開発に投じる「上からの近代化」の実践者であった。1955年初頭時点で，何れの側にナショナリストとしての正統性があったかといえば，明確な答えはなかった。ヌーリーにとってナセルとの闘争は，アラブ・ナショナリズムの正統を巡る闘争にほかならなかったのである。

　さらに，少しばかり想像を逞しくするならば，ヌーリーにとって，トルコとの協定にはいくばくかの思い入れがあったに違いない。ヌーリーや彼の同時代人は，オスマン朝のもとで教育を受け，人格を形成した。1月のメンデレス来訪時のレセプション等で，トルコの要人たちとの交流を楽しんでいたのはトルコ語を話すヌーリーら高齢者たちで，英語しか外国語を解さぬイラクの若年世代エリートたちは蚊帳の外に置かれていたという[48]。ヌーリーがトルコへの根強い不信感を抱いていたことは確かであるが，おそらく彼や彼の同時代人にとって，かつて戦ったトルコとの対等な軍事協定は，彼らが建設してきたイラク国家の成長を象徴するイヴェントという意味も有したに違いない。

　かかる感情が広範に共有されていたと断ずることは出来ない。しかし，エジプトとの対立という事態を受けて，イラクの野党的立場にある政治家たち，そして一般国民の間にも，ヌーリーへの支持が高まっている状況を，バグダードの米英両国の大使館がともに観察している[49]。2月6日に緊急召集されたイラク議会下院では，長年にわたってヌーリーら主流派を批判してきた野党勢力までが，エジ

---

[48] R.W.J. Hooper to Eden, January 18, 1955, in FO371/115486/V1073/88.

[49] R.W.J. Hooper to Eden, January 26, 1955, in FO371/115487/V1073/131 ; U.S. Embassy in Baghdad to DOS, #481, January 22, 1955, DSCF 682.87/1-2255. 米国側の分析は，イラク一般国民の反応については英国側の分析よりもやや悲観的であったが，一般国民の間にすらヌーリーの強力な指導に従おうとする傾向が強まっているとの観察が示されている。

プトを批判してヌーリーへの支持を表明する演説を行い、出席議員 96 名の全会一致でヌーリー政権の外交方針が承認された[50]。ヌーリー政権の強権的支配というファクターが作用していたことは明らかであるにせよ、同時にトルコ・イラク協定および英・イラク関係の再編というヌーリーの政策には、イラク国家とそれを率いてきたナショナリズムの総決算という側面が間違いなく存在したのである。

これに対して、ナセルの姿勢には曖昧さが付きまとっていた。アラブ首脳会議の直前、ナセルはカイロ駐在のレバノンの外交官に興味深いことを語っている。ナセルの見るところ、「中東地域のナショナリズムは、西側への反感および同盟への反感と同義」であり、彼自身はかかる状況を克服するために、英・エジプト協定の調印後、「西側との関係は無条件に悪であるとする考え方を捨てるよう、エジプト国民を教育してきた」。しかるに、「この［トルコ・イラク］協定は、これまでの進歩をすべて台無しにするかもしれない」。「もし私［ナセル］がこの協定を攻撃しなければ、急進主義者たちがナショナリズムの旗を私から奪うであろう」。つまり、「急進主義者」の勢力伸張を防ぐために、みずからはイラクを攻撃せざるを得ない立場に追い込まれている、というのがナセルの説明であった。もちろんこれら全てをナセルの本心と考えることは出来ない。彼が語っていた相手は親西側的なレバノンの外交官であり、おそらくナセルはみずからの発言が何らかの形で米英両国に伝わることを計算していたであろう。それゆえナセルは、イラクを攻撃することで、「私が最も緊密な関係を築きたいと考えている、米国、英国、トルコ」との関係が悪化することが気掛かりだとまで述べている[51]。

しかし、このナセルの発言にも、一面の真実が含まれていたと考えるべきであろう。ナセルは、すでに第二次世界大戦期に顕在化していた反英的な第二世代のアラブ・ナショナリストの支持を獲得するというみずからの意図を隠していない。しかし同時にナセルは、それが米英の政策決定者たちの望むような形であったか否かは別にして、米英との協調をもなお望んでいた。じつのところ、ナセルはイラクを非難したものの、その主張は、中立主義的でも汎アラブ主義的でもなかっ

---

[50] U.S. Embassy in Baghdad to DOS, #535, February 6, 1955, DSCF 682.87/2-755; U.S. Embassy in Baghdad to DOS, #536, February 7, 1955, DSCF 682.87/2-755; R.W.J. Hooper to Eden, February 8, 1955, in FO371/115491/V1073/243. この議会召集は急な決定であったため、35 名あまりの議員が欠席した。しかし、米英何れの史料でも、野党的立場の議員の多くが出席していたこと、その中での満場一致の決定がイラク議会では希有な出来事であることが、特記されている。

[51] U.S. Embassy in Cairo to DOS, #972, January 19, 1955, DSCF 682.87/1-1955.

た。史家ダウィーシャが明確に指摘しているように，ナセルもまた，本質的にはエジプトの国益を追求する一国主義的なナショナリストであり，その点でイラクの国益を追求するヌーリーと本質的に変わらなかった[52]。ナセルのイラク攻撃は，反英的ナショナリスト勢力の支持を獲得することを目指して開始されたが，それは依って立つ原則も，大衆を動員するレトリックも欠いていた。それゆえであろう，2月初旬，明らかにエジプト政府が組織したトルコ・イラク協定反対集会は，惨めな失敗に終わっていた。集会には政府に動員された学生以外には人が集まらず，周辺住民が有名人の葬儀かと見間違えるほどであったという[53]。すなわち，ナセルのイラク攻撃は，エジプト国内政治の観点からは全くの失敗だったのであり，かかるエジプトの状況はヌーリーへの支持の高まりが見られたイラクとは対照的であった。

やや先回りするならば，かかる状況を打破するために，まもなくナセルは中立主義的かつ汎アラブ主義的なナショナリズムのレトリックを大々的に展開するようになり，その結果，エジプトとイラクの対立は，中立主義的・汎アラブ主義的な「アラブ・ナショナリズム」と親西側的・一国主義的なイラク・ナショナリズムの対立という様相を呈していくこととなる。しかし，ナセルは最初からそのような理念的闘争を挑んだわけではなく，さらに言うならば，ナセルは，中立主義的・汎アラブ主義的な「アラブ・ナショナリズム」の立場を採用した後も，基本的にはそのレトリックをエジプトの一国的な国益を追求するために活用していくのである[54]。

バグダードを訪問したアラブ首脳会議の使節団は，後日ベイルートでヌーリーとナセルが直接会談するとの妥協を何とか成立させた。しかし妥協成立の直後から，ヌーリーもナセルも直接会談に出向く意思はないことを明言したため，イラク・エジプト間の妥協の最後の機会も失われた[55]。バグダードに派遣された使節団がカイロに帰投してまもなく，2月6日にアラブ首脳会議は何の決議も共同声明も出さぬままに散会した[56]。アラブ首脳会談の勝者はイラクであった。史家ポ

---

[52] Dawisha, *Arab Nationalism*, 139-140.
[53] Despatch from U.S. Embassy in Cairo, 31540, February 7, 1955, DSCF 780.5/2-755.
[54] Dawisha, *Arab Nationalism*, 142-153 ; Jankowski, *Nasser's Egypt*, 56-61, 69-82.
[55] U.S. Embassy in Baghdad to DOS, #519, February 2, 1955, DSCF 682.87/2-255 ; U.S. Embassy in Cairo to DOS, #1114, February 5, 1955, DSCF 780.5/2-555.
[56] British Embassy in Cairo to FO, #198, February 7, 1955, in FO371/115489/V1073/177.

デーの言を借りるならば、ヌーリーは「イラクが不在のアラブ連盟は麻痺状態に陥る」ことを内外に示すことに成功したからである[57]。しかし、その勝利は磐石とは言えなかった。シリアとレバノンはイラクを支持する立場を堅持したものの、会議の最終盤では、ヨルダンが寝返り、サウジアラビアとともにイラクを非難する決議を提出し、イエメンとリビアもそれに同調した[58]。両者の対立を引き取り、決議無しで首脳会議を閉会することを提案したのはナセルであった[59]。

　ナセルが、何故かかる方針に転じたのかは明らかではないが、みずからのイラク批判への支持がエジプト内外で拡がりを欠いたことが大きな理由であったことは間違いあるまい。かかる事情を示唆するのは、会議終了後にエジプトが発したメッセージの錯綜である。一方でナセルは、ジョーンズ米参事官との会談で、みずからがエジプトのみならず中東諸国のナショナリズムの支持を得ていると主張して、反イラク路線を正当化する姿勢を示した。さらにナセルは、「残念ながら、米国は［エジプトから］離れて行動することを選択して［トルコ・イラク］協定を扇動した。いまや私も［米国から］離れて行動するのは自由だと感じている」と述べ、これまでになく米国に批判的な姿勢を示した[60]。しかし他方で、首脳会議終了から数日のうちに、エジプトのメディアはまもなく調印されるのが確実なトルコ・イラク協定の問題を取り上げなくなった。カイロの米大使館は、あらゆる状況証拠に照らしてエジプト政府がトルコ・イラク協定に対する政策を決めかねていることは間違いなく、おそらくエジプト政府は近く予定されているイーデンの来訪やトルコ・イラク協定締結後の状況を見てから方針を決定しようとしているのであろうとの分析を示した[61]。英国政府はそれほど楽観的ではなかった。カイロの英大使館は、トルコ・イラク協定への攻撃を通じて、ナセルが左派の知識

---

[57] Podeh, *The Quest for Hegemony*, 109-110.
[58] U.S. Embassy in Cairo to DOS, #1126, February 7, 1955, DSCF 682.87/2-755. 首脳会議の終盤、ヌーリーは、ヨルダン首相がサウジアラビアに買収されつつあると懸念していた。U.S. Embassy in Baghdad to DOS, #526, February 4, 1955, DSCF 682.87/2-455. また、ヨルダンのフサイン国王が会議の終了後に非公式にバグダードを訪問してイラク国王ファイサルに語ったところによると、ヨルダンの離反は、フサイン国王の意に反する首相の独断であったようである。U.S. Embassy in Baghdad to DOS, #553, February 8, 1955, DSCF 682.87/2-855. 一方でフサイン国王は、トルコ・イラク協定に関するイラク側の説明に一応の了解を示しつつ、同協定を支持するところまでは踏み込まなかった。U.S. Embassy in Baghdad to DOS, #584, February 16, 1955, DSCF 682.87/2-1655.
[59] U.S. Embassy in Baghdad to DOS, #550, February 8, 1955, DSCF 682.87/2-855.
[60] U.S. Embassy in Cairo to DOS, #1120, February 6, 1955, *FRUS, 1955-1957*, 12 : 15-16.
[61] U.S. Embassy in Cairo to DOS, #1150, February 11, 1955, DSCF 682.87/2-1155.

人や専門家層のみならず「ムスリム同胞団の思想を持つ」勢力や「右派ナショナリスト」にまで支持を拡大しつつあるとの警戒感を示した[62]。しかし，英外務省においても，ナセルの突然の変心は，RCC内の権力関係や国内政治上の配慮に由来するものであり，したがってナセルのトルコ・イラク協定への反発は一時的なもので，なお説得や妥協の余地は十分にあるとの見方が優勢であった[63]。

　ナセルが矛を収めたことで，中東の政治的分極化は回避されたかに見えた。米英両国政府が，ナセルへの警戒感を抱き始めながらも，ナセルとの協調に期待し続けたのは，決して不自然なことではなかった。しかし実際には，中東域内政治の流動化と分極化は，とどまることなく進行していた。イラクとエジプト，ヌーリーとナセルの間の，その帰趨を端倪すべからざる闘争は始まったばかりであった。それは，この時点ですでに，アラブ世界の主導権を巡る2つの国家，2人の指導者の間の闘争であったが，この段階ではなおアラブ・ナショナリズムの正統性を巡る闘争にまでは発展していなかった。それは，闘争を仕掛けたナセルの方が，ヌーリーに対抗し得るような理念もレトリックも，そして強固な支持基盤をももち得ていなかったからである。

2　バグダード条約の成立

1）米英の参加問題

　2月初め，カイロではアラブ首脳会議が継続していたが，トルコ・イラク協定を推進する勢力の関心は，協定の具体的な内容に移行していった。最初に浮上したのは，トルコ・イラク協定への米国の加盟問題であった。トルコ・イラク協定を，最終的には米英も参加する中東全域を包含する地域的防衛組織の出発点とすること，そして同協定への英国の加盟をもって英・イラク条約を改定することについては，これまでの米・英・土・イラク間の様々な接触を通じて漠然としたコンセンサスがあった。その意味では，米国の参加はタイミングの問題と考えられていた。ヌーリーは，イラク・トルコの二国間協定を基本としつつ，それに英米も加えた4か国条約を締結するのが望ましいとする立場を示していた[64]。イーデ

---

[62] U.S. Embassy in Cairo to DOS, #1230, February 24, 1955, DSCF 682.87/2-2455.
[63] J.C. Sterndale Bennett to C.A.E. Shuckburgh, February 2, 1955, in FO371/115489/V1073/179.

ンは，ヌーリーの主張に好意的に反応したが，早期に協定締結にこぎ着け，それを既成事実化することを最優先すべきであると主張した[65]。メンデレスも，4か国条約が理想的であるとしたが，米英の参加までに時間を要するのであれば，トルコ・イラクの二国間協定という形で出発して，出来る限り速やかに米英の参加を実現するという形を希望した[66]。

　米国の政策決定者たちは，早期にトルコ・イラク協定に参加するつもりはなかった。アイゼンハワー政権は中東の組織化の原則として「内発的」性質を強調しており，トルコ・イラク協定の締結に至っても，かかる方針を変更する機はなお熟していないと判断していた[67]。前章で見たように，もともと米国の西側統合政策は数年単位のタイムスケールを前提としていた。予想外の速度でトルコ・イラク協定が実現したことは間違いなかったが，そのことによって全体的なタイムスケールは変わらなかった。そのような意味で，トルコ・イラク協定への自身の不参加という米国の方針は，従来の方針の確認という性質が強かった[68]。さらに，米国が参加に消極的だったのには，もうひとつ副次的な理由があった。それは，イスラエルの安全保障にコミットすることなく米国が中東の防衛機構に参加することに反対する，米国内の親イスラエル勢力の存在であった。

　米国内の親イスラエル勢力への懸念がアイゼンハワー政権の中東政策にどの程度の影響を与えていたのか，実証的に検討するのは難しい。興味深いことに，親イスラエル勢力への懸念については，米国側の文書にはほとんど記述がない一方で，英国側の記録には，米国の政策担当者たちがこの問題にしばしば言及している様子が記されている[69]。この一事から判断するなら，親イスラエル勢力の問題が，中東の地域的組織への参加を回避するための口実に使われた側面がなかったとは断定できない。しかし，当時の米国の中東政策全体を見渡すなら，米国側が単なる責任回避の口実として国内の親イスラエル勢力に言及していたとは考えに

---

64 U.S. Embassy in Baghdad to DOS, #522, February 3, 1955, *FRUS, 1955-1957*, 12 : 11-12.
65 U.S. Embassy in London to DOS, #3464, February 4, 1955, DSCF 682.87/2-455.
66 U.S. Embassy in Ankara to DOS, #877, February 5, 1955, DSCF 682.87/2-555 ; U.S. Embassy in Ankara to DOS, #879, February 5, 1955, DSCF 682.87/2-1155 [*sic*].
67 DOS to U.S. Embassy in Ankara, #885, February 3, 1955, DSCF 682.87/2-355.
68 Memorandum from Allen to Dulles, "Question of United States Commitment to the 'Northern Tier'," February 9, 1955, DSCF 780.5/2-955.
69 British Embassy in Washington to FO, #332, February 4, 1955, FO371/115488/V1073/161 ; H. Beeley to C.A.E. Shuckburgh, February 9, 1955, in FO371/115491/V1073/242.

くい。サルサンク合意の報に接した際にダレスがイスラエルと隣接するアラブ諸国の組織化に難色を示したことは，前章で触れた。これは直接的には，アラブ・イスラエル間の軍拡競争やイスラエルの予防戦争を回避するためであったが，米国の政策決定者たちが，当面はイスラエルを出来る限り切り離す形で中東諸国の組織化を進めようとする発想を持っていたことは間違いない。加えて，1955年初めには，包括的なアラブ・イスラエル和平を目指すアルファ計画が策定途上にあった。米国の政策決定者たちは，和平が実現すれば米国がイスラエルの安全に特別の保障を与える必要性も自動的に消失すると想定していたはずである。そうであるとするならば，拙速に米国みずからが参加することによって敢えてトルコ・イラク協定を親イスラエル勢力の批判にさらすことが賢明な政策と考えられなかったのは当然であったと言える。仮にアイゼンハワー政権がトルコ・イラク協定に参加しようとした場合に米国内の親イスラエル勢力がそれを阻むほどの強力な政治力を行使し得たか否かという問題は，仮定の議論としては興味深いけれども，アラブ・イスラエル和平を真剣に考慮していたアイゼンハワー政権の念頭にはそもそもそのような選択肢は浮かばなかったというのが実情であろう。

　一方，米国政府は，トルコ・イラク協定への英国の加盟には反対しない姿勢を示した。もっとも，この問題について，米国政府内で改めて突っ込んだ再検討が行われた形跡はない。すなわち，すでに1954年12月に当時のバイロード国務次官補が英国側に示していた，イラクを含む地域的防衛組織に英国が参加する形で英・イラク条約の事実上の改定を行うことを支持するとの方針が継続していたことになる。米国政府が英国の加盟に反対するということは，事実上あり得なかった。米国の政策決定者たちは，英国が北層軍事戦略を実行する態勢を整えるために，とりわけイラクにおける軍事的権利を確保する必要があることを重々承知しており，しかもちょうどこの時期には米・英・土軍部による中東軍事戦略に関する協議も行われていたからである。一方で，米国政府は，少なくとも公式の立場としては，英国の加盟を歓迎するわけにもいかなかった。米国政府は，中東諸国の「内発的」な組織化の重要性を強調していた。それに加えて，エジプトがトルコ・イラク協定に反対したことも，英国の加盟に対する米国側の反応を抑制する方向に働いた。以上のような事情から，米国は実質的には英国の加盟を当然視しながらも，公式の立場としては英国の加盟に「反対しない」という微温的な姿勢を取ることになったのである[70]。

先行研究の中には，1955年初めを境に米国がアラブ域内対立への恐れから「北層」への関心を低下させ，逆に英国は英・イラク条約改定の目処が立ったことを境にエジプトからイラクを中心とする「北層」へと関心を移動させたと指摘するものがある[71]。かかる分析は，英国政府がレヴァント＝イラク戦略の採用以降，北層諸国を含む広範な中東諸国との協調関係を追求し始めていた事実，また米国政府が数年単位のタイムスケールを前提としながら北層を含む中東全域を西側陣営に統合することを引き続き目標としていた事実，すなわち内容的な隔たりや重点の相違を内包しながらも米英両国が西側統合政策を追求し続けていたことを捉え損ねている。実際には，米国政府は，英国のトルコ・イラク協定への参加に理解を示し，みずからの参加の可能性を否定したわけでもなかった。また，英国政府はイラクを重視する姿勢を強めていたにせよ，エジプトおよびアラブ・イスラエル紛争解決への関心を低下させたというには程遠かった。トルコ・イラク協定および同協定への英国の参加について，米英間に方針の齟齬はほとんど存在しなかったのである。

　2月中旬までに，米英両国は，トルコ・イラク協定の原締約国とはならず，後日それに加盟するとの方針を決定し，イラクおよびトルコ政府は米英両国の決定を受け入れた[72]。イラクおよびトルコ政府が米英両国の方針を受け入れた背景には，この頃までに米・英・土・イラクの4か国が，トルコ・イラク協定の早期締結を最優先する方針で一致していた事情があった。アラブ首脳会議の閉幕後，トルコ・イラク協定に反対する勢力は拡大する兆候を示していた[73]。シリアでは，アラブ首脳会議でトルコ・イラク協定を支持したファーリス・フーリー (Fālis al-Khūrī) 政権が倒れ，その後を承けたサブリー・アサリー (Ṣabrī al-ʿAsalī) 政権は，成立早々にトルコ・イラク協定に反対する姿勢を示し始めていた[74]。エジプトの

---

[70] Circular Telegram from DOS to Certain Diplomatic Missions, Baghdad #463, February 15, 1955, *FRUS, 1955-1957*, 12 : 19-20.

[71] Frederick W. Axelgard, "US Support for the British Position in Pre-Revolutionary Iraq," in Fernea and Louis, eds., *The Iraqi Revolution of 1958*, 86-88 ; Ashton, *Eisenhower, Macmillan and the Problem of Nasser*, 42-50, 59-60.

[72] U.S. Embassy in Baghdad to DOS, #588, February 17, 1955, DSCF 682.87/2-1755 ; Despatch from U.S. Embassy in Ankara, #403, "Transmittal of Aide-Memoire on the Question of United States-United Kingdom Original Adherence to the Turk-Iraqi Pact," February 17, 1955, DSCF 682.87/2-1755 ; U.S. Embassy in Ankara to DOS, #938, February 17, 1955, DSCF 682.87/2-1755.

[73] U.S. Embassy in Baghdad to DOS, #516, February 2, 1955, DSCF 682.87/2-255 ; U.S. Embassy in Ankara to DOS, #896, February 9, 1955, DSCF 682.87/2-955.

メディアは、シリアの政変をエジプトの反トルコ・イラク協定キャンペーンの成果と報じ、ナセルもシリアにおける事態の展開に満足しているとの情報が寄せられていた[75]。サウジアラビアは、依然としてトルコ・イラク協定を批判しており、親米的なサウード（Sa'ūd bin 'Abd al-'Azīz）国王もヌーリーを批判する演説を行った[76]。さらに、バンドンで開催されるアジア・アフリカ会議の打ち合わせのためにエジプトを訪問したインド首相ネルー（Jawaharlal Nehru）が、「あらゆる同盟（pacts）に反対する」と発言したことを、エジプトのメディアは大きく取り上げた。以上のような事態を受けて、駐エジプト英大使スティーヴンソンは、ナセルが「イラクを含むあらゆる地域で」シリアで遂行したのと同様の政策を取ろうとしているとの不安を語った[77]。一方で、2月中旬にかけて、エジプト政府は様々なチャネルを通じて、トルコ・イラク協定の調印を延期するよう働きかけを続けていた。エジプト政府の働きかけはカイロのイラク大使館にまで及んだものの、イラク政府はもちろんのこと、米英両国政府もエジプトの要請に耳を貸さなかった[78]。いまや協定を推進する4か国は、一刻も早くトルコ・イラク協定を成立させることを最優先する方針で一致していた。

米国は英国と同程度に、まもなくバグダード条約として結実することになるトルコ・イラク協定の実現に向けたプロセスに深く関与した。米英両国の関与は、おもに具体的な条約条文に関する助言という形を取った。1月のトルコ・イラク共同声明と前後して、ヌーリーは早くも条約草案をトルコ側に提示していたようだが、条文を巡る具体的な交渉はアラブ首脳会議の閉会前後から2週間あまりの間に集中して行われた。詳細には立ち入らないが、条約の内容を加盟国間の情報交換や武器・軍事物資の移動に限定する簡略な条文を求めるイラク側に対して、トルコ側は、共同で軍事プランを策定し、それに基づく必要な措置を取ることを加盟国の義務とする内容の条文を望んだ[79]。米国は、トルコ側の条文を受け入れ

---

[74] U.S. Embassy in Baghdad to DOS, #607, February 23, 1955, DSCF 682.87/2-2355.
[75] U.S. Embassy in Cairo to DOS, #1174, February 16, 1955, DSCF 682.87/2-1655.
[76] U.S. Embassy in Jidda to DOS, #392, February 14, 1955, DSCF 780.5/2-1455 ; Despatch from U.S. Embassy in Jidda, #128, February 14, 1955, DSCF 682.87/2-1455.
[77] U.S. Embassy in Cairo to DOS, #1183, February 16, 1955, DSCF 682.87/2-1655.
[78] U.S. Embassy in Cairo to DOS, #1182, February 16, 1955, DSCF 682.87/2-1655 ; U.S. Embassy in Cairo to DOS, #1183, February 16, 1955, DSCF 682.87/2-1655 ; U.S. Embassy in Cairo to DOS, #1198, February 18, 1955, DSCF 682.87/2-1855 ; Despatch from U.S. Embassy in Cairo, #1630, February 21, 1955, DSCF 682.87/2-2155.
[79] U.S. Embassy in Ankara to DOS, #878, February 5, 1955, DSCF 682.87/2-555 ; U.S. Embassy in

るようヌーリーに促し，あるいは，英国の加盟を容易にするような条文の修正も提案するなど，英国とともにバグダード条約の誕生に事実上の当事者として深く関与した[80]。条文を巡る4か国の交渉は，相互の立場の妥協点を探る形で建設的に進行した。最終的には，トルコ側が求めるような明確な義務関係に難色を示すヌーリーの立場を尊重する形で，2月17-18日頃，4か国はバグダード条約の基本的な骨格に合意した。条文を巡る交渉が本格化してからわずか1週間あまりの，きわめて迅速な妥結であった[81]。

2）バグダード条約の調印と南北分離戦術の出現

　2月以降，米国政府は中東諸国の組織化に関する戦術を修正し始めた。それをもたらしたのは，トルコ・イラク協定に対するエジプトの予想以上の反発であった。トルコ・イラク協定が実現しようとしていたこの時期，ちょうど米国政府は英国政府とともにアルファ計画の策定を本格化させていた。アラブ・イスラエル和平が米国の西側統合政策において如何に重要な意味を有したか，そしてアルファ計画において米国がナセルに如何に重要な役割を期待していたかは，すでに見たとおりである。しかし，ナセルがトルコ・イラク協定を攻撃し，中東域内の政治的分極化の可能性が浮上したことで，北層の組織化と南部におけるアルファ計画の間にはネガティヴなリンクが生じる可能性が浮上した。つまり，北層の組織化はナセルと西側陣営の関係を損ねる可能性を，アルファ計画の推進に必要とされるナセルの指導力は北層の組織化を阻害する可能性を，それぞれ内包していたのである。米国の政策決定者たちは，「アラブの同胞内の諍い（family squabble）」に巻き込まれることを避けることによって，エジプトとの良好な関係を維持し，そうすることによってアルファ計画を推進することが可能になると考えるようになった。そのために米国政府が打ち出したのは，イラク以外のアラブ諸国

Baghdad to DOS, #534, February 6, 1955, DSCF 682.87/2-655 ; U.S. Embassy in Baghdad to DOS, #562, February 10, 1955, DSCF 682.87/2-1055.

[80] DOS to U.S. Embassy in Ankara, #913, February 9, 1955, DSCF 682.87/2-955 ; DOS to U.S. Embassy in Baghdad, #913, February 10, 1955, DSCF 682.87/2-1055.

[81] U.S. Embassy in London to DOS, #3607, February 15, 1955, DSCF 682.87/2-1555 ; U.S. Embassy in Ankara to DOS, #928, February 15, 1955, DSCF 682.87/2-1555 ; U.S. Embassy in Ankara to DOS, #932 and #933, February 16, 1955, DSCF 682.87/2-1655 ; DOS to U.S. Embassy in Cairo, #1337, February 17, 1955, DSCF 682.87/2-1655 ; U.S. Embassy in London to DOS, #3653, February 17, 1955, DSCF 682.87/2-1755.

のトルコ・イラク協定への加盟を「促進も抑制もしない」との方針であった[82]。

米国政府は、この前後を通じて公式には「内発的」な中東諸国の組織化を歓迎する立場を取り続けたし、すでに NSC 5428 において北層 4 か国の組織化を完成するまではそれ以南のアラブ諸国の参加を「促進も抑制もしない」方針は示されていた。そのような意味では、2月以降、中東諸国の組織化について米国政府が取った方針は、新たな方針とは言い難いところもあった。しかし、この問題がイラクとエジプトを双極とする域内政治のイシューとなり、バグダード条約という地域的組織の新たな焦点が出現する中で、米国がかかる政策を採用することには大きな意味があった。すなわち米国政府は、バグダード条約へのイラク以外のアラブ諸国の参加を実質的には抑制する方針を取り始めたのである。

かかる米国政府の姿勢が最初に示されたのは、2月4日の駐米レバノン大使マーリク（Charles Malik）と NEA 担当国務副次官補ヤーネガンの会談においてであった。この会談でヤーネガンは、「トルコ、パキスタン、イラク、イラン、およびその他のアラブ諸国を将来的に包含する現実的な防衛組織」の設立を米国が支持する方針に変わりはないことを確認した上で、「合衆国が地域防衛に実質的に貢献するには、かかる現実的防衛取り決めの進展、およびアラブ・イスラエル関係の改善が不可欠」（強調引用者）であると、米国政府の基本的立場を説明した。アルファ計画の存在は依然として極秘とされていたが、米国は初めて、アラブ・イスラエル関係が改善されるまでは、中東の防衛組織には参加しないとの立場を示唆したのである。一方、マーリク大使の最大の関心事は、トルコ・イラク協定へのレバノンの参加の是非であった。この点についてヤーネガンは、明らかに意図的に、曖昧な説明に終始した。「北層」の南方は、対ソ軍事戦略から見れば「後方地域（rear area）」に当たる。エジプトを含む後方地域のアラブ諸国についても、「現実的な防衛計画」に協力する意志を有する場合には、米国は当該諸国の防衛強化を支援することを「考慮する」。しかし、レバノンは「自国のインタレストを最大限考慮して」防衛政策を決定すべきであって、「当然のことながら、米国は助言を与えることは出来ない」。かかるヤーネガンの物言いに、米国政府がレバノンの地域的組織への参加を歓迎すると踏んでいたに違いないマーリク大使は苛立ちを示した。それゆえマーリク大使は、いくつもの質問を投げかけたが、

---

[82] Memorandum from Burdett to Hart, "U.S. Tactics on Turk-Iraq Announcement," February 3, 1955, DSCF 687.82/2-355.

ヤーネガンの回答は曖昧な言い回しに終始した。トルコ・イラク協定に米国が参加する可能性についても、ヤーネガンは、かかる可能性が存在することを認めつつ、米国は「基本的に新たなコミットメントには消極的」であり、仮に参加を決定するにしても時間を要するであろう、とのきわめて消極的な見通しを示した[83]。

マーリク大使は明らかに不満であった。数日後、彼は国務省を再訪し、ダレス国務長官に、トルコ・イラク協定へのレバノンを含むアラブ諸国の参加を米国はどのように評価するのか、「アラブ・イスラエル関係の改善」とは具体的に何を指すのか等、ヤーネガンにぶつけたのと同様の質問を提起した。それらに対してダレスは、個別的な問題については慎重に検討しなければならないとして事実上回答を避けるとともに、米国が選挙の年となる1956年に入る前にアラブ・イスラエル紛争の解決を進めなければならないとの見解のみを語ったのである[84]。

ダレスとヤーネガンに共通する意図的な曖昧さは、米国の西側統合政策の新たな一面であった。それは、北層諸国の組織化を確実に推進するとともに、かかる組織を当面は北層4か国に局限しつつ、ナセルとの協調のもとにアラブ・イスラエル紛争解決を推進することを目的とする戦術であった。米国の政策決定者たちは、当面バグダード条約をイラク以外のアラブ諸国に拡大しないことで、ナセルとの協調が容易になると計算していた。しかし、ナセルへの配慮ゆえに中東諸国の組織化を抑制していることは、「内発的」な組織化を歓迎する米国の立場上、明言することは出来ない。それゆえ、米国政府は、バグダード条約への参加に前向きなアラブ諸国には、マーリク大使に示したような姿勢、すなわち当該国の参加を歓迎することなく、当然、軍事援助の提供にも踏み込まない姿勢を示すことによって、それを抑制しようとしたのである。米国政府は、かかるネガティヴな関与によってバグダード条約を当面北層に隔離し、つまり中東を南北に意図的に分断することによって、アルファ計画の推進を図ろうとし始めていた。きわめて重要なのは、かかる南北分離戦術が中東全域を西側陣営に統合することを目指す西側統合政策ゆえに採用されたものであったということである。もし仮に可能な限り多くの親西側諸国のみで中東の組織化を進めようとするならば、かかる迂遠な戦術を取る必要はなかったからである。エジプトを含むすべてのアラブ諸国を

---

[83] Memorandum of Conversation, "Middle East Defense and Lebanon's Role in the Current Dispute between Egypt and Iraq over the Turkey-Iraq Defense Agreement," February 4, 1955, DSCF 780.5/2-455.

[84] Memorandum of Conversation, February 9, 1955, *FRUS, 1955-1957*, 12：16-18.

第9章　バグダード条約の成立と西側統合政策の再編　525

最終的に西側陣営に取り込むためにこそ，アラブ・イスラエル紛争の解決が必要であると考えられたのであり，アラブ・イスラエル紛争の解決を図るための時間を稼ぐためには，バグダード条約を「アラブの同胞内の諍い」から切り離す必要があると判断されたのである。北層地域における組織化とエジプトを含む後方地域におけるアルファ計画の分離は，1955年の米国の西側統合政策プログラムの要諦となっていく[85]。

かかる南北分離戦術は，ナセルがイラクへの矛を収めるならば，不要になるはずであった。そして，イーデンがカイロでナセルとの会談に臨んだのは，バグダード条約調印に向けた外交的な準備が完了しつつあった，2月20日であった。前章で見たように，イーデンのナセルとの会談における当初の目的はアルファ計画の実施に向け，対イスラエル和平の可能性についてナセルに探りを入れることであったが，いまやナセルとの間の最大の懸案はバグダード条約であった。バグダード条約へのみずからの加盟とナセルとの協調関係を両立させようとしていた英国政府は，外交家としての名声の高いイーデンがナセルとの間でバグダード条約に関する了解に至ることをとりわけ期待していた[86]。

カイロの英大使館で開催された会談の冒頭，イーデンはNATOを引き合いに出してナセル説得を試みた。イラクはNATOで言えば西ドイツと同じ位置にある。西ドイツがソ連軍を出来るだけ東方で食い止めたいと考えているのと同じように，イラクは北方で食い止めたいと考えている。エジプトはNATOで言えば，さしずめ英国と同じ位置づけで，両者は後方において同盟内の役割を担うであろう。ここでイーデンに随行するハーディング陸軍参謀長が話を引き継ぎ，中東の軍事情勢を概括的に説明した。ひととおり英国側の説明を聞き終えたナセルは，「深度ある防衛（defence in depth）」という考え方に全く異存はないと切り出し，だからこそ自分は，アラブ連盟防衛条約を活用することによって，アラブ諸国を西

---

[85] 米国が当面バグダード条約に加盟せぬ方針，および後方地域諸国の加盟に米国が中立的姿勢を取るとの方針は，ダレス・マーリク会談直後に駐イラク米大使ゴールマンよりヌーリーにも説明されている。ヌーリーは，軍事援助問題で米国側の方針を質した以外は，基本的にこれを了承する姿勢を示した。U.S. Embassy in Baghdad to DOS, #544, February 7, 1955, DSCF 682.87/2-755.

[86] Memorandum, "Brief for the Secretary of State's Visit to Cairo," February 15, 1955, in FO371/115496/V1073/432 ; C.A.E. Shuckburgh to John S. Bennett, February 15, 1955, in FO371/115489/V1073/179 ; British Embassy in Baghdad to FO, #163, February 21, 1955, in FO371/115492/V1073/292 ; Shuckburgh, *Descent to Suez*, 249.

側陣営に導こうと努めているのだと主張した。イラクがエジプトと同様，有事に国内基地の活用を認めるような二国間条約を英国と締結するのであれば問題ない。しかし，今まさに締結されようとしているトルコ・イラク協定は，アラブ連盟防衛条約の原則に反しており，アラブ諸国では全く支持されていない。ナセルの説明は，これまでの彼の主張の繰り返しであった。

イーデンは，トルコ・イラク協定の内容はなお明らかではないから，実際の協定を見るまで判断を保留してはどうかとナセルに提案したが，ナセルはすでに内容を承知しているとして取りつく島もなかった。ファウズィ外相が，英国の働きかけによって協定の締結を延期できないかと持ちかけたが，イーデンはあからさまにこれを無視し，ヌーリーやメンデレスとの三者会談の余地はないかとナセルに水を向けた。ナセルは，みずからがエジプト国内世論への配慮からメンデレスの訪問延期を要請していることに触れ，トルコ・イラク協定が締結されればメンデレスとの会談は難しくなろうとの見方を示した。ここでイーデンはトルコ・イラク協定に関する議論を打ち切り，対イスラエル和平についてのナセルの見解を問うた。ナセルは，問題はタイミングであると述べた上で，領土問題の複雑さを考えれば，紛争の部分的解決は困難で，包括的な解決が必要であるとの，きわめて一般的な所見を示すにとどまった[87]。

イーデンは，英本国や国務省には，アラブ・イスラエル和平についてナセルから部分的に前向きな発言を引き出したかのように報告したが，会談録を見れば，イーデンは和平に向けた計画の存在を示唆したわけでも，ナセルに行動の意思を問うたわけでもなく，ナセルの回答も第三者的な観察の域を出るものではなかった[88]。会談が実現したタイミング，そしてトルコ・イラク協定を巡る過去1か月半あまりの経緯を考えれば，そもそもイーデン・ナセル会談に多くを期待することは難しかったであろう。それにしても，イーデンは，ナセルとの間にその後の意見交換の出発点すら作り出すことは出来なかった[89]。結果的に，この不毛な

---

[87] Memorandum of the Discussions between the Secretary of State for Foreign Affairs and the Egyptian Prime Minister Held in Cairo on February 20, 1955, February 23, 1955, in FO800/776.
[88] U.S. Embassy in Cairo to DOS, #1215, February 22, 1955, DSCF 682.87/2-2255.
[89] Heikal, *Cutting the Lion's Tail*, 73-78. この生涯に一度のナセルとの会談でイーデンはナセルに好印象を抱いたようであるが，エジプト側に好印象を残したわけではなかった。ヘイカルによると，会談に先立つ夕食の席などでイーデンはアラビア語を交えてナセルと歓談した。しかし，タキシードを着用する英国側出席者に対して，ナセルは軍服で会談に臨んだ。会場となった英大使館からの帰りの車中で，ナセルは「なんと上品な！こちらは乞食で，向こう

イーデン・ナセル会談は，トルコ・イラク協定を巡る外交の展開に何らの影響をも与えることはなかったのである。

イーデン・ナセル会談の最中にも，バグダードとアンカラの間では，条約条文を巡る最終調整が進んでおり，メンデレスらトルコ代表団がバグダード入りした後も詰めの協議が続いた。そして，2月24日の深夜23時45分，ヌーリーとメンデレスは，「イラク・トルコ相互協力条約（Pact of Mutual Co-Operation between Iraq and Turkey）」，すなわちバグダード条約に調印した[90]。前文と8条よりなるバグダード条約は，全体的に前年のトルコ・パキスタン協定よりは実質的な内容を有したものの，ヌーリーの主張を容れた結果，トルコが主張し米英が支持した軍事計画の策定および実行は条文に盛り込まれず，かわりに，締約国は国連憲章第51条に基づく「安全保障と防衛」を実現するために必要な措置を決定し，締約国政府の承認の下に実行することを謳うにとどまる，防衛条約としては緩やかな内容のものであった。しかしそれは，トルコ・パキスタン協定に代わって，中東の多国間防衛組織の新たな基盤となることを明確に意識した条約であった。バグダード条約は，「当該地域の安全保障と平和に積極的な関心を有する，アラブ連盟加盟および非加盟の国家」に開かれ，加盟国が4か国に達した時点で常設理事会を設置することが定められていたからである[91]。調印から2日後の2月26日，イラク議会下院は賛成112対反対4，上院は賛成26反対1という圧倒的多数で，トルコ国民議会は全会一致で，それぞれバグダード条約を批准し，同条約は発効した[92]。

バグダード条約の批准後まもなく，ヌーリーは，条約の拡大対象として，イラン，パキスタン，英国と並んで，米国の加盟にも期待を表明したが，米国側がそれに改めて回答した記録は無い[93]。一方，バグダード条約調印と前後してエジプトの週刊紙に掲載されたヘイカルの署名入り論説は，パレスチナ難民の苦境を引き合いに出しつつ，米国は中東の安全保障を語りながら，その行動は発言と矛盾していると強く非難していた。米国を「熱病性の神経症（feverish neurosis）」と断

は王子様のようじゃないか！」と叫んだという。
[90] U.S. Embassy in Baghdad to DOS, #618, February 24, 1955, DSCF 682.87/2-2455.
[91] RIIA, *Documents on International Affairs*, 1955: 287-289.
[92] U.S. Embassy in Baghdad to DOS, #634, February 26, 1955, DSCF 682.87/2-2655; U.S. Embassy in Ankara to DOS, #977, February 26, 1955, DSCF 682.87/2-2655.
[93] U.S. Embassy in Baghdad to DOS, #643, February 28, 1955, DSCF 682.87/2-2855.

じたその言葉が，ナセルの意を体していたことは間違いない[94]。かかるアラブ世界からの批判を意識したゆえであろう，米国政府のバグダード条約への反応は，「熱病性の神経症」には程遠く，抑制されたものとなった。ダレスは，バグダード条約の批准後，イラク・トルコ両国首脳に歓迎と祝賀の意を表すメッセージを送付した。これに加えて米国政府は，バグダード条約への肯定的な評価の姿勢を示すために，120ミリ砲12門を英国からの海外調達という形で新たにイラクに提供することを決定した。これは如何にも抑制された対応であった。バグダード条約へのアラブ諸国の新規の参加を抑制する姿勢を示し始めたことと同様，米国政府はみずからとバグダード条約を可能な限りアラブ内対立から切り離すことによって，西側統合政策の基盤となるべき地域的組織の可能性を温存しようとしていたのである[95]。

3　米・英・土3か国軍事協議

ちょうどバグダード条約の締結に至る外交が展開している間，1955年1月18日から2月22日までの日程で，米・英・土3か国の軍部による中東軍事協議がロンドンで極秘裏に開催されていた。先述のように，3か国軍事協議は，1952年末のCOSからJCSへの申し入れ以来，じつに2年以上の曲折を経てようやく開催にこぎ着けたものであり，同協議とバグダード条約締結に向かう動きが時期的に重なったのは，全くの偶然であった。管見の限り，米・英・土3か国軍事協議に関する米英双方の史料の多くが未公開であるため，その内容を再構成するには，一定の推測を交えざるを得ない。以下では，英COSが作成した13項目よりなる3か国協議の結論文書，同文書に関するCOSのコメント，断片的なJCS関係文書およびJCSの公式史などから，3か国協議の内容を考察する[96]。

---

[94] Despatch from U.S. Embassy in Cairo, #1662, February 26, 1955, DSCF 682.87/2-2655.

[95] DOS to U.S. Embassy in Baghdad, #551, March 1, 1955, DSCF 682.87/3-155; DOS to U.S. Embassy in Baghdad, #587, March 11, 1955, DSCF 682.87/3-1155. それにもかかわらずヌーリーは，120ミリ砲援助の報に「少年のような歓喜」を示したという。Gallman, *Iraq under General Nuri*, 56.

[96] 以下，3か国協議の結論については，下記に基づく。JP(55)19 (Final), March 16, 1955, Report by the Joint Planning Staff, "Combined Military Studies on the Defence of the Middle East," and Annex to Appendix to Annex to JP(55)19 (Final), "Principal Conclusions of the Combined Military

3か国協議の中心的議題は，全面戦争時に発動する中東軍事戦略の検討であった。議論の俎上に載せられたのは，それまでに米英両国軍部がそれぞれに検討していた中東軍事戦略プランであったはずである。それらを検討した上で得られた全般的な結論は，「ザグロス山脈線防衛」戦略は，中東諸国の協力を得られれば実現可能であるというものであった。この「ザグロス山脈線防衛」戦略の内実は，英国側の北層軍事戦略や米国側のJCS 1887/70の第2および第3案の公約数的な内容であったと考えて間違いない。これら米英の戦略には細かな異同があったものの，全般的なコンセプトには共通性があった。同盟国間の合意形成という協議の目的に照らして，おそらく細かな対立点を明確化するよりも全般的なコンセンサスの形成が優先されたに違いない。

　ザグロス山脈線防衛戦略は，相互に関連する2つの軍事行動より構成されていた。ひとつは，ソ連との全面戦争の開戦直後に，ソ連領内を標的に行われる戦略核攻撃であった。これにより，ソ連の戦争遂行能力を早期に奪うとともに，コーカサスから中東を南下するソ連軍の進撃を遅延させることが目標とされた。この緒戦における大規模な核攻撃は，NATOの戦略プランにも沿うものであった。1954年末にNATO軍事委員会が採択したMC 48と呼ばれる全面戦争プランは，緒戦から全面的に戦術的・戦略的に核兵器を使用することを想定していた[97]。協議に参加した3か国は何れもNATO加盟国であるから，MC 48の内容を知悉していたはずである。ザグロス山脈線防衛戦略に，中東において採用する軍事戦略を西側のグローバルな軍事戦略の一環として位置づける意味合いが込められていたことは間違いない。

　しかし，大規模な核兵器の導入によって，地上の前線が移動する，いわば第二次世界大戦型の戦争が否定されたわけではなかった。ザグロス山脈線防衛戦略におけるもうひとつの軍事行動は，西側連合国の戦力をザグロス山脈線の要衝に配

　　Studies on the Defence of the Middle East," in FO371/115584/V1193/47 ; Kenneth W. Condit, *History of the Joint Chiefs of Staff*, vol. 6, *The Joint Chiefs of Staff and National Policy 1955-1956* (Washington, D.C. : U.S.G.P.O., 1992), 153-154.

[97] M.C. 48 (FINAL), A Report by the Military Committee on "The Most Effective Pattern of NATO Military Strength for the Next Few Years," 22 November 1954, in Gregory W. Pedlow ed., NATO Strategy Documents 1949-1969, available at http://www.nato.int/archives/strategy.htm. MC 48および大量報復戦略については，拙稿「アイゼンハワー政権とNATO――拡大抑止をめぐって」，肥後本芳男，山澄亨，小野沢透編『アメリカ史のフロンティアⅡ　現代アメリカの政治文化と世界』（昭和堂，2010年），160-187頁。

置し，ソ連軍の南下を食い止める防衛線を構築することであった。緒戦における戦略核攻撃は，ザグロス山脈線の防衛態勢の構築に必要な時間を稼ぐためにも必要な作戦と位置づけられていた。そして興味深いことに，3 か国協議の結論では，大規模な戦略核攻撃にもかかわらず，ザグロス山脈線を防衛する際に必要とされる通常戦力の規模に大きな変化はないとされていた。

ひとことで言えば，ザグロス山脈線防衛戦略とは，大規模な戦略核攻撃が実施されている間に，ザグロス山脈線に通常戦力の防衛態勢を構築し，同線以南の中東地域を戦時においても可能な限り保持しようとする軍事戦略であった。3 か国の軍部がこれに合意したということは，中東における外環防衛戦略の実現という，1950 年に米 JCS が掲げた中東における軍事的目標が，軍レヴェルとはいえ，ようやく西側陣営共通の目標として正式に共有されたことを意味していた。

かかる軍事戦略を実現するために必要とされる軍事力の規模，およびその軍事力をどの国がどの程度提供すべきかという問題が，3 か国協議のもうひとつの重要な議題であったことは間違いない。しかしながら，13 項目よりなる 3 か国協議の結論文書は，この問題についてほぼ完全に沈黙している。このことは，この問題について 3 か国間で十分な合意が得られず，また結論文書の位置づけについても 3 か国間で鞘当てがあった事情を反映しているようである。JCS は，当該戦略を実行するために必要な総戦力や，その戦力を負担する国名まで踏み込んだ包括的な結論を作成する必要があると主張した。この点については，トルコも米国に近い立場であったようである。それに対して英国は，具体的な国別の戦力規模を明記することに強く抵抗した[98]。

英国側がかかる姿勢を示した理由の一端は，中東における英軍の配備状況にあったのではないかと推察される。英国は，スエズ基地撤退後の英軍の再配置計画において，その一部をキプロスとリビアに再配置する予定であったが，これらの戦力は開戦後短時間のうちにザグロス山脈線に移動するのが困難であった。一方，英・エジプト合意が成立した 1954 年 7 月，米国政府は英国政府に対して，スエズから撤退する英軍を「戦略的に有効な近東の他の地域」に再配置することを希望する旨伝達していたものの，それ以上具体的な要請には踏み込んでいなかった。米国側は，この問題について具体的な要請を行えば，英国側がそれに応

---

[98] Chief of Naval Operations to JCS, Ser 00033P61, "Middle Defense Studies," February 14, 1955, in CCS 381, EMMEA (11-19-47), Sec. 19, RG218, NARA.

える見返りを要求するのではないかと考え，それ以上踏み込むことを避けていたのである[99]。おそらく，中東に十分な軍事力を持たぬゆえに国別の戦力負担を明記することを避けようとする英国と，それを明記することで見返りを要求されることを恐れた米国との間の妥協として，ザグロス山脈線防衛戦略に必要とされる戦力規模や国別の負担を明記せぬ形で13項目の結論文書が作成されたのであろう[100]。

しかしながら，このことは3か国協議において必要戦力や国別負担の問題が議論されなかったことを意味するわけではない。正式な結論文書には残されなかったものの，実際にはこれらの問題は3か国協議で大いに議論され，個々の問題について完全な意見の一致にまでは至らずとも，現状分析と解決の方向性については概ね合意が形成されていたようである。3か国協議の数か月後に米国政府内で行われた中東軍事戦略に関する検討作業を経て作成された文書には，必要戦力や国別負担の問題に関して3か国協議で導かれた暫定的な結論が記されている（表3参照）[101]。それによると，ザグロス山脈線防衛戦略に必要とされる地上戦力は，米・英の推計では7+1/3個師団，トルコの推計では9+1/3個師団であった。それに対して，中東で活用できる戦力は，英国の1個師団，イラクの3個師団，ヨルダンの1+1/3個師団の計5+1/3個師団にとどまり，必要戦力の推計との差し引きで，不足する戦力は2から4個師団とされた。活用できる戦力にトルコ軍が含まれていないのは，この時点ではトルコの全戦力がNATOの枠組みで活用されると想定されていたこと，およびイラクなどトルコ領外へのトルコ軍の展開には高度の政治的判断が必要とされると考えられたために3か国協議では踏み込む

---

[99] Progress Report on NSC 155/1, "United States Objectives and Policies with Respect to the Near East," July 16, 1954, in "Near East(4)" folder, OCB Central files, box 77, WHONSC, DDEL.

[100] JCS to CINCNELM, JCS 976107, February 16, 1955, in CCS 381, EMMEA(11-19-47), Sec. 19, RG218, NARA ; Letter from Foy D. Kohler to William O. Baxter, March 3, 1955, DSCF 780.5/3-355.

[101] Tab A, "U. S. Position Regarding Middle East Defense," attached to Memorandum for Under Secretary Hoover and Deputy Secretary Anderson, "U.S. Position Regarding Middle East Defense," June 6, 1955, in DSCF 780.5 (unnumbered). これは，第10章第1節で詳細に検討する，国務・国防両省が設立した省際ワーキング・グループが作成した報告書である。当該箇所は，CINCNELMが作成した，"Turkish-U.K.-U.S. Middle East Defense Studies, January-February 1955"なる文書に依拠して作成されたとされているが，このCINCNELM作成の文書自体は，発見できなかった。ワーキング・グループ報告書には，13項目の結論文書とは若干異なる内容の言及もあるので，CINCNELMによる解釈が介在した可能性もあるが，大筋では3か国協議の結論や議論がほぼそのまま反映されていると考えてよいと思われる。

表3　米・英・土3か国協議　戦力データ

A. 地上戦力（師団）

必要戦力	
米・英推計：	7 + 1/3
トルコ推計：	9 + 1/3
利用可能戦力	
イラク：	3（歩兵2 + 機械化1）
ヨルダン：	1 + 1/3（歩兵1 + 荒地遊撃（mobile desert force）1/3）
英国：	1（機甲1）
計：	5 + 1/3
不足戦力	
米・英推計：	2
トルコ推計：	4
不足戦力の供給候補	
トルコ：	3（歩兵1 + 機械化1 + 機甲1）
イラン：	1（歩兵2/3 + 機甲1/3）
パキスタン：	1（歩兵1）
計：	5

B. 航空戦力（機）

機種	必要数	利用可能数	不足数
軽爆撃機	98	0	98
電子作戦機（elect. countermeasures）	16	0	16
昼間攻撃機	155-325	48-80	75-277
全天候攻撃機	48	0	48
空中早期警戒機	18	0	18
戦術偵察機	32	16	16
写真偵察機	8	6	2
中型輸送機	48	20-44	4-28

出所）Tab A, "U.S. Position Regarding Middle East Defense," attached to Memorandum for Under Secretary Hoover and Deputy Secretary Anderson, "U.S. Position Regarding Middle East Defense," June 6, 1955, in DSCF 780.5 (unnumbered), pp. 8-10 を基に筆者作成。

べきではないと判断されたことによる[102]。3か国協議では，将来的に地上戦力の不足分は，トルコ3個師団，イラン1個師団，パキスタン1個師団などの提供で埋め合わせられるとの展望で，概ね合意があったようである。つまり，装備や錬度の問題はあるにせよ，規模だけで見れば，地上戦力については，ザグロス山脈線防衛戦略は中東諸国からの戦力の提供があれば将来的に実現可能であるというのが，3か国協議に集った軍人たちの見通しであった。

---

[102] U.S. Embassy in London to DOS, #3717, February 23, 1955, DSCF 780.5/2-2355.

かかる地上戦力の見通しと対照的であったのは，空軍戦力であった。ザグロス山脈線防衛戦略には，最小で423機，最大で593機の航空機が必要と推計されたのに対して，現有戦力は146機にとどまり，最大で400機以上の不足が見込まれたからである。このことはきわめて大きな問題であったはずだが，利用できる3か国協議関係の文書では，この点に関する立ち入った記述はない。おそらくこのことは，現有空軍戦力の内容に関係していたものと思われる。この現有空軍戦力には，NATOで活用することを想定されている戦力は含まないとされているから，トルコの空軍力はほとんどカウントされていないと考えられる。また，緒戦における大規模な核攻撃を担当するのが米国であったことは間違いないが，現有空軍戦力には明らかに米国の空軍力は含まれていない。逆に言えば，米・土の空軍力をカウントすれば，空軍戦力の不足は前記の数字ほどは大きくなかった可能性が高い。しかし，米・土の空軍戦力の中東における活用は，NATOとの関係，すなわち政治的判断が介在する問題であったに違いない。3か国協議は，軍レヴェルの管轄範囲を超える政治的レヴェルの問題が含まれるがゆえに，空軍戦力の不足に深入りしなかったのではあるまいか。

　このことに関連して注目されるのは，英COSが，米国の核兵器の運用方法への懸念を示していることである。米国の原子力法の規定では，米国の核兵器は米軍の管理下（custody）に置かれることとされていたので，戦時に米軍を派遣することを想定されていなかった中東域内に米国の核兵器を配備することは原理的に不可能であった[103]。COSは，米軍による対ソ核攻撃の開始が遅れ，その帰結として，ソ連空軍による中東諸国の空軍基地などへの先制攻撃を許すことになるという事態を恐れていた。中東諸国の空軍基地は地上戦力によるザグロス山脈線防衛を支援するために不可欠であると考えられていたので，米空軍による核攻撃の遅れはザグロス山脈線防衛戦略全体の帰趨を左右すると考えられたのである。3か国協議の合意事項においては，開戦後出来るだけ早期に20キロトン級の核兵器を中東の「域外」すなわちソ連領内に投下することによって，ソ連の進撃を遅延させることが，ザグロス山脈線防衛の成否を大きく左右するとの展望が示され

---

[103] 1946年制定の原子力法（Atomic Energy Act of 1946：通称，マクマーン法）では，核兵器は米軍の管理下に置かれ，その使用可否は米国が単独で決定するものとされていた。1954年には，前年のアイゼンハワーの「平和のための原子力」演説を受けて，同法は原子力の民生利用や同盟国への情報提供を可能にする形に改正された（Atomic Energy Act of 1954）が，核兵器の使用プロセスには変化はなかった。

た。しかし，この問題についての3か国協議の議論にCOSは満足していなかったようである。協議終了後，COSが作成した文書では，「アメリカの諸法」の規定により，核兵器の使用が開戦後18時間以内には不可能であることが大きな問題点として指摘され，米国の法律が変更されなければ，「英国の核戦力を戦場に投入することが不可欠になるであろう」（強調原文）との展望が示されていた[104]。1952年に自前の核兵器を開発したばかりの英国に，1955年時点でかかる能力があったとは考えられないが，英国がいわば虎の子の核兵器を中東戦域のために投入する決意を語っていたことは，ザグロス山脈線防衛戦略における核兵器，さらには空軍力の重要性を物語っている。

　以上のように，米・英・土3か国軍事協議は，ザグロス山脈線防衛戦略を西側陣営の中東軍事戦略の目標として定め，正式な結論文書には残されなかったものの，それを実現するためのおおまかな方向性にも合意した。3か国協議が予想以上に大きな成果を上げ，もはや純粋に軍事レヴェルで検討しうる課題は残されていないと判断されたゆえに，もともと3か国協議の終了後に開催される予定であった米英二国間の軍事協議は行われないこととなった[105]。3か国軍事協議を通じて，1949年に米軍が「オフタックル」を採用して以来初めて，米英両国の軍部は全面戦争時に発動する中東軍事戦略に関する合意を形成したのである。

　しかし，米英二国間の軍事協議がキャンセルされたのは，ポジティヴな理由からだけではなかった。ひとことで言えば，バグダード条約の出現によって，3か国軍事協議は，政治的レヴェルの事態の展開に追い越されてしまったのである。バグダード条約が，ザグロス山脈線防衛戦略を実現するための政治的な枠組みを提供するであろうことは，誰の目にも明らかであった。むしろ，バグダード条約が出現した以上，政治的ファクターを除外して純粋に軍事的な協議を積み重ねることは，もはや不可能であった。一方で米国政府は，3か国軍事協議の開始以前から，中東軍事戦略を巡る協議という経路を通じて，米国が英国の中東政策を追認する立場に追い込まれる，あるいは中東における軍事的責任を引き受けさせら

---

[104] Appendix to Annex to JP(55)19 (Final), March 16, 1955, "Combined Military Studies on the Defence of the Middle East," in FO371/115584/V1193/47. ただし3月に英COSは「中東アラブ諸国に英国の核兵器を配備（stockpile）することは意図していない」ことを確認している。Extract from COS(55)19th Meeting, March 21, 1955, in FO371/115584/V1193/48.

[105] Ministry of Defence to GHQ, Middle East Land Force,(unnumbered,) May 10, 1955, in FO371/115585/V1193/61.

れることになるのではないかとの警戒感を強めていた。JCS は，協議の開始以前に，3 か国協議における議論の対象を厳密に軍事的問題に限定し，協議を中東における政治的問題に拡大しないという言質を英 COS から取り付けていた[106]。国務省もかかる懸念に理解を示し，協議を厳密に軍事的レヴェルの検討作業に局限するとの JCS の方針に「非公式の同意」を与えていた[107]。

　バグダード条約締結の流れが確定していく中で，JCS は 3 か国協議が同条約にかかわる問題に踏み込むことなきよう，いっそう慎重な姿勢を取った[108]。国務省もまた，3 か国協議は純粋に軍事的な検討作業に集中すべきであり，それゆえ政治的要因を加味していない同協議の結論は暫定的なものであるとの見方を強調するようになった。国務省は，中東軍事戦略に関する最終的な結論は，政治的要因を検討した上で決定されるべきであるとの見解を，英外務省に申し入れた[109]。アイゼンハワー政権がバグダード条約の成立を歓迎していたことは間違いない。しかし，そのことと米国の中東への政治的および軍事的関与は別問題であった。米国政府は，3 か国軍事協議が政治的問題に踏み込むことで，いわばなしくずし的にバグダード条約に関与する，あるいは中東における軍事的責任を負わされることになる可能性を，以前にもまして恐れるようになったのである。

　しかしながら，この点で米国側の懸念は杞憂であった。英国政府は，3 か国軍事協議を通じて，なしくずし的に米国を中東に引き込もうなどとは考えておらず，それゆえ同協議を純粋に軍事的な性格にとどめることに同意した。むしろ英国政府は，中東の軍事的および政治的問題を改めて米国政府と正面から協議することを望んだ。英国政府は，バグダード条約を活用してザグロス山脈線防衛戦略を実現する態勢を構築することを構想し，かかる構想について米国政府との了解に至

---

[106] Memorandum for the Representative of the British COS, "Coordination in Middle East Defense Planning," SM-996-54, November 17, 1954, in CCS 381, EMMEA(11-19-47), Sec. 19, in RG218, NARA.

[107] Memorandum for the Secretary of Defense, "Coordination in Middle East Defense Planning," November 17, 1954, in CCS 381, EMMEA(11-19-47), Sec. 19, RG218, NARA；JCS to CINCNELM, JCS 976107, February 16, 1955, in CCS 381, EMMEA(11-19-47), Sec. 19, RG218, NARA. 後述するように，3 か国協議終了後も JCS は国務省に具体的な合意内容を通知していなかった。3 か国協議の内容が国務省に共有されるのは，国務・国防ワーキング・グループの設置後になる。

[108] Chief of Naval Operations to JCS, Ser 00033P61, "Middle Defense Studies," February 14, 1955, in CCS 381, EMMEA(11-19-47), Sec. 19, RG218, NARA.

[109] DOS to U.S. Embassy in London, #4142, February 13, 1955, DSCF 780.5/2-1155.

ることを目指したのである[110]。

　英国政府はすぐさま行動に出た。3か国協議終了直後の2月23日，SEATO会合が開催されたバンコクで，イーデンはダレスと会談した。直前に訪問したカイロでのナセルとの会談についてイーデンから説明を受けたダレスは，ナセルの反発によってバグダード条約締結を躊躇すべきではないとの立場を確認した。つづいて，イーデンに随行していたハーディング英陸軍参謀長が，3か国協議が成功裡に終了したことを説明するとともに，速やかに政治的レヴェルの検討も交えた政治・軍事協議を米英二国間で開催することを提案した。ダレスは，かかる二国間協議に前向きな姿勢を示しつつ，英国側の提案を帰国後に検討することを約束した[111]。翌日，ハーディングからダレスに手交された覚書は，3か国協議を「中東全域をカヴァーする米英の戦略プランに関する合意に向けた出発点」として高く評価しつつ，「プランを実行に移すためには政府による承認が必要である」として，ただちに政治的レヴェルの協議を開催することを提案していた[112]。

　国務省も，英国側が求める政治・軍事両面を検討対象とする二国間協議に前向きであった。長年の懸案であった外環防衛戦略に関する米英の合意と，地域的防衛組織の核となりうるバグダード条約の出現という，奇しくも同時進行した2つの流れを合流させずにおくことは，不自然ですらあった[113]。「全面戦争において米国が不可避的に同地域の防衛に関与せざるを得ぬであろう」状況も含め，「従来以上に英国との効果的な調整が必要」である，と国務省は判断していた[114]。JCSが政治的レヴェルの協議からトルコを除外することに難色を示したことから，米国政府内の調整には時間を要した[115]。ダレスが，極秘かつ非公式な形とすることを条件に米英二国間の政治・軍事協議を開催することに同意するとマクミラン

---

[110] FO to British Embassy in Washington, #209, February 23, 1955, in FO371/115583/V1193/34. U.S. Embassy in London to DOS, #3609, February 15, 1955, DSCF 780.5/2-1555. このような英国政府の見方には，トルコも理解を示すようになっていた。

[111] British Embassy in Bangkok to FO, #146, February 23, 1955, in FO371/115583/V1193/31.

[112] U.S. Embassy in Bangkok to DOS, Army Message 241040Z, February 24, 1955, DSCF 780.5/2-2455；British Embassy in Bangkok to Ministry of Defence, #151, February 24, 1955, in FO371/115583/V1193/31；Shuckburgh to Kirkpatrick, April 29, 1955, in FO371/115585/V1193/52.

[113] Memorandum from Allen to Hoover, "Bilateral US-UK Talks on Middle East Defenses," March 9, 1955, DSCF 780.5/3-955；Memorandum from W. K. Scott to Hoover, "US-UK Talks on ME Defense," March 29, 1955, DSCF 780.5/3-2955.

[114] U.S. Embassy in London to DOS, #4642, April 20, 1955, DSCF 780.5/4-2055.

[115] Herbert Hoover Jr. to Robert B. Anderson, May 2, 1955, in DSCF 780.5/4-2955.

(Harold Macmillan) 外相に伝達したのは，バンコクでの会談から 2 か月以上，そして英国のバグダード条約加盟から 1 か月以上が経過した 5 月 8 日のことであった[116]。

4　域内政治の分極化の進行

　バグダード条約の調印すら待つことなく，アラブ内対立の影響はシリアで顕在化していた。シリアでは，1949 年 4 月のザイーム（Ḥusnī al-Zaʻīm）のクーデタの後，政変やクーデタが続き，1955 年初めに首相の地位にあったフーリーまで 13 回も首相が入れ替わる，きわめて不安定な政治状況が継続していた。シリアでは，「肥沃な三日月地帯」の統一を目指すイラクとの関係が，長らく内政に直結する重大な政治的イシューであり続けていた。そのこともあり，シリアの歴代政権は，中立主義的な対外政策に向かう傾向が強かった[117]。加えて，1954 年 10 月の総選挙では，バアス（Baʻth）党や共産党など，左派・反イラク勢力が躍進し，政治的発言力を強めていた。フーリー首相は，シリア北部を基盤として親イラク的な傾向の強い人民党に属し，政治的には右派で，親西側的な勢力の重鎮ともいうべき人物のひとりであった。左派・反イラク勢力が強まる中で，フーリーが伝統的な中立路線を取らず，アラブ首脳会議で一貫してイラク支持の立場を取ったことは，米英の政策決定者たちを含むすべての関係者にむしろ驚きをもって受け止められていた。しかし，首脳会議終了後，エジプトのサーリム国民指導相が，フーリーがイラクを支持していることを激しく批判したことなどから，たちまちフーリーは政治的に窮地に陥った。シリアのハーシム・アタースィー（Hāshim al-Atāsī）大統領もまた，右派・親イラクの立場の指導者であり，それゆえフーリー政権の存続を希望していた。フーリー自身は，首脳会議中にみずからがイラクを支持した事実はないとする明らかに虚偽の声明を出して政権の延命を図ったが，批判の高まりを前に結局退陣に追い込まれた[118]。

---

[116] Herbert Hoover Jr. to Robert B. Anderson, May 5, 1955, in DSCF 780.5/5-555 ; U.K. Permanent Delegation Paris to FO, #73, May 8, 1955, in FO371/115585/V1193/57.

[117] Douglas Little, "Cold War and Covert Action : The United States and Syria, 1945-1958," *Middle East Journal*, vol. 44, no. 1 (Winter, 1990) ; Seale, *The Struggle for Syria*, 214-218 ; Pipes, *Greater Syria*, 96-98.

後継首相に就任したアサリーは，政治的立場は右派ながら反イラク的な色彩の強い国民党に属するヴェテラン政治家であった。しかし，アサリー政権は，バアス党を含む左派の支持に大きく依存して議会でぎりぎりの支持を獲得したに過ぎず，アサリー自身が強力なリーダーシップを発揮できる状況にはなかった。アサリー政権の対外政策を主導したのは，アタースィーの後継大統領の地位を狙う，左派・反イラクのヴェテラン政治家であるハーリド・アズム（Khālid al-ʿAẓm）外相であった。アズムの主導の下，アサリー政権は，成立早々，バグダード条約に批判的な立場を明らかにした[119]。

シリアが急速に反イラク・反バグダード条約路線に傾斜したのに対抗すべく，ヌーリーはジャマーリーをダマスカスに派遣し，アタースィー大統領にイラクが彼を支持しているとのメッセージを伝達した。つまりヌーリーは，アタースィーが機を見て再び親イラク派の政権を誕生させることに期待感を表明したのである。これに対してアタースィーは，シリアが，エジプト，サウジアラビア，フランスの内政干渉を受けており，自身にはこれに対抗する力はないとの悲観的な見方を示すとともに，イラク側から米英両国にこれらの内政干渉を停止させるよう働きかけることを要請した[120]。しかし，かかるメッセージをイラク経由で受け取ったワシントンの反応もまた悲観的であった。国務省は，エジプトやサウジアラビアの行動を抑制する手段を有しておらず，またシリア問題でエジプト等に圧力を加える，あるいは働きかけを行うことは逆効果であると判断していた。それゆえ国務省は，ダマスカスの米大使館への訓令で，アタースィーに謝意を伝えるととも

---

[118] Despatch from U.S. Embassy in Damascus, #324, February 10, 1955, DSCF 682.87/2-1055.

[119] U.S. Embassy in Baghdad to DOS, #568, February 12, 1955, DSCF 780.5/2-1255; Seale, *The Struggle for Syria*, 215-220.

[120] British Embassy in Damascus to FO, #58, February 14, 1955, in FO371/115490/V1073/235; U.S. Embassy in Damascus to DOS, #401, February 15, 1955, DSCF 780.5/2-1555. フランスは，シリアがイラクの影響下に入ればみずからの影響力が失われると考えていたため，反イラク勢力を支援した。それゆえフランスは，トルコ・イラク協定にも批判的であった。国務省はミュルヴィル（Maurice Couve de Murville）駐米仏大使を呼び出し，シリアへの「外部の策謀」について意見を求めるという形で，間接的に抗議した。しかし，ミュルヴィル大使は，シリア政変は内部の政治過程の結果であるとしてフランスの関与を認めず，さらには中東諸国では米国がイラクを含む「後進的」諸国と連携していることが非難されていると指摘した。同じ頃，仏外務省も全く同様の見解を駐仏米大使館に示している。Memorandum of Conversation, "U.S. Policy in the Near East: Turk-Iraqi Pact," February 17, 1955, DSCF 780.5/2-1755; U.S. Embassy in Paris to DOS, #3479, February 17, 1955, DSCF 780.5/2-1755. ダマスカスの米大使館は，フランス側のシリア国内状況の説明は虚偽であるとして，反論を国務省に送付している。U.S. Embassy in Damascus to DOS, #432, February 24, 1955, DSCF 780.5/2-2355.

に，アサリー政権にはバグダード条約への批判を自制するよう働きかけを続けるよう指示するにとどまった[121]。ダマスカスの米大使館は，ワシントンの判断を妥当なものと評価するとともに，アサリー政権の政治的基盤は弱体なものの，シリア軍には反イラク感情が強いこともあり，仮に親西側的な政権が登場したとしても，少なくとも当面はシリアをバグダード条約側に取り込むことは難しいとの分析を送付した[122]。つまり米国政府は，なす術なく，シリアにおける親西側勢力の後退を眺めるしかなかったのである。

サウジアラビアでは，アラブ首脳会議の終了後もカイロにしばらく滞在していたファイサル（Fayṣal ibn ʻAbd al-ʻAzīz）皇太子が2月21日に帰国し，ナセルの言葉をなぞるかのような論理でイラク批判を開始していた。ワズワース（George E. Wadsworth）米大使は，ファイサルとの会談で，反イラク・反バグダード条約的な姿勢を再考するよう促したものの，全く効果はなかった[123]。しかも，ファイサルはカイロ滞在中にナセルとの間でバグダード条約に対抗するための二国間防衛協定を交渉したとの情報が，ジッダの米大使館にはもたらされていた[124]。シリアとは異なり，米国はサウジアラビアの石油産業を独占し，軍事援助の一環としてサウジアラビア軍の訓練にも当たっていた。それにもかかわらず，米国はサウジアラビアに対してもなす術がなかった。国務省は，軍事援助や経済的関係の強化だけでは同国を政治的に親西側の立場に導くのは困難であるとの悲観的な見方に傾きつつあった[125]。

このようにアラブ内対立が進行する中，中東域内の緊張を著しく高める事件が発生する。2月28日，エジプトの施政下にあるガザ地区に，イスラエル軍が大規模な越境攻撃を加えたのである。イスラエルと周辺アラブ諸国の境界付近での小規模な衝突は途切れることなく続いていたが，エジプト革命政権と1954年1月に誕生したイスラエルのシャレット政権がともに国境地帯の安定を目指していたことから，それまで1年以上にわたってエジプト・イスラエル国境地帯は相対的に平穏な状態を維持していた。しかし，2月21日，イスラエル初代首相で

---

[121] DOS to U.S. Embassy in Damascus, #413, February 16, 1955, DSCF 780.5/2-1655; DOS to U.S. Embassy in Damascus, #415, February 16, 1955, DSCF 780.5/2-1655.
[122] U.S. Embassy in Baghdad to DOS, #607, February 23, 1955, DSCF 682.87/2-2355; U.S. Embassy in Damascus to DOS, #445, February 28, 1955, DSCF 682.87/2-2855.
[123] Despatch from U.S. Embassy in Jidda, #133, February 27, 1955, DSCF 682.87/2-2755.
[124] U.S. Embassy in Jidda to DOS, #416, February 27, 1955, DSCF 682.87/2-2755.
[125] DOS to U.S. Embassy in Jidda, #387, February 27, 1955, DSCF 682.87/2-2755.

いったん政府から退いていた対アラブ強硬派のベン゠グリオンが国防相に就任したことが，イスラエル政府の方針転換の契機となった。ベン゠グリオンは就任早々，エジプト側からの小規模な越境事件への報復として，「小規模な」報復攻撃を行うことをシャレット首相に認めさせた。この決定を利用する形で，2月28日から翌3月1日にかけての深夜，アリエル・シャロン (Ariel Sharon) 率いるイスラエル軍部隊がガザ地区のエジプト軍施設に大規模な攻撃を加えたのである。エジプト側はイスラエル軍の攻撃に対処できず，30名以上の兵士が死亡した。ベン゠グリオンのシャレットに対する言葉に相違して，ガザ攻撃は第一次中東戦争休戦後最大のエジプト・イスラエル間の軍事衝突となった。後年シャレットは，ガザ事件を首相在任中の最大の失敗と回顧したという[126]。

イスラエル政府はエジプト側の攻撃に対する反撃としてガザ攻撃を正当化しようとしたが，かかる弁明を信じる者はいなかった。米英両国はそれぞれ，イスラエル政府に対して，「深刻な懸念」を表明し，イスラエルを非難した[127]。ガザ事件を討議した国連安保理は，3月末までに，イスラエルの計画的な武力攻撃を認定しイスラエルに再発防止を要求する決議を採択した[128]。一方，事件の重大さに鑑みるならば，エジプトを含むアラブ諸国の直接的な反応は抑制されたものであった。ナセルは事件後の演説で，侵略に対しては侵略で応じるとの強硬姿勢を示したものの，即座に大規模な報復攻撃などを行ったわけではなかった[129]。しかし，ガザ事件は，間接的かつ長期的に中東域内政治に長い影を落とすことになる。ひとつは，アラブ・イスラエル紛争の再度の激化である。エジプト政府は，イスラエルに対する抑制的な政策を転換し，非正規のゲリラによる越境攻撃を支援する政策に転じた。5月以降，ガザなどエジプト・イスラエル国境周辺では，双方

---

[126] Morris, *Israel's Border Wars*, 324-327 ; Alteras, *Eisenhower and Israel*, 135-136. イスラエルのガザ攻撃とその直前に調印されたバグダード条約との間に，直接的な因果関係はなかったものと考えられる。イスラエル政府は，シャレット首相ら穏健派も含め，バグダード条約はイスラエルを敵視するものであるとして強く批判的であり，かかる立場を示す公式声明をガザ攻撃の直前に発表していた。U.S. Embassy in Tel Aviv, #732, February 28, 1955, DSCF 682.87/2-2855. それに対して，ガザ攻撃はベン゠グリオンら強硬派がシャレット首相の意に反する形で実行した側面が強く，バグダード条約に反対するイスラエル政府の総意を反映していたとは言い難い。

[127] Anthony Nutting to Churchill, "Gaza Incident," PM/AN/11/15, March 3, 1955, in FO800/811.

[128] UNSC Resolution 106, Approved on March 29, 1955, in RIIA, *Documents on International Affairs, 1955* : 357.

[129] Extract from a Speech by Nasser on March 2, 1955, in RIIA, *Documents on International Affairs, 1955* : 346-347.

からの攻撃と報復が頻発するようになり，アラブ・イスラエル境界地帯の安定は失われた。ガザ事件を契機として，アラブ・イスラエル紛争は，再び軍事的緊張を伴う域内対立として前景化することになったのである[130]。

もうひとつは，エジプトの対外政策への影響である。イスラエルの越境攻撃に対してエジプト軍が無力であったことは，ナセル政権に衝撃を与えた。第一次中東戦争における惨敗の原因を旧体制の腐敗に帰し，その刷新を掲げていたRCCにとっては，ガザ事件はみずからの政権の正統性を動揺させるものであった。そして，軍の支持を重要な権力基盤とするナセルは，それを繋ぎ止めるためにも，エジプトの軍事力を強化するための行動，すなわち早急に武器を獲得する必要に迫られたのである。しかしながら，すでに前年末に米国との軍事援助交渉は不調に終わっていた。それゆえナセルは，東側陣営からの武器調達の可能性を真剣に，しかし内密に模索し始めることになる[131]。ガザ事件は，エジプト政府が東西陣営を競わせる，いわゆる積極的中立主義の外交を展開していく，大きな契機となったのである。

域内対立の激化は，アラブ・イスラエル間でのみ進行したのではなかった。ガザ事件が発生したとき，エジプトは，イラクの孤立化を目指し，みずからの主導のもとにバグダード条約に対抗する新たなアラブ諸国の連合を構築する外交工作を進めていた。対アラブ外交工作の任務を帯びたサーリム国民指導相は，最初にシリアを訪問した。シリア側では，アズム外相とバアス党など左派勢力がエジプトとの連携強化を推進する姿勢を示したが，アサリー首相を含む右派はエジプトと反イラク連合を組むところまで踏み込むことには消極的であった。シリア国内の新聞は親エジプト派と反エジプト派に分かれ，シリアの都市部では両派の小規模な示威行動も頻発したが，どちらかといえば親エジプト派が優勢だったようである[132]。結局，シリア軍内で勢力を増していた反イラク・親左派勢力からの圧力もあり，アサリー政権はエジプトの圧力に屈することとなった[133]。3月2日にダ

---

[130] Morris, *Israel's Border Wars*, 334–338.
[131] Heikal, *Cutting the Lion's Tail*, 79–80 ; Morris, *Israel's Border Wars*, 274–275 ; Laron, *Origins of the Suez Crisis*, 109–110.
[132] Gardener to Eden, March 3, 1955, in FO371/115496/V1073/415.
[133] U.S. Embassy in Damascus to DOS, #452, March 2, 1955, DSCF 682.87/3-255. 直前に発生したガザ事件の影響もあり，シリア軍は3月1日に大規模な集会を開催してエジプトとの同盟を支持する決議を採択した。Seale, *The Struggle for Syria*, 223. ボデーはイスラエルのガザ攻撃がシリアの対外政策の親エジプトへの傾斜の大きな契機になったと指摘している。Podeh, *The*

マスカスで発表されたシリア・エジプト共同声明は，バグダード条約への不参加を誓うとともに，両国間に新たな連合を構築し，この新たな反イラク連合に参加するアラブ諸国の軍隊を統一的な指揮下に置く方針を打ち出した[134]。

このののち，サーリムの外交工作にはアズムも加わり，両者は，ヨルダン，サウジアラビア，レバノンを歴訪して，反イラク連合への参加を慫慂した。1月のアラブ首脳会談以来，一貫してエジプトを支持してきたサウジアラビアは，エジプトの呼びかけに積極的に応じた。サウジアラビア政府は，3月6日の公式声明で，シリア・エジプト共同声明を無条件に支持する立場を示した[135]。ESS協定（ESS Pact）と通称されるエジプト・シリア・サウジアラビアの正式な防衛条約が締結されるのは10月にずれ込むこととなるが，バグダード条約の調印からわずか2週間のうちに，アラブ世界内部には実質的な反バグダード条約ブロックが出現することとなったのである。（以下，便宜上，これら3国の連携を「ESS連合」などと記述する。）[136]

ESS連合構築の動きに対する米国政府の反応は，抑制されたものであった。米国政府はシリア政府に対して，ESS連合を反イラク連合と見做し，それを「支持しない」姿勢を明確化した[137]。しかし，米国政府は，ESS連合への「不支持」以

Quest for Hegemony, 128.

[134] Communiqué on Talks between Syria and Egypt, March 2, 1955, in RIIA, *Documents on International Affairs, 1955*: 326-327.

[135] U. S. Embassy in Jidda, #430, March 7, 1955, DSCF 682.87/3-755; RIIA, *Documents on International Affairs, 1955*: 327.

[136] ESS協定締結が遅れた大きな原因は，エジプトとシリアのバアス党との間で，アラブの統一を巡る根本的な立場の違いが明らかになったからであるという。バアス党が既存のアラブ国家そのものを解体してアラブの統一国家を追求する原理的な立場を主張したのに対して，ナセルはESSの連携を単なる外交戦術以上には考えていなかった。「バグダード条約は，エジプトとバアス党を接近させたけれども，同時にそれは［アラブ］統一を巡る両者の誤解，そして異なる目的に向けた対話の起点でもあった。このことは，苦悩に満ちた［アラブ連合共和国という］合邦の実現を通じて，ようやく明らかになるのである」と，シールは評している。Seale, *The Struggle for Syria*, 223-226. 10月に締結されたESS協定本文は，次を参照。Egyptian-Syrian Mutual Defence Pact of October 20, and Egyptian-Saudi Arabian Mutual Defence Pact of October 27, 1955, in RIIA, *Documents on International Affairs, 1955*: 328-331. 後述するように，シリアのアサリー政権はバグダード条約に反対する立場を維持しつつも，エジプト・サウジとの関係に深入りするのも避ける姿勢を取っていった。それゆえ，正規のESS防衛条約を目指す交渉は，おもにシリアの抵抗ゆえに進展を妨げられた。Podeh, *The Quest for Hegemony*, 136-138, 156.

[137] U.S. Embassy in Damascus to DOS, #447, March 1, 1955, *FRUS, 1955-1957*, 12: 25-26; U.S. Embassy in Damascus to DOS, #478, March 11, 1955, ibid., 32-34.

上に踏み込むことはなく，それを表立って非難あるいは攻撃することは注意深く避けた。米国の政策決定者たちは，アラブ世界内部の対立が固定化すること，そして特定のアラブ諸国と対立関係に陥ることを避けようとしていた。域内対立の激化は，西側統合政策の目標に違背するからである。それゆえ，米国政府は，外交レヴェルではESS連合に否定的な立場を明確にし，その拡大を抑制する政策を実行しつつも，それと正面から対立することは避け，それを静かに解消させることを目指していくこととなる。

レバノンとヨルダンは，何れもアラブ首脳会議で基本的にイラクを支持し，エジプト側に寝返る可能性は低いと判断されていたものの，国務省は，サーリムの訪問に先がけて，両国政府に対して，米国政府がバグダード条約を支持していることを改めて確認するとともに，ESS連合を支持しないとの立場を伝達した[138]。レバノン政府は，むしろ米国がバグダード条約に十分な梃入れを行う姿勢を見せぬことへの不満を強めていた。先述のダレスとの会談の数日後，マーリク大使は国務省を訪れ，レバノン政府がエジプトなど反バグダード条約勢力からの圧力を受けている状況を説明しつつ，非公式ながらシャムーン（Camille Chamoun）大統領からの直々のメッセージとして，緊急の軍事・経済援助の提供を要請した[139]。ベイルートの米大使館も，レバノン国内でのエジプトのプロパガンダの強まりを報告し，軍事援助の提供に応じることで，シャムーン政権がエジプト陣営に寝返るのを防ぐべきであると献策した[140]。しかし国務省は，イラク以南の後方アラブ諸国へのバグダード条約の拡大を支持せぬ立場から，レバノンからの援助要請には応じなかった[141]。レバノン政府は，ESS連合への不参加を決定したものの，それが米国政府の方針を踏まえての決定であったかは，はなはだ疑問である[142]。

米国は，ヨルダンにも，サーリム一行の到着前に，ESS連合に参加せぬことを希望する旨の申し入れを行っていたものの，もともとヨルダン指導部は親エジプト陣営に付く考えはなかった[143]。むしろフサイン（Ḥusayn ibn Ṭalāl）国王とヨル

---

[138] DOS to U.S. Embassy in Beirut, #1214, March 5, 1955, DSCF 780.5/3-555.
[139] Memorandum of Conversation, "President Chamoun's Reaction to the Department's Answers to the Four Questions Posed by Ambassador Malik on Instruction," February 24, 1955, DSCF 780.5/2-2455.
[140] U.S. Embassy in Beirut to DOS, #869, March 1, 1955, DSCF 780.5/3-155.
[141] Memorandum of Conversation, "Lebanon's Request for Grant Military and Large-Scale Economic Aid ; Lebanon's Role in the Middle East Defense," March 1, 1955, DSCF 780.5/2-2455.
[142] U.S. Embassy in Beirut to DOS, #881, March 3, 1955, DSCF 780.5/3-355.
[143] U.S. Embassy in Amman to DOS, #278, March 2, 1955, DSCF 682.87/3-255. 米国側と同日にアン

ダン政府は，バグダード条約を自国の利益のために活用しうるとの期待を抱いていた。彼らは，ひとつには，将来的にバグダード条約に加盟することによって，イラクと同様に，英国との二国間条約を多国間条約に置き換える可能性を考え始めていた[144]。しかも，かかる可能性について3月中旬にヨルダン政府からの問い合わせを受けた英外務省は，慎重ながらも前向きな回答を与えていた。明らかに英国政府は，バグダード条約の北層4か国の次なる拡大先として，ヨルダンを念頭に置き始めていた[145]。同時にフサイン国王とヨルダン政府は，バグダード条約への加盟によって，米国からも軍事援助を獲得できると期待していた。この背景には，フサイン国王が空軍の新設を希望していたのに対して，英国政府がそれに難色を示していたという経緯もあった[146]。しかし，ヨルダン政府からの軍事援助の可能性の打診に対して，国務省は，将来的にその可能性を排除しないとしながらも，「バグダード条約の発展に応じて」決定を行うとの曖昧な回答を示すにとどまった[147]。これは，レバノンに対して示したのと基本的に同じ姿勢であった。つまり，米国政府は，後方アラブ諸国のバグダード条約への参加を「奨励も制止もしない」という曖昧な姿勢を取ることにより，実質的にはこれら諸国が加盟を考慮しにくい環境を創出しようとし始めていた。この段階では，ヨルダン政府もバグダード条約への加盟はなお将来的な課題であると考えていたため，米国政府の姿勢がそれ以上問われることはなかった。

　3月中旬，米国政府は，バグダード条約を支持する姿勢を公式に表明するとともに，シリア，レバノン，ヨルダン政府に対しては，ESS連合を支持しない立場を改めて伝達した[148]。米国政府は，北層諸国へのバグダード条約の拡大に期待し，ESS連合の拡大を阻止し，そしてレバノンとヨルダンの現状を維持して両国をバグダード条約とESS連合の緩衝地帯とすることによって中東の南北を分離する政策を実質的に開始していた。一方で，バグダード条約のヨルダンへの拡大を視

　　マンの英大使館は，ヨルダン政府に同様の働きかけを行っている。U.S. Embassy in London to DOS, #3866, March 3, 1955, DSCF 682.87/3-355.
144　U.S. Embassy in Amman to DOS, #286, March 8, 1955, DSCF 780.5/3-855.
145　Circular Telegram from DOS, #545, March 19, 1955, DSCF 682.87/3-1955.
146　U.S. Embassy in Amman to DOS, #302, March 16, 1955, *FRUS, 1955-1957*, 12：37-38.
147　U.S. Embassy in Amman to DOS, #288, March 9, 1955, DSCF 682.87/3-955.
148　DOS to U.S. Embassy in Damascus, March 18, 1955, *FRUS, 1955-1957*, 12：38-40；U.S. Embassy in Beirut to DOS, #952, March 18, 1955, DSCF 780.5/3-1855；U.S. Embassy in Amman to DOS, #311, March 22, 1955, DSCF 682.87/3-2255.

野に入れ始めていた英国と米国の間には，微妙な温度差が生じ始めていた。

5 西側統合政策プログラムの再編

1）国務省内の議論

　トルコ・イラク共同声明にエジプトが激越な反応を示して以来，米国政府は中東における事態の展開に対応する中で累積的に政策を形成してきた。米国自身がバグダード条約に当面参加しないとの方針は，中東諸国の「内発的」な組織化を促すという従来の政策の延長として決定されていた。また，後方アラブ諸国を緩衝地帯化するとの方針は，イスラエルに隣接するアラブ諸国を当面は組織化の対象から除外するとの既存の政策に，中東を南北に分割することでバグダード条約とアルファ計画の両立を図る方針を重ね合わせることから導かれていた。つまり，これらの方針は既存の西側統合政策の枠組みを参照して形成されていたものの，中長期的な見通しに立つ整合的なプログラムとして構築されたというには程遠かった。かかる累積的な政策形成の結果，3月半ばには，西側統合政策の具体的な戦術を巡り，国務省内には対立的な意見が浮上し始めた。

　一方の極にあったのは，ゴールマン（Waldemar J. Gallman）大使を筆頭とするバグダードの米大使館である。彼らは，米国が早期にバグダード条約に加盟すべきであると主張した。その論拠は，3点に要約できる。第1点目は，米国のバグダード条約加盟を，米国の従来の政策の自然な延長線上に捉える視点であった。「北層」の組織化を最初に提唱したのは米国であり，米国が強調してきた「内発的」な組織化は，トルコ・パキスタン協定，そしてバグダード条約という形で実現し，後者には北層4か国と英国の参加が見込まれている。そして，すでにヌーリーやメンデレスが明らかにしたように，米国が中東の防衛組織に参加することは，親西側的な指導者たちの間では当然視されている。1953年以来，米国が実際に遂行してきた政策，そして対外的に公言してきた政策に鑑みて，もはや米国がみずから中東防衛に参加することを妨げる理由はない，というのが加盟推進派の第1の論点であった。第2の論点は，加盟に伴う具体的なメリットであった。米国は，地域的組織への参加を通じて，中東における影響力を拡大することが出来る。中東諸国や英国と戦略プランを検討し，地域的観点から軍事援助計画を立

案する上でも好都合であろう。そして，米国が加盟することによって，イスラエルのバグダード条約への不信感は軽減され，アラブ・イスラエル紛争の解決促進も期待できるであろう。すなわち，米国のバグダード条約加盟が，米国の中東政策の可能性を拡大し，その遂行を円滑化するという展望が，第2の論拠であった。第3は，いわば信頼性の問題である。ナセルからの批判の激しさは予想外であったにしても，ヌーリーは，アラブ世界の内外から一定の批判を受けることをあらかじめ覚悟の上で，トルコや西側陣営と連携する道を選択した。かかる決断に，米国は報いるべきであり，その最良の形態は，イラク・トルコ両国も望む米国自身のバグダード条約加盟である。

この第3の論拠は，とりわけ重要であった。というのは，かかる論理は米国の西側統合政策の内実を大きく変容させる可能性をはらんでいたからである。ゴールマンらは，米国が中東の親西側勢力を明確に支持し，それに反対する勢力と対決路線を取ることを実質的に主張していた。彼らは，バグダード条約に加盟することによって，レバノンやヨルダンのバグダード条約への支持を繋ぎ止めることになるばかりか，あわよくばESS連合の瓦解やシリアの政治情勢の転換を期待することも出来ると考えていた。すなわち，バグダードの米大使館は，親西側陣営と親エジプト陣営の対立を所与の事実として受け入れた上で，米国が親西側諸国とともに親エジプト陣営を屈伏させるというシナリオを描いていたのである。それは，最終的に中東全域を西側陣営に統合するという目標を追求するための政策ではあったが，それを実現するためのプロセスにおいて，米国が中東域内の政治的闘争で党派的な立場を取ることを主張する点で，従来の政策を質的に大きく転換する内容を含んでいた[149]。

かかる主張はバグダードの米大使館に限られていたわけではなかった。バグダード大使館ほど鮮烈な主張ではなかったが，ダマスカスの米大使館も米国がESS連合に反対する姿勢をいっそう明確化すべきであると主張していた。駐シリア米大使ムース (James S. Moose) は，反バグダード条約の方針を打ち出したシリア新政権の政治的基盤は不安定であり，米国がエジプトの方針に「公式の不同意」を示せばシリアの政治状況が好転するとの見通しを示した[150]。ムースの主張

---

[149] U.S. Embassy in Baghdad to DOS, #713, March 16, 1955, *FRUS, 1955-1957*, 12: 35-36; U.S. Embassy in Baghdad to DOS, #714, March 16, 1955, DSCF 780.5/3-1655.
[150] U.S. Embassy in Damascus to DOS, #484, March 13, 1955, DSCF 682.87/3-1255.

もまた，ESS 連合との対決を是とする点で，ゴールマンの主張と同質であった。あくまでも西側統合政策の目標を追求するための手段としてではあったが，バグダードおよびダマスカスの米大使館は，米国が明確に親西側勢力の側に立って中東域内の政治闘争に当事者として参入すべきであると主張したのである。

　これと真っ向から対立する主張を展開したのが，NEA 担当国務次官補から駐エジプト大使に転じたバイロードであった。3 月に着任早々，バイロードは，ナセルと頻繁に会談の機会を持つようになった。わずか数回の会談を重ねるうちに，両者の会談は，数時間に及ぶ非公式の膝詰めの対話という形を取ることも珍しくなくなった。一見するところ，バイロードとナセルの間には，一国の指導者と外交官の間の関係を超えた信頼関係が生まれていたようであった。これらの会談においてナセルは，みずからが西側陣営との協力を心から望んでいると繰り返すとともに，アラブ世界全体を西側陣営と連携させるためにまず最初にアラブ諸国の結束を実現する必要があるとの持論を展開し，かかる観点からバグダード条約は戦術的な誤りであるとバイロードに訴えた。これに加えてナセルは，エジプト国内の政治情勢や RCC 内部でのみずからの地位の不安定さについても多くを語り，バイロードに理解を求めた。しかも驚くべきことに，ナセルは，まだ正式な協定にすら至っていなかった ESS 連合に多くを期待しているわけではないと言い放ち，イラク以外の北層諸国の組織化には理解を示した[151]。つまり，バイロードの前のナセルは，バグダード条約を巡る域内対立が燃え上がる以前のナセルと変わるところがなかった。バイロードは，国内政治上の制約の中で親西側的な政策を実現しようと格闘している若き指導者という従来のナセル像が誤っていなかったという確信を抱くようになった。

　バイロードの政策提言は，かかるナセル像を前提としていた。バイロードは，米国が ESS 連合に対してはこれを批判することなく無関心の姿勢を示すこと，バグダード条約についてはレバノンとヨルダンの加盟を抑制する政策を内密に実行すること，そしてエジプトに対しては米国が中東の防衛問題について事態を静観する姿勢を取っていると説明すること，以上 3 点を献策した。バイロードの主張する方針は，実質的には，ナセルが国内政治上の障害を克服する時間を稼ぐために，米国がナセルにとって好ましい域内政治環境の創出に協力することを求め

---

[151] U.S. Embassy in Cairo to DOS, #1261, March 1, 1955, *FRUS, 1955–1957*, 14: 28–29; U.S. Embassy in Cairo to DOS, #1373, March 20, 1955, *FRUS, 1955–1957*, 12: 41–43.

るものであった。しかし，バイロード自身が指摘したように，彼の主張する政策は，実質的には当時米国が実際に遂行していた政策の継続を求めるものでもあった[152]。

　国務省NEAがバイロードの意見に傾斜したのも，それがむしろ保守的な内容を有し，将来に向けて政策的な柔軟性を維持しうるオプションであると評価されたからであった。近く英国の加盟が予想されていた以上，米国が加盟しない方が，バグダード条約は「内発的」性質を維持できると考えられた。イラクとトルコも，米国の加盟を望みながら，それを強硬に主張していたわけではなく，当面米国が加盟を見合わせるとの方針を了解しているようであった。それゆえNEAは，米国がバグダード条約に加盟することによって得られるメリットよりも，加盟を控えることによって残される可能性の方が大きいと判断したのである[153]。そして，バイロードの方針はダレスも支持するところであった。ダレスは，引き続き米国がヨルダンやレバノンなど後方アラブ諸国のバグダード条約加盟を抑制すべきであると考えていたのに加え，「エジプトがアラブ世界で積極的なリーダーシップを獲得あるいは回復しようとするのを米国が支援する」ことをナセルに持ちかける可能性まで考慮していたのである[154]。

　4月初めまでに，国務省は「トップ・レヴェル」の決定として，以下のような当面の政策プログラムを決定した。まずバグダード条約については，米国は当面これに加盟せず，北層4か国と英国の計5か国で「緊密な防衛協力」を実現することを図る。そして，これに付随する第2の方針として，米国はイラク以外のアラブ諸国へのバグダード条約の拡大を抑制する。米国は，バグダード条約に加盟する諸国や親西側的な勢力に悪影響を与えぬよう，表向きはバグダード条約への新規参加を「奨励も制止もしない」という従来の方針を継続するものの，かかる政策の要諦は後方アラブ諸国の加盟を抑制することに置かれた。ここまでは，実質的に2月の時点で打ち出されていた方針を追認する内容であった。すなわち国務省は，ヨルダンとレバノンを事実上の緩衝地帯とすることによって中東を南北に分割した上で，北部ではバグダード条約の発展を図るとともに，南部において

---

[152] U.S. Embassy in Cairo to DOS, #1312, March 8, 1955, *FRUS, 1955-1957*, 12 : 29-32.
[153] Memorandum from Allen to Acting Secretary of State, "Question of United States Adherence to Turco-Iraqi Pact," March 11, 1955, DSCF 780.5/3-1155.
[154] Memorandum from Hart to Allen, "The Question of Promoting Egypt's Leadership in the Arab World," March 30, 1955, DSCF 682.87/3-2955.

はアラブ・イスラエル紛争解決を図る方針を採用したのである。

しかし4月初めの国務省の政策プログラムには，従来の方針を大きく変更する内容も含まれた。第3点目として，国務省は，エジプトを含むイスラエルと国境を接するアラブ諸国については，アルファ計画への協力に応じて軍事援助を提供する方針を打ち出した。1953年以来，中東諸国への軍事援助は，地域的組織への協力に応じて提供する方針が取られてきたが，皮肉にもバグダード条約という形で地域的組織の焦点が出現したまさにその時に，国務省は従来の方針を放棄し，対イスラエル和平への協力如何によって軍事援助の提供を決定する方針を打ち出したのである。これは間違いなく大きな方針転換であったが，上記の2つの方針，そして西側統合政策の目標の論理的な帰結であった。この第3の方針は，中東の地域的組織，すなわちバグダード条約が域内の政治的対立の焦点となるという，従来の西側統合政策が想定していなかった事態の出現に対応すべく案出された新たな戦術であり，何よりもエジプトを対イスラエル和平へと誘導することを目指す，西側統合政策の新たなプログラムの鍵となる戦術であった。最後に4点目として，国務省は，ナセルをバグダード条約を巡る一連の「苦境から救い出し」，アルファ計画への積極的な協力を求めるとともに，その協力に応じてナセルが「中東における新たな威信と影響力」を獲得するのを支援するという方針を決定した。ここには，米国がESS連合に正面から敵対するのではなく，ナセルと西側陣営との間に協調関係を構築することによって，その解消を図るという展望も含意されていた。つまり国務省は，軍事援助に加えて「威信と影響力」の承認をも報償として提示することにより，ナセルを対イスラエル和平，さらには西側陣営との連携に向かわせることを目指し始めたのである[155]。

以上のような国務省の方針を貫いていたのは，中東域内政治の分極化を抑制し克服することを目指すという原則であった。ナセルがバグダード条約を攻撃していたにもかかわらず，国務省がナセルとの協調を追求する方針を採用したのは，それが域内対立を克服するために必要かつ合理的であると判断されたためであった。ナセルとバイロード大使の間に生まれつつあると考えられた信頼関係，そして同大使からワシントンにもたらされた情報が国務省の方針決定に一定の意味を

---

[155] DOS to U.S. Embassy in Ankara, #1214, March 26, 1955, *FRUS, 1955-1957*, 12：43-44；DOS to U.S. Embassy in Cairo, #1643, March 31, 1955, ibid., 46-48；Memorandum from Allen to Dulles, "The Question of Discouraging Adherence by Jordan and Other Arab States to the Turk-Iraqi Pact：Memorandum from Eden," April 1, 1955, ibid., 48-50.

持ったことは間違いないが，それだけで米国がナセルにかくも大きな期待を寄せたことを説明することは出来ない。ESS 連合の形成に向けた動きなど，ナセルが西側陣営との協調を本当に望んでいるのか強い疑念を抱かせるに足る情報もまた，ワシントンには寄せられていたからである。かかる状況の中で国務省がナセルとの協調を追求したのは，それが西側統合政策の目標に照らして最も合理的であると判断されたからであった。ナセルは，反バグダード条約連合の中心的存在として，そして，ガザ事件が改めて浮き彫りにしたように，アラブ・イスラエル紛争の前線国家の指導者として，二重の意味で域内政治の分極化の中心にいた。バグダードやダマスカスの米大使館が主張するようにナセルとの対決路線を採用すれば，バグダード条約の発展は図れるかもしれぬが，アラブ・イスラエル紛争の解決もエジプト・イラク対立の解消も望み難くなる。逆に，ナセルを取り込むことに成功すれば，アラブ・イスラエル紛争とエジプト・イラク対立の双方を解消することにより，中東全域を西側陣営に統合する展望が開けることになるのである。4月初めに如上の方針を決定した国務省の「トップ・レヴェル」，すなわちダレスがナセルの取り込みに強い意欲を示したのは，域内対立を克服し解消するために，それが必要かつ合理的な方途であると考えられたからに他ならなかった。

2) 親西側諸国の反発

このような米国の方針が，中東の親西側諸国には変節のように見えたとしても不思議ではなかった。マーリク駐米レバノン大使がダレスに不満を託ったのは，その最初の事例に過ぎなかった。中東の親西側諸国を直接的に支援するかわりに中東の政治的分極化の解消を目指す米国と，中東の親西側諸国との間の軋轢は，具体的な政策を巡る摩擦や対立に発展していった。

その最初の事例は，対シリア政策を巡る米国とトルコの対立であった。1月以来，トルコ政府は，バグダード条約を親イスラエル・反アラブ的と中傷するエジプト・メディアの攻撃に激しく憤っていた。ESS 連合結成の動きが明らかになると，トルコはエジプトへの批判を強めるのみならず，シリアに対しても，外交ルートや公式声明などを通じて，直接・間接の批判や攻撃を加えるようになった。トルコ政府はシリア政府に対して，ESS 連合をシリア，レバノン，ヨルダンへの「エジプトの支配」を目指すものと見做し，それを実現した手法も「脅迫，買収，反乱の教唆など，きわめて非合法的」であるとする申し入れを行った[156]。3月中

旬，これに反論するシリア側からの覚書の受領をトルコ政府は拒否した。これに対してシリア政府は，トルコの外交姿勢を糾弾する公式声明を発した[157]。トルコ・シリア関係の急速な悪化は，域内政治の分極化を防ごうとしていた米国はもとより，英国政府にも懸念材料となっていた。英国政府は，ESS連合を内部から崩壊させることを目指すべきであると考えていたが，トルコの過剰なシリア攻撃は，むしろシリア国内の親西側勢力を弱め，シリアをより強固にエジプト側に追いやることになるのではないかと懸念を抱くようになったのである[158]。

トルコ政府の強硬姿勢の背景には，もうひとつの伏線があった。ESS連合の形成によって分極化が進行するかに思われたアラブ世界には，それを修復するかの如き奇妙な動きが生じていた。シリアのアズム外相は，アラブの連帯を回復するという目標を掲げて3月14日から19日にかけてバグダードを訪問し，ヌーリーらと会談した。一連の会談で，両国間にバグダード条約やESS連合に関する具体的な合意や了解が形成されることはなかった。しかしながら，ヌーリーとアズムは，一連の会談を通じてアラブ内対立が緩和に向かう期待感をそれぞれに示し，19日に発表されたイラク・シリア共同声明は，具体的内容には乏しかったものの，両国が共有するアラブの「同胞感情」を強調した。シリアはESS連合に属しながらも，実質的にはエジプト・イラク間対立における中立の立場を選択しつつあった[159]。しかし，トルコ政府は，そもそもヌーリーがアズムらの訪問を受け入れたこと，そして反バグダード条約の動きの中心にいたアズムと空疎な共同声明を発したことに，苛立ちを示した。どうやらアズムとの会談について，イラク側からトルコ側への事前の相談等はなかったらしい。つまりトルコ政府は，みずからがバグダード条約を擁護すべくシリアに外交攻勢を加えているまさにその時に，バグダード条約のパートナーに裏切られたと感じており，かかる感情がトルコの対シリア姿勢をなおさら頑なものにしていたのである[160]。

---

[156] British Embassy in Damascus to FO, #92, March 8, 1955, in FO371/115496/V1073/420.

[157] British Embassy in Ankara to FO, Saving #13, March 11, 1955, in FO371/115498/V1073/469. Official Statement by the Government of Syria, March 22, 1955, in FO371/115503/V1073/613.

[158] British Embassy in Bagdad to FO, #319, March 21, 1955, in FO371/115501/V1073/542 ; British Embassy in Damascus to FO, #118, March 22, 1955, in FO371/115501/V1073/551.

[159] Michael Wright to Eden, March 24, 1955, in FO371/115504/V1073/642 ; British Embassy in Baghdad to FO, #295, March 19, 1955, in FO371/115500/V1073/527 ; British Embassy in Damascus to FO, #122, March 23, 1955, in FO371/115501/V1073/558 ; Podeh, *The Quest for Hegemony*, 132-136.

[160] J. Bowker to C.A.E. Shuckburgh, March 22, 1955, in FO371/115503/V1073/597.

しかし，如何なる経緯があるにせよ，3月末には米英両国はもはやトルコ政府の対シリア強硬姿勢を捨て置けないと感じるようになった。後述するように，ナセルは英国のバグダード条約加盟に理解を示していた。英国政府は，間近に迫るみずからのバグダード条約加盟を円滑に実現するために，トルコ・シリア関係が悪化のスパイラルに陥ることを避けねばならないと考えるようになった[161]。米国にとっても，トルコ・シリア間の緊張はナセルとの協調関係を追求する上で大きな障害と映るようになっていた。

3月29日，ウォーレン（Avra M. Warren）駐トルコ米大使は，トルコ外務次官ビルギ（Nuri Birgi）に，米英両国の意向としてエジプトに対する外交的な攻撃を自制するよう要請した。ビルギは，ウォーレン大使からの申し入れに強く反発した。トルコの発言は，エジプトからの攻撃への合理的な反論である。トルコ政府は，エジプトやシリアの親西側勢力に梃入れすることを目指しているのであり，それゆえ挑発的な言辞を繰り返しているサーリムやアズムを強く批判する一方で，ナセルやアサリーへの個人攻撃は慎重に避けている，としてビルギはトルコの方針を擁護した。しかしビルギが最も強調したのは，次の点であった。ESS連合の拡大を食い止めることが出来たのは，トルコが堅固な姿勢を示したゆえである。反バグダード条約勢力との「戦いは勝利の途上にある」。ここで反バグダード条約の動きを完全に封殺することこそが重要ではないか。このように述べるビルギに対してウォーレン大使は，トルコが1954年末で中断しているエジプトとの関係改善に向けた外交を再開し，きたるバンドン会議でもエジプトに建設的な影響力を行使することを希望すると述べ，改めてトルコ政府の反ESS連合の姿勢を緩和するよう求めた。しかし，ビルギは米国側の立場に強い不快の念を示し，会談は物別れに終わった[162]。

ビルギは，メンデレスとともにトルコの親西側外交を牽引した人物であり，これまで米国側との会談が物別れに終わるようなことは滅多になかった。しかし，ウォーレン・ビルギ会談の不調は偶然ではなく，米土間，そして米国と中東の親西側諸国との間に生じ始めていたインタレストの疎隔を反映していた。米国の新たな中東政策方針は，トルコなど親西側諸国にとっては，小さからぬ軌道修正と

---

[161] U.S. Embassy in London to DOS, #4213, March 25, 1955, DSCF 682.87/3-2555.

[162] U.S. Embassy in Ankara to DOS, #1162, March 29, DSCF 682.87/3-2955 ; U.S. Embassy in Ankara to DOS, #1165, March 30, DSCF 682.87/3-3055.

第9章　バグダード条約の成立と西側統合政策の再編　553

受け止められた。たしかに米国は，それまでも ESS 連合を公式に非難することは避けてきたが，親西側諸国に対しては ESS 連合を支持せぬ立場を数度にわたって表明していた。消極的とはいえ，米国もまた反バグダード条約勢力との「戦い」に参加する姿勢を示していたのである。しかし米国は，3月末頃には，ESS 連合を事実上放任するかのような姿勢に転じていった。「勝利の途上にある」外交闘争から事実上身を引いたわけであるから，トルコには米国の姿勢が背信に見えたのも無理からぬところがあった。その後もトルコ政府は，米英の意向にかかわりなく，反エジプト・反シリア的な姿勢を維持した[163]。

一方，ウォーレン大使がビルギ次官と激しいやりとりを行った同日，ワシントンでは，アレン（George V. Allen）NEA 担当国務次官補が国務省にフサイン（Aḥmad Ḥusayn）駐米エジプト大使を迎えていた。アレン・フサイン会談は，ウォーレン・ビルギ会談とは対照的に，和やかに進んだ。フサイン大使来訪の目的は，トルコ政府のエジプトに対する非難や攻撃を緩和させるべく，米国からの執り成しを依頼することであった。依頼を受けたアレンは，米国がすでにトルコ政府にそのような申し入れを行ったことを「お知らせできることをうれしく思う」と応じた。その後，アレンは，米国の対エジプト政策，そしてエジプトへの期待を縷々説明した。米国は，エジプトがシリアやサウジアラビアと新たな連合を形成することに反対はしていないが，それが特定のアラブ国家を標的とする，あるいは中立主義的な立場を取るならば，残念に思う。米国とエジプトはともに共産ブロックの脅威に対峙すべきであり，そうであるならばエジプトはバグダード条約を「より好意的に」捉えるべきではないか。一方，米国政府はナセルにはより広い視野を持って行動してほしいと願っている。このように述べた上で，アレンは，中東域内の国際関係については「当面は現状の固定が望ましい」として，米国がヨルダンのバグダード条約加盟に事実上反対していることを説明するとともに，漠然とした言い回しで，エジプトがトルコやパキスタンと連携することへの希望を表明した。これに対してフサイン大使は，エジプトもまた共産主義に対抗しているがアラブ諸国の連携強化が先決であると考えているとの，これまでのエジプト政府の公式見解を繰り返したのみであった。それにもかかわらず，会談は友好的な雰囲気で終了した[164]。フサイン大使は，内心驚いていたに相違ない。米国は，

---

[163] J. Bowker to C.A.E. Shuckburgh, March 29, 1955, in FO371/115504/V1073/641；C.A.E. Shuckburgh to J. Bowker, April 18, 1955, in FO371/115504/V1073/641.

エジプトのこれまでの反バグダード条約政策を不問に付すのみならず，エジプト側が要求すらしていない「現状の固定」方針を打ち出し，アラブ世界へのバグダード条約拡大を抑制する姿勢を示すことで，エジプトに対する事実上の宥和政策を打ち出したからである。

6　英国のバグダード条約加盟と西側統合政策

1）英国の西側統合政策とバグダード条約

　2月にバグダード条約の締結が確実な情勢となる中で，英国政府の最大の関心は，みずからの加盟実現に向けられた。1930年英・イラク条約の期限満了を1957年に控えていた英国は，イラク国民に受け入れられる形で条約改定を実現することを最重要課題と捉えていた。2月にトルコ・イラク協定の見通しが立ち，ヌーリーが英国の早期加盟を求める姿勢を改めて確認すると，英国政府はみずからの加盟に向けた準備を本格化した。

　英国政府内で問題になったのは，1930年条約に代わる新たな英・イラク二国間協定において英空軍戦力をイラク国内に常駐させる権利を求めるか否かという点であった。COSは，かかる権利が必要であるとの立場であった。北層軍事戦略においては，緒戦においてザグロス山脈線に空軍戦力を投入する必要があり，そのためには平時においてもイラク国内に英空軍を配備しておくことが不可欠であると考えられたからである[165]。それに対して外務省は，イラク政府の従来の姿勢や国内政治状況から，英空軍の常駐はイラク側には受け入れられないと判断しており，英空軍の「滞在（visit）」で満足すべきと主張していた[166]。この問題については，軍部が譲る形で，英空軍の「常態的滞在（frequent visit）」を実現するこ

---

[164] Memorandum of Conversation, "1. Problems Arising from Turk-Iraq Pact, etc." March 29, 1955, DSCF 682.87/3-2955.

[165] Memorandum by the Lavant Department, "Anglo-Iraq Treaty," January 7, 1955, in FO371/115751/VQ1051/3.

[166] Memorandum by Rose, "Middle East Defence : Facilities in Iraq," February 16, 1955, in FO371/115751/VQ1051/23. かかる外務省の立場は，将来のイラクとの条約改定交渉の際に取るべき方針案として，1954年6月の英閣議に諮られていたが，この時は，チャーチル首相が事実上軍部の主張を尊重する姿勢を示したことで，最終決定が見送られた。C(54)181, "Future Defence Arrangements with Iraq," May 31, 1954, CAB129/68/31 ; CC(54)37, June 2, 1954, CAB128/27/37.

とが英国側の目標とされた。これに加えて，英国政府はきたるイラク政府との交渉において，ハッバーニヤとシュアイバの空軍基地における英国人の保守要員の常駐，イラク国内への軍事物資の事前配備，平時および戦時の英空軍機のイラク上空通過およびトランジット権をイラク側に求めることを決定した[167]。

英・イラク間の直接交渉は，当初，両国軍人による実務レヴェルの協議から秘密裏に開始することとされていた。しかし，開催直前になって，ヌーリーは，二国間協議の早期妥結を目指すためにみずから初回交渉に出席する意向を示し，英国側もそれに応じてライト大使が出席することとなった[168]。バグダード条約調印直前の2月22日にハッバーニヤ空軍基地内で開催された最初の交渉で，ヌーリーは上記の英国側の希望をほぼ全面的に受け入れた。ヌーリーが英国側に求めたのは，英国が保持していたハッバーニヤとシュアイバの空軍基地を全面的にイラクに返還すること，そして両空軍基地に特定の英空軍部隊を常駐させぬことであった。しかしヌーリーは，前者については英国人地上要員の常駐を認め，後者については，「1個あるいは複数個の英空軍中隊の事実上の継続的プレゼンス」を容認する姿勢を示したので，英国側から見れば，ほぼ満額回答と言ってよかった[169]。英国政府は，ヌーリーの要望を全面的に受け入れる方針のもと，みずからのバグダード条約加盟の準備および加盟と同時に締結する新たな英・イラク二国間協定に向けた実務者交渉を加速する方針を決定する[170]。3月に入って本格化した二国間交渉は，協定条文の細部を巡る紛糾はあったものの，2月22日の初回交渉における合意をもとに，深刻な対立を生じることなく順調に進展し，月末までに英国のバグダード条約加盟および加盟時に締結される英・イラク二国間協定の準備が調うこととなる[171]。

---

[167] G.H.Q. Middle East Land Force to Ministry of Defence, 994/CCL, February 14, 1955, in FO371/115751/VQ1051/22.

[168] British Embassy in Bagdad to FO, #156, February 20, 1955, in FO371/115751/VQ1051/9.

[169] British Embassy in Bagdad to FO, #169, February 22, 1955, in FO371/115751/VQ1051/14.

[170] Memorandum by E.M. Rose, "Defence Arrangements with Iraq," February 23, 1955, in FO371/115751/VQ1051/20 ; FO to British Embassy in Bangkok, #210, February 23, 1955, in FO371/115751/VQ1051/20. 註166に記したように，対イラク交渉条件は閣議レヴェルでは未決定であったが，イーデンは2月22日のヌーリーとの合意内容を踏まえた交渉方針案を3月15日の閣議に提案し，内閣から原則承認という決定を獲得した。つまり，二国間協定の根幹部分については，ヌーリーが提起した条件をほぼ丸呑みする形で英国政府の対イラク交渉条件が決定されたことになる。C(55)70, "Middle East Defence : The Turco-Iraqi Agreement and revision of the Anglo-Iraqi Treaty of 1930," March 14, 1955, CAB129/74/20 ; CC(55)24, March 15, 1955, CAB128/28/24.

みずからのバグダード条約加盟準備と並行して英国政府が大きな関心を寄せたのは，シリア，ヨルダン，レバノンという後方アラブ諸国の動向であった。3月初めに，エジプトがシリアやサウジアラビアに接近してESS連合を構築し，さらにヨルダンやレバノンにもそれを拡大する動きを見せた際，英国政府はこれに強硬に対抗する姿勢を示した。英国政府は，エジプトの動きが，みずからも加盟国となるバグダード条約の成否を直接的に脅かすものであり，もし仮にこれを座視するならば，英国はまさに同盟を組もうとしているイラクとトルコの信頼を喪失することになりかねないと考えていた[172]。ナセルから，ESS連合への「好意的あるいは少なくとも黙認的な姿勢」を取るよう要請を受けた際，英外務省は，ESS連合結成を黙認することはトルコ・イラクという同盟国の信頼を損ねるものであるとして，これを明確に拒否した。英外務省は，ESS連合の拡大を抑制し，可能であればESS連合自体を頓挫せしむることを目指す方針を決定し，米国政府にはナセルに対して共同で抗議の申し入れを行うことを提案した[173]。

しかし，前述のように，ESS連合形成の動きに対する米国側の反応は，最初から抑制的であった。国務省は，ヨルダン，レバノン，シリア政府には米英両国がESS連合に反対している旨，通知することには同意したものの，エジプトへの米英共同の申し入れには難色を示した[174]。米英両国は，ESS連合を抑制したいとの基本的な思惑では一致していたが，バグダード条約を守るためにナセルとの対立をも辞さぬ構えを示す英国と，バグダード条約とナセルとの対立回避およびナセルと西側陣営との協調的関係の増進を目指す米国の間に，不協和音が生じたのである。

しかし，英国側が米国側の方針に足並みを揃えることで，米英の共同歩調は維持されることとなった。英国政府が譲歩したのには，2つの理由があった。ひとつは，後方アラブ諸国の情勢である。シリアにおける左派・親エジプト勢力の伸張を抑制する具体的な手立ては見当たらず，一方，ヨルダンとレバノンはサーリム一行の来訪に前後してESS連合に参加せぬ姿勢を明確化していた。ヨルダン

---

[171] 二国間交渉の具体的な過程については，次の史料に的確な要約がある。Michael Wright to Harold Macmillan, May 17, 1955, in FO371/115759/VQ1051/199.

[172] Minute by E.M. Rose, "Turco-Iraqi Pact," March 7, 1955, in FO371/115497/V1073/443.

[173] British Embassy in Cairo to FO, #350, March 5, 1955, in FO371/115495/V1073/399 ; FO to British Embassy in Washington, #974, March 8, 1955, in FO371/115497/V1073/443.

[174] British Embassy in Washington to FO, #524, March 8, 1955, in FO371/115496/V1073/419.

とレバノンがESS陣営に加わらぬ決定を行った以上，ナセルとの関係をいたずらに悪化させかねぬ強硬策は，さしあたり不要と判断されたのである[175]。

　もうひとつは，サーリムの中東歴訪とちょうど同じ時期の3月上旬にロンドンで開催された，アルファ計画の米英実務者協議であった。この会合の本来の目的は，前回の1月の協議内容を踏まえ，アラブ・イスラエル和平案のより具体的な内容を詰めることにあったが，この間に急速に進行した中東域内政治の分極化にアルファ計画を如何に対応させるか，特にナセルとの関係をどのように位置づけるかという問題も当然ながら議論の俎上に上った。実務者協議では，エジプトとの合意無しには他のアラブ諸国が和平に動くことは考えにくいとの前提，およびアラブ・イスラエル和平を最初に打診して合意を形成すべきはエジプトであるとの前回協議の合意が確認された。しかし，英国側代表のシャックバラは，かかるアルファ計画の前提がバグダード条約を巡る英国の政策と齟齬をきたすのではないかとの懸念を抱いていた。彼は，ナセルとの紛争解決を急ぐあまり英国のバグダード条約加盟を阻害してはならないと強く主張した。特にこの時期に和平を打診すれば，ナセルは英国がイスラエルを支持していると言い立てて英国のバグダード条約加盟を不可能にしてしまうかもしれない，というのが彼の懸念であった。実際にエジプトのメディアがバグダード条約をイスラエルと結びつける形でイラク非難に利用していた状況を考えれば，シャックバラが示した懸念には杞憂として退け得ぬところがあった。

　シャックバラのナセルに対する懸念を克服すべく動いたのは，イーデンであった。数週間前にナセルと会談していたイーデンは，適切なタイミングであれば対イスラエル和平について内密に協議するとのナセルの発言を信じており，シャックバラよりナセルへのアプローチに積極的であった。さらにイーデンは，ガザ事件がナセルを困難な立場に追いやっているとの判断から，ナセルに「現在のディレンマからの脱出口を提供する」べきであると考えていた。「緊張が終息するのを待つことの問題点は，決して訪れぬ好機を待つうちに状況がさらに悪化する」ことである，というのがイーデンの見方であった。イーデンの意向を受け，アルファ実務者協議は，ナセルへの早期のアプローチの機会を探る方針で合意し，ア

---

[175] British Embassy in Damascus to FO, #80, March 2, 1955, in FO371/115494/V1073/369 ; British Embassy in Amman to FO, #86, March 3, 1955, in FO371/115495/V1073/381 ; British Embassy in Beirut to FO, #198, March 7, 1955, in FO371/115496/V1073/409.

プローチのタイミングについてはカイロの米英大使の判断を踏まえて決定すべきであると結論した。

ナセルとの協力の必要性が改めて確認されたことは，ほぼ自動的に，米英両国がESS連合形成の動きを巡るナセルへの批判や攻撃を自制しなければならぬということを意味した。この点については，イーデンもシャックバラも，アルファ計画のためにナセルとの協調を追求することが，バグダード条約への支持およびESS連合を抑制するとの方針を変更することを意味するものではないとの英国政府の立場を念を押して確認した。イーデンは，「もしシリアが永遠に加盟を妨げられるならば，イラク・トルコ防衛取決めの効果を損なうことになる」として，将来的にESS連合の解体とバグダード条約のシリアへの拡大を目指す可能性を示唆した。とはいえ，アルファ実務者協議の結論としては，バグダード条約の発展やESS連合の抑制は，ナセルとの関係を維持するという方針と両立する範囲内で追求されるべきであるとの合意が成立したのである[176]。

しかしながら，上記のイーデンの発言にも滲み出ていたように，後方アラブ諸国を巡る英国の政策決定者たちの思考は，米国側のそれと食い違いを内包していた。英国の政策決定者の多くは，バグダード条約を将来的にアラブ世界に拡大することを当然視し始めていた。2月以降，英外務省は，ヨルダンのフサイン国王やシリアのアタースィー大統領のような親西側的指導者に，将来的に全アラブ諸国がバグダード条約に加盟するのが望ましいとの見解を伝え，好意的な反応を得ていた[177]。ESS連合に対抗するという受動的な政策にとどまることなく，早期にヨルダンをバグダード条約に加盟させ，それによってシリアをESS連合から離脱させる圧力を加えるべきであるとする強硬意見が外務省内で提起されたとき，同省幹部の多くは，それを即時に実行できるオプションとは捉えなかったものの，心情的な賛意を表明した[178]。

---

[176] Meeting Held in the Foreign Office on Monday, March 7, 1955, at 3:30 p.m., in FO371/115866/VR1076/39 ; Record of a Meeting with the Secretary of State on March 9, 1955, FO371/115866/VR1076/41. なお，この米英実務者協議では，アラブ・イスラエル間の領土変更，難民の帰還と賠償など，最終的な解決の青写真についても合意が成立した。合意文書は米英の公開文書中にあるが，何れにおいても領土問題などほぼ同一箇所が未公開状態にある。Points of Agreement in London Discussion of Arab-Israel Settlement, March 10, 1955, *FRUS, 1955-1957*, 14 : 98-107.

[177] British Embassy in Baghdad to FO, #137, February 16, 1955, in FO371/115492/V1073/259 ; British Embassy in Damascus to FO, #95, March 8, 1955, in FO371/115496/V1073/422.

[178] British Embassy in Amman to FO, #95, March 7, 1955, in FO371/115496/V1073/408 ; Minute by

外務省内で提起された様々な見解の中で，最も重要であったのは，長期的な視点からバグダード条約の存続を図るためにはイラク以外のアラブ諸国の参加が是非とも必要であると指摘する，ライト駐イラク大使の提言であった。「ヌーリーより若い世代のイラク人」，とりわけ「偏狭なアラブ・ナショナリズムの主張を聞いて育った（brought up on narrow Arab nationalist lines）」人々は，アラブ世界の分裂を心から憂慮している。現時点では彼らも，現下のアラブ世界の分裂はエジプトのイラクへの「羨望」あるいはエジプト現政権の「視野の狭さ」に起因していると考えているが，かかる状況が続く保証はない。もしバグダード条約にイラク以外のアラブ国家が参加するならば，ヌーリーが退いた後にも，将来にわたってイラク政府はバグダード条約に確信を持ち続けることが出来るであろう。それゆえ，イラク人のバグダード条約への支持を将来にわたって安泰ならしめるために，英国政府は，エジプト政府の言動に動ずることなくバグダード条約を全面的に支持し続けると同時に，イラク以外のアラブ諸国のバグダード条約加盟に向けて努力を継続していかねばならない[179]。かかるライトの提言を批判する者は，英外務省内には皆無であった。

　もっとも，現実問題として，3月の段階でバグダード条約への加盟に積極姿勢を示しているアラブ国家は存在しなかった。バグダード条約に最も関心を示しているヨルダンでさえ早期の加盟には慎重であったし，親西側的なレバノンのシャムーン大統領はアラブ内部の亀裂の修復により大きな関心を示すようになっていた。しかも3月末には，米国政府が後方アラブ諸国の加盟に消極的な姿勢を明確化し，アラブ世界内部の対立も沈静化の方向に向かっているように見えた。かかる状況の下，英外務省は，「当面，我々が行い得ることも，行うべきことも，ほとんどない」との判断に至り，当面は事態を静観する方針をとった[180]。ライトの見解は否定されることなく，いわば英国の政策決定者たちの心奥に凍結された状態で生き続けることとなったのである。

　結果的に，英国政府の当面の方針は，米国のそれと大きく変わらぬところに落ち着いた。すなわち，ESS連合などバグダード条約の発展を阻害する動きに対しては明確な反対姿勢を取りつつ，後方アラブ諸国のバグダード条約参加について

　E.M. Rose, "Turco-Iraqi Pact," March 8, 1955, in FO371/115496/V1073/408.
[179] Michael Wright to C.A.E. Shuckburgh, March 16, 1955, in FO371/115500/V1073/533.
[180] Minute by E.M. Rose, March 29, 1955, in FO371/115500/V1073/533 ; C.A.E. Shuckburgh to M. Wright, April 1, 1955, in FO371/115500/V1073/533.

は，その是非や加盟の時期について当該国政府の決定に委ね，英国政府としてそれを奨励も制止もしないとの方針である[181]。しかし，同様に事態を静観する立場を取りながらも，英国の政策決定者たちの発想，そしてバグダード条約に向けた彼らの居住まいは，米国側のそれとは明らかに異質なところがあった。3月中旬に行われた，シャックバラと駐英ヨルダン大使の会談から，英国政府の姿勢を窺うことが出来る。英国のバグダード条約加盟は，英・ヨルダン関係に何らかの影響を及ぼすのか，とのヨルダン大使からの問いに，シャックバラは「原理的には」影響はないと回答した上で，次のように続けた。バグダード条約という新たな枠組みが出現したおかげで，英国は「よりイラク世論に受け入れられる形で」英・イラク関係の基盤を再構築する見通しを得ることが出来た。同様の発想をヨルダンには適用できないと考える理由はない。もし英国とヨルダンがともにバグダード条約に加盟することとなれば，英・ヨルダン関係を再検討するのが「現実的かつ有意義」ではないか[182]。たしかにシャックバラは確かにヨルダンにバグダード条約加盟を求めてはいない。しかし，その発言には，ヨルダンの加盟への期待感が，覆うべくもなくほとばしり出ていたと言ってよい。

すなわち，英国政府は，当面アラブ世界へのバグダード条約の拡大は求めないという公式の立場を取りつつ，ひとたび時が訪れれば一挙にそれを推進する心積もりであった。このことが最も鮮明に表れたのは，トルコとの内密な了解である。4月初め，メンデレスは，レバノンがバグダード条約加盟に関心を示していることを指摘し，レバノンの加盟を後押しするためにも，まず英国政府がヨルダンのバグダード条約加盟を促すべきであると主張した。これに対して，ボウカー駐トルコ英大使は次のように応じた。英国政府は，ヨルダンの加盟の「時が熟す」には，いましばらく時間がかかると考えており，ヨルダンに圧力を加えることには反対している。しかし，レバノンの加盟は「時間の問題」であるから，レバノン政府はヨルダン政府にみずからの加盟の意思を示すとともにヨルダンの加盟への期待を伝達すべきである。このようにすることによって，レバノン・ヨルダン両政府は，お互いに加盟の意志を確認することが出来るであろう。当然ながら，かかる戦術にトルコ側も賛意を示した[183]。このように，英国はトルコをも巻き込む

---

[181] FO to British Embassy in Amman, #218, March 9, 1955, in FO371/115496/V1073/408.
[182] FO to British Embassy in Amman, #242, March 17, 1955, in FO371/115500/V1073/534.
[183] British Embassy in Ankara to FO, #243, April 8, 1955, in FO371/115505/V1073/670. 次章で触れるように，レバノンとヨルダンは，ESSが防衛条約を締結する場合にはともにバグダード条約

形で，将来的に後方アラブ諸国の加盟を実現する態勢を静かに整えつつあった。これは，バグダード条約の後方アラブ諸国への拡大を抑制しようとする米国の姿勢とは大きく異なるスタンスであった。

　英国政府が，後方アラブ諸国へのバグダード条約拡大を公式には支持せぬ姿勢を取り，ナセルとの協調を追求する方針を採用するに当たり，米国と歩調を合わせようとする意図，あるいは米国への配慮が大きな意味を有していたことは間違いない[184]。しかし，英国政府は，米国への配慮だけから，かかる方針を導いたわけではなかった。アルファ計画の実務者協議の際にイーデンが見せた姿勢に表れていたように，英国の政策決定者たちはナセルを切り捨てたわけでも，ナセルとの協調的関係の再構築が不可能になったと考えたわけでもなかったのである。英国政府内でナセルとの協調に最も積極的であったのはおそらくイーデンであったが，それを側面から支援したのは，スティーヴンソン駐エジプト大使であった。スティーヴンソンは，バイロード米大使とナセルの個人的な信頼関係を突破口にエジプトとの協調関係を再構築しようとする米国の方針に理解を示すとともに，トルコ・イラク共同声明以来の息つく間もない外交的対立のエスカレーションをいったん沈静化させれば，ナセルにバグダード条約を容認させる余地はなお存在していると主張した[185]。そして，当のナセルの姿勢も，イーデンやスティーヴンソンの見立てを裏書きしているように見えた。ナセルは，レバノンとヨルダンのバグダード条約加盟に反対し，もしかかる事態が発生すれば両国民向けのプロパガンダ戦を実行に移すとの意向を示す一方で，両国を ESS 連合に参加させるつもりはないとも言明していた。さらにナセルは，英国側の予想を裏切る形で，英国のバグダード条約加盟を特に問題視しない姿勢を示した[186]。つまり，さしあたりバグダード条約への加盟を強く求めているわけではないレバノンとヨルダンの現状を維持しておけば，英国はナセルとの対立を亢進させることなくバグダード条約に加盟できると期待しうる状況が出現していたのである[187]。

　加盟を申請する方針で合意していたようである。ただし，かかる合意がどの段階でなされたのか，合意の形成に英国やトルコが介在したかは定かではない。

[184] Record of Conversation by Roger Makins, March 10, in FO371/115499/V1073/508 ; Harold Beeley to C.A.E. Shuckburgh, March 11, 1955, in FO371/115499/V1073/508.

[185] British Embassy in Cairo to FO, #368, March 9, 1955, in FO371/115496/V1073/429 ; British Embassy in Cairo to FO, #401, March 16, 1955, in FO371/115498/V1073/491.

[186] British Embassy in Cairo to FO, #389, March 14, 1955, in FO371/115498/V1073/471.

[187] British Embassy in Washington to FO, #573, March 15, 1955, in FO371/115498/V1073/489.

以上のような様々な要因の結果，3月末の段階で，英国政府の中東政策プログラムは次のような内容に落ち着いた。英国は，バグダード条約を引き続き全面的に支持し，みずからそれに加盟する。英国政府は，バグダード条約に敵対する動きには強く反対する原則的な立場を取るが，ESS 連合への公式の批判は控えることとする。アラブ諸国のバグダード条約への加盟については当該国の判断に任せ，英国から加盟圧力は加えない。そして，少なくとも当面はバグダード条約をアラブ世界に拡大しないことと引き換えに，ナセルにバグダード条約への敵対行為の中止を求め，かかる外交的休戦の間に，何らかの形でナセルとの間にバグダード条約に関する合意や了解を形成することを目指すとともに，ナセルを中心にアラブ・イスラエル和平を推進する。以上が，英国の新たな中東政策プログラムであった。ここに米国の政策プログラムとの相違を見出すのは難しい。発想の経路に相違はあったものの，英国政府もまた，中東全域を西側陣営に統合するという西側統合政策の目標から，米国政府と同様の結論に至ったのである。ただし，きわめて重要なことに，英国のプログラムには条件が付されていた。英国政府は，エジプトが ESS 連合などを活用してバグダード条約に敵対する動きを強めるような場合には，如上の政策プログラムを再考する心積もりであった。かかる事態が出現するとき，英国政府が ESS 陣営に対する自制を解き放ち，バグダード条約のアラブ世界への拡大に邁進するであろうことは，漠然とした了解という形ではあったが，英国の政策決定者たちの間に共有されていた[188]。

　しかし，3月末には，そのような状況が到来する可能性は，むしろ低下しているように見えた。3月21日のナセル・スティーヴンソン会談で，将来的にエジプトとも協調する形で中東防衛の枠組みを構築したいとのスティーヴンソン大使の発言を，ナセルは聞き置くにとどめた。しかし同時にナセルは，英国のバグダード条約加盟には改めて理解を示し，英国政府がイラク以外のアラブ諸国のバグダード条約加盟を求めない方針を示したことには，謝意すら表したのである。かかる文脈で，ナセルはスティーヴンソンに，トルコからシリアへの外交的圧力について懸念を示した[189]。英国政府が米国とともにトルコ政府に対してシリア批判を自制するよう求めたのは，この直後であった。

---

[188] FO to British Embassy in Cairo, #597, March 11, 1955, in FO371/115498/V1073/466; FO to British Embassy in Cairo, #660, March 18, 1955, in FO371/115498/V1073/471.
[189] British Embassy in Cairo to FO, #415, March 21, 1955, in FO371/115501/V1073/544.

英国側のエジプトに対する警戒感の低下を物語る興味深いエピソードがある。ナセル・スティーヴンソン会談の数日後，英外務省にシャックバラを訪ねた駐英エジプト大使は，英国の対ヨルダン政策を問うた。これに対してシャックバラは，英国はヨルダンのバグダード条約加盟を求めているわけではないと断った上で，将来的に同国の加盟を実現する可能性に言及した。しかも彼は，英国がバグダード条約を活用して英・イラク条約を更新しようとしていることを例に引きつつ，多国間協定こそが「最も『現代的』で有効な防衛協力の手法」であるとの見方を示し，多国間協定方式は「中東で広く活用するのに適している」との認識を披瀝した。つまりシャックバラは，みずからがヨルダン側に語ったのと全く同じように，将来的にヨルダンをバグダード条約に加盟させる意図をエジプト側に包み隠すことなく語ったのである[190]。この驚くべき無警戒ぶりからは，ヨルダンの加盟凍結についての相互了解を出発点にエジプトとの協調関係の再構築を進めるという英国政府の方針が，単に米国との歩調を合わせる目的からだけではなく，英国自身の西側統合政策の目標から導かれたものであったことが窺われる。

エジプト側から見るなら，英国のシャックバラ，米国のアレンから，ほぼ同時にほぼ同様のメッセージ，すなわちバグダード条約へのアラブ諸国の新規参加凍結を条件にエジプトとの協調関係の再構築を呼びかけるメッセージを受け取ったことになる。ナセルが米英両国のメッセージを十分に理解したことは間違いない。そして，偶然ながら，ちょうどこの頃，ナセルの側も米英の呼びかけに応じるのが好都合な状況に直面していた。

2）米英の西側統合政策コンセンサス

3月後半，ESS 連合は早くも動揺を示し始めていた。エジプト，シリア，サウジアラビアは，3月20日にカイロで首脳会談を開催し，ESS 間で正式な防衛条約を締結することを計画していた。しかし，シリアの代表団が到着せず，会議の開催は延期されることとなった[191]。アズム外相らがイラクから帰国した後，寄り合い所帯であるシリアのアサリー政権内では，ESS 防衛条約調印に進もうとするバアス党など左派勢力に対して，穏健派閣僚たちは辞任をちらつかせて条約調印に反対し，内部対立が深刻化していた。ナセルはアズムに早期の代表団派遣を求

---

[190] Memorandum by Shuckburgh, March 31, 1955, in FO371/115504/V1073/645.
[191] British Embassy in Cairo to FO, #408, March 19, 1955, in FO371/115500/V1073/525.

めて圧力を加えたが，アズムは急ぐ姿勢を見せなかった。この頃までに，エジプト・サウジ間では ESS 防衛条約案が作成されていたが，アズムはこれに代わる新たな条約案を作成し，カイロで新たな条約案の討議を求める意向を固めていた[192]。4 月初めにカイロに到着したアズムらシリア代表団は，イラクを除外するような防衛条約には調印できないとして，みずからが作成した新たな条約案を提示し，エジプトとサウジアラビアに受け入れを迫った。これに対してエジプトとサウジアラビアは，「あらゆる圧力」を加えて，シリア側にエジプト・サウジ案への調印を迫った[193]。エジプトとサウジアラビアが調印を急いだのには理由があった。4 月 8 日にはナセルはバンドン会議に出席するために出国を予定しており，それが条約交渉の当面のデッドラインとなっていたのである[194]。しかし，シリア代表団はこれに応じず，4 月 3 日に帰国した。アズムの帰国後も，エジプトとサウジアラビアからシリアへの圧力は継続したが，閣内に調印反対派を抱えるアサリー首相は，ESS 防衛条約についての決定を急がぬ姿勢を示した。シリアは，ESS 連合に引き続き帰属しながらも，エジプト陣営へのそれ以上の深入りを避ける，いわばアラブ内対立における中立に近い立場をひとまず選択したようであった。結果的にシリアのスタンスは，バグダード条約に好意的でありながら中立の立場を維持したレバノン・ヨルダンのスタンスと，さほど変わらぬところに落ち着いたのである[195]。

3 月中旬以降にシリア政府内で ESS 連合への慎重意見が強まった原因，さらに

---

[192] British Embassy in Damascus to FO, #134, March 28, 1955, in FO371/115502/V1073/589. アズムが作成した条約案は，加盟国の軍を統合して司令部をダマスカスに設置することや，経済政策を統合して加盟国共通の通貨を発行する中央銀行を設置することを盛り込み，ESS3 か国の中で最も経済的に弱体なシリアの利益を優先する内容であった。British Embassy in Damascus to FO, #185, April 19, 1955, in FO371/115508/V1073/731 ; British Embassy in Damascus to FO, #187, April 19, 1955, in FO371/115508/V1073/731.

[193] British Embassy in Cairo to FO, #475, April 4, 1955, in FO371/115504/V1073/645. 本文に記したのは，イラク人外交官（氏名不詳）の情報による ESS 会合の進行状況であり，ナセルによる説明はやや異なる。ナセルによると，シリアは条約条文には同意したが，エジプトが受け入れられぬような経済援助等を要求したために，会議は物別れに終わった。British Embassy in Cairo to FO, #486, April 6, 1955, in FO371/115505/V1073/663. ナセルの説明には自己弁護的色彩が強いのに対して，イラク人外交官による説明は，アズムが事前に新たな条約案を準備していた事情などと整合するため，後者の説明の方がより信憑性が高いと考えられる。

[194] British Embassy in Cairo to FO, #462, April 2, 1955, in FO371/115504/V1073/622. サウジアラビアのファイサル皇太子は，記者会見で，何としてもバンドン会議前に ESS 防衛条約を締結すべきであると語り，シリアに圧力を加えた。

[195] British Embassy in Damascus to FO, #165, April 9, 1955, in FO371/115505/V1073/673.

は3月初めにESS連合の結成の先頭に立っていたアズムがわずか数週間のうちに慎重姿勢に転じた理由は定かではない。しかし，めまぐるしい一連の外交過程を眺めるとき，潮目の変化が表れたのは3月中旬のアズムのイラク訪問であったと見て間違いないように思われる。ちょうどその頃は，トルコ政府のシリアへの圧力が最も高まっていた時期でもあるから，トルコの強硬姿勢が一定の影響を及ぼした可能性を否定することは出来ない。しかし，カイロにおけるESS防衛条約に向けた会合の際にアズムがイラクを擁護するような姿勢を示していることからも，やはりアズムはヌーリーとの会談を通じて，ESS連合とイラクの関係改善を真剣に追求するようになったと考える方が自然であろう。さらに興味深いことに，これもおそらくカイロでのESS会談のさなかのことであろうが，シリア軍参謀長がイラクの外交官に，ヨルダンとレバノンがバグダード条約に加盟すれば，シリアの立場は厳しくなり，外交方針の再考を迫られると打ち明けている[196]。おそらくシリア指導部は，レバノンやヨルダンと同様に，エジプトとイラクの中間にとどまるのが，外交的のみならず国内政治的にもさしあたり穏当であるとの判断に落ち着いたのであろう。

　このようにESS連合が失速する中で，カイロのスティーヴンソン英大使は，驚くべきアイディアを英外務省本省に提示した。スティーヴンソンは，ナセルがESS連合に幻滅しながらも如何なる手段によってもアラブ諸国のバグダード条約加盟を阻止しようとしている状況，一方で，ライト駐イラク大使が指摘したようにバグダード条約を安定させるためにはアラブ諸国の加盟が必要であると考えられる事情を，何とか両立させる必要があると考えていた。「イラク・エジプト対立が解決されぬ限り，この地域に十分な安定は実現され得ない」との確信が，彼を衝き動かしていた。驚くべきことに，スティーヴンソンは，英・イラク条約の更新を実現すればバグダード条約の使命は事実上終了するとの判断を示した上で，バグダード条約への加盟時に締結する英・イラク間の二国間協定のみを存続させ，バグダード条約を「背景へと退かせ」る，すなわち実質的に死文化させることを献策したのである。バグダード条約に代えて，北層ではトルコ・イラン・パキスタンという非アラブ諸国の新たな防衛組織を構築し，アラブ世界にもイラクとエジプトを中心とする親西側的な新たな防衛組織を構築させる。これら2つの防衛

---
[196] British Embassy in Cairo to FO, #475, April 4, 1955, in FO371/115504/V1073/645.

組織は，イラク・トルコ間の協調関係をもとに連携することが出来るであろう。以上がスティーヴンソン案の見取り図であった。これは，まずアラブ世界の内部で親西側の組織化を進めるべきであると常々語ってきたナセルを信頼して，イラクを再び「アラブという自然の航路（natural orbit）」へと引き返させ，イラク・エジプト関係を修復させることを目指すアイディアであった[197]。

スティーヴンソン案自体は，まさに奇策であり，英国政府が到底受け入れられる内容ではなかった。それにもかかわらず，英外務省内でスティーヴンソン案への共感が示されたのは，それがエジプト・イラク対立という，西側統合政策の完遂のためには避けて通ることが出来ぬ課題に正面から取り組もうとしていたゆえであった。スティーヴンソン案を契機に，英外務省内では，エジプトとの協調の重要性が再確認されたところがある。

> もしエジプトが我々［英国］の活動に敵対するなら，我々は長期的にアラブ世界を安定させることにも，アラブ世界に十分な防衛システムを構築することにも，成功し得ぬであろう。エジプトの協力を得られなければ，アラブ・イスラエル紛争を解決しようとする試みも，不可能ではないにせよ，きわめて困難になるであろう。

このような，1954 年後半には当然のように語られながら，トルコ・イラク共同声明以降は語られなくなっていた認識が，再び語られるようになったのである[198]。

そして，エジプトとの協調を再構築し，アラブ・イスラエル紛争解決を進めるために必要とされる時間を確保すべく，英国政府は思わぬ外交戦術を案出した。それは，パキスタンとイランのバグダード条約への加盟を，着実に，しかし急がずに段階的に進めるという方針であった。パキスタンとイランのバグダード条約加盟は当初から織り込み済みではあったが，いまや両国の加盟には，アラブ諸国の加盟を凍結している期間のバグダード条約への梃入れという意味が新たに加えられた。しかし，「植物には，手持ちの水を一度に与えぬ方がよい」。つまり，パキスタンとイランの加盟が実現すれば，バグダード条約という苗木に与えられる水は枯渇してしまうから，両国の加盟は急がぬ方がよい。そして，そこで稼いだ時間で，西側陣営は，バグダード条約へのアラブ諸国の新規参加凍結を基礎にエ

---

[197] Ralph Stevenson to C.A.E. Shuckburgh, March 26, 1955, in FO371/115504/V1073/637.
[198] Minute by G.G. Arthur, April 12, 1955, in FO371/115504/V1073/637.

第9章 バグダード条約の成立と西側統合政策の再編　567

ジプトとの協調を再構築した上で,アルファ計画を推進し,将来的にバグダード条約にアラブ諸国を加盟させられるような状況を創出する,というのが英国政府の目論見であった[199]。

　ちょうど英国政府が入念に西側統合政策プログラムの再構築を進めていた3月末,米国政府内では英国の後方アラブ諸国に対する政策への懸念が語られていた。それを最も直截に語ったのは,ダレスであった。アルファ計画の米国側担当者のラッセルから3月上旬の米英実務者協議の内容について報告を受けた際,ダレスはそれに全般的な同意を与えると同時に,英国への不安を吐露した。ダレスは,アレン次官補やヤーネガン副次官補を前に,米国の西側統合政策プログラムをよどみなく描き出した。アルファ計画の起点となりうるアラブ側の指導者は,ナセルをおいてほかにない。米国は,ナセルに対して,アルファ計画に協力するならば米国が彼の地位の強化を支援する方針であることを説得的に示さねばならない。ここで重要な意味を持つのが後方アラブ諸国の動向である。ヨルダン,レバノン,シリアの軍事的な重要性は低い。加えて,これら諸国のバグダード条約への加盟は,2つの好ましくない政治的影響を惹起する。ひとつはナセルを「さらに孤立させる」ことであり,もうひとつは米国が同条約を通じてアラブ諸国支持に偏向しているとの批判の口実をイスラエルに与えることである。ナセルとの協力関係を再構築し,イスラエルからの批判を惹起することなくアルファ計画を推進するためには,イスラエルと国境を接する後方アラブ諸国のバグダード条約加盟を抑制することが鍵になる。このように述べた上で,ダレスは,英国側から漏れ伝わってくる,ヨルダンをバグダード条約に加盟させよとの声,あるいはシリアをESS連合から切り離すことを目指すべきとの声に,懸念を示した。「英国は,北層政策のボールを奪い取って,前述のような［後方アラブ諸国のバグダード条約加盟に伴う］不幸な結果につながる方向に走り去ろうとしている」[200]。おそらくこれは,スエズ基地協定の成立以降に米国の高官が英国の中東政策を評して発した最も厳しい言葉であった。そして,かかるダレスの懸念は,即座に英国側に伝達されたのである[201]。

---

[199] FO to British Embassy in Washington, #1349, March 31, 1955, in FO371/115866/VR1076/48 ; Minute by G.G. Arthur, April 12, 1955, in FO371/115504/V1073/637.
[200] Memorandum of Conversation, "Status of Alpha Project Following London Meetings," March 24, 1955, *FRUS, 1955-1957*, 14 : 118.
[201] Harold Beeley to Shuckburgh, March 24, 1955, in FO371/115866/VR1076/48.

すでに詳述したように，この頃までに英国の中東政策は，ダレスが懸念するような後方アラブ諸国のバグダード条約参加を短期的に追求するものではなくなっていた。つまりダレスの懸念は，米英間の政策の相違ではなく，意思疎通の不足から生じたものであった。米国側の懸念に応える形で，英国政府はみずからの中東政策を説明した。英国側は，ナセルに誤ったメッセージを送らぬようにするために，米英両国が後方アラブ諸国のバグダード条約への加盟を「制止する」ところまで踏み込むべきではないとの見解を示すとともに，バグダード条約を「中東の効果的な防衛システムの基盤」とするためには，「シリア，レバノン，ヨルダンの加盟が将来的には必要」になるであろうとの認識を率直に説明した。かかる留保を確認した上で，英国政府は，アルファ計画への協力に応じてナセルを支援するという米国の方針に同意を示すとともに，後方アラブ諸国のバグダード条約加盟を当面凍結する方針にも理解を示したのである[202]。米国政府は，英国側の回答に全面的な賛意を示した。特にヨルダンについては，英国の方が米国以上に影響力を行使できることは明らかであったから，英国がかかる方針であるならば米国自身が表立って加盟抑制に動く必要もなくなるであろう。米国がアラブ・イスラエル紛争解決に向けてナセルとの交渉を進める際に，米国が後方アラブ諸国のバグダード条約加盟をあからさまに抑制することになれば，ナセルに誤ったメッセージを送ることになりかねない。米国政府は，英国政府が後方アラブ諸国工作を引き受けてくれれば，ナセルとの交渉上も好都合であると判断し，英国の方針を高く評価したのである[203]。

4月6日，メイキンズ駐米大使と会談したダレスは，後方アラブ諸国を巡る米英間の「いささかの対立（a little difficulty）」が解消されたことに満足を示すとともに，念を押すかのごとく，「米国内のユダヤ人勢力」に言及しつつ，後方アラブ諸国のバグダード条約加盟を抑制することの重要性を説いた[204]。さらに国務省は，英外務省に対して，仮にヨルダンが加盟を求めて接触してきた場合にも，時機が到来するまで交渉を出来るだけ引き延ばすよう要請した[205]。一方，ダレスが

---

[202] FO to British Embassy in Washington, #1349, March 31, 1955, in FO371/115866/VR1076/48 ; U.S. Embassy in London to DOS, #4365, April 4, 1955, DSCF 780.5/4-455.

[203] Memorandum from Allen to the Secretary of State, "The Question of Discouraging Adherence by Jordan or Other Arab States to the Turk-Iraqi Pact : Memorandum from Eden," April 1, 1955, DSCF 682/87/4-155.

[204] Memorandum from MacArthur to Hoover, April 7, 1955, *FRUS, 1955-1957*, 14 : 146 ; R.W. Bailey to E.M. Rose, April 13, 195, in FO371/115507/V1073/721.

後方アラブ諸国の加盟を「抑制」するところまで踏み込まず，少なくとも公式にはそれを「奨励も抑制もしない」方針を継続することを決定したことは，英国側には朗報であった[206]。ヨルダンからの接触に際しては交渉を出来るだけ引き延ばすという方針を提案されたシャックバラは，「いまやこの問題に関して合衆国と連合王国は完全に一致した」と述べ，これに全面的に同意した[207]。明言はされなかったが，このときの米英間の非公式合意は，ヨルダンと同様の対応をレバノンにも適用することを含んでいた。まもなくレバノンがバグダード条約加盟に前向きな姿勢を示したとき，英国政府は，ダレスとの合意に言及しつつ，それを「奨励も抑制もしない」姿勢を示したからである[208]。

米英両国は，シリアを現状よりもエジプト・サウジアラビアに接近させぬよう努める方針でも一致した。英国政府は，米国同様，トルコの対シリア強硬姿勢がむしろシリアをエジプト陣営に追い込みかねないと懸念していたが，同時に英国の立場を改めてシリア政府に申し入れる必要があるとも感じていた。すなわち，英国政府はイラク以外のアラブ諸国のバグダード条約への加盟を求めているわけではないが，ESS 連合結成の動きをバグダード条約に敵対するものと理解している。シリア政府が，英国が「対抗せざるを得ない」行動を取らぬことを希望するとの立場を伝達する，というのが英国政府の方針であった[209]。かかる方針に国務省は即座に賛同し，ダマスカス現地の判断で米英共同の申し入れを行うことも容認する姿勢を示した[210]。結局，ガーデナー（A. John Gardener）英大使が単独でシリア政府への申し入れを行うことになったが，対シリア政策でも米英は完全に足並みを揃えることとなったのである[211]。

米英の共同歩調は，この直後にシリア・イラク間に発生したエピソードでも発揮された。4月中旬，シリアのアタースィー大統領は，イラク政府上層部に，シリア軍内部の親エジプト派の将校がクーデタを起こした場合にイラクのシリアへの軍事介入を期待する旨のメッセージを送付した。イラク政府は，英米両国とト

---

[205] DOS to U.S. Embassy in London, #5107, April 6, 1955, DSCF 780.5/4-455.
[206] British Embassy in Washington to FO, #779, April 6, 1955, in FO371/115867/VR1076/58.
[207] U.S. Embassy in London to DOS, #4445, April 7, 1955, DSCF 780.5/4-755.
[208] Minute by J.E. Powell-Jones, April 28, 1955, in FO371/115508/V1073/745 ; E. Shuckburgh to Edwin Chapman-Andrews, May 9, 1955, in FO371/115508/V1073/745.
[209] FO to British Embassy in Damascus, #1574, April 10, 1955, in FO371/115507/V1073/707.
[210] British Embassy in Washington to FO, #819, April 11, 1955, in FO371/115506/V1073/678.
[211] British Embassy in Damascus to FO, #169, April 12, 1955, in FO371/115506/V1073/686.

ルコの同意がなければ軍事介入は不可能であるが，さりとて「かかる展開を座視するわけにもいかない」との見解を示しつつ，ライト英大使に見解を問うた。ライト大使は，シリアはただちにクーデタが発生する状況にはないとして，イラク側に自制を促した[212]。英外務省は，仮にイラクがシリアに軍事介入すれば，イラク・エジプト対立が再燃し，バグダード条約を中東全域を包含する防衛機構へと発展させる可能性がほぼ間違いなく失われると判断していた。それゆえ，英外務省は，シリアに親エジプト・反バグダード条約の政権が誕生したとしても，イラクの軍事介入は何としても阻止しなければならないと結論したのである[213]。米国側の分析も全く同様で，国務省もイラクのシリアへの軍事介入に強く反対する立場を取った。翌日，ライト英大使とゴールマン米大使は，連れだってイラク外務省を訪ね，米英両国の立場を説明した。これに対してイラク外相は，米英の反対を押し切って軍事介入を行うことはないと確約した[214]。シリアの状況は米英両国にとって決して望ましいものではなかったが，同国がエジプト・サウジとの連携をこれ以上強化せぬ限り，容認できるものであった。かくして，米英両国は，後方アラブ諸国の現状維持という方針で完全に足並みを揃え，後方アラブ諸国の現状凍結は，米英両国の西側統合政策プログラムの要諦となったのである。

　ただし，かかる米英の合意には曖昧さが残されていた。如上の後方アラブ諸国政策は，どれだけの期間有効なのか，どのような条件のもとで変更あるいは再考されるべきなのか，米英間には合意がなかった。米国の政策決定者たちは，よほどのことがない限り後方アラブ諸国の現状凍結を無期限に継続するとの無言の前提に立っていたのに対して，英国の政策決定者たちは，それには当然期限があると考えていた。先述のように，バグダード条約へのパキスタンとイランの加盟完了が，英国側のひとつの目安であった。それに加えて英国の政策決定者たちは，ESS陣営が反バグダード条約活動を再び活発化させるような場合には，後方アラブ諸国へのバグダード条約の拡大に着手する構えであった。これに関連して，3月末，ワシントンの英大使館は，もし仮にESS連合が正規の防衛条約を締結し

---

[212] British Embassy in Baghdad to FO, #455, April 13, 1955, in FO371/115506/V1073/690; British Embassy in Damascus to FO, #176, April 15, 1955, in FO371/115507/V1073/712.

[213] Minute by E.M. Rose, "Syria and the Turco-Iraqi Pact," April 13, 1955, in FO371/115507/V1073/710; FO to British Embassy in Bagdad, #667, April 13, 1955, in FO371/115507/V1073/710.

[214] British Embassy in Bagdad to FO, #458, April 14, 1955, in FO371/115506/V1073/699. 後日ヌーリーは，米英が反対するならば軍事介入は行わないとの立場を確認している。British Embassy in Baghdad to FO, #467, April 16, 1955, in FO371/115507/V1076/716.

ても後方アラブ諸国に関する政策は変更しないのか，国務省に問い合わせたが，氏名不詳の国務省担当者は，かかる事態が発生してもダレスは後方アラブ諸国のバグダード条約への加盟に否定的な姿勢を維持するであろうとの見通しを示した。英国政府はかかる国務省の姿勢に違和感を抱いていたに違いないが，この時点では，この問題がこれ以上深く議論されることはなかった[215]。

　パキスタンおよびイランのバグダード条約加盟についても米英両国の見解は完全に一致していた。米国政府もまた，後方アラブ諸国の加盟を抑制しつつバグダード条約の活力を維持するための方策として，パキスタンを次の加盟国とすることに異存はなかった。パキスタンは，トルコ・パキスタン協定を通じてすでにトルコと結びついていたから，トルコ・イラク両国ともバグダード条約の拡大対象として当然視し，3月21日には両国の連名で加盟を歓迎する旨のメッセージをパキスタンに送付していた。パキスタン政府の最初の反応も加盟に好意的であった[216]。じつのところ，米国政府は英国以上にパキスタンの早期加盟を望んでいた。加盟国が4か国になれば，第6条の規定に基づき，バグダード条約には常設評議会が設置されることとされていた。このことが「北層［組織化コンセプト］に否定できぬ実体（undeniable reality）を付与し，バグダード条約に活力を与え，［北層組織化］コンセプトに対する攻撃の効果を縮減するであろう」という期待を，米国は抱いていたのである。つまり，バグダード条約を，再びエジプト等からの攻撃を受けても動じぬような，強力な地域的機構として確立することを米国政府は強く望んでいたのである[217]。当面は非アラブ諸国の加盟拡大によってバグダード条約を強化していこうとする発想においても，米英の思惑はほぼ完全に重なり合っていた。

　一方で米英両国は，イランの加盟については，これを急がず，当面は同国に積極的に加盟を働きかけを行わないとの方針で，実質的に合意した。これには米英両国がパキスタンを優先した帰結という以上の意味があった。米英両国の政策決定者たちは，パキスタンの次の加盟候補の筆頭としてイランを位置づけつつも，シャーがバグダード条約加盟問題をみずからの目標を達成するための手段としていわば不当に利用しようとしているのではないかという疑念を抱き，かかる

---

[215] British Embassy in Washington to FO, #709, March 31, 1955, in FO371/115866/VR1076/50.
[216] U.S. Embassy in Ankara to DOS, #1120, March 21, 1955, DSCF 682.87/3-2155；U.S. Embassy in Karachi to DOS, April 2, 1955, DSCF 780.5/4-255.
[217] DOS to U.S. Embassy in Ankara, #1252, April 2, 1955, DSCF 682.87/4-155.

シャーの策略には乗るまいと慎重な姿勢を取るようになったのである。3月中旬，シャーは突如として，イランを含む北層4か国と米英の軍部による軍事問題の協議を呼びかけた[218]。当初，米英両国は，これをイランのバグダード条約加盟に向けた動きと見て関心を示した。しかし，その関心はほどなく警戒感へと転じていく。シャーは，イランをバグダード条約に参加させる意思をもたず，軍事協議のみを先行して開催しようとしていたからである[219]。前章で見たように，シャーは直前の米国訪問で軍事援助の大幅増額を求めていた。一方，英国の北層軍事戦略では，全面戦争時にザグロス山脈以北，つまりテヘランを含むイランの大部分を放棄することが想定されていた。米英両国は，軍事協議を通じてシャーが，イランへの軍事援助の拡大をバグダード条約加盟の条件とする，あるいは中東における軍事戦略の変更を要求することを目指しているのではないかと訝り，仮にイランが提案するような軍事協議が開催される場合にも，米英からは最大でもオブザーバーの派遣にとどめる方針で暫定的な了解に達した[220]。管見の限り，イランの提案に前向きな回答を行ったのはイラクのみであり，トルコ首相メンデレスはイランをバグダード条約に早期に加盟させるためにイランの提案を明確に拒否すべきであると主張していた[221]。シャーにとっては皮肉な結果であったが，彼の提案は，イランのバグダード条約加盟を当面急がないという方針を，米英両国政府に共有させる触媒の役割を果たしたのである。

以上のように，4月時点で米英両国の中東政策プログラムは，再びほぼ完全に重なり合うようになっていた。レバノンとヨルダンをバグダード条約にもESS連合にも参加せぬ緩衝地帯の状態にとどめ，その間に，バグダード条約をパキスタンとイランに拡大するとともに，ナセルとの協調のもとにアルファ計画を推進

---

[218] U.S. Embassy in Tehran to DOS, #1883, March 14, 1955, DSCF 780.5/3-1455 ; U.S. Embassy in Tehran to DOS, #1887, March 14, 1955, DSCF 780.5/3-1455.

[219] U.S. Embassy in Tehran to DOS, #1897, March 16, 1955, DSCF 780.5/3-1655 ; British Embassy in Tehran to FO, #217, March 19, 1955, in FO371/115500/V1073/521.

[220] DOS to U.S. Embassy in Ankara, #1206, March 21, 1955, DSCF 780.5/3-2155 ; Shuckburgh to Kirkpatrick, March 21, 1955, in FO371/115502/V1073/580 ; FO to British Embassy in Washington, #1217, March 24, 1955, in FO371/115502/V1073/580. もっとも，米軍内には中東諸国との軍事協議を歓迎する向きがあった。後述する，米・英・土3か国軍事協議に米国側代表として出席したCINCNELMのカサディ（John N. Cassady）は，3か国協議後にイランを含む中東諸国を歴訪し，中東諸国が米英との軍事協議を望んでいるとの感触を得，イラン提案のような枠組みでの軍事協議の早期開催が望ましいと主張した。

[221] British Embassy in Tehran to FO, #234, March 24, 1955, in FO371/115501/V1073/563 ; British Embassy in Washington to FO, #648, March 24, 1955, FO371/115501/V1073/564.

する，というのが，その大枠であった。この政策の要諦は，アラブ世界の現状の固定にあったが，少なくとも当面はそれを維持できる状況が出現しつつあった。親西側の中東諸国の間では，後方アラブ諸国にバグダード条約を拡大しようとする動きがなお見られたものの，ヨルダンとレバノンはもはや早期の加盟を考慮していなかった。一方，ナセルやサウジアラビアのファイサル皇太子は，ESS連合を正式な条約関係に発展させ，反バグダード条約ブロックを構築しようとしていたが，かかる動きはシリアの予想外の抵抗によって立ち往生していた[222]。シリアのアサリー政権は，不安定な寄り合い所帯であったからこそ，ESS防衛条約調印に動くことが出来なかった。逆説的ながら，最も弱体で最も政治的に不安定であるがゆえに，シリアはバグダード条約とエジプト・サウジアラビア陣営の中間地帯にとどまらざるを得ず，そのことがアラブ世界の現状凍結に基づくある種の安定の出現に貢献したのである[223]。このように，1955年4月には，米英の西側統合政策プログラムの一致と，ESS陣営の外交的な手詰まりの合成物として，中東には不安定な均衡が再び出現したのである。

4月4日，英国のバグダード条約加盟が，いわば外交的な無風状態で実現したのは，関係国間に如上の均衡が出現していたからにほかならなかった。ナセルが理解を示していたにもかかわらず，エジプトやシリアでは，英国の加盟を非難する報道がなされた[224]。しかし，英国の加盟が外交イシュー化することはなく，ESS諸国政府はそれを静観した。同時に調印された英・イラク二国間協定および3点の付属文書により，1930年英・イラク条約は期限満了とされ，ハッバーニヤ・シュアイバ両空軍基地等の英軍施設はイラクに返還された。2月20日の合意通り，イラク国内には同国空軍の訓練を支援する等の目的で英軍の要員が駐留

---

[222] British Embassy in Damascus to FO, #165, April 9, 1955, in FO371/115505/V1073/673.

[223] Gardener to Macmillan, April 20, 1955, in FO371/115509/V1073/759 ; Podeh, *The Quest for Hegemony*, 143-146. アサリーは，左派将校による権力掌握を防ぐことに腐心し，6月には内密に米国側にエジプトとサウジアラビアの圧力を緩和するよう影響力を行使できぬかと打診するまでになっていく。U.S. Embassy in London to DOS, #5141, May 23, 1955, DSCF 780.5/5-2355 ; U.S. Embassy in Damascus to DOS, #723, June 7, 1955, DSCF 780.5/6-755. 一方，ナセルは，アズムを「機会主義者」と呼び，全く信頼できないと考えるようになっていく。U.S. Embassy in Cairo to DOS, #1929, June 17, 1955, *FRUS, 1955-1957*, 12 : 75-77.

[224] British Embassy in Damascus to FO, #144, March 31, 1955, in FO371/115503/V1073/616 ; British Embassy in Cairo to FO, #456, March 31, 1955, in FO371/115504/V1073/623 ; Memorandum, "Reactions of Egypt, Israel and Turkey to the United Kingdom's Accession to the Turco-Iraqi Pact," undated, in FO371/115505/V1073/656.

し，両空軍基地には英国人の保守要員が常駐し，英空軍部隊が「定期的滞在(periodic visits)」を行う権利が認められた。そのほかにも，イラク国内への軍事物資の事前配備，上空通過権，レーダー防空警戒システムの設置等，英国はイラクとの交渉以前に希望していたほぼすべての軍事的権利を獲得することに成功した[225]。ポーツマス条約の挫折以来の，英国とイラクの親英的指導者たちの宿願が成就したのである。

それにもかかわらず，ライト大使は英・イラク関係の将来に一筋の暗雲が差しかかっていることを感じざるを得なかった。3月30日，ヌーリーは，イラク議会の上下両院合同会議を開催し，英・イラク二国間協定について説明したが，英国に様々な軍事的権限を付与した付属文書については十分な説明を行わなかった。その後の質疑では，発言者が制限され，発言を許された野党議員の中には二国間協定を激しく批判する者もあった。点呼方式で行われた採決では全会一致で政府の方針が支持されたものの，採決が行われる前に退席した議員が数名存在した[226]。前年9月の選挙で政府への安定的な支持を確保していたにもかかわらず，ヌーリーはなお議会と世論を恐れていた。そして，1月にエジプトとの対立が急激に進んだ際に議会が示したヌーリーへの全面的な支持には綻びが生じ始めていた。ライト大使は，ここに至るまでのヌーリーの果断な行動を讃えつつも，なおヌーリーが「一般国民の支持」を獲得していないことを指摘し，英国がヌーリー後のイラク政府とも良好な関係を継続するためには，イラク軍の強化を支援するとともに，アラブ諸国を含む中東諸国のバグダード条約への加盟を促進する必要があると，改めて論じた[227]。

そして，偶然の一致ではあったが，あたかもバグダード条約とESS連合を巡る慌ただしい外交の第一幕の終了を告げるが如く，2つの出来事が続いた。まず4月6日，アンソニー・イーデンが首相に就任した。おそらく全ての関係者たちは，外交の専門家との声望高い首相の下，中東を巡る米英協調と，イラクとエジプトをはじめとする中東諸国と英国の協調的関係の構築が進展すると期待したに違いない。そして，その2日後の4月8日，ナセルはバンドン会議へと出発した。

---

[225] Special Agreement between the Governments of Great Britain and Northern Ireland and the Government of Iraq, with Exchanges of Notes, Baghdad, April 4, 1955, in FO371/115759/VQ1051/198.

[226] R.W.S. Hooper to H. Macmillan, April 16, 1955, in FO371/115759/VQ1051/195.

[227] Michael Wright to Harold Macmillan, May 17, 1955, in FO371/115759/VQ1051/199.

米英の政策決定者たちは,これを待ち望んでいた。ナセルが,バグダード条約とESS連合で喫した「外交的敗北」から立ち直り,ガザ事件で増幅させた「イスラエルへの敵意」を再考し,そして外遊を通じて「視野を拡げる」ことを,彼らは期待し,しかる後であれば,アルファ計画が想定するようなナセルとの秘密交渉に向けた環境も大きく改善されるかもしれないと考えていたのである[228]。たしかにナセルはこの外遊を通じて「視野を拡げる」ことになる。しかしそれは,米英の政策決定者たちが期待していたのとは,ずいぶん異なる結果をもたらすこととなる。

---

[228] British Embassy in Cairo to FO, #412, March 21, 1955, in FO371/115866/VR1076/44 ; FO to British Embassy in Cairo, #1218, March 24, 1955, in FO371/115866/VR1076/44 ; Ralph Stevenson to C.A.E. Shuckburgh, April 1, 1955, in FO371/115867/VR1076/51 ; DOS to U.S. Embassy in Cairo, #1643, March 31, *FRUS, 1955-1957*, 12 : 46-48.

第 10 章

西側統合政策の迷走と停滞

1　地域的政策の再検討作業

1）政策再検討の背景

　1955 年 4 月から 6 月にかけて，アイゼンハワー政権内では中東政策の再検討作業が進められた。この時期に政策の再検討が行われた直接的な原因は，米・英・土 3 か国軍事協議の後の英国からの二国間政治・軍事協議の申し入れであった。しかし，同時に注目しなければならないのは，米国政府内に，中東情勢の変化に受動的に対応するのではなく，米国としてより明確な政治的・軍事的な政策と戦略を策定して臨むべきであるとする声が湧き上がっていたことである。

　政策再検討を求める動きを最初に示したのは，NSC であった。NSC に付属する活動調整委員会（OCB）は，4 月上旬に NSC 5428 の最初の進捗レポート（progress report）を提出した。同レポートは，NSC 5428 が英・エジプト合意直前の前年 7 月に承認されて以来の中東を巡る様々な動き，すなわち，ポジティヴな要素としては，英・エジプト協定，バグダード条約，米・英・土軍事プランニングの進展を，ネガティヴな要素としては，イスラエルのガザ攻撃，ESS 諸国による反バグダード条約連合結成の動きなどを列挙し，これらの多くの事象の将来的な展開や影響の不透明さを強調した。かかる認識を踏まえ，同レポートは，NSC 5428 が掲げた政策目標に変更の必要はないが，具体的な政策については再検討が必要であると結論した。同レポートがとりわけ焦眉の再検討課題として挙げたのは，イラク・エジプト対立への対応と，中東防衛への米国自身の関与のあり方であった。バグダード条約の調印以前からイラクとトルコは米国の加盟に期待を表明しており，これからバグダード条約を「明確に反ソヴィエトの立場を取る防衛組織」へと発展させて行こうとするならば，加盟国が米国に参加を求める圧力

を加えてくるのは避けられそうにない。しかも，米国の加盟問題は「相当早い段階で」浮上する可能性が高い。このように指摘した上で，同レポートは，米国のバグダード条約への加盟の是非，さらにそれに関連して，中東防衛に向けた米国のコミットメントのあり方を早急に検討する必要があると指摘した[1]。

　政策再検討要求のもうひとつの重要な出所は，JCSであった。1-2月の米・英・土3か国軍事協議の終了後，JCSは，米英二国間の政治・軍事協議の開催を視野に，3か国協議の合意内容に関する検討作業を行っていた。その際に問題になったのは，NSCが中東防衛への米国の関与の程度や性質について明確な方針を打ち出していないことであった。4月中旬，JCSは，近い将来に予想される米英政治・軍事協議までに，米国の中東防衛への関与のあり方，さらには中東政策全般を再検討して明確な方針を確立する必要があると主張し，このことを検討するために国務・国防両省が参加するワーキング・グループを設置することを国務省に呼びかけた。JCSは，これまでの立場を翻して米国が中東への軍事的関与を劇的に拡大することを主張していたわけではない。JCSは，米国が中東に割くことの出来る兵力を持ち合わせていないとの立場を依然として崩しておらず，戦闘部隊の派遣を含む軍事的なコミットメントを行う可能性は排除していた。彼らが考慮していた米国の中東防衛への関与に関するオプションは，①政治的関与，②中東諸国軍の整備および訓練のための援助提供，③バグダード条約のような中東防衛組織への安全保障の誓約（security guarantee），に限られた。その程度はともかく，米国は①および②の形での関与はすでに行っていたから，JCSが真に新たな領域に踏み込む可能性として考慮していたのは③のみということになる。しかしながら，これまでの米国の中東政策の議論のプロセスを振り返るならば，米軍部が中東への関与の拡大の可能性を視野に入れつつ国務省に働きかけを行うということ自体が，きわめて新しい事態であった[2]。

　国務省内にも，JCS同様，「我々は中東防衛のための包括的な政治的・軍事的戦略を持ち合わせていない」と考える向きがあった。米・英・土3か国軍事協議の情報をはじめとする中東防衛にかかわる情報は国防省から十分に提供されておらず，国務省としても軍事的側面も含む総合的な観点から中東政策を検討する必

---

[1] Progress Report on NSC 5428, "United States Objectives and Policies with Respect to the Near East," April 6, 1955, in "Near East (NSC 5428)" folder, Lot61 D167.
[2] Substance of Discussions of State-JCS Meeting Held on Friday, April 15, 1955 at 11:30 A.M., in "State-JCS Meetings" vol. 7, Lot61 D417.

要性を感じていた³。驚くべきことに，2月にバンコクで英国側から二国間の政治・軍事協議の開催を申し入れられたとき，じつはダレスは米・英・土3か国軍事協議の存在すら認識していなかったのである⁴。

これに加えて，この時期の中東を巡る米国の政策決定者間のやりとりを見ると，にわかには信じ難いような混乱を散見する。米英二国間協議の是非を巡るやりとりの中で，国務省は駐英大使館に次のような見解を送付している。

> 我々は，NSC文書［NSC 5428を指す］が総体として，英国が中東防衛の主たる責任を担っていることを意味しているとは解釈していない。米国は，米英の何れかが主たる責任を担っているという考え方は取らず，両国が自由世界のために同地域を防衛するという共通の利益を有しているという前提に立って行動したいと考えている⁵。

この電文は，NEAで起草されたものであるにもかかわらず，中東を巡る米英の了解事項について重大な誤解を含んでいた。1947年のペンタゴン協議以来1955年に至るまで，英国が中東防衛の「主たる責任」を担うという米英の了解が明示的に修正されたことはなかったからである。それゆえ，ロンドンの米大使館は，NSC関係の文書やこれまでの米英間のやりとりの実例を示しつつ，米英間では英国が中東防衛の「主たる責任」を担うとの合意が存続していることに本省の注意を促した⁶。政策の前提レヴェルの問題で出先が本省の誤解を正すような事例は稀である。この問題自体が大きく取り上げられることはなかったものの，米国政府内の中東政策コンセンサスの弛緩を象徴するエピソードである。

さらに，中東政策を巡る混乱には，構造的な側面もあった。アルファ計画は，アイゼンハワーとダレス以外は国務省のごく少数の担当者のみが知る秘密の計画であり，たとえば前記のNSC 5428の進捗レポートにも反映されていなかった⁷。また，1955年4月までにダレスとNEAが構築した，後方アラブ諸国の現状凍結に基づく中東の南北分割策は，国務省高官ですら十分に理解しているとは言えな

---

³ Memorandum from Robert Murphy to Secretary Dulles, "Middle East Defense," April 22, 1955, *FRUS, 1955-1957*, 12 : 51-53.
⁴ Memorandum of Conversation, "Middle East Defense," May 3, 1955, DSCF 780.5/5-355.
⁵ DOS to U.S. Embassy in London, #5503, April 26, 1955, DSCF 780.5/4-2055.
⁶ Despatch from U.S. Embassy in London, #3537, May 27, 1955, DSCF 780.5/5-2755.
⁷ Memorandum from Allen to Hoover, "NSC Consideration of OCB Progress Report on NSC 5428…," May 3, 1955, in "Alpha vol. 3" folder, Lot61 D417.

かった。たとえば，国務省側で JCS との折衝を担当していたマーフィー（Robert D. Murphy）政治担当国務副次官は，アルファ計画はもちろんのこと，後方アラブ諸国の現状凍結方針についても，十分に理解していなかった[8]。国務省が省際ワーキング・グループを設置するという JCS の提案に積極的に応じた背景には，ダレス以下，政策決定者たちの間に，以上のような混乱や情報の偏りを解消する必要性が認識されていたという事情もあったに違いない。何れにせよ，国務・国防省の思惑の合致を背景に，5月初旬，ダレスとウィルソン（Charles E. Wilson）国防長官の間で，米英二国間の政治・軍事協議に向けた準備作業として中東防衛に関する省際ワーキング・グループの設置が合意された[9]。

その一方で，明らかにアイゼンハワーやダレスは，NSC レヴェルで中東政策を修正する必要性を感じていなかった。政権内には，OCB の進捗レポートが指摘した中東情勢の変化を理由に，NSC 5428 の見直しを求める声があった[10]。しかし，政策の抜本的な見直しに政権上層部は反対であった。進捗レポートが検討された5月5日の NSC 第 247 回会合において，アイゼンハワーは言葉少なに NSC 5428 の修正に消極姿勢を示し，同文書の改訂の是非は国務長官の意見を待つべきであると主張した。渡欧中のダレスに代わって出席していたフーヴァー国務次官も，国務・国防ワーキング・グループの設置を報告したものの，NSC 5428 の修正には触れなかった。結局 NSC は，アイゼンハワーの意見通り，NSC 5428 の修正についてはダレスの意見を待つとして，修正を事実上延期する決定

---

[8] たとえばマーフィーは，バグダード条約への英国の加盟を「想定されていなかった」事態と描写している。これまでの議論で明らかにしたように，少なくとも 1954 年秋以降，国務省 NEA はそのような事態の展開を予想し，実際に一貫して英国のバグダード条約加盟を支持する姿勢を取っているので，この点でマーフィーが現行政策を十分に理解していなかったことは明らかである。Memorandum from Robert Murphy to Secretary Dulles, "Middle East Defense," April 22, 1955, *FRUS, 1955-1957*, 12：51-53. 国務省内でアルファ計画を知っていたのは，ダレス，フーヴァーのほかは，ラッセル，バイロードら NEA 関係者の一部にとどまった。Francis Russell to Henry Byroade, April 29, 1955, *FRUS, 1955-1957*, 14：166-167. 5月5日の NSC 会合以降は，マーフィーらにもアルファ計画が通知された。

[9] Herbert Hoover Jr. to Robert B. Anderson, May 2, 1955, in DSCF 780.5/4-2955.

[10] Background Brief on the Near East in Connection with the OCB Progress Report, Dated April 7/55, on NSC 5428, undated, in "Near East(7)" folder, Disaster File Series, box 64, WHONSC, DDEL. 本文書は，5月5日の NSC 会合のために，会合の進行役である国家安全保障担当大統領補佐官ディロン・アンダーソン（Dillon Anderson）が作成したものと考えられる。同文書によると，進捗レポートを作成する過程で，OCB 内には NSC 5428 の再検討を求める意見もあったが否決されていた。それにもかかわらず，NSC 会合においてアンダーソンは独自の判断として NSC 5428 の修正を勧告した。

を下した[11]。もちろん，その後ダレスが同文書の修正を求めることはなかった。

　政権上層部から見れば，NSC 5428 の政策はまさに実行の途上にあり，その修正は思いもよらなかったであろう。この時期には，アルファ計画を実行に移す準備がようやく整っていた。米国側のアルファ計画担当者のラッセルは，4月末に再びロンドンを訪れ，英国側担当者のシャックバラらと協議を行った。今次の協議では，1-2月および3月の協議の内容を踏まえ，最終的にアルファ計画の全体像が文書化された。(アルファ計画案の内容については後述する。)ダレスは，5月3日，このアルファ計画案を一部修正の上で承認し，カイロのバイロード大使に同案を前提にナセルとの意見交換を開始することを許可した。つまり，NSC 5428 の修正の是非が議論されているまさにその時に，アルファ計画はちょうど計画立案段階を終え，実行段階に移行しようとしていたのである[12]。5月5日の NSC 第247回会合の後，アイゼンハワーは，居残ったフーヴァーからアルファ計画の進捗状況について報告を受けた。記録に残されている限り，アルファ計画案に盛られたアラブ・イスラエル紛争解決の具体案についての報告はなく，大統領もそれを求めていない。アイゼンハワーは，「この問題に付随する極度の困難」を理解していると述べた上で，引き続き「成功に向けてあらゆる努力を傾注する」よう指示した[13]。

　以上の状況を見渡すならば，1955年春から初夏の時点で，米国政府の中東政策遂行体制が，縦割りで，相互の風通しの悪い状況に陥っていたことが分かる。NSC 等からの具体的な指示があったわけではないものの，国務・国防ワーキング・グループには，おもに国務省上層部と軍部が各々に発展させてきた中東政策の統合，すなわち政治的プログラムと軍事的プログラムを統合することが期待されていた。さらに，そのための作業の過程で，政権内で情報と政策方針の共有が進むことが期待されていたに違いない。換言するならば，おそらく政権上層部は

---

[11] Memorandum of Discussion at the 247th Meeting of the NSC, May 5, 1955, *FRUS, 1955-1957*, 12 : 54-55.

[12] DOS to U.S. Embassy in Cairo, #1906, May 3, 1955, *FRUS, 1955-1957*, 14 : 169 ; Memorandum from Francis Russell to Hoover, "Future Execution of Alpha," undated, in "Alpha vol. 3" folder, Lot61 D417.

[13] Memorandum from Hoover to Dulles, May 5, 1955, *FRUS, 1955-1957*, 14 : 175-176. アイゼンハワーは，フーヴァーとの会談に同席していたディロン・アンダーソンのために，ラッセルから提出されたメモをわざわざ朗読している。つまり，NSC 5428 の修正を提案したディロン・アンダーソンは，このときまでアルファ計画の存在すら認識していなかったのである。

ワーキング・グループに革新的な政策提言を望んだのではなかった。しかし，ワーキング・グループの作業は，米国政府内に中東政策を巡る新たな意見対立を少なくとも潜在的に生み出すことになるのである。

2) 国務・国防ワーキング・グループの検討結果

　NSC 第 247 回会合から 1 か月後の 6 月 6 日，国務・国防ワーキング・グループは，大部の報告書（以下，「WG 報告書」）を完成した[14]。

　まず WG 報告書は，共産主義勢力による中東地域および同地域の資源の支配を防ぎ同地域と西側陣営との協力関係を確保するという，米国の平時における目標を達成するため，そして戦時において NATO 東側面，トルコ海峡，東地中海，カイロ・スエズ・アデン地域，ペルシャ湾を防衛するという軍事的目標を実現するための最良の軍事戦略として，ザグロス山脈線防衛戦略を評価した。その上で報告書は，トルコ，パキスタン，イラク，イランがすでに西側との協力関係にあることを肯定的に評価しつつ，これら北層 4 か国と米英が参加する防衛態勢の構築を第一段階の目標に，レバノン，エジプト，ヨルダン，シリアという，現状では政治的に「グレー・ゾーン」にある「後方地域（rear area）」諸国にそれを拡大することを第二段階の目標に，それぞれ設定することを勧告した。かかる方針を追求するに当たり，英国と協調することの重要性を WG 報告書は指摘した。英国は，イラク，ヨルダン，ペルシャ湾地域において，米国はイランやトルコにおいて，それぞれ大きな影響力を有している。さらに英国は，ヨルダン，イラク，リビア，エジプト，キプロスに，有償および無償の軍事援助を行っており，その規模を拡大することも期待できるかもしれぬ。「我々の目標を達成するためには，中東における米英協調が不可欠」であると，報告書は強調していた。

　つぎに報告書は，米・英・土 3 か国軍事協議の結論に依拠しつつ，ザグロス山脈線防衛戦略の実現のために必要とされる戦力，中東で活用できると見込まれる現有戦力を概観した。その上で WG 報告書は，独自の考察として，両者の

---

[14] Memorandum for Under Secretary Hoover and Deputy Secretary Anderson, "U.S. Position Regarding Middle East Defense," June 6, 1955, in DSCF 780.5 file (unnumbered). WG 報告書は，本メモランダム付属の 4 部の文書よりなり，報告の本論は Tab A 文書という位置づけである。Tab B 文書は既存の NSC 政策と同報告の関係，Tab C 文書は英国側の立場の予想，Tab D 文書は対英交渉戦術の提案である。FRUS, 1955-1957, 12：63-70 には，Tab A の結論部分と Tab B のみが収録されているが，以下の WG 報告書に関する議論は，Tab A, "U.S. Position Regarding Middle East Defense" に依拠している。

ギャップを埋めるために，地上戦力の不足分は，人口規模や経済的潜在力に優れるイラク，イラン，トルコが提供することに期待すべきであるとの分析を示すとともに，空軍力の不足分は中東諸国では賄いきれぬゆえに米英両国がその「ほとんど」を提供しなければならなくなるとの見通しを示した。このさりげない言及は，重要な意味を有する。国防省が，軍内部の検討以外で，中東における米国の軍事的責任を明示的に認めたのは，1949年以降では，おそらくこれが初めてであったからである。WG報告書が想定していた米国が中東戦域に提供する空軍力は，ザグロス山脈線防衛戦略の一環として言及されている「核攻撃（atomic operations）」を担当する戦力であり，この段階では米戦略空軍（SAC）が想定されていたに違いない。第7章第2節で検討したように，大きな流れとして，米国および西側陣営の軍事戦略が核兵器への依存を強めたことが，米国をして再び中東における軍事的責任を引き受ける方向に向かわしめる方向に作用したことは間違いない。そして，米国が中東において軍事的役割を引き受ける必要があること，そしてそのために軍事プランニングにも参与する必要があることが，ワーキング・グループの作業を通じて米国政府内の共通認識となったのである。

　WG報告書は，ザグロス山脈線防衛戦略を実現するために必要なコストについても検討した。ここには，中東諸国の軍備拡充や基地などの施設整備，さらに同諸国に提示する報償など，様々な要素が含まれたが，それらすべてを合わせ，米国が用意せねばならぬ新規の軍事援助は，向こう5年間でおよそ15億から20億ドル規模にのぼるとの概算が示された。これは，相当大規模な支出増ということになるが，それにもかかわらずWG報告書は，「米国が負担するコストは，実現される利益に比べれば小さい」との評価を下していた。そして，以上のような必要とされる戦力とコストの分析を踏まえた上で，WG報告書は，ザグロス山脈線防衛戦略の実現は「可能かつ必要」であるとの結論を導いたのである。

　WG報告書は，ザグロス山脈線防衛戦略への肯定的な評価に接続する形で，中東における地域的防衛組織の発展および米国の加盟問題について，きわめて前向きな方針を打ち出した。この部分の議論がWG報告書の要点であった。まずWG報告書は，中東政策にかかわるこれまでのNSC文書よりもはるかに直截に，西側統合政策の目標を語った。「我々の政治的目標は，当該地域のすべての国と西側世界が，戦時と平時を問わぬ協力関係を最終的に実現することを要請している」。そして，「［軍事］プランニングの調整，および潜在的に利用可能な防衛力

の効率的活用のための，唯一ではないにせよ，最良の方法は，[地域防衛に]直接関係するすべての国々を地域的な集団安全保障機構に参加させること」である。中東全域を包含する親西側的な地域的組織の設立が，改めて米国の中東政策の最終目標として確認されたのである。WG報告書は，長期的な視点に立っていた。「もし仮に，財政的および軍事的な制約ゆえに，真に有効な防衛態勢を5年以内に構築できなかったとしても，[中東]防衛のための政治的・軍事的な枠組みを創出することには大きな利点がある」。それは，ソ連の侵略を抑止する効果，戦争が勃発した場合にソ連の進撃を幾分でも遅らせる効果，そしてソ連の脅威を認識している中東の人々に自信を与えることを通じて，地域諸国を中立主義から遠ざけ西側陣営との協力に向かわせる効果を期待できるからである。WG報告書は，米国が中東における同盟プロジェクトの途上にあることを，MEDO構想の消失以来，最も鮮烈かつ明示的に語る文書であった。

　WG報告書は，かかる地域的防衛組織への米国の参加は「望ましいと同時に不可避」であると明確に述べた。米国は北層の組織化を奨励し，それはバグダード条約という形にすでに結実している。もし米国が親西側的な地域的組織へのみずからの参加を拒否するなら，「同地域における我々の地位は政治的にきわめて深刻な打撃」を被るであろう。さらに，かかる米国の姿勢は，地域的組織の発展を目指していた諸国の「熱意を削ぎ」，最悪の場合は中東地域を中立主義あるいはソ連との連携へと追いやるであろう。WG報告書は，地域的防衛組織への参加には米国の信頼性がかかっていることを強調し，不参加という選択肢はあり得ないとする明確な結論を下していた。

　当然ながら，WG報告書は，中東の地域的防衛組織への米国の参加の形態として，バグダード条約への加盟が最も容易であるとした。バグダード条約は，条文が曖昧であり，それゆえ米国は当面は最小限のコミットメントを受け入れるだけでよく，しかも将来的には追加協定などで組織を強化する余地もあると判断されたからである。さらにWG報告書は，中東諸国が米国により強力な関与を求める場合，米国は東南アジア条約機構（SEATO）に準ずるレヴェルのコミットメントを考慮すべきであると論じた。同条約は第4条第1項で，条約地域に対する軍事攻撃を「自国の平和と安全に対する脅威と認識し，……それぞれの憲法手続きに従って，その共通の危険に対処する」と，集団防衛の原則を謳い，その点でバグダード条約よりも強力な内容を有した。つまり，WG報告書は，現行のバ

ダード条約への加盟を下限，SEATO レヴェルのコミットメントを上限として，米国が中東の防衛組織に正式に加盟すべきであると主張したのである。

ここで問題となるのは，米国が，どの時点で，あるいはどのような条件が満たされれば，地域的組織に参加すべきなのかという点である。この点について，WG 報告書は，大別して 3 つのシナリオを提示したと理解することが出来る。WG 報告書は，米国が加盟を検討すべき目安を，パキスタンとイランが加盟し「北層」の組織化が完成した時点に置いた。最も望ましい第 1 のシナリオは，この時点で，アラブ・イスラエル紛争が解決に向かっている場合である。その場合，米国はみずからが地域的組織に加盟するばかりではなく，報償を提示するなどしてヨルダン，レバノン，シリアの加盟を積極的に促し，さらにイスラエルとの間にも隣接アラブ諸国の防衛組織への加盟に対する補償措置として英国などとともに防衛協定を締結する，という進路が想定された。これとは逆に，同じ時点で，アラブ・イスラエル紛争の解決が進展していなかった場合には，「萌芽的な防衛組織の存続」が脅かされぬ限り，米国は加盟を控え，イスラエルおよびそれに隣接する諸国への軍事援助の提供も控えることとされた。これが第 2 のシナリオである。しかし，アラブ・イスラエル紛争解決の「進展があまりにも時間を要する」と判断される場合，第 3 のシナリオとして，「中東の防衛組織［の構築］に向けた現下の勢いに悪影響を及ぼす」ことを避けるために，米国はみずから地域防衛組織に加盟すると同時に，イスラエルの安全を保障するような枠組みを構築することを検討すべきであるとされた。WG 報告書は，かかるイスラエルへの対応を，「ほぼ完全に政治的な理由」によるものと説明していた。つまり，米国内の親イスラエル勢力への対応という意味である。

WG 報告書にアルファ計画への明示的な言及はない。しかし，そのアラブ・イスラエル紛争の解決を重視する議論から，アルファ計画の存在を知る者，すなわち 1955 年 4 月までにダレスと国務省 NEA が構築していた，後方アラブ諸国の現状凍結を基礎とする地域的政策プログラムを知悉している者がその作成に携わったことは明らかである[15]。WG 報告書の第 1 と第 2 のシナリオは，明らかに

---

[15] 管見の限り，ワーキング・グループの構成や議事に関する史料は残されていない。しかし，WG 報告書を国務省内に回覧し，省内の意見集約に当たった，ヤーネガン NEA 担当国務副次官補が国務省側からワーキング・グループに参加していた可能性がきわめて高い。Memorandum from Jernegan to Cyr, Baxter and Jones, "Report on Middle East Defense," June 6, 1955, DSCF 780.5/6-655.

ダレス・NEA の地域的政策プログラムから導かれたものであった。これに対して，北層 4 か国の組織化が完了した後にも長期にわたってアラブ・イスラエル紛争の解決を期待できぬ場合に米国が地域的防衛組織に参加するという第 3 のシナリオは，国務省でも具体的に検討されたことはなく，WG 報告書の作成者たちが意図していたか否かは別にして，西側統合政策を大きく変質させる可能性を秘めていた。WG 報告書はそこまで踏み込んでいなかったが，アラブ・イスラエル紛争の解決を長期的に期待できぬような事態，すなわちアルファ計画が進展せぬ場合，米国はナセルとの協調関係を構築できていない可能性が高い。かかる状況において米国がバグダード条約かそれに代わる防衛組織に参加するということは，おそらく米国がエジプトを中東の同盟システムに包摂することを断念することを意味した。しかも，そのような場合，米国はエジプト一国ではなくエジプトの路線に従う他のアラブ諸国との連携も断念しなければならなくなるであろう。つまり，第 3 のシナリオは，中東が親西側諸国よりなるブロックと，それに敵対するエジプトを中心とする勢力のブロックとに，政治的に分裂した状態を受け入れ，米国が前者のブロックに参加することを展望するものであった。上述のように WG 報告書は西側統合政策の目標を明確に掲げていたので，その作成者たちが中東に 2 つのブロックが出現する状況を進んで甘受しようとしていたとは考えにくい。しかし，「萌芽的な防衛組織の存続」が脅かされるような場合，あるいは「中東の防衛組織［の構築］に向けた現下の勢い」が失われる場合，つまり，バグダード条約が危機に瀕する場合には，仮にアラブ・イスラエル紛争解決の目処が立っておらずとも，米国はバグダード条約に加盟し，中東域内の政治的対立の当事者となることを迫られる。WG 報告書は，かかるシナリオが存在することを，初めて指摘したのである。

3）ワーキング・グループ報告書の影響

　WG 報告書は，これ以降数年間，米国の中東政策を巡る議論に影響を与えるひとつの潜在的な対立軸をつくり出すこととなった。WG 報告書は，米国のバグダード条約への加盟を出来る限り早期に実現することを求める政策的な立場を析出させる重要な契機となった。米国が将来的にバグダード条約に加盟することに原理的な疑問を呈する見解をこの時期のアイゼンハワー政権内に見出すのはむしろ困難である[16]。国務省内ですら，米国のバグダード条約加盟を当然視する見方

がむしろ大勢であったと考えられる。ダレスとNEAが構築した後方アラブ諸国の現状凍結に基づく地域的政策プログラムを知悉していたNEA担当国務副次官補のヤーネガンすら、「アラブ・イスラエル間の緊張緩和の見通しを得られなければ、パキスタンとイランの加盟後、そう遠くない将来に、我々は加盟に向けて動こうとするかもしれない」と考えていたのである[17]。このような中で、WG報告書が新たに生み出したのは、仮に西側統合政策の目標を断念することになるとしてもバグダード条約に加盟することを選択すべきであるとする政策的な立場であった。すなわち、新たに出現した潜在的な政策的対立軸の焦点は、引き続き中東全域を西側陣営に統合することを目標とするのか、それともかかる目標を断念して中東域内の政治的分極化を受け入れ、中東に親西側諸国のブロックを構築することで満足するのか、という問いであった。

もっとも、1955年半ばには、西側統合政策とバグダード条約の間の政策的なトレードオフ関係は顕在化しておらず、したがって如上の政策的な対立軸はなお潜在的なものにとどまっていた。それゆえ、この時点で米国政府内にバグダード条約早期加盟派と呼び得るような明確な派閥が形成されたわけではなかった。しかしながら、まもなく米国のバグダード条約早期加盟を主張する勢力の核となっていくJCSは、WG報告書の策定を境に、潜在的に西側統合政策を否定する議論を交えつつ、早期加盟論を展開し始めていた。

JCSは、ザグロス山脈線防衛戦略の実現に必要とされる空軍力の相当部分を米国が提供することには同意したものの、中東に米(地上)軍を派遣する余裕はない、あるいは米国は中東に軍事的なコミットメントや長期的な軍事援助の言質を与えるべきではないとの、従来の立場を変更したわけではなかった。ある意味で、JCSの立場は、WG報告書よりも消極的であった。WG報告書が、バグダード条約の組織を早期に整備拡充し、参加国による合同の軍事プランニング等を推進すべきであると主張したのに対して、JCSは、中東の軍事態勢が整うには最短で8

---

[16] たとえば、NEA近東部(Office of Near Eastern Affairs)は、イランの加盟が遅れる可能性を視野に、仮にイランが未加盟でも米国の加盟を妨げるべきではないとの意見を提起した。Memorandum from Dorsey to Jernegan, "Report on Middle East Defense," June 9, 1955, DSCF 780.5/6-655. 国務省欧州局(EUR)は、NATO諸国の側の準備が整い次第、米国が加盟すべきであると主張した。Memorandum from Elbrick to Hoover, "Middle East Defense Study by State-Defense Working Group," June 21, 1955, *FRUS, 1955-1957*, 12: 102-103.

[17] Jernegan to Acting Secretary of State, "JCS Comments on State-Defense Middle East Defense Working Group Report," June 21, 1955, DSCF 780.5/6-655.

年を要するとの見通しのもと，当面は軍事的指揮命令系統などの複雑な機構の整備は「時期尚早」であると主張していた。これに関連して JCS は，米国の地域的防衛組織への参加は「可能な限り緩やかな基盤（on the broadest basis possible）」に立つべきである，すなわち具体的な義務や責任が発生しないような形でそれを実現すべきであるとも主張していた。つまり JCS は，これまでと同様に，中東における米国の軍事的責任を拡大することには慎重な姿勢を維持していた。しかし，それにもかかわらず JCS は，米国は「アラブ・イスラエル紛争の展開に過度に左右されることなく」（強調引用者），中東の防衛組織に「加盟するとの原則を現時点で」（同）決定すべきである，と主張し始めていたのである[18]。

　これ以降の JCS の言動まで視野に入れるなら，JCS がバグダード条約への早期加盟を主張した背景には，相互に関連しあう 2 つの思惑が存在したと考えられる。ひとつは，言うまでもなく，バグダード条約への期待であった。JCS が独自の検討を通じて承認し，米・英・土 3 か国軍事協議でも合意されたザグロス山脈線防衛戦略を実現するための枠組みとして，JCS はバグダード条約に期待していた。ザグロス山脈線防衛戦略を実現するために，米国は当事者としてバグダード条約の育成と発展に積極的に貢献すべきであるというのが，JCS のひとつめの思惑であった。一方で JCS は，米国がバグダード条約や中東の軍事プランニングに一定の発言力を確保するためにも，バグダード条約への早期加盟が必要であるとも考えていた。空軍力の提供のみとはいえ，いまや JCS は全面戦争時に中東で一定の軍事的役割を引き受ける立場を取り，また米国が中東諸国への軍事援助において大きな役割を果たすことは間違いなかった。それゆえ JCS は，米国の与かり知らぬところで軍事戦略が修正される，あるいは中東各国の軍事力整備の方針が決定される状況が出現することを回避しようとする思惑からも，バグダード条約への早期加盟を主張したのである。事実，たとえば中東諸国の軍事力整備方針，および米国からの軍事援助と米国負担による英国製兵器の提供などについて，米英間に見解の相違があることが明らかになっていた[19]。これら既存の問題，そし

---

[18] Memorandum from the JCS to the Secretary of Defense, "U.S. Position Regarding Middle East Defense," June 16, 1955, *FRUS, 1955-1957*, 12 : 70-74 ; Memorandum from Davis to Anderson, "U.S. Position Regarding Middle East Defense," June 20, 1955, ibid., 98-102.

[19] Tab C, "Probable British Position in Middle East Defense Discussions," and Tab D, "Suggested Tactics for Talks with UK," attached to Memorandum for Under Secretary Hoover and Deputy Secretary Anderson, "U.S. Position Regarding Middle East Defense," June 6, 1955, in DSCF 780.5 (unnumbered).

てバグダード条約の機構や組織の整備，そして中東諸国との軍事プランニングなど，これから具体化していくに違いない諸問題についても，米国が発言力を確保するためにはバグダード条約への早期加盟が最善であるというのが，JCSの基本的な立場であった。

　もっとも，1955年半ばの時点では，JCSは西側統合政策の目標を放棄してまでバグダード条約への早期加盟を主張していたわけではなかった。JCSもまた，パキスタンとイランのバグダード条約加盟実現までは米国の加盟は尚早であると考えており，それまでは後方アラブ諸国へのバグダード条約の拡大を見合わせるというWG報告書の方針に理解を示していたのである。そして国務省もまたWG報告書の方針を基本的に受け入れていた。それゆえ以下に見るように，さしあたりWG報告書は，西側統合政策の枠内で地域的政策プログラムを推進するという政権内のコンセンサスを形成する方向に活用されることとなる[20]。

　6月末，WG報告書および同報告書を巡る政府内の議論を踏まえ，すでに開始されていた米英二国間の政治・軍事協議（以下，「米英政治・軍事協議」）における米国政府の方針が，国務・国防省レヴェルで合意された。米国は，アラブ・イスラエル紛争解決への影響力を維持する観点から，現時点ではバグダード条約に加盟しない。そのかわり，米国は同条約のもとに組織されるであろう軍事プランニング部門との間に連絡部（liaison）を設置する。バグダード条約の機構整備については，閣僚理事会および軍部代表者会議を定期開催するほかは，小規模の事務局を設置する程度にとどめ，出来る限り「緩やかな（loose）」ものとすることを希望し，常設の多国間プランニング組織や軍事的指揮命令系統の整備などには反対する。バグダード条約の加盟国拡大については，パキスタンがすでに加盟の方向に動いていることを歓迎し，将来的にイランの加盟を歓迎する。イラク以外のアラブ諸国には「アラブ・イスラエル間の緊張が緩和するまで」加盟を求めない。

　以上は基本的にWG報告書に沿う内容であったが，仔細に眺めると，国務・国防省合意はいくつかの点でWG報告書に修正を加えていた。とりわけ重要なのは，アラブ・イスラエル紛争の解決とバグダード条約の間のリンクが明確化されたことであった。アラブ・イスラエル紛争の解決を図る間，後方アラブ諸国のバグダード条約加盟を抑制するという方針は，WG報告書では曖昧な扱いになっ

---

[20] Jernegan to Acting Secretary of State, "JCS Comments on State-Defense Middle East Defense Working Group Report," June 21, 1955, DSCF 780.5/6-655.

第 10 章　西側統合政策の迷走と停滞　589

ていた論点であった。上述のように6月末の国務・国防省合意では，この点が明確化された。また，より微妙でありながら潜在的に重大な変更は，国務・国防省合意からは WG 報告書の第3のシナリオを示唆する内容が注意深く取り除かれていたことであった。つまり，アラブ・イスラエル紛争解決の目処が立たぬ場合，あるいはバグダード条約が危機に陥る場合，米国が中東の政治的分極化を甘受してバグダード条約加盟を選択するという可能性は，国務・国防省合意では全く言及されていなかった。このことはきわめて重要であった。つまり6月末の国務・国防省合意は，米国が西側統合政策の目標を断念する可能性を否定し，あくまでも中東全域を西側陣営に統合することを目標とすることを再確認するものとなったのである。

　7月11日，アイゼンハワーは，国務・国防省合意をそのまま承認した。このときアイゼンハワーは，後述するエジプトからの武器輸出要請に応じることにも同意し，ナセルの「歓心を買う（woo）」べく努力するよう指示している[21]。しかし皮肉なことに，すでにこの頃には，国務・国防省合意の前提に黄信号が灯り始めていた。米国政府は，中東の親西側諸国からの突き上げと，ナセルの対イスラエル和平への消極姿勢という，2つの問題に直面していたのである。これらの問題は，一見するところ無関係のように見えながら，中東域内の政治的分極化という点で通底していた。国務省は，トルコおよびパキスタンから米国へのバグダード条約加盟要求を考慮すれば，米国が不加盟のままで同条約と連携する状態は「6から12か月」しか維持できそうにないと予想していた[22]。国務省は，この間にアルファ計画の推進を図ろうとしていたが，すでにこの頃までにアルファ計画は，その遂行が停滞し，岐路に差しかかっていた。つまり，国務・国防省合意では注意深く取り除かれていた WG 報告書の第3のシナリオが現実化する可能性はむしろ高まりつつあったのである。

---

[21] Memorandum from Hoover to Dulles, July 11, 1955, *FRUS, 1955-1957*, 12 : 132-133. バグダード条約に関する方針は，米国の公式見解として中東諸国の米大使館に送達されたが，その文言は「同地域における我々の友邦，とりわけイラクの失望を最小化」するよう注意深く作成されていた。Memorandum from Dorsey to Allen, "Our Position on the Turk-Iraq Pact," July 13, DSCF 780.5/7-1355 ; DOS to U.S. Embassy in Baghdad, #32, July 15, 1955, *FRUS, 1955-1957*, 12 : 133.

[22] Memorandum of Conversation, "Middle East Defense," June 30, 1955, *FRUS, 1955-1957*, 12 : 127-129 ; Department of State Position Paper, "Defense of the Middle East," July 11, 1955, *FRUS, 1955-1957*, 12 : 129-132.

2 親西側諸国の対米不信の高まり

　米国が政策プログラムの再検討を行っている間、中東情勢は奇妙な安定を維持していた。しかしながら、水面下では、この安定を掘り崩す動きが進行していた。ひとつは、中東の親西側諸国の動きであった。トルコを筆頭とする中東の親西側諸国は、エジプトを含む中東全域を西側陣営に統合することよりも、中東域内に親西側諸国のブロックを構築することを目指していた。それゆえこれら諸国は、米国への不満を鬱積させ、しばしば米国の意に反することを承知の上で親西側諸国のブロックを構築する政策をみずから遂行するとともに、かかる政策への米国の全面的な支持を要求した。米国の実質的な同盟国であるはずのこれら諸国は、米国の西側統合政策を掘り崩す方向に動き始めていたのである。

　米国と中東の親西側諸国の対立は、後方アラブ諸国のバグダード条約加盟の是非を巡って顕在化した。前章で検討したように、米国政府は、英国とも合意の上で、無償軍事援助の提供をアラブ・イスラエル紛争の解決と結びつけることで、後方アラブ諸国のバグダード条約加盟を事実上抑制する政策を採用していた。しかし米国政府は、バグダード条約の推進力を維持し、また中東の親西側勢力の士気を低下させることを防ぐために、軍事援助の提供をバグダード条約への加盟から切り離すことを明言することは避けていた[23]。かかる米英両国の方針の変化を逸早く鋭敏に感じ取ったのは、ヨルダンのフサイン国王であった。4月以降、フサイン国王は米国の軍事援助について語らなくなり、ヨルダン政府は、イラク・エジプト対立において中立の立場を取ることを対外的に公言するようになったのである[24]。

　しかし、中東の他の親西側的な指導者たちは、そうではなかった。メンデレス首相以下、トルコ政府は、中東の政治的分極化を顧慮することなく、バグダード条約を拡大・強化する方針を継続した。それゆえメンデレスは、米英が後方アラブ諸国のバグダード条約加盟を抑制しようとしていることを知りながら、4月半ばにレバノンのシャムーン大統領に早期のバグダード条約加盟を慫慂した[25]。こ

---

[23] DOS to U.S. Embassy in Ankara, #1308, April 12, 1955, DSCF 682.87/4-755.
[24] J.C.B. Richmond to E.M. Rose, April 1, 1955, in FO371/115506/V1073/693.
[25] U.S. Embassy in Ankara to DOS, #1206, April 6, 1955, DSCF 780.5/4-655 ; James Bowker to Harold Macmillan, #74, April 12, 1955, in FO371/115507/V1073/708.

れに続いて4月後半には，ヌーリーが，バグダード条約に加盟するとともにアラブ・イスラエル紛争解決を受け入れる姿勢を示せば，米国からの軍事援助を得られるであろうとの見通しを示しつつ，レバノン政府にバグダード条約加盟を促した。メンデレスの場合とは異なり，米国の援助政策に関するヌーリーの曲解が意図的なものであったか否かは明らかではないが，タイミングから考えて，ヌーリーのレバノンへの働きかけがトルコ側と示し合わせたものであったことは間違いなかろう[26]。

　軍事援助政策に関する米国の真意を知って最も大きな衝撃を受けたのは，トルコとイラクから加盟を慫慂され，自国が将来的にバグダード条約に加盟することを当然視していたレバノンのシャムーン大統領であった。レバノン政府には，4月後半に米国の無償軍事援助はアラブ・イスラエル紛争の解決に応じて提供するとの方針が明確に伝達されていた[27]。しかるに，シャムーンが，バグダード条約に加盟しても米国は無償軍事援助を提供しない，すなわち米国がレバノンの加盟を望んでいないことを正確に理解したのは，約1か月後の5月中旬であった。シャムーンは，ヒース（Donald B. Heath）米大使に不満をぶつけた。レバノンは，エジプトやサウジアラビアから継続的に政治的圧力を受けている。米国が現行の政策を継続するならば，レバノンはESS連合への姿勢を再考しなければならなくなるであろう。さらにシャムーンは，ESS諸国が正式な防衛条約を締結することになった場合に，レバノン・ヨルダン両国が同時にバグダード条約に加盟を申請する方針でヨルダン政府と合意していることを明かし，かかる状況の下でレバノンがバグダード条約に加盟する際には米国からの軍事援助の提供を期待するとして，米国政府に方針の再考を求めた[28]。このように，無償軍事援助をバグダード条約加盟から切り離してアラブ・イスラエル紛争解決と結びつけることによって後方アラブ諸国のバグダード条約加盟を抑制するという米国の政策は，中東の親西側諸国の対米不信を著しく高め，憤激を買うこととなったのである。

---

[26] U.S. Embassy in Beirut to DOS, #1081, April 19, 1955, DSCF 780.5/4-1955.
[27] DOS to U.S. Embassy in Beirut, #1477, April 19, 1955, DSCF 780.5/4-1955.
[28] U.S. Embassy in Beirut to DOS, #1200, May 19, 1955, DSCF 780.5/5-1855. 国務省内には，レバノン政府の親西側的立場を評価し，また米国のバグダード条約への支持を明確化するために，万一レバノンがバグダード条約加盟を申請した場合には，小規模な軍事訓練ミッションを派遣すべきであるとの主張があったが，このようなオプションが承認されることはなかった。Memorandum from Hart to Allen, "Proposed Action if Lebanon Should Decide on Its Own Initiative to Join the Turkey-Iraq Pact," April 22, 1955, DSCF 780.5/4-2255.

トルコの強硬な対シリア政策方針も，米英両国との軋轢の原因となった。トルコ政府は，2月にアサリー政権が成立して以来，シリアを親西側陣営に引き込むべく，強硬かつ積極的な対シリア政策を主張し続けていた。4月後半以降，シリアの政治情勢は，トルコ政府の危機感をいっそう高める方向に動く。シリアでは，4月22日に，反イラクの左派ナショナリストとして信望を集めていた青年将校マールキー（'Adnān al-Mālkī）が暗殺されたことを機に，暗殺の嫌疑をかけられた親イラク派と右派が軍より排除され，国内政治におけるバアス党と共産党の影響力が増大した。シリア軍の内部では，統制の乱れに乗じて親バアス党将校の発言力が増大した。かかる状況の中，シリア政府の実力者であったアズム外相は，8月の大統領選挙へのみずからの出馬を見据えて，バアス党との協力関係を深め，左派将校の割拠的な動きも黙認する姿勢を示した[29]。かかるシリアの動向を受けて，4月末にトルコ外務省は，米英両国に対して，ヨルダンとレバノンのバグダード条約加盟を加速すべきであると改めて主張するとともに，シリア国内の反ESS連合勢力への支援および対シリア経済制裁や軍事介入まで視野に入れた強硬な対シリア政策パッケージを提案したのである[30]。

英外務省は，かかる提案に当惑した。それまで英国は，シリアの親西側勢力に結集を働きかけてきたが，実現する見通しは得られなかった。ヨルダンとレバノンのバグダード条約加盟は，エジプトとの関係上，見合わせねばならない。また，イラク石油（IPC）の主要パイプラインがシリアを通過している以上，経済的圧力を加えられる立場にあるのは，英国ではなくシリアの側であった。つまり，現状の政策の枠内で英国がシリアに行い得ることは何も無く，現行政策を変更するのも好ましくない，というのが英外務省の結論であった[31]。かかる英外務省の見解に国務省もほぼ全面的に同意した[32]。しかし，米英両国とも，かかる否定的な判断を直截にトルコ側に伝達することを躊躇し，トルコの提案を事実上黙殺する

---

[29] Seale, *The Struggle for Syria*, chap. 18 ; Podeh, *The Quest for Hegemony*, 146-147.
[30] British Embassy in Ankara to FO, #305, April 29, 1955, in FO371/115509/V1073/769 ; James Bowker to H. Macmillan, May 3, 1955, in FO371/115510/V1073/786.
[31] British Embassy in Damascus to FO, #209, May 1, in FO371/115509/V1073/774 ; Minutes by E.M. Rose and C.A.E. Shuckburgh, May 3, 1955, in FO371/115509/V1073/779 ; FO to British Embassy in Washington, #2078, May 3, 1955, in FO371/115509/V1073/779.
[32] British Embassy in Washington to FO, #1077, May 6, 1955, in FO371/115510/V1073/788 ; Minutes by J.E. Powell-Jones on May 12, and by R.M. Hadow, May 16, 1955, in FO371/115510/V1073/786. ただし国務省は，シリア国内で心理戦（psychological warfare）を開始する可能性を英国側に示唆している。

第 10 章　西側統合政策の迷走と停滞　593

こととした。1 か月以上経過したのちにトルコ政府から回答の督促を受けると，米英両国は，しぶしぶ否定的な見解を婉曲に表明する回答を行った[33]。もちろん，トルコ政府は，かかる米英両国の立場を感じ取っていたが，その怒りの矛先は，バグダード条約加盟国である英国ではなく，米国に向けられた[34]。トルコ政府高官たちは，米国の後方アラブ諸国に対する「放任（hands-off）」政策への「当惑」を示し，米国のバグダード条約への姿勢は「我が子を勘当する（disowning）」ようなものであるとして，米国への不満を隠そうとしなかった[35]。

米国の政策への苛立ちは，米英両国が早期のバグダード条約加盟を期待していたパキスタンの指導者たちにも共有されていた。3 月末にトルコとイラクが連名で加盟を招請した直後，パキスタンは前向きな反応を示していたが，その後，加盟に向けた動きは停滞した。5 月後半，パキスタンのアイユーブ・ハーン参謀長兼国防相は，米国がバグダード条約に加盟するとともにパキスタンの加盟後に軍事援助を増額することを確約せぬ限り，パキスタンはバグダード条約に加盟すべきではないとの意見を閣議に提出した[36]。まもなく総督（のち初代大統領）に就任する有力者イスカンダル・ミルザー（Iskandar Mirzā）内相をはじめ，パキスタン政府要人はバグダード条約への加盟を当然視していたものの，彼らもまた米国の不加盟という状況に不満を抱いていることに変わりはなかった[37]。

しかも皮肉なことに，英国がバグダード条約に加盟したことで，パキスタン政府はむしろ加盟を躊躇するようになった。パキスタン政府は，全面戦争時に英国は中東に補給を行うことが出来ぬのではないかとの疑念を抱いており，米国が参加しないバグダード条約に加盟することは軍事的に意味がないと考え始めていた[38]。これに対して英国政府は，全面戦争時には米国の空・海軍が中東戦線を支援するであろうとの見通しを示すことで対応せざるを得なかった[39]。かかる見通

---

[33] Minute by E.M. Rose, "Turkey and Syria," June 7, 1955, in FO371/115513/V1073/856 ; Shuckburgh to Bowker, June 10, 1955, in FO371/115513/V1073/856.
[34] James Bowker to C.A.E. Shuckburgh, June 29, 1955, in FO371/115515/V1073/910.
[35] U.S. Embassy in Ankara to DOS, #1462, May 21, 1955, DSCF 780.5/5-2155.
[36] U.S. Embassy in Karachi to DOS, #1846, May 26, 1955, FRUS, 1955-1957, 12 : 56-57.
[37] U.K. High Commissioner in Pakistan to Commonwealth Relations Office, #917, June 15, 1955, in FO371/115513/V1073/869.
[38] U.K. High Commissioner in Pakistan to Commonwealth Relations Office, #913, June 14, 1955, in FO371/115513/V1073/869.
[39] U.K. High Commissioner in Pakistan to Commonwealth Relations Office, #914, June 14, 1955, in FO371/115513/V1073/869.

しは，明らかに米・英・土3か国軍事協議の議論を下敷きにしていたが，3か国協議の合意内容は極秘事項とされていたから，英国側の行為は情報漏洩にも相当しかねぬものであった。それにもかかわらず，英国政府の説得は，パキスタン側の不安を緩和することにはならなかった。パキスタン政府は，米国が参加することなく英国のみが参加国になるならば，バグダード条約は英国に牛耳られることになりかねないとの不安を米国側に吐露していた[40]。パキスタン政府のねらいは，米国のバグダード条約加盟実現の一点にあったと見てよい。

さらに，パキスタン政府に前後して，イランのシャーも米国が加盟せぬバグダード条約に加盟することへの不安を語り始めていた[41]。この頃から国務省は，これまで加盟を当然視していたイランの動向に懸念を抱くようになった[42]。英国政府もまた，イランのバグダード条約への慎重姿勢を懸念し始めていた。先述のように，英国政府は，イランの軍事的能力をきわめて低く評価するとともに，イラン防衛の負担を負わされることに対する警戒感から，英国の側からはイランにバグダード条約への加盟を求めないとの方針を取ってきた。しかし，後方アラブ諸国の加盟を抑制する以上，イランがバグダード条約の局外にとどまり続けるなら，パキスタンを含む地域諸国にバグダード条約は停滞しているとの印象を与えることは避けられなくなる。かかる判断から，英国政府は，過剰な対価を支払うことなくとの留保を付しながらも，イランのバグダード条約加盟を積極的に促す方針へと転じていった[43]。

米英両国は，バグダード条約の推進力を維持するために，パキスタンとイランの消極姿勢を克服しなければならないとの認識で一致した。しかし，そのために米英両国が取った方策は，つつましやかなものであった。米英両国は，2月にシャーが提案していた，北層4か国軍部の協議を活用することにしたのである。それまで米国政府は，軍事援助の増額や軍事的コミットメントを強いられることを恐れて協議に関与することに消極的であり，また米国政府内の中東政策プログラムの検討作業が完了するまでは協議の開催を遅延させることを望んでいた[44]。

---

[40] U.S. Embassy in Karachi to DOS, #1864, May 29, 1955, *FRUS, 1955-1957*, 12: 60-61.
[41] U.S. Embassy in Tehran to DOS, #2224, May 7, 1955, DSCF 780.5/5-755.
[42] DOS to U.S. Embassy in Tehran, #2086, April 30, 1955, DSCF 780.5/4-3055.
[43] Roger Stevens to Eden, #42, April 6, 1955, in FO371/115506/V1073/679；Minute by Shuckburgh, May 10, 1955, in FO371/115511/V1073/804；Bowker to Shuckburgh, May 25, 1955, in FO371/115512/V1073/843. 興味深いことに，このようなイラン側の懸念に接し，英外務省内では，みずからのバグダード条約加盟が拙速だったのではないかとの疑念すら語られた。

英国政府は，バグダード条約拡大の勢いを維持するために何らかの形で協議が行われることを希望していたが，米国と同様に，シャーの思惑に巻き込まれることを警戒していた[45]。加えて米英両国は，北層諸国間で軍事協議が実現する場合，その「内発的」性格を強調できるようにするためにも，出来る限りみずからは関与しない方が得策だとも考えていた[46]。しかるに，5月に入ってパキスタンとイランのバグダード条約への消極姿勢が相次いで伝えられたのに続いて，5月末にはヌーリーまでが，イランの加盟を実現するためには北層諸国軍部の協議を開催すべきであるが，米英が不参加ならばかかる協議に意味はないとの見解を示し始めた[47]。バグダード条約の停滞はにわかに深刻化した。

　かかる停滞を打破することを期して，米英両国は，北層4か国の軍部協議が行われる際には，両国の軍人をオブザーバーとして派遣する方針を正式に決定し，6月中旬に北層4か国に通知した[48]。しかし，この決定に対する反応は，きわめて限定的であった。イラク政府は，米国のオブザーバー派遣方針に謝意を表明しつつ，バグダード条約に「実質的な意味を付与」するためには米国の加盟が必要であるとの認識に変わりはないと指摘した[49]。パキスタンのアイユーブ・ハーンの反応も同じであった。彼は，オブザーバー派遣方針を評価しつつも，米国の参加なしにはバグダード条約は軍事的な実体を持ち得ないと指摘し，辛辣な問いを発した。「なぜ米国はかくも臆病で優柔不断なのか」[50]。問題はもはや，パキスタンやイランのバグダード条約への消極姿勢という個別的な外交課題ではなくなりつつあった。バグダード条約という組織を根づかせ，中東全域の組織化の礎石た

---

[44] DOS to U.S. Embassy in London, #5431, April 22, 1955, DSCF 780.5/4-2255.

[45] Memorandum of Conversation, "Regional Staff Talks Proposed by Iran," April 28, 1955, DSCF 780.5/4-2655 ; Minute by R.M. Hadow, April 26, 1955, in FO371/115509/V1073/752.

[46] G. Kimber to J.M.C. James, May 11, 1955, in FO371/115511/V1073/807.

[47] U.S. Embassy in Baghdad to DOS, #980, May 31, 1955, DSCF 780.5/5-3155.

[48] DOS to U.S. Embassy in Baghdad, #821, June 17, 1955, DSCF 780.5/6-1455 ; U.S. Embassy in Ankara to DOS, #1590, June 21, 1955, DSCF 780.5/6-2155. しかも，このオブザーバーの派遣すら，きわめて腰の引けた対応であることが明らかになる。北層4か国が軍上層部を派遣することが見込まれるのに対して，米英両国は佐官クラスをオブザーバーとして派遣することを決定した。これが，協議の席で何らかの責任を引き受けさせられることを回避しようとする戦術であったことは明らかである。Ministry of Defence to British Joint Service Mission in Washington, July 4, 1955, in FO371/115515/V1073/906 ; British Joint Service Mission in Washington to Ministry of Defence, August 2, 1955, in FO371/115515/V1073/906.

[49] U.S. Embassy in Baghdad to DOS, #1044, June 21, 1955, DSCF 780.5/6-2155 ; British Embassy in Baghdad to FO, #612, June 23, 1955, in FO371/115514/V1073/887.

[50] U.S. Embassy in Karachi to DOS, #1993, June 19, 1955, DSCF 780.5/6-1955.

らしむべくその活力を維持するためには，米国がそれにコミットしていることを明確化することが不可欠であることが明らかになりつつあったのである。

パキスタン政府は，米国の不加盟状態に不安と不満を抱きながら，6月末にバグダード条約への加盟を正式に決定する。パキスタン政府の背中を押したのは，トルコとイラクの説得であった。6月の最終週，アイユーブ・ハーンらパキスタン代表団のトルコ訪問に合わせてヌーリーもトルコを訪問し，メンデレス・ヌーリー・アイユーブの三者会談が実現した[51]。会談の席でアイユーブは，米国の加盟なしにはパキスタンがバグダード条約に加盟するメリットは期待できないとの自説を展開するとともに，仮に加盟したとしても当面パキスタンは自国の国境内でしか軍事行動を取れぬであろう状況を説明した。これに対してメンデレスとヌーリーは，米国のバグダード条約への支持に揺るぎはなく，バグダード条約の軍事計画などはこれから決定されるのでパキスタンが望まぬ軍事的負担を押し付けられることはない，と説明した。トルコとイラクもまた米国への不満を募らせていたことを想起するならば，まさに必死の説得であった。アイユーブは，ついにメンデレスとヌーリーの説得に折れ，バグダード条約への加盟を本国に勧告することとなった。あわせて三者会談では，イランの早期加盟実現に向けて三国が協力することも合意された[52]。

もともと加盟に前向きであったパキスタン政府としては，このまま加盟を引き延ばしても早期に米国の加盟を実現できる見通しは得られないと判断し，またトルコとイラクがパキスタンの立場を最大限尊重する姿勢を示したことから，そろそろ決断の潮時と判断したのであろう。アイユーブの勧告から時を置かず，6月30日にパキスタン政府はバグダード条約への加盟を正式に決定し，7月4日にはアイユーブがバグダード条約加盟方針を発表するに至った[53]。9月23日にパキスタンが正式にバグダード条約に加盟するまでには，なおいささかの外交的曲折を

---

[51] U.S. Consulate in Istanbul to DOS, #869, June 19, 1955, DSCF 780.5/6-1955 ; U.S. Embassy in Ankara to DOS, #1623, June 28, 1955, DSCF 780.5/6-2855 ; British Consulate in Istanbul to FO, #91, June 25, 1955, in FO371/115514/V1073/893.

[52] British Embassy in Ankara to FO, #429, June 29, 1955, in FO371/115514/V1073/900 ; James Bowker to Harold Macmillan, July 6, 1955, in FO371/115515/V1073/922 ; Despatch from U.S. Embassy in Ankara, #14, July 11, 1955, DSCF 780.5/7-1155.

[53] U.S. Embassy in Karachi to DOS, #2081, June 30, 1955, DSCF 780.5/6-3055 ; U.K. High Commissioner in Pakistan to Commonwealth Relations Office, #963, July 1, 1955, in FO371/115515/V1073/903 ; Despatch from U.S. Embassy in Karachi, #28, July 12, 1955, DSCF 780.5/7-1255.

経ることになるが，パキスタンの加盟決定によって，バグダード条約諸国や米国が懸念していた同条約の推進力喪失はさしあたり回避されることとなったのである[54]。

しかし，北層諸国の不安と不満が解消されたというには程遠かった。彼らの不安と不満，そしてそれに起因するバグダード条約を取り巻く停滞した空気の根底に，米国の不在という状況があることは，いまや誰の目にも明らかであった。英国政府は，みずからもバグダード条約加盟国として，北層諸国の不安に理解と共感を示した。6月末に開始された米英政治・軍事協議において，英国側が米国のバグダード条約加盟を改めて要請した背景には，バグダード条約加盟国としてみずからも共有するようになり始めていた北層諸国の想いを米国側に伝達することへの使命感が確実に存在していた[55]。

3 アルファ計画の迷走

1）対ナセル工作の不調

西側統合政策の前途に暗雲を投げかけたもうひとつの要因は，ナセルとの協調

---

[54] パキスタン政府は，バグダード条約に加盟するに際して，①パキスタンの条約上の義務はトルコ・イラクへの直接攻撃が生じた場合にのみ生じる，②パキスタン本土の防衛を犠牲にしない，という留保を付すことにこだわった。これらの留保が実質的にさしたる意味を持たぬことは明らかであり，バグダード条約既加盟3か国は何れもそのような留保は不要であるとしてパキスタンの説得を試みたが，パキスタン側は，閣内統一を図るという国内政治上の理由からこれらの留保が必要であると主張して譲らなかった。U.K. High Commissioner in Pakistan to Commonwealth Relations Office, #1032, July 29, 1955, in FO371/115517/V1073/969. 9月初旬，既加盟3か国とパキスタンは，パキスタン政府が留保内容を記した書簡を既加盟3か国政府に送付するとするトルコ政府の妥協案に同意し，ようやく事態打開の目処が立った。Memorandum, "Pakistan's Accession to the Turco-Iraqi Pact," September 3, 1955, in FO371/115519/V1073/1014. 理由は定かではないが，最終局面でパキスタン政府は，トルコ政府の妥協案を含む留保は不要と判断し，9月17日に無条件で加盟することを決定し，9月23日に正式にバグダード条約に加盟した。U.K. High Commissioner in Pakistan to Commonwealth Relations Office, #1285, September 17, 1955, in FO371/115519/V1073/1010. この間，米国は既加盟3か国を支持する立場を示したものの，直接の当事国ではない立場から，パキスタン政府への働きかけなどは自制する姿勢を取った。British Embassy in Washington to FO, #1778, July 31, 1955, in FO371/115516/V1073/959.

[55] Memorandum Prepared by the Levant Department, "The Turco-Iraqi Pact," June 15, 1955, in FO371/115513/V1073/871 ; FO to British Embassy in Washington, #2873, June 18, 1955, in FO371/115513/V1073/869 ; Bowker to Shuckburgh, June 29, 1955, in FO371/115515/V1073/910.

関係の停滞と，それに伴うアルファ計画の迷走であった。

　4月末にラッセルとシャックバラが作成したアルファ最終案[56]は，イスラエルと周辺アラブ諸国との間で最終的な国境を画定し，パレスチナ難民問題なども解決した後に，米英両国が新たな国境を保障する条約をイスラエルおよび周辺アラブ諸国と締結することを骨格としていた。国境問題については，休戦ラインで分断されたアラブ村落への農地最大77.5平方マイルの返還，ヘブロン南方のイスラエル領未耕地最大280平方マイルのヨルダンへの併合などが盛り込まれたが，最大の目玉は，イスラエルによって東西に分断されたアラブ領土の再結合を図る措置であった。それは，イスラエル南部のネゲヴ砂漠に，エジプトおよびヨルダンとの休戦ラインからイスラエル内部に向けて延びる2つの三角形の地域をイスラエルからエジプトとヨルダンにそれぞれ割譲させ，これら2つの三角地帯の交差する部分にイスラエル南北間およびエジプト・ヨルダン間の交通を可能にする立体交差の道路を新設するという，奇抜な構想であった。イスラエルの国土の形ゆえに，この三角地帯は，北部に設定されればアラブ側への割譲面積が大きくなり，南部に設定されれば小さくなる。南北何れに三角地帯を設定するか結論は得られていなかったが，何れにせよイスラエルを南北に分断する形となる大胆な領土変更が構想されていたのである[57]。イスラエルにはエルサレム西方の要衝でヨルダンの占領下にあったラトルーンが割譲されることが計画されるとともに，イスラエルがエルサレムの聖地への自由なアクセスと国際的監視などを受け入れれば，米国は西エルサレムをイスラエルの首都として承認するという交渉カードが用意されていた。難民問題については，難民への賠償が解決案の主眼であった。当時約80万人と見積もられていたパレスチナ難民のうち，ガザ居住者を中心に最大で7万5千人の帰還をイスラエルに受け入れさせ，それ以外については，帰還権を放棄することと引き換えに，イスラエルがその不動産への賠償を行う，と

---

[56] Tab A, "Possibility of Settlements of Principal Israel-Arab Issues," Attached to Memorandum from Russell to Dulles, "Summary Statement of Alpha Proposal," May 18, 1955, in "Alpha vol. 4," folder, Lot61 D417. 本文書は，*FRUS, 1955-1957*, 14：201-204に掲載されている文書と同一であるが，*FRUS*では領土問題の記述などが削除されている。

[57] 最初にナセルに提示するのは，割譲領土がきわめて小さい，イスラエル最南端のエイラートのすぐ北に位置する三角地帯と想定されたが，ナセルの出方によっては，より北方の大きな三角地帯を提示する可能性も留保されていた。さらにラッセルは両者の中間の三角地帯のオプションも考慮していた。Russell to Shuckburgh, May 13, 1955, in FO371/115869/VR1076/95；Record of Conversation between the Secretary of State and Mr. Dulles at the British Embassy, Paris, May 12, 1955, in FO371/115870/VR1076/110.

いうのが難民問題の解決案の骨子であった。賠償の総額は，約1億ポンド（2億8千万ドル）と見積もられ，そのおよそ3割はイスラエルが負担し，残る部分は米英などが長期の低利借款を供与して賄うことが計画されていた。

5月3日にダレスは，三角地帯の領土変更案について，ナセルに打診してその反応を見るよう，バイロードに訓令を送付した[58]。アルファ計画の実行に向けて発された最初の指令であった。しかし，アルファ計画は，最初から大きな困難に直面した。バンドン会議から帰国した後，ナセルはバイロードとの接触を避け，5月17日に両者の会談が実現した際には，米国への強い不信感をあらわにした[59]。今日の視点から見れば，ナセルがかかる警戒的な態度を取った理由は概ね推測できる。インドネシアに出立する以前から，ナセルはバンドン会議期間中に東側陣営に接触して武器を獲得する可能性を探ることを目標にしていた。そして，バンドン滞在中に周恩来の周旋により，ナセルはソ連から武器を獲得する見通しを得ることが出来た。そしてナセルの帰国後，チェコスロヴァキア経由でソ連製の武器を購入する交渉が極秘に進められていたのである[60]。おそらくナセルは，東側との武器交渉が妥結前に漏れることを恐れて，バイロードらを近づけなかったのであろう。つまりアルファ計画は，ナセルが西側陣営への依存を脱却し，中立主義的な外交に踏み出そうとしている，まさにそのときに実行に移された，きわめて不運な計画であった。米英両国とも，ナセルが急速に東側に接近していることは察知していなかったが，早くも5月下旬には，ナセルを突破口にしてアルファ計画を推進するという当初のプランが予想以上に困難であることを悟るようになった[61]。

しかし，ここでアルファ計画を頓挫させるわけにはいかなかった。アラブ・イスラエル和平なくして中東全域を西側陣営に統合する目標の実現もあり得ないという前提のもとに，西側統合政策プログラムは構築されていたからである。5月から6月にかけて，国務省内では，大きく分けて2つのオプションが浮上してい

---

[58] DOS to U.S. Embassy in Cairo, #1906, May 3, 1955, *FRUS, 1955-1957*, 14: 169.
[59] U.S. Embassy in Cairo to DOS, #1719, May 16, 1955, *FRUS, 1955-1957*, 14: 188; U.S. Embassy in Cairo to DOS, #1725, May 17, 1955, ibid., 189-190.
[60] Laron, *Origins of the Suez Crisis*, 107-111, 115-120; Heikal, *Cutting the Lion's Tail*, 78-87.
[61] U.S. Embassy in Cairo to DOS, #1750, May 20, 1955, *FRUS, 1955-1957*, 14: 192; U.S. Embassy in London to DOS, #5125, May 21, 1955, in "Alpha vol. 4" folder, Lot61 D417; British Embassy in Cairo to DO, #640, May 19, 1955, in FO371/115869/VR1076/96; British Embassy in Washington to FO, #1284, June 3, 1955, FO371/115869/VR1076/104.

た。ひとつは，アルファ計画案でもともと想定されていた通り，紛争当事国との秘密交渉を継続するというオプションであったが，その中には，エジプトとの交渉継続，ヨルダン・レバノンとの交渉という，2つの可能性があった。

　秘密交渉の本命と目されたのは，やはりエジプトであった。しかし，ナセルを交渉に引き出すためには，和平案それ自体以外に何らかの報償を提示する必要があることは明白であった。そこで浮上したのが，エジプトのアスワン・ハイ・ダム（以下，ハイダム）建設計画への援助を提示する可能性である。これ以前にも，エジプトとの交渉カードとしてハイダム建設援助の可能性はしばしば語られていたが，予想外のナセルの冷淡な姿勢を見て，5月中旬にラッセルが急遽，対エジプト交渉を加速させるためのカードとしてハイダム援助を活用する可能性を提起したのである。ラッセル案では，ハイダム本体の建設費5億から5.5億ドルのうち，およそ半分を外貨支出が占めると見積もり，エジプトは金や外貨準備の取り崩しにより8500万ドルを自己負担し，世銀が8500万ドル規模の援助を提供することを想定していた。そして米国政府は，エジプトがアラブ・イスラエル紛争解決に協力することを条件に，外貨支出の残額およそ8000万ドル，送電設備の建設などによって生じる追加的コストの一部として2000万ドル，計1億ドルあまりの援助支出を新規に連邦議会に要請する姿勢を示すことによって，ナセルを交渉に引き出す，というのがラッセルのアイディアであった[62]。しかし，ラッセルから提案を直接受けたダレスは，これを黙殺し，この時点でハイダム援助の可能性が具体的に追求されることはなかった。ダレスの冷淡な姿勢の理由は明らかではないが，おそらく1億ドルという援助の規模が，小さからぬ原因であったことは想像に難くない。ハイダム援助は，ナセルの協力を得られる見通しすら立たぬ交渉の序盤で切るには，あまりに大きなカードであったに違いない。

　6月に入ると，バイロードは再びナセルとの交渉の糸口を探ろうとした。しかし，6月9日，不利な情勢を承知で敢えて対イスラエル和平の話題を切り出したバイロードは，ナセルから予想外のトピックを持ち出される。ナセルは，「米国から軍事物資を調達できるとの確信を過去3年間にわたって裏切られて」きたことに強い不満を述べ，米国はエジプトに武器を輸出する意思を有するのか，ワシ

---

[62] Russell to Dulles, "Inducement to Egypt, High Aswan Dam," May 18, 1955, in "Alpha vol. 4" folder, Lot61 D417 ; Russell to Dulles, "Summary Statement of Alpha Proposal," May 18, 1955, in the same folder.

ントンに確認するよう求めた。そしてこの時初めて，ナセルはソ連から武器供給オファーを受けていること，そしてそれを受け入れる方針であることをバイロードに語ったのである。さすがのバイロードも，当面はナセルとアルファ計画の交渉を進められる可能性はないと本省に報告せざるを得なかった[63]。エジプト・ソ連武器取引問題については後述する。

　6月半ば，バイロードは大胆な外交的取引によってナセルとの関係打開を図るアイディアを提起する。バイロード案は，後方アラブ諸国へのバグダード条約の拡大を公式に断念することと引き換えに，ナセルにESS防衛条約の締結およびバグダード条約への攻撃の自制を誓約するよう求めるというものであった。ひとことで言えば，米英の暫定的な後方アラブ諸国の緩衝地帯化政策をナセルとの間の正式な合意とすることによって，ナセルとの関係改善を図るというアイディアであった[64]。興味深いことに，このときバイロードは，バグダード条約を支えるために，米国は同条約への加盟を考慮すべきであるとも主張している。おそらく彼は，後方アラブ諸国を緩衝地帯化すれば，米国が北層を強化してもナセルの理解を得られると判断したのであろう[65]。バイロード案は，エジプトとイラクの対立に終止符を打ち，アラブ世界の分極化を食い止めることによって，バグダード条約とアルファ計画の停滞状況を同時に打破しようとするものであった。バイロード案は，その内容も趣旨も，3月にスティーヴンソン駐エジプト英大使が英外務省に提起した案に通ずるものがある。そしてバイロード案が，彼自身その形成過程に深く携わった西側統合政策の目標から導かれていたことは間違いない。

　しかしながら，バイロード案には，後方アラブ諸国の米大使館から，一斉に批判が寄せられた。アラブ世界を政治的に分極化させた責任はナセルにあり，ナセルに一方的に譲歩することは，危険な「宥和」政策である。ナセルは米国の政策に協力する意思を示しておらず，米国側の譲歩に応じる保証は全くない。それにもかかわらず，米国が後方アラブ諸国のバグダード条約加盟を否定することは，イラクやトルコのみならず，後方アラブ諸国に数多く存在する親西側の人士を等しく落胆させ，彼らの米国への信頼は失われるであろう[66]。かかる激しい反発を

---

[63] U.S. Embassy in Cairo to DOS, #1878, June 9, 1955, in "Alpha vol. 4" folder, Lot61 D417 ; U.S. Embassy in Cairo to DOS, #1881, June 9, 1955, *FRUS, 1955-1957*, 14 : 237-240.

[64] U.S. Embassy in Cairo to DOS, #1929, June 17, 1955, *FRUS, 1955-1957*, 12 : 75-77.

[65] Despatch from U.S. Embassy in Cairo, #2335, June 29, 1955, DSCF 780.5/6-2955.

[66] U.S. Embassy in Amman to DOS, #461, June 23, 1955, *FRUS, 1955-1957*, 12 : 111 ; U.S. Embassy

受けたこともあり，バイロード案はこれ以上検討されることなく，お蔵入りとなった[67]。

じつは，これに先立つ5月，英国政府内ではシャックバラがバイロード案に通ずる内容の案を提起していた。シャックバラ案は，エジプトが反西側・反バグダード条約の姿勢を取らず，かつ将来的にイラクの加盟を排除せぬ内容とすることを条件に，ESS諸国が正規の防衛条約を締結することを容認する姿勢を取るというものであった。かかる方針転換の理由として，シャックバラは，アラブ・イスラエル和平を進める上でのナセルとの協力の必要性に加え，中東の南北分断を解消する必要性を挙げた。もしESS条約が前記のような内容を持てば，イラクとエジプトの対立は解消に向かうであろう。そして，英国がエジプトとの友好関係を維持し，ESS条約が「半中立主義（semi-neutralist）」の立場にとどまるならば，英国は「後方地域」とも協力関係を構築することが出来る。結果的に西側陣営は，北層諸国とはバグダード条約を通じて緊密に連携し，ESS連合にレバノンやヨルダンまで加えた「後方地域」とはより緩やかな協力関係を構築することによって，中東地域全体を包含する協調的秩序を構築することが出来るであろう。英国はいまさらESS防衛条約を容認するような公式の立場は取れないものの，ナセルとの対話を通じて，以上のような方針について合意を形成することは可能ではないか，というのがシャックバラの読みであった[68]。シャックバラ案は，ナセルが主張していたようなアラブ世界独自の組織化を容認する点で3月のスティーヴンソン案と重なる内容を有するとともに，エジプトへの一定の譲歩によりナセルとの共通理解を形成し，もってアラブ世界の分極化を解消して中東全域との協調的関係を構築する展望を開くことを目指すおおまかな方向性ではバイロード案と一致していた。

---

in Damascus to DOS, #754, June 24, ibid., 123-124 ; U.S. Embassy in Beirut to DOS, #1373, June 25, ibid., 124-125.

[67] ただし，バイロード自身は，エジプト・イラクの和解により状況を打開する希望を捨てていなかった。7月上旬にバイロードはカイロ駐在のイラク大使に，「個人的な見解」として，イラク政府がシリア併合の意図を持っていないことを公式に声明することによってエジプト・イラク和解を進める可能性を打診した。イラク政府はこれに懸念を示したものの，国務省本省は現地の外交官による意見交換を奨励しているとの理由で，バイロードの行動を不問に付す姿勢を示している。U.S. Embassy in Baghdad to DOS, #20, 1955, July 7, 1955, DSCF 780.5/7-755 ; DOS to U.S. Embassy in Baghdad, #30, July 14, 1955, DSCF 780.5/7-755 [*sic*].

[68] C.A.E. Shuckburgh to Kirkpatrick, May 4, 1955, in FO371/115511/V1073/802 ; C.A.E. Shuckburgh to Ralph Stevenson, Mat 13, 1955, in FO371/115511/V1073/802.

第 10 章 西側統合政策の迷走と停滞　603

　しかし，シャックバラ案に対しては，ライト駐イラク大使から厳しい批判が寄せられた。シャックバラ案と3月末のスティーヴンソン案は，何れもイラクをアラブ世界に復帰させることを重視する一方で，バグダード条約および親西側的なイラクの重要性を十分に評価していない，というのがライトの批判の要点であった。アラブ世界の分極化回避は望ましいかもしれぬ。しかし，現イラク指導部は，現在のアラブ内対立を，親西側路線と中立主義路線の対立と捉え，妥協はあり得ないと考えている。バグダード条約という多国間条約の枠組みを得たことで，英国とイラクの条約関係はイラク国民から大方の支持を獲得するに至っている。かかる好ましい状況を擲って，イラクをアラブ連盟へと追い返すような政策は，英国のインタレストに適うであろうか。ライト大使は，このようにシャックバラ案を批判した上で，英国の現行政策をも批判する。英国は，ナセルの軟化を期待して，ヨルダンやレバノンのバグダード条約加盟を抑制している。しかし，英国側の自制に顧慮することなく，ESS 諸国が反西側・反バグダード条約の旗幟を鮮明にした防衛条約を締結したら，英国はどうするのか。しかも，そのような事態が起こるまでの間も，英国はヨルダンやレバノンの信用を失うリスクを冒し続けることになる。ライト大使は，「バグダード条約の強化と拡大」こそが英国のインタレストに適う政策であると論じた[69]。ライトの議論は，アラブ世界の政治的分極化を所与の現実として受け入れるのみならず，英国が明確にイラク側に立つことによってアラブ内対立を激化させることをも辞さぬものであり，英国が西側統合政策を追求する限りは異端とならざるを得ない主張であった。しかし同時にそれは，バグダード条約締結と前後して英国政府内に高まったものの，政策的な判断から封印されていた親イラク感情，そしてバグダード条約拡大への願望を，論理的かつ直截に吐露するものであった。

　両者の中間の意見を提示したのは，スティーヴンソン駐エジプト大使であった。スティーヴンソンは，可能な限りナセルとの協力関係を維持する必要性を認識しつつも，いまや北層の後方にアラブ世界独自の組織を構築するというナセルの構想を信頼するのは危険であると判断し，それを肯定的に捉えていた3月のみずからの案を放棄していた。その上で彼は，ESS 諸国が正規の防衛条約を締結できる可能性は低く，仮にそのような条約が締結されたとしても，きわめて異なるイン

---

[69] M. Wright to C.A.E. Shuckburgh, May 10, 1955, in FO371/115511/V1073/816.

タレストを有するこれら3国が緊密に協力し，あるいはバグダード条約の脅威となるとは考えにくいと指摘した。かかる分析に立ち，スティーヴンソンは，ナセルを刺激することを避けるため，当面はバグダード条約へのアラブ諸国の新規加盟を抑制するとともに，ESS 防衛条約の締結に反対する基本的な姿勢を維持しつつ，それを制止するために外交的圧力を加えるような具体的行動も自制するという方針を提案した。スティーヴンソン案は，ESS 連合について楽観的な見方を示し，ESS 連合強化の動きを放置する方針を示した点では現行政策の修正を求めるものではあったものの，それ以外の点については現行政策の継続を支持するものであった[70]。これらの見解がこれ以上議論されることはなく，結果的に，英国政府は，現行政策を継続することとなる[71]。

このように，5-6月にかけて，国務省と英外務省の内部では，ほぼパラレルな政策論争が繰り広げられ，ほぼ同じ過程を経て，同様の結論が導かれていたことになる。バイロードとシャックバラの提案は，大胆な譲歩によってナセルとの関係改善を図り，もってアルファ計画の推進を目指すものであったが，何れも中東の親西側諸国に駐在する同僚たちからの批判にさらされた。親西側諸国駐在の外交官たちの見解は，ナセルへの不信感，そして米英各々の信頼性を維持するためにナセルに対する譲歩に反対するという論理において共通していた。親西側諸国駐在の外交官たちの主張は，彼らの任地国政府の立場を代弁するような側面もあったが，それ以上に重要であったのは，米英がナセルに過度の重点を置けば親西側諸国の信頼を喪失するという形で西側統合政策が破綻する可能性が存在することを指摘したことであった。

ここで明らかになってきたことは，中東を南北に分割して各々において課題を追求するという西側統合政策プログラムが内包する限界であった。ナセルとの協力は望ましく，必要でもあったが，そのためにナセルに譲歩を重ねることは親西

---

[70] Ralph Stevenson to C.A.E. Shuckburgh, May 23, 1955, in FO371/115511/V1073/884.

[71] もっとも，シャックバラ自身は，この時の案を完全に放棄したわけではなかったようである。米英政治・軍事協議のために彼が作成したブリーフィング・ペーパーには，バグダード条約を将来的にヨルダンとレバノンに拡大することが叶わなかった場合の「次善」の策として，「エジプトを中心とする南層（southern tier）」を構築させ，イラクを北層と南層の結節点とするアイディアが簡潔に記されている。Memorandum by Shuckburgh, "United Kingdom/United States Talks on Middle East Defense," June 14, 1955, in FO371/115585/V1193/87. しかし，後述するように，米英政治・軍事協議で英国側がこのような案を示した形跡はなく，前記文書以降，シャックバラも「南層」に言及することはなくなった。

側諸国との信頼および協力関係を損ねることになる。つまり，両者の間にはトレードオフの関係が出現し始めていたのである。米英両国はなおかかる二者択一を迫られる段階には至っていなかったが，選択肢は確実に狭まり始めていた。エジプトとの直接交渉以外の方法でアラブ・イスラエル紛争解決を前進させる可能性を探る動きは，この二者択一の隘路から脱して西側統合政策を前進させようとする試みにほかならなかった。

2) アルファ計画の方針転換

5月のナセルとの交渉の不調を受け，国務省内ではもうひとつの秘密交渉オプションが浮上していた。すなわち，親西側的なヨルダンおよびレバノンとイスラエルとの和平を先行させるというオプションである。このオプションを主張したのは，ラッセルであった。3月のロンドンでの米英のアルファ協議以降，エジプトとの交渉が不調の場合には，ヨルダン・レバノンとの交渉に進むというオプションが示されており，ラッセルは，基本的にはこの米英で合意された計画に沿って，ヨルダン・レバノンとの交渉に関心を移していったのである[72]。しかし，ラッセルはヨルダン・レバノンとの交渉に向けて，独自のアイディアを付け加えた。それは，ヨルダン・レバノン両国に対して，イスラエルとの和平に応じれば米英が両国のバグダード条約への加盟を支持するとの姿勢を報償として示すことで，両国とイスラエルとの和平と両国のバグダード条約加盟を同時に実現するというアイディアであった。さらにラッセルは，これが実現する際には，イスラエルをも地域的防衛組織に参加させる可能性を検討することを提案した[73]。

言うまでもなく，ラッセルのアイディアは，ヨルダン・レバノン両国のバグダード条約への関心を最大限に活用することによって，アラブ・イスラエル和平を進展させようとするものであった。しかし，ラッセル案は，後方アラブ諸国の現状凍結を要石とする現行の地域的政策プログラムの抜本的な変更を意味するのみならず，仮にそれが実現した場合，西側統合政策の目標にも大きな変更を迫るものであった。ラッセル案が実現すれば，親西側アラブ諸国のみがイスラエルとの和平を実現することになる。その結果，ESS連合は，拡大したバグダード条約ともイスラエルとも敵対することとなり，中東の政治的分極化はいっそう深刻な

---

[72] Memorandum from Murphy to Hoover, May 23, 1955, *FRUS, 1955-1957*, 14 : 199.
[73] Memorandum from Russell to Dulles, June 2, 1955, *FRUS, 1955-1957*, 14 : 210-211.

ものとなるであろう。明らかにラッセルはこのようなシナリオまでは考えておらず，より和平が容易な地点から紛争解決を試みようとしたに過ぎなかったが，ラッセル案がかかるシナリオを容易に想像させるものであったことには留意しておいてよい。

さらに，秘密交渉とは全く異なる，もうひとつのオプションが浮上していた。それはアラブ・イスラエル紛争解決に関する公式声明を発するというオプションである。もともとのアルファ計画では，かかる公式声明の発表は，エジプト，ヨルダン，レバノンとの秘密交渉がすべて失敗に帰した後，いわば万策が尽きたときに，米英両国が和平に向けたみずからの活動の正当性を訴え，可能であれば和平に向けた幾ばくかの推進力を残存させるために採用されるオプションとされていた。公式声明というオプションが浮上したのは，半ば偶然であった。5月前半，アラブ・イスラエル紛争を巡る米・イスラエル間の外交的やりとりの情報がリークされる懸念が生じ，同月末には米駐在のイスラエル大使が同時に本国に召還された。国務省は，イスラエル政府が対アラブ和平に関する何らかの公式声明を発表しようとしているのではないかと疑い，イスラエルがそのような声明を発表する際には，その悪影響を相殺するために米国も何らかの公式声明を発することを余儀なくされると考えたのである[74]。実際には，イスラエル政府は，そのよう

---

[74] 4月13日，駐米イスラエル大使エバンと会談した際，ダレスは，将来的にイスラエルにアルファ計画を受け入れさせるための伏線として，アラブ・イスラエル紛争が解決したあかつきには，米国がイスラエルとの安全保障条約を検討すると発言した。DOS to U.S. Embassy in Tel Aviv, #605, April 14, 1955, *FRUS, 1955-1957*, 14 : 153-155. これに対してイスラエル政府は，ダレスが条件付きながら安全保障条約の可能性に言及したことに過剰なまでの反応を示し，シャレット首相からダレスへの書簡などを通じて，米国に紛争解決を待たずに安全保障条約を締結するよう求める外交的圧力を加える姿勢を示した。Memorandum of Conversation, "Security Guarantees for Israel and the Arab-Israel Settlement," April 14, 1955, in "Alpha vol. 4" folder, Lot61 D417 ; U.S. Embassy in Tel Aviv to DOS, #940, May 5, 1955, *FRUS, 1955-1957*, 14 : 170-174. これらの米・イスラエル間のやりとりは，極秘扱いのはずであった。しかし実際には，シャレットの書簡はイスラエル閣議で61人もの閣僚で検討されており，しかも駐米イスラエル大使館は米国で最も伝統あるユダヤ人団体のひとつであるアメリカ・ユダヤ人委員会（American Jewish Committee）に米・イスラエル間で交わされた外交文書を暴露していた。U.S. Embassy in Tel Aviv to DOS, #951, May 10, 1955, in "Alpha vol. 3" folder, Lot61 D417 ; Memorandum of Conversation, "Israel's Need for a U.S. Security Assurances," May 13, 1955, in the same folder. イスラエル政府による公式声明の可能性については，DOS to U.S. Embassy in Amman, #504, May 28, 1955, in "Alpha vol. 4" folder, Lot61 D417. （本文書は，*FRUS, 1955-1957*, 14 : 209-210 に所収されているが，第2段落末文に，本来「success」とすべき箇所を「case」としている誤植がある。）なお国務省は，米国が公式声明を発表することを余儀なくされる可能性を英外務省に通知していたが，英国側はそもそもイスラエル政府が公式

な声明を出すことを考慮していたわけではなかった。実際にイスラエル政府が取った行動は，米英両国政府への安全保障条約締結の要請，そして領土変更には応じないとする従来の立場を再確認する申し入れであった[75]。本来であれば，公式声明というオプションはここで棚上げになってもおかしくなかった。しかし，米国の中東政策を実質的に決定する立場にあったダレスが，公式声明の発表をにわかに強く主張し始めたのである。

　6月5日日曜日の午後，サウスカロライナで休暇を過ごしていたダレスは，アラブ・イスラエル紛争に関する公式声明の草稿を作成した。草稿はまず，アラブ・イスラエル紛争の経緯を概観した後，問題の本質を紛争当事者たちが相互に抱く「恐怖」に求めた。「この恐怖が，アラブおよびイスラエル国民を，帳のごとく覆って」おり，その結果，双方はもともと弱体な経済を消耗させて軍拡にいそしんでいる。ダレス草稿は，この恐怖を取り除くことが指導者の役割であると述べた上で，米英両国が考案した，「全ての関係国に明確な利益」をもたらす解決方針として，アルファ計画に盛られた紛争解決案の骨格を描き出した。すなわち，ネゲヴの三角地帯をイスラエルからエジプトに割譲させるなどの領土調整を行った上でアラブ・イスラエル間の恒久的な国境を確定し，それを国際的に保障する枠組みを構築すること，イスラエルが賠償を行った上でパレスチナ難民を「おもにアラブ領土」に再定住させること，「エルサレムの一部」を国際管理に委ねユダヤ・イスラム・キリスト教徒の聖地巡礼を保障することなどを紛争解決の原則として列挙した上で，ダレス草稿は，アラブ・イスラエル双方がこれらに基づく和平に合意する場合，米国は紛争当事国間の直接交渉を斡旋あるいは仲介し，恒久的国境線を保障する国際的枠組みに参加し，パレスチナ難民への賠償の原資をイスラエルに援助する意思を有することを，明確に語っていた[76]。

　明らかにダレスは，包括的かつ具体的な，そして米国政府の意図を率直に開陳する公式声明を意図していた。ダレス草稿は，アルファ計画で構想されていた解

　　声明を発表する可能性はきわめて低いと分析していた。British Embassy in Washington to FO, #1218, May 27, 1955, in FO371/115869/VR1076/101 ; FO to British Embassy in Tel Aviv, #319, May 31, 1955, in FO371/115869/VR1076/97 ; British Embassy in Tel Aviv to FO, #181, May 31, 1955, in FO371/115869/VR1076/97.

[75] Memorandum of Conversation, "Israel's Desire for U.S. Security Guaranty," June 8, 1955, in "Alpha vol. 4" folder, Lot61 D417 ; FO to British Embassy in Tel Aviv, #324, June 4, 1955, in FO371/115870/VR1076/110.

[76] Memorandum from Dulles to Hoover, June 6, 1955, *FRUS, 1955–1957*, 14 : 222–226.

決方針をひととおり網羅しており，この種の公式声明としては例外的なほど率直かつ具体的な内容を有した。同時にダレスは，「恐怖」の克服をテーマに据えることで，公式声明に格調を付与することを明らかに意図していた。これが，かつてフランクリン・ローズヴェルト大統領が 1941 年の年頭教書で語った「恐怖からの自由」をモチーフにしていたことは明らかである。ダレスは，いわばアメリカ外交の伝統に連なるプランとしてアルファ計画の全貌を発表する可能性を真剣に考慮し始めていたのである。

アルファ計画の進路は，6月8日，ダレス，フーヴァー次官，アレン次官補，ラッセル，ヘアという，同計画のコア・メンバーの会合で検討された[77]。会合の冒頭，ラッセルは，ハイダム援助の可能性の提示を含め，今後数週間のうちにエジプトとの交渉の可能性を見極め，ナセルの協力を獲得できないと判断される場合には，速やかにヨルダン・レバノンとの交渉に移るべきであると主張した。加えてラッセルは，ダレスが提起した公式声明の発表というオプションには，英国が難色を示しているほか，中東各国の米大使館も反対していることを説明し，公式声明はあくまでも最後の手段として温存すべきであると論じた。事実，現場の外交官たちの中に，公式声明というオプションを支持する者はいなかった。カイロのバイロードは，公式声明は秘密外交の交渉の柔軟性を損なうのみであるとして，エジプトに後方アラブ諸国も加えて秘密交渉を継続するよう訴えた[78]。ロンドン，アンマン，ベイルートの米大使館も，公式声明には益がないとして消極的な姿勢を示していた[79]。

しかし，ダレスは公式声明を先行させるべきであるとの自説を曲げなかった。ダレスは，ラッセルが主張するヨルダン・レバノン先行案については取り合おうとすらしなかった。おそらくダレスは，ヨルダン・レバノン先行案が域内の政治的分極化をむしろ加速することを認識しており，それゆえ同案には関心を示さなかったのであろう[80]。同時に，ダレスは，当面見込み薄なナセルとの秘密交渉に

---

[77] 以下，同会合に関する記述は，Memorandum of Conversation, "Steps to Launch Alpha," June 8, 1955, *FRUS, 1955-1957*, 14 : 231-234.

[78] U.S. Embassy in Cairo to DOS, #1806, May 30, 1955, in "Alpha vol. 4" folder, Lot61 D417.

[79] U.S. Embassy in Beirut to DOS, #1252, May 30, 1955, in "Alpha vol. 4" folder, Lot61 D417 ; U.S. Embassy in London to DOS, #5222, May 30, 1955, in the same folder ; U.S. Embassy in Amman to DOS, #424, May 31, 1955, in the same folder ; Memorandum from W.K. Scott to Hoover, "Alpha," June 1, 1955, in the same folder.

[80] 米国側の史料では，レバノン・ヨルダン先行案に関するダレスの直接的言及は発見できな

時間を費やすリスクへの懸念を強めていた。アルファ計画の開始時から，ダレスは1955年のうちに一定の成果を上げておく必要があると主張していた。1956年は米国の大統領選挙の年であり，アラブ・イスラエル問題が米国内政治のイシューとなる可能性が高い。民主党が親イスラエル的な政策を打ち出し，共和党もそれに対応を迫られるという事態を，ダレスは恐れていた。そうなれば，「過去2年間に積み上げてきた米国と多くの［中東］地域諸国との関係改善は台無し」になり，「西側陣営はアラブ世界を喪失する」，とダレスは論じた。つまりダレスは，公式声明によって米国政府の和平に関する基本的な立場を明確に確立しておくことにより，米国の国内政治が和平に関する米国のスタンスを損なうことを未然に防ごうとしたのである。したがって，公式声明に込められたダレスのねらいは，中長期的なものであった。和平に関する基本的な立場を確立しておくことにより，米国政府は「国政選挙のさなか」にもかかる基本的な立場に依拠することが出来るし，中長期的にも「基本的に健全」な路線を歩むことが出来るであろう[81]。つまりダレスは，選挙の年である1956年，そしてそれ以降にもアラブ・イスラエル紛争解決に向けたモメンタムを維持することを期して，公式声明の発表というオプションを主張するようになったのである。

さらにダレスは，秘密交渉が進展する前に公式声明を出すことには積極的なメリットもあると考えていた。外交戦術的には，秘密交渉が失敗した後に公式声明を発表するならば，それは紛争当事国には解決策の押し付けと映るであろう。早期に基本原則を発表しておくことは，かかる反動を未然に防ぐことになる。さらに，公式声明の発表というオプションの最大のメリットは別のところにあるとダレスは考えていた。6月8日のコア・メンバー会合で，ダレスは次のように述べた。

> アルファの目標と原則に関する公式声明は，全ての関係者の良識 (good judgment) に訴えるに違いない。［声明発表の］当初は，否定的な反応が示されるかもしれない。しかし，それを冷静に再考すれば，イスラエルとアラブの双方の世論は，［公式声明の内容には］双方にとって大きな利点があることを理

い。しかし，この頃，ワシントンの英大使館は，ダレスが引き続き和平の実現までは両国への軍事援助提供や両国のバグダード条約加盟に強く反対していることを報告している。British Embassy in Washington to FO, #1261, June 1, 1955, in FO371/115869/VR1076/106.
[81] DOS to U.S. Embassy in Cairo, #53, July 9, 1955, *FRUS, 1955-1957*, 14：282-283.

解するであろう。国際世論もこぞってそれを支持するに違いない。

　ダレスが中東諸国の「世論」や「良識」に言及したことは，きわめて重要である。このようなダレスの議論，さらには「恐怖からの自由」をモチーフとするダレス草稿には，ジョージ・ケナンがアメリカの外交的伝統に内在する欠陥として糾弾した「法律家的・道徳家的」性質が表れている。公式声明というオプションが，米国内政治上の考慮と結びついていた点でも，ダレスの議論はまさにケナンがアメリカ外交の悪しき伝統と批判する性質を具備していた[82]。しかしながら，中東諸国民の「良識」や「世論」へのダレスの信頼を，出来合いの批判的概念に当てはめるだけでは，その歴史的な意味を見失うことになろう。

　中東政策を巡り，ダレスがこれほどまでに理想主義的な言葉を語ることは，これ以前にもこれ以降にもなかった。しかし，かかる理想主義的な言辞は，一時的な逸脱では決してなく，中東諸国と共通のインタレストの基盤を構築することによって中東全域を西側陣営に統合することを目指す西側統合政策に内在する論理と完全に整合するものであった。何故にダレスは，具体的な前進の糸口すら摑み得ぬ状態にとどまっていたアラブ・イスラエル和平にこだわったのか。さらには，何故にダレスは，親西側諸国のみのブロックを構築しようとする中東諸国や米国政府内の声に抗し，ESS諸国との協調関係を追求する姿勢を堅持したのか。換言するなら，何故に，中東域内の政治的分極化を受け入れることを頑ななまでに拒否し，あくまでも中東全域を西側陣営に統合することを目指し続けたのか。そこには，西側陣営との連携に抵抗し，親西側諸国のブロックに敵対し，あるいはアラブ・イスラエル和平に反対している勢力についても，その「良識」への信頼が存在していたと考えざるを得ないのである。

　かかる「良識」や「世論」への信頼は，軍事援助に代表される報償を活用することを排除するものではなかった。また，ダレスの主導のもとに米国が実際に遂行している中東政策は，中東諸国や中東の指導者たちをチェスボード上の駒のよ

---

[82] George F. Kennan, *American Diplomacy*, expanded edition (Chicago: University of Chicago Press, 1984), 95-97（ジョージ・ケナン著，近藤晋一・飯田藤次・有賀卓訳『アメリカ外交50年』岩波書店，2000年，144-146頁）。ダレスの公式声明構想は，アラブ・イスラエル和平問題を国内政治の影響から隔離することによって長期的なインタレストを追求しようとする点で，米国内政治によって本来あるべきインタレスト追求がゆがめられているとのケナンの批判には合致しない。しかし，米国内政治というファクターがなければダレスが公式声明にこだわることもなかったであろうから，限定的ながらケナンの批判は該当する。

うに操作する性質を有したことも明らかである。後方アラブ諸国政府の意図に反する形で同諸国を中東の南北の緩衝地帯とする外交戦術は，域外から勢力関係を操作する，「オフショア・バランシング」の例として位置づけ得る内容を有した。しかし，これらはすべて，共通のインタレストと協調の原理に基づく共同体，すなわち同盟関係を実現するための手段に過ぎなかった。そして，異なる国々との間にインタレストや目標の共通の基盤を創出するためには，最終的には相手国の指導者の「良識」や国民の「世論」を信頼するほかない。ダレスがやや唐突に語ったように見える「良識」や「世論」への信頼は，じつのところ，西側統合政策の根本に常に存在し続けていた原理にほかならなかった。1955年夏，一方では，中東の親西側諸国が中東の政治的分極化を加速するような政策への米国の同調を要求し，他方では，米国の政策決定者たちが信頼してきたナセルが対イスラエル和平への協力姿勢を見せず，和平実現のための当面のタイムリミットが近づいていた。前項で指摘した，中東の親西側諸国への支援とナセルとの協調関係の追求との間にトレードオフ関係が顕在化しつつある状況を最も鋭敏に感じ取っていたのは，米国の中東政策を俯瞰し統括する立場にあったダレスであったに違いない。それゆえにこそダレスは，「良識」や「世論」への信頼という西側統合政策の根本に立ち返り，かかる原理からアラブ・イスラエル和平に関する公式声明の発表というオプションに辿り着いたと考えられるのである。

6月8日のアルファ計画コア・メンバー会合では，公式声明に反対して秘密外交の継続を主張するラッセルとアレン，公式声明の発表を強く主張するダレス，秘密外交への悲観から公式声明を消極的に支持するフーヴァーとヘアという図式で議論が進行したが，最終的にはダレスがみずからの主張を押し通した。ダレスは，バイロードにナセルへのアプローチを当面停止するよう訓令を発するとともに，ラッセルに公式声明の準備を指示した[83]。（以下では，米国のアラブ・イスラエル和平に関する公式声明を「アルファ演説」と記す。）

一方，英国政府は，5月以降，アルファ計画の進め方を巡り，米国側への不満

---

[83] DOS to U.S. Embassy in Cairo, #2133, June 9, 1955, in "Alpha vol. 4" folder, Lot61 D417. 先述のように，6月9日の会談でバイロードはナセルにアルファ計画を打診しているが，これはナセルとの和平交渉停止の本省からの指令が到着する前に行われたものであった。U.S. Embassy in Cairo to DOS, #1878, June 9, 1955, in "Alpha vol. 4" folder, Lot61 D417. また，本文で前述した，バイロードの後方アラブ諸国の現状固定案も，この決定の後に提起されている。ナセルとの秘密交渉の停止は，暫定的な措置であるとの理解が共有されていたものと考えられる。

を募らせつつあった。とりわけ英国の政策決定者たちは，米国政府内で，バグダード条約加盟を容認することを報償としてヨルダンとレバノンに対イスラエル和平を打診する可能性が検討されていることに強い不快感を抱いていた。そもそも対イスラエル関係が実質的に安定しているレバノン，アラブの大国に囲まれている小国ヨルダンが，アラブ世界から孤立するリスクを冒そうとするかは大いに疑問であると，英国側は考えていた[84]。また，仮にヨルダンとレバノンのみがイスラエルとの和平に応じたとしても，かかる局地的な緊張緩和が大きなメリットをもたらすとは考えにくかった。英国政府は，包括的な和平の実現のためには，やはりエジプトの参加が不可欠であると考えていたのである[85]。

　しかし，英国側の不満は，これらの技術的な側面にとどまらぬ，いわば中東政策の根本にかかわるものであった。アルファ計画が滑り出しから躓いたことで，英国の政策決定者たちは，アラブ・イスラエル紛争が解決されぬ限り，レバノンとヨルダンのバグダード条約加盟に反対するという米国の姿勢に疑念を抱き始めていた。すでに見たように，英国政府は，アルファ計画を推進する間の暫定的な措置として，後方アラブ諸国のバグダード条約加盟を抑制する方針に同意していた。しかしそれはあくまでも暫定的な措置であり，状況が変わればバグダード条約を南方に拡大すべきであるというのが英国側の基本的な考え方であった。そのような立場から見れば，この暫定的な方針を固定化するかの如き米国の言動は，きわめて危険であった。アラブ・イスラエル和平が長期的に実現しない場合には，「レヴァントのアラブ諸国が参加する防衛組織は存在してはならない」と米国政府が考えているのではないかと，英国政府は訝り始めていた。かかる折に，バグダード条約加盟を報償とするレバノン・ヨルダンとの和平先行案の情報が米国側からもたらされた。バグダード条約とは，レバノンやヨルダンへの外交カードとして利用される程度の事業なのであろうか。「我々は，かくもシニカルな姿勢でトルコ・イラク条約をもてあそぶのに耐えられるのか」という疑問，あるいは憤懣が，英国の政策決定者たちの間に頭をもたげてきたのである。言うまでもなく，

---

[84] FO to British Embassy in Washington, #2609, June 2, 1955, in FO371/115869/VR1076/105. 前記の6月8日のアルファ計画コア・メンバー会合において，ヘアが，もしレバノンで和平を先行させるなら，米国はレバノンを他のアラブ諸国からの攻撃から護るために同国を「被保護国(client state)」にする必要が生じると指摘し，レバノン・ヨルダン先行案を批判している。かかるヘアの主張は，英国側の分析とパラレルな関係にあったと言ってよい。本章註77参照。

[85] C.A.E. Shuckburgh to Roger Makins, June 15, 1955, in FO371/115870/VR1076/111.

かかる疑問は、米国の中東政策、とりわけバグダード条約への姿勢に向けられていた。ちょうどこの頃、英国の政策決定者たちの間では、記憶の歪曲が生じ始めていた。彼らは、エジプトからの批判を顧みずに、トルコとイラクにバグダード条約を締結させたのは米国であると語り始めていた。そして、かかる歪曲された記憶ゆえに、英国の政策決定者たちの心中では、米国のバグダード条約に対する方針が、いっそう無定見かつ無責任なものと映り始めていたのである[86]。

　米国政府内でレバノン・ヨルダン先行案が否定されたことで、さしあたり、このような英国政府内の感情は封印されることとなった。しかし、これと前後してアルファ演説の構想が提起されたことで、英国政府は再び米国への不信感を強めた。先述のように、もともとのアルファ計画では、公式声明の発表は秘密交渉が行き詰まった場合の最後の手段として位置づけられていた。それにもかかわらず、米国側が一方的に公式声明を具体的な選択肢として検討し始めたことに、英国側は戸惑い、反発した[87]。英国の政策決定者たちは、アルファ計画の概要を発表すれば、アラブ・イスラエル双方がそれを非難し、結局和平の可能性が遠のくと考えていた。それゆえ彼らは、ナセルとの秘密交渉を継続するべきであると主張した。ガザを巡る緊張の高まりなどを考えればナセルが一時的に交渉を回避するのはむしろ当然であり、当面は直接交渉の機会が到来するのを待つべきである。そして万一、直接交渉の可能性が失われたと判断される場合には、米英間で再度の協議を行うべきであり、直接交渉の可能性が残されている段階で、公式声明という形で和平案の枠組みを確定するのは賢明ではない、というのが英国政府の基本的な立場であった[88]。

　6月16日にニューヨークで行われた米英外相会談で、アルファ計画の進め方を巡る米英間の意見交換が行われた。マクミラン英外相は、ガザをはじめとするエジプト・イスラエル国境の緊張が緩和するのを見計らって、秘密交渉を再開するべきであると主張した。ダレスは、ここでマクミランの発言を遮るようにして、アルファ演説が必要であると結論した理由を説明し始めた。トルーマン前大統領、

---

[86] British Embassy in Washington to FO, #1248, May 31, 1955, in FO371/115869/VR1076/105 ; Minute by G.G. Arthur, June 9, 1955, in FR371/115870/VR1076/111 ; C.A.E. Shuckburgh to Roger Makins, June 15, 1955, in FO371/115870/VR1076/111.

[87] British Embassy in Washington to FO, #1218, May 27, 1955, in FO371/115869/VR1076/101 ; FO to British Embassy in Washington, #2530, May 28, 1955, in FO371/115869/VR1076/101.

[88] Memorandum by C.A.E. Shuckburgh, "Alpha," June 15, 1955, in FO371/115870/VR1076/115 ; FO to British Embassy in Washington, #3101, July 4, 1955, in FO371/115870/VR1076/121.

ハリマン・ニューヨーク州知事，ワグナー（Robert F. Wagner Jr.）ニューヨーク市長ら，民主党の大物たちが，近くイスラエル訪問を予定している。彼らが，アラブ・イスラエル問題について何らかの発言を行えば，それがアルファ計画に悪影響を与えるのは必定である。そのようなことが起こる前に，アラブ・イスラエル紛争に関する米国政府の基本的立場を確立しておくことが是非とも必要である。米英両国が共同で関係国政府に具体的な提案を行う可能性も考慮したが，かかる手法では米国の公式の立場を確立することは出来ない。公式声明では，アルファ計画の存在には直接触れず，しかしアルファ計画の方針に即する形で，米国の立場を説明することとなろう。これは断じて選挙でのユダヤ票獲得を目指すものではない。声明については，必ず事前に英国側との摺り合わせを行うための十分な時間を取る。以上のようなダレスの説明に，マクミランは慎重に応じ，アルファ計画の進め方については，再びラッセルとシャックバラの間で検討を行うことが合意された[89]。しかし，このダレス・マクミラン会談の意味は小さくはなかった。会談を機に，英国政府の対米不信は明らかに低下した。英国側は，ダレスの丁寧な説明を好意的に受け止め，米国の国内政治上の事情にも理解を示すようになった。とりわけ，米国政府が一方的にアルファ計画を放棄しようとしているわけではないこと，そしてアルファ演説に際しては英国側と十分な摺り合わせを行う意向であることが明らかになり，英国側はひとまず安堵したのである[90]。

　7月上旬，ロンドンで行われたラッセルとシャックバラの協議を通じて，英国はアルファ演説を受け入れる方向に大きく傾いていった。ラッセルは，改めて米国側の認識を説明した。アイゼンハワー政権は，翌年に選挙戦が開始される前に，アラブ・イスラエル紛争に関する米国政府の公式の立場を確立したいと考えており，アルファ演説の主たる目標はそこにある。おそらくアルファ演説は，短期的には，アラブ・イスラエル双方から批判されることになるであろう。しかし，長

---

[89] この会談の内容は，米英双方の史料から再現したが，民主党やユダヤ票云々の記述があるのは，英国側史料のみである。米国側史料がこれらの内容を明らかに意図的に省略する例は少なくない。British Consulate in New York to FO, #477, June 16, 1955, in FO371/115870/VR1076/116; Record of Conversation, June 17, 1955, in FO371/115870/VR1076/116; Memorandum of Conversation, Subject Unspecified, June 16, in "Alpha vol. 4" folder, Lot61 D417; DOS to U.S. Embassy in Cairo, #2224, June 20, 1955, in the same folder.

[90] British Consulate in New York to FO, #487, June 16, 1955, in FO371/115870/VR1076/116; FO to British Embassy in Washington, #2891, June 20, 1955, in FO371/115870/VR1076/116; British Embassy in Washington to FO, #1543, July 5, 1955, in FO371/115871/VR1076/125.

期的に見るならば,「責任感のあるアラブ人とイスラエル人たちはアルファ提案の利点を認識し,それに基づく紛争解決へとゆっくりと進んでいくことになる」であろう。このように,ラッセルは6月8日にダレスが下僚たちを説得した際に用いたのと同じ論理を用いて,英国側に理解を求めた。その上でラッセルは,国務省の彼の同僚たちの多くが当初は演説に反対していたが,今ではその効果に期待していると言い添えた[91]。ラッセルの説明を受け,英国政府はアルファ演説を容認する方針を,ほぼ固めるに至った。アルファ演説を通じて米国政府を長期的にアルファ計画の解決方針にコミットさせることが,英国の中東政策にとっても利益になると,英国政府は判断するようになったのである[92]。

しかし英国の政策決定者たちがアルファ演説容認に傾いたのには,もうひとつ理由があった。それは彼らが,アルファ演説を梃子にして,米国から外交的な譲歩を引き出せると計算し始めていたからであった。公式声明というオプションが浮上した5月末以来,それがアラブ・イスラエル双方から批判の的となり,結果的に和平の可能性を遠ざけることになるのではないかとの懸念は,米英双方の政策決定サークルで語られていたものの,それは漠然とした不安の域を出るものではなかった。しかるに7月上旬,つまり英国の政策決定者たちがアルファ演説の受け入れに傾いていったちょうどその時に,英外務省は,アルファ演説がイラク国内で反バグダード条約および反ヌーリー勢力を勢いづかせるのではないかという懸念を,突如として強調するようになる[93]。そして同時期に開催されたラッセル・シャックバラ協議以降,英外務省は,アルファ演説の悪影響を緩和する措置として,米国が海外調達方式によってイラクに「少数(small number)」の英国製のセンチュリオン戦車を援助すること,そしてヌーリー政権にアラブ・イスラエル紛争の解決後に米国がバグダード条約に加盟する意向であることを伝達することを,米国側に要請するようになる[94]。

---

[91] Record of the Meeting Held in the FO on Thursday, July 7, 1955, at 3:30 P.M., in FO371/115872/VR1076/142.

[92] C.A.E. Shuckburgh to I. Kirkpatrick, July 8, 1955, in FO371/115871/VR1076/131 ; Macmillan to Eden, PM/55/89, July 12, 1955, in FO371/115871/VR1076/128 ; Shuckburgh, *Descent to Suez*, 266-267.

[93] C.A.E. Shuckburgh to I. Kirkpatrick, July 11, 1955, in FO371/115871/VR1076/131 ; FO to British Embassy in Washington, #3238, July 12, 1955, in FO371/115871/VR1076/125.

[94] U.S. Embassy in London to DOS, #141, July 12, 1955, *FRUS, 1955-1957*, 14 : 287-288 ; U.S. Embassy in London to DOS, #142, July 12, 1955, ibid., 288-290 ; U.S. Embassy in London to DOS, #148, July 13, 1955, in "Alpha vol. 5" folder, Lot61 D417.

アルファ計画がイラクに与える悪影響への懸念は，根拠なきものではなかった。本省よりアルファ演説がもたらすであろう影響を問われたバグダードの英大使館は，ヌーリー政権が受けている最も深刻な批判は，バグダード条約を通じてイスラエルとの妥協を受け入れようとしているというものであり，それゆえアルファ演説は同政権へのきわめて深刻な打撃となりうる旨，回答している[95]。しかし実際には，このバグダード大使館の回答以前から，英外務省はアルファ演説がとりわけイラクに悪影響を及ぼす可能性を米国側に強調するようになっており，しかもかかる懸念は必ず対イラク援助の増額要請と組み合わせる形で表明されていた。英国政府は，予想されるアルファ演説の悪影響に対処するために対イラク援助の増額が必要であると判断したのではなく，米国から対イラク援助の増額を引き出すためにアルファ演説問題を活用した側面が強かったのである。

対イラク援助問題の起源は，4月にさかのぼる。先述のように，バグダード条約の締結を支持する立場を明確化するために，米国は英国からの海外調達方式によって120ミリ砲12門をイラクに援助することを決定していたが，それはバグダード条約の画期性に見合う規模の援助であるとは言い難かった。そこで浮上したのが，英国のセンチュリオン戦車をイラクに提供する可能性であった。1953年にイラク政府は約80両のセンチュリオン戦車の導入を希望する旨英国側に伝達していたが，1955年時点では訓練目的でイラクに4両が貸与されているに過ぎなかった。英国政府内では，外務省が大蔵省に，イラクに無償でセンチュリオン戦車を提供することの重要性を説いていた。バグダード条約締結後の対イラク援助は中東諸国の注目を集めており，ゆえに早期にセンチュリオンを提供することは，中東諸国にポジティヴな影響を与えると期待できること，そしてイラク軍の重装備を引き続き英国製とするためにもセンチュリオンの提供は必要であることを，外務省は力説した。しかるに大蔵省は，対イラク援助に否定的な姿勢を崩さず，貸与中の4両のイラクへの無償提供にすら難色を示すような状況であった[96]。

バグダードのライト英大使は，援助の遅れがイラク政府の英国への不信感を増大させつつあるとして，もし仮に米国政府が米国製戦車であれば援助に応ずると

---

[95] British Embassy in Baghdad to FO, #636A, July 14, 1955, in FO371/115871/VR1076/130.

[96] British Embassy in Baghdad to FO, #488, April 27, 1955, in FO371/115585/V1193/55 ; T.J. O'Brien (Treasury) to E.M. Rose, May 13, 1955, in FO371/115585/V1193/62 ; E.M. Rose to T.J. O'Brien, May 31, 1955, in FO371/115585/V1193/62.

いうのであれば，現状の継続よりは「小さな悪」として，それを受け入れてでも早期の援助を実施すべきであると，本省に懇請した[97]。かかる圧力を受け，大蔵省はイラクに貸与中のセンチュリオン４両の貸与継続には同意したものの，援助の増額には応じぬ姿勢を崩さなかった[98]。そこで，英国政府は，６月24日の米英政治・軍事協議において，急遽イラク向けのセンチュリオン戦車の援助を米国側に要請することになった。この英国からの提案は，もともと二国間協議の議題にはなかったこともあり，米国側は提案を検討することを約束するにとどまっていた[99]。米国政府がアルファ演説への英国政府の同意を要請したのは，まさに英外務省が対イラク援助について進退窮まる状況に置かれていたときであった。

英国政府が対イラク援助で米国の負担を求めた背景には，英国の政策決定者たちが抱き始めていた，例の歪曲されたバグダード条約観，すなわちバグダード条約を英国以上に望んだのは米国であるとする認識が，確実に存在した。

> 合衆国政府こそが，北層構想を最初に編み出したのであり，ソ連からの脅威は具体的かつ差し迫ったものであるとしてトルコとイラクに条約の締結を促したのである。条約を巡る交渉の過程を通じて，彼ら［米国］は我々［英国］にこの［ソ連の］危険の急迫性を強調した。今になって，もし彼ら［米国］がイラクに，イスラエルへの配慮ゆえにロシアに対する防衛のための武器を保有してはならないという立場を取るならば，彼らはきわめて無責任に振る舞っていることになる[100]。

かかる認識のもと，英国政府は，アルファ演説の「見返り」として，米国に対イラク援助の大幅な増額を求めたのである[101]。

７月14日，北大西洋理事会が開催されたパリで行われた米英外相会談において，マクミランはかかる英国側の主張を全面的に展開した。マクミランは，北層の組織化を主唱したのは米国であると指摘した上で，米国がバグダード条約に加盟しない以上，対イラク援助という形で貢献するのは当然であるという口ぶりで，

---

[97] British Embassy in Baghdad to FO, #584, June 5, 1955, in FO371/115585/V1193/72. しかも，米英間の連絡ミスなどが原因で，７月段階でも120ミリ砲はイラクに到着していなかった。FO to British Embassy in Baghdad, #91 Saving, July 1, 1955, in FO371/115585/V1193/72.
[98] Memorandum by E.M. Rose, "Arms for Iraq," June 28, 1955, in FO371/115585/V1193/83.
[99] British Embassy in Washington to FO, #357 Saving, June 25, 1955, in FO371/115585/V1193/80.
[100] FO to British Embassy in Washington, #3061, July 1, 1955, in FO371/115585/V1193/80.
[101] Ivone Kirkpatrick to Roger Makins, July 29, 1955, in FO371/115585/V1193/90.

米国側に決断を求めた。これに対してダレスは，アルファ演説は当初予定していたような領土問題等の具体的な紛争解決方針は盛り込まずに和平の「原則」のみを表明する内容とすること，そして「初秋」にそれを発表する方向で米国政府が準備を進めていることを説明して，英国側の理解を改めて要請した。加えてダレスは，米国政府がアラブ・イスラエル紛争が解決されぬ限りバグダード条約に加盟しない方針であること，しかし同条約の軍事戦略を巡る議論にはオブザーバーの派遣という形で参加するとの方針を決定したことを説明したが，対イラク援助の問題には触れなかった[102]。ダレスが明確に対イラク援助を受け入れなかったゆえに，マクミランもアルファ演説に最終的な同意は与えなかった。しかし，外相会談を通じて，アルファ演説を巡る米英の立場は接近した。ダレスとマクミランは，アルファ演説が行われる場合，具体的な和平提案には立ち入らず，また英国との事前合意には言及せぬこと，そして演説の翌日に英外相が演説の内容を大筋で支持する声明を発表することなどに合意したのである[103]。

3) 米英のすれ違いとアルファ演説

しかし，これ以降，アルファ演説と対イラク軍事援助問題は，外交的な悲喜劇の様相を呈し始める。これらの問題は，米・英・仏・ソ4か国首脳会談が開催されたジュネーヴで，米英首脳レヴェルで討議された。イーデンは，米国がイラクに対してアラブ・イスラエル紛争の解決後にバグダード条約に加盟する意思を明言すること，そしてイラクにセンチュリオン戦車を援助すること，以上2点を事実上の条件として，アルファ演説に同意するという姿勢を示し，かかる内容を記した覚書を手交した。しかし，これに対するアイゼンハワーの回答については，米英の記録に大きな隔たりがある。米国側の記録によると，アイゼンハワーは，イラク軍が英国製の装備で武装することを引き続き支持する姿勢を示しながら，英国が負担の「相当部分（substantial part）」を担うことが米国からの援助の条件であるとの立場を伝えた[104]。一方，英国側の記録によると，アイゼンハワーは米議

---

[102] Memorandum of Conversation, Subject Unspecified, July 14, 1955, *FRUS, 1955-1957*, 14: 295-298; Macmillan to Eden, "Alpha," PM/55/1（G）, July 18, 1955, in FO371/115871/VR1076/134. シャックバラの日記によると，ダレスはイラクへのセンチュリオン提供に難色を示しているのは米国防省であると説明した。Shuckburgh, *Descent to Suez*, 268-270.

[103] FO to British Embassy in Washington, #3338, July 19, 1955, in FO371/115871/VR1076/134.

[104] U.S. Consulate in Geneva to DOS, Dulte 15, July 18, 1955, in "Alpha vol. 5" folder, Lot61 D417; British Aide Memoire, July 17, 1955, in the same folder.

会の対外援助への否定的な姿勢を説明した上で，英国側が「如何に小規模であろうとも，いくばくかの貢献（a little help, however small）」を行えば，議会からの理解を得やすくなるとの見通しを示し，さらにイラクに「およそ100両」の戦車を供給したいとするイーデンの発言に肯定的な反応を示した[105]。英国側の方が記述が具体的であり，また後述するように，対イラク援助の最終決定にアイゼンハワーが重要な役割を担うことを考えれば，実際の会談内容は英国側の記録に近かったと思われる。しかし何れにせよ首脳会談での合意は曖昧であり，その結果，米英双方はみずからに都合のよい解釈，つまり相手方が対イラク援助の主要部分を負担するという前提のもとに外交を組み立て，それが悲喜劇を惹き起こしていくことになる[106]。

英国側は，アイゼンハワーが対イラク援助の相当部分を引き受ける姿勢を示したとの前提のもと，7月23日付のイーデンからアイゼンハワー宛の書簡で，英国はセンチュリオン戦車10両を提供する方針なので，米国は70両を提供してほしいとの要望を示した。同書簡は，センチュリオン戦車は1両が約5万ポンドであることを付言していた。つまり英国は，米国に350万ポンド（980万ドル）の援助を一方的に要望したことになる[107]。英国側が援助の主要部分を引き受けるのが当然と考えていたワシントンの実務者たちは，強い不快感を示した。英国側は，もともとアルファ計画と無関係な対イラク援助問題をアルファ演説にリンクさせて条件闘争を仕掛けている。さらに，英国はイラクへの悪影響を過度に誇張している上に，イラクへのセンチュリオン戦車の提供がアルファ演説のアラブ世界への悪影響を克服しうるかは疑問である，と米国側は不満を募らせた[108]。また，連邦議会による対外援助予算の縮減により，すでに支出が決定している軍事援助の財源すらままならない状況で，新規に約1千万ドル近い財源を捻出することがきわめて困難であることも事実であった[109]。

---

[105] Memorandum by Eden, "Alpha," July 17, 1955, in FO371/115872/VR1076/141.
[106] 首脳会談で明確な合意がなかったことは，3日後の7月20日，米英の首脳・外相が集った朝食の席で，イーデンとマクミランが，アルファ演説は中東に「爆発（blow-up）」を惹き起こすであろうとまで述べ，対イラク援助はバグダード条約に加盟しない米国の「特別の責任」であるとして決断を迫ったことにも表れている。Memorandum by Dillon Anderson, "Centurion Tanks for Iraq," July 26, 1955, in "Alpha vol. 5" folder, Lot61 D417.
[107] Anthony Eden to Dwight Eisenhower, July 23, 1955, in "Alpha vol. 5" folder, Lot61 D417.
[108] Memorandum from Allen to Dulles, "Comments on Alpha Proposal," July 13, 1955, *FRUS, 1955-1957*, 14：293-295.
[109] 同時期，ダレスは対イラン軍事援助の増額をウィルソン国防長官に提案していたが，ウィル

この結果，7月末，国務・国防省およびCIAの実務者会合は，イラクへのセンチュリオン戦車提供に関する英国側の要望を全面的に拒否する決定を下した。実務者会合の後に作成されたメモには，政治的および軍事的な側面から英提案を拒否する理由として，上記のような英国の外交戦術への批判のほか，中東諸国向けの海外調達方式の援助の先例とされることへの警戒感，全面戦争時の英国の中東への補給能力への不信感など，いわば考えられる限りのネガティヴな要素が，2ページ半にわたり，縷々書き連ねられている。しかし，その中でとりわけ興味深いのは，英国やイラクは米国の提案に乗せられる形で北層の組織化を推進したとする英国側の議論への反論として，「イラクは自国の利益の観点からトルコ・イラク協定に調印した」との認識が示されたことであった。同メモは，バグダード条約自体を批判したわけではもちろんなかったが，いわば米国の道義的責任を強調する英国側の議論への反作用という形で，米国の政策決定者たちがバグダード条約から心理的な距離を取り始めた，最初の徴候であった[110]。

　実務者会合の決定は英国側には伏せられていたけれども，メイキンズ駐米英大使は米英間の摩擦を鋭敏に感じ取っていた。そのきっかけは，ジュネーヴの米英首脳会談における対イラク援助を巡るやりとりについて米英間に深刻な見解の相違が存在していることに，メイキンズが気付いたことであった。しかし，彼が不安を感じたのは，かかる個別的な問題のみではなかった。英外務省は，バグダード条約を米国の事業であるかのごとく位置づけながら，あたかも当然の権利であるかのごとく米国側に中東における負担を求めようとしている。かかる自己中心的で傲慢な姿勢は，米国には通用しない，とメイキンズは本省を諫めようとした[111]。しかし，ロンドンの政策決定者たちは，これに感情的ともいえる反応を示した。バグダード条約は，たしかに米英共同の事業であるけれども，英国は中東における地位や経験をこの事業のために提供しているのであり，米国がそれを尊重して経済的負担を引き受けるのは当然である。外務省本省はこのように論じて，

　ソンは財源不足を理由にこれに難色を示している。Letter from Charles E. Wilson to Dulles, August 5, 1955, *FRUS, 1955-1957*: 12: 761-762. 実務者レヴェルの否定的な反応が，このような財政状況を踏まえたものであったことは間違いない。

[110] Memorandum on "Meeting on OSP in UK of Centurion Tanks for Iraq," July 27, 1955 (date handwritten), in "Alpha vol. 5" folder, Lot61 D417.
[111] British Embassy in Washington to FO, #1722, July 25, 1955, in FO371/115872/VR1076/149; Makins to Kirkpatrick, July 26, 1955, in FO371/115585/V1193/90; Makins to Kirkpatrick, August 5, 1955, in FO371/115585/V1193/93.

メイキンズの忠告に耳を貸そうとしなかった[112]。

　しかし，ちょうどこの頃，英国の外交戦術が致命的なミスをはらんでいることが明らかになっていた。英国政府は，アルファ演説の悪影響を緩和するという目的を掲げて，米国政府に対イラク軍事援助を増額し，イラクにアラブ・イスラエル紛争解決後にバグダード条約に加盟するとの方針を伝達するよう求めてきた。しかし，ライト駐イラク英大使は，ロンドンがかかる論理を展開していることを知り，青ざめた。米国のバグダード条約加盟や軍事援助をたとえ間接的にでもアラブ・イスラエル和平やアルファ演説と結びつければ，バグダード条約は対イスラエル宥和の隠れ蓑であるとするヌーリー政権への批判に根拠を与えてしまうことになる。それゆえライトは，これらの問題とアルファ演説を明確に切り離すことを，外務省本省に強く要請したのである[113]。英外務省は，これまでの米国に対する主張の根幹を修正することを迫られた。8月3日，メイキンズ大使はダレスと会談し，米国のバグダード条約加盟方針をイラク政府に直接伝達するのは避け，代わりに何らかの形で同条約を支持する姿勢を改めて明示してほしいとの希望を伝達した。その後メイキンズは，念を押すように，米国はアラブ・イスラエル和平の達成時にバグダード条約に加盟する方針であるとの英国側の理解を口頭で確認した。ダレスは黙って頷くとともに，パキスタンの加盟時にバグダード条約を支持する声明を発表する意向を示した[114]。ダレスが英国側の議論のぶれを不問に付し，英国の意向を尊重する姿勢を示したことは，英国政府にとっては幸運であった。

　さらに英国側にとって幸運であったのは，対イラク軍事援助を全面拒否するという国務・国防・CIA実務者会合の結論が最終段階で覆されたことである。8月5日，この問題を最終決定する会合で，アイゼンハワーはジュネーヴでイーデンが展開した議論に理解を示し，英国側の要望を部分的に受け入れることを決定したのである。ただし，提供するセンチュリオン戦車の台数は大きく削減され，当該会計年度中は英国側が2両を提供することを条件に米国は10両を提供するこ

---

[112] FO to British Embassy in Washington, #3481, July 27, 1955, in FO371/115872/VR1076/149; Shuckburgh to Kirkpatrick, July 28, 1955, in FO371/115585/V1193/90; Kirkpatrick to Makins, July 29, in FO371/115585/V1193/90.

[113] British Embassy in Baghdad to FO, #647, July 20, 1955, in FO371/115871/VR1076/136.

[114] British Embassy in Washington to FO, #1803, August 3, 1955, in FO371/115873/VR1076/160; Makins to Dulles (Handed on August 3), August 2, 1955, in FO371/115873/VR1076/160.

ととされた。アイゼンハワー政権は翌会計年度以降，さらに40両分の予算獲得を目指す意向であったが，この数字は英国側に伏せられ，次年度以降も追加援助を検討する方針のみが伝達された[115]。米英間の意思疎通の失敗，米国政府の実務レヴェルのゼロ回答勧告，そして軍事援助予算の制約などを考慮するなら，対イラク援助について英国は最大限の回答を引き出したと言ってよかった。

しかるに，イーデン政権はそのようには捉えなかった。8月16日に対イラク援助に関する米国からの正式な回答が伝達された後，ワシントンの英大使館には，イーデンとマクミランの怒りに満ちた電文が到着した。「我々［英国］は，もともと公式声明など発表せぬ方がはるかに良いと考えていた」にもかかわらず，米国に譲歩してそれを容認し，その悪影響を緩和するために対イラク援助を要請した。英国政府は「米国もこの協定［バグダード条約］に参加するのは当然」と考えているが，いまや米国は「それにきわめて冷淡（distant about it）」な姿勢を取っている。このように述べた上で電文は，センチュリオン戦車の台数について，米国が提示した米国10両，英国2両という数字は，当初の米国70両，英国10両という数字から程遠く，「首相と私［マクミラン］はこれに満足することは出来ないが，受け入れる」と結ばれていた[116]。実際には，英国政府上層部はアルファ演説に一定の利益を見出していたし，対イラク援助の数字は米国のバグダード条約への「冷淡」さを示すものではなかった。それにもかかわらず，イーデンやマクミランがかかる憤懣の情を吐露したことは，米国が本来果たすべき責任を果たそうとせず，英国は米国に裏切られているという感情が，バグダード条約に関する歪曲された記憶とともに，英国政府内に広がり始めていたことを物語っていた。そして，かかる感情は，間違いなく中東の親西側諸国の指導者たちが抱く感情と親和的であった。

しかもこの直後，ダレスがもともと9月に予定されていたアルファ演説の日程を一方的に繰り上げたことが，英国側の不満を増幅した。8月18日，ダレスは突如としてアルファ演説を26日にニューヨークの外交問題評議会で行う意向を示し，英国側に了承を求めた。対イラク軍事援助に関する米英合意が遅れたという理由があったとはいえ，なぜここまで急な日程が組まれたのか，本当のところ

---

[115] Memorandum of Conversation, "Centurion Tanks for Iraq," August 5, 1955, *FRUS, 1955-1957*, 14：339-340 ; Memorandum of Conversation, Subject Unspecified, August 5, 1955, ibid., 340-341.
[116] British Embassy in Washington to FO, #1902, August 16, 1955, in FO371/115586/V1193/97 ; FO to British Embassy in Washington, #3759, August 20, 1955, in FO371/115586/V1193/97.

第 10 章　西側統合政策の迷走と停滞　623

は分からない。ダレスは，アイゼンハワーに対しても英国側に対しても，ナセルがにわかに和平に前向きな姿勢を示していること，同時にナセルがソ連に接近する動きを見せていること，そしてエジプト・イスラエル国境の状況が相対的に静穏を維持していることを，理由に挙げている[117]。おそらくダレスは，対イラク軍事援助問題が米英間で妥結し次第，アルファ演説の日程変更を切り出そうとしていたのであろう。中東を巡る米英間の軋みを感じていたに違いないダレスは，英国側が変心する可能性を恐れて日程を繰り上げたのかもしれない。また，月末に重光葵外相と日米外相会談を行った後，9月初旬に休暇に入ることになっていたダレスは，休暇中にエジプト・ソ連関係が動くことを警戒して，休暇前に演説を行うことを決意したのかもしれない[118]。何れにせよ，すでに夏季休暇で任地を離れていた中東諸国駐在大使たちへの帰任の指示，関係諸国への事前の通知など，演説前の準備にもぎりぎりのタイミングでの日程変更であったことから，英外務省は強い不満を託ちながら，ダレスの提案を受け入れることになったのである[119]。

　このときまでに，アルファ演説の概要は固まっていた。アルファ演説の原稿は，6月5日にダレスがサウスカロライナで作成した草稿を換骨奪胎してラッセルが作成していた。しかしラッセルの原稿は，粗削りながらも「恐怖からの自由」を結節点とする凝集力を特徴としていたダレスの草稿とは異質な，平易ではあるが，表現も内容も散漫な原稿となっていた[120]。ダレスもそれを容認していた。おそらくダレスは，英国側が具体的な提案を公表することでアラブ・イスラエル双方から批判されることを恐れ，また和平工作の柔軟性が失われることへの懸念を示したことに配慮するとともに，かかる英国側の懸念に理があることを認めたのであろう。もとよりアルファ演説は，具体的な交渉を呼びかけるものと意図されていたわけではなく，アラブ・イスラエル和平に関する米国の公式の立場を確立し，中長期的に紛争当事者たちの「良識」や「世論」にポジティヴな影響を及ぼすことを目標としていた。そうであるとするならば，アラブ・イスラエル双方からの反発を可能な限り抑制するにこしたことはない。かかる考慮が，演説を一般的で

---

[117] British Embassy in Washington to FO, #1931, August 18, 1955, in FO371/115873/VR1076/176 ; Dulles to Eisenhower, August 19, 1955, *FRUS, 1955-1957*, 14：368-369.
[118] Dulles to Macmillan, August 19, 1955, *FRUS, 1955-1957*, 14：366-368.
[119] Kirkpatrick to Macmillan, August 20, 1955, in FO371/115873/VR1076/177 ; Macmillan to Dulles, Undated [August 20, 1955], *FRUS, 1955-1957*, 14：370.
[120] Francis H. Russell to Dulles, "Draft Statement on Alpha," June 15, in "Alpha vol. 4" folder, Lot61 D417.

抽象的な内容に向かわせることとなったのであろう。ラッセルによる原稿作成の比較的早い段階から，ダレスは出来る限り具体的な提案を削り，和平の原則のみを提示するような演説を目指すようになっていた。皮肉なことに，英国側は，むしろ演説の内容があまりに抽象的になり，かえって誤解を招くような事態が生じるのではないかと懸念するようになっていた[121]。

　8月26日，ダレスがニューヨークの外交問題評議会で行ったアルファ演説は，きわめて一般的な内容に終始した。ダレスは，アラブ・イスラエル間の問題を，難民，安全保障，国境の3点に整理し，これらすべての解決が必要かつ可能であると論じた。しかし，具体的な解決策はほとんど提示されなかった。パレスチナ難民については，一部を帰還させ残りに賠償を行うとの原則，安全保障については，恒久的な国境の確定後に米国がそれを保障する条約を調印する用意があるとの原則，そして領土については，恒久的な国境の画定を米国が支援するとの原則が，それぞれ示された。しかし，アルファ計画の根幹ともいえる具体的な領土変更については，国境地帯の村落と農地の合併案，三角地帯によってエジプト・ヨルダン間の連結を確保する案ともに，その存在を示唆する文言すらなかった。たしかに，注意深い観察者であれば，アルファ演説から，アラブとイスラエルに等距離の姿勢を維持しようとするダレスの強い意志を看取できたかもしれない。しかしそれは，アラブにもイスラエルにも何も提示していないということと同義であった[122]。

　はたして，アルファ演説への反応は，せいぜい微温的なものにとどまった。演説翌日にバイロードと会談したナセルは，演説の漠然とした内容に困惑し，個々の表現の意味を測りかねるといった様子で，すぐに別の話題に移った。これに危機感を抱いたバイロードはエジプト政府要人に演説のコピーを配布したものの，何れの反応も鈍かった[123]。ヌーリーは，アルファ演説に好意的な反応を示したものの，それは友好国の要人の演説に対する世辞の域を出るものではなかった[124]。

---

[121] R.W. Bailey to C.A.E. Shuckburgh, June 23, 1955, in FO371/115870/VR1076/121; FO to British Embassy in Washington, #3116 Saving, July 29, 1955, in FO371/115872/VR1076/147.

[122] Speech by John F. Dulles to the Council of Foreign Relations, August 26, 1955, in RIIA, *Documents on International Affairs, 1954*: 361-364. 米英間の了解どおり，翌日に英外務省はアルファ演説を支持する声明を発した。Statement by the British Foreign Office Regarding Dulles's Proposal, August 27, 1955, ibid., 365.

[123] U.S. Embassy in Cairo to DOS, #318, August 27, 1955, *FRUS, 1955-1957*, 14: 402-403.

[124] U.S. Embassy in Baghdad to DOS, #223, September 7, 1955, *FRUS, 1955-1957*, 14: 454-455.

イスラエルのエバン駐米大使は，ダレスが国境問題の確定まで米国がイスラエルとの安全保障条約を締結しない方針を示したことに改めて失望感を示すとともに，米国がイスラエル領土のアラブへの割譲を検討しているのではないかとの懸念を示した。しかし，エバンの反応は，ダレスらが演説直後に発生することを覚悟していた強烈な反発には程遠いものであった。エバンには，「イスラエルは当該演説の印象深い反響が世界中に拡がりつつあるのを感じております」という，文字どおりの外交辞令を口にするほどの余裕があった。アルファ演説の背後に込められた意図を想起するなら，最も激越な反応を示すとすればイスラエルであったはずであるが，そのイスラエルにとってすら，アルファ演説は一通りの懸念を表明すればやり過ごせる程度のものとしか受け取られなかった[125]。

　アルファ演説は，もともとアラブ・イスラエル交渉を具体的に促進する目的で行われたものではなかったから，かかる反応が即座にその失敗を意味するわけではない。しかし，アルファ演説は，ダレスが意図したような，時間が経過した後に振り返って改めて咀嚼する価値のある演説とも，またはダレスの6月草稿には確実に存在した高邁な理想を宣明する演説ともならなかった。アルファ演説は，たしかにその後，米国政府の和平に関する公式の立場を示す文書としてしばしば言及されることとなるものの，人々の「良識」を喚起するほどの力を持ち得なかった。そして，ただでさえインパクトを欠くアルファ演説は，まもなく中東域内政治が激動の時代に突入していく中で，忘れ去られていくこととなるのである。

4　米英政治・軍事協議とハッバーニヤ軍事協議

1）西側統合政策コンセンサスの確認

　8月には，年初から中東を巡る外交の俎上に上っていた，2つの協議が終了した。ひとつは米英政治・軍事協議，もうひとつはイランが提案していた北層4か国軍部の協議である。

　先述のように，米英両国は，2月の米・英・土3か国軍事協議の結論を踏まえた二国間の政治・軍事協議を開催することに5月上旬に合意していた。しかし，

---

[125] Memorandum of Conversation, "Preliminary Israel Reaction to Secretary's Policy Statement of August 26, 1955," September 6, 1955, *FRUS, 1955-1957*, 14：451-453.

米英政治・軍事協議は，日程的に間延びし，その間に同協議の枠組みの外側で首脳・外相レヴェルを含む実質的な意見交換が進んだため，結果的に米英の意見交換の傍流に置かれることとなった。それを極秘に遂行するために，政治・軍事協議は，かつてのペンタゴン協議のような代表団を迎えての集中的な討議という形式は取らず，米国側はフーヴァー国務次官，英国側はメイキンズ駐米大使を代表に，国務省において，6月から8月まで断続的に開催された。

　6月23-24日の最初の協議では，米国側が国務・国防WG報告書を踏まえた上での最終的な方針決定に至っていなかったため，まず英国側が方針の説明を行い，米国側は基本的に聞き役に回った。英国側が強く求めたのは，中東防衛への米国の関与の拡大，およびバグダード条約を巡る米英の方針の統一であった。英国側は，米国のバグダード条約加盟を強く希望した。メイキンズ大使は，「かつて同地域の安全保障の主たる責任は英国が担っていた」が，英国は「この分野について排他的な地位を望んでおらず，米国の支援を獲得することが英国の政策の主眼である」と，率直に述べ，「米国がトルコ・イラク条約への加盟を通じて英国とコミットメントを分有する（share）こと」への期待を表明した。英国側は，米国の加盟は，軍事的のみならず，政治的にも重要性を増していると考えていた。英国の政策決定者たちは，中東の親西側諸国が米国のバグダード条約への姿勢に疑念と失望を抱いていることを深刻に受け止め，米国の不加盟という事態がバグダード条約の活力と推進力を奪っているとの判断に至っていた。そのような意味で，英国はいまや中東の親西側諸国の願望を代弁している側面があった。また，英国側は，ヨルダンとレバノンのバグダード条約加盟問題についても，米国側により前向きな考慮を求めた。英国側は，これら後方アラブ諸国の現状を凍結する政策を当面は継続することに同意していたが，バグダード条約の「推進力」が失われるような場合には，これら諸国の加盟を目指す方向に政策を修正すべきであると主張した。いわば英国は，米国側が封印した国務・国防WG報告書の第3のシナリオを呼び出そうとしているかのようであった。また，もともとの協議の議題には含まれていなかった，対イラク軍事援助問題を英国側が提起したのも，この最初の協議においてであった[126]。

---

[126] Memorandum of Conversation, "Middle East Defense," June 23, 1955, *FRUS, 1955-1957*, 12 : 103-111 ; Memorandum of Conversation, "Middle East Defense," June 24, 1955, ibid., 112-122. 政治・軍事協議に関する英外務省文書は，なお機密解除されていないものが多いと見られる。機密解除された6月23-24日の協議を報告する電文は，きわめて簡潔なものであるが，そ

第 10 章　西側統合政策の迷走と停滞　627

　しかしその後，これらの問題の多くについては，政治・軍事協議の枠組みの外側で意見交換が進んだ。先述のように，米国はアラブ・イスラエル紛争の解決までバグダード条約に加盟せず，そのかわりに同条約との間に連絡部を設置するとの方針は，7月14日の米英外相会談でダレスからマクミランに伝達された。対イラク援助問題も，政治・軍事協議の枠外で交渉が進められた。

　一方，米英間では，7月後半に，政治・軍事協議の枠組みとは無関係に，ESS連合に関する政策を巡る意見交換が進められた。このきっかけを作ったのは，フーヴァー国務次官であった。7月20日，フーヴァーは英外務省に覚書を送付し，ESS諸国が正規の防衛条約を締結した場合のイラクへの悪影響を緩和するために，それが締結された場合の対応を事前に米・英・土・イラク間で出来る限り統一しておくべきであると提案した。その上でフーヴァーは，ESS連合に対して穏健かつ寛大な政策を継続することを主張した。正規のESS防衛条約が締結されたとしても，立場の違う3国の寄り合い所帯であるESS連合が強力なブロックに発展するとは考えにくい。米国やバグダード条約諸国がそれに強く反発すれば，逆にESS陣営の結束を強化することになるであろう。それゆえESS防衛条約が締結されたとしても，それに公式の反対姿勢を表明する，あるいは対抗措置を取ることなく，それと「共存」する方途を探るべきである，というのが，覚書で示されたフーヴァーの方針であった[127]。

　フーヴァーの方針は，現行の西側統合政策プログラムに忠実であったが，ESS防衛条約の締結という新たな事態が生じる場合にも現行プログラムを継続するという方針が米国側から具体的に示されたのは，これが初めてであった。しかも覚書は，政策決定プロセスとして異常とも言える形で提起されていた。というのは，フーヴァーの方針は，英国側に送付される以前に国務省など米国政府内で検討されておらず，フーヴァー覚書は，英国側に送付されるのと同時に，その内容が中東各国の米大使館にも送付され，各公館からの意見が聴取されることになったのである。

れらを見る限り前記の米国側の記録との齟齬はない。British Embassy in Washington to FO, #1474, June 23, 1955, in FO371/115585/V1193/78 ; British Embassy in Washington to FO, #357 Saving, June 25, 1955, in FO371/115585/V1193/80.

[127] Aide-Memoire by Hoover, July 20, 1955, in FO371/115516/V1073/945. フーヴァーの覚書が作成された経緯を示す文書は発見できなかった。本文で後述するように，フーヴァー覚書を巡っては，英国側に送付された時点で国務省内での意見統一も済んでいなかったことから，フーヴァーの個人的なイニシアティヴであった可能性が高い。

カイロのバイロード大使は，フーヴァーの穏健路線に全面的な賛意を示した。ESS 条約に反対の姿勢を取れば，ESS 陣営に「アラブの」ESS 条約と「外来の (foreign)」バグダード条約を対置する口実を与えることになる。フーヴァーが主張するような「共存」方針の方が，米国からバグダード条約への支援も容易になる，というのがバイロードの主張であった[128]。これに対して，バグダードのゴールマン大使はフーヴァーの方針に強く反対する立場を示した。ゴールマンは，ESS 陣営が弱体であるゆえにそれを放置してもよいという論理に異議を唱えた。イラクには西側から離れてアラブ世界に復帰せよとの政治的圧力が内外から常に作用し続けており，米国が放置してもイラク政府がこの圧力に抗し続けられると考えるのは危険である。米国は，バグダード条約を支持するとともに ESS 条約への反対姿勢を明確に示すべきであり，それに加えてヨルダンとレバノンのバグダード条約への加盟を促し，米国自身が加盟あるいは将来的な加盟の意思を明示する必要がある。そうせぬ限り，「バグダード条約とそれが象徴するものは，［米国の］不作為によって，深刻な打撃を被るかもしれない」[129]。かかるゴールマンの主張は，ライト英大使の主張を引き写したような内容であった。バグダード駐在の米英の外交官たちは，既存の西側統合政策がバグダード条約とヌーリー政権を支えるには内容的に不十分であるとして，ともにその修正を本国に求めていたのである。

　バイロードとゴールマンの中間の見解を示したのが，ダマスカスのムース大使であった。ムースは，シリア議会では ESS 条約を巡る賛否が拮抗しており，大統領選挙も控えているため，当面は ESS 防衛条約が締結される状況になく，仮に締結されてもそれが早期に批准される可能性は低いとの観測を示した。ムースは，バイロードとは異なり，仮に締結されれば ESS 防衛条約がシリア国内の親イラク・親西側勢力のみならずイラクやトルコにも悪影響を与えるであろうとの見通しを示した。それにもかかわらずムースは，これまで米国が公式には ESS 防衛条約の締結に明確な反対姿勢を示してこなかったことを理由に，現行政策を継続することを勧告した[130]。ムースの見解は，決して論理的ではなかったが，その希望的観測を含めて，当時の米国の政策決定者たちの前提あるいは心性に最も

---

[128] U.S. Embassy in Cairo to DOS, #114, July 21, 1955, DSCF 780.5/7-2155；U.S. Embassy in Cairo to DOS, #128, July 24, 1955, DSCF 780.5/7-2455.

[129] U.S. Embassy in Baghdad to DOS, #63, July 23, 1955, DSCF 780.5/7-2355.

[130] U.S. Embassy in Damascus to DOS, #76, July 26, 1955, DSCF 780.5/7-2655.

よく合致した。それに対して，フーヴァーの方針に唯一真っ向から対立するゴールマンの主張は，アラブ世界の分極化を受け入れた上で米国がその一方の側に与することを主張する点で，西側統合政策の枠組みを逸脱するものであった。それゆえであろう，ゴールマンの献策は国務省内で黙殺され，結果的に，半ばなしくずし的にフーヴァー覚書の方針が国務省の方針として追認されることとなった。

一方，フーヴァー覚書を受領した英外務省は，当惑を示した。フーヴァー覚書の内容は，5月にスティーヴンソン駐エジプト英大使が英外務省に寄せた献策とほとんど変わらなかった。その意味では，英国の政策決定者たちにとって，ESS連合が正規の防衛条約を締結することを黙認するという考え方自体は新しいものではなかった。問題は，英国政府が，すでに中東諸国政府に対して，ESS連合が正規の条約を締結することは中東地域の防衛にとって有害であるとの認識を伝達し，それに反対する姿勢を明示していたことであった。したがって，ESS連合が防衛条約を締結するのを黙認すれば，それは英国の変節と解釈され，中東諸国に英国の弱さや無責任を印象づける結果になるのではないかと懸念されたのである。それゆえ英外務省は，少なくともESS防衛条約が締結された直後には，これに反対する姿勢を取らざるを得ないとの暫定的な回答を国務省に送付した[131]。一方，この問題について英外務省から見解を問われたトルコおよびイラク政府は，より強硬な姿勢を示した。両国政府は，まずはESS防衛条約の実現を阻止するためにあらゆる可能性を探るべきであり，仮にそれが締結された場合には，それに強硬に反対する姿勢を明確化すべきであると主張したのである[132]。

それにもかかわらず，英外務省は，フーヴァー覚書を事実上容認する方向に傾

---

[131] FO to British Embassy in Ankara, #1021, July 22, 1955, in FO371.115516/V1073/944 ; Minute by R. M. Hadow, July 21, 1955, in FO371.115516/V1073/944.

[132] British Embassy in Baghdad to FO, #654, July 25, 1955, in FO371/115516/V1073/943 ; British Embassy in Ankara to FO, #519, July 29, 1955, in FO371/115516/V1073/955. もともと国務省は，この問題についての中東諸国の意見を徴することは考えていなかった。英国がイラクとトルコに意見を求め，両国がフーヴァー覚書の方針に否定的な見方を示したことが明らかになってから，国務省は，バグダードとアンカラの米大使館に，フーヴァー覚書の方針はESS連合を強化しないことを目的としていると釈明した上で両国の意見を求めるよう，指示している。U.S. Embassy in Baghdad to DOS, #69, July 25, 1955, DSCF 780.5/7-2555 ; DOS to U.S. Embassy in Baghdad, #60, July 28, 1955, DSCF 780.5/7-2555. これに対して，アンカラのウォーレン大使は，米英の方針が固まるまでトルコ側に意見を求めることに反対するとともに，トルコ政府のESS条約に関する見通しがムース大使の分析と同様であると報告している。U.S. Embassy in Ankara to DOS, #139, July 29, DSCF 780.5/7-2955. 以上のような杜撰な対応もまた，フーヴァー覚書の外交プロセスとしての異常さを物語っている。

いていく。英国の政策決定者たちは，シリアのアサリー政権内でESS防衛条約の推進派と反対派が拮抗している状況，そして大統領選を前にして多くのシリアの政治家たちがESS連合への関心を失っている状況から，当面シリアがエジプトとの正規の防衛条約を締結する見込みはないと判断しており，かかる状況においてはESS連合への敵対姿勢を自制した方が，ESS防衛条約締結を阻止する可能性を高めると考えるようになっていった[133]。これは，ムース駐シリア米大使が示した認識とほぼ重なり合う情勢判断であった。この結果，8月8日に英外務省が国務省に示した回答は，ESS防衛条約が締結された直後にはそれに反対する立場を取る必要があるとしながらも，それ以降の方針は示さず，ただ「同［ESS防衛］条約への公の積極的な敵対行動は，その強化に資するのみ」であろうとの漠然とした認識を記すことによって，実質的にフーヴァーの方針に同調する姿勢を示唆するものとなった[134]。曖昧な形ではあったものの，英外務省がESS防衛条約に必ずしも敵対的な姿勢を取らない可能性を示したことは，英国の実質的な政策転換を意味した。

　かかる英国政府の方針変更は，西側統合政策プログラムを巡る米英間の齟齬を解消する重要な一歩であった。それまで英国政府は，ESS防衛条約が締結されれば，それを重大な現状の変更と捉え，バグダード条約を後方アラブ諸国に拡大することを辞さぬ姿勢を取ってきた。それに対して米国政府は，アラブ・イスラエル紛争の解決まで後方アラブ諸国の現状固定を維持すべきであるとの立場を取っていた。つまり，ESS諸国が防衛条約を締結する場合には，後方アラブ諸国のバグダード条約加盟の是非を巡り米英間に深刻な対立が生じる可能性が存在していたのである。それゆえ，英国政府がトルコやイラクの立場から密かに一線を画し，ESS連合の条約化の可能性にも柔軟な方針を採用したことは，米英間の潜在的な対立を解消し，米英協調を強化する方向に作用したのである。

　このように，米国のバグダード条約加盟問題やESS連合への対応を巡る問題で米英間の意見交換が進んでいたことにより，ワシントンの米英政治・軍事協議は双方の立場を確認するという色彩を強く帯びることになった。協議の最終日となる8月11日，米国側はようやく正式な方針表明を行った。米国側は，米国は

---

[133] Minute by R.M. Hadow, July 27, 1955, in FO371/115516/V1073/953 ; Minute by Montague Brown, August 3, 1955, in FO371/115516/V1073/955.

[134] FO to British Embassy in Washington, #3208 Saving, August 8, 1955, in FO371/115517/V1073/989.

アラブ・イスラエル紛争の解決までバグダード条約への加盟を見合わせ，そのかわりに同条約との連絡部を設置して緊密な連携を図る方針であること，そして米国はESS防衛条約を有害なものと捉えているが，それが締結された場合にも出来るだけ公式に敵対することを避け，それを建設的な方向に導くことを目指してバグダード条約諸国と共同歩調を取ることを希望していることなどを説明した。英国側は，米国の方針を了承したばかりか，米国がバグダード条約と緊密に連携する姿勢を示したことを高く評価した。また，パキスタンの加盟後に本格化するであろうバグダード条約の機構整備についても，米英両国は，出来るだけ「緩やかで簡略」な組織を目指す方針で一致した。

同日の協議で歴史的に重要であったのは，米国側が，米・英・土軍事協議の結論を「有益な暫定的分析」として受け入れ，ザグロス山脈線防衛戦略の実現に向けて貢献していく方針を示したことであった。米国側は，ザグロス山脈線防衛戦略の実現には時間を要するとの見方を示しつつ，米国が軍事援助を通じてイラクとイランの軍事力強化に取り組む姿勢を示した。さらに米国側は，なお「ごく予備的な段階」の検討課題であると断りつつ，「中東に小規模の核兵器運搬能力を提供する」可能性を検討していることを英国側に伝達した。政治・軍事協議全体が非公式なものとされていたから，かかる米国側の発言は正式なコミットメントではない。しかし，米英の政治レヴェルの協議で米国が中東における軍事的責任を受け入れたのは，1949年以来，初めてのことであった。同日の協議に関する英国側の史料が未公開のため，推測を交えざるを得ないが，英国側がこの点を高く評価したことは間違いない。

一方，米英間には，何点か状況の認識や評価の違いが残されたが，その中でも，今後の展開から重要になるのは，ヨルダンのバグダード条約加盟問題であった。米国側が，これまでの主張通り，アラブ・イスラエル和平の実現までヨルダンの加盟を抑制すべきであると主張したのに対して，英国側は，バグダード条約の状況によっては早期加盟を検討する可能性を留保する姿勢を取った。しかし先述の通り，英国はこの直前に，フーヴァー覚書の方針に理解を示すことによって，ESS防衛条約が締結されれば後方アラブ諸国へのバグダード条約の拡大を目指すとする従来の立場を事実上撤回しており，またバグダード条約がどのような状況に陥れば英国が後方アラブ諸国に対する方針を変更するのかは明らかではなかった。それゆえであろう，政治・軍事協議では，ヨルダンの加盟問題については双

方の立場を確認するにとどまり，それ以上に踏み込んだ議論は行われなかった。
　協議の締めくくりに，メイキンズ大使は，あらゆる問題について米英の見解はほぼ一致しており，具体的なアプローチの相違については，個別的な協議によって対処し得るとの見通しを示した[135]。米国側も，政治・軍事協議に概ね満足していたことは間違いない。同日付で中東諸国の米在外公館に送付された訓令は，政治・軍事協議を通じて米英両国がきわめて近い立場にあることが確認されたことを通知するとともに，軍事援助問題などを巡る米英間の立場の相違に付け込まれることなきよう，米英の「目標の共通性と政策の類似性」を強調する立場を各公館職員に徹底するよう，指示していた[136]。
　米英政治・軍事協議は，両国間の見解の相違を徹底的に議論する場とはならなかったものの，バグダード条約への姿勢やアルファ計画の実施方法などを巡って軋みを生じ始めていた中東を巡る米英協調態勢を再び安定させる効果を確実に有した。米国のバグダード条約加盟の是非を筆頭に，個別的な問題では米英間には立場の違いが生じ，相互不信が生じる場面も出現したものの，なお米英両国は中東全域を西側陣営に統合する目標を共有し，西側統合政策を推進する地域的政策プログラムについても概ね合意することが出来たのである。

2）ハッバーニヤ軍事協議

　ちょうどワシントンで米英政治・軍事協議の最終会合が行われている頃，イラクのハッバーニヤ空軍基地では，2月のシャーの提案を起点とする，北層4か国の軍人による協議（以下，ハッバーニヤ軍事協議）が開催されようとしていた[137]。ハッバーニヤ軍事協議には，北層4か国より准将・少将クラスを団長とする3名から5名の代表団が派遣され，米英両国からは准将・大佐クラスのオブザーバー

---

[135] Memorandum of Conversation, "Middle East Defense," August 11, 1955, DSCF 780.5/8-1155, and Talking Paper for Meeting with the British Ambassador on Middle East Defense, undated, attached thereto. 同文書は，*FRUS, 1955-1957*, 12：135-151 に所収されているが，核兵器関連の記述は削除されている。ほかに，有事の際にトルコ軍をイラク領内に展開する可能性を論じた部分も削除されている。ヌーリーは，バグダード条約締結時より，トルコ軍のイラク領への展開には強く反対する立場を示していた。

[136] Department of State Instruction, CA-1214, "US-UK Cooperation with regard to Middle East Defense," August 11, 1955, DSCF 780.5/8-1155.

[137] 以下，ハッバーニヤ軍事協議に関する記述は，英国のオブザーバーとして参加したウィリアムズ准将による詳細な報告に基づく。H. Lovegrove (Secretary, COS Committee) to C.I.G.S., "Northern Tier Staff Talks," August 24, 1955, in FO371/115519/V1073/1004.

が参加した。8月9日から11日にかけては、米英のオブザーバーが個別にホスト国であるイラク代表団と接触して事前の打ち合わせが行われ、北層4か国代表による本協議は、11日から14日にかけて4回の全体会合が行われた。

　ハッバーニヤ軍事協議は、ほとんど事前の根回しが行われることなく開催された。英国のオブザーバーであったウィリアムズ（T.E. Williams）准将が8月9日にイラク側の担当者と会談した時点で、協議を呼びかけたイラン側からは正式な議題も提起されておらず、ホスト役のイラク軍部も多国間の国際会議の経験に乏しく、基本的な議事進行についてすら確たる方針を持ち合わせていない状況であった。米英のオブザーバーは、イラク代表団に議事進行等についての助言を与えたが、あくまでもオブザーバーとして、会議の内容やイラクの立場についての発言は避けたようである。

　本協議では、イラン代表団長を議長に選出した後、4か国がそれぞれの中東軍事戦略に関する所見を述べた。最も詳細なプレゼンテーションを行ったのは、トルコであった。トルコ代表は、米・英・土3か国軍事協議の存在には言及することなく、しかし同協議での合意に沿って、ザグロス山脈線防衛戦略を説明した。イラク代表は、ごく簡単にトルコの立場を支持する姿勢を示してプレゼンテーションを終えた。しかし、他の2国はザグロス山脈線防衛戦略に異議を唱えた。イランは、同国北方のエルブルズ山脈を防衛線とすることを主張し、そのための必要戦力を歩兵16個・機甲6個師団と見積り、そのうち歩兵4個・機甲2個師団を周辺国が支援することに期待すると発言した。イランのエルブルズ山脈線防衛戦略は、1953年のJCSの検討作業で非現実的な選択肢として却下されたものと基本的に同じ内容であり、事実、イラン側が示した必要戦力は、米・英・土3か国がザグロス山脈線防衛戦略に必要であると見積もっていた規模をはるかに上回っていた。パキスタン代表団は、イランが「出来るだけ北方」に防衛線を構築し、イラン東部の防衛にパキスタンが、同西部のアーゼルバイジャーン地方の防衛にトルコがそれぞれ軍を派遣して、第一防衛線を構築し、イラク軍と英軍がザグロス山脈線に第二防衛線を構築する構想を披露した。エルブルズ山脈という地名は明示されていなかったが、パキスタン案も基本的にはイランのエルブルズ山脈線防衛戦略に沿うアイディアであった。パキスタン代表は、エルブルズ山脈線防衛戦略を主張する理由を赤裸々に語った。

核および通常爆撃によって終戦までに国土を奪還するという曖昧な約束は，パキスタンには全く無意味である。同様にパキスタンは，パキスタンの安全を直接保障せぬ計画において，大砲の標的や消耗品の如く利用されることを拒否する。

　イラン代表はエルブルズ山脈線防衛戦略を提案した理由に言及しなかったものの，その想いはパキスタンと同様であったはずである。

　イランとパキスタンが，事前に何らかの形でザグロス山脈線防衛戦略の情報を得ていたことは間違いない[138]。その上で両国は，これからみずからが加盟しようとしている同盟が自国の領土の防衛を保障せぬ軍事戦略の採用に向かいつつあることに危機感を抱き，かかる趨勢を覆そうとしたのである。同盟が自国の領土防衛に資することに期待し，そのための軍事戦略を要求することは，加盟国として自然な行動であった。エルブルズ山脈線防衛戦略を求めるイランとパキスタンの主張は，かつて西欧地域を対象とする軍事戦略を，大陸欧州を一時的に放棄する軍事戦略から，西欧を可能な限り防衛しようとする「オフタックル」へと変化させていったモメンタムと同質のモメンタムがバグダード条約にも作用し始めていたことを物語っている。

　ハッバーニヤ軍事協議は，バグダード条約との正式な関係があったわけではなく，アドホックかつ非公式な意見交換の場と位置づけられていたので，対立する軍事戦略案を巡る議論が行われることはなかった。協議最終日の14日，4名の代表団長が作成した結論文書には，軍事戦略への言及は一切なかった。そのかわりに結論文書は，参加4か国が，中東防衛には西側同盟国の支援とイランの参加が不可欠であること，軍事的問題についてのさらなる協議が必要であり，次回の協議もイランが開催を呼びかけるべきことに合意したことを，短い5項目の箇条書きにまとめていた[139]。

---

[138] 2月の米・英・土3か国協議の米代表であったCINCNELMのカサディ（John H. Cassady）提督は，協議終了後に，トルコ，イラク，イラン，パキスタン，サウジアラビアなどを訪問している。米・英・土協議自体は極秘事項であり，これら諸国でカサディが何を語ったかは明らかではないものの，歴訪のタイミングから考えて，カサディが，曖昧な形にせよ，ザグロス山脈線防衛戦略の一端を語った可能性は高い。U.S. Embassy in London to DOS, #4115, March 21, 1955, DSCF 780.5/3-2155；U.S. Embassy in Jidda to DOS, #452, March 22, 1955, DSCF 780.5/3-2255.

[139] H. Lovegrove to C.I.G.S., "Northern Tier Staff Talks," August 17, 1955, in FO371/115518/V1073/999.

ハッバーニヤ軍事協議は，そこから具体的な成果が生み出されたわけではなかったものの，北層諸国がバグダード条約を焦点にそれぞれの国益を主張しあう最初の機会となった。イラクとトルコは，イランのバグダード条約加盟を促す機会としてハッバーニヤ軍事協議を活用した。協議の終了後，イラクとトルコの代表は，さらなる協議のためにはイランのバグダード条約加盟が不可欠であるとの見解を示し，間接的にイランの加盟を促し始めた[140]。両国にとって，ハッバーニヤ軍事協議はイランのバグダード条約加盟を実現するための外交戦術の一里塚に過ぎなかった。一方，イランとパキスタンは，ザグロス山脈線防衛戦略への不満を表明する機会として同協議を活用した。エルブルズ山脈線防衛戦略は，さしあたりはバグダード条約のアウトサイダーたちが提起した戦略であったが，そこには米・英・土がザグロス山脈線防衛戦略を採用した背後にあった軍事的合理性とは別次元の論理，すなわち軍事同盟が加盟国の領土を防衛するのは当然であるとする政治的論理が込められていた。それは，バグダード条約を巡る新たな議論の焦点が出現したことを意味していた。

＊

　アイゼンハワー政権は，トルーマン政権の西側統合政策を継承し，それを再編し発展させた。第II部で検討した全期間を通じて，米国の中東政策が，中東全域を西側陣営に統合するという西側統合政策目標から逸脱したことは一度もなかった。アイゼンハワー政権の中東政策のかかる地域的スコープを見えにくくした大きな原因は，同政権において西側統合政策プログラムが南北に分けて遂行された点にあった。アイゼンハワー政権は，北部においては，軍事援助を活用しつつ地域諸国の組織化を推進したのに対して，かかる組織化に向けた政治的環境が整っていないと考えられた南部においては，英・エジプト紛争を解決した後にアラブ・イスラエル紛争解決を図るというプログラムを遂行した。これら南北のプログラムの成果をアルファ計画の成就の後に合一させて，中東全域を包含する地域的防衛機構を創出するというのが，米国の政策決定者たちの共有する理想像であった。
　かかる政策を遂行する米国にとっての最大の障害は，中東域内の政治的分極化

---

[140] U.S. Embassy in Baghdad to DOS, #138, August 17, 1955, DSCF 780.5/8-1755 ; R.A. Beaumont to E.M. Rose, August 23, 1955, in FO371/115519/V1073/1012.

であった。アラブ・イスラエル対立に加えて，1954年末以降は，イラク・エジプト対立という新たな分極化の軸が出現した。そして後者は，バグダード条約とESS連合の形成を通じて，親西側諸国と親エジプト諸国という2つのブロックの対立に発展する兆しを示し始めた。かかる事態に直面した米国の行動を一貫して特徴づけたのは，域内の政治的分極化の進行を抑制し，その解消を図らんとする姿勢であった。後方アラブ諸国の現状を凍結することによって親西側諸国とエジプトの対立がエスカレートするのを防ぎつつ，アルファ計画の推進を図ることが，1955年前半の米国の西側統合政策プログラムの要諦であった。米国政府がかかる原則のもとに行動していたことは，それに違背するオプション──米国のバグダード条約加盟，後方アラブ諸国へのバグダード条約の拡大，後方アラブ諸国とイスラエルの和平先行──が悉く否定されたことから明らかである。そして，域内政治の分極化を解消するという政策は，ほかならぬ西側統合政策の目標から導かれたものであった。

　一方，第II部で検討した期間の前半に当たる1953年から1954年初めにかけては，米英間で中東政策を巡る軋轢や対立がしばしば表面化した。しかし実際には，英国の中東軍事戦略がレヴァント＝イラク戦略そして北層軍事戦略へと移行するのに伴い，英国政府の中東政策もまた西側統合政策と呼び得る内実を備えるようになっていた。対エジプト援助問題では米英間にインタレストの衝突と呼び得るものが出現したものの，それ以外の米英間の軋轢の大部分は意思疎通の不全から生じたものであった。そして英・エジプト紛争およびイラン石油国有化紛争が実質的に解決された1954年夏以降，中東を巡る米英関係はいっそう緊密化した。1949年以来くすぶってきた全面戦争時の中東における軍事戦略を巡る米英対立は，両国がザグロス山脈線防衛戦略に合意したことで解消された。そしておそらくは限定的ながら米国が中東における軍事的役割を担う姿勢を示し始めたことも相俟って，中東の軍事問題を巡る米英関係は良好なものとなった。この結果，米英両国は，中東全域を西側陣営に統合する目標，域内の政治的分極化を解消せんとする方針，そしてそれらを追求するための地域的政策プログラムを共有することとなった。英国政府は，バグダード条約を通じて同盟国となったトルコ・イラクの立場に理解を示し，みずからも後方アラブ諸国へのバグダード条約の拡大を望んではいたものの，西側統合政策の目標を優先する姿勢を維持し，結果的に米国と同じ立場に立つこととなった。英国の政策決定者たちが抱き始めていた，

バグダード条約の誕生にかかわる歪曲された，あるいは捏造された記憶は米英間の意思疎通によっても解消されることなく残存したが，それすらも米英の西側統合政策コンセンサスを動揺させるには至らなかった。すなわち，1955年夏の時点で，米英間に対立や不信が累積するという事態は，ほとんど発生していなかったのである。

以上のように述べることは，先行研究で議論されてきたひとつの問題に新たな解答を与えることになる。バグダード条約を扱う先行研究では，その実現を主導したのは，米国か，英国か，トルコか，という問題が議論されている[141]。また，かかる問いに対する解答として，1954年夏から1955年初めにかけて，米英の立場が入れ替わったと論じる先行研究も存在する。すなわち，もともとは米国が北層に英国がエジプトにそれぞれ主たる関心を有していた状況が，バグダード条約の結成前後に，米国がエジプトに英国が北層に主たる関心を移動させたことで，米英の中東におけるインタレストの逆転現象が発生した，という議論である。

バグダード条約が何れの国の構想や行動の産物であったのかという問いは，当時の状況を踏まえれば，ほとんど意味をなさない。バグダード条約の成立に至る時期，米英両国は西側統合政策のプログラムを共有し，バグダード条約が締結された時点ではトルコもまたかかるコンセンサスの内部にあった。これら3国は，タイミングや内容は異なるものの，すべてイラクに地域的組織への参加を慫慂し，そしてバグダード条約の成立を歓迎したのである。米国政府は，バグダード条約の成立に際してイラクへの軍事援助を大幅に増額することはなかったものの，それは，本来であればイラクがトルコ・パキスタン協定に参加した後に供与されるはずであった軍事援助がバグダード条約成立に先行して供与されていた事情に加えて，軍事援助予算が逼迫していたためであり，そして史料的に実証は出来ぬもののほぼ間違いなく，アラブ世界におけるバグダード条約への反発を抑制し，アルファ計画推進のために必要とされたナセルとの協力関係を維持するためであった。米国政府はまた英国のバグダード条約加盟を歓迎する声明を発することもなかったものの，英国の加盟は米国の政策決定サークルにおいては当然視され，そ

---

[141] 英国の主導的役割を重視する代表的研究はリード，米国の役割を重視するものはジャラル，トルコを重視するものはイェシルブルサが，それぞれ発表している。Reid, "The 'Northern Tier' and the Baghdad Pact"; Ayesha Jalal, "Towards the Baghdad Pact: South Asia and Middle East Defence in the Cold War, 1947-1955," *The International History Review*, vol. 11, no. 3 (August, 1989), 409-433; Yeşilbulsa, *The Baghdad Pact*, 69-70.

れをことさらに問題視する議論は提起されなかったのである。

　また，米英両国政府の中東の南北への関心が入れ替わったとの見方も，やや表層的と言わざるを得ない。たしかに英国政府はバグダード条約の加盟国として北層への関心を増大させたものの，この間にもアルファ計画に多大の関心を払い，そのためにエジプトとの協調を促進しようとしていた。一方，北層の親西側諸国や後方アラブ諸国政府から見て，米国政府がバグダード条約に冷淡な姿勢を示し始めたように見えたことは間違いない。後方アラブ諸国を緩衝地帯として，バグダード条約を北層に局限する政策を主導したのは，間違いなく米国政府であった。しかしそれは，先行研究が描き出すような，北層から南部への関心の移行を意味するものではなかった。親西側諸国と親エジプト諸国の間で域内対立が激化する兆しが，米国政府をして中東を南北に分割する政策を選択せしめたのであり，かかる政策には英国政府も同意していたのである。

　当然ながら米英両国の関心のありようが完全に一致したわけではなかったし，米英間には軋轢の芽が胚胎していたものの，第II部で検討した全期間，とりわけ1954年夏以降の約1年間の米英両国の中東政策，そして中東を巡る米英関係を圧倒的に特徴づけるのは，西側統合政策のコンセンサスであった。バグダード条約の結成，アルファ計画の推進，そしてこれらを両立させるための後方アラブ諸国の現状凍結と中東の南北分割は，すべて域内政治の分極化を解消して中東全域を西側陣営に統合することを目標に選択された戦術だったのであり，かかる西側統合政策プログラムの策定および遂行において米英両国はほぼ完全に足並みを揃えていたのである。

《著者略歴》

小野沢 透（おのざわ とおる）

1968年　青森県八戸市に生まれる
1987年　青森県立八戸高等学校卒業
1991年　京都大学文学部史学科卒業
1995年　京都大学大学院文学研究科博士後期課程退学
　　　　岩手大学人文社会科学部講師、ジョージタウン大学客員研究員（文部科学省在外研究員）等を経て
現　在　京都大学大学院文学研究科准教授（現代史学専修）
著訳書　『アメリカ史のフロンティアⅡ　現代アメリカの政治文化と世界』（共編、昭和堂、2010年）
　　　　グインター『星条旗 1777～1924』（共訳、名古屋大学出版会、1997年）他

幻の同盟　[上]

2016年2月27日　初版第1刷発行

定価はカバーに表示しています

著　者　小野沢　透
発行者　石井三記

発行所　一般財団法人　名古屋大学出版会
〒464-0814　名古屋市千種区不老町1名古屋大学構内
電話(052)781-5027/ＦＡＸ(052)781-0697

Ⓒ Toru ONOZAWA, 2016　　　　　Printed in Japan
印刷・製本　亜細亜印刷㈱　　　　ISBN978-4-8158-0829-7
乱丁・落丁はお取替えいたします。

Ⓡ〈日本複製権センター委託出版物〉
本書の全部または一部を無断で複写複製（コピー）することは、著作権法上での例外を除き、禁じられています。本書からの複写を希望される場合は、必ず事前に日本複製権センター（03-3401-2382）にご連絡ください。

S・M・グインター著　和田光弘／小野沢透他訳
星条旗 1777〜1924
四六・334 頁
本体 3,600 円

O・A・ウェスタッド著　佐々木雄太監訳
グローバル冷戦史
──第三世界への介入と現代世界の形成──
A5・510 頁
本体 6,600 円

佐々木雄太著
イギリス帝国とスエズ戦争
──植民地主義・ナショナリズム・冷戦──
A5・324 頁
本体 5,800 円

小川浩之著
イギリス帝国からヨーロッパ統合へ
──戦後イギリス対外政策の転換と EEC 加盟申請──
A5・412 頁
本体 6,200 円

遠藤　乾編
ヨーロッパ統合史 [増補版]
A5・402 頁
本体 3,200 円

小杉　泰著
現代イスラーム世界論
A5・928 頁
本体 6,000 円

末近浩太著
イスラーム主義と中東政治
──レバノン・ヒズブッラーの抵抗と革命──
A5・480 頁
本体 6,600 円

吉田真吾著
日米同盟の制度化
──発展と深化の歴史過程──
A5・432 頁
本体 6,600 円

ロバート・D・エルドリッヂ著
沖縄問題の起源
──戦後日米関係における沖縄 1945-1952──
A5・378 頁
本体 6,800 円

橘川武郎著
日本石油産業の競争力構築
A5・350 頁
本体 5,700 円

田中　彰著
戦後日本の資源ビジネス
──原料調達システムと総合商社の比較経営史──
A5・338 頁
本体 5,700 円